中国古陶瓷图典

《中国古陶瓷图典》编辑委员会编

主编 冯先铭

副主编 耿宝昌 杨根

文物出版社

《中国古陶瓷图典》编辑委员会

主　　编：冯先铭

副 主 编：耿宝昌

　　　　　杨　根

委　　员：(按姓氏笔画为序)

　　　　　王春城

　　　　　王莉英

　　　　　叶佩兰

　　　　　刘家琳

　　　　　吕成龙

　　　　　权奎山

　　　　　李中岳

　　　　　李知宴

　　　　　李辉柄

　　　　　杨　瑾

　　　　　陈华莎

执行编委：吕成龙

　　　　　王春城

编 辑 组：姚敏苏

　　　　　张小舟

　　　　　黄文昆

　　　　　杨　瑾

责任编辑：姚敏苏

封面设计：仇德虎

绘　　图：常　青

　　　　　张小舟

责任印制：梁秋卉

图片提供：本社资料室

总 目 录

前　言

在中国古代文化史上，陶瓷器是一种独特而重要的载体，它们凭借着坚实的质地、稳定的性能，得以保存千年万年，记录下古代社会的生产、生活、科技、艺术等诸多信息。考古资料不断丰富，材料不断更新，陶瓷史的研究也随之不断深入和系统化，逐渐形成了古文献学、考古学和文物学三足鼎立的知识格局。将学者们的研究成果和经验，总结、整理、公之于世，是一项十分必要和有益的工作。近年来，随着文物宣传工作的开展，古文物已不再是令人敬而远之的神秘之物，它日益吸引众多业外人士，参与到保护、收藏和研究的行列里来，陶瓷是其中的大宗项目。因此，对相关工具书的需求大大增加。《中国古陶瓷图典》的编写工作，就是在这样的背景下展开的。

本书的收词范围，限定在中国古代至近代境内生产的陶瓷器及其传统烧造工艺，不包括域外产品和现代陶瓷工艺。编写宗旨是，从中国古陶瓷的历史、技术与鉴赏三大方面入手，为读者提供一部全面、系统、具有权威性的工具书。词目中材料力求新颖，涵盖面力求广泛，解释力求详尽，使之兼具资料性和实用性。

如上所述，当代古陶瓷的研究，吸收了古文献、田野考古和旧时古董行鉴定经验这三方面的营养。本书的词目设置、定名和解释同样依据以上三方面的习惯，并参照其研究体例。词目分为9大类：一、类别。内设分类概念和分期概念两部分。分类概念如陶器、彩陶、黑陶、瓷器、青瓷、白瓷、彩瓷等，对各个品种的产生和发展过程做纵向的介绍；分期概念如仰韶文化陶器、龙山文化陶器、汉代瓷器、六朝青瓷、乾隆瓷器等，从横向阐述各个时代陶瓷器的基本特征。二、器形。这部分条目，按照先圆器后琢器的顺序，分成罐、瓶、壶、碗、盘、杯以及鼎、尊、瓿等类别，每一类中则按时代排序。除历代出现的各类完整器形的描述，还增设了诸如各种口、肩、腹、足等器物局部特征的词条，以期对各个部位的名称有一规范的界定，并有别于现有其他同类书籍。三、釉彩。分为陶瓷釉和陶瓷彩两大类，以工艺产生的时间为序，讲解各釉彩品种的外观、化学成分、形成机理及代表器物。四、纹饰。介绍陶瓷器上各种装饰纹样的内容、形象、常见工艺和流行的时间、地域。五、窑口。分省市介绍历代陶瓷窑口的地点、起止时间、窑址调查或发掘情况、出土器物标本的品种及其特征，公布了许多新的调查结果。六、款识。分为纪年款、室名款、王府款、仿写款等 8 类，介绍它们的性质、字体的结构特点、刻写工艺，详尽罗列了历朝各类款识的具体内容。七、工艺技术。讲解了古陶瓷的原料、成型工艺、装饰工艺、施釉工艺和烧造工艺，具有较强的科学性，是深入了解、研究古陶瓷必不可少的知识。八、缺陷、修复与作伪。这部分内容关系到古陶瓷鉴定的重要环节，是作者积多年实践总结出来的经验之谈，弥足珍贵。九、人物。按历代陶瓷工匠、督陶官员，以及研究、鉴赏专家 3 部分，介绍了文献记载中与古陶瓷有关的人物的生活时代和主要业绩，从另一个角度提供了古陶瓷领域的知识与资料。

本书在编写过程中，力求对一些说法不统一的概念给以规范的定义。例如人们皆知宋代建窑茶盏有所谓"油滴盏"，但遍查宋代有关文献，并不见"油滴"一词，而常见一种名品釉色"鹧鸪斑"。至于"鹧鸪斑"究竟是何样斑纹，出自哪个窑口，以前众说不一。窑址的考古发掘解决了这一问题，得知"鹧鸪斑"就是后人所称的"油滴"，出自福建建窑。本书"类别"部"油滴盏"条虽然保留了以往的习惯称谓，但按新的研究结论将其解释为："油滴盏釉面上分布许多银灰色大小不一的有金属光泽的圆点，后代称之为油滴，而当时则因其酷似鹧鸪鸟胸部羽毛的斑纹，称'鹧鸪斑'。"再如五彩与斗彩的关系，以前有人将青花五彩归入斗彩范畴，本书则明确了它们的区别，指出斗彩的定义为："用青花在胎上勾描出完整构图的纹饰轮廓，然后罩透明釉入窑高温烧成，再于釉上青花轮廓线内填画各种彩料完成彩色图案，复入彩炉低温二次烧成。"而强调青花五彩"青花只用作画面中的一种颜色，而不以其勾画轮廓"。

既然名为"图典"，本书希望在插图上做出一些特色。利用文物出版社的资料优势，我们对适合用形象表现的条目，尽可能配以彩色照片或墨线图，所选用的图片，在保证其典型性、代表性的前提下，注重资料的新颖，尽量回避"老面孔"，让形象辅助说明文物的特征。全书收词 1603 条，约 60 万字，共配置插图 480 幅，是迄今出版同类辞书中规模较大的一种。1997年 2 月，经国家新闻出版署批准，本书被列为"九五"国家重点图书。

尽管本书的编写历时数年，几易其稿，但是当今知识不断更新，学术问题见仁见智，存在不同观点在所难免。我们诚恳欢迎同仁们评头品足，以便将来对书进行更改修订，让这部工具书更加完善。

《中国古陶瓷图典》编辑委员会

凡　例

1　本图典为中国古陶瓷专业工具书，以文物考古工作者、古陶瓷研究者和爱好者为读者对象。

2　书中所收词目范围，为中国古代至近代境内生产的陶瓷器及其传统烧造工艺，不包括域外产品和现代陶瓷工艺。词目内容分类排列，包括一、类别，二、器形，三、釉彩，四、纹饰，五、窑口，六、款识，七、工艺技术，八、缺陷、修复与作伪，九、人物。所收词目共1603条。

3　同一概念有不同名称的，以最常见者为主，详加解释，其他名称列为参见条。

4　同一词目存在不同概念者，标明①、②，分别叙述。

5　凡标注的公元纪年，除作为起始年代的"公元前"，均省略"公元"二字；标明起止范围的两个年代，前一"年"字省略。如：公元前5000～前4000年；618～907年。凡地名，一般省略省、市、县等建制单位，但重名、单名者除外。

6　"窑口"部的省市顺序，按汉语拼音音序排列。每个省、市小标题下的正文中，只提县市，不再出现省级称谓。

7　书中涉及的内容，截止到1996年年底以前发表的资料。所收人物，截止到当代已故者。

8　词目中共配插图480幅，采取图文穿插的方式排列。所配插图，每条不超过一幅。

9　书前设词目的分类目录，正文后另列附录，包括插图目录和词目的音序索引、笔画索引，以便于检索。

目　录

一、类　别

分类概念

分期概念

二、器　形

三、釉 彩

陶瓷釉

陶瓷彩

四、纹　饰

19

五、窑　口

六、款　识

七、工艺技术

原料

成型工艺

装饰工艺

八、缺陷、修复与作伪

九、人　物

陶瓷工匠

一、类　　别

【分类概念】

陶瓷　陶器和瓷器的总称。凡是用陶土和瓷土（高岭土）的无机混合物作原料，经过配料、成型、干燥、焙烧等工艺方法制成的器皿统称为陶瓷。自古以来，专门从事制作陶器和瓷器的手工业称为陶瓷手工业。中国陶器生产的历史十分悠久，在河北省徐水县的南庄头遗址发现了10000多年前生产的陶器；江苏省溧水县回峰山的神仙洞遗址出土了距今11000年左右的陶片。我国距今8000年的新石器时代文化已出现大量红陶、灰陶、黑陶、白陶、彩陶、彩绘陶。进入阶级社会以后，红陶、灰陶、磨光黑陶、彩绘陶以及各类反映社会现实生活的陶塑艺术品、建筑陶构件大量生产。战国时期发明了铅釉陶器，陶器制品得到低温彩釉的美化。唐代大批生产的三彩釉陶，反映着大唐盛世的面貌，有很高的艺术性。宋代以后，釉陶器物生产逐渐减少，转而生产琉璃建筑构件。由于瓷器在社会生活中广泛使用，陶器生产日益减少，但从未间断。瓷器是商代中期开始出现的，最早的瓷器是青瓷，由于工艺不够成熟，又称为原始青瓷。汉代青瓷烧造逐渐成熟，摆脱原始状态，进入早期瓷器阶段。黑瓷在汉代开始出现，到三国两晋南北朝时期，南方青瓷广泛发展，形成一个个独具风格的系统。黑瓷工艺大大提高，进入艺术瓷器的领域。北方的内丘、临城、淄博、安阳等地也于北朝时期开始生产青瓷，并发明白瓷。隋唐时期，瓷器生产开始繁荣。宋代是瓷器艺术高度发展的时期，定窑、汝窑、官窑、龙泉窑（包括哥窑）、钧窑、建窑、德化窑、景德镇窑、吉州窑、耀州窑、西村窑、潮州窑等处的产品各具丰姿。元代景德镇成为瓷器生产的中心，元朝政府的浮梁瓷局对瓷器工艺的发展有促进作用，青花、釉里红、白瓷、黑瓷等具有极高的艺术水平。明清时期，各地方大瓷窑体系逐渐衰落，由生产供当地人民所需瓷器的小作坊代替，景德镇的官窑和民窑继承中国陶瓷艺术的传统，大放异彩。中国陶瓷是中国文化宝库中的瑰宝，是最富民族特色的日用工艺品。随着中国历史的发展，对外经济、文化的交往，陶瓷艺术传播到世界各国，许多国家瓷器工艺的发展都直接或间接地受到中国陶瓷工艺的影响。

陶器　用河谷沉积土、普通泥土等无机物质做原料，采取手工或其他方法做成所需要的形状，经过800℃至900℃的温度焙烧，使之硬化而成的物品，一般为日用盛器、炊器、建筑构件及艺术陈设品。由于原料等基础因素决定，成品坯体未曾烧结，无透明性，有小孔，有吸水性。以今日的精细陶器为例，吸水性一般为8～10%，抗压极限强度每平方厘米为200～400公斤。原料化学组成中盐基成分（碱性）即氧化钙、氧化镁、氧化钾和氧化钠等含量为0.91%；中性成分即三氧化二铝和三氧化二铁含量为29.12%左右；酸性成分即氧化硅和氧化钛等为69.91%左右。陶器的种类很多，据考古学家对古代文化遗址出土陶器的分类，有红陶、灰陶、黑陶、白陶、彩陶、彩绘陶和釉陶等品种。中国制作陶器的历史十分悠久，根据最新考古资料，有10000多年的历史。从旧石器时代结束、新石器时代开始的时期，就发明了制陶术，所以陶器发明是新石器时代的一个重

35

要标志。中国北方河北省徐水县的南庄头早期新石器时代文化遗址已经生产出褐红色、灰褐色的含细砂的陶器。南方江苏省溧水县的神仙洞洞穴遗址，发现含细砂的褐色陶片，两处遗址的时代都在约10000年以前。此后各个新石器时代文化，都有美观实用的各类陶器。母系氏族社会繁荣时期的各个文化以红陶、灰陶、彩陶和彩绘陶为主。饮食器皿、一般盛物器皿以泥质陶为主，炊器则在泥料里掺细砂或稻壳末等植物焦化物质作羼和料，以增强陶器的耐热急变性能。此外还有少量黑陶和白陶。父权制确立以后，各个民族生产的陶器除上述品种，还出现大量精美的黑陶、白陶。胎体厚实的器物是生活实用品。那种薄如蛋壳，表面熠熠发光的薄胎黑陶则是作祭祀或陪葬用的。陶器是原始社会新石器时代人们普遍使用的生活用具，也是研究新石器时代文化特征的重要依据之一。进入阶级社会以后，由于贫富的分化，被剥削、压迫的下层人民使用陶器数量和品种最多，但质量差、造型粗笨。精美的陶器和白陶、釉陶则为统治者所使用。有的陶器有很高的艺术性，有陈设和观赏价值。有的陶器是专门用来殉葬的，叫作冥器。

红陶　颜色呈土红色、砖红色或褐红色的陶器。红陶是中国最早的陶器品种之一，在原始社会的新石器时代各个文化中最为普遍。10000多年前的河北徐水南庄头遗址、江苏溧水神仙洞遗址出土的中国最早的陶器遗物主要是红陶。母系氏族社会繁荣时期的仰韶文化、马家窑文化、马家浜文化、大溪文化等等，人们生活中使用的陶器，红陶占很大比例。精美的彩陶、彩绘陶，陶胎本色均是红色。以后各个历史时代，红陶的使用虽然逐渐减少，但一直没有中断。在陶器烧制到一定程度将窑内火焰的性质控制为氧化焰，在氧化气氛焙烧下，陶土中的金属铁大部分转化为三价铁，还原比值低，烧成的陶器即呈现红色。陶土比较纯净细腻、含细砂极少者，称为泥质红陶，主

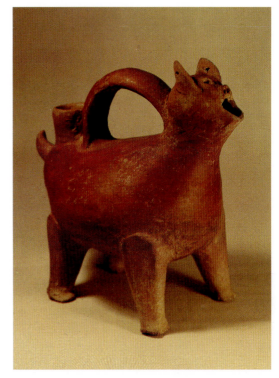

1. 大汶口文化红陶兽形壶

要作饮食器具和盛储用具。陶土中掺有细砂者，能耐火，主要作炊具用，称为夹砂红陶。在中国考古学史上，红陶是1921年在河南省渑池县的仰韶村最先发现的，因此称这种新石器时代文化为"仰韶文化"。仰韶文化遗址里有红陶、灰陶、彩陶和黑陶等。以后随着中国考古学的发展，在许多文化遗址里都发现了红陶。

彩陶　装饰着彩绘图案的陶器，是我国原始社会新石器时代文化遗存中一种精美的陶器。主要特征是在陶胎上描画红、黑、赭、白等色的彩绘，经过压磨，然后用火烧结，作为原始社会新石器时代人们的日常用具。中国北方生产彩陶最早的是距今约7000年的河北磁山文化，南方最早的是浙江河姆渡文化。新石器时代彩陶生产遍布各地，比较著名的，中原地区有仰韶文化、龙山文化，长江下游地区有河姆渡文化、马家浜文化、崧泽文化、良渚文化，长江中上游地

区有大溪文化、屈家岭文化、青龙泉三期文化，黄河中上游地区有马家窑文化、齐家文化，黄河下游地区有大汶口文化等等。常见的彩陶器物有饮食器、盛储器、汲水器等，如钵、碗、盆、盘、杯、罐、瓶等。一些文化遗存中有少数炊器如夹砂陶罐也有简单的彩绘纹饰。彩陶不仅是实用品，而且是有很高欣赏价值的工艺美术品。彩陶上的彩绘形式基本上可以分为图案和写实绘画两大类。图案主要包括植物花纹和几何形线条。人们在长期的采集与农业劳动中熟悉了许多植物，创造了变化多端的植物花纹，不但枝叶、花瓣、籽实等配置得体，匀称相宜，而且以各种形状表现出来，构成种种图案。几何线条的形状也很多，如水波纹、垂幛纹、平行条纹、弧线三角纹、圆圈纹、方格纹、葫芦形纹、锯齿纹、人字形纹等。图案结构优美，富有韵律感。许多纹样如水波纹、绳纹、网格

2. 马家窑文化彩陶瓶

纹，是自然现象和日常生活的片断，反映出人们对自然和生活的观察。彩绘中的写实形象虽少，但艺术价值很高，已经发现的有奔驰的野鹿，独立的云鹤，飞翔的野鸟，同窝对嘴相戏的雏鸟，长嘴啄鱼的猛禽，

张口露齿吞噬食物的大鱼等；还有人面与成群鱼纹的组合，有伸肢爬伏的蛙类，屈肢爬伏的大龟，游划行进的小虫，这些艺术形象反映了当时渔猎经济和种植经济的情景。只有在长期生产实践的活动中，仔细入微地观察生活，才能创造出如此优美而写实的作品。西安半坡遗址发现的彩陶器上的人像，滚圆的头形，戴尖顶饰物，细长的弯眉，双眼眯成一条线，倒丁字形鼻子，嘴作上下对顶的三角形，紧连耳部还各有一条小鱼，生活趣味浓郁而有神秘感。其他新石器时代文化彩陶上也有人物、动物形象。彩陶显示出中华民族祖先无穷的创造力，是研究我国原始社会史和美术史极为重要的资料。

薄胎晕染彩陶　彩陶的一种。见于长江中游地区新石器时代的屈家岭文化，器形多为直腹的碗、杯类。器物多以泥质黄陶制成，器壁较薄。先以灰、黑、红或橙黄色颜料为陶衣，然后在器物的内、外壁以黑彩分别绘框格、卵点、条带、垂幛纹等。其特点是一件器物上兼用两三种颜色的陶衣，纹饰浓淡相间，具有特殊的晕染效果。

灰陶　颜色呈灰色或灰黑色的陶器。陶器呈色是由于制陶泥料中含有呈色元素的关系，也由于人们了解到烧成火焰性质能使陶器出现某种颜色，于是采取措施来控制和利用火焰的性质，赋予陶器特定的颜色。如果烧窑后期为还原火焰，陶土原料中金属铁的氧化物大部分转化为二价铁，还原比值很高，这种情况下陶器的胎体就呈灰色或灰黑色，即所谓灰陶。烧灰陶的火焰充足，烧得成熟，灰色就纯正，质地坚固，耐用。火焰性质控制不佳，烧得不成熟，灰陶颜色就不纯，器物呈灰黑色、灰黄色或灰褐色等，质地较疏松，影响使用；专门用来陪葬的冥器，大多数是这类灰陶。灰陶是日用陶器中生产数量最多的品种，历史也最悠久，距今 5800 年至 6000 多年的仰韶文化、龙山文化，以及夏、商、周、春秋、战国和汉

3. 西汉灰陶女俑

原焰，并用浓烟熏翳，经过相当时间的渗炭，即烧成黑陶。黑陶的还原比值大于红陶，但小于灰陶，渗炭使胎体孔隙含有相当多的炭微粒。这些炭微粒很细，表面面积大，能把照射到胎体上的所有光波全部吸收，从而导致胎体变黑。至于黑陶表面呈现的光亮，主要是陶坯制成后尚未干透时，用鹅卵石或兽骨作成的光滑工具在上面打磨的结果。打磨不仅使胎体表面高低不平的结构填平补齐，而且让原料中的云母片、石英等物质的颗粒平行排列于坯体表面，这些矿物颗粒有反光作用，平行排列就可以减少光线的散射，增加光线的平行反射，因而出现光泽，所以黑陶表面熠熠发亮。河南龙山文化、山东龙山文化和湖北屈家岭等文化的黑陶器有碗、盘、盆、鼎、甑、高柄杯、罍、罐、鬶等。胎体比较厚实的作品是生活中的实用器具，胎体薄如蛋壳的则是为祭祀和殉葬而精心制作的。黑陶的艺术性与彩陶不同，主要特征是造型端

代，灰陶生产工艺水平很高。随着历史的发展，有的陶器品种在日常生活中消失了，而灰陶却一直在生产。虽然瓷器在人们生活中使用量增加，陶器和瓷器制作分为两个不同的手工业体系，灰陶生产日益粗放，但至今没有中断。

黑陶 黑色陶器。原始社会新石器时代仰韶文化就已开始生产，但数量很少，胎体较厚，颜色不太黑。长江流域的河姆渡文化、大溪文化等新石器时代文化生产一种夹炭黑陶，质地比较粗松。黑陶主要流行于父权制氏族社会的龙山文化、屈家岭文化，造型精美，漆黑光亮，胎壁较薄，有的薄如蛋壳，称为蛋壳黑陶。黑陶的原料是中砂性粘土、河流沉积土，经过精细的淘洗、充分的提炼和陈腐，陶坯成型以后要仔细修刮和打磨。在陶窑中焙烧时，开始用氧化火焰，使胎体硬结，在烧窑即将结束时，火焰控制为还

4. 良渚文化黑陶盖罐

庄，线条优美，通体墨黑，熠熠发光，工艺难度比红陶、灰陶和彩陶要高得多。黑陶生产主要用快轮成型，其主要生产时间为公元前 2700 年至前 2000 年前后，商、周、战国、秦汉时期也都有生产。

6. 龙山文化陶寺类型彩绘陶蟠龙纹盆

5. 龙山文化蛋壳黑陶高柄杯

蛋壳陶 新石器时代晚期山东龙山文化的一种精品陶器，因器壁薄若蛋壳而得名。最早发现于山东章丘城子崖龙山文化遗址，主要流行于山东省东部地区。最典型的器形为宽折沿、粗柄包住杯身下半部的高柄杯，此外还有单耳杯、豆形器等。其制作规整，通体漆黑光亮，器壁仅厚 0.3～1 毫米，烧成温度达 1000℃ 左右，显示了极高的工艺水平。详见"黑陶"。

彩绘陶 烧成后装饰彩绘图案的陶器。彩绘陶始于新石器时代晚期，常用的色彩有红、黑、黄、白、赭等，色彩绚丽，因绘制后不再烧彩，所以彩绘极易磨损脱落。彩绘陶主要是在泥质灰陶上作画。首先将陶器修整光滑，然后将彩绘颜料粉碎磨浆，添加适量

植物胶，在器表描画图案。彩绘最常见的底色有 3 种：黑地以墨打底，红地以朱砂或铅丹打底，白地多用白粘土打底。也有个别为黄地，主要颜料是五氧化二磷或硫化砷。彩绘陶通常为黑地绘红白彩，红地绘黑白黄彩，白地绘红黑彩，底色与彩绘的搭配多绚丽斑斓，协调醒目。新石器时代晚期长江流域的屈家岭文化、马家浜文化，黄河流域的陕西、河南、山东龙山文化都出土彩绘陶器，尤其是龙山文化陶寺类型遗址，凡泥质陶盆、壶、瓶、罐、盘等均施彩绘。彩绘陶以黑、褐、红色为地，用红、白、黄、绿色矿物颜料绘图案。纹饰以几何图案为主，有圆点、条带、云纹、涡纹、回纹等，也有一些构思复杂的图画，如蟠龙、变体动物纹等。彩绘蟠龙纹陶盘代表了当时的最高水平。战国、秦汉时期是彩绘陶发展的繁荣时期，无论南方还是北方，墓葬中常陪葬彩绘陶。壶、豆、盘及鼎、尊的盖等几乎通体绘彩，颜色丰富，纹饰复杂。如洛阳汉墓出土彩绘陶壶，以红、白、黄、赭色在壶的不同部位分层绘出宽带纹、锯齿纹、绦纹、云纹、双线三角纹、圆点纹，构成上下连接通体的图案，颜色搭配协调，纹饰布局紧凑合理。此时期彩绘常见纹饰还有 S 纹、雷纹、蛇纹、虎纹等，特点是周身布满纹饰。另外还出现写生人物故事彩绘图案，河

南密县后郭村出土东汉陶仓楼正面彩绘地主收租图，图中绘4人，其中2人正往粮袋中装粮，身边有斗、斛、粮堆。两侧各1人，均头裹平帻，身着黑衣，左侧1人双手执箕，右侧1人腰间佩剑。背面为彩绘饲马图。彩绘陶还大量用于随葬陶俑。秦始皇陵及西汉杨家湾大墓出土上千件兵马俑，均施有彩绘，只是施彩方法不如器物描绘仔细，而是整片涂抹，追求整体效果。唐代彩绘陶已走向衰落，仍延用的器形主要有塔形罐、卷沿罐、盆、碗等。受佛教影响，纹饰多用仰、覆莲花，也有少量菊花、梅花。河南陕县出土塔形罐通体施白衣，盖钮绘红彩，盖沿部以双黑线勾覆莲纹，罐口点红彩，肩部以双黑线勾覆莲纹，其下为黑条带云纹，腹部为上下交错的6朵红彩菊花，底部为双黑彩仰莲纹，其座束腰部为黑彩条带云纹，足为双黑彩覆莲纹。花纹上下呼应，腹部红彩醒目突出，华丽精美。同时期其他墓中出土的卷沿罐彩绘纹饰也与之相似，只是有的腹部花纹不同而已。唐代随葬生肖俑大都施彩绘，有些三彩俑面部也多在烧成后施彩绘。唐以后彩绘陶不常见，彩绘花纹潦草简单，至明代消失。

白陶 用白粘土作胎烧成的陶器，因其胎中氧化铁含量低，仅约1.6％左右，所以烧成后胎呈白色。白陶最早见于湖北大溪文化汤家岗遗址，至仰韶文化晚期、黄河流域中下游的大汶口文化和山东龙山文化比较流行。商代中晚期白陶得到较大的发展，不仅黄河流域的河南、山西、河北、山东等地商代墓中常有出土，而且在长江流域的湖北盘龙城、江西清江筑卫城也都有发现。西周以后各地几乎均不见白陶。大汶口文化的白陶以坩子土为原料，胎土有的较粗，烧成后呈白色或粉红色，也有的呈黄色。此时白陶基本采用轮制成型，器形复杂者采用分部位制坯，然后用泥浆粘接成型。如筒形柄豆，豆盘与柄先分制，然后粘接，修坯，经修饰后不见接痕。此时主要器形有袋足

鬶、三足盉、宽肩壶、筒形豆。这个时期的白陶以素面为主，个别鬶、盉腹部贴有附加堆纹，既起加固作用，又有一定的装饰效果。商代晚期白陶得到较大的发展，胎土选料精，胎质细腻。个别白陶以高岭土为原料。器物成型均为轮制，器壁薄厚均匀。大、中、小墓中常有白陶随葬。据考古发掘出土的白陶器分析，商代白陶大体分粗细两种。粗者为小型墓葬中的鬶、盉、斝、爵、罐等生活用具，其工艺粗糙，器形不甚规整。细者多见于安阳殷墟大中型墓葬，有鬶、盉、斝、爵、罍、壶、卣、觯等。这些白陶不仅造型

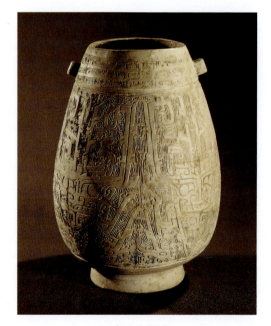

7. 商代白陶壶

好，而且制作工艺要求极精。如安阳殷墟出土牺首雷纹白陶罍，制作得几乎与当时贵重的青铜器一样庄重精美。商代晚期白陶纹饰除常见的附加堆纹，还有拍印的绳纹、刻划的人字纹，有些细白陶壶等器身出现仿青铜礼器的纹饰，如饕餮纹、夔龙纹、蝉纹、云纹、变形云雷纹等。安阳殷墟出土、现藏美国华盛顿弗利尔美术馆的牺首夔龙雷纹白陶罍，即刻有3层纹

饰，双鼻及双耳为贴塑兽首，其肩宽而圆，刻有 4 条夔龙，腹部刻有雷纹，雷纹中剔出龇纹。精美的造型、繁缛的图案，代表了商代白陶制作工艺的最高水平。白陶虽在中国陶瓷发展史上昙花一现，但它确有自己的独特风格，并为瓷器的出现奠定了技术基础，无愧为中国陶瓷史上的一枝奇葩。

印纹陶　汉以前中国南方普遍使用的一种表面拍印几何图案的陶器。印纹陶始见于我国南方新石器时代晚期，江西山背文化跑马岭遗址、福建县石山文化下层及广东石峡文化下层均发现有印纹陶。商周时代，印纹陶得到较大的发展，战国时开始衰退。根据考古发掘资料统计，新石器时代晚期的印纹陶出土数量约占同期陶器的 5% 至 8%。纹饰一般为阳纹，印痕松散粗浅，不够规整。纹饰种类少，主要有方格纹、漩涡纹、重圈纹、曲折纹、网纹、编织纹、水波纹。纹饰的制作方法是先用陶拍和抵手将器表拍平，再用陶印模拍打出印纹。陶印模有圆、方、长方、椭圆及蘑菇形。刻划纹饰有篮纹、方格纹、叶脉纹。进入阶级社会，上述地区印纹陶得到发展，不仅数量种类有所增加，而且质量也有很大提高。陶质以灰陶为主，纹饰规整清晰，印痕深浅一致。因文化不同，纹饰种类有所差别，江西一带有网结纹、划纹以及细绳纹与圈点组合纹。广东地区有乳钉纹及少量布满全身的组合纹。福建地区出现叶脉纹、横人字纹、间断条纹、篦纹等。纹饰制作延续早期的拍打印纹法，但注意到每组纹饰间的修整。商代晚期至春秋时期，是南方印纹陶繁荣发展时期，印纹陶数量空前增长，纹饰种类繁多，较盛行的有曲折纹、回字纹、大块云雷纹、夔纹、菱形纹、凹窝纹、凸回字纹等，其中大部分为浮雕式阳纹，生动鲜明有立体感。这个时期几乎所有的陶器身上都拍印有两种以上的组合纹，纹饰粗深有力，简洁利落，清晰协调，富于变化。其中以一种纹饰为主，主体花纹饰于器物醒目部位，另外再配

一种或几种陪衬纹饰，陪衬纹饰多饰于主体花纹上、下部，起辅助烘托作用。常用的纹饰组合有夔龙纹与凸回字纹、篦点凹窝纹与云雷纹、凸菱形纹与卷云纹、水波纹与同心圆纹、夔龙纹与勾连纹、曲折纹与宽带兽面纹等，多达数十种。纹饰拍印技术与装饰手法得到很大提高，每组纹饰相接处吻合严密，修整细腻，纹饰粗细深浅一致。到了战国时期，随着南方制瓷业的迅速发展，各地印纹陶骤减，纹饰由繁至简，逐步走向衰退。延续下来的纹饰有米字形纹、方格纹、圆圈纹等。而此时，青瓷以造价低、美观耐用、易清洗等优点得到空前的发展。汉以后印纹陶终于被青瓷取代。

8. 春秋印纹硬陶罐

印纹硬陶　用含铁量料高的粘土制作、表面拍印几何图案的陶器。其烧成温度比一般陶器偏高，温度高的烧成后呈紫褐色，低的呈灰褐或黄褐色。个别胎体烧结程度高的扣击可发出金石之声。印纹硬陶始见于江南地区新石器时代晚期，如江西清江筑卫城遗址中层。商周之际印纹硬陶在江南一带得到较大发展，江苏、浙江、福建、广东等地大量出土，从器形到纹饰普遍存在由少至多、由简变繁的发展过程。汉代长江以南地区仍有印纹硬陶存在。黄河流域印纹硬陶的

出现晚于白陶，河南偃师二里头文化上层、郑州二里冈上层商代遗址均发现少量印纹硬陶；在相当一段时间内，印纹硬陶与白陶并存。殷商之际白陶得到发展，出土器物质高量多，印纹硬陶却不见增长趋势。印纹硬陶采用泥条盘筑法成型，器形不规整，器壁薄厚不均匀，其耳、鼻等附件一般为捏塑成型后，再用泥浆粘贴在器物上。其纹饰为拍印而成，在盘筑的坯胎上，用抵手抵住器物内壁，并用刻印好纹饰的陶拍依次拍打器物外壁，既使泥条紧密粘结，又在外壁形成拍印纹饰。新石器时代晚期印纹硬陶主要器形有鼎、罐、豆、壶等，主要纹饰有方格纹、曲折纹、圆圈涡纹、叶脉纹。印纹粗浅，纹饰凌乱。商周时期黄河流域印纹硬陶主要器形有圆肩深腹瓮、小口圆肩深腹罐、圆腹尊、折腹尊、直口罐。西周至春秋器形无明显变化，且出土量渐少。纹饰主要为叶脉纹、方格纹、绳纹。长江中下游的湖北、湖南、江西、福建等地的印纹硬陶除有与北方相似的瓮、罐、尊，还有小口卷沿圜底釜、深腹碗、直壁杯、高柄豆等。纹饰常见的有云雷纹、叶脉纹、大方格纹、曲折纹、回纹、菱形纹、波浪纹、夔龙纹、席纹等。商周时期在南方还出现印纹硬陶与原始青瓷同时存在的情况，春秋战国时期也有印纹硬陶与原始青瓷同在一个作坊生产的现象，这些情况反映出印纹硬陶与原始青瓷有着密切的关系。

夹砂陶　胎体含砂粒的陶器，是选择含砂量较大的陶土，或在泥料中掺细砂作羼和料制成的，新石器时代开始生产。陶胎含砂能提高陶器耐热急变的性能，不但能在高温焙烧下不变形，而且制成的陶器再次受热也不碎裂，可作炊器，如陶罐、陶鼎、陶甑、陶瓶、陶鬲等等。在新石器时代，这类陶器在改进人们的生存环境，由茹毛饮血的生食习惯改为熟食，起了巨大的作用。夹砂陶质地较粗，主要成型方法是泥条盘筑法和轮制成型法。夹砂陶有红陶和灰陶，为使

胎体致密，常在器表拍印绳纹、席纹、方格纹。在肩腹接缝处作出附加堆纹。这些纹样虽然比较粗糙，但与粗犷的器形、含砂的胎质和炊煮的使用功能很协调。夹砂陶在陶器生产中历史最为悠久，距今10000多年的河北徐水南庄头遗址和距今11000多年的江苏溧水新石器时代遗址发现的陶器及陶片就是夹砂陶。此后的各个历史时期，生活用具发生了巨大的变化，但夹砂陶器一直在生产，至今仍然使用，如砂锅、煎药器皿等。

泥质陶　用中砂性粘土作原料，质地细腻，成型稳定性好，成品中含砂量极少的一种陶器。器物种类有碗、盘、钵、盂、瓶、罐、杯等饮食用具和储藏器具。因烧成气氛和内含成分的不同，又可分为灰陶、红陶、黑陶、彩陶和彩绘陶，白陶也属于泥质陶的范畴。泥质陶从距今8000年左右的新石器时代开始，至今还在生产。新石器时代的泥质陶成型工艺有手捏成型法、泥片贴筑法、泥条盘筑法和陶车成型法。泥条盘筑法和陶车成型法一直延续到今天，技术有所改进，但工艺原理仍然没有变化。

磨光陶　采用打磨技术加工，表面富有光泽的陶器。仰韶文化、马家窑文化的彩陶坯体成型后，要经过初步的打磨，把凹凸不平的表面填平补齐，然后彩绘，彩绘以后又要打磨，使彩料渗进胎壁，结合密实，烧成后不致脱落，还会有一定的光泽。龙山文化、屈家岭文化的黑陶，尤其是蛋壳黑陶和蛋壳彩陶，表面致密，有温润的光泽，是磨光陶器最优秀的代表。制陶泥料无论北方还是南方所产，成分都很复杂，里面包含石英、云母、玛瑙、砂岩等细致颗粒，这些坚硬颗粒的表面都有反光作用，它们在胎体表面排列零乱，干扰了反光效果。制陶人用鹅卵石、骨片或硬木棒等工具，在坯体成型、含水份在11～13%的时候顺着一定的方向反复打磨，使胎体致密，上述反光微粒排列方式也由零乱到有序，对照射到胎体上

光线的反射由漫反射变成一定程度的平行反射。光线的平行反射给人的视觉感受就是温润的光泽。这就是磨光陶器的工艺原理。新石器时代磨光陶器的典型代表是龙山文化的黑陶、大汶口文化的白陶、良渚文化的黑皮陶。进入阶级社会以后的许多灰黑陶、黑皮陶、白陶也经磨光处理，表面闪闪发光。如河北省平山县中山王䦅墓出土的一套黑陶礼器，有鼎、盒等，烧成温度不高，但用渗炭法使之漆黑光亮，在装饰花纹的部分打磨得光彩悦目，而花纹以外的部分则质地粗糙，把花纹衬托得更加美丽。

9. 东汉绿釉水波纹陶壶

釉陶　施有低温铅釉的陶器的总称，出现于西汉时期，经历了从汉代的单色釉陶，到北朝时的双色釉陶，再发展成唐、宋、辽时的三彩釉陶的过程。其釉以铁、铜、钴的氧化物作着色剂，以氧化铅作助熔剂，烧成温度约700℃～900℃，烧成后呈现黄、绿、蓝等色，釉层透明，釉面光亮，但化学稳定性较差，不适合作实用器皿，多用作冥器。

建筑陶　用于建筑的陶制品。包括陶水管、陶井

圈以及砖、瓦等建筑构件。已发现最早的建筑陶是新石器时代出现的套接式输水管，类似的陶水管在以后的偃师二里头、郑州商城、安阳殷墟商代遗址中都有发现。殷墟还出土一种三通水管，即在两端口径相等的水管中部一侧开一圆孔，在圆孔处又粘接半截水管，其用途与现代三通管相同。陶井圈约始于战国时期，陶瓦、陶瓦当和砖始见于西周时期。琉璃瓦则始见于北魏时期。我国素有"秦砖汉瓦"之说，秦汉时期的建筑陶在制陶业中占有重要位置，其中最有特色的是画像砖和饰有各种纹饰、文字的瓦当。在秦都咸阳宫殿建筑遗址，以及陕西临潼、凤翔等地，发现了众多的画像砖，大多数砖面上饰有米格纹、太阳纹、小方格纹等图案，以及游猎、宴客等画面。汉代画像砖的制作更为普遍，表现内容更加丰富，如阙门建筑，各种人物，狩猎、乐舞、杂技、车马、宴饮、驯兽场面，神话故事以及生产活动等。秦汉瓦当，特别是汉代瓦当喜用文字装饰，内容多为吉祥语，如"长乐未央"、"万寿无疆"等。秦始皇陵出土的大瓦当，纵47.5厘米，横61厘米，是目前发现最大的瓦当，有"瓦当王"之称。

10. 战国半瓦当

瓦当　陶质建筑构件，是古代建筑物檐头筒瓦前端的片状瓦头，有遮挡风雨侵蚀、保护延长建筑物寿

命的作用。瓦当源于中国，日本、朝鲜的古建筑物上也普遍使用。始见于西周中晚期，陕西扶风西周中晚期召陈建筑遗址发现的大量瓦当，是迄今所见最早的瓦当。瓦当直至明清时代仍被沿用。瓦当一般用黄土烧成，因胎厚，烧制时间较长，火候较高，故胎质坚硬呈铁灰色，色泽表里如一。瓦当初为半圆形，战国晚期出现圆形，秦汉时圆形逐步代替半圆形。半圆瓦当的制法是先用泥条制成圆片形瓦头，然后在瓦头边缘盘筑成筒，再用细绳或竹、木刀将圆筒剖成两半。战国至秦时的圆形瓦当，最初是先制出瓦当心，然后用泥条粘压在筒瓦上；后期采取瓦当心与边轮一次范制成，接于筒瓦上。这个时期的瓦当边栏窄，当面小。汉代瓦当采取整体结构一次成型，瓦当边栏宽，当面最大。由于时代与地域不同，瓦当在式样与纹饰上也存在着明显差别。陕西省扶风县召陈村出土的西周中晚期半瓦当大部分为素面，也有些刻划粗绳纹、细绳纹及重环纹。战国时期瓦当各地出土不少，多数带花纹或文字，燕国以饕餮纹为主，齐国以树形纹最多，周也以饕餮纹为主，但已简化，仅突出其双目。秦瓦当纹饰取材广泛，山峰云气、禽鸟鹿獾、鱼龟草虫皆有，图案写实，简明生动。秦始皇统一中国后大兴土木，咸阳、临潼、西安出土的大量瓦当正是极好的例证。这时的瓦当纹饰以动物形象居多，有鹿、四灵、双獾、夔凤、鸿雁、鱼及变化的云纹。画面写实与写意相融，图案构思设计巧妙，有将画面一分为二，也有一分为四的，在对称中求变化，均衡自然，富于生气。汉代瓦当艺术达到顶峰。纹饰题材有四灵、翼虎、鸟兽、昆虫、植物、云纹、文字及云与字、云与动物等。出现了以瓦心乳钉分隔画面的布局形式。带字瓦当有一字至十二字不等，内容有吉祥语如"长乐未央"、"与天无极"等，也有标明建筑物宫殿、署、陵寝等名称与用途的。图案大都表达某种理想和意愿。魏晋南北朝瓦当的当面较小，纹饰以简云

纹为主，文字瓦当锐减。随着佛教传入中国，瓦当纹饰出现忍冬与莲花。唐代莲花纹瓦当最常见，文字瓦当几乎绝迹。宋代始用兽面纹瓦当。明清多用蟠龙纹瓦当。

11. 东汉农作图画像砖

画像砖　带有模印绘画的砖，是东汉时期大型墓葬中，嵌在墓壁上用于装饰墓室、炫耀墓主身份与地位的建筑装饰材料。画像砖的产地主要集中在四川省的成都平原地区，其他地区发现的数量和品种都较少。有的墓葬全用画像砖装饰，有的与画像石并用，画面内容与画像石大体一致又互相补充。画像砖多为方形、长方形。方形砖长、宽一般在40～50厘米左右，制作较精。长方形砖一般长50、宽30厘米，工艺较粗，图案简单。画面的制作方法用陶模压印而成，根据内容需要施彩绘。画像砖的画面内容，生动地反映了汉代社会现实情况、风俗习惯和精神信仰。题材内容有：一、反映农业、副业、手工业和商业活动，如播种、收获、桑园、采莲、采盐、煮盐、射猎、市集交易、践碓舂米、酿造。二、表现墓主人身份和经历，有车马出行、尊老养贤、讲学授经、借贷等。三、表现墓主人生前居住的高门大宅和享乐生

活，如楼阙、宅院、粮仓、庖厨、宴饮、乐舞百戏等。四、神话故事，如伏羲、女娲、西王母、仙人六博等。五、描绘社会习俗方面的内容，如树下成群男女相会的高禖图，反映出一种原始风俗的遗痕。在墓葬中，靠近墓门处为门阙内容的画像砖，向内依次为车马出行、生产活动、享乐和神仙故事等内容的画像砖，多嵌在后室或侧室较高的位置上。画像砖除四川地区，还在陕西、江苏、江西、湖北、云南等地东汉墓中有所发现，装嵌在砖室墓中，画像位于小砖侧面，内容多为仙禽神兽、车骑、祥瑞图以及荆轲刺秦王等历史故事。画像砖艺术在三国两晋南北朝仍然存在，如河南邓县后庄村南北朝时期的画像墓葬，墓砖侧画面墨书"家在吴郡"等语，推测为南朝墓，墓室及甬道均用莲花花纹砖砌成，嵌砌模印加彩的画像砖。画像内容有兽面、飞天、持刀门吏、玄武、步骑鼓吹、牛车出行、孝子故事以及与有关佛教的内容。南京地区东晋、南朝墓中，还用画像砖拼出大幅砖画。如1960年发掘的南京西善桥南朝初年墓，用模印砖拼出"竹林七贤和荣启期"等画面，其他画像砖还有佛教方面的内容。这些画像砖是研究东晋、南朝绘画艺术和服装的重要资料。

陶俑 在坟墓中陪葬死者的陶质人形。为了炫耀墓主人生前的身份、财富、精神信仰，商周时期习惯用活人殉葬，春秋战国逐渐用模拟活人的俑来代替，其中用陶泥制作，经火烧成的人物形象即为陶俑。秦汉陶俑制作精细，形体硕大，风格写实，多表现巨大的军阵场面。一般墓葬也常出土陶人陶马、奴仆武士、舞乐杂技人物，汉代还有表现豪强大族财富和权势的坞壁楼橹、高楼深宅、庖厨圈舍及家禽的模型。这些陶塑模型很多是以群体形象出现的。三国两晋南北朝除上述陪葬俑，又增加了镇墓兽、步骑鼓吹俑，抚盾执兵俑，以及甲骑部队、鞍马骆驼、毛驴牛车等模型。南方从西晋开始，出现了青瓷俑，内容相似，

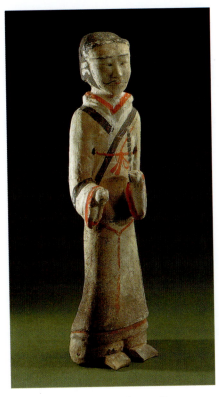

12. 西汉彩绘陶仪卫俑

但以夸张的手法塑造各类形象，有强烈的地方特点，如持刀握盾的部曲家丁，衣着简洁灵便，赤足；相对踞坐，执笔握简，作阅读书写状的文史俑。广西一带东晋南朝大族墓中的俑，除成列成队的骑马、执旗、举戟、握刀武士俑，还有肩舆模型。隋唐五代，以精细雕塑、华贵妆銮打扮陶俑，不仅有彩绘陶俑，还有精美无比的三彩釉陶俑。陶俑内容有文官武吏、乐队仪仗、男仆女侍、行商艺人以及外国的遣唐僧侣、使臣、客商、丝绸之路载运货物的明驼骏马，再现了唐人的社会生活。唐代的陶俑艺术达到历史的高峰。宋朝以来，墓葬中的纸糊冥器增加，陶俑减少，制作日趋简单。元明时期陶俑使用更加减少，但仍然沿用，有的墓葬陶俑更是把墓主人生前役使的奴婢、使用的仪仗、起居房舍、出行车轿完全塑出来，浩浩荡荡，逼真而详尽地记录了社会生活。陶俑是社会发展的产

物，是社会各个阶层生活习俗、意识形态、经济活动的生动记录，也是陶塑艺术发展历史的重要资料。

13. 唐三彩生肖俑

生肖俑 俑的一种，以 12 种动物形象分别代表十二地支。多放置于墓室四壁小龛内。一般为陶瓷制品，亦有少数为石制。最早的生肖俑为陶质，见于北朝时期，形象是单纯的动物形。隋代出现青瓷与白瓷生肖俑，形象演化为端坐的动物首人身形象。唐代流行身着袍服站立的动物首人身或怀抱不同生肖动物的人物形象，品种更为丰富，有陶、三彩、瓷等。唐末至宋，演变为在人物冠上饰以动物形象。宋代以后逐渐消失。清代圆明园大水法中尚有石雕的十二生肖形象。

陶模型 ①用陶瓷制作的模仿实际生活环境、生产工具的雕塑制品，如东汉流行的陪葬冥器房屋、院落、仓库、假山、厕所、鸡笼、狗舍、井架、杵臼、田园、水榭等。模型以陶质居多，瓷模型极少。②陶瓷生产中用来制作陶范的内模，如唐代作陶俑范的内模，定窑、耀州窑中作坯体印花的模子，也称陶模型。

琉璃 ①古代指玻璃器。②陶胎琉璃釉制品，是一种低温釉陶器。釉色有黄、绿、蓝、紫、白等几种，多作建筑构件、供器和日用器皿。琉璃早在战国时已出现，唐代至辽代较为流行，明清时继续烧造，

14. 东汉陶楼

15. 元琉璃镂空三彩熏炉

今日仍然延用。主要产于我国华北的山西、陕西、北

京地区。琉璃釉以铅为助熔剂，以铁、钴、锰、铜为着色剂，再配以石英等制成。琉璃器先烧素坯，挂釉后二次入窑低温烧成。元代以前，由于琉璃釉只有着色剂、助熔剂和一定量的土料，所以釉面无光泽，易风化，尤其是受到水份中碳酸气的侵蚀，釉面很快会剥落，因此宋代琉璃只作为少量建筑构件，至于器物传世者几乎不见。元代以来，琉璃釉中加入了适量的石英、玻璃等原料，釉料变成三元配方。这样不仅光亮增加，而且耐腐蚀，釉面更加强固，即使长年风雨侵袭，仍能保持其色泽，故明清两代被大量用在宫殿、庙宇、陵墓、佛塔等建筑上。此外，还用来制作缸、香炉、牌位等器。在琉璃器基础上，元代发展出了珐华的新品种。历代琉璃器都以砖、瓦、鸱吻等建筑构件为主，用各色琉璃构件叠砌出照壁、屋面、佛塔等建筑。著名的琉璃建筑有开封宋代相国寺琉璃塔、大同明洪武九龙壁、南京明永乐大报恩寺塔，以及北京故宫的部分建筑。山西遗留的琉璃建筑最多，位于解州关帝庙，赵城广胜寺，阳城寿圣寺，晋城会海寺，介休城隍庙、五岳庙，平遥南神庙、双林寺，太原晋祠纯阳宫、崇善寺等处。山西明代的琉璃制作最为兴盛，出现过许多名匠世家，如平遥张家、侯家和阳城乔家等，他们制作的琉璃器上大多留有名款。

珐华器 施珐华釉的低温彩釉陶器，亦简称"珐华"。见"珐华釉"。

紫砂 用江苏宜兴丁蜀镇所产的一种质地细腻、含铁量高的特殊陶土紫泥烧成的无釉陶器，也指这种陶器的质地。其胎质坚实细密，颜色为红褐色、淡黄色或紫黑色。主要产品是茶壶。紫砂区别于一般概念的陶器，首先是原料与一般陶器所用的粘土不同，而是高岭-石英-云母类粘土。其特点是含铁量高，同时还具有多种矿物元素；其次是烧成温度比一般陶器高，介于1100℃～1200℃之间。由于胎体由石英、赤铁矿、云母等多种矿物质组成，高温烧造时各种矿

16. 明珐华花鸟纹罐

17. 明嘉靖紫砂提梁壶

物质通过分解、熔融、收缩发生了质变，产生大量团聚体及少量断断续续的气孔。经科学检测其气孔率介于陶器与瓷器之间，吸水率小于2%。紫砂陶化学成

分的组成注定了其具有良好的物理性能，突出表现在它的透气性适当，耐热性和隔热性强，冷热骤变时不易炸裂。紫砂起源于明代中叶，其迅速勃兴是由于明代饮茶方式由烹点饼茶改变为冲泡散茶。泡茶需用新式茶具茶壶。紫砂的特性可使茶味得到最佳发挥，最适合制作茶壶；并且因紫泥的可塑性强，茶壶造型可随心所欲地变化。紫砂壶逐渐被精于茶理的文人士大夫所关注，并有人参与设计制作，赋予它文人艺术品的性质。史籍记载最早的紫砂艺人是明代正德年间的书童供春，此后有万历年间的"四大家"董翰、赵良、元畅、时朋，成就最高的是时朋之子时大彬，他的作品，标志着紫砂壶艺的成熟。大彬的弟子李仲芳、徐友泉也是明代制壶名手。清初则以陈鸣远为代表。清嘉庆溧阳县宰、书法篆刻名家陈曼生对紫砂艺术的发展升华起到了重要作用，由他设计、制壶艺人杨彭年等人制作的紫砂壶，世称"曼生壶"，开创了紫砂壶艺与诗、书、篆刻相结合的新路。历代工匠都有在壶底、壶把下方等处落名款的习惯，明代多为阴刻，清代改为钤印。墓葬出土所见最早的一件紫砂壶，是南京市博物馆藏南京中华门外明嘉靖十二年太监吴经墓出土的提梁壶，此壶泥质较粗，泥色紫褐，沾缸坛釉泪，从而证明史籍记载早期紫砂器未装匣钵，与缸坛等器同烧的事实。紫砂壶多用手工制作，以泥片镶接法成型，也有模制的，造型变化多样，不受时代局限，有简洁的几何形体，也有吸取梅桩、竹段、瓜果等自然形象的造型，清康熙、乾隆年间尚有造型、泥色皆模仿自然的象生器。在紫砂器上施加装饰出现于清初，多为用竹刀刻划铭文和绘画。铭文内容有诗句，也有仿商周青铜器铭文。绘画有梅、兰、竹、菊、山水、人物等。紫砂一般不施釉，清乾隆至道光年间，一度有在紫砂器上施宜钧釉、用珐琅彩绘图案和在器表包锡的装饰，还有用黄、褐两色泥相绞做成的绞泥紫砂器以及用浅色泥在紫褐色器物上绘画

的泥绘工艺。除了各式茶壶，紫砂还用来制作茶杯、花盆、文具、挂屏或陶塑等。

供春壶　明代宜兴紫砂创始人供春制作的紫砂陶壶，人称供春壶。供春，明代人，又名龚春，相传在正德（1506～1521 年）年间为宜兴人吴颐山家书僮。吴颐山到宜兴东南四十里的金沙寺读书时，供春伴随左右，窃仿寺内老僧炼泥制壶，尤其吸取其质朴典雅的风格，他精心研制后改进工艺，水平大大提高。金沙寺僧制作的紫砂陶壶表面有明显的指螺纹，可能尚属一般土器，工艺比较粗糙，而供春做出的紫砂陶壶增加了原料的精细捏炼、拍打、磨光等工序，逐渐成为一种品质高雅的茶具。明周高起《阳羡茗壶系》赞供春壶"栗色闇闇，如古金铁"。从供春开始，宜兴紫砂陶壶成为我国独特的茶具品种，自成体系。供春壶明代已成为凤毛麟角，被视为珍宝，后代更是仿品众多。现存供春款紫砂壶中，只有中国历史博物馆所藏树瘿壶流传有序，它状如树瘤，泥色暗黄，壶身近把手一侧刻篆书"供春"款，曾由清光绪年间翰林、收藏家吴大澂收藏，民国初年由宜兴人储南强在苏州发现，由宜兴工匠裴石民配制壶盖。但终因证据不足，对其年代考证仍有争议。

大彬壶　明代宜兴制壶名家时大彬所做的紫砂陶壶。时大彬，号少山，明万历时人，他制壶所用的陶土很考究，要寻找优良土，绝不马虎，炼泥时还要掺进适量的砲砂以增强成型稳定性。时大彬常游于文人雅士间，文化修养较高，技巧娴熟。他制作的陶壶造型简洁，典雅质朴，修整打磨精细，烧成后质地温润，色泽沉稳质朴，尤其是壶盖和壶体口沿扣合严密，绝无歪扭变形、松散晃动之感，令人称绝。明周高起《阳羡茗壶系》、清吴骞《阳羡名陶录》等紫砂专著中，都对大彬壶倍加赞誉。大彬壶传世很多，形制和泥色多种多样，但历代仿品甚多，真伪难辨。江苏无锡、扬州、福建漳浦、陕西延安等地明墓中陆续

18. 明时大彬制紫砂三足壶

出土了时大彬名款紫砂壶，其共同特点是紫泥中含有未烧熔的云母颗粒，说明烧成温度尚未达到后代的高度。其造型小巧质朴，变化多样。底或壶把下方刻阴文楷书名款"大彬"或"时大彬制"。大彬壶在紫砂壶的发展历史上，处于承上启下的重要时期，把紫砂工艺推向成熟，进入一个更高的境界，使紫砂壶成为艺术陶瓷的一个独特品种。

19. 清陈曼生制紫砂扁壶

曼生壶 清代宜兴著名紫砂艺术家陈鸿寿设计的紫砂茶壶。陈鸿寿，号曼生，浙江钱塘（今杭州）人，生于清乾隆三十三年（1768 年），卒于道光二年

（1822 年），是很有成就的文学家、书画篆刻家，属篆刻"西泠八家"之一。他从嘉庆二十一年（1816年）起，当过 3 年溧阳县宰，因酷爱紫砂艺术，亲自参与紫砂壶的制作，曾手绘各种紫砂壶式样图，由紫砂艺人杨彭年兄妹 3 人制作，世称"曼生壶"。曼生壶造型简练，造型取材寓意深刻，壶底多钤"阿曼陀室"篆书铭款，壶把下多有"彭年"篆书小印章。最有特色的是，多在壶体弧度最大的部位镌刻铭文。这些铭文或为诗句，或为三代青铜器铭文，由陈鸿寿本人及其幕僚书写、篆刻。曼生壶的艺术成就在于将紫砂壶与诗、书、印等文人艺术结合起来，提高了紫砂壶的文化品位。曼生壶在社会上流传很广，除杨氏兄妹所做，还见有万泉、少山等其他工匠的名款。

宜钧 明清时期宜兴窑模仿宋钧窑变工艺的特点生产的一种类似钧釉的低温釉陶。造型精巧，釉光润泽，颜色变幻多姿。胎体有紫砂胎和白泥胎两种，均为产自宜兴地区的泥料。釉色有天青、天蓝、云豆、葡萄紫、月白等色，还有与广钧风格相似的花釉。宜钧釉的主要特点是釉料中加入含五氧化二磷的石灰汗作熔剂。此类物质既使釉料中呈色金属物质熔解，又产生美丽的颜色和乳浊感。呈色金属物质主要有铁、铜、钴、锰等矿物原料。烧造时生坯挂釉，一次烧成，温度大约在 1000 ℃ 以上，比烧唐三彩温度高。器物主要有盘、杯、腕、瓶、尊、盂、罐、炉等。明谷应泰在《博物要览》卷二《宜钧》条中说："近年新烧，皆宜兴砂土为骨，釉水微似，制有佳者，但不耐用。"明万历年间王穉登在《荆溪疏》中写道："近复出一种似钧州者，获值稍高。"明代末年制作宜钧的作坊很多，其中欧窑最为有名。清雍正四年（1726年）清宫造办处档案，记载清宫藏有一件"欧窑方花瓶"。乾隆时朱琰在《陶说》中写道："明时江南常州府宜兴欧姓者烧瓷器，曰欧窑。"宜钧釉普通的盘、碗、瓶、罐等日常生活用具，除圆形以外还有六角形、八角形、荷叶形等，表现出秀雅的江南艺术风格。为满足人们宗教信仰的需要，还塑造出各种佛像、菩萨、神仙人物等。宜钧与宋钧有本质上的区别。宜钧是低温釉陶，宋钧是高温烧成的瓷器。宜钧用氧化焰烧成，宋钧用还原焰。宜钧灵巧细腻，宋钧则表现出北方黄土地带的雄放风格。

广钧　又作"广均"，是明清时期广东佛山石湾窑仿宋代钧釉生产的一种釉陶器。石湾窑又称广窑，宋代在广东阳江县，明代转移到佛山石湾，从此创烧了钧釉陶器。清代广钧声名远播，在广东和东南亚各国深受人们喜爱。以陶土为胎，造型浑厚朴实，胎骨暗灰，釉厚而光润，釉色有很多创新，如翠毛蓝、玫瑰紫、墨彩、云霞红、葱点白、花釉等，而以仿钧釉艺术水平最高。广钧往往以几种色釉相配，施釉时先施底釉，再施面釉。在窑火中焙烧时，各种颜色的釉浸润、流淌、混合，斑驳灿烂，十分美丽。广钧虽为仿钧，但又不受钧釉的约束，改进工艺创造出富有地方

20. 明石湾窑钧蓝釉蟠螭纹瓶

特色的新品种。如一种在蓝釉上淋洒葱根白色的雨点状斑纹的釉色，叫做"雨淋墙"釉，艺术效果很好，名称也富有诗意。由于广钧胎料为陶土，故又称为"泥钧"。明代广钧主要生产碗、盘、瓶、罐等生活用具，其中精细者可成为陈设艺术品。明晚期广钧兴盛时一些作品上刻印着工匠或作坊主的名款，如"祖唐居"、"陈粤彩"、"杨升"、"可松"等。清代产品增多，除日用器具、文房用具，还有仿古工艺品和以渔樵耕读为内容的陶塑。常见的铭款，康熙时期有"两来正记"、"文如璧"等；乾隆前后有"大昌"、"沅益店"、"宝玉"、"琼玉"、"如璋"、"来禽轩"等；道光前后有"黄炳"、"霍来"、"冯秩来"、"瑞号"等。晚清也有仿明并钤上"祖唐居"铭款的作品。广窑釉陶工艺范围已远远超出仿钧，产品多样，是沿海地区一个深受人们喜爱的陶器品种。

瓷器　以瓷土为原料，经过配料、成型、挂釉、干燥、焙烧等工艺流程制成的器物。瓷器经 1300 ℃以上高温烧成，胎体烧结后呈白色或灰白色，致密坚硬，扣之能发出清脆的铿锵之声。胎釉结合紧密，釉层不易剥落，几乎不吸水。瓷器源于中国，早在 3000 多年前的商代即生产出原始青瓷，公元 2 世纪的东汉时已烧出比较成熟的瓷器。经过南北朝、隋唐，制瓷技术有了很大提高。宋元时期制瓷业大发展，当时窑口林立，瓷器品种繁多，北方定窑的白瓷，耀州窑的刻花青瓷，磁州窑的白釉黑花瓷，钧窑的窑变瓷以其丰富的装饰技法构成了北方瓷器的独特风格。南方景德镇的青白瓷，龙泉窑的粉青、梅子青，建窑的兔毫、油滴，吉州窑的玳瑁、剪纸漏花等也都各具千秋。明清时期制瓷业更加繁荣昌盛，制瓷工艺又有了改革创新，出现了脱胎、半脱胎器及釉上彩与釉下彩相结合的装饰技法。器形种类层出不穷，装饰技法与题材丰富多样，釉色更是品种繁多，色彩纷呈，开创了中国陶瓷史的新篇章。瓷器根据釉色可

分为青瓷、黑瓷、白瓷、彩瓷 4 大类。青瓷出现最早，烧制范围广，唐以前无论南方还是北方均以烧制青瓷为主。早期青釉为石灰水釉，釉层薄而透明。宋代起普遍改进为石灰碱釉，釉层厚且不透明。如南宋龙泉青瓷，釉色青绿，光泽温润，有玉质感。黑瓷在浙江宁绍地区东汉时期已烧制成功，北方则比较晚。黑瓷的主要着色剂是铁的氧化物，但其中微量元素氧化锰、氧化铜也起着重要作用。南方黑瓷氧化锰含量比北方高，黑釉呈深褐绿色或黑棕色，而北方黑瓷釉色漆黑且有光泽。白瓷最早出现于北朝，唐代已发展成熟，北方有些窑口的产品已达到胎薄釉润、光洁纯净的精品程度。宋代北方白瓷除素面器，还有白釉划花、剔花，白釉下黑彩及白釉红绿彩。明代德化白瓷独具特色，其釉色纯白，有的隐现出粉红或乳白，光润明亮似凝脂，被称为象牙白、鹅绒白或猪油白，颇负盛名。彩瓷有釉上彩和釉下彩之分，釉下彩主要有青花、釉里红。青花、釉里红兴盛于元代，明代继续烧制。清康熙时，釉下彩得到进一步发展，釉里红发色稳定，成品率大大提高，首创出青花、釉里红、豆青釉相结合的釉下三彩，色泽鲜艳，层次分明，艺术效果极佳。釉上彩创烧于宋代，明代釉上彩已很发达，最著名的如成化斗彩、嘉靖五彩。斗彩为釉上彩与釉下青花相结合，是当时的一项创新工艺。清代前期釉上彩颇多创新，烧制出釉上蓝彩、墨彩、五彩、金彩、粉彩、珐琅彩、素三彩及各种单色釉彩。这个时期彩绘、釉色并重，把瓷器装饰得更加美丽，使我国制瓷工艺达到顶峰。

原始瓷器　处于原始阶段的瓷器。原始瓷器皆为青瓷，故一般也称原始青瓷。见"原始青瓷"。

原始青瓷　处于原始状态的青瓷制品。原始青瓷由高岭土制胎，表面施石灰釉，经过 1200 ℃高温烧成。胎体烧结后呈灰白色或褐色，击之可发出清脆之声。早期瓷釉又称石灰水釉，是用石灰石粉碎后加适

21. 西周原始青瓷壶

量的粘土配制而成的。以钙的氧化物为主要助熔剂，三氧化二铁为主要着色剂，在还原焰中可烧成青绿色，在氧化焰中可烧成黄绿色或灰青色。青釉透明，表面有玻璃质层。胎与釉结合紧密，不吸水或吸水率低。我国早在 3000 年前的商代已经出现原始青瓷，最初发现于河南郑州二里冈下层文化遗址与湖北黄陂盘龙城商代中期墓中，商代晚期河南安阳殷墟、辉县琉璃阁，山东济南大辛庄、益都，河北藁城及江西清江吴城等处也都有出土。西周时原始青瓷制作工艺有所提高，出土范围更加广阔。江南地区原始青瓷出土量及器形比北方黄河流域多且丰富。战国时期原始青瓷生产得到较大发展，无论是数量、质量还是生产范围，都是前代所不及的。从器物出土情况和窑址调查看，原始青瓷产区以长江以南为主，其中浙江的江山、绍兴和萧山地区比较集中。由于原始青瓷胎中杂质较多，故烧结后胎中气孔偏大。又由于釉料配制简单，掌握烧造技术有一定难度，因此釉色不稳定。这些缺欠决定了它的原始性。直到东汉时期，原始青瓷

才发展为成熟的瓷器。原始青瓷多采用泥条盘筑法成型，器形不甚规整，胎薄厚不均匀。战国时期虽然采用轮制成型，但拍印纹饰后器物内壁凹凸不平，釉厚处呈青绿色，薄处呈灰青色。初期的主要器形有豆、碗、尊、罍、罐、盆、瓮、壶、簋、器盖等饮食器。北方由商至春秋，原始青瓷种类变化不大。江南地区在商代晚期器形种类明显增多，出现双耳簋、盂、浅盘、深圆腹圈足尊、盉等，战国时出现鼎、钟、盉、錞于等仿青铜礼器。江西清江吴城还出土瓷双孔刀及纺轮。器物多以素面为主，兼有水波纹、附加堆纹、叶脉纹、网纹、方格纹、篮纹、S纹、乳钉纹、圆圈纹等。

青瓷　釉面基本色调呈青绿色的瓷器。商代中期开始出现的原始青瓷，为我国最早的青瓷。东汉时期青瓷摆脱原始状态，进入早期瓷器阶段。三国两晋南北朝时期，青瓷工艺水平迅速提高，浙江上虞、绍兴、余姚、宁波、萧山、德清，江苏宜兴、均山，江西丰城等地广泛生产；北方河北、河南、山东也有生产青瓷的瓷窑。隋唐时期青瓷生产更加繁荣，工艺也比较成熟，著名的青瓷窑有越窑、婺州窑、瓯窑、岳州窑、洪州窑、寿州窑、长沙窑等。唐代诗人歌颂越

22. 唐越窑青釉花口碗

窑青瓷为"千峰翠色"、"嫩荷涵露"、"古镜破苔"。宋代青瓷生产巧夺天工，著名的青瓷窑有官窑、汝窑、龙泉窑、哥窑、临汝窑、耀州窑等，江西、广东、广西等省均有青瓷窑场。青瓷的胎和釉料中含氧化亚铁成分较多，一般都在2％以上，烧成后期要烧还原焰。瓷器胎色有深灰色、浅灰色、褐灰色等。官窑、汝窑、哥窑青瓷中有一种胎体含铁成分很高，胎色为褐黑色，即所谓的铁骨胎。明清景德镇生产某些青瓷，如仿哥釉、仿龙泉釉、仿汝釉、仿官釉，则为白胎。随着时代的发展，青瓷水平不断提高，胎体由粗糙走向致密，色调越来越浅淡。宋元时代钧窑瓷器也属青瓷系统，是一种二液分相釉，有窑变和乳浊现象。一般青瓷烧成温度在$1230 \pm 20\,℃ \sim 1300\,℃$，吸水率在0.5％～1％之间，釉层均匀光润。原始青瓷主要器形有碗、高足盘、罍、大口尊、罐、卣、鼎、钟等。装饰花纹有绳纹、席纹、附加堆纹、乳钉纹、龙纹等。三国、两晋、南北朝青瓷主要有碗、盘、多格盘、盏、盏托、壶、罐、鸡头壶、鹰形罐、谷仓罐、神兽尊、牛形灯、羊形器、莲花尊、蛙形水盂、辟邪、仙人骑兽水注、虎子、水盂、砚台等。瓷器装饰采用划、刻、捏塑、拍印等工艺技法。在浙江地区还发明了高温釉上彩和高温釉下彩美化瓷器。常见的纹样有弦纹、水波纹、斜方格纹、网纹、联珠纹、莲瓣纹、铺首、朱雀、玄武、白虎等。隋、唐、五代青瓷和社会生活贴近，讲究实用，碗、盘、壶、罐、瓶、盏、盏托、砚台、枕等生活用器成为产品的主流。装饰花纹有传统的刻、划、捏塑、模印等技法作出的朵花、卷枝蔓草、莲瓣、动物、植物、人物故事等，还有高温釉上彩、釉下彩工艺，开辟了瓷器装饰的新路。隋、唐、五代由于白瓷的飞速发展，瓷器生产的布局发生了很大变化，后起的邢窑白瓷与以越窑为中心的传统的青瓷分庭抗礼，形成"南青北白"的局面，但青瓷仍居主要地位。宋代由于定窑等一大批

白瓷窑系的发展，白瓷数量和品种超过青瓷；并因人们审美观念和饮茶方式改变，黑釉瓷器的地位也逐渐上升。但临汝窑、汝窑、官窑、龙泉窑、耀州窑、同安窑等青瓷窑系的制品仍然光彩夺目，龙泉窑以石灰碱釉的新工艺，制造出使青瓷釉色呈现出粉青、梅子青的极品。元、明、清景德镇成为中国瓷器生产的中心，白釉、红釉、蓝釉、蓝釉描金等瓷器高度发展，青花、釉里红、五彩、粉彩、素三彩等装饰倍受人们青睐，青瓷生产减少了；尽管景德镇仿古代名窑青瓷十分优秀，但青瓷在社会生活中已失去了主导地位。

23. 唐邢窑白釉碗

白瓷 胎和釉均为白色的瓷器。白瓷要求胎、釉含杂质比青瓷更少，其中铁的氧化物只占 1%，或不含铁。以氧化火焰烧成，胎体白，釉层纯净而透明。中国白瓷大约在北朝时期出现，河南安阳北齐武平六年（575 年）范粹墓出土了最早的一批白瓷，有长颈瓶、四系罐等，具备了白瓷条件，但质地较粗，烧结不成熟，有的釉色泛黄或泛灰。河北内丘北朝瓷窑遗址出土的白瓷，有碗和四系罐，水平与范粹墓出土白瓷相似。隋、唐、五代白瓷工艺大踏步前进，一些隋墓如姬威墓、张盛墓、李静训墓出土的白瓷数量、品种和水平都超过北朝。隋代白瓷窑址有河北内丘、临城、河南巩县等地。在巩县窑附近发现一个窑藏，出

土了质量比较高的隋代白瓷深腹杯和双耳罐。唐代白瓷生产广泛发展，其中邢窑白瓷达到"如银似雪"的水平。唐代诗人皮日休在《茶瓯》诗中说："邢客与越人，皆能造兹器。圆似月魂堕，轻如云魄起。"邢窑白瓷在当时后来居上，与久负盛名的越窑青瓷并驾齐驱，形成"南青北白"的局面。邢窑白瓷上还刻有皇宫中储藏珍宝的御库"大盈库"的"盈"字，说明邢窑曾为皇宫烧贡瓷。唐代生产白瓷的窑口还有河南巩县窑、曲阳窑、鹤壁集窑、密县窑、登封窑、荥阳翟沟窑、郏县窑、山西浑源窑、平定窑、陕西铜川黄堡窑、安徽萧县窑、江西景德镇窑等。五代曲阳窑（定窑前身）快速发展，工艺水平提高，有的制品上刻"官"、"新官"字样，也有用褐彩写"菜玉"字样的。宋代白瓷高速发展，生产规模最大、影响最深远的是定窑。定窑白瓷胎薄釉润，有象牙般的质感，刻花层次清晰，划花如行云流水。它最早发明覆烧工艺，使产量猛增 4 至 5 倍。其他白瓷窑还有河北磁州窑、四川彭县窑、山西平定窑、阳城窑、介休窑、孟县窑、河南密县窑、登封窑、福建德化窑、安徽泗州窑、宿州窑等。辽金时代，北方上述河北、河南、山西等地的瓷窑继续生产，辽宁、江西、内蒙古等地受定窑、磁州窑的影响也生产白瓷。内蒙古赤峰的缸瓦窑学习定窑工艺，生产具有定窑风格的白瓷，产品水平很高。元代白瓷工艺达到新的水平，景德镇湖田窑区生产精细白瓷，有碗、盘、瓶、罐等器皿。白瓷工艺水平的提高，为青花、釉里红等品种的发展打下基础。明代景德镇成为驰名中外的瓷都，各种瓷器竞展丰姿，白瓷工艺同样得到发展，永乐的甜白釉釉色细腻甜润，宣德至晚明的白瓷釉质莹润如堆脂。景德镇白瓷始终是瓷器中的一个优秀品种，它的优秀质量一直保持到清代。白瓷发展史上，德化窑产品特别引人注意。德化白瓷胎体细密，透光性好，白里透红，有"中国白"的美誉。明代著名工匠何朝宗、林朝景、

张寿山等人制作的观音、达摩等瓷塑享誉海内外，是中国白瓷的名品。

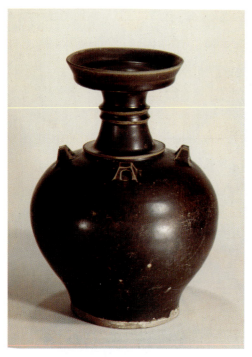

24. 东晋黑釉四系盘口壶

黑瓷 施黑色釉的瓷器。早在战国时期浙江地区出现一种釉色为褐黑色的瓷器，由于黑的程度不够，不被视为真正的黑瓷。到东汉后期，黑釉瓷器基本烧制成功。黑瓷是在青瓷的基础上发明的，有的瓷窑既烧青瓷也烧黑瓷。黑瓷和青瓷釉色的呈色剂都是氧化亚铁，恰当控制氧化亚铁就能烧出美丽的黑瓷和青瓷。举长石釉为例，在这种釉料中加入不同成分的氧化亚铁，用还原火焰焙烧，能显示不同的颜色。当氧化亚铁控制在 0.8% 左右，颜色呈淡绿色；1% 至 3% 左右是明亮的青绿色；5% 左右是米黄色；8% 左右就是赤褐色乃至暗褐色；如果这时把釉层加厚到 1.5 毫米左右，还原火焰又烧得很足，釉就呈纯黑，并发出美丽的光泽。这种质量的黑釉瓷器在东晋时期烧成

54

了。唐代黑瓷产量大，北方唐墓中出土了黑瓷茶具。宋代风靡斗茶，为检验茶汤上的白色汤花，皇室倡导用黑釉茶盏，福建建窑成功地烧制出黑釉精品兔毫斑、鹧鸪斑的茶盏，还有一个特殊品种，在釉面油滴结晶体的周围出现晶莹的淡蓝色晕光，奇妙无比，日本学者称为"曜变天目"。黑釉茶盏的风行，引起全国一时间上下仿效，南北瓷窑竞相生产。江西、河南、山西、河北等省生产的黑瓷就有玳瑁斑、剪纸贴花、铁锈斑等纹饰的艺术瓷。北方定窑黑瓷，造型精巧，在薄胎上施漆黑莹润的黑釉，再以金彩绘出花纹或镶金口作为装饰，庄重典雅，富丽堂皇，是黑瓷中的佼佼者。而百姓生活中使用的一般黑瓷则为粗瓷，选择原料要求不高，甚至在一个瓷窑作坊里，用烧瓷的下脚料就能生产出价廉物美的黑瓷，供社会需要。

酱釉瓷 釉色为酱色、褐红色、赭色、柿红色的瓷器的通称。酱釉瓷器是在青瓷基础上出现的，它的呈色是釉料中含有较多的氧化亚铁决定的。当釉料含氧化亚铁达到 5% 左右时，釉呈米黄色；氧化亚铁为 8% 左右，为赤褐色、暗褐色；如果烧成温度比烧黑瓷高 30~50 度，釉色就成为酱褐色、芝麻酱色，而且稳定精美。酱釉瓷和黑瓷工艺原理基本一样，只是

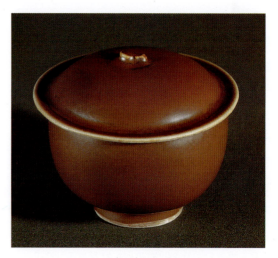

25. 北宋定窑酱釉盖缸

要求有较高的温度。古代烧瓷由于窑炉结构和烧窑技术的限制，提高温度不容易，所以酱釉瓷出现比青瓷、白瓷、黑瓷略晚。酱釉瓷在唐代或唐代以前偶然烧成，但质地较粗，尚未成为一个经常生产的品种，估计可能是生产黑瓷时，部分器物因在窑里所处位置的温度较高而出现。到宋代酱釉瓷烧制成功，其中定窑、耀州窑、建窑、吉州窑产量增加，质量稳定，尤其是定窑的酱釉瓷，白色的胎体，精细的制作工艺，像熟透的红柿子般的釉色，在宋代艺术瓷中独具风采。宋代酱釉瓷器物有碗、盘、碟、瓶等，器形不大，品种和数量都比较少。明代景德镇御窑厂以及清代的官窑都生产酱釉瓷，古朴浑厚，典雅优美。宋元以来，民间使用的粗瓷从碗、盘到缸、瓮都有酱釉瓷品种。

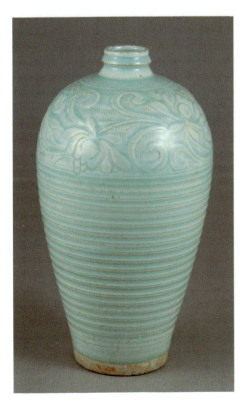

26. 南宋青白釉刻花梅瓶

青白瓷　青白釉瓷器。又称"影青"。见"青白釉"。

素瓷　①未施彩的白釉瓷器，又称素白瓷器。区别于彩瓷。元、明、清之际景德镇窑生产。②景德镇窑为清朝宫廷制作珐琅彩瓷器所烧造的无釉白瓷坯件，这种涩胎器也叫素瓷。质地精良，胎体薄而致密，洁白无瑕，在上面施彩作画再经彩炉烘烤，呈色效果很好。

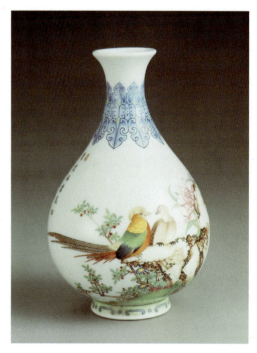

27. 清乾隆珐琅彩玉壶春瓶

彩瓷　带彩绘装饰的瓷器。区别于素瓷。主要可分为4大类，即釉下彩、釉中彩、釉上彩以及釉上釉下相结合的斗彩。古陶瓷中属于彩瓷的品种有青花、釉里红、三彩、加彩、斗彩、五彩、粉彩、珐琅彩等等。彩瓷盛行于元代以后，明、清两代彩瓷工艺发展很快，新品种不断涌现。

秘色瓷　越窑青瓷中的特殊品种。"秘色"一词最早出现于唐代陆龟蒙的《秘色越器》诗中。以后在有关杂史、诗文、笔记中屡有出现。如五代徐夤诗《贡余秘色茶盏》、宋人曾慥的《高斋漫录》、周辉的《清波杂志》、赵令畤的《侯鲭录》、顾文荐的《负暄杂录》、叶寘的《坦斋笔衡》、庄季裕的《鸡肋篇》、

28. 唐越窑青釉花口盘

陆游的《老学庵笔记》等。由于记述不一，后人对"秘色"一词的理解产生分歧，莫衷一是。随着陶瓷考古的不断深入，今人对秘色瓷有了新的认识，特别是1987年陕西扶风法门寺塔基地宫中出土的一批珍贵文物中有14件越窑青瓷，同出的刊刻于唐咸通十五年（874年）的《监送真身使随真身供养道具及金银宝器衣物帐》碑上称这类瓷器为"瓷秘色"，遂揭开了"秘色瓷"的真面目。这批瓷器中有一件青釉八棱瓶，其造型、釉色与1956年西安唐咸通十二年（871年）张淑尊墓出土的越窑青瓷八棱瓶相似。1954年北京故宫博物院调查浙江省慈溪县上林湖越窑遗址时，曾采集到同类八棱瓶残片，由此可推断，秘色瓷始烧于唐咸通年间，其产地为上林湖越窑，在唐代系指越窑青瓷中的精品。至于五代吴越国的秘色瓷，从文献记载来看，应为专供贵族、官僚使用，由官府监制的越窑贡品。宋中期以后的秘色瓷，从文献记载分析，泛指类似越窑的青瓷。

北定　以河北曲阳涧磁村为中心的定窑作坊生产的瓷器，人称北定，以区别其他地区定窑系的产品。明人田艺衡在《留青日札》中说："定窑，……色有竹丝刷纹者曰北定。"晚唐时期定窑学习邢窑工艺生

产白瓷，经过晚唐、五代的长足发展，到宋代生产出精美玲珑的白瓷、黑瓷、绿瓷、酱釉瓷，即白定、黑定、绿定、紫定，后人将其评为宋代五大名窑之一。北宋灭亡以后，金代继续生产，到元代工艺衰落，转而生产磁州窑类型的粗瓷。定窑的中心窑场在河北曲阳涧磁村和燕川村，漳河流域广大地区都生产同类白瓷。北宋定窑制瓷工艺迅速提高，胎料加工精细，加之原料成型稳定性好，器物胎体很薄，很规整，没有丝毫变形的现象。白瓷有的白度很高，即所谓粉定；有的白中泛黄，如象牙质感；也有的略为泛红，往往釉面有竹丝刷纹。由于釉层在高温中浸润流动，铁、钛等呈色金属物质有一些凝聚成乳絮条状，有如泪痕。北宋中期以后，为提高产量，发明了覆烧工艺。瓷坯入窑不用匣钵，而用胎泥作为支圈垫烧，一个支圈扣一个坯件，层层相叠，比用匣钵装坯节省80%的空间。支圈用胎泥作成，在窑中焙烧的膨胀收缩系数都和坯件一致，保证了成品的稳定。由于覆烧，器物口沿不施釉，形成粗糙的芒口，于是用镶金口、银口、铜口的工艺加以装饰，叫作"钅器"。瓷胎装饰也很精致，早期多用划花、刻花。花纹有莲瓣、牡丹、萱草、蔓草、鸳鸯、双鸭、双鹅、水波双鱼、三鱼、四鱼等。画面简洁，刀法娴熟，线条挺拔，刚劲有力。晚期多印花装饰。纹饰有云龙腾跃、凤穿牡丹，有像宋代织锦上构图严谨的团花图案，也有采用对称、散点等手法由朵花组成图案的。定瓷还用金彩作装饰，"金花定碗"是定窑的名贵品种，金彩装饰既出现在白定上，也出现在紫定和黑定上。定瓷还有一些雕塑作品，如牛车、人物和各类动物，如小猴、小鸡、小狮、小狗、金龟、小兔、海螺等。有的作品采取捏塑与捺印结合的工艺完成。北京故宫博物院珍藏的白瓷孩儿枕，就是定窑白瓷塑的代表作。枕为俯卧的婴儿形，肌肉丰腴，眉清目秀，头微上扬，一手臂托下颌，另一手抚绣球，身着短衣长裤，身下的床

29. 北宋定窑白釉童子诵经壶

榻捺印各种表示木雕花纹的图案。有的定瓷还用黑彩点画，如牛车、轿子。有的用黑褐彩书写"菜玉"等字样。有的刻写文字款识，如"官"、"新官"、"南食局"、"尚食局"、"五王府"等，这表明定瓷精品为最高统治者所使用。

南定 文献所称南方生产的定窑系产品。明代人田艺衡《留青日札》说定窑："色有竹丝刷纹者曰北定，南定有花者出南渡后。"首先提出"南定"的概念。定窑工艺水平很高，对全国各地制瓷工艺影响很大，四川的彭县窑、山西金、元的霍县窑均生产定窑风格的白瓷。而覆烧工艺只有景德镇湖田窑、广州西村窑、元代福建的德化窑使用。田艺衡是明代人，他所说"南渡后"，是指宋王朝南渡后在杭州建的南宋王朝还是别的政权尚不清楚。如果指的是南宋，南方只有景德镇的青白瓷可以和定窑相比，青白瓷不是白瓷，恐怕不能称"南定"。四川彭县窑虽然学习定窑

风格，但社会影响小，亦不似田艺衡说的南定。符合南定定义的只有清蓝浦《景德镇陶录》卷三《仿古各釉色》中所言：景德镇仿定作品"白定釉，有粉定、土定，厂止仿其粉定一种"。同书卷二说："白定器，陶户专仿白定者，盅、碗、杯、碟等具，外多小件玩器，精、粗各在造户为之。"北京故宫博物院珍藏许多明、清两代景德镇生产的仿定白瓷，是否田艺衡、蓝浦等人所说的南定，还需深入探讨。

土定 定窑瓷系河北曲阳定窑中心窑场以外的产品。这些窑场如汾河、漳河流域广大地区的民间中小作坊，它们学习定窑工艺，制作出具有定窑风格的日用瓷器。这些地区的瓷土原料与定窑本质相同，所以生产的瓷器不仅造型、器物品种、花纹装饰相同，而且在胎体、釉质方面也相同。之所以称为土定，是因为原料加工不精细，胎体粗厚，叩之声音不清脆，装饰极简单或没有装饰。土定以白瓷为主，成型稳定性很好，釉色白中闪黄，有的有开片。黑瓷胎体虽然粗厚，但因有中心窑场的工艺传授，烧出的黑釉细腻明亮，光可照人。有的器物里壁施白釉，外壁施黑釉。许多土定产品古朴中显灵秀，粗犷中见雅致。

黑定 北宋定窑瓷器中的黑釉品种，主要器形有碗、盘、碟、瓶等。黑定从质地上可分为两种，一是中心窑场生产的精细高档黑瓷，主要是碗、盘、梅瓶、葫芦瓶一类作品。特点是白胎，白度高，质地精细，甚至比白瓷的胎体还要精细，胎壁很薄，露胎处没有粗大的轮旋纹和粗大砂粒，釉层均匀光滑，釉面平整光亮。有的高档黑瓷碗类作品足外壁因流釉不整齐而出现不规则的露胎现象。在碗内壁出现稀疏的黄褐色光芒状斑点。黑定有金彩装饰，在碗、盘内壁用金彩画出大朵牡丹花，富丽而庄重。另一类是黑釉粗瓷，这类器物在唐代窑址里就有发现，器物粗厚，釉色偏褐。到宋代胎体虽然较粗，但黑釉细腻，光泽度极佳。有的黑釉施在碗、钵一类器物外壁，内壁施白

釉。这类黑定产品在河北曲阳燕川村窑址有发现，应属土定窑的产品。

30. 北宋紫定金彩壶

紫定 北宋和金代定窑瓷器中的褐釉品种。主要器形有碗、杯、盘、碟、瓶等。根据窑址调查发现，曲阳涧磁村中心窑场出现紫定瓷片的范围很小，说明宋金时代生产数量不多，品种也不能和白定相比。紫定器形精巧玲珑，白胎，有的很细腻，有的稍粗糙，但仍比粗瓷细得多；釉层薄，釉面均匀光亮而平整，有的为柿红色，有的作褐红色，有的为灰褐色。紫定一般没有装饰，少量制品和黑定一样，用金彩绘盛开的牡丹花纹。

绿定 北宋和金代定窑瓷器中的绿釉品种。绿定瓷器生产比白定、黑定、紫定都少。在窑址调查中很难发现绿定标本。北京故宫博物院考古工作者在60年代前往定窑窑址调查时采集到数片绿定标本，都是盘类器物的残片。其特点是白胎，胎体较一般瓷器略厚，但质地仍然很细，刻龙纹，施绿色釉，釉的呈色剂为铜的氧化物，釉质很细，釉色美观。除了窑址里发现的标本，绿定完整器尚未发现。

新定 文献记载定窑瓷器的一个品种。明曹昭《格古要论》卷七《彭窑》载："元朝戗金匠彭均宝，效古定瓷制折腰样者，甚整齐，故名曰彭窑，土脉细，白者与定器相似，比青口欠滋润，极脆，不甚值钱。卖骨董者称为新定器……"考古工作者根据曹昭的叙述，在山西霍县陈村发现规模巨大的瓷窑遗址，在断崖上发现很厚的废弃物堆积，证实这个瓷窑确实学习定窑工艺风格，生产出大量白瓷。新定器主要器物有碗、盘、杯、高足杯、高足碗、盏托、折腰碗、钵等，胎体很薄，造型精巧，采用轮制成型，器物露胎部分可以清晰地看到细密的轮旋纹，说明成型工艺相当成熟。白釉有的很白，有的白中泛黄，有的白中泛灰。胎釉密合很佳，没有剥釉现象，白而细的白瓷施有化妆土。入窑焙烧时，有像定窑一样用支圈覆烧的，也有用细小支钉垫在底足部位装入匣钵的。根据出土实物分析，霍窑从金代开始生产，因为白瓷托盏和高足杯有明显的金代特征。而大量的白瓷是元代产物，白釉黑花瓷器和琉璃彩釉的半成品则晚至明代。霍窑金代开始生产，元代很兴盛，正如《格古要论》的记载；明代则是霍窑的晚期。

建窑瓷 旧时对福建地区生产瓷器的统称。包括宋代建阳窑系烧制的黑釉瓷，简称黑建，和明清德化窑的白瓷，简称白建或建白瓷。参见"黑建"、"建白瓷"。

黑建 宋代福建建阳窑系生产的黑瓷，主要产品是茶盏。建窑黑釉茶盏简称"建盏"。建窑是我国陶瓷史上有名的民窑，北宋时始烧黑釉瓷，南宋达到高峰，元代继续烧造，明代以后停烧。建窑遗址主要分布在建阳水吉镇池中、后井附近。建窑黑瓷主要着色剂为氧化铁和氧化锰，尤其是氧化锰的含量高，接近1%，呈色纯黑光亮。建窑黑釉中还含有少量的氧化铜、氧化铬、氧化钴等其他着色剂。不同配方的黑釉烧成温度和气氛略有不同，釉色机理的形成也有所不同。有的釉面上形成丝丝银灰或黄褐色纹理，叫作"兔毫斑"；有的显现形似油滴的银灰色金属光泽的小圆点，称为"鹧鸪斑"，后代又称"油滴釉"。有的在釉面上由细结晶组成斑点，斑点周围呈现蓝色光晕，并随观察方向的改变而产生光晕的变化，日本学者称之为"曜变天目"。还有的釉面为纯黑色。这些釉色同属一个体系，即均以铁作呈色剂，同为结晶釉。其区别在于釉中着色剂含量及微量元素含量比值不同，因此结晶形成的机理不同。建盏大部分为敛口斜壁，深腹，小圈足底，口薄腹底厚，造型小巧。有的出土器物底部印有"供御"、"进盏"款，是专为皇宫烧制的御用茶碗。宋代饮茶之风很盛。饮法是把事先制好的干硬的茶饼碾碎，罗细，在盏中调和，再将沸水滴滴点注，同时用茶笔击搅，使茶汤泛出白沫。比赛点茶的游戏叫"斗茶"或"茗战"，以汤面白沫持久为上，而先在茶盏上沾染水痕为负。黑盏观茶沫、验水痕最为适宜。宋徽宗在《大观茶论》中所称"盏色贵青黑，玉毫条达者为上"指的就是点茶宜用建窑兔毫盏。建盏除了釉色的优势，其胎体粗厚、略带气孔，也对保持盏内水温有利。因此建盏成为皇帝认可的首选茶具。宋代全国上下风靡斗茶，为满足需要，各地兴起不少专门仿烧黑釉茶盏的瓷窑，如江西吉安永和窑、河北定窑、山西临汾窑和广东、广西、浙江诸窑。这些民窑的黑釉茶盏，在当时也深受喜爱。宋、元时期建窑黑釉瓷作为商品被输往国外，朝鲜、日本、东南亚等地区都有发现。我国已失传的曜变天目盏，目前在日本还珍藏数件，它的传世为研究建窑和建窑黑釉瓷提供了重要资料。

建盏　宋代福建建阳窑系烧制的黑釉茶盏，包括纯黑釉和带兔毫斑、鹧鸪斑等纹理的。又称黑建。见"黑建"、"兔毫盏"及"油滴盏"。

兔毫盏　宋代福建建窑生产带兔毫斑纹的黑釉茶

31. 宋建窑兔毫盏

盏。宋、元时期福建其他地区也烧这类瓷盏，但均不如建窑产品精巧。建窑兔毫盏北宋时始烧，南宋时最为繁盛，元代不再生产。兔毫盏是宋代建窑的特殊产品，造型为口微敛，斜壁较深，小圈足。外釉不到底，足部露铁锈色胎，黑色釉面上流淌出丝丝兔毫般的纹理。兔毫纹的形成机理与胎质和釉质有关。其胎是由烧成温度偏低的瓷土制成，主要成分二氧化硅和氧化铁的含量高，三氧化二铝含量稍低。其釉中氧化硅与三氧化二铝含量比值比其他黑釉比值偏小，三氧化二铁和氧化铁含量偏高。因此，在高温烧制过程中，受热产生的气泡将熔入釉中的铁微粒带至釉面，当温度达 $1300\,℃$ 以上釉层流动时，富含铁质的部分流成条纹，冷却时从中析出赤铁矿小晶体，于是形成了细长似兔毫的纹理。兔毫釉从外观上可以细分为金兔毫釉、银兔毫釉、灰兔毫釉、黄兔毫釉，也有纯黑釉。各种兔毫釉的形成都是由于在烧制过程中，釉受热产生液相分离，分离的液相析出氧化铁结晶所致，与烧成气氛和冷却制度有关。兔毫盏名扬天下，完全借助于宋代的饮茶之风。从皇帝到士大夫阶层的饮茶论著中，都以此为点茶、斗茶的首选茶盏。宋代诗文中也大加赞美，有"松风鸣雪兔毫斑"、"兔褐瓯心雪作泓"之句。由于皇室对兔毫盏的偏爱，北宋后期建窑一度专为宫廷烧制茶盏，更使建窑地位显赫。参见"黑建"。

油滴盏 主要为宋代建窑烧造的带油滴状斑点的黑釉茶盏。油滴盏釉面上分布许多银灰色大小不一的有金属光泽的圆点，后代称之为油滴，而当时则因其酷似鹧鸪鸟胸部羽毛的斑纹，称"鹧鸪斑"。宋元时河北的定窑、河南的鹤壁窑和山西的临汾窑也都仿烧，但均不如建窑所产釉色黑亮纯正。油滴盏盛烧于风靡点茶与斗茶的宋代，明代以后无论建窑还是北方各窑均不再烧造。油滴、兔毫以及吉州窑的玳瑁斑为同一黑瓷体系，由于配方和烧造火候不同，使釉中化学元素变化产生差别，人们掌握了导致这种变化的技巧，使其产生的不同纹理成为一种装饰。油滴釉的着色剂主要是铁的氧化物，其中三氧化二铁的总含量为5.34%，二氧化硅与三氧化二铁比值比其他黑釉瓷高，因此烧制过程中当温度达到1200℃时氧化铁发生分解，生成气泡，致使气泡周围氧化铁的含量比其他部位高。随着温度不断地提高，气泡不断地产生、不停地聚集，而且越来越大，到一定程度时气泡爆裂，富含铁质的溶体升至釉面于原气泡处密集，随后釉冷却收缩变平，釉面形成饱和状态，并以赤铁矿和磁铁矿的形式分析出晶体，这些晶体就是我们见到的金属光泽的油滴状圆点。油滴的形成与烧制火候和釉层薄厚相关。火候过急，氧化还原气氛控制不当，油滴形成效果不理想或不成为油滴。如果釉层过薄，烧制过程中釉聚集少或达不到聚集，也形成不了油滴，或油滴过小。油滴盏口沿处，由于釉层稀薄一般形不成油滴，就是这个道理。我国南方北方均生产油滴盏，从目前考古资料检测结果分析，福建建窑烧制油滴盏使用龙窑，主要以还原焰烧制，油滴呈蓝银灰色；北方油滴盏用馒头窑烧制，主要采用氧化气氛，故油滴呈棕红色。各窑的产品都亚于建盏。油滴盏在

宋元时期与兔毫盏、玳瑁碗等黑釉瓷器一并被输往国外，现在日本、朝鲜及东南亚一些国家都珍藏有考古发掘品和传世品。油滴盏倍受酷嗜茶道的日本人青睐，被称为"油滴天目"。当代学者还对其釉斑做过科学的检测和研究，根据实验结果制出了接近油滴釉的配方，生产出了新的油滴盏。参见"黑建"。

曜变天目 建窑黑釉盏中的一个特殊品种。这类瓷器凝厚的黑釉层中，出现油滴状结晶斑点，这些斑点大小不均，分布不匀，有的是小圆点，有的呈斑块状，有的呈油滴团聚状，在这些结晶斑块的周围布满以蓝色为主的五光十色的晕光，日本陶瓷学者称之为"曜变天目"。曜变天目极为稀少，窑址中曾出土少量瓷片标本，而完整器仅在日本珍藏数件，都是茶盏，与建窑兔毫盏的造型一致。

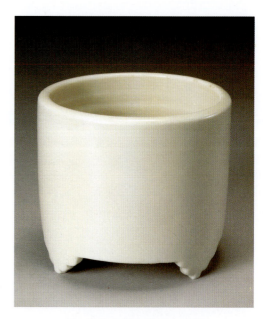

32. 明德化窑白釉筒式香炉

建白瓷 旧称明代福建德化窑烧制的优质纯白瓷。德化窑是我国陶瓷史上有名的民窑，其窑址已发现多处，其中以屈斗宫窑址最有代表性。明以前德化

窑烧瓷品种较杂，有黑瓷、青花、白瓷，其生产白瓷的历史可以追溯至宋代，明代其白瓷晶莹洁白，驰名中外，清代开始衰退。建白瓷主要以其胎釉纯白而独具特色，它与北方白瓷和江西景德镇宋代白瓷在胎釉的化学成分等方面有所不同。德化地区盛产瓷石，经上海硅酸盐研究所检测，德化白瓷胎体含石英、绢云母和高岭土等矿物质，其中氧化钾含量高达6%，氧化铁含量较低，由宋代的0.57%降至明代的0.35%，因此烧成后玻璃相较多，胎白致密，透光度较好。而北方白瓷及景德镇白瓷用氧化铝含量较高的粘土烧成，其中氧化钾含量只有2%～3%，此种粘土内含助燃物质少，烧成后胎质不够致密，透光度较差。德化窑的瓷釉为典型的钾－钙釉，氧化钾、氧化钙含量高，三氧化二铁含量低，加之当时窑工们已能熟练地掌握氧化烧成技术，所以德化白瓷釉色光润、纯净，乳白如凝脂，有玉的质感。而北方白瓷釉三氧化二铝含量高，氧化钾含量低，以氧化镁为助熔剂，此种釉薄且显现出牙白色调，白中泛黄。景德镇白瓷釉中氧化钛、三氧化二铁与三氧化二铝含量适当，烧成时采用氧化还原气氛，所以釉色白中泛青。明代德化窑白瓷质地优异，但日用器少。宋应星在《天工开物》中说："德化窑，惟以烧造瓷仙精巧人物玩器，不适实用。"已发表的考古资料及传世品正与文献记载相符。德化窑盛产瓷塑像，常见的有观音、罗汉、达摩、寿星等，造型生动，面部雕刻细腻逼真，突出个性；衣饰刻画准确流畅，静中有动。瓷塑艺人何朝宗、林朝景等在历史上久负盛名。明代德化窑也生产供器，如尊、鼎、香炉以及精美的工艺品，像梅花杯、八仙杯。生产的箫笛等瓷质乐器音质远出竹器之上，颇负美名。德化白瓷在元明时期还大量销往海外，在非洲的坦桑尼亚以及东南亚的印度尼西亚、马来西亚、菲律宾、斯里兰卡等地均发现了元明时期的德化白瓷和青花瓷器。

白建 福建德化窑生产的白瓷。又称建白瓷。见"建白瓷"。

玳瑁盏 宋、元时期江西吉州窑烧制的釉面上呈现玳瑁斑的黑釉盏。玳瑁是海龟科动物，分布在福建、台湾、海南、西沙群岛等沿海地区和海域，其背甲呈半透明浅黄色，上有黑褐色斑纹。吉州窑生产的一种茶盏，造型为敞口，斜直壁，小圈足，内外施黑釉，釉面上呈现黄色结晶斑纹，颇似玳瑁壳的色泽，被称为玳瑁盏。

哥釉瓷 又称哥瓷、哥窑瓷，南宋龙泉青瓷窑系中一些技术力量很强的作坊，受官窑工艺的影响，生产出的一种釉面满布碎片纹的青瓷。瓷器釉层开裂片纹，是由于胎体原料受热时膨胀系数大于釉层的膨胀系数，在瓷器烧成后冷却时，胎体将表面玻璃釉层拉碎，即为百圾碎。由于胎釉密合极佳，釉层不剥落，也不划手，除了出现奇特自然的片纹，没有任何有碍使用之感。宋代龙泉窑的工匠人为控制胎釉成分作出这种奇特片纹的瓷器，为宋代瓷器艺术的百花园增添了光彩。龙泉地区考古发掘、调查发现的哥窑瓷器，都是灰白胎，质地比较粗，施浅灰色青釉，釉质肥润，片纹大小相错，深浅有致，装匣时垫坯工具为垫饼或垫圈，垫烧工具的质地很细腻。传世瓷器中被认

33. 南宋哥窑葵口碗

为是哥窑作品的，还有铁骨胎、深灰胎、土黄色胎的，釉色有炒米黄色、浅炒米黄色等。宋代没有任何历史文献记载哥窑，或哥釉瓷，元孔齐《静斋至正直记遗编》开始出现"哥哥洞窑"、"哥哥窑"，对哥窑特点的描写不具体。到明洪武时曹昭在《格古要论》描写哥窑器为"色青，浓淡不一，亦有铁足紫口"，"元末新烧，土脉粗燥，色亦不好"。没有说明哥窑和弟窑之间的关系。嘉靖四十年的《浙江通志》有更具体的描述，指出其产地在琉华山下的琉田镇，即龙泉的中心窑场大窑。《浙江通志》中第一次出现了章生一、章生二兄弟各主一窑场的事，哥窑生产开片瓷，弟窑生产不开片的龙泉青瓷。哥窑弟窑故事的完备，从《静斋至正直记遗编》到《浙江通志》成书，经历一个世纪。这个故事是逐渐编出来的，与历史事实不符。多少年来考古工作者对龙泉窑系进行大规模的拉网式调查，1979年浙江省考古研究所、中国社会科学院考古研究所、故宫博物院、上海博物馆、中国历史博物馆、南京博物院等单位联合进行了大规模发掘，没有发现章氏兄弟的庙、碑、墓葬及任何历史遗迹，也没有发现单独生产哥釉瓷的窑址。与龙泉地区青瓷生产情况完全符合的明人著作，只有陆容的《菽园杂记》，他在龙泉访古，谈龙泉青瓷很多，但只字未提哥窑。情况应该是这样，釉面满开片的哥釉瓷是龙泉青瓷中部分窑场的一种产品，很有特色，生产作坊不是一个独立的瓷窑体系，后人错误地把它们分为哥窑和弟窑两个窑系。明清以后的哥瓷更加复杂化，因为景德镇有专门仿哥釉瓷的哥窑户，这些仿品应该和宋元哥釉瓷区分开来。

珠光青瓷　南宋至元初福建南部沿海地区瓷窑生产的一种青瓷。特征是质地比较粗厚，青灰胎，青釉较薄，玻璃质强，釉色多数泛黄，有的浅淡，有的较深，有的泛褐色。碗、盘类器物内壁满釉，外壁只在中腹以上部位施釉。各类器物都在内壁用刻花、划花

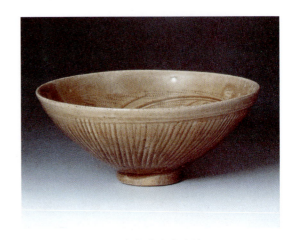

34．南宋珠光青瓷碗

和锥刺手法作出犀利而流畅的水波游鱼、卷枝蔓草或朵云流水等纹饰，间以篦齿状工具锥刺出的篦划纹，再戳出篦点纹。器物外壁刻伞骨状复线纹。考古工作者最早在福建同安汀溪窑发现这类青瓷，故称为同安窑青瓷，也有的根据花纹特点称为划花篦点纹青瓷。因15世纪日本茶道始祖村田珠光法师喜用此类茶碗，故日本学者称之为珠光青瓷。生产这类青瓷的窑址在闽南地区还有泉州窑、连江窑、南安窑、安溪窑、厦门坳子尾窑等。近年在广东番禺的奇石窑也有发现。宋元时代是我国海外贸易蓬勃发展的时期，瓷器大量输出。闽南有泉州、同安等优良海外贸易港口，是古代瓷器输出的重要基地，珠光青瓷由此大量输出到海外，在东南亚、日本、朝鲜等国家和地区均有发现。

同安窑青瓷　珠光青瓷的另一种称谓，见"珠光青瓷"。

瓷塑　用瓷器的原料和烧制工艺做出的雕塑艺术品，也包括实用瓷器上附加的装饰雕塑。瓷塑成型有的用瓷泥捏塑，有的用范模将泥料挤压成型，近代还有用石膏范注浆成型的。瓷器发明以后，开始都是生产满足日常生活需要的实用器物，如碗、盘、杯、瓶、罐等。随着工艺的成熟，逐渐做出一些满足人们意识形态需要的雕塑艺术品和陈设品。如东汉时的瓷

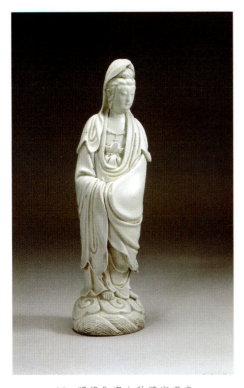

35. 明德化窑白釉渡海观音

灯，灯座塑成人物形象，身上还爬满偷油的老鼠。三国两晋南北朝时期的青瓷谷仓罐，在一个瓷罐上塑出亭台楼阁、长廊列舍等多层建筑，上面有持械守卫的人物，有披麻戴孝作道场的送葬场面，庭园正中立着刻写年号和吉祥颂词的碑碣，周围还环绕着各种鸟兽。羊形器、牛形灯等也是以雕塑为主的实用器具。西晋瓷塑有神兽尊、仙人骑狮、持械的部族武装、对坐的文人学士、各类动物、鸡笼狗舍模型、蛙形水盂等。隋、唐时期用雕塑手法或用陶范成型作出瓷俑，如镇墓兽、文吏武官、男仆女侍、明驼骏马、狮子，以及童子骑兽等玩具。宋、元、明、清时代的瓷塑包括瓷枕上塑出的人物、动物形象，还有童子拜观音、神仙故事、观音、达摩等。有的瓷塑还加彩饰，这些瓷塑是中国雕塑艺术的重要组成部分。在中国陶瓷史上出现许多杰出的工匠，大多数没有留下姓名。见于文献记载的有宋吉州窑的舒翁、舒娇，明末清初福建

德化窑的何朝宗、张寿山、林朝景，清代景德镇的六十四等人。其中何朝宗、张寿山、林朝景等人雕塑的白瓷观音、达摩形象，享誉海内外，被誉为东方艺术的明珠。

绞胎器 唐代兴起的一种特殊的艺术瓷，又称搅胎或绞泥。做法是把配出的深色和白色泥切成薄片，按造型要求堆叠成锥形，然后放到刻好形体的陶范中挤压成型。柔软的色泥扭曲掺合，出现类似树木年轮或花岗岩的纹理，再罩淡黄铅釉或白釉，经 800～900℃的窑温烧成。绞胎器有碗、盘、杯、瓶、钵、枕等，有的骑马人物也用绞胎作出。宋代河南的当阳峪窑、宝丰清凉寺窑、新安窑等磁州窑系的民间作坊烧制的绞胎瓷主要是碗、杯、盘一类的生活用瓷。宋以后绞胎器渐少。

36. 唐黄釉绞胎枕

绞釉器 运用绞釉技法装饰的瓷器。绞釉即在釉料中加入着色料适当搅动，在釉色尚未调匀时施于坯体上烧成，釉面呈现不规则的自然花纹，绞釉器具有特殊的装饰效果，产品较为罕见。

芒口瓷 口沿部位无釉而有芒刺的瓷器。芒口瓷的产生是北宋定窑采用覆烧工艺的结果。宋以前，瓷器的装烧工艺无论南方还是北方均采用匣钵套装叠

烧，即每个匣钵装一件瓷器，数个匣钵叠成匣钵柱，排列于窑床上。此种装烧方法占用空间较大，产量有限。北宋中期河北定窑率先改革装烧方法，采用覆烧工艺，将同样规格的碗、盘等器物口朝下叠码在匣钵中，其间以垫圈相隔入窑烧造。同样窑炉，同等燃料，采用覆烧工艺要比叠烧工艺产量高出许多。覆烧工艺使用的垫圈质地与器物胎质相同，高温烧造时二者膨胀系数一致，因此采用覆烧法产品的成品率相当高。所以覆烧工艺一出现，很快被接受并推广，北方的霍窑、南方的湖田窑、德化窑等也先后采用覆烧工艺大量生产芒口瓷。芒口瓷产品主要以碗、盘为大宗，器形简单，器壁较薄。装饰以印花纹为主，也有少量刻花划花。纹饰题材有双鱼、荷花、菊花、缠枝花卉等。印纹一般略显呆板，刻花纹饰较生动流畅。芒口瓷因其口沿无釉有毛涩感，影响使用效果。为了弥补这一缺点，当时用金、银、铜镶饰其口，称为扣（钿）金、扣银或扣铜，故有"金装定器"之称。其作法是根据器物口沿大小、毛涩宽窄选料，将裁好的金属薄片制成截面呈倒 U 字形，套在瓷器口沿上，再用木制工具轻轻敲打，使其牢固咬住器口。镶饰金装的芒口瓷愈显华贵典雅。北京故宫博物院藏北宋镶金口刻花纹盘即为典型的高档"金装定器"。扣金工艺并不复杂，然而瓷器口沿薄且脆，在上面镶饰敲打如履薄冰，增加了工艺成本，故民间使用芒口瓷不需要修饰。芒口瓷长期使用口沿易挂污垢，不易清洗，所以元代中期以后，芒口瓷终被淘汰。

砂足器　明代景德镇以及其他一些地区生产的瓷器，主要是青花瓷器，有的底足足沿露胎部分不甚光滑，能看到细细的砂粒，称为砂足器。《博物要览》云："压手杯，坦口，折腰，沙足滑底，中心画双狮滚球，球内篆'大明永乐年制'六字或四字……"这样的制品宣德及宣德以后也有生产。另有一些地方窑由于在坯件足沿和垫饼之间撒一层细细的砂粒，焙烧

时砂粒粘在足沿，这样的瓷器也称砂足器，广东、福建一些瓷窑即生产这类作品。它们随着海外贸易活动输出到东南亚各国，现在这些国家和地区尚保留许多明代砂足器。生产时代有宣德、正德、嘉靖、万历至晚明。

灯草边　高温铜红釉瓷器口沿部特征。高温铜红釉瓷器口沿往往有一周自然或人为形成的白色圈线，犹如一叶灯草围于口部。这种现象出现于明代永乐时期，宣德时期趋于精细，均是在烧成过程中因釉的流动而自然形成的。清代康熙年间景德镇督陶官郎廷极仿烧明代宣德时期红釉瓷器几乎达到乱真程度。但宣德红釉瓷器口沿部那圈自然天成的灯草边却无法仿制成功，只好在红釉瓷器口沿部人为地涂一圈厚而含有粉质的白釉或浆白釉予以替代。

37．清炉钧釉方钟壶

炉钧　清雍正、乾隆时期景德镇官窑生产的一种仿宋钧釉瓷器。这种釉是一种低温装饰釉。其作法是先以高温烧白瓷，内壁施白釉，外壁或为素瓷，或为不上白釉的涩胎。先配出红、蓝、乳白等多种色釉，

加入铅灰等助熔物质，根据艺术上的要求在白瓷上多次上釉，再入彩炉低温焙烧。釉层沸腾、流淌、浸润、混合，出现钧釉效果，有的像流淌的火山岩浆，有的如石头纹理，有的像跃动的火焰，其艺术效果超过钧釉。纹理有的平静，有的斑斓跃动，鉴赏家称前者为素，后者为荤。所谓素者是釉色中不见金红；所谓荤者是釉层中有金红、青蓝星点显现。清《南窑笔记》中说："炉均一种，乃炉中所烧，颜色流淌中有红点者为佳，青点次之。"炉钧釉瓷器是官窑制品，器底有雍正、乾隆年款。

景德镇仿钧釉瓷　清代景德镇御窑厂在雍正、乾隆时期生产的一种仿宋钧釉效果的艺术瓷。其作法是当高温素白器烧成后，在白釉上施低温窑变釉，再入窑中焙烧，由于釉中有各种呈色物质和大量的铅等助熔剂，当窑中升温到 900 ℃～1000 ℃时，釉层沸腾、流淌、浸润，冷却后釉面出现类似青火焰、红火焰、流动的岩浆、飘动的彩霞等斑纹的窑变效果，鉴赏家们称为窑变釉。景德镇清代官窑仿钧釉产品，主要有直颈扁腹瓶、莲子形罐、尊、鼓钉洗等艺术陈设瓷作品。底部以青花书写或镌刻当朝年款。

反瓷　素瓷的一种。瓷器生产已完成施釉前的所有工序，但不施釉即入窑高温烧成，这种无釉器被称为"反瓷"，主要见于明清时景德镇窑，以光绪朝制品较为多见，器物有山石、船及文具等。所见文具一套 10 件，计有笔筒、笔洗、水丞、笔山、印泥盒、墨床、镇纸、小瓶、筒式盒、砚等，器身有浮雕花卉图案，做工精细。

象生瓷　真实模仿植物或动物形象的陶瓷制品。历史上特指供陈设观赏的仿制盘装花果。宋代吴自牧《梦梁录·四司六局筵会假赁》即记载有"果子局，掌装簇钉盘看果，时新水果……象生花果"。中国陶瓷史上，清初江苏宜兴窑始用各色紫砂泥制作紫砂象生器，开象生瓷制作的先河。到了乾隆时期，景德镇唐窑陶工熟练掌握了釉、彩配方及烧窑技术，可随心所

38. 清乾隆粉彩果品蟹盘

欲地仿制各种物品。乾隆唐窑象生瓷有象生果品蟹盘、象生果品高足盘、仿雕漆锦纹果品盘等，盘内盛有螃蟹、红枣、花生、荔枝、菱角、莲子、核桃、西瓜子、栗子、荸荠、石榴、樱桃、桑椹、桔子等。这些物品均与盘连烧在一起，形态、质感维妙维肖，技艺之精已臻巧夺天工之境。除上述物品，尚有海螺、蚌、虾、鸡、鸭、象、鹤、残荷、灵芝等。造型、质地模仿准确，达到乱真的程度。乾隆时的象生瓷，是唐窑专门为宫廷生产的高级陈设品和赏玩品，由于仿肖逼真，不会干瘪变质，可供皇帝和后妃们随时观赏，因而深受喜爱。

外销瓷　专门销往国外的陶瓷器。考古发掘证明，中国陶瓷外销至迟始于唐代，当时是作为特产随丝绸输往国外的。在今朝鲜、日本、菲律宾、印度尼西亚、马来西亚、泰国、斯里兰卡、印度、巴基斯坦、伊朗、伊拉克、巴林、约旦、叙利亚、苏丹、埃及、坦桑尼亚等国都出土了中国唐、五代时期的陶瓷标本，品种有唐三彩、越窑青瓷、邢窑白瓷、长沙窑瓷器、广东梅县窑瓷器等。长沙窑就是以生产外销瓷为主的瓷窑。宋、元时期，随着航海业的发展，对外贸易进一步加强，中国陶瓷的外销呈现出空前繁荣的局面，特别是在广州、明州（今宁波）、杭州、泉州

39. 唐长沙窑青釉褐彩钵盂

等地设立"市舶司"管理对外贸易后，大批外销瓷从这些港口启运，沿着唐、五代时期开辟的航道，源源不断地运往亚洲、非洲各国，其中尤以日本、菲律宾、马来西亚发现居多，埃及和伊朗出土的数量也很可观。宋、元时期的外销瓷以龙泉窑系青瓷为主，其次是景德镇窑系青白瓷，元代景德镇窑的青花瓷也大量用于外销，另有磁州窑系、耀州窑系、建窑系瓷器及福建、广东沿海专烧外销瓷的瓷窑产品。明、清时期，由于世界资本主义的发展，我国瓷器的对外贸易进入了一个新的阶段。永乐、宣德时期，郑和七下西洋，进一步促进了海上对外贸易的发展，外销瓷不但大量输出到亚洲、非洲各国，而且自明代晚期开始倾销欧洲诸国。明中叶以后，有不少外国商人到中国收购、订制中国瓷器，而且数量都非常巨大。据不完全统计，运到荷兰的瓷器最多一年（1639 年）竟达366000 件。清代鸦片战争以前，外销瓷的主要市场有朝鲜、日本、东南亚诸国和欧洲，特别是欧洲市场。18 世纪前期，欧洲的英、法、荷兰、丹麦、瑞典等国被允许在广州设置贸易机构，使中国瓷器在欧洲的销售量达到历史上的高峰。据荷兰东印度公司的记载，每年仅巴达维亚一地运往欧洲的瓷器就达 300

万件之多，如果再加上其他国家及中国商人直接运往欧洲的瓷器，其数量之巨是可想而知的。明、清时期的外销瓷主要是景德镇的青花瓷和釉上彩瓷。许多瓷器的装饰图案是依照外商从欧洲带来的样品由中国画工精心摹绘的，题材大致包括纹章（又称徽章）、人物故事、船舶及码头风景、动物花卉等。在广州生产的"广彩"瓷即属于这一类。19 世纪 20 年代以后，由于日本和欧洲瓷业的发展，特别是由于清政府的腐败而造成社会动乱，我国瓷业生产每况愈下，瓷器的外销也就衰落了。中国古代陶瓷对外贸易的海上运输路线，被当代考古学家称为"陶瓷之路"。中国陶瓷运往世界各地后，深受当地人民的喜爱，自唐代以来，各国陶瓷工匠竞相仿制，并生产出各具民族风格的陶瓷制品，从而推动了世界陶瓷事业的蓬勃发展，也极大地促进了中外文化的交流。

广彩　"广州织金彩瓷"的简称。是吸收传统的

40. 清乾隆广彩浆胎奖杯扁瓶

古彩技艺仿照西洋表现手法，经彩绘、烘烧制成的彩瓷，盛行于清代雍正、乾隆时期。当时为适应外销的需要，将景德镇所烧的素瓷坯运到广州，根据外商的需要和喜好，加以彩绘，然后经 700℃～750℃ 烘烤而成。是清朝规定欧洲商船与我国通商只能在广州互市的条例限制的产物。广彩大量用于外销，在纹饰上更多地模仿西方的艺术形式，图案装饰性强，丰满紧凑。早期色彩以红、绿为基调，金彩较少，多施于器沿或描绘锦地。嘉庆以后，色彩增多，大量使用金彩。广彩画面鲜艳谐调，富丽而不淫艳，堂皇而不奢华，有堆金织玉之感，形成所谓"织金彩瓷"的特色。广彩除制造盘、碗、杯、碟等日用瓷外，也有陈设瓷，以及绘制外商订货的商标、徽识及纪念性纹样的器物。

克拉克瓷 约从明万历至清初生产装饰开光图案的一种主要供外销的青花瓷。欧洲人称之为"Kraak"，汉语译为"克拉克瓷"。"Kraak"一词源于葡萄牙语"Caraack"，意为"巨船"。明万历三十二年（1604 年），荷兰人在海上截获了一艘满载中国万历时期青花瓷的葡萄牙大帆船圣·卡特林那号（Santa Caterina），船上的瓷器被运往荷兰的阿姆斯特丹拍卖，法王亨利四世、英王詹姆斯一世也争相套购，于是华瓷在欧洲不胫而走。由于这类瓷器是在被捕获的葡萄牙"克拉克"商船发现的，故称"克拉克"瓷。日本陶瓷学者把这类器物称为"芙蓉手"，以其所绘图案形似一朵盛开的芙蓉花而得名。克拉克瓷的造型有盘、碗、瓶、军持等，以盘较为多见，且最具典型性。盘有圆口与花口之分，胎体较薄，内底微塌，圈足微向内敛。足上多粘有砂粒。克拉克瓷的最主要特征体现在图案装饰上。以盘为例，盘内底的纹饰多为人物、花卉、草虫、静物花篮、飞禽走兽或变形抽象纹等。盘内壁一般为 8 个或 6 个莲瓣形或扇形开光，个别为十开光或十二开光。开光内绘杂宝、花卉、人物等，有些器物上还书有"福"、"寿"、"福寿康宁"

等吉祥文字。克拉克瓷的图案虽然是中国传统画法，但纹饰布局已非中国风格，可能是专门为外销而设计生产的。克拉克瓷一经进入欧洲市场就颇受青睐，所以当清顺治十三年（1656 年）实行海禁后，日本即取代中国向欧洲出口青花瓷器，克拉克瓷是日本模仿中国瓷器的主要品种之一。日本出光美术馆收藏的一件口径为 41 厘米的克拉克瓷盘，中心写有荷兰东印度公司的开头字母"V.O.C."，可以断定是荷兰东印度公司向日本的订货。中国克拉克瓷除被日本仿制，德国、西班牙、荷兰、英国、伊朗等国也都曾模仿生产，这些国家都有仿制品传世。

芙蓉手 参见"克拉克瓷"。

朱砂胎 瓷胎的一种。因胎体中含有一定量的铁分（氧化铁含量在 1.5～2.5% 之间），并在烧成后期受到二次氧化，烧成后其露胎部分呈现赭红色调的，称为朱砂胎。龙泉青瓷中这类胎比较常见。

缸胎 胎质粗厚、胎体烧结不吸水、年久者叩之有铜音、半陶半瓷性质的陶瓷器胎称为缸胎。辽瓷及山西、陕西一带烧制的黑釉厚胎器即为此类胎。

砂胎 陶胎的一种，一般是指江苏宜兴紫砂器与山西珐华器一类的胎。烧成温度高于一般陶器，吸水率介于一般陶器与瓷器之间。如江苏宜兴紫砂器烧成温度一般为 1100℃～1200℃，烧成后成品的吸水率小于 2%。

浆胎 用瓷土淘洗后的细泥浆制成的一种瓷器的胎。色如米浆，质轻而薄。明代已出现，但以清代康熙、雍正时的白釉印花及青花碗、印盒为多。一般用来作细瓷器。

宝烧 即"填红"釉。一般是将器表上好的白釉剔去，填以霁红釉，成三鱼、三果纹样。烧成后，纹样浑然一体，呈色鲜红，汁水晶莹，图案凸出釉面，有时扩展到白釉下面，好象从胎骨内烧出。后人误以为是红宝石末入釉所烧，故名"宝烧"。明永乐、宣

41. 明宣德宝烧三鱼纹高足杯

德始有，常见品种有宝烧三鱼、三果高足杯和永乐梨形壶。清雍正、乾隆有仿永、宣宝烧器，但与明代不同，其霁红釉是完全的石灰釉，含氧化钙很高，钾、钠低，故釉层薄而匀，纹样无凸出效果。

【分期概念】

裴李岗文化陶器　裴李岗文化遗址出土的陶器。裴李岗文化是主要分布于河南中部的一种新石器时代早期文化，在河南北部和南部也有发现。1977 年首次发现于河南新郑的裴李岗，因以命名。裴李岗文化测定的年代为公元前 6000 年左右，经济生活以农业为主，种植的作物有粟，饲养家畜有猪、狗等，渔猎和采集有一定地位，居住环境很稳定，为生活服务的制陶业有一定规模。其制陶方法主要是泥条盘筑法成型，工艺很原始。器形有碗、盘、杯、钵、三足钵、双耳壶、三足壶、深腹罐、鼎、豆、勺和器盖等。陶塑艺术品有人头、羊头和猪头等。陶器经 900℃～960℃ 温度烧成。在裴李岗遗址发现一座陶窑，圆形，有火道，属横穴窑。陶器的特点可以归纳为以下

几点：器物种类比较多，能满足氏族成员多方面的需要；陶质比较疏松，表皮严重剥蚀粉化；泥质陶数量最多，作炊器的夹砂陶数量较少，夹砂陶掺细砂和蚌壳末，红陶多，灰陶少，素面陶器表面有磨光现象；部分陶器有装饰，是在坯体成型过程中用刻划、拍印、堆贴等手法作出的，有乳钉纹、指甲纹、篦点纹、弧线篦纹、细绳纹等；夹砂陶、泥质陶的分别制作，说明陶器使用功能已有区别。这种分工现象导致制陶手工业的发展和工艺水平的提高。

磁山文化陶器　新石器时代磁山文化遗址发现的陶器。遗址距河北省武安县 20 公里，在太行山脉与华北平原交界处南洺河畔台地上，高出河床 25 米，面积约 80000 平方米，1973 年首次发现，1976 至 1977 年进行科学发掘。磁山文化主要分布在河北中部，是华北地区新石器时代早期文化，经 ^{14}C 年代测定和年轮校正，其年代为公元前 6000 至前 5600 年之间。该文化以农业为主，主要粮食作物为粟，生产工具和粮食加工工具有石斧、石刀、石镰、石铲和石磨盘等。渔猎经济占相当地位，饲养家畜有狗和猪，可能还驯养了鸡。由于农业经济比较发达，定居生活稳定，磁山文化的陶器制作有初步的发展。磁山居民采

42. 磁山文化陶盂

用住地南洛河河旁沉积土作原料，羼和料有石英、砂岩、细砂和云母等，制作方法是比较原始的手工制作，主要是泥条盘筑法和捏塑法。器形有碗、杯、盘、钵、三足钵、双小耳壶、圈足罐、豆、盂、器盖和支撑炊器的支架等。由于烧成气氛控制不稳，呈色不均匀，陶器有红、褐、灰褐等颜色。泥质陶数量很少，只有红色一种。烧成温度在700℃～930℃之间。大多数器物没有装饰。有装饰的器物用拍打、锥刺、堆塑等手法作出花纹，花纹有刻划纹、乳钉纹、附加堆纹、剔刺纹、篦纹、绳纹、编织纹。这些纹饰有美化陶器的作用，更主要的是为了加固坯体，使之成型稳定。磁山文化陶器表现了明显的原始性，器物种类不多，造型不够规整，许多器物内壁凹凸不平，颜色晦暗。磁山文化已发现彩陶，是目前我国发现生产彩陶最早的新石器时代文化。彩陶纹饰是在红陶表面以黑彩画平行折线纹。

仰韶文化陶器　仰韶文化遗址出土的陶器。仰韶文化是黄河中游地区的新石器时代文化，因最先发现于河南渑池仰韶村而得名，中心区域在黄河及其支流渭河、洛河、汾河汇集的中原地区，向北延伸到长城沿线及河套地区，南达鄂西北，东到河南东部，西到甘肃、青海交界地区，存在的时间为公元前5000至前3000年。仰韶文化的陶器绚丽多彩，展现了母系氏族社会从繁荣至衰落时期制陶工艺的特色。仰韶文化的陶器，用河流沉积的中砂性粘土作原料，以手工制作，主要用泥条盘筑法成型，还有手捏成型、粘接成型等手法。根据陶器使用功能的不同，有泥质陶和夹砂陶。因焙烧火焰气氛的不同，又出现橙红陶、砖红色陶、褐红色陶、灰陶和黑陶。红陶是用氧化焰烧制的，灰陶是烧成后期用还原焰烧成的，黑陶是烧窑后期用浓烟熏黥，陶胎孔隙中藏入许多炭微粒所致。最能体现仰韶文化艺术特色的是彩陶，用农田中生成的铁锰结核碾细配成黑彩、黑褐彩料，用含铁量

43. 仰韶文化彩陶瓶

很高的土红或赭石配成红彩，用白净瓷土配成白彩。当坯体成型后干到一定程度时，用类似今天毛笔一类的工具蘸彩料绘画。绘画以后用鹅卵石、骨具或坚硬的木头压磨坯体，使彩料和陶坯结合密实，经800℃～950℃焙烧，彩陶就烧成了。一般在器物外壁有规律地绘出几何图案、植物、动物形象的花纹和人物形象。有的器物用贴塑方法在器物上做出壁虎、人头等装饰。作炊器的夹砂陶坯体成型时拍印出细绳纹、粗绳纹、方格纹。主要器物有平底碗、钵、盆、小口尖底瓶、细长颈瓶、直口罐、斜沿罐、深腹瓮、鼎、釜、甑、灶等。仰韶文化陶器种类和彩陶上的植物花纹、鸟纹图案，反映了母系氏族繁荣时期较发达的农耕经济和定居生活的文化艺术，而人面鱼纹盆、各种鱼类图案和动物画面则表明渔猎经济在社会生活中所占的重要地位。仰韶文化分布地域很广，时间跨度很长，大致分为四期，第一期以西安半坡类型为代表，

第二期以史家类型为代表,第三期以庙底沟类型为代表,第四期以西王村类型为代表。各期各个类型的陶器都很有特色。

半坡类型陶器 仰韶文化早期半坡类型的陶器。半坡类型文化以西安半坡遗址为代表,时间约为公元前5000至前4500年。这个类型的遗址集中分布在渭水中下游一带,北起河套地区,南到汉水中上游,东至豫西、晋南,西达陇东地区。陶器按质地分类有泥质陶和夹砂陶,按颜色分有红陶、灰陶和黑陶。工艺以手制即泥条盘筑法为主,已经发明陶轮(辘轳车),用来修整陶坯。最能反映半坡类型文化特征的陶器有钵、盆、瓶、壶、罐、瓮等。钵有直口弧腹圜底钵、直口弧腹平底钵,盆有卷唇斜腹盆、卷唇折腹盆、浅腹平唇平底盆,瓶有直口尖底瓶,壶有蒜头细颈壶、小口细长颈大腹壶,罐有侈口鼓腹平底罐,瓮有短唇敛口斜腹小平底瓮、短唇敛口鼓腹小平底瓮。常见的纹饰有拍印的绳纹、刻划的斜线纹、弦纹、锥刺纹、指甲纹。这类纹样主要出现在作炊器或盛器的夹砂陶器上。红陶上则带有精美的彩绘。纹饰中作母题的有鱼纹、鹿纹、羊纹、蛙纹、人面纹和植物枝叶纹,还有由圆点、长短线、横线、折线构成的三角形、波折纹组成的几何图案。在新石器时代彩陶中,半坡彩绘

44. 半坡类型彩陶钵

比较简朴,颜料大多数是黑彩,少数为红彩。施彩后经过打磨,烧成后永不脱落。已知出土半坡类型彩陶的重要遗址有陕西姜寨、北首岭、史家村、元君庙、横阵村、甘肃秦安大地湾、山西芮城东庄村、湖北郧县大寺等。

史家类型陶器 仰韶文化史家类型的陶器。史家类型属仰韶文化第二期,时间在公元前4500至前4000年前后。以陕西渭南史家遗址为代表,分布地区与半坡类型相同,只是时间比半坡类型晚。陶器也以手制为主,即泥条盘筑法成型,一些精美器物成型后用慢轮修饰。按使用的需要,饮食、汲水、盛物等器多为泥质陶,有泥质红陶、泥质灰陶、泥质黑陶等,作炊器和盛器的为夹砂陶。陶器的种类和特征与半坡类型相似,出现最多的器物有钵、盆、瓶、壶、罐、瓮等。钵类有平底钵、敛口圜底钵,盆类有卷沿弧腹圜底盆,瓶类有小口溜肩尖底瓶、葫芦形瓶,壶类有细颈壶,罐类有四鼻罐、侈口折颈罐、鼓腹平底罐等,瓮类有大口深腹瓮等。陶器装饰中,用刻划、拍印、堆贴等手法作出的花纹与半坡类型一样,彩绘花纹在半坡类型基础上增加了圆点、弧线组成的几何图案和鸟鱼合璧的动物图案,制作工艺和艺术水平在半坡类型的基础上又有提高。

庙底沟类型陶器 仰韶文化繁荣时期庙底沟类型的陶器。庙底沟类型1953年首次发现于河南陕县庙底沟遗址。1956至1957年进行了大规模的科学发掘。多年的考古调查证明,庙底沟类型文化分布比半坡、史家类型都广泛,其中心区域在关中、晋南和豫西,北到河套,南达汉江北部,西到甘肃的洮河,东至河南郑州。典型的陶器有敛口曲腹钵、卷沿曲腹盆、双唇竖口尖底瓶、平底瓶、敛口鼓腹罐、甑、釜、灶和器座等。彩陶装饰有发展有序的菊科、蔷薇科植物花卉、禽鸟图案。其他还有条纹、涡纹、三角涡纹、勾叶纹、弧线三角纹、圆点纹、方格纹、曲线

45. 庙底沟类型彩陶曲腹盆

纹、垂幛纹、豆荚纹、蛙纹、鱼纹以及堆塑的鸟头、蜥蜴等。用彩主要是黑彩，有的红黑彩兼用，还有施白衣的彩陶。陶器造型精美，绘画技巧娴熟，抽象提炼和夸张得当，色彩的使用与造型很协调，把彩陶艺术提高到一个新的水平。

西王村类型陶器　仰韶文化西王村类型的陶器。此类型的遗址是 1960 年在山西芮城西王村发现的，遗址分布于山西西南的汾水、涑水流域及陕西渭水流域一带，属仰韶文化晚期。《中国大百科全书·考古卷》将它列为仰韶文化第四期，时间约为公元前3600 至前 3000 年之间。西王村类型的陶器特征，主要表现在以红陶为主要陶系，但灰陶生活用具的数量增多，考古学统计约占所有陶器的 6%。陶器制作工艺有明显的提高，胎体精细而薄，很多器物造型复杂，工艺难度较大。常见的器物有宽沿浅腹盆、斜壁圈足碗、镂孔豆、长颈凹腰尖底瓶、敞口尖底瓶、鸡冠耳罐、敛口深腹大平底罐、大口深腹瓮、厚唇筒形瓮等。装饰方面的变化是彩陶减少，有红地红彩、红地白彩。纹样有圆点纹、条纹、波折纹等。为加固坯体而拍印、刻划、堆塑的纹饰有绳纹、篮纹、附加堆纹、方格纹等。

秦王寨类型陶器　仰韶文化秦王寨类型的陶器。秦王寨类型是继庙底沟类型发展起来的一个地方类型，首先发现于河南荥阳秦王寨遗址。此类型主要分布在黄河以南，东起郑州，西到洛阳，南到汝河河谷和丘陵地带。郑州东北 6 公里的大河村遗址，也属于此类型，内涵比秦王寨更丰富，文化面目更清晰，也有人主张以大河村类型命名，所以此类型也称大河村类型。它属于仰韶文化第四期在豫中地区的代表，年代为公元前 3600 至前 3000 年。出土彩陶用彩丰富，有红、紫、灰、黑等色，有几种颜色一起使用的复合彩，也有的用白色陶衣作衬地，然后作彩画。花纹简洁豪放，有网纹、宽带纹、平行线纹、波浪纹、锯齿纹、兰草纹、六角星纹、弧线三角纹、x 形纹、∽形纹。除彩绘花纹，还有附加堆纹、篮纹、方格纹、镂孔等。遗址中出土最多的器物有大口斜腹平底碗、折腹镂孔豆、侈口长颈壶、大口束腰尖底瓶、折肩罐、侈口鼓腹罐、罐形鼎、盆形鼎等。

大河村类型陶器　参见"秦王寨类型陶器"。

后岗类型陶器　仰韶文化后岗类型陶器。后岗是仰韶文化在河北南部、河南北部地区的一个类型。同类遗址集中在卫河、漳河流域。《中国大百科全书·考古卷》将它排在仰韶文化第二期，年代为公元前4500 至前 4000 年之间。河南安阳后岗遗址最有代表性，故称为仰韶文化后岗类型。典型陶器有敛口圜底钵、平底钵、直口碗、小口长颈壶、小口折肩壶、罐形柱足鼎、灶、圜底缸等。陶器制作比较精细，泥质红陶约占 70%，夹砂红陶约占 10%，泥质灰陶将近20%，还有少量白陶和黑陶。陶鼎使用广泛，造型特点为侈口尖唇，折沿沿面比较宽，腹上部较鼓，下腹较尖瘦；三足有的为圆柱形，有的上端粗，下端瘦长，有的为长方形，在足与腹壁相交处有若干手捏的小圆窝。各类陶器中以素面陶和磨光陶占多数。有装饰的陶器比较少，在坯体成型修整过程中作出的花纹有浅刻精细的线纹、弦纹、指甲纹、锥刺纹、附加堆纹。彩陶的彩绘颜色以红彩居多，黑彩使用相对少一些。最突出的装饰是在碗、钵类器物的口沿涂一周红彩，即所谓红顶碗、红顶钵。花纹有宽带纹、3道至6道不等的直线组成的平行竖线纹、平行斜线组成的三角纹、菱形网格纹等。

大司空村类型陶器　仰韶文化大司空村类型陶器。大司空村类型是分布在河北南部、河南北部的一个仰韶文化晚期类型，文化遗址多集中在洹河、漳河流域，以河南安阳大司空村遗址为代表，年代在公元前3600至前3000年之间。陶器中夹砂灰陶数量较大，占38%，泥质灰陶占33%，泥质红陶占18%，夹砂红陶占60%，黑陶和白陶数量极少。典型器物有直口圆唇折腹盆、侈口浅腹盆、敛口钵、侈口尖唇平底碗、高领罐。有的器物底足切成花边，有的做出圈足。素面陶占多数。装饰中篮纹和方格纹比较多，还有划纹、线纹、锥刺纹、细绳纹、方格纹等。彩陶生产较发达，主要是用红色、棕色彩在红陶或灰陶上作画。也有红、黑两彩并用的。最常见的花纹有弧线三角纹、平行线纹、S形纹、W形纹、螺旋纹、眼睫纹、蝶须纹、水波纹、同心圆纹等20余种，互相搭配组成优美的装饰画面。

下王岗类型陶器　仰韶文化下王岗类型陶器。是仰韶文化地域分布上最南端的一个类型，主要分布在江汉流域北部及唐河、白河流域一带，即河南西南部及湖北西北部。最有代表性的遗址是河南淅川下王岗遗址的早一期、早二期遗存，属于仰韶文化一期的范畴，年代在公元前5000至前4600年。陶器生产以红陶和褐色陶为主，主要器形有直口平底碗、深腹锥足鼎、小口直颈壶、钵、尖底瓶、豆、甑、器盖和器座等。工艺水平与半坡类型相似，彩陶比较多。早一期多在红陶上画红彩、橙黄色彩，早二期多在红地上画黑彩，或施灰衣画红彩。彩绘纹饰有弧线三角纹、

条带纹、斜十字纹、草叶纹、方格纹、漩涡纹等。

46. 龙山文化陶鬶

龙山文化陶器　龙山文化遗址出土的陶器。龙山文化泛指黄河中下游地区新石器时代晚期的一种文化。1928年首先发现于山东章丘龙山镇，因此命名为龙山文化。龙山文化可分为几个类型，其中山东龙山文化，主要分布在山东地区，年代为公元前2500至前2000年。庙底沟二期文化，由仰韶文化发展而来，主要分布在河南西部，年代为公元前2900至前2800年。河南龙山文化，主要分布在河南东部、西部和北部，年代为公元前2600至前2000年。陕西龙山文化，主要分布在泾河、渭河流域，年代为公元前2300至前2000年。龙山文化陶寺类型，以山西襄汾陶寺遗址为代表，年代约为公元前2500至前1500年。龙山文化是父权制确立、私有制产生的时期。出土陶器有灰陶、红陶、彩陶、黑陶和少量白陶。制陶工艺比仰韶文化陶器有很大提高，但主要仍然是手工

制作，即泥条盘筑法成型。庙底沟二期文化发明辘轳成型，即轮制成型。山东龙山文化氏族的人们用快轮制法做出精美的蛋壳黑陶，陶器生产也由氏族所有转向家族所有。河南龙山文化最富特点的陶器有大口深腹罐、鼎、小口尖底瓶和彩绘菱形带状纹罐等，具有由仰韶陶器向龙山陶器过渡的性质。河南龙山文化陶器以红陶和黑陶为主，器形有鼎、鬲、甗、鬶、瓶、深腹罐、杯、碗、盆等，以绳纹、篮纹、方格纹和附加堆纹作装饰。陕西龙山文化的陶器以灰陶为主，有一定数量的红陶，器物种类增多，有单把鬲、罐形斝、大口罐、单耳罐、双耳罐、三耳罐、豆、小口高领折肩瓮、鼎、鬶、盉等。主要以绳纹、篮纹作装饰，也有方格纹和彩绘，只是数量很少。陶寺类型早期的陶器有釜灶相连的炊器、扁足鼎、罐或盆形斝、侈口罐、大口瓮、直筒形罐、折肩罐和侈口扁壶等。装饰有绳纹、篮纹和方格纹。山东龙山文化早期陶器主要有罐、觯、豆、鼎、高柄杯、盘、鬶等；中期最有代表性的陶器有鼎、盘、罐、甗、高柄杯、双耳杯、鬶、盆、瓮等；晚期主要陶器有鼎、盆、盘、单耳杯、高柄杯、罍、豆、甗、鬶等。早期灰陶、黑陶数量相当。中期蛋壳陶高柄杯的柄加粗，开始将杯身下部包住，柄沿加宽，上折成大口，饰竹节纹和镂孔。晚期主要是快轮制作，泥质黑陶为多，灰陶占少数。鼎足为鸟首形。鬶式样很多，主要有筒状大袋足和冲天流深腹小袋足结构。盆、碗、盘类器为内折腹式。磨光黑陶豆多饰小鼻。高柄杯口沿多呈盘形，杯身深入杯柄，形成内外两层。罐类往往附有双耳或四耳。磨光黑陶从胶东至苏北广大地区表现明显的一致性，表明在工艺发展上地区联系的增强。

庙底沟二期文化陶器

新石器时代庙底沟二期文化的陶器。庙底沟二期文化是从仰韶文化过渡到龙山文化的一种阶段性文化遗存，其内涵既继承仰韶文化的遗风，又有龙山文化的诸多因素，也可称之为一种早期龙山文化。其年代为公元前 2800 年前后。地域范围主要包括河南郑州、洛阳一带，山西南部，陕西东部。主要遗址有郑州林山砦、豫西偃师高崖、晋南平陆盘南村、陕西华阴横阵村、华县泉护村等。典型器物有夹砂直腹灰陶罐、鼎、斝、灶、刻槽盆等。庙底沟二期文化陶器主要以夹砂灰陶为主，泥质灰陶次之，细泥红陶较少，细泥黑陶更少。夹砂灰陶有釜、灶、鼎、罐、斝等。在制作陶器时有意识地在陶土中加入适量粗砂或细砂，砂耐高温，受热后膨胀系数小，长时间烧不易炸裂，因此一般多作炊具。泥质灰陶主要有罐、盆、瓶、斝、碗、器盖等。泥质灰陶胎泥未经洗炼，但经 800℃ 温度烧制后陶质较坚硬。这个时期的泥质灰陶出土量大，器形品种多，体积略大者多为盛储器，略小者多为食器。细泥红陶器形小巧，有碗、杯、豆、小罐等，多为食器。胎土经洗炼，胎细且薄，外壁常挂红褐陶衣或施彩绘。细泥黑陶的胎泥也经洗炼，胎质细腻，器壁很薄，出土器物少。从发掘残片看，外壁打磨光滑，富有光泽，当为食器。庙底沟二期文化还出土陶制工具及装饰品如纺轮、陶刀、陶珠、陶球等。陶器全部手制，多采用泥条盘筑法成型。平底器大多采用接底法，即器底、器壁分别制成，一般内底有明显手抹痕迹。盆与罐口沿多采用慢轮加工而成。斝的三袋足则采用圜底罐镂空后用泥条粘接而成。鼎足也同样是以圜底罐用泥条粘接三足的。庙底沟二期文化陶器纹饰有篮纹、绳纹、划纹、方格纹、附加堆纹、镂空和彩绘。其中篮纹为主，绳纹、附加堆纹次之，方格纹较少。这时期最突出的装饰方法是在大型器罐、鼎、盆等器壁上通体施篮纹或绳纹，再在其腹部施 2 至 6 条附加堆纹，其目的除有装饰作用外，更重要的是加固。这时细泥红陶中仍然有彩陶，但不如一期遗存多，而且纹饰趋于简单化，有的只涂一层红衣，个别的用黑彩绘出菱形纹。

河南龙山文化陶器 主要分布在河南西部、东部、北部的一种龙山文化生产的陶器。河南龙山文化是中国新石器时代晚期的一种文化，1956 年以前与山东等地同期文化统称为龙山文化。1956 年因地域、文化内涵的特殊性，与山东龙山文化、陕西龙山文化划分开来，单独命名为河南龙山文化。河南龙山文化处于原始社会解体阶段，年代为公元前 2600 至前 2000 年，它的发展迎来了青铜文化。河南龙山文化可分为王湾三期、后岗二期和造律台 3 个类型。王湾类型，主要分布在郑州、洛阳之间的伊河、洛河流域及关东地区，陶器制作普遍使用轮制法，日用陶器以灰陶为主，也有黑陶和红陶。在临汝煤山遗址发现在一起的 4 座陶窑，说明生产规模较大，窑室底部挖筑两条主火道和两条分火道，火道较宽处架有土坯砖，以便控制火苗和放置陶器。生产的陶器以泥质灰陶、夹砂灰陶、褐陶为主，黑陶次之。器物种类丰富。炊器以及属于炊器类的温热器的器物有鼎、鬲、斝、甑、罐、鬹、盉等。有些器物造型上很有特点，如斜沿罐、柱状或乳状足的罐形鼎、圆腹或折腹斝、罐形甑、浅盘高足豆、双腹盆、研磨盆、高领小平底瓮等。陶器以轮制为主，装饰多为篮纹、方格纹和绳纹。后岗二期类型，以安阳后岗遗址二期为代表，主要分布在豫北、冀南一带。制陶以轮制为主，常见的器物有大平底盆、圈足盘、侈口碗、鼎、甗、单把鬲、罐、瓮等。装饰花纹以绳纹为多，篮纹次之，方格纹较少。造律台类型，以 1936 年发掘的河南永城造律台遗址命名，主要分布在豫东、鲁西南黄河南岸沉积平原，陶器以灰陶为主，绝大多数是轮制。常见的器物有袋足甗、三角形扁足鼎、盆形甑、壶、斜沿罐、大圈足盘、直腹平底盆、横耳敛口瓮、单把杯等。装饰花纹以篮纹、方格纹为多，绳纹较少。

陕西龙山文化陶器 陕西龙山文化遗址出土的陶器，此类型属黄河中游地区新石器时代晚期文化，

1955 年发现于陕西西安客省庄第二期地层，又称客省庄二期文化，遗址主要分布在陕西省境内的渭河、泾河流域，其年代为公元前 2300 至前 2000 年之间。陕西龙山文化陶器以灰陶为主，并有一定数量的红陶。常见的器形有单柄鬲、罐形斝、大口罐、单耳罐、双耳罐、三耳罐、豆、小口高领折肩瓮等。鼎、鬹、盉等比较少。很多陶器与河南龙山文化陶器接近，如鼎。而大双耳罐、小双耳罐、高领折肩瓮等器形与甘肃地区的齐家文化有共同之处。陕西龙山文化红陶比较少。齐家文化以红陶为主，而陕西西部地区的陕西龙山文化陶器红陶较多，说明它与齐家文化关系密切。经考察，表现陕西龙山文化特征的陶器主要是灰陶，器形以鬲、斝居多，鬹较少；罐、碗多，盘、盆少。折肩小平底瓮很有代表性，为其他文化所少见。为了提高成型效率，把使用得最多的袋足器物如鬲、斝、鬹、盉的袋足模制成型，即先做一个内模型，然后把炼捏好的泥料压成薄片，裁下来包在内模上，用陶拍拍打，脱模后粘接在上述器物的腹体上，为拍打后脱模方便，就在模子上刻出篮纹、绳纹，因此这些袋足的里壁印有篮纹和绳纹，考古工作者称之为"反篮纹"、"反绳纹"。陕西龙山文化制陶方法主要是泥条盘筑法，有一些形体不大的陶罐开始用辘轳车成型。陶窑椭圆形，窑室底部有"北"字形火道，火膛内保存很厚的草木灰，说明草杆是主要燃料。上述情况均反映出陕西龙山文化的陶器生产比较发达。

陶寺类型陶器 龙山文化陶寺类型遗址出土的陶器。陶寺类型是龙山文化在中原地区的一个独特类型，与河南龙山文化、陕西龙山文化有相似之处，又有各自的内涵。陶寺类型遗存主要分布在山西西南的汾河下游和浍河流域。年代为公元前 2500 至前 1900 年之间，以山西襄汾陶寺遗址最典型。陶寺类型遗址以夹砂灰陶和泥质灰陶为主，也有夹砂褐陶、泥质褐陶和黑陶。早期器物胎壁较厚，炊器以连釜灶和斝为

主，中期出现陶鬲，晚期广泛使用陶鬲，连釜灶消失。陶寺人生活中使用最多的陶器有灶、鬲、斝、罐、壶、瓶、盆、盘、豆、鼎和甗等。凡泥质陶盆、罐、壶、瓶、盘、豆一类器物均施彩绘，是烧后挂彩的彩绘陶，做法是以黑陶衣为地，上施红、白、黄彩；或以红色为地，以黄、白彩色画出图案。图案有变体动物纹、龙纹、云雷纹、圆点、条带、几何形纹、涡纹、回纹等。常见纹饰还有绳纹、篮纹、方格纹、弦纹以及镂孔和附加堆纹等。彩绘陶主要用于祭礼和陪葬，色彩斑斓绚丽，成为陶寺类型陶器的一大特色。陶盘上的蟠龙图象是中原地区最早的龙纹图案，也是最富特点的器物，可能是一种礼器，龙是其氏族部落的标志。

47. 大汶口文化彩陶豆

大汶口文化陶器　大汶口文化遗址出土的陶器。大汶口文化是黄河下游地区的新石器时代文化，1959年因在山东泰安大汶口发现而得名，地理范围东达黄海之滨，北至渤海南岸，西到鲁西平原的东部，南到江苏淮北地区，安徽、河南也有发现；年代为公元前4300至前2500年，时间跨度达1800多年，后发展成为山东龙山文化。其发展大约经过3个阶段，公元前4300至前3500年为早期，公元前3500至前2800年为中期，公元前2800至前2500年为晚期。早期制陶工艺比较原始，主要用泥条盘筑法，有泥质陶和夹砂陶两类。作为炊器和盛物的夹砂陶器，质地粗松，火候不高。鼎类器物生产很多，有钵形鼎、釜形鼎、甗形器等。泥质陶有盆、钵、罐、杯、豆、尊等，造型简单。彩陶是在红陶上施彩绘，主要是红彩和黑彩，还有先施白色陶衣的。纹饰有菱形格纹、钩叶和圆点纹、花瓣纹等。中期已开始以轮制陶，有红陶、灰陶等泥质陶、夹砂陶。此外还使用白陶，典型器物有折腹罐形鼎、实足鬶、背壶、大圈足镂孔豆。彩陶仍然流行，花纹有花瓣纹、波折纹、方格纹、红色圆点纹等。晚期制法除泥条盘筑，还大量使用快轮成型。器物种类大大增加，很多结构复杂的大件作品都是用快轮制作的，或将几种成型方法结合起来。此期还采掘北方特有的白色坩子土，生产出大量精美的白陶器皿，如罐、钵、背壶、豆、袋足鬶、三足盉等。白陶有很高的艺术性，颜色呈白色、淡黄色或略带粉色，颜色变化主要是因窑中烧成气氛变化影响所致。白陶在一些遗址和墓葬中所占的比例达百分之几到十几。除白陶增加以外，生活用陶中灰陶、黑陶大量增加，典型器物有鼎、袋足鬶、折腹豆、瓶等。这几类陶器多拍印篮纹。彩陶数量减少，常用纹饰以螺旋纹为主。薄胎磨光黑陶表现出大汶口文化氏族高超的制陶工艺。黑陶和白陶都用轮制成型，精细修刮，耐心打磨，胎壁又薄又匀，熠熠闪光。自中期开始出现摹仿动物形象的容器，如兽形提梁壶，为一猪形器物，昂首竖耳，张嘴鼓肚，嘴为流，肚为壶腹，既美观又实用。

山东龙山文化陶器　新石器时代山东龙山文化时期生产的陶器。山东龙山文化是黄河下游的新石器时代晚期文化，主要分布在山东中部、东部和江苏淮北地区。年代为公元前 2500 至前 2000 年，时间跨度 600 年左右。陶器制作可分为早、中、晚 3 期。早期主要为灰陶，黑陶比较少，典型器物造型特点是：罐，大口、深腹、小平底；盘，侈口、直壁、三环形足；豆，侈口、浅盘；壶，造型很像后来的觯形；鼎，大口、深腹、扁凿形足。中期工艺技术提高，制作难度很大的黑陶器，产量增多，有的遗址和墓葬出土黑陶占陶器总数的一半，出现了精美无比的蛋壳黑陶，把制陶工艺推向一个新阶段。常见器物有鬶、盆形鼎、三足盘等。鬶的特点是粗颈，颈腹界线不太分明。鼎的足呈梯形，上面有堆纹。三足盘为折腹式。高足杯为宽折沿、粗柄。陶甗的出现，使炊器更新颖，它是甑和鬲相结合的产物，使用更为方便。晚期由于制陶工艺的提高，日用陶器中造型规整、端庄典雅的黑陶器生产已很广泛，器形种类大大增加，陶鬶出现了各种式样和各种规格的造型。高柄杯将杯身套进柄内，结构很特别。高圈足豆的豆盘较深，口沿翻卷。鬶有盖，身上置数系。鼎则宽大实用，鼎体成盆形，足为鬼脸形。其他器物如折腹盆，各式带耳的杯、碗、盘、盒、盂、匙等，在制作上或结构上都有晚期特点。典型的龙山文化陶器有以下特征：第一，制作精美，结构复杂的器形已做得很规整，在保证实用的情况下，有较高的艺术性，很多陶器表现了时代和地域特点，与中国其他新石器时代文化陶器区别开来。例如鬶造型夸张，带有槽状流、粗颈，背上有一个如藤条状的粗柄。其他如盂、甗、高圈足豆、罐形鼎、足呈鬼脸形的鼎、三足盘、折腹盆、罐形杯、筒形杯、高柄杯、折肩罍、大口深腹瓮，等等。第二，陶器质地有泥质红陶、灰陶、尖砂陶、白陶等。无论哪种质地，泥料加工都很细致，成型稳定性好。就连夹砂陶质地都很细。淡黄色、白色的鬶类器物就是一种砂质陶，制作细薄而精美。为了美化陶器，有的红

陶施白色陶衣。作炊器的夹砂陶鼎样式多，如折腰、盆形、罐形以及鬼脸形足等造型，制作精致，质地细腻。第三，各类陶器主要用快轮成型，线条简洁，造型规整优美，用粘接等办法作出的柄、流、足等附件都一丝不苟。成型后经修刮、粘接、打磨。薄胎黑陶要用浓烟熏翳，并打磨出熠熠的光泽。第四，龙山陶器以造型优美取胜，装饰不多。一些为成型稳定而作出的装饰如刻划纹、弦纹、竹节纹、镂孔以及盲鼻、乳钉、附加堆纹等都很精细，与器形很协调。在新石器时代，龙山文化的陶器工艺代表了一个时代，即龙山时代的艺术水平和艺术风格，以后的其他文化陶器深受它的影响，后代的工艺美术或多或少保持了它的优良传统。

岳石类型陶器 新石器时代龙山文化岳石类型的陶器。岳石类型年代晚于典型龙山文化，是探索典型龙山文化发展去向的一种文化，年代为公元前 1900 至前 1700 年，介于龙山文化和商文化之间，最初发现于山东平度东部岳石村，因以命名，1960 年进行正式考古发掘。岳石类型陶器以泥质黑皮灰胎陶和砂质红褐陶为主。器类、造型和装饰均与典型龙山文化不同。泥质黑皮灰胎陶器，胎壁厚，火候高，轮制，器物规整，棱角分明，以粗大凸弦纹作装饰。主要器物有尊、子母口罐、三足簋、圈足簋、豆、盂、皿、杯和蘑菇形状的带钮盖。部分泥质黑陶、灰陶上饰有朱色彩绘。夹砂陶器器表抹光以后刻划短线纹和附加堆纹作装饰，这类装饰多出现在器物颈部和腰部。甗类器物袋足特别肥大，裆部饰有竖条状附加堆纹。鼎类器物形体高大而宽阔，造型似罐，下承以三足，足部棱角分明。各类鼎的足相对都比较矮小，呈舌形，正面有划纹、戳印纹。有的陶器烧成后用红、白、黄等色彩绘出云纹，这些都是山东龙山文化所不见的。岳石类型的陶器流行于烟台、昌潍、济宁地区，其分布范围在大汶口文化和龙山文化的区域里。

马家窑文化陶器 新石器时代马家窑文化的陶器。马家窑文化是黄河上游地区新石器时代晚期文化，因最先发现于甘肃临洮马家窑而得名，上承中原的仰韶文化，发展为齐家文化，年代约为公元前3300至前2050年，是仰韶文化晚期的一个地方分支。主要分布在甘肃省，以陇西平原为中心，东起陇东山地，西到河西走廊和青海西北部，北达甘肃北部和宁夏南部，南到甘南山地和四川北部。马家窑文化制陶工艺很成熟，人们日常生活使用大量精美的陶器。彩陶占各类陶器总和的25～50％。在陪葬陶器中，彩陶达到80％。陶器绝大多数是红陶，有泥质红陶和夹砂红陶；许多泥质细陶的口沿、外壁满绘花纹，有的器物内壁也绘彩。作炊器用的夹砂陶也有彩画，这是其他原始文化陶器少有的现象。花纹繁缛瑰丽，富于变化而有规律。马家窑文化时间跨度1000多年，可分为石岭下、马家窑、小坪子、半山、马厂5种类型，即5个时期，以马家窑、半山和马厂3期为主。马家窑期的年代约为公元前3300至前2900年，陶器多为橙黄陶，以黑彩绘画。器物有碗、盆、瓶、罐、钵等，多用粗壮的黑线构成繁缛的花纹，以长短线和弧线构成的几何图案为主，有垂幛纹、漩涡纹、水波纹、圆圈纹、多层三角纹、锯齿纹、桃形纹和草叶纹等。动物纹样有鸟纹、鱼纹、蛙纹、蝌蚪纹，还有人面形象。作盛器用的大型罐、瓮、甑等和炊器，画彩较少或不上彩。各类陶器都是手制，广泛采用泥条盘筑法成型，经过精细的修刮和打磨，焙烧工艺高超，陶器质量普遍比较好。马家窑类型晚期，彩陶花纹笔道粗犷，在器物肩、腹部分构图很饱满，以大漩涡纹和弧度很大的锯齿纹为主题花纹，显示出向半山类型过渡的趋势。有人将这个特点的文化遗址单独划出一个时期，即小坪子期，以兰州市郊陆家沟的小坪子遗址命名，其年代约为公元前2900至前2650年。半山类型年代为公元前2650至前2350年。

这个时期的彩陶上用红彩和黑彩两色相间的锯齿纹为骨架构成各种图案。半山彩陶图案比马家窑复杂，在陶器上所占面积大，从口沿到器物最圆鼓的下腹部位都画彩。最常见的图案有水波纹、漩涡纹、葫芦纹、菱形网纹、平行带纹、棋盘格纹、蛙纹和附加堆纹。有的夹砂陶是白色陶泥制作的白陶。马厂类型的年代为公元前2350至前2050年前后。一些泥质陶器上施一层红色陶衣，用很宽的黑边紫红条带构成圆圈纹、螺旋纹、变体蛙纹、波折纹等。也有用黑色或红色单色线条画出波折纹、菱形纹、编织纹和变体蛙纹等。马厂彩陶工艺熟练，但渐趋简单化，很多器物图案单调而疏朗，接近齐家文化。它表明中国仰韶文化的彩陶工艺是独立形成、独自发展的。通过仰韶文化的庙底沟类型逐渐向西发展，形成马家窑文化这一地方性文化。彩陶也逐渐由鼎盛走向衰落，走完了它的历史进程，为光辉的青铜文化所代替。

石岭下类型陶器 新石器时代马家窑文化石岭下类型的陶器。石岭下属于马家窑文化的早期类型，1947年发现于甘肃武山城关镇的石岭下，因以命名。该类型晚于仰韶文化庙底沟类型，早于马家窑文化马家窑类型。陶器的主要颜色为砖红色，这是仰韶文化庙底沟类型红陶中的一种陶色，与主要是橙黄色的马家窑类型红陶有所不同，说明其与仰韶文化庙底沟类型关系密切。使用最多的器物有折沿盆、敛口钵、尖底瓶、壶、罐等。在壶、罐、盆、钵等器物上腹部绘弧线构成的三角形、花叶纹等，纹饰与仰韶文化庙底沟类型彩陶相似。石岭下类型陶器自身的艺术风格，体现在侈口长颈瓶、侈口薄唇罐等器物的造型上，结构优美，线条富于变化，在器物上以流畅、旋转度很大的线条构成鸟纹、变体鸟纹、鲵纹、细菱格纹。一件陶壶的颈肩部最圆鼓处以黑彩绘两只鸟偎依在一起，用长短弧线表现毛茸茸的鸟身，既美化了器物，又有浓郁的生活气息。马家窑文化陶器的艺术风格就沿着这个方向发展下去。石岭下类型的制陶工艺和艺术风格，在研究马家窑文化陶器艺术风格的形成、研究中国彩陶艺术、彩陶文化由关中向河西走廊的发展等方面具有重要意义。

48. 马家窑类型彩陶盆

马家窑类型陶器　新石器时代马家窑文化马家窑类型的陶器，年代为公元前 3100 至前 2700 年，因最早发现于甘肃临洮马家窑而得名，直接由石岭下类型发展而来。马家窑氏族经济中制陶手工业发达，工艺水平很高，生产的陶器可分为泥质红陶、夹砂红陶、泥质灰陶等陶系。夹砂红陶主要作炊器和盛储器，在成型时表面做出绳纹、附加堆纹。泥质陶种类多，在生活中使用广泛，有素面磨光陶，也有彩陶。马家窑类型的彩陶最精美，陶器细腻，底色呈橙黄色，少数呈砖红色，表面打磨光亮，大多数用黑彩在器物的口沿、颈腹最圆鼓的部位和内壁绘画装饰。纹饰以几何形图案为主，构图饱满复杂，出现最多的有垂幛纹、垂钩纹、圆点纹、波浪纹、平行条纹、弧线三角纹、叶状纹间网纹、葫芦形纹、菱形网纹、螺旋纹、圆圈纹、S 形纹等。人物类画面最精彩的是红陶盆内壁 5 人一组携手舞蹈的纹饰，它是研究新石器时代舞蹈艺术和氏族成员娱乐生活、风俗人情的宝贵资料。动物纹饰有变形鸟纹、狗纹等。马家窑类型遗址

发现有规模很大的制陶作坊，生产的器物有碗、钵、盆、瓶、壶、罐、甑、瓮、带嘴锅。还有上部为泥质陶彩绘、下部为夹砂耐火粗陶的器物，如盆、罐、带嘴锅相结合的器物，适应人们日益丰富、广泛的生活需要，表现了工艺的娴熟和生产安排的灵活性。

半山类型陶器　新石器时代马家窑文化半山类型的陶器。此类型主要分布在黄河上游及其支流湟水、洮河、庄浪河流域，渭河上游的天山、武山一带和宁夏南部等地区，河西走廊仅限于永昌市以东地区。半山类型的制陶业直接继承马家窑类型，工艺娴熟，器物主要以泥条盘筑法成型，日常生活中使用的器皿主要有小口细颈壶、贯耳小口壶、细长颈瓶、浅腹盆、曲腹钵、双耳罐、单耳罐、带嘴罐等。装饰花纹有绳纹，是在成型时拍打上去的，多在夹砂陶器上出现；附加堆纹，成型时为加固坯体而作；彩绘内容很丰富，既绘于器物外壁，又绘于内壁，复杂图案的母题常用黑、红两彩相间的锯齿纹构成，色彩鲜明，形式多变。常见纹饰主要有葫芦形内填网格纹、漩涡纹、水波纹、菱形纹、连续三角纹、宽带纹、平行条纹、圆圈纹、多线连弧纹等。其中漩涡形纹最为常

49. 半山类型四大圆圈纹彩陶壶

见。图案设计严谨,陶器图案不论正视还是俯视,都呈现完整而美丽的画面。

50. 马厂类型蛙纹彩陶壶

马厂类型陶器 新石器时代马家窑文化马厂类型的陶器。马厂类型遗址分布范围与半山类型基本相同,只是向西北方向延伸范围较广,可以到玉门一带。马厂氏族善于制陶,技艺高超,人们生活中使用陶器种类多,式样多。部分陶器为素面磨光陶,大多数都有装饰。为成型需要,增强成型稳定性的花纹有绳纹、附加堆纹、锥刺纹、刻划纹等。它们既增强成型稳定性又美化器形。彩陶生产很多,器物上半部彩绘部分多施一层红色或紫红色陶衣,大量用黑彩作画,也有黑、红二色兼用的。花纹内容有长、短、弧线构成的几何形图案,常见的弧纹有三圆圈纹、四圆圈纹、菱形纹、折线三角纹、多圈纹。在圆圈内填绘"十"字、"井"字。在器物下腹部绘有"十"、"一"、"○"、"卍"、"丨"等符号。兰州东郊白道沟坪遗址的制陶作坊,发掘出5组12座陶窑,另外还有一些被

破坏的残陶窑,每组陶窑共用一个火坑,各窑窑门都朝向火坑。作坊有备料坑,有制陶的熟料和余料,有红胶泥条,是准备来用泥条盘筑法成型的。窑场中还有研磨颜料的石板和调色料用的分格陶碟,碟内配有紫红彩颜料。常用的陶器有壶、双耳罐、葫芦形罐、小口垂腹罐、豆、长颈壶、瓮、人形壶等。在柳湾墓地采集到的一件人形壶,现藏中国历史博物馆。在陶壶上用彩画和贴塑手法作出全身裸露的人形,上身有突出的乳房,下身有男性生殖器。表现的是人们对生育的崇拜,象征男女结合可以繁衍后代。在甘谷灰地儿遗址发现陶祖,即陶质男性生殖器模型,也是同样的崇拜心理下的产物,是父权制在意识形态上的一种体现。

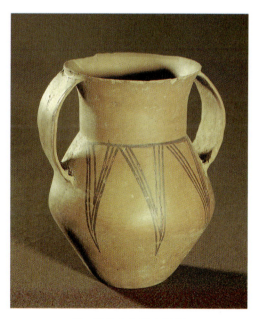

51. 齐家文化双大耳罐

齐家文化陶器 新石器时代齐家文化的陶器。齐家文化继承马家窑文化发展起来,是我国黄河上游新石器时代晚期至青铜时代早期的一种文化。早期距今约4000年左右,晚期与中原地区奴隶社会并存。

79

其地域分布在黄河上游及其支流渭河、洮河、大夏河、湟水流域以及宁夏南部地区。重点遗址有青海乐都柳湾、甘肃刘家峡水库区、武威皇娘娘台、永靖大何庄、秦魏家等。齐家文化的陶器独具特色，代表器形主要有双大耳罐、侈口罐、高领双耳罐、浅腹盆、深腹盆、镂空圈足豆、袋足鬲、三耳罐等。根据地区不同及各地区文化内涵特征，可将齐家文化大体分为早中晚3期，3期文化的陶器由胎质到器形随着时间的推移也略有不同，但它们却存在着根深蒂固一脉相承的内在联系。早期陶器以红褐陶为主，器形较小，常见的有侈口罐、单耳罐、高领双耳罐、双耳罐形甑。中期陶器以泥质红陶为主，灰陶罕见，器形主要有双大耳罐、高领双耳罐、镂孔豆和单把鬲等。晚期陶器以泥质红陶为主，灰陶少量出土，陶器除双大耳罐、高领双耳罐外，出现尊、壶、高领折肩罐、双耳彩陶罐、彩陶豆等。齐家文化的制陶业比较发达，陶器多数仍为手制，慢轮加工较普遍，小件器物通常用手工捏制。平底器居多，稍大的平底罐类采用底、壁分制，即以壁包底方法制成。壁仍为泥条盘筑，其外底平坦，内底常见粘接时的手捏痕迹。高领罐的口部有些也是粘接而成，其内壁留有清晰的接痕，有些虽经慢轮修整，不见泥条接痕，但轮旋痕迹清晰可见。豆也是分制出豆盘及圈足，然后用泥条粘接成型。高领折肩罐的折肩往往靠工具压抹而成。齐家文化还出土一些手捏陶塑，如人头、鸟头及羊、狗等动物。有的陶塑虽不成比例，但其造型小巧，姿态生动，尤其是人和鸟的头部轮廓逼真，面部丰满，双目有神，是我国原始社会不可多得的艺术佳品。齐家文化陶器除素面器，主要有篮纹、绳纹装饰及少量彩陶。篮纹、绳纹一般饰于夹砂罐、双耳罐、单把鬲上，起加固和装饰作用。彩陶多施于泥质红陶上，以黑彩居多，也有红彩和紫彩。彩绘纹饰常见的有菱形纹、网纹、三角纹、波折纹、蝶形纹等。纹饰繁简不一，富于变

化，题材也独具特色。

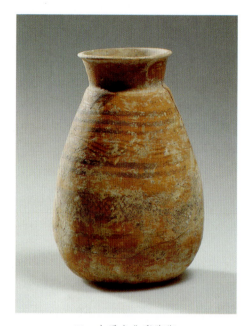

52. 大溪文化彩陶瓶

大溪文化陶器 新石器时代大溪文化的陶器。大溪文化分布范围东起鄂中南，西至川东，南抵洞庭湖北岸，北达汉水中游沿岸。长江中游西段文化遗存很集中，因首先发现于四川巫山的大溪遗址而得名。年代约为公元前4400至前3300年。大溪文化陶器，早期主要为红陶，陶色多带橙红色，主要器物是饮食器皿，许多器物外表为红色，内壁为黑或灰黑色，这是由于焙烧时器物扣于窑箅上，受到不同气氛的影响，也有可能刚烧成时趁热涂抹油脂和树脂所致。随着时代的发展红陶逐渐减少，灰陶和黑陶增多，器物种类也增多。此外，还有一些白陶。白陶胎是一种含镁量很高的泥土。灰陶和灰黑陶产量很大，制作主要的生活用具，一部分是泥质陶，另有相当一部分夹炭和夹蚌，夹炭是将稻草、稻壳初步焦化后碾成粉末掺入泥料中，夹蚌是将蚌壳、螺壳加以焙烧使其脱胶易碎，打成细末加入泥料，改善泥料的板结性能，增强

可塑性和成型稳定性。陶器烧成温度不高，根据红花套遗址的陶器标本测定，烧成温度为 600℃～700℃，大溪文化的标本测定烧成温度为 750℃～810℃。主要器形有豆、敛口钵、圈足盘、弧腹盆、敛口簋、折沿鼓腹盉、圈足碗、曲腹杯、罐、壶、高领平肩直腹瓶、筒形瓶等。很多器物是素面磨光，装饰花纹有戳印纹、刻划纹、弦纹、附加堆纹、镂孔、个别器物上印有浅篮纹，绳纹不多。大溪陶器上戳印纹很有特色，在一种小戳子上刻圆形、半圆形、新月形、三角形、长方形、方形、工字形纹，在器表戳印而成。本意是戳破泥料表面封闭的薄膜，使坯体中的水份更容易排除，提高烧成质量，但这些印纹有规律的排列，产生一种图案效果。大溪文化的彩陶也很出色，主要在泥质陶器上画彩，普遍施一层红色陶衣，画黑彩或赭彩，有的施白色陶衣画黑彩或红彩，经过精细打磨，然后焙烧而成。彩陶常见纹样有绞索纹、平行带中夹"人"字纹，其他还有菱形格纹、短线条变形绞丝纹、变体回纹、漩涡纹、谷穗纹、齿状纹。有的器物成型水平很高，如彩陶单耳杯，胎体薄如蛋壳。大溪文化制陶工艺发展历程大致可以分成 3 期。早期，夹炭红陶最多，戳印纹细小而简单，彩陶尚不发达，生产数量极少。器形以折肩圈足罐、三足盘、鼓形器座为多。中期，彩陶生产增多，戳印装饰发达。常见的器形有内折沿圈足盘、簋、高柄豆、曲腹杯、折腹盆、筒形瓶等。晚期，彩陶减少，灰黑陶、黑陶大量增加，使泥质陶器在整个陶器生产中占绝对优势。细颈壶、敛口圈足碗等是富有代表性的器物。

屈家岭文化陶器　新石器时代屈家岭文化的陶器。屈家岭文化首先发现于湖北京山屈家岭，因以命名。主要分布在湖北省境内，比较集中的地区有郧县、襄阳、随县、京山、天门、宜都、枝江、江陵、安陆、应城、武昌、鄂城、麻城等。北到河南西南部，南及湖南澧县，西达四川巫山的大溪。屈家岭文

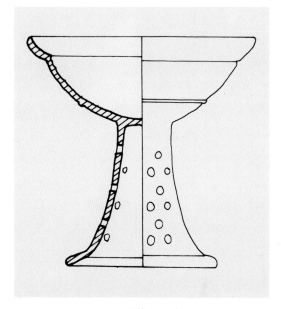

53.屈家岭文化陶豆

化的年代，以其晚期遗址测定，为公元前 2875±220 至前 2635±150 年。屈家岭文化有 4 个陶系，灰陶最多，黑陶次之，黄色和红色陶器相对较少。陶窑的砌筑有 3 股火道，用木柴和竹片作燃料。烧成温度为 900℃。主要器形有罐形鼎、甑、豆、钵、盆、矮三足碟、罐、高领扁腹圈足壶、盉、双腹圈足碗、喇叭口矮圈足杯、高圈足杯等。很多鼎、豆、碗的器身是仰折的双腹，有的鼎足为扁宽形或矮柱形，无论是安圈或三足制作都很规整，表现一种规范趋势。夹砂陶的羼和料多选用细砂，或加入破碎陶片碾成的粉末。制陶工艺精湛，有的薄胎陶器胎体只有 0.5～2 毫米，而有的巨型陶缸高度达 40 多厘米，中国历史博物馆收藏的一件折沿锅口径达 86 厘米。彩陶虽然比较少，但代表了屈家岭文化制陶工艺的较高水平。彩陶一般为细泥黄陶，敷橙红色、灰色或黑色陶衣。陶衣有的为单色，也有很多器物上施两种甚至三种颜色的陶衣，有的是两种颜色的陶衣相重叠。画陶的彩色主要是黑色，也有橙黄色和红色。彩陶数量虽然不多，但有些器物从内到外满施花纹，这是中国新石器时代制

陶所少见的。图案组合细腻而复杂，如弦纹与菱形纹相交的格纹、平行方格内加小方框、横排方格内分嵌卵点、菱形方格纹按组安排、带纹作出不同的宽窄、条纹内外排列圆点、横条纹下挂垂幛纹等。各类图案色彩浓淡相同，笔道不整齐，陶衣颜色和彩画的颜色均有一种晕染现象。大量生活用具是素面陶，通常用凸弦纹和瓦棱纹作装饰。屈家岭文化的纺织工具大多数用精美的陶制品，陶质虽然有粗有细，但以细质陶为多，多施橙黄色陶衣，在单面或周边绘褐红色图案。这些反映出屈家岭文化稻作农业发展，居住稳定，制陶手工业发达并为纺织手工业提供了优良的工具。

青龙泉三期文化陶器 新石器时代青龙泉三期文化的陶器。青龙泉三期文化直接由屈家岭文化晚期发展而来，年代在公元前2400年前后。分布范围基本在屈家岭文化区域内。制陶手工业仍很发达，日用器物增多，但不如屈家岭文化制作精细。主要器物有鼎、盉、研磨器、盆、钵、镂空圈足豆、高柄豆、罐、壶、缸、杯、高柄杯、器盖等。造型特点是鼎为侈口，折沿，圜底，形体较矮，足宽而扁；盉为侈口，口安管状流，腹瘦，承以3个袋形足，此三足承担了主要盛物的作用；研磨器厚重结实，呈漏斗形；盆为折沿深腹形，钵口边起棱，口微敛；镂空豆的圈足高而粗厚；缸有直筒形小平底和圜底两种。有的器盖上有花瓣形钮。此外有少量的鬶和斝。陶器以灰陶为多，大多是素面磨光，常见的纹饰主要是篮纹，还有附加堆纹、绳纹和方格纹，有少量的彩陶，艺术风格与屈家岭文化彩陶一脉相承。

山背文化陶器 鄱阳湖和赣江流域新石器晚期山背文化的陶器。山背文化首先发现于江西修水山背村的跑马岭，以山背遗址下层和清江筑卫城下层为代表，1978年命名，山背村所在的山区小盆地、鄱阳湖滨和赣江下游一带均有发现，年代为公元前2800年。山背文化大量生产夹砂红陶，许多炊器和日用容器都用这类陶器。还有泥质红陶、夹砂灰陶、泥质灰陶，少量磨光黑陶烧成的火候较高。陶器的特点均为手制，三足器和圈足器流行。常见器形有罐形鼎、鬶、罐、釜、壶、豆、钵、簋等，鼎足有扁平式、锥式、羊角式，鼎的主体为圜底罐；鬶颈细直，袋足硕大；罐有平底罐和圜底罐之分；豆有浅盘形，有的足为筒形；壶多为圈足式，有圆腹形，也有扁腹形的；钵多为敛口圜底形。大多数陶器为素面，装饰花纹很少，主要是一二道凸弦纹和镂孔。在鼎、壶、小口短颈圜底罐上，分别拍印出方格纹、曲折纹，印痕粗浅，模糊不清，具备南方印纹陶的特征。山背文化的制陶工艺标志着印纹陶的产生，在研究中国早期制陶工艺上有重要意义。

北阴阳营文化陶器 长江下游新石器时代北阴阳营文化的陶器。北阴阳营文化主要是江苏南京北阴阳营遗址下层，叠压在青铜时代的湖熟文化之下，以前把它归于青莲岗文化，或青莲岗文化北阴阳营期，但争议较大，1979年学术界定名为北阴阳营文化。遗址中的陶器以夹砂红陶最多，其次是泥质红陶、泥质黑陶和夹砂灰陶。主要器形有鼎、豆、罐、壶、碗、盆、盉、钵、杯等。各类器形都是手制，胎体较厚实，有平底器、三足器和圈足器等类。鼎，有作炊器用的夹砂粗陶鼎，有的鼎身为罐形，鼎足较高；有的鼎足呈柱形，弯曲，根部外突；盛物用的彩陶鼎，造型似盆形。豆的结构是豆盘小而深，足有高低之分。壶，有圈足壶，造型上有长颈扁腹和短颈圆腹几种。陶碗的圈足有大小之别。陶钵有的安环形单耳，有的安角形柄。盆的结构多为圜形底，敞口浅腹，腹壁波折。盉很多，造型复杂，有平底盉和三足盉；流有管形的，也有敞口的，一般安角形把手或扁平宽鋬，有的盉口作成葫芦形或兽头形，生动别致。大多数陶器为素面陶，也有有装饰的陶器，花纹有压划纹、弦纹、堆纹、镂孔、窝点纹和彩绘等。彩绘都在泥质陶上作出，其中泥质红陶施红色陶衣或白色陶衣。彩绘的方式主要有白衣红彩、红衣深红彩、红衣黑彩等。图案简单，有宽带纹、网纹、十字纹、弧线纹等。有的敞口盆一类作品内外壁均作画。

54. 河姆渡文化猪纹黑陶钵

河姆渡文化陶器　新石器时代河姆渡文化的陶器。河姆渡文化1973年在浙江余姚河姆渡遗址发现，分布范围主要在浙江省宁绍平原东部地区，年代在公元前5005±130至前3380±30年。河姆渡文化农业耕作很发达，发现数千件石、骨、木、陶质生产工具，大量骨耜尤为引人注意。主要作物为水稻，栽培的籼稻成为主要粮食。同时还有相当发达的采集经济。家畜饲养业有一定规模。骨加工、木加工、建筑业等也都有较高成就。陶器完全是手工制作，质地有泥质陶、夹炭黑陶和夹砂陶等。夹炭黑陶是将稻壳、稻禾叶等粉碎，经过初步焦化、碾细，配入泥料中，火度低，一般烧成温度在800℃～850℃左右，硬度小，胎质比较粗松，器物相当厚实，说明早期工艺比较原始。随着人们对坚硬、强度大的器皿的需求日益增加，夹炭陶逐渐减少，夹砂陶逐渐增多。夹砂红陶和夹砂灰陶烧成温度达950℃左右。早期陶器种类较

少，遗址中地层的三、四层出土的器物主要有釜、罐、钵、盘和支座。晚期即遗址的一、二层，除以上器物以外，增加了釜形鼎、垂囊式盉、异形鬹等。早期陶器工艺不成熟，像炊具陶釜类器物造型很复杂，腹体较深，口与腹交接处凸出脊棱，底部圜形，比较锐瘦。到第三层时，敞口釜增加，腹部较浅，口腹之间仍有脊棱。圜形底比较圆钝。新出现筒形釜、扁腹釜等。到晚期，遗址二层出土的器物结构简化，也比较适用，说明工艺水平在明显提高。例如陶釜，早期那种结构复杂的深腹釜、敛口釜几乎消失，釜肩的上脊棱也由不明显到消失，便于使用的筒形釜、扁腹釜数量增加，到最晚的第一层就变成单纯的敞口釜了。陶器装饰，早期盛行刻划花纹，晚期陶器表面施红色或白色陶衣，还有彩陶。在晚期地层发现3片彩陶，表面施白色陶衣，以黑褐彩画出弧线和斜线组成的图案。有的陶器上还有镂空装饰。河姆渡文化有许多艺术水平相当高的陶质作品。如陶塑的鱼、人头像，在器盖钮上塑出狗形，在黑陶器皿上刻划稻穗纹、叶纹和猪纹，朴实美观，是原始艺术中的珍品。

马家浜文化陶器　长江下游新石器时代马家浜文化的陶器。此文化因浙江嘉兴马家浜遗址而得名。主要分布在太湖地区和钱塘江北岸地区，年代为公元前5000至前4000年。马家浜文化整个社会经济比河姆渡文化进步很多，制陶手工业及陶器艺术水平都有所提高。生产的陶器以泥质红陶和夹砂红陶为主。泥质陶质地较细，由于烧成和渗炭关系，器物外壁是红色，内壁呈黑色，或表红胎黑。虽然都是手制，但整修得相当整齐，有的经过慢轮修制。夹砂红陶有的掺细砂粒，有的掺蚌壳末，质地较粗。和泥质陶一样，盛行施红色陶衣。烧成温度在800℃～870℃之间。主要器形有素面腰圆釜、扁锥足釜形鼎、带流平底盉、双耳罐、喇叭形圈足豆、敞口盆、钵等。装饰很简单，有弦纹、附加堆纹、镂孔以及少量彩陶。有的

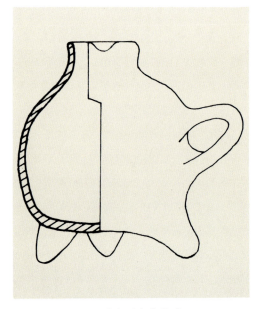

55. 马家浜文化陶盉

器物的耳做成巧妙的牛鼻式、鸡冠形,提高了艺术欣赏性。马家浜文化发展时间近千年,其间人们使用的陶器也有所变化。早期多用夹砂陶,很少用泥质陶,晚期陶器使用多样化,夹砂红陶、红褐陶、泥质红陶都有生产,器物种类也增多,陶鼎的形式也随时间的推移而变化。

崧泽文化陶器 新石器时代崧泽文化的陶器。崧泽遗址发现于上海青浦县城东 4 公里的崧泽,因以命名。这种文化主要分布于上海市郊和太湖地区。崧泽文化制陶工艺进步较大,陶坯成型之后用慢轮修整的做法很普遍。从精致的形体来看,有些器物可能是轮制成型。烧陶的火候比较高,在 760 ℃ ~ 810 ℃ 之间。各类陶器中以夹砂红褐陶和泥质灰陶为主。还有泥质红陶和泥质黑皮陶。泥质灰陶质量很高,细腻坚致,成型规整,泥质红陶颜色多为桔红色,通体颜色一致,很少施红色陶衣。夹砂陶的泥灶,主要掺砂粒、蚌壳末和稻壳等。蚌壳是经过焙烧脱胶处理然后粉碎的,稻壳末是经过焦化后碾磨成粉末然后掺入泥料中的。常见的器形有鼎、釜、罐、壶、甑、瓯、研

磨钵、直口圜底缸、盆、豆、杯等。作为主要炊具的鼎,有盆形和釜形两种样式,鼎足有弓背铲形、扁平侧三角形、三棱形、凿形、扁凿形。釜数量减少,没有腰沿。罐的种类较多,有侈口深腹罐、短颈扁腹平底罐和圈足罐。壶的结构有腹体折收、圆腹、扁腹、垂腹等,颈部较长。豆盘多折棱,圈足有高有矮,一部分足沿呈斜台状,有的豆柄呈竹节状。陶器的艺术性增强,有的陶罐腹部有附加堆纹和鸡冠状耳,有的杯、瓶、小罐圈足边沿切成花瓣形,有的将圈足分割成几段,许多器物壁出现折棱、突棱或瓦沟纹,线条起伏大而有变化,破除单调感。很多器物素面无纹。有纹饰者,纹样多为附加堆纹、弦纹、压划纹、镂孔、彩绘。在崧泽和草鞋山遗址发现的陶片上有的施白色陶衣,用黑彩做出圆点、弧线三角纹组成的图案。

56. 崧泽文化夹砂陶甗

良渚文化陶器 浙江、苏南一带新石器时代良渚文化的陶器。良渚文化在 20 世纪 30 年代即已发现,

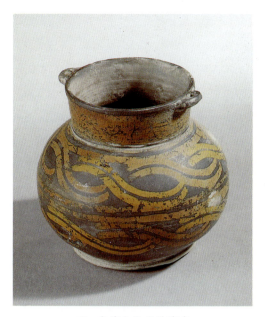

57. 良渚文化彩绘陶壶

最初探掘的是古荡、良渚等遗址。50年代考古工作者将这种以黑陶为代表的文化遗存作为龙山文化的一个地域性类型，曾称为龙山文化杭州湾区或浙江龙山文化。60年代确定为良渚文化。良渚文化主要分布在杭州湾周围，吴县、杭州、吴兴、上海、嘉兴、吴江、苏州、无锡、昆山等地区都有重要遗址发现。良渚文化有发达的原始手工业，如竹器编制、木作器具、丝麻纺织、制玉加工等。制陶手工业的成就更为突出。良渚文化陶器种类较多，有夹砂黑陶、泥质灰胎黑陶、颜色接近橙色的夹砂红陶和泥质红陶。以夹砂黑陶居多。泥质黑陶以黑皮陶为主，胎体比较厚，质地比较粗松，烧成温度较高。上海金山亭林遗址的一件标本经测试，烧成温度达940℃±20℃，此测试结果可能稍高了一些。这种黑皮陶在胎体上施一层黑色陶衣，打磨光亮，颜色为漆黑色或铅黑色，出土后很容易剥落和褪色。有少数薄胎蛋壳黑陶，胎厚只有1.3～2毫米。陶器器形主要有鬶、盉、豆、盘、簋、杯、圈足壶、贯耳壶、尊、罐、缸、鼎等。鼎数量多，突出的特点是三足做成鱼鳍形、侧三角形，断

面为丁字形，有的鼎腹内加一周突棱，以置箅蒸食。鬶有细长颈高裆瘦袋足和短颈矮裆肥袋足两种。鼎有夹砂陶和泥质陶两类。盉的特征是腹体呈扁球形，下承三实足，带柄。豆的底座有矮、粗高和竹节形3类。盘类有的腹体较深，有的较浅，盘体宽，下承以大圈足。簋一般为折沿，腹壁成弧形，下承以圈足，足沿有的向外翻卷，有的外侈。有的腹上部安三鼻。杯，有的形体较大，杯口带流，安宽柄。壶的种类很多，以直颈贯耳壶为例，一种长颈扁腹，圈足高而外侈；一种形体扁圆，直颈很短，肩腹饱满，成型圆润，圈足很矮；还有一种口略外侈，斜肩，腹部渐广，平底，贯耳在颈肩交接处，以5组细弦纹破除造型的单调。罐，口外侈，颈粗而长，腹径最大处突出一棱，圈足。盆为平折沿，胎壁厚，底部宽而下塌，圈足沿外侈，腹壁有一道道深弦纹。良渚文化陶器普遍采用轮制成型，器形规整匀称，器表多为素面，有纹饰的常用凹弦纹、凸弦纹、竹节纹、镂孔、锥刺纹、刻划纹，还有少量彩陶和彩绘陶。刻划纹有网纹、折线、连点、卷云、螺旋、圆圈，以及用弧线构成的三角形图案，还有鸟纹和简化鱼纹。彩绘陶是在烧成的陶器上用红彩、黄彩画出简单图案。在吴江团结村和梅堰遗址，还分别发现漆绘陶器。梅堰的一件是黑陶束腰小壶，先施一薄层棕色漆，再用金黄、棕红色厚漆绘出绞丝纹图案。在另一件黑陶上还有浅刻蚕纹图案，反映了良渚人已有养蚕缫丝织布的生产活动。良渚文化的年代是公元前3100至前2200年，此后还延续了一段时间。

昙石山文化陶器 福建地区新石器时代陶器以昙石山文化的中下层为代表。昙石山文化最初发现于闽侯昙石山，同类遗址有闽侯庄边山贝丘下层和溪头贝丘、福清东张下层，主要分布在闽江下游一带，年代为公元前1300年。昙石山文化有农业，饲养了狗、猪一类家畜，渔猎在经济生活中占重要地位，海生贝

类是人们经常性的食物。制陶手工业有一定规模，夹砂陶多于泥质陶。遗址下层红陶多，灰陶少。常见的器物有釜、鼎、罐、簋、碗、盆、钵、豆等。富有地方特征的器物有釜，造型为斜口沿，折腹，圜底比较尖瘦，拍印绳纹。折腹圈足壶和敛口或侈口喇叭形矮圈足豆也很有特色。陶器除素面磨光以外，纹饰多有绳纹、篮纹、堆纹、镂孔、凹点纹、曲尺纹、圆圈纹和彩绘。彩绘主要用红彩。在羊角把壶形器上，先拍印绳纹，再绘竖条和卵点组成的图案。几何形印纹硬陶已处在发生阶段。中层制陶工艺有明显进步，器物胎质比较坚硬，以灰陶为主，红陶较少。代表性器物有釜、壶、豆、簋、杯等。釜的造型为斜沿，鼓腹，圜底。壶为鼓腹，有的唇沿尖薄，直颈，有的为敛口，斜肩，圈足足沿外侈，有的从口至底棱线很清楚。豆的口沿外折，唇沿尖薄，盘壁起棱，圈足很大，足沿也外折。簋的腹部圆鼓，圈足足沿外侈，有的圈足壁面有孔。杯的口、颈深长，腹部扁鼓，中部凸出一线，广泛使用圈足。彩绘主要是以红彩绘宽带纹。新出现的花纹有斜方格纹、叶脉纹、双圆圈纹。几何形印纹硬陶比下层有所增加。

大坌坑文化陶器　中国台湾新石器时代大坌坑文化的陶器。大坌坑文化遗址在台南归仁乡八甲村大坌坑，这类文化在台湾分布很广，不仅在北部、中部、西南部海岸大量存在，而且在东海岸地区也有发现。北部淡水河下游两岸、西北海岸、中部海岸和西南海岸台地上是大坌坑文化集中地区。主要文化遗址有台北八里乡大坌坑下层、台北圆山贝丘下层、台南归仁乡八甲村及高雄林园乡凤鼻头贝丘遗址。它们的共同特点是以绳纹陶为代表。台南归仁乡八甲村遗址蚌壳^{14}C测定，年代为距今5480±55年。大坌坑文化制陶工艺很原始，陶泥杂质很多，含粗砂，采用手捏成型。日用陶器种类极少，有碗、罐、瓮等。烧成温度为400℃～500℃，很多器物呈生烧状态，硬度只

有2～2.5度。质地粗松，颜色呈暗红、浑红色，还有胎壁粗厚的灰胎陶。器表自颈部以下印有粗深的绳纹，有的在肩、腹部位施划纹。一般器物口部厚重，也饰以划纹。有的器物口部低矮，颈厚唇薄；有的口部外缘唇、颈之间有一圈圆脊，划纹多施在凸脊上部，凸脊下部拍印绳纹。彩陶很少，有的在口沿及器表施成条或成块的红色装饰，有的还加刻划纹。大坌坑文化是台湾新石器时代早期文化，是中国东南沿海，包括台湾、福建、广东新石器时代的一环。它的制陶工艺与江西万年仙人洞、广西东兴贝丘遗址、广东潮安陈桥贝丘遗址有许多共同点，如生产得最多的夹砂绳纹圜底罐，以及绳纹、篮纹、刻划纹装饰，工艺都很原始。这些文化特征的表现，反映了经济状况比较原始，农业不发达，家畜饲养刚刚开始，采集、渔猎经济占重要地位。这些都是中国东南、华南沿海地区新石器时代早期的特征。

圆山文化陶器　中国台湾新石器时代圆山文化的陶器。圆山文化以台北盆地为中心，遍布淡水河两岸、淡水河上游基隆河、新店溪和大溪中下游沿岸。台北圆山贝丘遗址发现于1896年，台湾大学人类学系于1953年、1954年进行过两次发掘。以后经过发掘的圆山文化遗址有台湾台北大安寮土地公山遗址、淡水河口大坌坑遗址上层、圆山遗址上层。圆山文化的年代，地面下200厘米所采贝壳年代为公元前1910±80年。圆山贝丘地下120厘米所采贝壳年代为公元前1590±80年。圆山贝丘地下40厘米所采贝壳年代为公元前1240年。圆山文化遗址出土物有石器、陶器、骨器、蚌器、玉器和青铜器。圆山文化陶器以细砂棕灰陶为主，手制，工艺水平比大坌坑文化略高，常见的器形有罐、碗、壶等，多采用矮圈足。大多为素面陶，装饰花纹有锥刺纹、圆圈纹、网纹。有彩陶，主要有红彩画出平行条纹，卵点纹，绳纹和篮纹不见。

凤鼻头文化陶器　中国台湾新石器时代凤鼻头文化的陶器。凤鼻头文化是承大坌坑文化之后，与圆山文化同时的文化。凤鼻头文化下层属红陶文化类型。分布范围在大肚山以南至澎湖列岛，包括台湾西海岸的中、南部。重要遗址有：台中县清水镇牛骂头遗址下层、南投县草屯镇草鞋墩遗址、高雄县林园乡凤鼻头遗址中层及屏东县恒春镇垦丁和鹅銮鼻遗址。凤鼻头下层陶器以磨光红陶为代表，主要器形有碗、豆、罐、壶、盆、鼎等。装饰花纹有在成型过程中作出的绳纹、席纹、刻划纹、附加堆纹等。只有钵等少数器物表面用深红色画出彩绘。这一层的年代为距今4000±200年。此后以素面和刻划纹黑陶为代表。第三、四层以橙红陶为代表，也有黑陶和彩陶。橙红陶器形有杯、盆、碗、瓮等。纹饰以刻划纹和拍印篮纹为主，还有一些刻划符号，如 |、○、( )、十、×、巨等。黑陶多为磨光陶，制作工艺水平较高，胎体细薄，打磨光亮，器形有杯、豆、瓮、罐等。纹饰有刻划线条纹、波状纹和贝壳压印纹。彩陶有杯、碗、豆、罐等。多用红彩、黑彩画平行直线纹、人字纹、云纹等。

石峡文化陶器　新石器时代石峡文化的陶器。石峡文化首先发现于广东曲江的石峡遗址，是岭南地区重要的新石器时代晚期文化，1977年命名为石峡文化。该文化主要分布在北江和东江流域。其年代大约在公元前3000至前2000年。石峡文化与东南沿海、长江中下游新石器时代诸文化有着密切的联系。石峡文化的陶器多呈灰褐色或灰黄色，有手制、模制和轮制3类。主要器物有壶、三足盘、圈足盘、豆、罐、甑、小口釜、圈足甑、大袋足鬶、杯、盂、瓮等。墓葬中出土的陶豆，有许多覆盖在盘类器物上，说明这种豆既是饮食器，又可作器盖。有的鼎呈盘形，有的呈釜形，下承以瓦形足、凿子形足或楔形足。足部线条夸张，拙实雄健。甑的造型为直口折

沿、收颈，腹体扁圆，下承以喇叭形圈足，甑中心镂小孔。三足盘类器物，直口，浅腹，底为圜形，颈腹交接处凸出一棱，三足都捏塑得壮实肥大，造型有瓦形足、捏边三角形足、宽面鹰鼻状镂孔足。石峡文化陶器素面为多，比较粗糙，主要以造型的别致和实用取胜。有的器物有装饰，纹样有绳纹、镂孔、堆塑、条纹、曲尺纹、凸弦纹等。其中方格纹、曲尺纹、漩涡纹等属几何形印纹。就中国东南地区广泛分布的印纹陶来说，石峡文化二、三期的几何形印纹陶含有早期印纹陶的某些特征。石峡文化没有彩陶，陶器种类不太多，也是它的特殊之处。

云南新石器时代陶器　云南新石器时代陶器的总称。云南新石器时代文化遗址以滇西洱海地区和东部滇池周围地区为主。20世纪30年代发掘了大理马龙遗址。1973～1974年重点发掘的宾川白羊村遗址内涵丰富，有发达的种稻农业和家畜饲养业、狩猎业。白羊村遗址文化层堆积厚达4米，下层文化^{14}C测定年代有两个数据，经年轮校正，一个为公元前2165±105年，一个为公元前2050±105年。陶器有釜（大口罐）、罐、壶、钵、匜和支垫等。均为手制，以夹砂褐陶最多，灰陶比较少。纹饰有划纹、绳纹、点线纹、篦齿纹等，工艺比较原始，夹砂陶圜底釜等器形很流行，这是一种炊具，与发达的稻作农业和狩猎业生活相适应。滇池周围新石器时代遗址有10多处，其中晋宁石寨山、昆明官渡两地经过发掘。制陶工艺很原始，陶土未经加工，陶器粗陋，质地疏松，分为夹砂陶和泥质陶两类。夹砂陶有釜、罐等。泥质红陶有盆、钵、碗、碟，还有生产工具陶纺轮、陶丸、管状陶网坠等。泥质陶器胎体中含有稻壳末和谷穗芒的痕迹。陶器装饰极为简单，能看出的花纹有刻划的波浪纹、山字形纹、叶脉纹、豆芽形纹和拍印的小方格纹。制陶工艺自成体系，独具一格。

甑皮岩遗存陶器　广西地区新石器时代洞穴遗

址甑皮岩的陶器。遗址地点在广西桂林独山，以甑皮岩第三层遗迹为代表。相同的洞穴遗址在桂林市郊发现60多处，甑皮岩洞穴遗址是最丰富的一处，年代约为公元前4000年前后。陶器制造虽然很原始，但已比单纯的夹砂陶进步许多。器物主要是陶罐，其次有釜、钵、瓮，还有少数三足器。大多数是夹砂陶，有的陶质较粗，有的较细，颜色以红色为主，也有灰色。这些陶器主要作炊器，也可以作盛物用具。泥质陶生产得很少，红陶数量较多，灰陶比较少，主要是手制，工艺的原始性一目了然。陶器的装饰，夹砂陶有划纹、席纹和篮纹，都是在成型过程中，用拍打的方式或刻划手法做出来的。泥质陶的纹饰主要是细绳纹和比较流畅的划纹。烧成温度在680℃左右，火候不高，质地比较松脆。甑皮岩遗址的陶器均以实用为主，尚无艺术性可言，代表了农业生产水平低、以渔猎为主的氏族的制陶水平。

58. 卡若类型刻纹双联陶壶

卡若遗址陶器 西藏地区新石器时代晚期的陶器。遗址在西藏自治区昌都县的卡若，有半穴居式建筑、地面建筑和石墙建筑。以打制石器为主，有大小不同型号的刮削器、砍砸器，相当数量同属我国细石器传统的锥形器、柱形器、石核和石叶，还有少量磨

制石器和骨器。制陶手工业比较原始，陶器大多为夹砂陶，少量泥质陶。主要器形有短颈罐、盆、钵等。早期的器物以红陶为主。罐类器物颈很短，盆为直口折腹，钵为敛口。晚期以灰陶为主，主要器物有小口高颈罐、敞口曲腹盆、直口钵和双联罐等。大多数器物装饰刻划纹、绳纹、细堆塑纹，其中刻划图案最多。另有很少量的彩陶。

红山文化陶器 新石器时代红山文化的陶器。红山文化1935年发现于内蒙古赤峰红山，1954年命名，分布范围从赤峰英金河流域开始，北起昭乌达盟的乌尔吉木伦河流域，南到辽宁的朝阳、凌源及河北北部，东至哲里木盟、锦州地区，年代约为公元前3500年前后。红山文化的陶器种类比较多，均为手制，器壁用泥条盘筑法成型，器底单独做出后与器壁衔接。陶质分为夹砂陶和泥质陶，都比较粗糙。夹砂陶底部留有编织物痕迹，是陶坯制成后，在湿润状态下放在编织物铺垫上印上的。陶坯成型后要经过拍打、压磨，外表作出装饰纹样，器物内壁也要压磨。泥质陶的敞口容器如钵内壁也要压磨。罐、瓮等大型器物口部较小，压磨不方便，就采用修刮法整形，可以清楚地看到修刮痕迹。有的器物表面还留有湿手抹平的痕迹。泥质陶作容器，夹砂陶作炊煮器。在水泉遗址还发现一些陶器表面有烟炱。红山文化的泥质陶为红色，夹砂陶为褐色，粗糙，色深。夹砂陶主要器物有大口深腹罐、折口深腹罐、斜口罐，造型特点是大口，小平底，腹壁呈弧形，器壁底部表面都有编织物痕迹。泥质陶有盆、钵、罐、瓮等。钵有深腹、浅腹之分，还有折口、折腹的造型。钵的口沿一圈涂酱红色，被称为红顶式。罐有小口双耳罐、长颈深腹罐、敛口罐等。瓮的形体很大，造型特征是口部很小，腹体深而大。红山文化陶器的装饰很有特色，纹饰有压纹、划纹、附加堆纹和彩绘。用尖锐工具压出的花纹多为横"之"字形线纹，少量为竖"之"字形

纹，以及用篦点组成的"之"字形纹和刻划成组的直线纹。纹饰主要饰于夹砂陶器上，少数见于泥质陶。附加堆纹有的成条状，有的成瘤状，多在夹砂陶的口部或腹部出现。彩绘主要饰于质地较细的泥质陶上，先绘图，再加以磨压，然后烧成。有黑彩和紫彩两类，花纹主要是长短线条组成的图案，如三角纹、菱形纹、鳞形纹、涡纹等。在敖汉旗四棱山遗址发现6座窑址。陶窑由火膛、火道和窑室3部分组成，有的是单窑室，有的是双窑室。前者室内有2～4个窑柱。有的单窑室为马蹄形，南北长1.4、东西宽1.38米，窑室和窑柱用石块砌成，表面抹草拌泥，火膛长1.2、宽0.6～0.8米，呈斜坡状。双窑室是双火膛，窑室平面为长方形，南北长1、东西宽2.7米，有8个窑柱，都是土石结构，表面抹草拌泥，双火膛分置两边。连窑室是单窑室的扩大和发展。

富河文化陶器　新石器时代富河文化的陶器。富河文化最先在内蒙古巴林左旗林东镇北70公里的沟门村发现，在乌尔吉木伦河的东岸。乌尔吉木伦河流域发现很多遗址，说明富河氏族主要活动在这个地区。西喇木伦河沿岸以及北边的昭乌达盟、哲里木盟境内也均有发现。在杨家营子遗址，发现该文化堆积层叠压在红山文化的房址之上，说明晚于红山文化。根据富河沟门遗址的桦树皮^{14}C测定，年代为距今4735±10年，年轮校正为5300±145年。制陶工艺水平不高，都是质地粗松的夹砂陶，火候不高。陶器颜色主要是褐色，黄褐陶为多，灰褐陶次之。制法均为手制，大多数实用器为泥条盘筑法成型，一些小型器物用手捏成型。无论有纹饰还是素面陶，都经过压磨。最多的器形有大口筒形罐、斜口罐、钵（碗）和杯等。大口筒形罐一种为直口、圆唇、筒形腹，口沿之下作出一条或数条附加堆纹；另有一种为直口方唇，直筒腹，腹壁中部以下斜收成小平底。这两种罐唇沿都很薄。陶器有的光素无纹，大多数装饰压印

纹，印压出横"之"字形篦点纹，还有少量横竖"之"字形弧线纹，罐口沿饰附加堆纹。此外还有刻划纹。有的器物底部有编织纹。早期陶器的特点是，大口筒形罐唇沿外凸，腹壁略有弧度，腹壁多饰横压的"之"字形线纹；中期的特点是圆唇，直腹，口沿之下有一条或数条附加堆纹，腹部多饰横压"之"字形篦点纹；晚期则为方唇，直腹，腹斜收，小平底，腹部多饰横压"之"字形篦点纹。富河文化生产工具除大型打制石器以外，还有很多制作精致的细石器，村落分布多在河旁的山岗或高地，属于山地森林氏族，有一定程度的农业生产，但渔猎在经济生活中居重要地位。居住比较稳定，它的制陶工艺表现出该氏族的特点。

新罗下层文化陶器　新石器时代新罗下层文化的陶器。新罗文化遗址在辽宁沈阳北郊的新罗工厂附近，下层是新石器时代文化，上层是铜器时代文化。下层发现石器、细石器、陶器和煤制品，还有居住遗迹。下层的新石器时代遗迹在浑河、辽河流域和新民县境内均有发现。新罗下层文化制陶工艺水平不高，90%以上是粗糙的夹砂红褐陶，只有少数泥质陶。各类器物陶质疏松，火候较低，生产最多的是大口筒形罐，超过全部出土陶器的90%，其次是底呈椭圆形的斜口罐。各类陶器都有装饰，纹饰以"之"字形线纹和弦纹最常见。竖"之"字纹占85%以上，它通常是用片状工具围绕器壁作成的。

新开流文化陶器　新石器时代新开流文化的陶器。新开流文化分布于东北黑龙江流域，距今6080±130年。新开流文化陶器反映出该文化的独特面貌。主要为夹砂褐陶，少数夹砂黄陶，泥质陶数量极少。制陶工艺原始，均为手制，以泥条盘筑法成型，成型以后里外用手抹平。器物种类极少，大多为饮食用的钵和盛物用的罐。泥料含砂，质地疏松，不耐用，出土后很难复原。陶罐造型有侈口，也有敛口和

直口，口部均比较大，腹体很深，大多平底，少数是凹底，一般罐体呈向外扩张的弧形，也有直筒形罐。制陶工艺虽然原始，种类也不多，但多作装饰，素面陶极少。一件陶器上一般都饰多种纹样，只用一种纹样装饰的较少。菱格纹、鱼鳞纹两种纹样占绝大多数，还有篦点纹、网格堆纹。鱼鳞纹形似鱼鳞，有大、小或半圆、椭圆形状。菱格纹是用刻纹陶拍拍印在陶坯上的，或用短条平行线组成。篦点纹又可分为点状、联缀成格状、平行线、菱形、长方形等。这些纹样显然与当时的渔猎生活有关。新开流文化陶器上未见东北地区其他文化陶器上的"之"字纹，所以比较独特，在新石器时代文化中自成体系。

秦代陶器　秦代（公元前 221～前 207 年）生产的陶器。秦代陶器以灰陶为主，各类生活用具、建筑用的砖瓦都用中砂性粘土为原料，精美结实。另外还有少量红陶和黑陶，其质地较软，多作随葬冥器。由于秦代历时较短，许多地方的产品与汉代陶器不易分辨。关中地区秦故地秦代陶器特征明显。从当地出土的陶器看，典型器物有茧形壶、盆、鬲、釜、盂、豆、罐、瓮、仓等。用泥条盘筑，轮制成型，技巧熟练，造型圆正规整。独具时代特征的器物茧形壶习称鸭蛋壶，腹部向两侧横延，成型难度较大；窖底盆，在秦都咸阳宫殿遗址出土，口径 100、底径 50、高 60 厘米，口和底均作椭圆形，口缘外卷，腹部略向外凸，厚实坚硬，出土时节节相套，可能为贮藏粮食之用；陶仓，冥器，秦始皇陵附近出土的陶仓器身较矮，上有摹拟平顶斜坡式圆形屋顶，仓身正面开一扁方形门洞。这些陶器和陶制模型在汉初延续了相当一段时间，逐渐有所改变，形成汉代的风格。秦代制陶工艺的成就很重要的一个方面，体现在陶俑的塑造和烧成。显示其惊人成就的，是 1974 年以来不断进行考古调查和发掘的秦始皇陵兵马俑。在陕西临潼西杨村西南，发现 3 个皇陵陪葬坑，一号坑面积达 14260

平方米，按发掘部分密度推算，该坑埋藏兵马俑总数达 6000 多尊。二号坑面积约 6000 平方米，埋藏陶俑有 1400 多尊，战车 89 辆。3 号坑面积 520 平方米，战车 1 辆，战马 4 匹，武士俑 68 件。这些陶俑是秦始皇在世时用强力从全国各地征调来服徭役的陶工、雕塑工匠和刑徒耗费 10 年左右的时间制作的。这些陶俑是伟大时代的辉煌产物，它体现出的雕塑法则，影响着秦以后 2000 多年中国雕塑艺术的发展。

59. 秦始皇陵跪射俑

秦代陶俑　秦代（公元前 221～前 207 年）制作的陶俑。秦是中国第一个中央集权的统一国家，陶俑艺术得到巨大的发展，秦始皇陵 3 个陪葬坑多达几千件的陶俑艺术成就尤其显赫。这些军阵模型及其埋藏服从陵园总体设计的需要，是护卫秦始皇的禁卫军性质的部队。一号坑俑的数量大，最为威严，是由步兵和战车组成的主力部队；二号坑由步兵、骑兵和车兵组成，机动性强，战斗力也最高；三号坑是将帅的指挥所，体现了秦军强大无比的军阵场面。这些陶塑，人物形象一般高度为 175～196 厘米，陶马高 150～172、长 200～203 厘米，与真人真马相仿。工匠们对秦朝军队的观察细致入微，雕塑一丝不苟，技巧娴熟，手法严谨，崇尚写实。塑造的将军、官吏、着甲步兵、轻骑兵、便装武士、弩弓手、着甲骑兵、驭手等都有鲜明的性格特征。由于年龄、官阶、身世的不同，人物表情各不相同。除秦始皇陵兵马俑，其他遗址和墓葬出土的陶俑也表明，秦代陶俑都是模拟真实形象以写实风格塑造的。特别在衣甲服饰、发髻冠巾的刻划上，真实地表现了秦代各类人物的面貌。

汉代陶器　汉代（公元前 206～公元 220 年）生产的陶器。制陶手工业在汉代得到很大的发展，主要表现为泥料的选择和配制越发精细，无论是泥质陶还是夹砂陶，无论是饮食器具还是储藏类巨型用具，都比较精细、成型规整、实用。器物上或刻或划，或施彩或上釉，装饰相当美观，以后历史时代的日用陶器很少能与汉代相比的。汉代日常用陶大多数是灰陶，在烧窑后期，还原气氛控制比较好，灰色浅淡而均匀，质地坚实耐用。此外还有红陶和黑陶。黑陶烧成温度较低，属于软陶。各类日常用具为硬质陶，软陶虽然制作精致，装饰讲究，但不实用，往往作为陪葬的冥器。汉代地域辽阔，各个地区工艺传统、生活习俗和原料质地的差异，造成了器物种类、造型结构和装饰风格的诸多不同。例如，关中地区经济最发达，文化教育水平最高，消费层次也最高，因此陶器质地精良，日用陶器有豆、盆、碗、钟、筒杯、勺、盘、缸、甑、釜、小壶、茧形壶、扁壶、钵、罐等。此地区礼仪制度最完备，冥器的种类也较多，包括仿青铜鼎、簋等庄重器形，体现财富的陶仓、陶囷以及表现六畜兴旺的各种家禽动物形象。装饰陶器的花纹多为

变形回纹、三角纹、涡纹、龙纹、虎豹纹等。洛阳以东的关东地区，制陶业也很发达。人们的日常用陶以灰陶为主，器形有罐、壶、尊、洗、瓮、盘、碗、勺、筒杯、甑、釜等。为适应当时厚葬的需要，一些质地较软的器物如盒、盘、案、杯、鸡、狗、猪、羊、住宅、圈舍模型大量生产，并逐渐成组出现，时代变化明显，为汉代陶器的断代研究提供了宝贵资料。陶器装饰华丽，有弦纹、刻划的三角纹、连环纹、栉齿纹和用模范印制的动物纹、拍印的绳纹以及彩绘等。湖南长沙等南方地区陶器生产也很发达，实用器皿有壶、罐、碗、钫、盉、盒、盆、釜、甑、长方炉、博山炉等，质地坚硬、厚重。盒类器物生产很多，规格大中小各种型号均有，陶壶大多无盖，陶鼎的三足做成矮而壮的兽蹄形。随葬冥器有灶、仓、井、房舍、猪圈模型。装饰色彩很鲜艳，图案复杂而生动。汉代南海郡管辖的广东地区，除生产上述地区一些实用器形，还有一些富有明显地方特色的产品如瓮、双耳罐、提筒、四联罐、五联罐、瓿、小瓿、壶、匏壶、温壶、钫、盒、敦、小盒、三足盒、三足罐、三足瓿、四联盒、碗、盆、甑、釜、豆、鼎、三足格盒等。生活用具中灰白色的印纹硬陶占多数，容器坚硬、灵巧，很适用。印纹硬陶炊器只有鼎、釜、甑 3 种，讲究装饰，仅几何形纹饰就有 70 余种，还有弦纹、绦纹、镂孔、篦纹，以及刻划和戳印的文字记号。作为冥器的泥质陶器上多施彩绘。四川、云南、贵州等西南边陲地区，制陶手工业也相当发达，许多器物品种与北方中原地区相似，如圜底釜、侈口束颈罐、鼓腹壶等，质量不逊于北方。质地比较疏松，形体高大的舞蹈俑、说书俑、抚琴俑、庖厨俑、侍立俑和各类家畜家禽陶塑，有的自然写实，有的简练夸张；有群体，也有个体，造型都很生动。这类制品是西南地区所特有的。

汉代釉陶　汉代（公元前 206～公元 220 年）生

产的表面施釉的陶器，又称铅釉陶。以普通粘土为胎，胎多呈砖红色。釉色为浓厚的棕黄色或深绿色，也有浅绿、赭色、酱褐色。棕黄色釉出现较早，绿釉出现较晚。大多数施单色釉，个别施复色釉。烧成温度为800℃左右。汉代釉陶最早发现于陕西关中地区西汉墓中。东汉时釉陶流行范围扩大，西起甘肃，东至山东，北到长城地区，南达湖南、江西、四川等地。大量考古资料证明釉陶只见于墓葬中，说明是作为冥器而随葬的。其主要器形有鼎、钟、壶、盘等仿铜器，也有人与鸡、狗等动物的形象，还有大量的仓、井、灶、水碓、磨、作坊、楼阁、池塘、碉楼等模型。其中大型楼阁有5层，高1.05米。汉代釉陶的制法有轮制、范制、手捏等。壶、钟等规整器形采用轮制成型；楼阁等结构复杂者多用范制，然后通过粘接成型。类似鸡、狗等小型塑像均用手捏成型。釉陶因为作为冥器随葬，所以制作工艺较粗糙，只求轮廓，不注重细部刻画。纹饰主要有弦纹、水波纹、植物树木纹、变形云纹及人物舞蹈和龙、虎、猴、熊、鸟等动物纹，形象活泼，线条流畅。釉陶能在低温下烧成，主要原因是釉中含有大量的铅，因铅的化合物在700℃时可以熔融。釉陶的着色剂为铜和铁，在氧化气氛中铜能使釉呈翠绿色，铁则呈现黄褐色和棕红色。又由于铅釉的折射指数比较高，高温下粘度小，流动性大，熔融性强，因此釉层中无气泡或其他残存结晶体，使釉色清澈透明，富于装饰性。釉陶是低温烧成，其胎不能烧结，故胎与釉结合不紧密，胎质疏松，釉层经磨擦或遇潮易剥落或变质。如铜绿釉在潮湿的墓中釉面受到溶蚀，溶蚀的沉积物浮于釉表，经长时间一层层积累变厚。因光线的干涉作用会产生银色光泽，被称为"银釉"，可用刀片轻轻刮掉而无损于釉质。低温釉陶是我国陶瓷发展史上一项重要成果。唐代继承并发展了釉陶工艺，在铅釉中加入适量的钴或锰，使釉色变蓝或变紫，形成三彩釉，更加丰富了陶瓷的装饰手段。

汉代瓷器　汉代（公元前206～公元220年）生产的瓷器。汉代是瓷器手工业大发展的时期。但在西汉初期，由于经过楚汉战争和与匈奴的长期战争，社会经济遭到极大的破坏，包括瓷器生产在内的手工业发展缓慢。西汉初青瓷日用器皿不多，主要是仿青铜礼器，如壶、瓿、罐、鼎、盒、钟、敦等。西汉中期，仿青铜礼器的青瓷日渐减少，实用器增多。西汉晚期的青瓷器以壶、瓿、罐、钫、樽、洗、盆、勺为主，已经不见仿青铜礼器。西汉青瓷原料中氧化铝和氧化铁比例提高，这就需要在较高温度中烧成，然而当时的窑炉尚未改进，从而导致汉初青瓷比不上战国青瓷，有的坯体没有烧结，处在釉陶水平上。胎釉含铁量高，瓷器颜色呈酱黄、酱褐和黑褐色，黑褐色瓷器就是东汉发展起来的黑瓷。西汉瓷器成型用陶车手工拉坯，器身和器底分别制作，然后粘接而成。釉层普遍加厚，由于含铁量增高，釉色大多呈褐绿色或酱褐色，器物内壁施一层薄釉，外壁只在口沿及肩上部施釉，腹中部和下部露胎。瓷器装饰主要在肩部刻划的两条阴弦纹构成的装饰区间内刻划水波纹、云气纹、卷草纹、人字纹等。有的粘贴细细的泥条，压成凸弦纹，或在流动的云气之间刻划神兽、飞鸟，动感强烈，很有气势。到了东汉，西汉常见的仿青铜器造型逐渐消失，日用器物罐、壶、瓶、碗、盆、盘、洗增多。新出现一些比较特殊的器形，如五联罐。此类罐主体是一个侈口直颈罐，颈部较长，在肩部四周粘接4个同样的小罐。再如人形灯，高47.8厘米，灯碗成浅盘形，灯座塑成一巨人形象，人的眼、鼻都刻划出来，口部刻成方形孔，胸前抱一硕大老鼠，人的肩、手和腿上均攀爬许多老鼠。背面釉下刻"吉祥"二字。东汉瓷器的装饰，主要是一些工艺简单的刻划水波纹、弦纹，香熏上镂刻三角纹，壶类器物的肩部粘贴铺首，五联罐上有的贴塑猴子和爬虫等。东汉青瓷与春秋、战国、秦、西汉原始青瓷相比，质量有很大提高。浙江出土标本胎体透光性增强，已完全烧结，显气孔率和吸水率降低，分别为 0.62％ 和 0.28％，烧成温度已达到 1260℃～1310℃，抗弯强度达每平方厘米 710 千克。通体施玻璃质釉，釉层明显加厚，有较强的光泽，透明度增强，胎釉结合紧密牢固，胎釉交界处可看到相当多的斜长石晶体自胎向釉生成并形成一个密合层，使釉层不易剥落。但东汉青瓷毕竟还比较粗糙，泥料的选择、坯泥的捏炼也都欠精，在显微镜下能看到层状长方形小孔，气泡明显，还残存少量的云母残骸和杂质。湖南地区东汉墓里出土一些青瓷，浅灰胎，釉层薄而均匀，釉色很淡，说明青釉如果减少含铁量，以弱还原焰焙烧，其釉色可以很浅淡，如果以氧化焰焙烧，即有烧出白瓷的可能性。

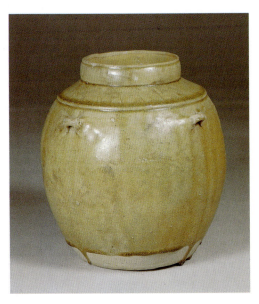

60. 东汉青釉四系罐

汉代陶俑　汉代（公元前 206～公元 220 年）制作的陶俑。陶俑是汉代造型艺术的重要项目之一，内容比秦俑丰富，有规模宏大的军阵场面，也有乐舞百

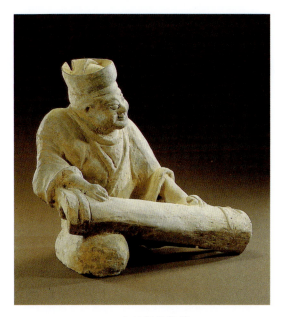

61. 东汉抚琴陶俑

戏、击鼓说书、侍女、农夫、武士、庖厨等形象。汉代豪强大族的兴起在陶俑、陶冥器上也有直接的表现，汉墓中出土了大量陶塑宅院、楼阁、栏圈模型以及各类家畜家禽群塑。运用捏塑、范模印制、堆贴、刻划、绘画等技法，把人物、动物等形象塑造得准确生动。军阵场面以 1965 年在陕西咸阳东郊杨家湾汉墓前 10 座陪葬坑出土的陶俑为代表，共有兵俑 1800 多件，骑兵俑 580 多件，舞乐杂役俑 100 多件。制作方法是范制成型，焙烧后再施彩绘。步兵俑为立姿，高 44.5～48.5 厘米；头饰有的在披发上包扎巾帻，巾带顺两颊垂至颏下系结；有的将头发挽成圆形发髻垂于脑后。身着红、绿、黄、白色短袍，腰间系带，大多数铠甲施黑彩，裤筒绑在腿上；士兵穿麻鞋，军官穿高筒战靴；右手持械半举，左手持盾下垂。骑兵俑通高 59～68 厘米，马上的骑兵背弩负韔，身着甲胄，左手牵缰勒马，右手握兵器。马的毛色有黑、红、紫、白 4 种。这些陶塑是各自独立的。还有一种群塑，出色的范例如山东济南无影山西汉墓中出土的舞乐杂技俑群。这个俑群原有 22 人，固定在一个长

67、宽47.5厘米的陶盘上，刻意描绘乐舞、杂技，表演者位于中心，后面为乐队，观赏表演、宴饮作乐的贵族分列两侧，处于陪衬地位。四川各地大量出土的东汉时期的击鼓说唱俑，是汉代陶俑中的杰作，这些俑像多为形象滑稽、动作夸张的老者，或站或坐，或扭或唱，表情生动有趣。这些说唱俑不仅反映了此时高超的雕塑水平，而且是四川地区曲艺史的形象资料。汉俑和秦俑相比，造型规格比秦俑有所缩小，而内容却丰富得多。秦俑的马为光背马，身上的色彩全部脱落；汉马则保留了彩色绘出的辔、鞯、鞧等。秦俑人物面部表情冷峻，有些呆滞，汉俑人物挺胸昂首，威风凛凛，陶马或静立，或昂首嘶鸣。秦俑车、步、骑诸兵混合编队成方阵，汉俑骑兵比例增大，表明其独立作战能力增强，成为独立的兵种。尤为突出的是东汉的庖厨俑和击鼓说书俑，人物的社会地位、气质、性格、神情动态，以及凝聚在刹那间的动感与力度，都表现得活灵活现。

62. 西晋青釉辟邪

六朝青瓷　我国江南地区西晋、东晋及南朝宋、齐、梁、陈六个朝代（265～589年）生产的青瓷。西晋青瓷的生产内容包括日常生活中的实用器物，有

钵、双耳罐、四耳罐、盘口壶、双沿罐、筒形罐、蛙形水盂、油灯、虎子、鸡头壶、羊头壶、牛头罐、虎头罐、扁壶、圈足唾盂、三足盘、平底盘、长方形多格盘、镂孔香熏、熊形或兔形水注；冥器，有谷仓罐、羊形器、神兽尊、熊形尊、灶、犀牛形镇墓兽、鸡笼、狗舍、猪圈、男女俑、部族家丁形象等瓷塑。西晋青瓷的胎质比汉、三国制品细腻，体薄精巧，颜色浅灰。装饰方法流行在器物上印出一条不宽的装饰带，内印、刻细小斜方格纹、菱形纹、联珠纹，或粘贴范印的铺首；在器物上捏塑鸡、羊、虎、龙（多在器物的柄上）；在香熏等器物上有镂孔装饰；在钵、盆、洗等类器物上用竹刀刻出海星和水波纹，这是战国以来江南青瓷的传统技法。神兽尊一类器物用雕塑、刻划等技法做成神奇猛兽的形象，头像狮，身如熊，背上长出水生动物的鳍，两侧刻出强劲的翅膀，口含宝珠，把日常所见和民间传说的神奇形象集中在一件作品上，埋在坟墓里，护灵驱鬼。谷仓罐的结构比三国时期更突出，在肩部以上的范围内，堆塑各种形象的奴仆、卫士、善男、孝女、拜佛、祭祖和吊唁死者的丧葬场面，阙楼馆阁、长廊列舍、飞鸟六畜，既体现了墓主人的财富和权势，又表达了子孙繁衍、六畜兴旺的愿望。内容虽多，但布局井然有序。西晋晚期开始出现在青瓷上点染酱褐彩斑，突破了青瓷单色釉的传统，丰富了装饰效果。东晋青瓷生产数量增多，造型没有太多的创造性，只是神奇器形大大减少，风格趋向实用。许多器形尺度加大，造型结构由矮肥圆鼓向高挑瘦长方向发展，没有西晋作品上那些华贵的装饰，褐彩装饰更加流行。南朝青瓷瓷窑作坊的建立比两晋更加广泛，工艺趋向朴素实用。常见的器形有钵、碗、盏、盏托、小碗、深腹敞口碗、双耳盘口壶、鸡头执壶、平底或带圆饼足的唾壶、仰覆莲瓣纹罐等。盘口壶壶身渐趋细长，盘口加大；钵、碗类器物腹部加深，圆饼形足的形式更普遍。圆形青

砚由三足变成六足或多足。由于佛教思想的普及，瓷器上装饰的浮雕或刻划莲花瓣纹大量出现。

六朝黑瓷 两晋至南朝（265～589年）生产的黑瓷。六朝黑瓷比汉代黑瓷质量有很大提高。汉代晚期黑瓷只是青瓷颜色加深而已，有很重的褐色成分，如河南洛阳烧沟汉墓群中，初平元年（190年）墓出土的黑瓷双耳罐。三国两晋黑瓷质量虽有提高，但质地仍然比较粗，不能和同时代的青瓷相比，似用青瓷下脚料所做。到南朝时期黑瓷工艺水平提高，有的作品进入艺术瓷的行列。生产黑瓷的窑口有浙江德清窑、余杭窑。德清窑规模尤其大，在上董一带发现许多作坊遗址，生产的黑瓷作品有鸡头壶、盘口四耳壶、碗、盘、钵等。江苏镇江出土的黑瓷鸡头壶，盘口，颈直而细，肩和上腹圆鼓饱满，下腹缓慢收束，平底较小，肩部前端安直管式流，流头做成鸡头，另一侧从口至肩安置上细下粗的柄，两侧有横系，浅灰胎，通体施黑釉，釉层厚，漆黑光亮，口部由于釉汁流动，釉层较薄，颜色显褐，肩部以下釉层凝厚，漆黑光润。在德清窑遗址发现有类似的鸡头壶，有两个流管并列，各安一鸡头。上海博物馆收藏的黑瓷四系壶，也是浅盘口，直颈，口、腹细而笔直，丰肩，上腹圆鼓下腹略为收束，平底，颈部2道凸弦纹，颈肩交接处也有一道粗棱，肩部安4个桥形系。此时的作品均手法简洁，不作花俏装饰，只是为破除整体的单调感加有几道弦纹。器物造型端庄拙朴，配以黑釉，显得格外典雅，这是黑瓷不同于青瓷的独特之处。

六朝青釉彩绘瓷 两晋、南朝时期（265～589年）生产的彩瓷。中国最早的彩瓷是高温青瓷釉下彩。1988年江苏南京雨花台发掘了一座三国至西晋初期的墓葬，出土一件青瓷带盖扁壶，盖顶塑一鸟形钮，上腹部贴塑4个铺首，2尊佛像，2只连体鸟。浅灰胎体，施白色化妆土，再施青釉，釉的玻璃质较强，凝厚，釉色深灰，发褐色。根据原料和工艺特征

63.三国青釉褐彩壶

判断，这件青瓷作品应该是浙江中部地区，如金华地区早期婺州窑作坊生产的。整件器物用黑褐彩满绘神奇内容的图案。盖钮两旁绘柿蒂纹，周围绘2个人首鸟身的形象在仙草上飞舞，仙草两侧各有一动物。扁壶颈部绘2个长有七张嘴的异兽，其间夹杂半身异兽图象。腹部绘两排持节羽人、仙草、云气、朵花、莲瓣、弦纹、连弧纹等排列其间。内容虽多，但井然有序，线条有力，绘画水平不同凡响。这种青瓷釉下彩绘，在工艺上是一个创举，由于青瓷显色不佳，艺术效果不理想，使得这种工艺没有发展起来。只有白瓷发展起来之后，釉下彩工艺才得到发挥。六朝时期江南地区还发展起青瓷高温釉上彩工艺。这种装饰始于西晋晚期浙江南部的瓯窑，在青釉上饰褐色彩斑，有的作散点式，有的联缀成简单图案。东晋时期彩斑装饰广泛使用，多饰于钵类器的盖，碗盘类器物的口沿、器心和外壁以及香熏、罐、瓶类器物的口沿上。南朝以后逐渐减少。青瓷釉上彩工艺的做法是在施过釉的瓷坯上用毛笔点画黑褐色彩料，晾干入窑焙烧，

当窑中焰火升到一定温度时，釉层熔融，彩料融入釉层，而不流动浸漫，青瓷烧成后在器物上就出现黑褐色彩斑。青瓷釉下彩或釉上彩皆为褐黑色，其呈色原料都是铁的氧化物，有的取自泥土中的铁锰结核，有的取自含铁量很高的红土，粉碎磨细，去掉杂质即可调成画彩原料。

六朝陶瓷俑　两晋、南朝时期（265～589年）制作的陶质和瓷质俑像，内容多是贵族官僚、世家大族拥有的属吏和武装部曲，还有反映豪强大族经济生活、文化教育等各方面的内容，如鸡笼、狗舍、羊圈、仓、车、多子槅等。湖南长沙近郊杨家湾、砚瓦池、子弹库、金盆岭、左家塘等地西晋墓出土的青瓷俑很有代表性。内容包括高冠执板的骑吏、持简作书的文吏、持各种什物从事劳作的侍从、持刀及盾的武士和骑马演奏的乐队。其作法很简练，用泥料塑出人物身躯，安一个圆球即为人头，头顶捏尖，刻几条痕迹即为帽子，戳几个小孔就是眼睛、鼻子和嘴；圆泥条粘成四肢，所持的武器往往是一小块泥片。长沙西晋墓中出土一件对坐书写俑，两人对坐在一块平板上，中间是一堆书，人物头戴高冠，两根宽带从帽顶、耳后系于颌下，身穿翻领长衫。其中一人一手持书，一手持笔在书上点画。两人正在讨论问题，神情专注，以致两人的鼻尖都快碰到一起了。骑马武士、乐队、持械斗士的塑造，都不着意形象的细部刻划，而注重表现人的精神状态，如同立体的漫画，令人忍俊不禁。马的形象比秦汉陶马的装备齐全得多，有辔、鞯、鞴、鞍，还有保护马的"当胸"。有的马鞍左前侧作出三角状镫，这是中国内地最早的马镫形象。东晋、南朝俑沿袭西晋的传统，但随葬品数量减少，一般只有男仆女婢各一人，有的有牛头状镇墓兽，或牛车、鞍马模型、三蹄足凭几等，时代特征很突出。

北朝青瓷和黑瓷　北朝时期，即北魏、东魏、西魏、北齐、北周（386～581年）生产的青釉及黑釉瓷器。中国北方瓷器生产大约始于北朝。到目前为止发现北方最早的烧瓷窑址为河北临城的陈刘庄青瓷窑址。山东的寨里窑生产时间起于东魏，止于隋唐。

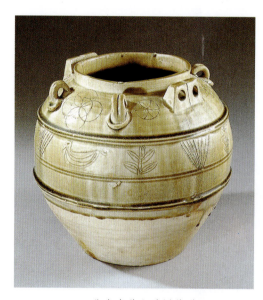

64. 北齐青釉六系划花罐

山东薛城的中陈郝村窑在北齐时生产青瓷。临沂窑生产青瓷的时间是东魏到北齐。河南安阳北关窑生产青瓷时间为北齐到隋。从北方地区一些豪门贵族墓葬出土的瓷器来看，大约在公元5世纪北方已生产青瓷。河北景县封氏墓群中北魏太和八年（公元484年）封魔奴墓、东魏兴和三年（541年）封延之墓、北齐河清四年（565年）封子绘墓、隋开皇三年（585年）封子绘妻王氏墓、开皇七年（587年）封延之妻崔氏墓等墓葬出土有35件青瓷器。山西大同北魏太和八年（484年）司马金龙墓出土青瓷唾盂。另外，从河北景县东魏天平四年（537年）高雅墓、河北河间邢氏墓、吴桥封思温墓、平山天统二年（566年）崔昂墓、山西太原北齐武平元年（570年）娄睿墓、河南安阳武平六年（575年）范粹墓、濮阳武平七年

（576 年）李云墓以及陕西华县北朝墓出土的瓷器统计，北朝青瓷有四耳瓶、长颈瓶、唾盂、四耳罐、盘、碟、盏、盏托、高足盘、錞于、碗、扣盒、小口罐、莲花尊。均为浅灰胎，厚重坚硬，造型线条比较挺拔，很有气魄。莲花尊用刻划、堆贴等技法饰龙凤、飞天、莲瓣、菩提叶等纹样，釉层凝厚，玻璃质强，开冰片。其他器物多用刻划手法作出莲瓣装饰。除高大厚重的莲花尊，大多数器物比较实用。北朝生产的瓷器还有酱褐釉瓷和黑瓷。在工艺技法和艺术风格上，这两类瓷器与青瓷完全一样，只是釉料不同，配方时加入了含铁量较高的红土，或用泥土中所含的铁锰结核粉碎磨细以后配入釉中，使釉的含铁成分增高。在焙烧时，以弱还原焰或氧气进入比较多，釉色就成酱褐色。用还原火焰焙烧，釉的铁含量增大到 6～7%，釉层加厚，即烧出黑色釉。北朝黑瓷数量极少，只见到罐类作品，釉色也不够黑，工艺远不及南朝浙江德清窑、余杭窑成熟。

北朝白瓷　北朝时期（386～581 年）生产的白瓷。白瓷的发明是北朝制瓷工艺的一大成就。国内最早的一批考古资料是 20 世纪 60 年代在河南安阳武平六年（575 年）范粹墓出土的少量白瓷，有碗、四耳罐等，胎体用北方次生高岭土做成，釉为白色，玻璃质强，但白度不高，有的烧结较好，有的不成熟，是处于白瓷初起阶段的产品。继而，河北内丘文化馆的考古工作者在邢窑早期窑址里发现北朝时期的白瓷碗和四耳罐，烧结很好，但是白度也不高。白瓷碗的造型是直口，口沿较薄，腹壁有的呈较深的直筒形，有的较宽、较矮，并有一定弧度，小平底，圆饼状实足。四系罐都是直口，短颈，腹壁较直，体形宽矮，小平底，加圆饼状实足，四耳很小，但很拙实。韩国忠清南道公州郡公州邑武宁王陵出土的北朝白瓷碗（日本《世界陶磁全集》第 10 卷第 232 页），高 5.3 厘米，胎体白色，釉层玻璃质强，略微发青，造型与

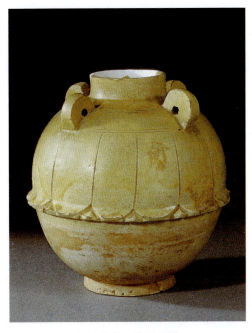

65. 北齐白釉四系罐

早期内丘窑址出土品相似。韩国 1989 年 9、10 月间在清州博物馆举办的中国瓷器特别展，第一次展出在韩国发现的世界最早的中国白瓷灯。这件灯也出自公州武宁王陵。根据中国古代文献的记载判断，白瓷出现的时间可能比上述出土物还要早。晋人吕忱在《字林》中有"白瓷长躲"的记述，《玉篇》指出："躲，身也。"恐怕指的是一种形体修长的白瓷长颈瓶。《诸葛恢集》记载有"诏赐恢白瓯二枚"及"天恩广州白碗，庾翼与燕王书云，今安白瓯二枚"。如果这些记载属实，晋代已出现白瓷，只是至今未看到实物。北朝发明白瓷在工艺上是一大成就，白瓷胎釉均为白色，便于在上面装饰，为彩瓷的发展奠定了基础。

北朝釉陶　北朝时期（386～581 年）生产的一种低温釉陶。此类陶器兴盛于汉代，到东汉末年日渐衰落。大约有两个世纪的间隔，到十六国时期在北方又开始出现。辽宁北票北燕太平七年（415 年）冯素弗墓出土一件釉陶壶，为红陶胎，施淡黄色铅釉。到北魏时期，北方社会经济一直在平稳地向前发展，釉陶

66. 北齐青黄釉凤纹扁壶

手工业逐渐蓬勃兴旺。山西大同石家寨太和八年（484 年）贵族司马金龙墓出土 343 件釉陶俑和一些生活用具。这些釉陶用普通红土作胎，胎质比较粗糙，但无论人物、动物形象还是生活用具，造型都粗犷雄伟，体现出北方工艺的宏大气魄。釉色有酱黄色、绿色、黑褐色，有些作品尚不及汉代釉陶水平。到 6 世纪中叶，情况有所变化，有的釉陶用次生高岭土作胎，釉层也比较细腻。次生高岭土，即北方瓷土，这是制瓷作坊的原料，说明釉陶生产由制陶作坊改在制瓷作坊。在封建时代，制陶作坊很普遍，生产陶器，主要满足农村、城镇普通居民日常生活之需。制瓷作坊建立不普遍，瓷器在社会上流行很少，价格很高，主要满足达官显贵和富足人家需要。山西寿阳葬于河清四年（562 年）的北齐大官僚库狄回洛夫妻合葬墓出土的白胎釉陶作品，如成组的淡黄釉贴花莲瓣纹尊、碗、盘、杯、盒，就是在制瓷作坊中生产的。山西太原王郭村发掘的武平元年（570 年）鲜卑

贵族娄睿墓，出土了高质量的青绿釉陶贴花壶、鸡头壶、灯和彩色釉陶器物共 76 件，这些作品雕花、贴花都有很高水平。其中最引人注意的是一件多彩釉陶水盂，器形不大，敛口，曲腹，形体扁圆，小平底，胎体洁白，施彩釉，以黄、绿相间绘出 7 道彩色条纹，从口沿至下腹流动浸漫，绚丽多姿。这类作品在 6 世纪 70 年代以后比较常见。河南安阳武平六年（575 年）范粹墓，濮阳武平七年（576 年）李云墓都出土有多彩陶器，这些成就为日后唐三彩的出现奠定了基础。

67. 北魏具装甲骑马陶俑

北朝陶俑 北朝时期（386～581 年）制作的陶俑。公元 4 世纪，西晋灭亡，南北分立，在不同政权控制下，为殉葬用的陶俑制作和内容明显分为两个不同的系统。北方从十六国开始有了人马都穿铠甲的重装骑兵俑，即所谓"甲骑具装"。北魏时陶俑数量和品种增加，按功能可分为镇墓俑，由两个蹲坐状的

镇墓兽和两个形体高大、身穿甲胄、抚盾持兵的武士组合而成；出行仪仗俑群，包括骑马的鼓吹乐队、甲骑具装的骑兵俑、步行的属吏和仪仗队、持盾或背有箭箙的士兵、家内奴婢、歌舞和乐队以及鞍马、骆驼、驴、牛车模型等，北魏司马金龙墓出土的陶俑群是典型实例。北魏琅琊王司马金龙与其妻姬辰合葬于5世纪70～80年代，姬辰死于延兴四年（474年），司马金龙死于太和八年（484年）。司马金龙是降附于北魏的西晋皇族，北魏时官至使持节侍中镇西大将军吏部尚书羽真司空冀州刺史琅琊康王。该墓发掘时已被盗，残存人物俑、动物俑及各种模型约400件，披铠甲的步兵和骑兵各占一半，骑兵的战马也都披有铠甲，其他还有驮粮的马匹和骆驼。许多陶俑施黑褐色、深绿色铅釉，各类人物、动物形象用陶范模压出坯体零件，然后粘接成型。和六朝陶俑相比，造型注意轮廓形体的勾画，粗犷而气势雄伟，不大注意细部的刻划，也没有南方陶俑那么丰富的表情。大量的甲骑具装俑表现了北方骠悍的马背民族的军队阵容和少数民族的形象。高头大马、负粮骆驼、成群的牛羊，同样表现了北方的游牧经济和生活习俗。

隋代青瓷　隋代（581～618年）生产的青釉瓷器。器物种类有贮藏器，罐、壶、尊、坛、盆、钵、缸、盒等；饮食器，杯、碗、平底盘、三足盘、盂；寝室内用具，枕、三足炉、博山炉、灯、烛台、唾盂等；文房用具，砚台、水盂等；娱乐用具，如拍鼓、棋盘等；青瓷模型，井、柜、房屋、凭几、凳子等。此外，还有权（秤砣）、俑、兽座、象座等。每类器物都有很多种式样。隋代青瓷造型无论南北方产品都比较厚重粗犷，艺术风格受北朝影响较大。由于时代的进步，隋代青瓷比北朝青瓷清秀，但比南朝青瓷浑厚。罐类器物一般为短颈，直口，腹部圆鼓，腹的中部有一周粗壮的凸棱，使腹体明显分为上下两部分，下腹比较瘦长，腹径与通高的比例多数为1:1.5，少

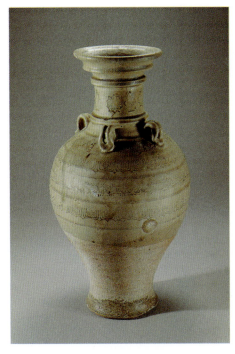

68．隋青釉盘口四系壶

数为1:1左右，颈肩之间安装复式竖置双系或横置桥形系，或两种系相间排列。有的罐为直筒形，有的为橄榄形，湖南长沙等地隋墓出土的青瓷罐还有扁球形的。瓶、罐、尊、唾盂等一类器物口部多作成盘形或浅杯形，口微侈，颈部较长，肩部成缓坡形，比南北朝青瓷更多注意线条的圆润。隋代青瓷成型工艺水平有所提高，陶车成型技巧娴熟，露胎部分及底部同心圆的纹理很均匀。从器物的口部向底可以看出中心轴线，各部分结构均匀整齐，长短厚薄把握得体。隋瓷的青釉，由于胎体成型水平较高，胎面打磨较光滑，因此釉面很平润，青绿色较柔美，很少有杂色，玻璃质较强，有流釉现象。大部分青釉瓷施釉不到底。有的器物在积釉处有乳浊乳絮现象。隋代青瓷的装饰，多用刻划手法作出几何形图案，如阴弦纹、凸弦纹、瓦沟纹、云头纹、双圈纹、直线方块纹等；用拍印手法作出绳纹、席纹、联珠纹等；将刻划和贴塑手法结合起来作出凤纹、龙纹、蟠螭、鸡头、象首等。北朝

莲花尊一类以装饰占主要地位的作法不再出现，比较注意简洁实用，讲究装饰和器形的和谐。

69. 隋白釉带盖唾壶

隋代白瓷　隋代（581～618年）生产的白釉瓷器。根据考古调查，隋代生产白瓷的瓷窑有河南巩县窑、河北临城的祁村窑，后者即唐代邢窑的组成部分。目前所见邢窑白瓷器物有碗、平底盘、四环足盘、双耳罐、四耳罐、双耳扁瓶、双龙柄双身尊、鸡首壶、灯、博山炉、僧帽形壶、围棋盘、执剑文吏俑等。这些白瓷胎体均比北朝白瓷洁白、致密，大多数器物比较厚重拙实，如河南安阳张盛墓出土的围棋盘、三环足盘，陕西西安李静训墓出土的白瓷鸡首壶、灯、博山炉、执剑文吏俑等。李静训墓出土的双耳扁壶、双耳罐则比较精致，胎体薄，造型灵巧。从北朝到隋代，白瓷出现的时间不长，但工艺成长的迅速令人惊叹。辘轳车拉坯成型，技巧娴熟，纹理细密而均匀。除拉坯成型，还有捏塑成型，如天鸡壶的鸡头、龙形柄、强壮的复式耳、灯上塑出的绕柱双龙、莲花形博山炉周围的莲花瓣以及执剑白瓷俑等都用捏

塑手法做出。而博山炉盖上的宝相花则是用陶模印出泥片，而后粘在炉盖表面的。隋代白瓷的釉质是玻璃质白釉。姬威墓出土的僧帽形罐、李静训墓出土的鸡头壶、双耳扁壶、双耳罐等高质量作品，釉质细腻，釉色白度较高，白中略微泛黄。相当多一部分白瓷白中泛青，尤其在器物边棱积釉处更显出青色。河南安阳开皇十五年（595年）张盛墓出土的一批瓷器中，执剑文吏俑、镇墓兽是典型的白瓷，但相当一部分瓷器如围棋盘、四环足盘、象首盘口龙柄壶、侈口贴花铺首壶等釉质粗，釉色泛青，白度很低。有的出版物将其定为青瓷，其实这些瓷器均为白胎，釉层基本色调是白色，只是釉中杂质较多，因此，仍应划归白瓷类。隋代白瓷多比较素净，装饰较少。装饰手法如前所述，用雕塑手法将柄、流等附件塑成鸡头、龙柄、象首等；用模印手法印出铺首、宝相花贴在器身上；再有就是配制黑彩点画人物的冠发、眉、眼、髭须、袍服、靴子、剑鞘等，这种手法是彩瓷工艺的先声。

隋代陶瓷俑　隋代（581～618年）制作的陶俑和瓷俑。隋代陶瓷俑群的组成综合了北齐、北周风格，主要有镇墓俑、出行仪卫、劳作的家奴、侍女、乐队等。与北朝陶俑相比，出行仪卫队伍没有那么庞大，但奴婢、侍女、舞乐内容增加，乐队也从以前的坐部，发展成坐部和立部两组，塑造精细，很注意人物细部的刻划，生活气氛浓郁，河南安阳张盛墓出土的瓷俑、白陶俑表现得最为全面、典型。张盛墓的下葬年代为开皇十年（595年），出土随葬俑共95件。有镇墓俑2件，高约50厘米，身上涂红、绿彩，分立于墓口两侧，人面的在西侧，兽面的在东侧。仪仗俑共35件，男性25件，女性10件。男俑高24厘米，着幞头，穿桔黄色长衣，圆领窄袖，腰束带，脚穿乌皮靴，左手抚带，右手平握，原执有物。女俑高20厘米，头梳双鬟，上着绿色或红褐色襦衫，下系黄裙，两手拱于胸前。文吏俑2件，高72厘米，立

于甬道两侧耳室内，梳发着冠，上穿裲裆，下着襕衫，双手按刀立于莲座上。武士俑2件，高64～73厘米，立于甬道两壁下。头戴盔，上身着红甲，腰束带，下着蓝色袴褶，脚穿靴，左手抚带，右手平握，原执物，立于莲座上。伎乐俑8件，都是坐姿，头梳平髻，脑后插梳，长裙系于胸前，双带下垂，裙铺地。有的穿绿衣褐裙，有的穿褐衣或红衣与红绿竖条裙，有的穿褐衣黄裙或绿裙。所执乐器有觱篥、箜篌、箫、钹、琵琶、笛、篪。舞俑5件，发髻与伎乐俑同，长裙曳地，胸系双带，有的还加一短衫。挥长袖翩翩起舞。劳作仆俑27件，服饰与舞俑同，多数绿衣红裙，也有穿褐衣或黄衣绿裙的。每人都捧着瓶、盘、盆、碗、镜、洗、勺、果盒、巾等日用器具，态度谦恭，作静候状。有的则执箕扶铲，正在从事劳役。胡俑2件，深目高鼻，黄色的卷发、络腮胡，皆穿翻领长袍，腰束带，下着袴褶，黄皮靴，左手下垂握带，右手平执胸前，高25厘米。一件着桔黄衣，黑带，另一件着红领深灰袍，红带。僧俑2件，大的高22厘米，右手执物；小的高15厘米，左手下垂提瓶，右手平执香熏。家禽家畜俑有鹤、鸭、鹅、鸡、羊、犬和一头母猪6个猪仔等。

唐代青瓷 唐代（618～907年）生产的青釉瓷器。唐代是青瓷生产的繁荣时期，许多地区都有风格独特的青瓷作坊建立起来。唐代文献记录唐代青瓷窑时多以州的名字为各瓷窑命名，例如浙江越州地区的瓷窑叫越窑或越州窑，婺州地区的瓷窑叫婺州窑。南北方无论生产何种品类瓷器的窑场，青瓷都是重要产品，例如在社会上享有盛名、以生产白瓷为主的邢窑，许多遗址都发现唐代青瓷。唐代重要的青瓷窑有浙江越窑、婺窑、瓯窑，安徽寿州窑，湖南岳州窑、长沙窑，江西洪州窑等。北方地区河北邢窑、河南巩县窑、陕西铜川黄堡窑、四川邛崃窑等也都生产青瓷。其中，以越窑工艺水平最高，社会影响最突出。中唐

70．唐越窑青釉划花盘

茶艺家陆羽在《茶经》中对各地生产的瓷茶碗进行排比，将越窑青瓷排在首位，指出它符合唐人品饮煎茶的要求，其优点是青釉类冰类玉，"越瓷青而茶色绿"。唐代诗文中也多加歌颂。晚唐五代时，部分优质青瓷上贡给帝王宫廷使用，宫廷使用的越窑青瓷称为"秘色瓷"。唐代青瓷窑系很多，水平有高有低，各地原料、工艺传统和风俗习惯的不同，致使青瓷制品的风格不同，但相同点仍然很多。初唐时期，青瓷的主要器形有罐、葫芦形瓶、鸡首壶、碗、杯、砚等。罐的特点主要是浅盘口，颈短而直，丰肩，腹体比较宽厚，平底，颈肩之间有双耳、四耳、六耳、竖形耳、桥形耳等。瓶，有葫芦形瓶和杯口长颈瓶两类，杯口瓶类似后来的玉壶春瓶。鸡首壶，结构上不如南朝和隋代鸡首壶优美；如总章元年（668年）李爽墓出土的1件，洗口，颈部较宽，饰两道突出的粗弦纹，肩和上腹圆鼓，下腹较瘦，足底外侈，鸡头小，短流成圆管形，与腹部不通。碗，有形体较窄的直筒形和形体较宽的曲腹形两种。唾盂，为浅盘形，细颈斜肩，腹体扁圆，底部较宽。在各个瓷窑体系

中，越窑青瓷胎体细密，胎色浅灰，釉质青绿，有的略微发黄或发褐，水平比较高，成型制作也比较灵巧。婺州窑瓷器胎体比较厚，颜色发褐，质地较粗。岳州窑、长沙窑瓷器胎体为灰色或褐色，有的烧结不好，有生烧现象。邢窑的组成部分临城窑瓷器，胎体坚硬厚重。洪州窑瓷器胎体大多数粗厚，釉层凝厚，颜色为深褐色，青绿光润的很少。装饰很简单，主要有弦纹、蔓草纹、莲瓣、鸡头、龙柄。盛唐时期，青瓷产量增多，但工艺水平提高不快，主要器形有碗、杯、唾盂、盒、瓶、罐等。造型特点仍然比较粗厚，鸡首壶一类器物已消失，带柄的执壶流行起来。壶底足加宽，足底心做成玉璧形状，故称玉璧形底。各个瓷窑的青瓷制作工艺都有提高，烧结比较成熟，釉光比较明亮，大多数釉色泛黄或泛灰。讲究实用，装饰极少。中、晚唐时期，南北各个青瓷窑场都得到发展，如耀州窑系的青瓷就是在这个时期发展起来的。器物种类增加，除盛唐时期流行的各类造型在此时期加以延续，还有许多新的器形，如莲瓣形口、菱花形口的碗和钵、船形碗、海棠形碗、瓜形罐、短流执壶、粉盒、枕、鸟食罐等。胎釉工艺水平提高，各类器物更加适用，使青瓷广泛出现在社会生活中，并大量销售到海外。为适应海外贸易的需要，广东、福建等沿海地区也生产青瓷。湖南长沙窑瓷器的造型、装饰有不少为西亚风格，并广泛使用釉下彩如褐、绿彩，在器表勾描绘画，还把诗歌题写在瓷器上，富有浓郁的时代特色。四川邛窑青瓷也采用釉下彩装饰。越窑青瓷还施用金彩、扣金等装饰技法，使瓷器富丽堂皇。

唐代白瓷　唐代（618～907 年）生产的白釉瓷器。唐代是白瓷工艺发展成熟的时期，生产白瓷的窑口有河北内丘和临城的邢窑、曲阳窑，河南的巩县窑、鹤壁集窑、密县窑、西关窑、郏县窑、荥阳窑，山西的浑源窑、平定窑，陕西的铜川黄堡窑，安徽的

萧窑等。长江以南的江苏、浙江、湖南、广东、福建等省都出土过唐代白瓷，但尚未发现窑址。北京故宫博物院收藏一件白瓷花口瓶，釉下刻"丁道刚作瓶大好" 7 字，这是招揽顾客购买的广告语。与唐人李肇在《国史补》中所说邢窑白瓷"天下无贵贱通用之"相对照，可以看出白瓷在唐代生活中使用的情况，它已和以越窑为代表的南方青瓷形成了"南青北白"的对峙局面。初唐时期的白瓷，器物种类很少，主要有碗、盘、钵、罐、砚、人物塑像等。碗以邢窑白瓷中一种宽体碗为代表，口微侈，形体较浅，宽而坦腹，底部承以圆饼状实足。口部较薄，到腹部明显加厚。碗内留有 3 个支钉痕。盘类和隋代浅体盘一样，侈口尖唇，体浅而壁微曲，底部宽平。钵的造型为敛口，曲腹，圜底。罐类典型器如陕西唐乾封二年（667 年）段伯阳墓出土的白瓷四系罐，造型特征是直口平唇，肩部比较丰满，腹部微鼓，中下腹很长，肩颈之间有复式四耳。人形尊塑造的是一个深目高鼻的胡人怀抱口袋的形象，口袋和人体相通，是盛物的主体，口袋口塑成荷叶形，即器物的口，造型颇具匠心。砚以总章元年（668 年）李爽墓出土瓷砚为代表，造型为圆形，中部是研墨的台面，砚心微凹，砚边是沟槽，以储水之用，圈足，粘贴一周兽足。在乾封二年段伯阳墓里还出土一胡人头像，粗犷雄放，扎幞头，深目高鼻，满脸胡须。初唐白瓷主要特点是胎质较粗，胎体厚重，白釉白度不高，质粗，施釉很薄，釉层不光亮。很多器物釉层明显发灰。为了增高白度有的器物施化妆土。公元 8 世纪初至 9 世纪初的盛唐阶段，白瓷工艺有很大的发展，不仅数量和器物种类增加，而且以邢窑为代表，分为粗白瓷和细白瓷两个系列。粗白瓷粗厚雄放，以白瓷四耳罐、双龙柄盘口尊为代表，坚硬拙实，白度不高，釉层薄，光泽不够明亮，颜色白中泛黄。细白瓷胎骨细腻坚致，选用优良瓷土，加工比较精细，从造型到装饰均一丝不苟。器

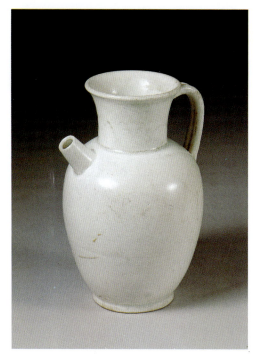

71. 唐邢窑白釉执壶

物造型特点是圈足比较矮，挖成玉璧形，成型后讲究修琢。邢窑的细白瓷水平最高，不施化妆土，釉层直接施在胎体上，胎釉都很洁白，如银似雪。常见器物有碗、盘、杯、瓶、壶、罐、盏托、烛台、凤头壶、皮囊壶、菱形碟、深腹钵、骑马人、狮子等。一般没有特别的装饰，造型各部分比例协调，端庄秀美，线条流畅。晚唐白瓷生产得最多的是日常生活用具，很多器物摹仿金银工艺和域外工艺品的造型，主要器形有葵口碗、菱形碟、花边钵、盏托，精致而细腻，胎釉烧结良好。无论造型、釉色还是装饰，都可谓尽善尽美。

唐代花瓷　釉面上点染彩色斑纹的瓷器，是唐代创烧的瓷器品种。唐代南卓在《羯鼓录》中提到一种叫作拍鼓的打击乐器，形若今日的腰鼓，两端粗大，中腰略细，突起道道凸弦，南卓称此鼓为"鲁山花瓷"。考古工作者在河南鲁山段店窑址唐代地层发现了文献所载花瓷拍鼓的实物标本，和北京故宫博物院

珍藏的唐花釉拍鼓完全一样。它的胎体浅灰，很致密。施黑色、黄灰色或褐黄色等单色釉，釉层莹润凝厚，再在这些釉层上饰以灰蓝色、褐绿色、黄色、乳白色的彩斑。布局有的有规律，有的很随意。在窑中高温焙烧时，釉层和彩斑熔融流动，浸漫，形成二液分相釉层，有的像树叶，有的像云霞，有的似岩浆状大片布满器物的肩腹等部位，潇洒自然，和谐美观，奇妙无比。唐代花瓷器物有拍鼓、执壶、四系罐、瓶、钵等，唐代墓葬中常有出土，尤其在北方西安、洛阳、郑州、泌阳、郏县、禹县等大墓中出土很多。现已查明，生产花瓷的瓷窑有河南鲁山段店窑，禹县下白峪窑，郏县黄道窑、内乡窑和山西交城窑等。宋代继承了唐代花釉工艺，生产出精美无比的钧釉瓷。元代浙江金华铁店窑生产出温度较低的粗胎花釉瓷，如花盆等，远销海外，韩国新安海底沉船打捞的元代瓷器中就有这种产品。清代景德镇有在高温烧成的白瓷上，再施低温花釉的瓷器品种，即窑变釉，如火焰青、火焰红等。

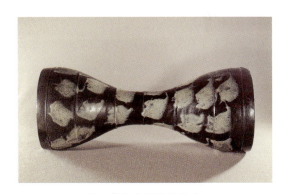

72. 唐鲁山窑花釉拍鼓

唐代青釉彩绘瓷　唐代（618～907年）生产的青釉釉下彩和釉上彩瓷器。这种装饰主要是湖南长沙窑和四川邛窑采用的工艺，有3种作法。第一，在青瓷素烧胎体上作彩画。第二，施化妆土的器物，用彩料在化妆土上作画。此两种作法在彩画后均罩青釉入

73. 唐长沙窑青釉褐绿点彩双耳罐

窑高温一次烧成。第三种作法是在坯体上施釉，在釉上作画，入窑焙烧时，彩料在釉面熔融渗入釉层中，流动浸润，出现美丽的彩绘图画，有的颜色如铁褐色，这种颜料熔点较低，对釉层有浸蚀，所以有的褐彩部位釉面发涩不够光润。长沙窑青瓷彩绘原料中，绿彩是含铜的矿物原料，粉碎磨细后配成画瓷颜料。褐彩是富含铁的氧化物的原料，如铁锰结核，在泥土中生成的铁锰等金属氧化物的结晶体，结构松散，很容易粉碎，淘洗沉淀后加以磨细配成画瓷颜料。还有含铁量很高的土红、赭石等均可作成绘瓷颜料。施彩绘的器物有各种形状、各种规格的碗、盘、钵、盂、碟、杯、洗、壶、瓶、罐、盒、炉、坛、枕、灯、动物、人物雕塑。纹饰有网格、菱花、流云、联珠、龙、凤、奔鹿、鸳鸯、游鱼、雀鸟；自然景观有茅舍、宝塔、远山近水、飞泉瀑布；人物形象有舞蹈者、乡村儿童生活等内容。唐代是中国诗歌的繁荣时期，在瓷器上题写诗句、吉言，也是长沙窑瓷器彩绘

的内容之一。与当时文人诗歌不同，长沙窑工匠的语言简洁而通俗，充满民间生活情趣。如描绘春光与春情的："春水春池满，春时春草生。春人饮春酒，春鸟鸣春声。"反映传统道德的："仁义礼智信"。反映男女恋情的："夜夜挂长钩，朝朝望楚楼。可怜孤月夜，沧照客人愁。""自从君去后，常守旧时心。洛阳来路远，不用几时金。"反映母子情怀的："羊申跪乳之义，牛怀舔犊之恩。"也有反映人格追求的："白玉非为宝，黄金我不需。怀念千张纸，心藏万卷书。"有表达远大志向的："男儿大丈夫，何用本乡居；明月家家有，黄金何处无。"唐代是中外经济文化广泛交流的时代，长沙窑正是贸易瓷器的主要产地之一。长沙窑工匠善于将亚洲各国的工艺技巧和艺术风格运用到瓷器上，使作品充满异国情调。如摹仿波斯萨珊王朝金银工艺的联珠纹装饰，有的甚至整幅图案都用联珠组成的线条构成。江苏扬州出土的唐长沙窑釉下褐绿彩双耳罐上，一幅硕大的莲荷图完全用联珠缀成，既水气淋淋，又富有金银器的厚重效果。扬州唐城遗址还出土过阿拉伯文题字扁壶，其上用绿彩写出阿拉伯文"真主最伟大"，还有的写"真主的仆人"、"安拉的仆人"等。四川邛窑釉下褐绿彩装饰的工艺和内容与长沙窑大体相同，只是质地略粗糙，青釉薄，容易磨损，文字内容极少见到。

唐代青花瓷　唐代（618～907 年）生产的白釉绘钴蓝彩纹饰的瓷器，即后代所谓青花瓷器。瓷器上以钴为原料的蓝彩出现在初唐时期。陕西礼泉唐太宗大将郑仁泰墓出土的一件白瓷罐，罐盖宝顶上有大片蓝彩。郑仁泰卒于龙朔三年（663 年），葬于麟德元年（664 年）。唐代重要的经济贸易城市扬州唐城遗址陆续发现了大批唐青花瓷器残片。出土的唐青花器物标本有碗、盘、壶、镦、罐、枕等。碗类，一般口径16～26、足径 3.8～12.5、高 5～6、足高 0.4～0.6厘米。造型特点是侈口尖唇或侈口翻沿圆唇、圆尖

74．唐青花瓷标本

唇，还有碗口为四瓣花形，大多数腹体较浅，腹壁曲度很小。在扬州唐城遗址还发现一件碗，腹壁出现比较圆滑的折腰棱线，底部比较宽，圈足呈玉璧形，有一部分圈足成玉环形。盘类，都是翻沿圆唇，口沿成四瓣葵花形。国家文物局扬州培训中心发现一件青花盘残片，花瓣口，内壁起凸棱线。壶类，都是侈口短颈，肩腹浑圆饱满。镟类，只发现器形很小的一件，高6厘米，口微侈，圆唇，短颈，腹体扁圆，下承以三兽爪形足。罐，丹麦哥本哈根博物馆收藏一件青花罐，形体较大，侈口翻沿，唇缘较厚，丰肩，下腹比上腹瘦，平底，足沿外侈。唐青花的胎体都是白胎，用北方瓷土作为原料，胎骨厚重，质地偏粗，在放大镜下可以看到大小不均匀的孔隙。白度不高，都有泛黄泛灰等现象。成型工艺，主要用辘轳车以手工拉坯成型，技术相当熟练，葵口类器形的葵口是用刀削出来的，兽爪形足则是范印成型。白釉白度不高，一般白中泛黄，质地较粗，透明度强。石灰釉中氧化钙含量在14%左右。施釉方法用蘸釉法，内壁满施，外壁有的足部露胎。釉层薄，有流釉现象，玻璃质强，开细小碎片。青花原料过去认为是波斯进口钴料，上海硅酸盐研究所最新研究成果证明，这些钴料是中国本土所产。现已在河南、甘肃等地发现了作为铜矿附

矿的钴土矿。绘彩方法大多数器物是釉下彩，但扬州唐城遗址发现的青花枕残片蓝色线条略微高出釉面，可能是釉上彩工艺。纹饰内容包括图案类：有点、线、流云、灵芝形卷云、如意卷云、菱形方框、宝相花等；写意或写生花草：有卷草、花叶、五瓣小花、四瓣小花、复瓣团花、藤蔓等。虫鱼类：一件碗的口沿残片，在团花的上方画一只小蝴蝶；丹麦哥本哈根博物馆珍藏的青花罐上画有鱼纹。美国波斯顿博物馆收藏的唐青花瓷器上画人物形象。

75．唐三彩钵盂

唐三彩器　简称唐三彩，唐代（618～907 年）生产的用高岭土作胎，施黄、绿、蓝、褐等多种色釉烧制而成的低温釉陶器物。唐三彩是利用矿物质中的金属氧化物的呈色机理烧制而成的，以氧化铅为助熔剂，在釉料中适量加入铜、铁、钴、锰等物质作着色剂，在 900℃ 温度中铜的氧化物呈现绿色，铁的氧化物呈黄或黄褐色，钴的氧化物呈现蓝色，锰的氧化物呈紫黑色。在这些釉色的基础上又成功地烧制出橙黄、深绿、赭色、茄紫等色彩，反映出唐代多彩陶器是在单彩陶器的基础上发展而来的。唐三彩始烧于唐高宗时期，玄宗开元、天宝年间是三彩器发展的顶峰时期，这时三彩种类繁多，造型生动优美，釉色绚丽

多彩。在长安、洛阳的唐墓中出土最多，江苏扬州、山西、河南、甘肃也有出土。天宝之后三彩器逐渐减少，唐晚期三彩器几乎被瓷器所取代。唐三彩的制作工序如下：一、选料，三彩器很注重造型和釉色，因此对胎料选择不精，胎质中含有石英颗粒等杂质。二、成型，用模制或轮制及捏塑粘接的方法成型，为掩盖胎质精糙，突出釉色，往往成型后再罩化妆土。三、素烧，将阴干的坯胎用1000℃左右的温度烧坚。四、挂釉，按事前所设计的图案调配釉料上釉。五、低温烧釉，各色釉药在900℃温度烧造过程中，釉汁熔融流动相互浸润形成斑斓的色彩。六、开相，在不着釉的陶俑头部以朱涂唇，以墨画出眉毛、眼睛、髭须、头发，增强陶俑形态的神韵。唐代盛行厚葬，大小唐墓中出土三彩器甚多，反映出唐代社会生活的方方面面。根据已发表考古资料分析，唐三彩的器物类别，如生活用品，主要有瓶、壶、罐、钵、杯、盘、盂、烛台、砚、枕等；模型，有亭台楼榭、仿木箱柜、住房、仓库、厕所、牛、马车等；俑，有各种人物与动物，如贵妇、达官、男女侍、武士、天王、胡人及马、骆驼、猪、羊、鸡、狗等。唐代陶塑艺术成功之作也多表现于三彩作品中。如西安郊区鲜于庭诲墓出土的三彩骆驼载乐舞俑，是唐三彩中的佼佼者，造型独特，釉色绚丽，人物形态逼真，是难得的稀世珍宝。公元8世纪，唐三彩作为一种商品与越窑青瓷、邢窑白瓷一并通过海上丝绸之路运往亚非各国，在印度尼西亚、朝鲜、日本、埃及等国家都出土有唐三彩。9～10世纪朝鲜、日本、埃及等国也在唐三彩的启发下成功地烧出了具有本国特色的精美低温彩釉陶器如新罗三彩、奈良三彩等。

唐代陶瓷俑 唐代（618～907年）制作的陶俑和瓷俑。唐代国势强大，经济繁荣，统治者越来越追求奢侈的生活享受，更加追求厚葬之风。由于中央政权的巩固和强大，对殉葬陶俑的配备，限制了严格的规格和数量。一般墓葬出土的陶俑有镇墓俑，初唐时期为人首兽身，或兽头兽身作蹲坐状，结构简单，形

76．唐三彩女俑

体较小；盛唐以后形体高大，均为猛兽形象，张嘴露齿，吐舌怒吼，毛发呈螺旋状上系，额上长角，背上长鳍，虎背猿腰，四足为善于奔跑的草食类动物的偶蹄，肩上长雄鹰的翅膀，肩臂有跃动的火焰，一般高度约在40厘米以上，高的达1米以上。天王俑，初唐为身穿甲胄的武士，盛唐以后更加雄健威武，甲胄华丽，鼓目、扬臂、呐喊，脚踏壮牛或者鬼怪。还有侍候主人的侍女俑、陪同主人游乐的女扮男装俑、舞俑、舞乐戏弄俑、骆驼载乐俑、骑马的文官武吏俑、捧物或奏乐的仪仗人物俑、牵驼牵马俑、操作工具的中年女仆、悠闲自得的贵族妇人、负囊经商的胡人、耍手艺的胡人、浑身墨黑的昆仑奴等；动物形象有麒麟、骏马、骆驼、驴、牛、羊、猪、犬、兔、青蛙；

也有井架、杵、舂、牛车、庭院、房屋、厕所等模型。初唐时期各类人物形象、身材清秀，衣衫紧窄，有如"曹衣出水"。盛唐以后多"褒衣博带"，仪态丰满。特别是三彩釉陶俑，色彩斑斓，华美无比。晚唐以后的各类俑，形态虽然丰满，彩色依旧绚丽，但形体缩小，有的只有 10 多厘米甚至几厘米大小。唐代陶俑所表现的内容，几乎囊括了社会生活的各个方面，不但在艺术上有很高的成就，而且是研究唐代社会生活、中外关系的宝贵资料。

五代陶俑　五代十国时期（907～960 年）制作的陶俑。五代时期的陶俑没有唐代那么多的数量和丰富的内容，制作也比较粗放，主要内容是侍候主人的侍从奴仆，因此更直观地表现出墓主人生前的权势与财富。典型的如五代南唐先主李昪及其妻的钦陵、中主李璟及其妻钟氏的顺陵出土的陶俑，其中除大量神怪、动物形象，还有宫廷内侍、宫官、宿卫、伶人、舞姬等。用陶范成型，以还原火焰焙烧，都呈青灰色，上面有彩绘，形象生动逼真，生活情趣浓郁，是五代陶塑艺术的优秀之作。

宋代瓷器　北宋至南宋时期（960～1279 年）生产的瓷器。宋代是中国历史上制瓷业的繁盛期，各地瓷窑数量多，分布广。据 1949 年以来的考古调查，古代瓷窑遗址分布在我国 19 个省、市、自治区的 170 个县，其中有宋窑的即达 130 个县，占 75%。陶瓷经济、包括海外贸易的发展，使各地瓷业激烈竞争，呈现出名窑迭出的局面，历史上重要的汝、官、哥、定、钧五大名窑，即成名于这个时期。此外，以烧制青釉瓷器取胜的浙江龙泉窑、以黑釉瓷器独具魅力的福建建窑、以白釉釉下黑花器为代表的河北磁州窑、以新产品青白瓷为特色的江西景德镇窑，都是当时影响重大的民间瓷窑。各地名窑不仅由其中心窑场烧制各自的特色产品，还带动周围地区烧制同类产品，由此形成一个个瓷窑体系。宋代主要有六大窑系，即北方烧制白瓷的定窑系，烧制青瓷的耀州窑系，烧制钧釉瓷器的钧窑系，烧制白釉黑花器的磁州窑系，南方则有龙泉青瓷系和景德镇青白瓷系。区别于民间瓷窑，由宫廷督造的官窑，在北宋正式巩固了其地位。这个时期，各地瓷窑烧制出大量瓷器名品，造型种类非常丰富，有碗、盘、洗、盏、托、瓶、壶、罐、钵、尊、盆、盒、炉、熏、枕、砚滴、渣斗、樽、腰鼓、瓷塑等等，满足了人们日常生活的多种需要。其造型特点，顺应当时的审美风尚，趋向实用、质朴，强调造型线条的流畅、秀美，使器物的口沿、颈部、器身造型既灵活多变，又富有舒适、大方的整体感。以瓶为例，这一时期就有梅瓶、玉壶春瓶、胆式瓶、琮式瓶、弦纹瓶、贯耳瓶、葫芦瓶、多管瓶、龙虎瓶、瓜棱瓶等多种形式，或修长秀丽，或厚重敦实，宋代瓷器造型的时代特征从中略见一斑。宋瓷的纹饰题材也相当多样，有花卉、龙、凤、鹤、鹿、游鱼、鸳鸯、人物、婴戏、山水，还有回纹、卷枝、卷叶、云头、莲瓣等辅助纹饰，装饰方法有刻、划、印、剔、绘画等各种手段，使宋瓷的装饰风格既细腻丰富，又不流于华丽繁俗，充满朴实典雅的美感。最能代表宋瓷美学特点的，莫过于它的釉色。青釉工艺在宋代达到巅峰，出现了汝窑莹润的天青釉、龙泉窑含蓄的粉青釉和碧翠欲滴的梅子青釉这些陶瓷史上的名贵釉色。除了细腻婉约的审美时尚的驱使，石灰碱釉这种施釉工艺的革新，是导致这些名品出现的技术基础。青釉除了以如冰似玉的色泽和质感取胜，还在釉面上做文章，官窑、哥窑青瓷即巧妙利用釉面开片，把工艺上的缺陷变为瓷器上一种自然天成的装饰。以定窑为代表的白釉也比前代有很大提高，釉面匀净洁白，又略泛象牙色，使之白而不冷，犹如凝脂。建窑黑釉器是伴随斗茶之风的兴盛而兴起的，宋代工匠创烧出独具特色的结晶釉，使原本单调的黑釉显现出天然而奇妙的兔毫纹、鹧鸪斑，丰富了它的

77. 北宋青白釉香熏

审美价值。磁州窑的白釉釉下黑花器，具有民间艺术的质朴美，其简洁写意的绘画方法，明显受到当时中国画的影响。钧窑的釉色虽属青釉范畴，但是这种泛出玫瑰紫、海棠红等窑变色彩的乳浊釉，是构成宋代陶瓷美学特征的一个独特项目。宋代瓷器在工艺技术和审美追求等许多方面达到历史的顶峰，对后世产生深远影响，某些工艺自此以后即呈下降趋势甚至失传。

宋代陶俑　北宋至南宋时期（960～1279年）制作的陶俑。宋代墓葬出土陶俑很少。许多宋墓用石俑、木俑殉葬，有的人物形象在雕砖上出现，镶嵌在墓室壁上。华东和四川一些地方墓葬出土的陶俑，有泥质粗陶俑和三彩俑。陶俑有墓主人形象、老翁形象的"蒿里老公"、穿甲胄的武将"镇殿将军"、人首鸟身的"观风鸟"、十二生肖、独脚兽（吞）、鸡、狗。从数量统计，唐代流行的步骑军将、出行仪卫、男仆女婢、舞乐百戏一类形象在宋代少见。宋代陶俑的形式和人物表情丰富，不同地区的陶俑有不同的艺术特

点，即使是同一地区，人物的内心情绪和动作表现也大不相同。多数陶俑用陶范成型，精心镂雕和绘饰，姿态、动作塑造得准确生动。一般文吏表情严肃，端正站立。武将则塑出简洁的轮廓，再仔细刻划动作和表情。由于身材各部位比例准确，显得很有生气。

辽瓷　辽政权（947～1125年）控制范围内生产的陶瓷器。大约在10世纪中叶，辽代陶瓷手工业逐渐发展起来。辽瓷生产可分为三大区域：东北地区的内蒙赤峰林东上京窑、南山窑、白音戈勒窑、赤峰缸瓦窑和辽宁辽阳江官屯窑；华北地区的山西浑源窑、大同窑，北京龙泉务窑，河北隆化窑等。辽瓷与关内汉族政权——宋朝陶瓷工艺关系很密切，主要学习定窑和磁州窑，生产的白瓷有明显的定窑特点。辽瓷常见的器形，有碗、盘、杯、碟、盒、壶、瓶、盂、罐、瓮、鸡腿坛、缸、香炉、围棋子等。一般日用器皿与汉族地区宋代定窑、磁州窑类型器皿没有区别。尤其是山西浑源地区的瓷窑，几乎全由汉人工匠操作，工艺传统和审美情趣也纯属磁州窑风格。东北地区的各瓷窑生产许多带有浓郁北方草原民族特点的器皿，如穿带壶、皮囊壶、筒式壶、鸡腿坛、海棠式长盘、长颈瓶、暖盘、三角形碟等。皮囊壶、鸡冠壶辽人称"马盂"。这些器物不但形象似皮囊，而且还作出革条缝合的针线痕迹。海棠式长盘、多边形暖盘、方碟则具有北方草原民族银器的特点。辽代陶瓷也受唐三彩釉陶工艺的影响，生产大量精美的铅釉陶器。釉陶的器物数量和种类都没有瓷器多，但艺术水平很高。辽代瓷器釉色主要为白釉、黑釉、褐黑釉和茶叶末釉。白釉仿定窑、磁州窑白瓷，釉层较薄，釉面不够光润，质地比较粗。黑釉、黑褐釉和茶叶末釉都很凝厚，施在胎体较厚重的瓷器上。装饰手法主要有划花、刻花，在胎体表面釉层上刻划出图案和牡丹、卷枝蔓草等花纹。釉陶器物还有贴花和印花。辽瓷中比较独特的有雕釉、剔粉、填黑3种工艺。雕釉是生坯

78. 辽白釉皮囊壶

后往往都要施化妆土，并且入窑先素烧胎，然后再挂釉第二次低温烧成。近些年在内蒙古发掘出不少辽三彩器，根据质地、釉色、制作工艺可将出土物分为粗细两种，粗者胎质松软呈红色，釉色昏暗混浊不透明，施釉不到底，釉层极易剥落。细者胎质细软呈淡红色，施釉比较讲究，除底外周身挂釉，釉色娇艳光亮可与唐三彩媲美。辽三彩釉色以黄、绿、白为主，也有红、黄褐等色。一般黄、绿、白色同施一体，也有施单色的。因此辽三彩又有多彩器与单彩器之分。单彩器以黄绿色居多，釉厚重典雅。多彩器一般根据器物不同部位施不同颜色的釉彩。辽三彩釉经低温烧造后不流动浸润，也不见交融与流釉现象，犹如一块块补钉，显得呆板，缺乏自然协调。辽三彩器形较少，多限于生活用器，随葬的雕塑冥器模型几乎不见。已发掘出的器物主要有鸡冠壶、鸳鸯壶、长颈瓶、海棠式长盘、八角圆盘、八角圆盒等。辽三彩的装饰受中原陶瓷装饰艺术的影响，手法主要有印花、刻花、划花、浮雕以及釉色装饰等几种。印花是以瓷土烧成印模压印而成，一般用于碗、盘内底，纹饰浅，显得模糊。刻花、划花一般施于壶、瓶之腹部，刻花线条粗且深，有明显的刀锋。划花线条纤细柔和流畅。浮雕一般施于盒的外壁，轮廓清晰，但浅薄不甚突出。釉色装饰是以多种釉色描画器物的不同部位，力求鲜艳，以鲜艳的颜色为器物添姿加彩，是辽三彩刻意追求的一种装饰手法。辽三彩的纹饰题材主要以花卉为主，常见的有莲花、菊花、牡丹等。也有少量人物、狮兽纹等。纹饰结构严谨，布局醒目，手法简洁。辽三彩纹饰注重轮廓，细部刻划缺乏精巧，不求清晰，人物走兽欠生动，是辽三彩的普遍风格。

挂釉以后再雕花；剔粉是施化妆土后再进行雕刻，花纹茎脉露出粗糙胎色，色调对比强烈；填黑是刻划花纹以后，在花纹以外的部位填以漆黑光亮的黑釉。山西浑源窑即用剔花手法作出大面积的装饰图案，在硕大的黑釉罐上，肩腹最圆鼓的部位刻划出大朵缠枝牡丹、芍药、折枝花草等，沿花卉的边沿，以犀利的刀法剔除花纹周围的釉层，露出粗糙灰褐的地色，花纹釉面光滑明亮，好象镶嵌在粗毛毯上，枝叶繁茂，生机盎然。

辽三彩器 简称辽三彩，是辽代（947～1125年）仿唐三彩工艺而烧制的多彩低温釉陶。辽三彩的釉色有黄、绿、白、红、黄褐等颜色，不见蓝色。根据近年考古发掘发表的资料得知，内蒙古昭乌达盟的赤峰缸瓦窑、林东窑及辽宁辽阳江官屯窑在辽代均生产三彩器。辽三彩是以瓷土为胎，胎土中含有砂及其他杂质，胎色呈淡红色，较松软，比唐三彩、宋三彩质量略差。辽三彩为了弥补胎质差这一缺欠，在制作成型

金代陶瓷 金政权（1115～1234年）统治区域生产的陶瓷器。金建国之初，以黑龙江阿城县白城子为首都，1153年都城迁至燕（今北京），称金中都。金代陶瓷可分前后两个阶段，迁燕以前属前期，迁燕以

79. 金黑釉剔花梅瓶

长治、临汾、山东淄博、德州等磁州窑系窑场里均有生产。在白瓷上面以鲜艳的矾红、石绿、酱彩，有的还加黑彩，绘出菊花、蔓草、牡丹、喜鹊、飞鸟等花纹，然后入窑低温烧成。用彩泼辣，既抽象写意，又有生活情趣，逸笔草草，神采飞扬。以后景德镇窑将此工艺移植到高档细白瓷、枢府釉青白瓷上，生产出元五彩。北京故宫博物院收藏一批金代红绿彩瓷器标本，据分析是山西长治窑产品，其中一件碗心上写"金马玉堂三学士，清风明月两宋人"。山西是金统治很牢固的地区，汉人将自己称为"两宋"人，就是不满金人压迫，不承认自己是金政权下的臣民的反金意识。又如一件磁州窑类型瓷枕上的题诗，该地区金人统治已经很多年了，但仍署南宋"绍兴三年"年款。金代扩大了宋代一些著名瓷窑的生产面。著名的定窑、钧窑、磁州窑、耀州窑等，北宋时只限于一处或少数几处中心窑场，而金代则扩大到许多地方。如定窑，北宋仅限于曲阳涧磁村及其附近，金代则沿漳河流域发展到山西境内，山西霍窑仿定窑风格的白瓷是在金代开始生产的；内蒙古赤峰缸瓦窑也在金代增加了品种，仿定窑白瓷的水平也比辽白瓷明显提高。这些北方瓷窑在金代除地域扩大以外，瓷器质量和艺术技巧上也有不少创新。金代陶瓷成为中国陶瓷史上重要的一部分。

金代陶俑　　金代（1115～1234 年）制作的陶俑。金代社会流行墓室墙壁上画出壁画，将墓主人生前所做所为和死后希望都生动描绘出来，所以陶俑陪葬很少。很多墓葬用质地精良的灰砖雕出俑人形象，有人称为砖雕陶俑，这些陶俑附着于砖体，镶嵌在墓壁上。最为典型的是河南焦作西冯封村金墓出土的 18 件砖雕俑。其中侍吏俑，高 38～40 厘米，头戴幞头，有的幞头前部为方形，穿圆领宽袍大袖袍服，腰系带，下微露双足，双手捧物，似执圭，作端立姿态；有的头戴卷脚幞头，前额高而圆肥，后面尖翘，身穿

后为后期。前期陶瓷继承辽瓷系统，主要窑址有辽宁辽阳江官屯窑、抚顺大官屯窑，内蒙古赤峰缸瓦窑，也就是传统关外诸窑场生产的瓷器。主要产品有白瓷、黑瓷和酱釉瓷。部分产品如白瓷受定窑影响，但工艺水平略低。大多数白瓷质地较粗，釉层薄，釉色白中泛黄，更接近磁州窑白瓷。各类瓷器品种继承辽瓷风格，适应东北地区半农半牧民族生活的需要。主要器物有碗、盘、瓶、罐、枕、鸡腿坛等。辽代流行的皮囊壶、鸡冠壶一类制品不见了。各类生活用具的造型多宽而矮，放置平稳。罐类器物有双耳、三耳或四耳的。鸡腿坛一类器物形体比较修长，尤其是下腹很瘦，底部的圈足足沿比较高。金后期瓷器得到较大发展，主要体现在以下几个方面：可能起源于北宋晚期的一种白瓷釉上彩瓷器，即红绿彩工艺在金代得到突出发展，这种瓷器在河南禹县、鲁山、内乡，山西

圆领窄袖短袍，腰系带及护围，足穿靴，作行走状；有的头戴圆形毡帽，脑后梳长辫，身穿束袖长袍，腰系带，足穿靴。男侍俑，高 49 厘米，头梳螺状发髻，身穿窄袖长袍，腰扎带，袍下微露双足，双手抱一长颈带柄执壶。女侍俑，高 46.5 厘米，头梳双髻，外罩窄袖开襟长衫，内衬袄，下着裙，微露脚尖，双手捧八瓣形果盒。持排箫俑，高 38 厘米，头两侧梳长辫，身穿窄袖上衣，下着宽管短套裤，内穿长裤，腰系围裙，足穿尖靴，眉目清秀，昂首作吹奏状。持三弦俑，高 38 厘米，头缩发，服装同持排箫俑，坐姿，一腿下垂，一腿盘屈高抬，一手上扬扶住三弦，一手作弹拨状。吹笛俑，高 38.5 厘米，头戴多边尖顶帽，头发结成双辫，垂于胸前，腰系带，两侧挂如意形饰物，脚穿靴，头微侧作吹笛状。吹哨俑，高 37 厘米，头戴软帽，身穿圆领窄袖长袍，腰束带，足登靴，左手持板，右手作吹哨状。舞蹈俑，一类高 43 厘米，头发梳于头顶，身穿窄袖长衫，下摆宽肥如裙，腰系带，两手上扬作跳跃状；一类高 42 厘米，头发盘结于顶，着圆领长衫，内露花边短裤，足穿靴，一脚着地，一脚抬起作舞蹈状。还有一类头戴尖顶帽，身穿方领窄袖长袍，胸腹扎护胸，以 4 条带相结于前，右臂上举，左臂后甩。其他还有说唱俑、持节板俑、侍童俑等，高度在 42～43 厘米之间，表现的是官僚地主的生活情况。

西夏陶瓷 西夏政权（1032～1227 年）控制范围内生产的陶瓷器。西夏制瓷工艺受磁州窑系影响而发展起来，最大的制瓷作坊遗址是宁夏灵武磁窑堡窑址。根据考古发掘资料证明，西夏时期开始生产，元代继续烧造，明清作为地方窑场生产粗瓷。灵武窑以西夏时期生产最兴盛。瓷器品种以釉色区分有白瓷、青瓷、黑瓷、褐釉瓷、芝麻酱釉瓷、茶叶末釉瓷，此外还有低温釉陶。生产的种类有生活用具、文房用具、娱乐品、雕塑陈设艺术品、建筑构件、兵器构件

等。生活用具有饮食器皿，如碗、盘、杯、碟、钵、高足杯等；盛物器皿有盆、盒、瓶、壶、扁壶、罐等；贮藏用具有巨缸、瓮等，其他还有灯、帐钩等。文房用具有砚、水滴等。娱乐品有埙和围棋子。埙为素瓷，形似牛首，又称牛首埙，正面有一孔，上面中间有一孔，吹之发声。围棋子多为扁圆形，少数为弧面形，黑釉和白釉两种颜色，有的围棋子上刻天干、地支，如"丙"、"巳"、"庚"、"寅"等字。雕塑艺术

80. 西夏黑釉剔花牡丹纹罐

品有人物和动物两种。人物形象是青褐釉供养人。这些形象是研究西夏人相貌、衣饰的生动材料，如男人髡发、宽额头、高鼻、双目紧闭。女人高鼻大眼，高耸的发髻用多褶发带包扎。动物形象主要有各种姿态的骆驼。建筑构件是灵武窑西夏时期产品的一大特色，生产精美的白瓷板瓦、筒瓦、滴水、瓦当、瓦钉等。西夏瓷器装饰总体来说比较粗糙，但烧结很好，釉层凝厚而光亮，艺术效果很好。主要装饰技法是中原陶瓷传统的划花、刻花、剔花、刻化妆土、印花和点彩。为使釉面效果更佳，西夏陶瓷广泛使用白净化

妆土来美化瓷器。常用的刻花、划花、刻花工艺和剔花相结合，即把刻划出来花纹周围的釉层剔除，让黑褐粗涩的胎体裸露出来，衬托光亮带釉的花卉纹；另有少量的只刻到化妆土层，白色化妆土与褐釉色调对比更加强烈。点彩装饰多在白瓷上使用，在一种粗瓷青黄釉碗的内壁和碗心用褐黑彩点画出梅花纹，富有装饰性。西夏陶瓷器的艺术风格充分体现出黄土地带人们粗犷雄放的性格，在中国陶瓷艺术史上独树一帜。

81. 元青花云龙纹荷叶盖罐

元代景德镇窑瓷器　元代（1271～1368年）景德镇窑生产的瓷器。此时景德镇窑除生产传统的青白瓷，还成功地创烧出青花瓷、釉里红瓷、卵白釉瓷、高温铜红釉瓷、高温钴蓝釉瓷等品种，使景德镇一举成为全国最重要的瓷器产地，并为其在明、清两代成为全国制瓷中心奠定了坚实基础。在制瓷工艺方面，元代景德镇工匠发明了瓷石加高岭土二元配方法制胎，提高了瓷胎中氧化铝的含量，为烧制大件器物创造了必要条件，标志着制胎工艺的重大进步。

至正型青花瓷器　元代至正年间（1341～1368年）景德镇窑生产的青花瓷器。这个时期的青花瓷器

代表元代青花的最高水平。长期以来陶瓷研究者对元代瓷器，尤其对景德镇青花瓷器认识不清，主要原因是考古学上没有找到鉴定元青花的标准器，无从对其进行对比综合研究。英国大英博物馆达维德基金会收藏青花云龙纹象耳瓶，器身上有"至正十一年"（1351年）铭。此瓶造型很有气魄，青花构图丰满，口沿满绘缠枝菊花，瓶颈上部绘并列蕉叶，下部绘流云飞凤，肩部绘缠枝莲花，腹部最圆鼓处绘海水云龙，下腹绘波涛纹，足部绘缠枝牡丹纹，底边绘一周变形莲花瓣，每个莲花瓣里有朵云和杂宝。这件作品揭开了元青花的真面目，成为断代研究的标准器。结合伊朗阿底别尔寺庙、土耳其伊斯坦布尔博物馆、印度、埃及、菲律宾藏品，中国北京元大都后英房遗址、旧鼓楼大街窖藏、河北保定窖藏、江苏金坛窖藏、江西高安窖藏、湖南常德元墓以及东北地区出土的元青花瓷排比研究，证明14世纪中叶以后景德镇青花工艺已经成熟，形成完美的时代风格。至正型青花瓷器的特点是胎体厚重拙实，胎料采用瓷石加高岭土的二元配方，铝含量较高，达到20.24%；釉层凝厚光润，釉料中氧化钙含量较低，为8.79%，钾、钠量增加到5.82%。青花原料比较复杂，有国产钴料和波斯钴料，优质青花瓷器用波斯钴料，此种颜色蓝色浓艳幽靓，有深色结晶斑块，结晶处釉面略微下凹，显出金属浮光。经测试，这种波斯钴料含锰量低，含铁量高，还含有砷元素。至正型青花瓷器物种类很多，有碗、盘、杯、盏托、高足杯、罐、长颈瓶、梅瓶、扁壶、匜、三足炉、觚形瓶等。造型特点是器物规格较大，气魄雄伟，胎体厚实，胎料不够细腻，在放大镜下常能见到泥料中有芝麻花似的小黑块。烧成后露胎部分常出现火石红一样的黄衣子。青花花纹内容很多，有莲花、番莲、团菊、牡丹、松竹梅、牵牛花、栀子花、芭蕉、瓜果、海棠、灵芝、山茶花、葡萄、枇杷、龙、凤、仙鹤、鸳鸯、奔鹿、麒

麟、狮子、海马、游鱼、昆虫以及太湖石、柳林、建筑、栏杆等。人物形象广泛出现，有蒙恬将军、萧何月下追韩信、周亚夫细柳营驻军、三顾茅庐等历史故事。这些故事画面与元代流行的戏曲、板话、小说内容一致，在各种纹饰中处于突出地位。图案纹样有卷枝蔓草、缠枝花卉、蕉叶、锦纹、海涛、细浪、莲瓣、如意头、回纹、杂宝等内容，对主题花纹起到良好的烘托作用。至正型青花瓷器还有一些突出特点，如器物坯件修饰不够精细，烧成后常有夹扁、翘棱、剥蚀等现象。画面满，落笔重，层次比较繁密，花大叶小，枝蔓如藤，叶如葫芦形。至正型青花风格一直延续到明初，到明洪武晚期至永乐年间，新风格才逐渐形成。

烧制这类瓷器的瓷窑为"枢府窑"。元政府设枢密院，主掌军事机密、边防及宫廷禁卫等事务；战争时设行枢密院，掌一方军政。有"枢府"字样的青白瓷应为元朝官府如枢密院定烧的瓷器。现已判明，景德镇湖田窑区是烧造枢府瓷器的窑场。枢府类型的青白瓷质量高低不等，纹饰也是有的复杂严谨，有的简单，有的甚至没有花纹。枢府类型的瓷器在元代宫廷各类用瓷中占第一位，北京元大都遗址出土枢府釉瓷器数量很大，全国各地元代墓葬、窖藏、海外各国，包括韩国新安海底沉船中都大量存在，可见这类瓷器不只限于元中央官府一级使用，在民间使用也很广泛。枢府釉瓷器以碗、盘、高足碗、杯、长颈瓶等器物为多，如侈口、折腰、小圈足碗很为人们称道。装饰花纹以精美的印花缠枝花卉为主，还有刻花、划花、尖瘦莲瓣、水波纹、水波游鱼等纹饰，堆贴梅花、联珠纹、画金彩、红绿彩（即元五彩）等装饰比较稀少。枢府瓷器到明初还在生产，南京地区一些明初墓中有发现，大约在明中期停止生产。元枢府瓷器的烧制是元瓷工艺提高的表现，为明初瓷器的发展奠定了基础。参见"枢府窑"、"卵白釉"、"元代卵白釉瓷器款"。

82.元卵白釉枢府铭印花盘

元代枢府瓷器　元代（1271～1368年）景德镇生产的一种卵白釉瓷器。它是在宋代青白釉瓷器成就的基础上烧成的。这种瓷器为白胎，部分制品胎体较薄，大多数厚薄适中，比宋青白瓷略厚，胎质细密坚实；釉质比较细腻，比宋青白釉加厚，像鹅蛋青一样，失透光润，人称卵白釉。由于在印花纹饰中多出现"枢府"字样，人称"枢府窑器"或"枢府瓷"，

83.元龙泉窑青釉双鱼纹盘

元龙泉　元代（1271～1368年）浙江龙泉窑烧造的青瓷制品的简称。元代龙泉窑基本继承宋代龙泉窑的艺术风格，产品有两类，一类为传统的龙泉青瓷，

另一类为紫口铁足的仿官窑产品。传统龙泉青瓷胎呈白色或浅灰色，其显微结构为长石—石英—长石系白瓷。胎质细密，可塑性强。釉色以青黄色为主，也有少量青绿色。釉质为粘度强温度高的乳状石灰碱釉，经1200℃烧造后，釉色乳浊青绿，色调柔和。龙泉青瓷全部为轮制，工艺过程为选料和泥，拉坯成型，精修坯胎，然后装饰、罩釉，阴干后入窑高温烧成。元龙泉的产品主要以生活日用器为主，有各式碗、盘、杯、罐、瓶、执壶等，元代中期以后也生产大瓶、炉、瓷塑、佛像等陈设品。日用器中碗最多，器形与南宋差别不大，属元窑仿宋窑器。大型的罐、盖罐、盘、碗等则是元代龙泉窑典型的代表作品。这些大型器一般制作规整，挂釉仔细，烧造精心，成品率较高。其中大多数作品为贡器或作为商品运往京城与国外。元龙泉窑的装饰方法繁多，主要有刻、划、印、贴花、堆塑、镂空和褐色点彩等。纹饰题材极为广泛，其中花卉最多，常见的有莲、荷、菊、葵、牡丹等。此外也有龙、凤、鱼、鸟等动物纹及八宝、八卦和各种吉祥文字，如"福"、"禄"、"如意"、"进宝"、"天下太平"等，还有少量印有八思巴文字，亦含吉利之意。罩釉工艺不像南宋时运用多次上釉技法，最多采用两次上釉，釉层比南宋青瓷薄，也欠滋润。元代龙泉窑青瓷作为商品常与丝织品、佛像等被输往国外，近年在朝鲜、日本、菲律宾、印度尼西亚、泰国、印度、埃及、索马里、土耳其、法国等许多国家和地区先后发掘出龙泉青瓷，尤其是1976年韩国新安海底沉船中打捞出的大量中国瓷器，能断定为元代龙泉青瓷的约占青瓷总数的一半以上。其量之大，品种之多，不仅对研究元代龙泉窑的生产规模、制作工艺、装饰特征很有意义，同时也为了解元代海外贸易及贸易航线，提供了重要的科学依据。

元代其他地方窑瓷器　元代（1271～1368年）景德镇及龙泉窑以外的地方窑瓷器。比较著名的有河

南钧窑、河北磁州窑及山西霍窑等。元代烧制钧釉瓷的窑址分布很广，河南以外，河北、山西等省也有烧

84. 元钧窑玫瑰斑莲座瓶

造，窑址数量及分布面积大大超过宋代，形成一个庞大的钧窑体系。在北京元大都遗址的发掘中，钧窑瓷片的数量在各窑口瓷器中占第二位；出土钧窑瓷器的元代墓葬及遗址遍布北方各省及自治区。元代钧窑系瓷器的造型有碗、盘、瓶、炉、罐、执壶、花盆、杯、钵、高足碗、梅瓶、枕等。釉色以天青、天蓝为主，有的饰以紫红色彩斑。元代磁州窑继续生产传统品种，烧制磁州窑风格瓷器的瓷窑遍及河北、河南、山西、山东、江西、甘肃、陕西等省。产品以白瓷及白地黑花瓷为主，其黑花色彩偏褐，不如宋器黑亮，器形以大罐、盆、瓶类居多，各种形式的碗、盘、杯、碟、壶、枕等也十分普遍。装饰题材有人物故事、婴戏、龙凤、飞禽、鱼藻、花卉等，充满浓厚的

生活气息。形体硕大、胎体厚重是元代磁州窑瓷器的时代风格。山西霍窑以烧制仿定窑白瓷为主，装烧方法采用支钉叠烧，盘、碗内底及底足一般留有5个小支钉痕，与定窑不同，具有明显的地方风格和时代特征。

元代陶俑　元代（1271～1368年）制作的陶俑。元代墓葬用陶俑殉葬的现象进一步减少。但从一些出土陶俑的大墓看，达官显贵仍然用陶俑陪葬，种类有男俑、女俑、陶马、陶马车、陶仓模型等。陕西西安曲江池西村段继荣墓出土的陶俑比较典型。段继荣官至京兆总管府奏差提领，卒于元壬子（1251年）十月初十，安葬在咸宁县洪固乡，夫人刘氏卒于乙丑年（1265年）十一月二十二日，翌年元月十二日启其夫之藏与妻合葬。墓中陪葬陶俑20件，反映了元代陶俑的特色。男俑规格在28厘米左右，身躯雄健，五官集中，挺胸鼓肚，两腿叉开，头戴竖角黑色圆帽，身穿过膝长衣，腰束粗宽布带，身后打结，衣带下面长衣两侧衣褶显著，衣衫平板。这些陶俑有两手举至胸前者；有一臂下垂，一臂向上曲举者；有一手插腰、一手下垂提物者。各类俑衣衫涂色庄重，主要为白色，腰部以下长衣前后涂红色。女俑规格大小、身躯的粗壮和男俑一样，造型可分为两种：第一种发髻盘成圆形扁髻，中间插簪，双耳坠环，上身内穿小领短襦，袖子窄长，笼住双手，外罩无领无钮扣短袖对襟小衫，衫口呈喇叭形外侈。下着长裙，裙宽肥至脚面，仅露足尖，裙褶纹清晰，长裙为白色或红色。第二种特别雄健，头戴簸箕形帽，两束发辫从耳后下垂，两耳坠环，身穿白色大衣，腰束扁平窄带，腰后右侧系小袋，左侧佩剑。陶马分战马、驾辕马和光背马，一般高13～14、长20～23厘米，分红马和白马两种。战马鞍鞯具全，马尾打结。驾辕马仅有鞍鞯，没有脚镫。光背马有的尾打结，有的垂长尾。陶马立于一个长方形平板上，雕琢简单　四腿粗短，胸肌不

发达，不如唐马威武神骏。与陶俑配套的还有陶马车，车棚为轿顶形，通高31、宽17、通长53厘米，涂黑色，唯辕头螭首涂黑色。陶仓有圆形和方形两种，上带圆形盖，结构分内外两层，仓底中间有一圆孔，孔内层口沿为方形。陶灶、螭首龙身杯、砚台、炉、蜡台、钫等为成套制品。

85. 明洪武釉里红花口大盘

洪武瓷器　明代洪武年间（1368～1398年）景德镇生产的瓷器。根据考古资料判断，洪武瓷器分两类，一类以江西玉山发现的刻有"洪武七年二月二十七日造"铭文的小罐为代表。胎体厚重而粗糙，釉层凝厚，白度很低，还有青白釉的色调。另有许多无铭款的青花瓷器，如一种侈口、宽体的青花碗，圈足较宽而深，足沿削薄，有火石红颜色，器外壁用青花以粗重纯熟的笔法画出大朵云纹或蔓草纹。青花料为国产钴料，蓝中泛灰，笔道中也有黑斑。还有一种小口梅瓶，短颈，肩部饱满，形体较宽，造型庄重，青花纹饰层次很多，主题花纹多为缠枝花卉。另一类则比较精细，代表器物有南京明故宫遗址出土的青花瓷器、釉上矾红云龙纹盘残件，香港天民楼藏青花茶花纹大盘，南京地区明朝开国功臣墓葬出土的青花梅瓶、内饰印花外绘青花云龙纹高足碗等，中国历史博物馆藏釉里红玉壶春瓶、菱花口盘，重庆市博物馆藏釉里红缠枝团菊纹碗，北京首都博物馆藏釉里红花口

大罐等。大多数洪武瓷器胎体与元代瓷器区别不大，多数比较厚重，少数较薄，胎内有细小坚硬的黑色小砂粒，或称胡麻点。原料加工虽谈不上精细，但成型时注意器物的厚薄关系，增强了抵抗变形的能力，所以洪武瓷一般看不到元瓷的翘棱、夹扁、歪扭等缺陷。瓷坯入窑采用叠烧法，粗瓷器心留有一圈垫饼或涩圈痕迹，垫饼上撒细砂，有的作品成砂底，露胎的底部撒抹一层细白高岭土，烧成的瓷器上常有火石红现象。洪武瓷器装饰较丰富，传统的刻、划、贴塑工艺十分精细，但数量不多，典型的如线条细若游丝的暗花五爪龙图案。青花显色深沉，略偏灰暗，元青花画面留白较多，讲究布局，那种填满、拥挤的现象有所改善，如香港天民楼藏青花茶花纹盘，盘沿内壁绘二方连续的卷枝蔓草，腹壁绘折枝牡丹，外壁缠枝团菊纹环绕一周，宽而平的盘底绘一枝茁壮的山茶花。釉里红装饰画面多比较繁密，运笔急速，发色红而不艳，有晕散发黑的现象。

永乐瓷器 明代永乐年间（1403~1421年）景德镇生产的瓷器。根据景德镇御窑厂遗址永乐地层出土瓷器统计，产品有白瓷、青花、红釉、斗彩、白地釉上红彩、青花红彩、白地孔雀绿彩、白地刻填酱彩、白地刻填酱绿彩、黄地绿彩、绿地酱彩等。器形比洪武朝增加许多，常见的有梅瓶、玉壶春瓶、抱月瓶、蒜头形绶带扁瓶、天球瓶、背壶、梨式壶、执壶、军持、僧帽壶、花浇、器座（无挡尊）、鱼篓尊、带系小盖罐、盖罐、轴头罐、漏斗、双耳三足炉、折沿盆、竹节柄壶、八方烛台、高足碗、高足杯、鸡心碗、葵口碗、卧足碗等。胎体比前朝细腻，洁白悦目，断面有丝绸光泽，完全克服了生烧现象。由于原料质地精良，加工严格，元代和明初瓷胎内那种胡麻点状小黑块消失了。成型工艺高超，每道工序都很严格，各类器物圆正规整，比元、明初以及后代的宣德瓷器清秀优美。白釉很纯净，釉面光平，无流釉现

象，有细小而明晰的橘皮鬃眼，玻璃层光泽柔和，明亮的浮光很少，给人以甜润的感受，故称为甜白釉。红釉人称鲜红、宝石红。《景德镇陶录》记载："永器，鲜红最贵。"御窑厂遗址出土的资料证明，宝石红大多不易成功，红色有的不纯，有的凝成块块红斑，说明工艺难度很大。成功的单色釉还有翠青釉，如翠青釉三系罐，造型精美，釉色纯正，堪称佳作。永乐的青花瓷器更加成熟。青花料为波斯进口的苏麻离青。不但原料加工精致，而且画瓷艺术更具有中国水墨画风格，画面布局多比较疏朗。常见的植物纹有牡丹、松竹梅、竹石芭蕉、枯梅、碧桃、菊花、团花、折枝花束、石榴、莲花、枇杷、灵芝、苜蓿、海棠、荔枝等；动物纹主要是龙、凤、狮子、鸳鸯、喜鹊、山雀等。器物的边饰、装饰花纹区间的间隔则用图案联缀成带状纹，有弦纹、如意头、绣球、回纹、方胜、钱纹、忍冬、卷枝蔓草等。永乐瓷器常在白瓷胎上锥拱出精细的龙纹，纹饰在釉下若隐若现，只有在合适的光线下才能看清。永乐瓷器青花写款很少，一般白瓷多用尖锥状工具在釉下篆刻"永乐年制"四字年款。

宣德瓷器 明代宣德年间（1426~1435年）生产的瓷器。根据景德镇御窑厂遗址宣德地层出土资料统计，瓷器种类有白瓷、红釉瓷、蓝釉瓷、仿哥釉开片瓷、龙泉青釉瓷、酱色釉瓷等。常见的器形有贯耳瓶、石榴尊、撇口瓶、四方倭角瓶、梅瓶、天球瓶、抱月瓶、直口扁肚瓶、梨式壶、莲瓣壶、凤流壶、方流水注、敛口圈足盖罐、侈口圆唇罐、出戟法轮式盖罐、筒形罐、瓜形罐、敛口长体罐、荷叶形盖罐、鸟食罐、渣斗、漏斗、椭圆形洗、菱花式洗、折棱洗、海棠式花口盆、八棱花盆、碗、高足碗、盘、盒、盂、豆形盖盒、三足筒形炉、香熏、匜等。《景德镇陶录》评价宣德瓷器"诸料悉精，青花最贵"。青花钴料和永乐一样都是来自波斯的苏麻离青。花纹种类

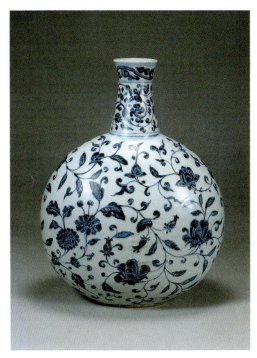

86. 明永乐青花缠枝莲纹扁壶

87. 明宣德祭红盘

比永乐丰富，有弦纹、云头、水波、海水江牙、八宝、宝杵、法轮、月亮、太极、梵文、藏文、阿拉伯文、蕉叶、菊瓣、莲瓣等。作主题的植物花卉有牡丹、番莲、束莲、荷花、莲蓬、山茶花、菊花、苜蓿、栀子、百合、灵芝、牵牛花、芝兰、枇杷、石榴、葡萄、瓜果等。龙纹特别丰富，有团龙、海水龙、蓝海水白龙、龙穿莲荷、龙穿缠枝花卉、飞翼龙、蟠螭龙、夔龙等。各种形态的龙和凤相配组成吉

祥图案。人物形象有仕女、舞蹈胡人、王母骑鹤、吹箫引凤、赏月、拜月、仕女乘车、婴戏、仕女、琴棋书画等，有的人物和自然景物组成富有人情味的园林画面。其他内容有花鸟、桃花双鹊、桃树团花、鱼塘水藻、松竹梅"岁寒三友"、碧桃竹子、竹石芭蕉、枇杷绶带鸟、狮子舞球、海水八怪等。宣德装饰画画艺成熟，既有民俗风格，又有文人画的高雅气质，雄放洒脱，色调浓艳沉稳。釉里红装饰进入成熟阶段，比较准确地控制了釉下红彩的发色和烧成气氛。有的图案用大写意的手法绘画，十分传神。典型器如白瓷三鱼碗，在碗壁上所绘红鱼，如一笔抹出，只有轮廓，没有细部，在凝厚的白釉下若隐若现，像鱼影在水下漫游，很有生气。矾红彩属低温彩，在烧成的白瓷或青花上以矾红作画，再次入窑低温烧成。主要作青花的补充部分，如海涛的波纹，增加画面动感和层次。另一个成就是五彩。五彩即多彩，由釉上矾红、绿彩、紫彩、酱红等多种色彩绘出花纹，有的与釉下青花结合起来，和谐地组成一个画面。五彩发明于宣德时期，《博物要览》称："宣窑五彩，深厚堆垛。"以前有学者把这种工艺归入后代的斗彩，但当时尚未采用斗彩用青花勾画画面轮廓的工艺，《敝帚轩剩语》、《清秘藏》、《长物志》等文献中也只谈五彩而未提斗彩，有的称为"青花简装五色"，说明当时将其包括在五彩范围里。景德镇御窑厂宣德地层出土过青花五彩瓷盘，上绘秋塘莲荷水禽图。西藏萨迦寺藏有一件宣德青花五彩碗，花纹与上述瓷盘一致，底部都用青花书写"大明宣德年制"年款。宣德瓷器尚有孔雀蓝釉、黄釉、洒蓝釉、紫金釉、金彩、银彩等许多品种。

空白期瓷器 又称"黑暗期瓷器"，指明代正统、景泰、天顺（1436～1464年）三朝烧制的瓷器。《明实录》等文献记载，历时约30年的正统、景泰、天顺三朝，朝廷都在景德镇设置御窑厂烧造瓷器。正统

三年，规定禁止民窑烧造与官窑器式样相同的瓷器。正统六年，命景德镇烧造金龙、金凤白瓷罐和九龙九凤青花缸。景泰五年，减饶州岁造瓷器三分之一。天顺元年，朝廷派中官赴景德镇督烧瓷器。但是，由于战争频繁，饥荒不断，皇室内部为争夺皇位屡发冲突，景德镇官窑生产的瓷器此时因朝野动荡不便书写年款。以往很长时期，各博物馆或私人收藏的这三朝官窑瓷器均被划归宣德或成化朝，致使人们对这一时期瓷器生产面貌认识不清，称之为中国明代瓷器史上的"空白期"或"黑暗期"。20世纪50年代以来，这一时期的纪年墓里出土了一批民窑青花瓷器，特别是1988年11月，景德镇陶瓷研究所在景德镇珠山以西明御厂西墙外东司岭一巷道中，发现大量明代正统官窑瓷器，品种有青花和斗彩等，呈现出与宣德、成化不同的风格。随着科学研究工作的深入，特别是对景德镇明代官窑遗存的进一步科学发掘，空白期瓷器的真实面目将会愈加明朗。

88. 明正统青花莲花纹梅瓶

成化瓷器　明代成化年间（1465～1487年）景德镇生产的瓷器。景德镇瓷器生产经过正统、景泰、天顺"空白期"的衰败之后，到成化时又走上兴旺之路。《明史·食货志》记载："成化间，遣中官之浮梁

89. 明成化斗彩葡萄纹杯

景德镇，烧造御用瓷器，最多且久，费不赀。"宫廷重视，资金有保证，瓷器生产因此得以发达。成化瓷器的品种有白釉、红釉、蓝釉、孔雀绿釉、娇黄釉、霁蓝釉白花、白釉酱花、白釉绿彩、孔雀蓝地绿彩、红地绿彩、黄釉青花、孔雀绿釉青花、三彩、五彩、斗彩、青花红彩、青花绿彩、仿哥釉开片、釉里红等。最有成就的是青花和斗彩。成化青花钴料采用苏麻离青和国产的平等青料。有单独使用的，也有两种料混合的。混合使用的青料烧出的青花纹饰幽倩悦目，淡雅明晰。成化后期国产钴料使用较多，蓝色花纹柔和淡雅，清丽透徹。青花内容有图案、回文、藏文、植物纹、动物（包括传说中的龙、凤、麒麟、狮子）纹、高士人物、庭园景观。与精细的薄胎和莹润的白釉配合和谐，绘画风格严谨、细腻、舒展，有工笔画的效果。恬静淡雅的风格，清隽其外，浑厚其中，意境深邃。在宣德青花五彩基础上发展起来的斗彩工艺完全成熟，釉下青花勾画的画面轮廓线明丽深沉，画笔流畅，釉上填绘的彩色丰富多样，有矾红、娇黄、杏黄、蜜蜡黄、鹅油黄、姜黄、葡萄紫、茄皮

紫、姹紫等色，青花与各种彩色浑然一体。纹饰内容有各类花卉，也有草虫、树木、花鸟，还有山水人物、莲塘鸳鸯、团花、斗鸡、葡萄、海马、婴戏、高士图等。器物精巧而不失大气，花卉细腻而不失雅致，是我国古代彩瓷中的瑰宝。

弘治瓷器　明代弘治年间（1488～1505年）景德镇生产的瓷器。《明史》记载，弘治景德镇瓷器生产一度断断续续。《孝宗记》就记述了弘治三年（1490年）冬十一月甲辰，停工役，罢内官烧造瓷器的史实。但社会上流传下来的弘治瓷器数量并不少。弘治瓷器的品种和艺术风格完全继承成化传统，白釉、单色釉、青花、五彩、斗彩瓷器都取得很高成就。青花瓷器和成化一样精细，但做法上略有差异，如龙纹盘边沿的波涛纹，改变了明初以来延绵不断、波涛汹涌的画法，而是用不同弧度、不同长度的线条排列，既有波纹的翻腾气势，又有制作简便、烘托明快的效果。刻填绿釉器也有很高成就。单色釉瓷器最突出的

90. 明弘治黄釉盘

成就是低温黄釉的成功烧制。黄釉的主要原料是铁，加锑酸铅。弘治黄釉瓷掌握了准确的烧成温度和气氛，使器物颜色通体一致，均匀光润，既符合皇家用器正黄色的等级要求，又符合含蓄深沉的审美情趣。弘治黄釉双牺耳尊釉面配置金彩，愈发富丽堂皇，气度不凡。

正德瓷器　明代正德年间（1506～1521年）生产的瓷器。《江西大志·陶政》记载："正德初，设御器厂，专管御器。"此时景德镇御窑厂又得到很大的恢

91. 明正德白釉绿彩龙纹盘

复和发展，生产的瓷器品种很多，有白釉、蓝釉、酱釉、红釉和包括青花、五彩在内的各种彩瓷。作为主流的青花器产量最大，纹饰内容冲破明初以来的规范，种类非常丰富，有各种龙纹、蟠螭、麒麟、蟾纹、海马、鱼纹、吴牛喘月、狮子滚绣球、庭园景色、月影梅花、岁寒三友、鱼藻莲荷、三果、百合、莲蓬、海棠、枇杷、荔枝、石榴、樱桃、葡萄、牡丹、柿子、蔓草、宝相花、龟背锦、八宝、蕉叶、团花、莲瓣、海涛、回文、藏文、维吾尔文、卷云、双层云纹、倒垂云纹、寿星、八仙过海、携琴访友、松下长老、西厢拜月、高士图、十六子图、飞仙、仕女、吉祥语等。这些作品由于使用不同的青花钴料而有不同的艺术效果。平等青料呈色浅淡平稳，多用在胎白釉润的精细瓷器上，类似成化、弘治朝作品，作画求工笔，讲究层次；江西高县的石子青料含锰量大，烧成后青花深浓泛灰，花纹浸润严重；回青料蓝色浓艳欲滴，开创嘉靖青花的先河，多用在大器上，釉层泛青。素三彩是正德制瓷工艺的创新，以后历代景德镇都有烧制，是皇宫用瓷不可缺少的品种。素三

彩的做法是在细白瓷胎上饰线刻花纹，烧成后涂一层色釉，干后将花纹部分的釉面刮去，在这些部位填绘花纹所需的彩色，再入窑以低温烧成。色彩以黄、绿、紫为主，因不用红彩，故称素三彩。另外，正德朝的白釉红彩、黄釉绿彩、白釉绿彩等彩瓷也有很高成就。

92. 明嘉靖青花五彩鱼藻纹盖罐

嘉靖瓷器 明代嘉靖年间（1522～1566年）景德镇生产的瓷器。嘉靖是明代生产瓷器最多的朝代之一，成就突出，矾红釉和矾红彩的大量使用即是此时的创新。统治集团上层无休止地催逼景德镇生产各种瓷器，其中红釉瓷工艺难度很大，无法满足需求。于是嘉靖二年（1523年）下令，将鲜红釉改为深矾红。矾红是铁红，既可在烧成的白瓷上满施，又可作红彩与其他彩料相配，以低温烧成。瓜皮绿、孔雀绿、茄皮紫、釉里红等其他单色釉和釉下彩也取得很高的成就。青花瓷器在嘉靖朝仍然是代表品种。此时大量使用回青料，纹饰色彩鲜艳明快，蓝中泛紫。青花料配方不同而造成完全不同的艺术效果，如《江西大志》

所言："回青淳，则色散而不收；石青多，则色沉而不亮。每两加石青一钱，谓之上青；四六分加谓之中青；十分之一，谓之混水。""中青用以设色，则笔路分明；上青用以混水，则颜色清亮；真青混在坯上，如灰色；石青多，则黑。"五彩瓷器也取得很高成就，有用釉下青花充当蓝彩的青花五彩，有的纯用低温彩料。有矾红、淡绿、黄彩、褐彩、紫彩、黑彩、孔雀绿等，每种彩又有不同的色阶，使用最多的是红、黄、绿。矾红本来色调不够艳丽，但嘉靖矾红像成熟的枣皮，纯正明亮。其他颜色也很成功，黄似蜜蜡，深沉柔美；紫如紫晶，新颖悦目。五彩装饰上广泛使用金彩。五彩以外，还有素三彩、白釉绿彩、白釉孔雀绿彩、孔雀蓝彩、黄地红彩、黄地绿彩、黄地紫彩、红地绿彩、酱地绿彩等。嘉靖瓷器在造型上冲破明初以来规范化的约束，适应市民阶层的需要，表现广泛的内容。纹饰有企望加官进爵的加官图、读书图；有反映多子多孙、长寿幸福愿望的百子婴戏、瑞兽祥麟、福寿康宁、寿山福海、团寿字、缠枝莲托"寿"字、古树老干缠成的"寿"字、灵芝捧寿、松竹梅加"寿"字、松鹿寿星；有宗教神仙故事如十八罗汉、老子讲经、道士符咒、孙悟空大闹天宫、东方朔偷桃、仙人乘槎、群仙庆寿、八仙过海；人物故事和田园风光有竹林七贤、牧牛图、报捷图、丰登图、携琴访友等；动物或动物群组成的画面有团龙、行龙、正面龙、海水龙、蟠龙、仙鹤、群鹤、狮子、云鸾彩凤、三羊、八骏、桃鹤、海马瑞兽、天马行空、雉鸡牡丹、四鱼、鲤鱼、瓜果虫蝶、葡萄、耍傀儡、四季开光等；各种图案有锦纹、八卦、如意、灵芝、卍字、璎珞等；文字类有用梵文、回文、汉字写出"国泰民安"、"万寿清平"、"五谷丰登"等。嘉靖瓷器内容繁杂，寓意明确，画风趋向草率，五彩鱼藻罐一类作品水平很高，代表嘉靖工艺水平，多数作品水平一般。

93．明万历五彩人物纹碗

万历瓷器　明代万历年间（1573～1620年）景德镇生产的瓷器。万历朝长达48年，宫廷对景德镇瓷器极力掠夺，曾激起民变。太监潘相督造龙缸，一再催逼，窑工童宾跳火自焚，引起民工潮，最终因矛盾加剧，御窑厂生产难以为继，于万历四十八年皇帝下诏御窑生产悉皆停止。万历年间生产的单色釉瓷器取得很多成就，优秀品种有白瓷、蓝釉瓷、黄釉瓷、冬青釉瓷、仿哥釉瓷、酱釉瓷，还有五彩、青花、斗彩、素三彩、青花紫彩、青花绿彩、青花红彩、红地青花、蓝地白花、酱地白花、白地红彩、黄釉五彩、黄地紫彩、黄地绿彩、绿地黄彩、绿紫彩等等。青花瓷器数量最大，钴料由国内生产，提炼有粗有细，青花色调变化很大，大致可分3类：第一，继承嘉靖青花蓝中泛紫、浓重艳丽的色调，宫廷艺术陈设瓷多选用这种风格。第二，蓝色较浅，略微泛灰，但清朗悦目，画面明晰，一些高档瓷器，特别是外销瓷中所谓"克拉克瓷器"，即日本学者所称"芙蓉手"多属此类。第三，质地较粗的民用瓷，蓝色灰暗，线条多有晕散，画面开始出现层次。青花纹饰最多的是各种姿态的龙纹、凤纹、蟠螭、灵芝、花草树木以及几何图案、游鱼、昆虫、各种人物故事、神人仙境、文字等。五彩瓷器的成就比青花更能代表万历瓷器的艺术

趋向。凡青花的造型和装饰内容五彩都有表现。有的作品精美宏大，有的很细腻，内容多，层次繁缛。如北京故宫博物院藏镂空云凤纹瓶、花蝶纹蒜头瓶等，但也有不少粗制滥造的作品。突出的特点是用彩不含蓄，颜色深厚、强烈、浓艳，构图华缛堆砌有余，功力不足。装饰内容多，但缺乏章法，如五彩云凤纹瓶，全器有青花，有五彩，还有镂空，从口沿到底足共分7个装饰区间，每个区间都有龙，多得数不清，而腹部主体花纹是硕大的凤纹，拥挤、华丽而浓烈，缺乏简洁高雅的气质。万历瓷器装饰无论是青花还是五彩，无论几何图案还是主题绘画，都有鲜明的寓意，多宣扬升官发财、长寿吉祥、福从天降、不劳而获的思想倾向，如福禄寿、五子登科、百鹿百鹤、云里百幅等。也有不少作品表现了广泛的社会生活，如市民、农民的生活习俗、田园风光、风俗人情以及灾难岁月下层人民的思想情绪。民间瓷窑的生产活跃起来，如周丹泉的"周窑"、昊十九的"壶公窑"，作坊规模比较大，技术力量较强，在社会上享有盛誉。很多有堂名款的瓷器就是这些民间作坊应订烧者要求而做的，例如"博物斋藏"、"京兆郡寿房记"等，有的书写吉祥语如"万福攸同"、"富贵佳器"等。万历瓷器大量运销世界各国，现在亚洲、欧洲、美洲各国及海底、洋底沉船中都有存留，大多数是民窑产品。

晚明青花瓷　明代晚期天启至崇祯年间（1621～1644年）景德镇民窑生产的青花瓷器。万历四十八年（1620年）御窑厂停止生产以后，景德镇民间瓷窑仍很活跃，晚明青花大多数是民窑即不署年款的瓷器，有少数作品如"天启年制"款青花瓶等一类作品，可能是御窑厂的窑工还在继续生产。明朝社会动荡不已，官窑署款，民窑不署款的惯例有些并不严格遵守。当时社会各阶层对青花瓷器的需求量较大，瓷器外销也很活跃，官府限制松弛，从而使民间作坊得到发展生产的良机。晚明青花瓷器产量很大，青花钴

料有 3 个来源：衢州、信州的浙料、江西上高的邑青和丰城的粗料。器物大多是日用品，少数是陈设艺术品。装饰花纹内容很多，减少了官窑器纯粹表达皇帝意志的规范图案，出现了活泼的草虫图如蟋蟀、飞蝶，各类动物纹如牛、羊、虎、猫、鱼、虾、鹦鹉、鸳鸯等，还有人物戏曲故事、山水景物、庭园小景等。这些画面多配以题画诗，绘画内容、意境和笔法与当时的文人水墨画风格一致，都着意表现士大夫阶层在政治上失意、寄情山水田园的隐逸思想。由于广泛采取分水和晕染技法，多有大写意的情趣，画面开阔，笔意潇洒酣畅，钴料虽粗，着笔不多，但艺术效果不凡，有些绘画笔法，如用青花点染太阳，具有明显的时代特征。晚明青花艺术风格的渐变，为清代青花瓷的勃兴奠定了基础。流传到日本的"古染付"、"祥瑞"瓷，以及远销欧亚各国的"芙蓉手"，很多都是晚明天启、崇祯年间景德镇生产的。

94. 明崇祯青花罗汉纹炉

明代龙泉青瓷　明代（1368～1644 年）浙江龙泉窑烧制的青瓷。明代龙泉青瓷与宋元时期相比，无论产量还是质量，均已大为逊色，呈衰退之势。器物造型有高足碗、瓶、炉、壶等，普遍特点是胎体厚重，釉色透明度较高，成型草率，质量粗糙。但是也

有部分质量较高的器物，如大盘和大花瓶等，造型规

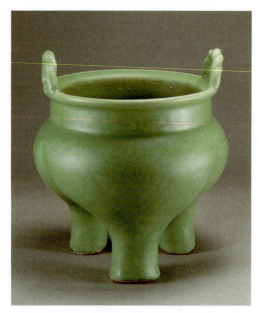

95. 明龙泉青釉三足炉

整，形体硕大，釉色青绿，刻花精美。明代龙泉青瓷的装饰方法主要是刻划花和印花，装饰题材主要有山水人物和历史故事等，还常见有"金玉满堂"、"长命富贵"、"福如东海"等吉祥语。

明代陶俑　明代（1368～1644 年）制作的陶俑。明代一般墓葬不用陶俑随葬，而一些地位显赫的王公贵族墓仍保留过去的遗风，往往一座墓葬随葬陶俑数量很大，种类很多。明代陶俑以仪仗和奴仆为主，如四川成都明蜀王世子朱悦燫墓、山东曲阜的明鲁王墓随葬以象辂为中心的仪仗俑和奴仆俑。朱悦燫墓 500 余件仪仗俑都是釉陶俑，排列有序，出土位置清楚，真实地反映了明初亲王的仪仗制度。河北阜县葬于嘉靖十三年（1534 年）的吏部尚书廖纪墓，石棺前方有随葬坑，前部放仪仗俑，后部放厅堂模型、家具模型和侍女俑。仪仗俑以隔墙分为左右两部，各排列一组 60 余人的仪仗俑。左部俑背上有"吏部"牌记，反映吏部仪仗情况，右部俑背有"兵部"牌记，反映

兵部仪仗。河南杞县高山明墓出土陶俑和完整的院落、生活用具、生产工具、各类劳作陶俑、室内陈设，真实地反映明代地主阶级的生活情况。陶俑中的男俑戴圆帽，穿斜领右衽长袖长衫，脚穿高筒厚底黑鞋。年轻女侍俑，头梳髻，穿短衫外套坎肩，着裙，脚穿黑鞋。老年女侍俑，戴黑帽，穿斜领长衫，着裙。陶马背上配鞍鞯、马镫。房屋模型，有的一墓多达7件，长方形，屋顶有脊、兽，房檐下有斗拱，高6.33、长1.9~2.2、宽1.3~1.7厘米。房有5种，临街房：房门涂黑色，有乳钉，可以开关。客房：门由4个隔扇组成，不能开关。隔扇红色，上部饰方格花纹。厨房，结构同客房，内置一灶。卧房，比客房稍大，放一张床。敬神房，内供奉菩萨。影壁，两面有画，正面画山丘、竹林、小亭和人物，背面画山丘和竹林。长方桌，桌上有砚、笔架和书籍。其他还有轿、杵臼、磨、灶、椅子、井、桶等。排列方式：院落坐北朝南，门前阶下立一马，两侧各立一男俑，穿白衣者手中执物，穿黑衣者拱手而立。阶上立一男一女，男拱手，女怀抱物品。黑色大门可以转动，有门墩门框。大门正对影壁，影壁后置书桌。桌两侧立女俑，着黑衣者捧茶壶，着白衣者捧茶盘。天井左边放轿。桌子两侧为客房，中间为供祖房，此房将院分为前后两进，两房各有一门道。后院两侧左为厨房，右为书房。最后为卧房，卧房右侧有磨，左侧有杵臼等物。卧房门前有男仆女婢，男仆端盆，女婢拿巾。

顺治瓷器 清代顺治年间（1644~1911年）景德镇生产的瓷器。明末景德镇制瓷一度败落。清朝立国之初，朝廷无暇顾及瓷器生产，景德镇制瓷业对宫廷有命则供，无命则止。烧瓷质量也不高。顺治八年（1651年）开始为宫廷烧黄釉碗，但直到顺治十七年仍未烧出理想作品，康熙年间江西巡抚郎廷极督理窑事，情况才有变化。顺治瓷器釉色有白釉、黄釉、茄皮紫釉等，彩瓷有青花和五彩，品种和数量较多的是青花。器形有象腿瓶、蒜头瓶、橄榄瓶、觚形瓶、洗口兽耳瓶、观音尊、将军罐、香炉、碗、盘等。各类瓷器胎体比较厚重，与晚期相比更加规整细腻，明末修坯中跳刀的缺陷减少，即便有也很浅，许多器物足沿经仔细修琢，出现泥鳅背的现象。白釉白度不高，在颈、足转折处出现亮青色积釉。口沿部分多施酱汁，即晚明的酱口边。青花仍然采用浙料，提炼比晚明精细，色调也比较丰富，分水和调色技术提高，画面颜色可以分出浓厚至浅淡的许多层次。青花有的为蓝黑色，有的比较纯正，有的浅淡明亮，有的色彩青翠。五彩瓷器留存很少，多继承晚明以来色浓笔粗的风格，主要用红彩和绿彩，有的加黄彩。纹饰内容与青花一致，只是不如青花丰富。瓷器装饰中常见的动物纹有云龙、云鹤、团鹤、麒麟、狮、虎、豹，植物及杂项纹有秋叶、蕉叶、莲瓣、缠枝牡丹、缠枝莲荷、海水江牙、博古图、麒麟芭蕉、雉鸡牡丹、山石竹鹊、山石芭蕉、山石牡丹、怪石朵兰、山石秋叶，人物图有天女散花、《西厢记》故事、太白醉酒、八仙、罗汉、五老观画、进爵图、指日高升、诵书图、进戟图、顽童戏柳等。各类画面装饰上多有题画诗句，如"一叶从新生，天下尽皆春"、"一叶得秋意"、"梧桐一生，天下皆春"、"满街梧叶，月在其中"、"红叶传书信，寄与薄情郎"、"立武弘成振万邦"、"梅子留酸溅牙齿，芭蕉分绿上窗纱。日常睡起无情思，闲看儿童捉柳花"等等。图画与诗歌都具有典型的民间艺术风格。

康熙瓷器 清代康熙年间（1662~1722年）景德镇生产的瓷器。清代社会到康熙朝走上平衡发展的道路，朝廷对景德镇的制瓷业重视起来，实行"官搭民烧"政策，还开始派督窑官统领景德镇官窑窑务，并以督窑官姓氏作为瓷窑的称谓，如臧应选的臧窑、郎廷极的郎窑。康熙朝61年遗留下的瓷器数量很多，品种极其丰富，归纳起来有以下几方面的特点：胎体

96．清康熙青花松鹤山石纹瓶

细密，白度在明朝基础上又有提高，胎质纯净，有丝绸的光泽。早期瓷器质朴稚拙，比较厚重，中晚期除部分大件作品继续生产，许多器形变得清秀俊逸，对明代一些优秀器形摹仿得神形酷似，更加灵巧。器物种类繁多，古往今来各种传统的形制几乎都能做出来，仿上古时期的青铜礼器、顺治时期新创造的将军罐、瓠形瓶、象腿瓶、香炉、大笔筒等器形，康熙景德镇不但制作得很多，而且十分精美。有些新颖器形可能出自少数民族生活用具，或为新创，如琵琶尊、锥把瓶、荸荠扁瓶、纸槌瓶、橄榄瓶、棒槌瓶、莱菔尊、马蹄尊、多穆壶、爆竹壶、茄子壶、双陆尊、鼻烟壶、铃铛杯、提梁方斗杯、贲巴壶等，还有适应外销需要有西洋风味的器形，如汤盆、鱼盆、缺边口盆、卫生用具等。单色釉瓷器成就最高的是郎窑红。明嘉靖以来红釉技术渐渐失传，康熙朝朗廷极主持窑务时成功地恢复了这一技术，制品称为郎窑红。一般琢器内壁为白釉、米黄釉或淡青釉，外壁红釉深沉鲜

艳，凝厚如红宝石，明润光亮，开深而大的纹片，有的颜色不均匀，浓重者釉层里有黑色小星点，是铜的胶体粒子在釉层中不均匀分布的结果。铜粒子分量重，烧窑时向下流动，器物口沿釉色泛白，也由于口沿常施一层白釉，形成一周白色的灯草边。流釉控制极好，红色釉汁垂流不过底边，故称"郎不流"，器底釉色淡而不稳定，称为"米汤底"。有时还原焰未烧好，釉色呈绿色，则成为另一品种"绿郎窑"。此外豇豆红、祭红、祭蓝、洒蓝、豆青、定白、瓜皮绿、孔雀绿、金釉、银釉等都烧造成功，成为清代名瓷。青花瓷器进一步发展，工匠们更好地掌握了浙料、珠明料的炼制技术，生产时分工细致，青花蓝色显色像翠毛一样娇媚，像蓝宝石一样明快。用分水和晕染法可将蓝色分出浓淡深浅的许多色阶，使画面富有立体感，达到青花艺术表现的最高水平。除白地青花以外，还有浆胎青花、哥釉青花、郎窑青花、蓝釉青花、豆青釉青花等派生品种。五彩是康熙瓷器的另一大成就。常用的彩料有红、黄、紫、绿、蓝、黑等。早期五彩用彩浓烈，形象硕大，画面繁满，中期转向细腻，潇洒飘逸，晚期则变得主次分明，花纹内容有图案、花卉、动物、人物、山水，还有许多故事题材，如《西厢记》、《三国演义》、《封神榜》、《水浒传》、《隋唐演义》等文学作品中的场面，或木兰从军、周处斩蛟、加官进爵、竹林七贤、麻姑献寿、四妃十六子等巨幅历史故事、神话传说等。有些画面突破器物结构的局限，画得气势恢宏，色彩绚烂，意境不凡。康熙的青花、五彩及各类彩瓷山水画风格深受清初画家"四王"和明代大画家沈周影响，人物画则摹仿陈老莲。彩瓷品种还有青花五彩、豆青地五彩、米色地五彩、红地五彩、哥釉五彩等。康熙朝在继承明代的斗彩、素三彩、红绿彩方面取得很多成就，并发明了珐琅彩、粉彩、墨地三彩、抹红三彩、虎皮三彩、胭脂红、珊瑚红、墨彩，把彩瓷工艺提高到堪称

完美的新高度。

雍正瓷器　清代雍正年间（1723～1735 年）景德镇生产的瓷器。此期间清朝立国以后培养起来的工匠工艺技巧完全成熟，督窑官如唐英出于对皇帝的忠诚，兢兢业业投身到瓷器工艺的钻研中去，由外行变成深谙土脉的专家，以雍正皇帝为首的最高统治集团也十分关注瓷器生产，从而使雍正朝瓷器产量增大，质量高超，釉色品种空前丰富。雍正时期，宋代以来的名窑均可逼真仿制，水平甚至超过宋代；青花、五彩，颜色釉都有很大的提高；最突出的成就是珐琅彩和粉彩。珐琅彩发明于康熙时期，当时彩料全由西洋进口，雍正时除使用进口彩料，宫中还试炼出许多彩色。康熙珐琅彩多以蓝、黄、红、绿、紫等色铺地，再画花卉，便于掩盖用色之不足或胎釉上的疵点。雍正时则多用精细白瓷，装饰画面更加细腻高雅。不但有技艺高超的工匠如胡大有、设计师海望，还有著名书画家如戴临、贺金昆、邹文玉等人参与绘制。绘画内容以翎毛花卉为多，山水次之，人物较少。艺术效果有的如西洋油画，构图清新，色彩雅丽，层次分明，大多画面配有行书诗句，熔画、诗、书、印于一炉，使中国传统的艺术焕发出崭新的光彩。粉彩是雍正瓷器另一个突出的成就。康熙朝发明的粉彩，到雍正时更加成熟，以玻璃白打底，色料中加铅粉，有不同色阶的彩料，画彩时用分水晕染法调色，彩色出现浓淡分明的不同层次，温润、柔和、明快，画面富有立体感。许多精美的瓷器把粉彩和珐琅彩结合起来，使画瓷艺术精美绝伦。其他瓷种如红彩、墨彩、广彩、祭红釉、洒蓝釉、天蓝釉、冬青釉、仿古玉、茶叶末、茄皮紫、窑变釉、炉钧釉等都有许多佳作。

98. 清乾隆紫地珐琅彩瓶

乾隆瓷器　清代乾隆年间（1736～1795 年）景德镇生产的瓷器。乾隆朝制瓷工艺沿着雍正朝取得的成就继续发展。此期青花瓷仍是大宗产品，完全克服雍正青花的呈色不稳、线条晕散的缺陷，色彩稳定、沉着，画面浑厚。釉里红工艺完全成熟，鲜艳明丽，花纹清晰，还发展出青花釉里红、黄釉青花釉里红、青

97. 清雍正粉彩人物纹笔筒

花胭脂紫等复合工艺。粉彩完全取代了五彩，和青花一样成为宫廷和社会生活的主要用瓷。彩绘多以当时名画家的作品为蓝本，勾染皴擦，分水晕散，浓淡有致，层次丰富。粉彩更多地与珐琅彩相结合。珐琅彩瓷利用景德镇的素瓷坯在宫廷启祥宫的如意馆、颐和园和怡亲王府等地施彩烧制，品种和数量均超过雍正朝，装饰画都是用风格细腻的宫廷画，有山水、花鸟、庭园、自然景色，并常用锦地开光的布局使画面开阔，取景独特。西洋宫廷画的内容也出现在瓷器上，如圣母、圣婴和天使。乾隆时的墨彩、红彩、绿彩、斗彩、古铜彩、金彩、银彩、广彩技艺娴熟，这些技法广泛应用在生活用具、艺术陈设品和外销瓷上。单色釉瓷器有天蓝釉、粉青釉、冬青釉、哥釉、龙泉青釉、窑变釉、仿古玉釉、茶叶末釉、黄釉等，低温釉有炉钧釉、松石绿釉、仿木釉、仿漆釉、孔雀绿釉等。瓷器上的施釉敷彩，可谓随心所欲。乾隆瓷器除无以数计的生活用具，还有许多特殊用途的制品，如装饰高级木器家具的瓷板有各种规格和形状，平坦规整，质地很细，绘制精美的彩画，镶嵌在宝座、桌子、椅子、挂屏、插屏、多扇围屏、屏雕上，这是乾隆宫廷家具的一大特色，也体现了制瓷工艺的成就；鼎炉、瓶、盒称为“三设”，供室内燃烧檀香之用，从宫廷、达官显贵到地主商人之家广泛使用；宗教法器，汉人常用仿青铜礼器的笾、簠、簋、鼎、豆、盘、牺耳尊等，蒙、藏等少数民族则用出戟大罐、藏草壶、贲巴壶、法轮、五供、七珍、八宝等；用瓷泥雕塑，妆銮得绚丽辉煌的佛祖、无量寿佛、观音、达摩等塑像；雕塑与器物相结合的马驮瓶、象驮瓶、人托盘、多子瓶；鸡、鸭、鹅、犬、狮、瑞兽、大象、鹦鹉、青蛙等瓷塑；案头清供的象生瓷如胡桃、莲子、花生、栗、枣、荷莲、樱桃、蚌、虾、蟹等仿制得生动逼真；还有许多气魄宏伟的大型作品经过微型化处理，作成摆设案头或橱格的小文玩，小器大样，精巧美观，令人赏心悦目；壁瓶、笔筒、笔架、墨床、镇纸、印泥盒、浆糊盒、帽翎管也生产很多。此时的制瓷工艺已达到炉火纯青的地步，一件作品上可以把古往今来各种名贵的瓷釉、装饰彩釉同时施展出来，尽管它们的配方、烧成温度、烧成气氛完全不同，都能够把握得准确、自如。北京故宫博物院珍藏的各色釉大尊，从上到下有16个装饰区，依次为胭脂紫地珐琅彩宝相花、松石绿地粉彩缠枝番莲、仿哥釉、青花四方连续缠枝番莲、金彩弦纹、绿松石开片、窑变、斗彩二方连续缠枝宝相花、粉青釉凸皮球花、霁蓝地描金开光太平景致、仿官釉、青花缠枝莲、绿地粉彩垂蕉叶纹、紫金地描金云雷纹、仿汝釉和仿古铜描金，还在颈部粘贴一对金彩夔耳，更加金碧辉煌，代表了乾隆景德镇制瓷工艺的最高水平。然而从艺术创作的角度看，乾隆瓷器装饰过于繁缛、细腻，奢华有余而神韵不足，这是由于随着封建社会走向没落，社会精神趋于颓败，制瓷工艺唯命是从，只重视技巧的铺排，中华民族崇尚的古朴浑厚的精神渐渐泯灭的缘故。乾隆瓷器的浮华之风，标志着制瓷工艺由兴盛走向衰落。

嘉庆瓷器 清代嘉庆年间（1786～1820年）景德镇生产的瓷器。嘉庆朝制瓷工艺完全继承乾隆朝风格，除创作意识形态没有变化外，原料配制、制坯手段、画瓷用彩都遵循旧习，各方面的技巧都十分熟练，皇宫使用的黄釉或黄釉绿彩生活用瓷、玉壶春瓶、诗句茶壶、蒜头瓶、灯笼尊、石榴尊、贲巴壶、多穆壶、月牙罐、葫芦瓶等，从造型到釉彩，不看铭款很难与乾隆器区分开。富有嘉庆本朝特点的作品有帽筒、鼻烟壶、攒盘、攒碗、带托的盖碗，薄胎瓷器碗、盘、杯、碟、温锅，供西方人使用的汤罐、温盘、面盆、盖盒等也大量生产。很多作品很精细，但各道工序渐显粗糙的迹象已表现出来。比如青花瓷器很多花纹布局不够合理，画法死板，缺乏分明的层次，蓝色线条向釉层浸漫，颜色不明快。罩在上面的釉层稀松，釉面不平，泛青色。这些因素使青花不够明艳。珐琅彩不再在宫中烧制，过去曾以为珐琅彩在乾隆以后停烧，实际是景德镇烧出了十分精细的洋彩，也是与粉彩共同完成画面，但死板，缺乏活力。大量生产的五彩、斗彩、粉彩摹仿康熙、乾隆的风格，追求色调浓厚，画面很满，九桃瓶、百鹿尊、百花不露地瓶等繁缛堆砌，没有康熙、雍正、乾隆时期的章法，画彩粗率，加之釉面不平，与乾隆瓷器距离越拉越大，这种现象在嘉庆晚期官窑、民窑都反映得很清楚。祭红、霁蓝、冬青、窑变、炉钧、茶叶末等釉色的作品在嘉庆前期水平相当高，可与乾隆制品媲美，但后期水平下降，表现了晚清特征。嘉庆瓷器除官窑署皇帝年号铭款以外，大量流行私家堂名款，达官显贵、地主富商之家所需瓷器多到景德镇制瓷作坊定烧，并在上面署上自家堂名，在当时形成一种风气。

99. 清嘉庆粉彩撇口瓶

道光瓷器　清代道光年间（1821～1850年）景德镇生产的瓷器。道光时期景德镇生产瓷器品种计有白瓷、霁红釉瓷、黄釉瓷、蓝釉瓷、冬青釉瓷、豆青釉瓷、仿官窑、仿汝窑、仿哥窑、仿定窑、窑变釉、茶

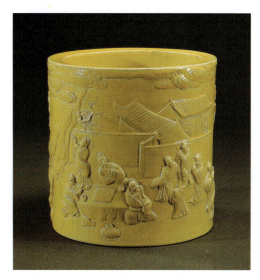

100. 清道光黄釉笔筒

叶末釉等高温釉瓷，还有炉钧釉等低温釉瓷。彩瓷有青花、釉里红、五彩、粉彩、黄地粉彩、绿地粉彩、矾红彩、墨彩、绿彩、紫彩、斗彩、金彩、素三彩等。其时代特征是，很多官窑瓷器由于土质优良，胎体十分精细，成型十分工整。同时，清王朝的腐败之风波及到社会的各个方面，瓷器生产也越来越粗率，许多产品加工不细，含有杂质，烧成后不致密，质地粗松。釉质有的粗松，泛有气泡，色调或泛青，或成为不悦目的死板白色。釉面不平，广泛出现波浪状起伏。无论仿古代名窑，还是仿乾隆、嘉庆时的作品都很粗笨，厚薄不得体，绘画内容繁杂，但刻板呆滞。青花瓷器少数稳定鲜亮，大多数飘浮浅淡。釉里红色彩也不匀。粉彩虽然生产很多，但色调俗艳，图案鼓出釉面，很不雅观。纹饰内容寓意更趋图解化、程式化。这种瓷器风格官窑如此，民窑更甚，历史悠久的

传统制瓷工艺渐渐失去活力。

咸丰瓷器　清代咸丰年间（1851～1861年）景德镇生产的瓷器。咸丰朝历时很短，加上太平天国革命给清王朝以致命打击，第二次鸦片战争后帝国主义侵略加紧，不平等条约屡屡签订，清王朝对景德镇瓷器生产无暇顾及，所以制品存留很少。现可见到的咸丰瓷器品种有青花、釉里红、五彩、粉彩、素三彩、绿彩、金彩、黄地绿花、芸豆红釉、蓝釉、绿釉、粉青釉、白釉、仿官釉、仿汝釉、仿哥釉、祭红、霁蓝、鳝鱼黄等。官窑青花瓷仍很精细，成型规整，胎质细腻洁白，钴蓝明净幽倩，绘画精细，如缠枝番莲纹碗、盘、碟、蚕纹盘、三友盘、云龙纹盘、松竹梅玉壶春瓶、缠枝莲八宝花口尊等。民窑青花蓝色不正，呈黑灰色或淡灰色。釉里红色彩浅淡，胎体笨拙厚重。素三彩或五彩有各类小盘、月令花卉杯、龙纹盘等。粉彩产量较大，工艺比较精细，有的与斗彩、描金结合起来。器物有瓶、花盆、水仙盆、壶、盘、碗、杯等，纹饰有缠枝番莲、锦地开光四季花卉、龙纹、凤纹、博古图、仕女、十二生肖等。粉彩常以豆瓣绿铺地，用藕荷、紫红、品蓝和粉红色绘画。人物形象线条生硬，手法夸张，有的人物画鼻骨甚至高出画面。

同治瓷器　清代同治年间（1862～1874年）景德镇生产的瓷器。咸丰朝御窑厂被毁，同治时又遭兵乱，优秀工匠流失，对生产影响很大。生产的瓷器品种有青花、釉里红、粉彩、斗彩、红彩、金彩、芸豆红、黄釉、翡翠釉、窑变釉、厂官釉、仿官釉、仿哥釉、蓝釉、白釉等。瓷器胎体官窑制品精细洁白，民窑则粗松厚重。釉层也是官窑比较细白，民窑稀松，施釉薄且不平，波浪釉现象很严重。粉彩粉质成分过多，画面浓厚过艳。纹饰程式化严重，内容多是寓意强烈的吉祥图案，充满了封建迷信色彩。同治七年，同治帝大婚，江西巡抚在景德镇烧制120桶瓷器，共

7294件，作为皇帝大婚时的用品。其中绝大部分是

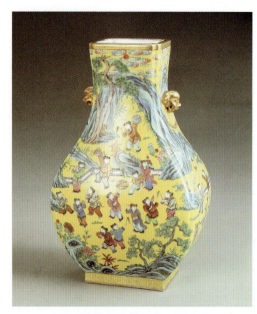

101. 清同治粉彩婴戏纹方尊

黄釉粉彩瓷。花纹都是为皇帝歌功颂德、祈祝万寿万福类的内容，有万寿无疆、万寿花、金双喜、百蝶、红喜字、长寿字、喜鹊梅花、绿竹、绿朵兰花等。同治套具品类分10份，每份24种，计672件。其中以海碗、大碗、中碗、汤碗、怀碗、黄酒碗、酒杯、羹匙和大中小盘、碟等餐具为主。晚清官窑生产宫廷用中式餐具一套148件。套具中还有盖碗、茶缸、渣斗、粉盒、胭脂盒、刷头缸、花盆、水仙盆等。这些套具被通称为皇帝大婚礼型器。同治瓷器无论官窑还是民窑绘画都显粗糙，用彩艳俗，艺术水平不高。

光绪瓷器　清代光绪年间（1875～1908年）景德镇生产的瓷器。此时的满清政府已经变成对内镇压剥削人民、对外投降帝国主义的腐败政府。为满足腐朽生活的需要，朝廷曾拨巨款到景德镇烧制皇宫用瓷，包括日用瓷、陈设瓷、为慈禧太后做寿用的寿瓷、赏赐大臣的用品、仿三代青铜礼器的祭器、有吉祥如意款的西餐具等。主要器形有九桃天球瓶、百鹿尊、菱

花形尊、螺口盖罐、各种规格的碗、盘、大缸、鼻烟壶、吸杯、花盆等。这些器物的装饰品种有青花、釉里红、青花加胭脂红料彩、五彩、水墨五彩、粉彩、斗彩、红彩、金彩等。青花加胭脂红料彩是用青花画出主题花纹如八仙人物，再在釉上花纹空白处用胭脂紫色的料彩满绘水波纹，这些辅助花纹比主题花纹更醒目。水墨五彩是光绪时的创新，即画五彩画面时用水墨画的技法处理，比传统五彩细腻，色彩追求柔和淡雅，山水人物等大场面的绘画意境深远。粉彩生产的数量很大，署"大雅斋"铭款的精品，代表了光绪粉彩的时代水平。彩料中加很多铅白，笔法细腻，色调柔和，层次分明。有的用黄、绿（浅绿或豆绿）、佛青、红、紫、藕荷（雪青）等彩色铺地，以珐琅彩中的蓝、白画花纹，纹饰以鹦鹉、藤罗花等花鸟为主，有的粉彩中配有墨彩。光绪瓷器除传统的装饰花纹、吉祥图案、龙凤仕女以外，又出现绶带鸟、杏林春燕、松竹梅缠枝莲、三星人、王秋献瑞、野墅围猎、水仙、八哥、游园仕女、书换群鹅、醉鹅、富贵白头、金石文字等。胎体细腻，但比较厚重，釉层比较稀薄，色调白中泛青，釉面不平，波浪纹现象出现较多。单色釉瓷器有白釉、黄釉、红釉、天蓝釉、酱釉等品种，水平高低不齐。

宣统瓷器　清代宣统年间（1908～1911年）景德镇生产的瓷器。宣统朝只有3年，留存在社会上的瓷器很少。一般能见到的宣统瓷器就是皇宫的生活用具，如碗、盘、碟之类。还有一些赏瓶、玉壶春瓶、纸槌瓶等。清宫档案记载，宣统二年景德镇为清东陵和西陵烧造一批以素白瓷为主的祭器，如豆、灯、爵、盘、碗。尽管清王朝已经山穷水尽，临近灭亡，但由于景德镇天然瓷土优良，生产的瓷器质地仍然很细腻，加上千百年来工艺积累的深厚基础，艺术上虽无创造，但瓷器成型仍然相当工整。有些作品可能已用现代机械生产，并以印章戳记代替毛笔写款。瓷器

品种有白釉、黄釉生活用具，还有供"坤宁宫"祭礼用的盖罐、盘、碗等。颜色釉有芸豆红釉玉壶春瓶、窑变釉和仿官釉贯耳方瓶、仿哥釉琮式瓶等。彩瓷主要是青花，这是景德镇工艺最精湛的品种，具有深厚的功力，蓝色鲜艳明亮，根据画面需要深浅有致，花卉线条圆润有力，图案布局很规整。纹饰主要有缠枝番莲、松竹梅、瑞兽、万字飘带、八仙、海八怪、云龙、飞凤、百蝠、夔龙牡丹、海水江牙、锦纹、云鹤八卦等。五彩主要制作清宫传统的龙凤碗、盘、瓶一类器物。粉彩瓷器生产和青花一样数量很大，是宫廷主要生活用瓷，器物种类和花纹也与青花一样，色彩不艳丽，线条粗而凸出，构图呆滞。珐琅彩瓷数量少，色彩浓艳，绘画虽然比不上康、雍、乾三朝精致高雅，但在宣统彩瓷中水平相对较高，民国初年仿雍正、乾隆的一些作品都出于这批画工之手。其他品种如黄釉绿彩、黄釉釉下刻花绿彩、素三彩、红彩、斗彩、珊瑚红釉等瓷器也有少量生产，产品都用木桶包装运入宫中，称为"桶瓷"。

洪宪瓷器　民国五年（1916年）袁世凯称帝时的洪宪元年命景德镇烧造的瓷器。窃取辛亥革命成果的袁世凯，为复辟帝制活动的需要，命郭葆昌为陶务署监督，赴景德镇烧造御用瓷器。郭葆昌到景德镇时袁世凯尚未称帝，最初即按袁在中南海的寓所居仁堂的称谓先烧"居仁堂制"款瓷器。居仁堂即清代慈禧太后修建的海晏堂。"居仁堂制"款瓷器由景德镇制瓷高手鄢儒珍率领工匠制作，以雍正、乾隆朝最优秀的粉彩、珐琅彩为蓝本，制作了碗、盘、杯等成套餐具和灯笼尊、莱菔尊、观音瓶、长颈双耳瓶等宫廷陈设艺术瓷。北京故宫博物院收藏有一套"居仁堂制"款餐具，包括大中小各种规格的盆、盘、碗、碟、汤盆、酒杯、盅、羹匙等共13种，现存118件，已非全套。这些瓷器外壁装饰是胭脂彩轧道铺地，主题花纹是锦地开光的山水画"天河配"图。器物里心绘云

鹊七夕图。社会上传说景德镇还为袁世凯烧制了三套餐具，供他自用或馈赠亲友。郭葆昌在景德镇利用职权为自己烧制了一些同类瓷器，书"觯斋"、"觯斋主人"、"郭世五"或"陶务监督郭葆昌谨制"等铭款。郭葆昌字世五，号觯斋。这些瓷器和"居仁堂制"款作品统称为"洪宪瓷"。如上所述，洪宪瓷数量很少，但集中高手制作，并以雍、乾精品作蓝本，辅以现代制瓷手段，加之郭葆昌监窑很内行，所以造型精细，彩料考究，纹饰玲珑俊俏。瓷器纹饰特聘有文化修养的画瓷艺术家绘制，内容有植物花卉纹，如兰花、梅花、青竹、虞美人、灵芝、萱草、牡丹、海棠，这些文人画家喜绘的情趣高雅、品格高尚的花卉，与袁世凯洪宪闹剧格格不入。还有山水图、七夕图、渔樵耕读、婴戏及其他人物纹等内容。"居仁堂制"款的书写有红彩楷书、篆书和青花篆书几类。郭葆昌为自己烧造的瓷器铭款是红彩方章形。社会上流传一些署"洪宪年制"款的瓷器，主要是粉彩、珐琅彩碗、盘、瓶一类作品，有些很精美，有些水平很差。当时袁世凯称帝总共只有 83 天，全国反袁之势日盛，郭葆昌在遥远的景德镇根本来不及烧制款署"洪宪年制"的登基庆典瓷器，帝制政权就已被声势浩大的革命洪流冲垮。郭葆昌本人透露未曾烧过"洪宪年制"款的瓷器。民国时期古董市泛滥，为迎合收藏者猎奇的心理，一些制瓷高手烧出"洪宪年制"瓷器，使得这些赝品得以在社会上流传。

二、器　形

器形　器物的外观形状。陶瓷器的器形一般指器物的口部、颈部、肩部、腹部、底部以及足部的形状，以此可判断其烧造的时代和窑口，是陶瓷器鉴定的重要项目。

罐　陶瓷容器。陶罐在新石器时代早期至汉代极为流行，器形为敛口、直口或敞口，短颈，圆肩或折肩，腹较深，多为平底。有的在口沿至肩部装耳，代表器如齐家文化双大耳罐。汉代始有瓷罐。除延续陶罐的实用器形，还出现随葬用的五联罐。东汉至隋唐罐腹多装置系。宋代以后罐的造型越发丰富，如景德镇窑瓜棱罐、定窑直口罐、耀州窑盖罐、吉州窑奔鹿纹盖罐、磁州窑白地黑花双系罐。明、清时景德镇制品有出戟法轮式罐、带系罐、壮罐、轴头罐、天字罐等多种样式，多装饰着彩绘和各种单色釉。

盖罐　配有盖的罐。新石器时代有的陶罐上已配有专用盖，如甘肃武威皇娘娘台出土齐家文化盖罐，盖的形式似倒置敞口碗。1955年江苏南京赵士岗出土的红陶人物飞鸟罐，盖似倒置直墙洗。南北朝时期比较注重盖钮的装饰，如1965年出土于江苏句容张庙的青釉覆莲罐，盖呈伞状，钮作方莲瓣式。宋以后盖钮的装饰比较丰富，有狮钮、玉兔钮、塔式钮、宝珠式钮等。

五联罐　五罐相联的一种罐形，是流行于东汉时期的陪葬冥器。造型为置于中心的大罐肩部或周边附堆起4个小罐或壶，腹间互不贯通；此外器身还堆塑各种瑞兽、飞禽。罐盖作双线半环钮或鸟形钮两种。广西壮族自治区博物馆收藏的一件五联罐装饰比较简练，4个相同大小的罐排成方形，中间置一较小的

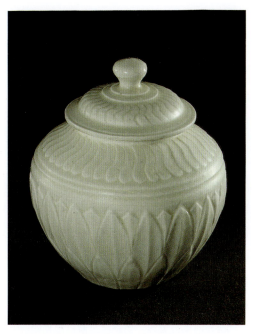

102. 宋定窑白釉盖罐

罐，五罐相连。这种罐式多流行于广东、广西、湖南、福建一带。五联罐在三国以后演变为堆塑楼阁的谷仓罐。

双唇罐　又称复口罐、双口罐，流行于东汉末至南朝时期的一种罐式，多出土于江南地区。造型为双重口，内口直，外口略低于内口且外侈，溜肩，圆腹，腹下内收，平底，与今泡菜坛形状相似。从出土情况看，西晋以前的双唇罐器身较矮，肩部饰有扁条状竖系、横向半环形四系；东晋以后，器身增高，内口直径较大，肩部亦有半环形系。

鸟食罐　盛放鸟食的小罐。江苏镇江东汉永元十三年（101年）墓曾出土有黑釉器。传世品中偶有唐宋时期遗物。从器形方面看，明宣德时期景德镇烧制

103．西晋青釉双唇罐

的种类最丰富，有钵式、瓜式、横向竹节式、筒式、罐式、水盂式等。各式鸟食罐的一侧均有固定用的环状系。此后各代所烧制的鸟食罐多仿宣德款式。

堆塑谷仓罐 又称谷仓、丧葬罐、魂瓶，由东汉五联罐发展而来，是专为陪葬烧制的冥器，流行于三国吴、两晋时期，有陶、瓷制品。南京博物院收藏有东吴凤凰二年（273年）红陶堆塑人物飞鸟谷仓罐，主体为唇口式深腹罐，佛像、麒麟、朱雀、铺首衔环等纹饰贴塑于罐腹四周，口部有双阙、人物、鸟雀等，顶部有倒置直墙洗式盖。北京故宫博物院收藏的青瓷谷仓罐最有代表性，罐口部不仅有双阙、楼阁、人物、鸟兽等贴塑，罐的肩部还有伏龟驮碑，碑文有"永安三年"纪年。1978年浙江慈溪鸣鹤瓦窑头出土的西晋堆塑谷仓罐，造型虽然与上述二例相似，但罐上部的堆塑着重表现了豪门贵族生前居住的城堡式楼阁建筑，在庄园门前有歌舞伎乐俑，以及飞鸟、牲畜等。

塔式罐 带有佛教特征的一种罐式，多由罐和罐座两部分组合而成，流行于唐代。出土于陕西铜川黄堡镇的黑釉塔式罐，罐形作翻沿唇口，短颈，溜肩，

圆腹，腹下部渐收，贴有模印叶纹。镂空多边形底座饰有佛像、花卉等。罐盖为七级空塔形，顶端塑有屈腿直身、抚头按膝、舒目远眺的小猴。唐代墓葬出土的三彩陶塔式罐最为常见。江西九江市博物馆收藏的元代青花牡丹纹塔式罐可谓唐代塔式罐的延续：修长的腹部绘青花纹饰，取代了繁琐的贴花，肩部堆塑两对狮、象首，盖作六棱七级重沿塔式。

104．西晋青釉堆塑谷仓罐

横栓盖罐 又称夹耳盖罐、夹梁盖罐。罐式之一。1955年出土于广东番禺石码村五代南汉墓的一件，器形为直口，丰肩，以下渐收，长圆腹，圈足。肩部有两对对称的板式带孔钮座。平顶盖两侧对称的位置伸出长方形带孔横栓，盖合时横栓插入钮座，与钮座的轴孔相合，可以在两孔中插销固定，或只固定一侧的轴孔，器盖能自由开合而不脱落。此类罐式标本，在长沙窑、越窑遗址中也有发现。

月江西高安出土的青花云龙纹荷叶形盖罐，罐体浑圆，荷叶形盖边缘有波状曲折，以莲杆为钮，并以钮为中心用青料绘出旋转放射状叶脉纹。此外亦有用凸起的线纹作荷叶脉纹的。明永乐、宣德时期继续烧制，荷叶盖沿的曲折起伏比元代大。

105. 唐三彩塔式罐

107. 元龙泉窑荷叶盖罐

四灵塔式罐　带有宗教含义的一种罐式。出现于元代，是从唐代塔式罐发展而来的。江西省博物馆收藏的元青花釉里红四灵塔式罐，平口，短颈，溜肩，腹部下收，平底，腹部贴塑青龙、白虎、朱雀、玄武"四灵"。帽形盖覆于罐口，盖顶作喇嘛塔形，塔基为六棱形须弥座，塔龛内有一尊佛像，塔刹的根部有仰莲瓣纹。

镂空罐　元、明时期流行的罐式。有陶、瓷制品。陶制品出现的时间较早，甘肃武威皇娘娘台新石器时代遗址出土的红陶双耳罐，腹下部有三角形镂空装饰；1965 年出土于河北保定的元代青花釉里红镂雕盖罐，腹部采用镂空透雕工艺作装饰；明代珐华罐也多采用镂空技法装饰罐的腹部。

106. 五代青釉横栓盖罐

荷叶形盖罐　罐式之一，流行于元代。南北窑场均有烧制。因罐口覆有荷叶形盖而得名。1980 年 11

轴头罐　流行于明、清的一种罐式。明永乐时期创烧，因罐体似卷轴画的轴头而得名。造型为上小下

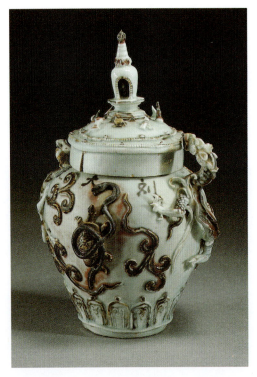

108. 元影青青花釉里红四灵塔式罐

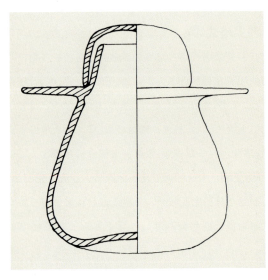

109. 明永乐轴头罐

大，斜直腹，圜底内凹，颈、腹之间有板沿，弧形帽式盖。清康熙、雍正朝多有仿制。

冬瓜罐 罐式之一。敛口，丰肩，长圆腹，假圈足，宝珠钮平盖，形如冬瓜，故名。其形制始见于湖北武汉龙泉明永乐年间楚昭王墓出土物，此后历朝未再见这一造型，至清代道光朝再度出现并成为晚清时极为流行的器形。道光、咸丰时盖钮似宝珠，同治以后则呈烛焰式。

法轮式罐 又称出戟法轮式罐，明宣德朝出现的罐式。直口，丰肩，广平底，罐肩部有凸起的 8 个长方形平面扳手，上绘青花折枝花卉；罐身分层饰有青花八吉祥纹、蓝查体梵文。莲瓣纹罐盖顶部下塌，盖内书有"大德吉祥场"篆书铭文，罐底亦有同样的文字与之相对应，为佛教法器。

壮罐 罐式之一。流行于明、清时期。造型特征为直口，折肩，筒腹，腹下内折，带盖。罐口、足直径基本相同。明宣德时制品釉面肥润。清代乾隆年间多有仿制，釉层较薄。

蟋蟀罐 专门畜养、斗弄蟋蟀的罐。有陶、瓷制品。烧制地区比较广泛。瓷制品以景德镇为主，明宣德时期烧制的器形为鼓式，盖下凹，有钱形气孔，盖内竖写六字单行青花款，器底有六字双圈年款。万历时期，造型变化较多，有圆、方、梅花、瓜棱、扇面、八方等形式。清代仍有烧制。

天字罐 明成化年间的一种小型斗彩盖罐，因罐底书无边栏的青花"天"字而得名。器形为直口，短颈，圆肩，鼓腹下部内敛，内挖圈足，附盖。盖多平顶微凸，直壁，覆于罐口。罐腹主纹多为海马纹，还有海水龙纹、缠枝莲纹等纹饰。天字罐在清康熙、雍正、乾隆时期均有仿制，康熙朝仿品胎体厚重，雍正、乾隆朝胎薄质细，釉下可见明显的旋纹。

莲子罐 流行于明崇祯朝的一种罐式。直口，垂肩，长圆形鼓腹，圈足，附盖，盖面略鼓，整体造型似一颗莲子。

将军罐 一种罐式，是佛教僧侣盛敛骨灰的器物。

110. 明崇祯青花莲子罐

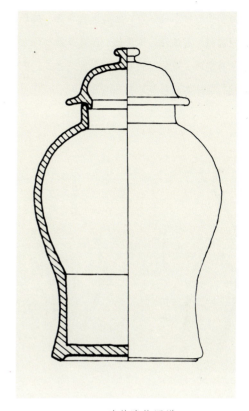

111. 清乾隆将军罐

因宝珠顶盖形似将军盔帽而得名。初见于明代嘉靖、万历朝，至清代顺治时基本定型。清康熙朝最流行。罐身为直口，丰肩，敛腹，平面砂底，附宝珠顶高圆盖。

瓜棱罐 罐式之一。明代较为流行，因罐身呈瓜棱形而得名。嘉靖、万历时烧制量较大。

粥罐 罐式之一，流行于清代，康熙时始创。器形为直口，圆肩，深腹，底微敛，圈足，器肩部有对称双孔，可系绳索或配金属环以便提携。同治以后，粥罐使用广泛，产量猛增。

鼓罐 罐式之一，流行于清代康熙至道光年间。器形似鼓，一般无盖，罐身上下部各饰一周凸起的鼓钉，腹部贴塑一对铺首衔环。唯有雍正朝的天蓝釉鼓罐器口配盖。

日月罐 一种罐式。敛口，溜肩，长圆腹渐收，圈足，弧形圆盖若太阳，腹侧贴双耳若月牙，故称"日月罐"或"月牙耳罐"。始见于清代康熙朝，为雍正至道光时期官窑独特器形之一。

西瓜罐 一种罐式。敛口，圆腹，形如西瓜，又似宝珠，故南方称其为"西瓜罐"或"西瓜坛"，北方地区称为"一颗珠罐"。其形制创始于清代乾隆朝，延续至清末民国。平盖，盖钮早期若宝珠，晚期形如烛焰。

瓶 陶瓷容器，多用于汲水和盛贮液体，后代也有作插花用的。陶瓶通常为小口，深腹，形体较高。有的陶瓶在颈、肩或腹部安置环形系。瓶底最初为圆锥形尖底，尖底瓶瓶身为纺锤形，两侧附耳，便于汲水。后演变为平底。新石器时代仰韶文化、龙山文化、马家浜文化等遗址和墓葬均有出土。马家窑文化彩陶瓶中有的把器口塑为人头形，独具特色。瓷瓶是隋唐时开始流行的，至宋代南北窑厂普遍烧造，明清时以江西景德镇制品最为名贵。瓷瓶的造型十分丰富，通常也多作小口长身，根据口、颈、腹部的不同，分别作各种名称，宋、元有玉壶春瓶、梅瓶、扁瓶、胆式瓶、直颈瓶、瓜棱瓶、多管瓶等。明、清时更增加有赏瓶、壁瓶、转心瓶等多种新样式。产品大多施釉，装饰多为各色彩釉和绘画。

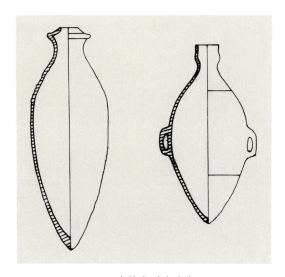

112. 半坡类型尖底瓶

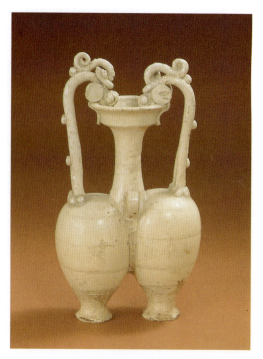

113. 隋白釉双龙柄联腹传瓶

尖底瓶　新石器时代陶器，仰韶文化半坡类型最具代表性的器物之一。汲水器。红陶质，手工制作。器形为小直口，细颈，长圆腹，尖底，肩部或腹部有对称的双系，用以穿绳。器表多有绳纹。烧结程度较好，质地坚实。汲水时由于重力作用，瓶口会自然向下，待水将满时，瓶身自动倒转，口部向上。仰韶文化庙底沟类型及马家窑文化遗存中发现的尖底瓶略有不同。庙底沟类型的尖底瓶为双唇，小口，器身瘦长，肩腹部无系。马家窑文化的尖底瓶为侈口，直颈，折肩，腹有双系，以细泥橙黄陶制成，器表涂浅红色陶衣，以黑彩绘旋纹，纹饰充满动感，制作精细。

传瓶　流行于隋唐时期的器形，即单口、双腹并联的双螭尊，自铭"传瓶"。目前仅发现两件，分别收藏于天津市艺术博物馆和中国历史博物馆，后者出土于西安郊区隋大业四年（608年）李静训墓。参见"双螭尊"。

双螭瓶　见"双螭尊"。

葫芦瓶　形似葫芦的瓶式。自唐以来，因其谐音"福禄"，为民间所喜爱，遂成为传统器形。及至明代嘉靖时，因皇帝好黄老之道，此器尤为盛行并多有变化；除传统器形外，又有上圆下方式，蕴含天圆地方之意。至清康熙时，成为外销瓷品种之一，器形比明代的高大，并出现三节或四节式葫芦瓶。雍正以后，创制一孔葫芦瓶，嗣后变化多端，其中器口内敛、卧足、饰对称如意绶带耳者又演化为"如意尊"。

多角瓶　唐至五代流行的器形，由三国、两晋时的谷仓罐演变而来。造型为上小下大弧形台阶的多重塔式器身，每级装饰多个垂直或斜直的圆锥角。吴地方言中"角"、"谷"音近，故多角又寓"多谷"，江浙一带民间取其"五谷丰登"吉祥之意。

盘口瓶　瓶式之一。因瓶口似浅盘而得名。流行于唐、宋时期。

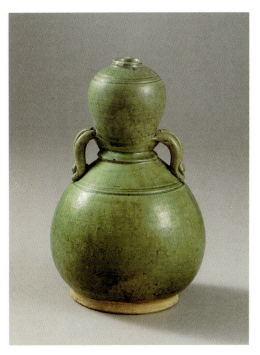

114. 唐西关窑绿釉葫芦瓶

115. 北宋定窑白釉刻花净瓶

净瓶 佛教僧侣"十八物"之一，游方时可随身携带以贮水或净手。它渊源于佛国印度，后随佛教传入中国、日本、朝鲜及南洋群岛诸国。梵语音为"捃雅迦"、"君迟"、"军持"，中译为瓶或澡瓶。瓷质净瓶流行于唐、宋、辽时期。造型为管状细长颈，颈中部凸出如圆盘，长圆腹，圈足，肩部上翘的短流多作瑞兽首形。元、明以后多称"军持"。器身多扁圆，颈较短，流肥硕。入清以后，这一器形为皇家垄断，演变为直颈，丰肩，敛腹，高圈足外撇如盖展开，无流，成为清朝廷赐给西藏高级僧侣插草供佛之物，故又改称"藏草壶"。

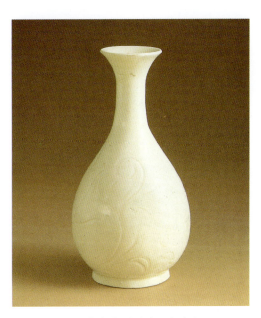

116. 宋定窑刻划花玉壶春瓶

玉壶春瓶 北宋时创烧的一种瓶式，呈撇口，细颈，垂腹，圈足，由宋人诗句中"玉壶先春"一词而得名。宋代主要由北方各窑口烧制。入元以后，其形制遍及南、北方诸窑，并且出现八方形与器身镂雕装饰。明、清两代，器身普遍比宋、元器矮粗，并成为传统器形一直延续至清末。

梅瓶 北宋创烧的一种瓶式，因口之小仅容梅枝而得名。又称"经瓶"。造型为小口，短颈，丰肩，

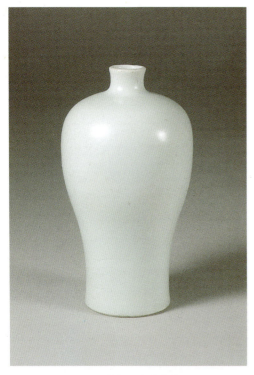

117. 清康熙白釉梅瓶

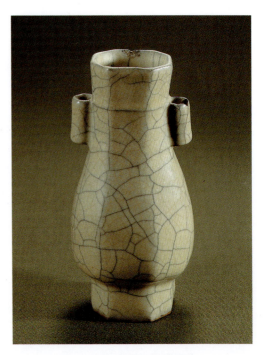

118. 南宋哥窑八棱贯耳瓶

敛腹，瓶体修长。磁州窑造器上有开光黑彩书"清沽美酒"、"醉乡酒海"等文字，可知其为酒具；但辽墓壁画中所见用来插花，可见又系陈设品。宋器一般呈蘑菇形口，器身修长秀丽。元代呈平口，短颈上细下粗，器形雄伟。明以后多唇口，器身也随各朝审美情趣变化而略有不同。

贯耳瓶　瓶式之一。流行于宋代。器形仿汉代投壶式样，直颈较长，腹部扁圆，圈足，颈部两侧对称贴竖直的管状贯耳。哥窑、官窑、龙泉窑等多有烧制。清代亦有仿制。

弦纹瓶　又称起弦瓶，瓶式之一。因瓶体环绕一道道凸弦纹作装饰而得名。宋代定窑、官窑、哥窑、龙泉窑等多有烧制。

多管瓶　又称牛角罐。冥器。流行于宋的一种瓶（罐）式。因瓶肩部各面分布着直立的多棱形或圆形管而得名。瓶直口，上有花钮盖，瓶身有圆管式和多级塔

119. 宋龙泉窑青釉五管瓶

式，有五管、六管之分，管中空，多与瓶不通。龙泉窑烧制数量较大，此外，温州、磁州窑均有烧制，北方磁州窑制品，瓶体较肥硕，肩部直立的六管短而粗。

洗口瓶　瓶式之一。因瓶口似浅洗而得名。流行

于宋，以龙泉窑烧制量最大。南北各窑场所烧制的洗口瓶，归纳起来可分为两种：一种为洗口，直颈，折肩，筒式腹，浅圈足；另一种是洗口，长颈，扁圆腹，圈足。

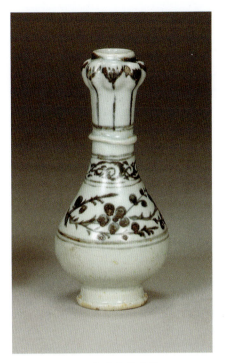

121. 元青花蒜头瓶

120. 宋龙泉窑青釉琮式瓶

琮式瓶　仿新石器时代玉琮造型的一种瓶。圆口，短颈，方柱形长身，圈足，口、足大小相若，有的器身四面有凸起的横线装饰。最早的瓷质琮式瓶见于南宋官窑与龙泉窑器。明代石湾窑此类造型多施月白釉。入清之后，器身横线装饰演变为八卦纹，故后期又称为"八卦瓶"。

蒜头瓶　瓶式之一。仿秦汉时期陶器造型。因瓶口似蒜头形而得名。瓷质蒜头瓶宋代始烧，流行于明、清时期。基本形状为口部作蒜头形，长颈，圆腹，圈足。明、清时瓶的腹部多有变化，蒜头形口因瓶大小而异。

瓜棱瓶　瓶式之一。流行于宋、辽时期。特征是

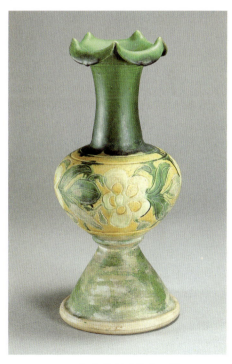

122. 金磁州窑三彩花口瓶

瓶的腹部均匀分布着纵贯的凸凹弧线，将瓶体分成瓜棱形。其造型是撇口，直颈，长圆瓜棱形腹，圈足作外撇花瓣式，以景德镇烧制的品种最多。

花口瓶 瓶式之一。因瓶口似开放的花朵而得名。流行于宋、金时期，唐代已有烧制。现收藏于北京故宫博物院的白釉"丁道刚作瓶大好"铭花口瓶，瓶口似莲花瓣形，细颈，溜肩，球形腹，圈足，瓶口部有人面形把，与肩部相接。宋代景德镇、磁州、耀州等窑都烧制花口瓶，基本形式为花口，细颈，圆腹，撇足。北方窑场宋、金两代花口瓶的区别在于足部变化，宋代撇足较矮，金代撇足高度几乎与瓶颈相等。

皈依瓶 俗称魂瓶，冥器。常见于江南地区宋、元、明时期的墓葬中。瓶体修长，颈部堆塑日、月、云、龙、虎、龟、蛇、鸟、鸡、犬、鹿、马、人物等，盖钮为立鸟状。也有依据瓶体上堆塑的主要纹饰称其为龙虎瓶、日月瓶的。元代皈依瓶与宋代相比，瓶体高，堆塑纹饰繁

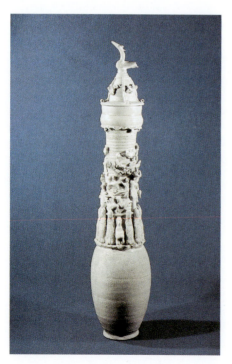

123. 宋青白釉皈依瓶

缛。从皈依瓶出土情况看，多为成双使用，少数瓶的颈部刻"东仓"、"西库"铭文，瓶内装有炭化的谷物，说明皈依瓶用途是给亡人陪葬的谷仓。也有人认为，它是亡魂的归依之所，故称之为皈依瓶。

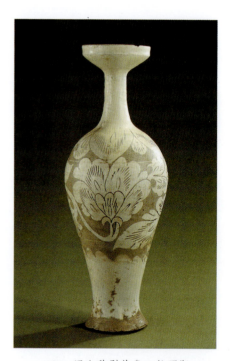

124. 辽白釉剔花盘口长颈瓶

盘口长颈瓶 辽代典型器之一。器呈浅盘口，细长颈，溜肩，敛腹，底足外展。有的器底划有"官"字款。同样这种器身，肩、腹饰贯耳者，称为"盘口穿带耳背壶"；肩侧有注流者，称为"盘口长颈注壶"。装饰方法有素面黑陶压光、白釉、黑釉、褐釉、黄釉、绿釉等釉色或刻花。

鸡腿瓶 又称鸡腿坛，辽、金时期陶瓷典型器之一。侈口外卷，溜肩，腹部修长形如鸡腿，故名。粗壮者又称"象腿瓶"。多以黑褐釉或茶叶末釉为装饰，大多由肩至底饰有凸凹弦纹，少数肩部刻有汉字楷书或契丹文年款，如"乾统二年田"、"乾统三年月廿一"、"大安七年翟"等，有的于腹部刻契丹人像。北方地区辽、金墓葬中常有出土，辽代壁画中有契丹人

背负细长鸡腿坛的画面，说明此类器皿多为游牧民族所用。

凤首瓶 辽代瓶式之一，是受中亚金银器影响而创制的独特形制。凤首张目，曲喙衔珠，首顶荷叶状花口为冠，细长颈多饰弦纹，丰肩，敛腹修长，平底或假圈足外展。器身光素、刻花或堆塑图案。

125. 元钧窑连座双耳瓶

连座瓶 瓶式之一，因瓶体与瓶座连为一体而得名。流行于元代。广东省博物馆收藏的枢府釉连座瓶，盘口，细颈，垂腹，鼎式三足，下连六角形镂空座。1972年北京市元大都遗址出土的钧窑连座双耳瓶，花瓣形口，细长颈，丰肩，腹下部内收，瓶底连有镂空座，堪称连座瓶代表作。

扁腹绶带葫芦瓶 一种瓶式。器形似扁葫芦，颈部有对称双系，因腹圆若满月，又称"抱月瓶"或"宝月瓶"，为受西亚文化影响出现的器形。此式瓶始见于明代洪武御窑器，盛行于永乐、宣德两朝，此后至明末不复出现。清代康熙、雍正、乾隆三朝官窑有仿制品或略加变化，改称"马挂瓶"，为皇亲国戚骑马出行时随身携带的用具。

抱月瓶 见"扁腹绶带葫芦瓶"。

宝月瓶 见"扁腹绶带葫芦瓶"。

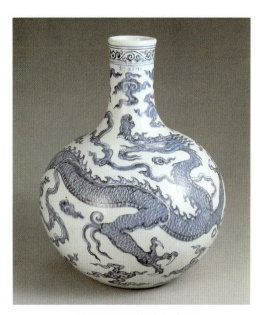

126. 明宣德青花天球瓶

天球瓶 瓶式之一，是受西亚文化影响的器形。口微侈，直颈，球腹，平底。始见于明永乐朝，宣德器较永乐略显粗放，此后明代各朝未出现。清代康熙朝仿古之风盛行，天球瓶则多仿明初之器；雍正、乾隆时较为流行，多署本朝年款。

四方倭角瓶 瓶式之一，是明宣德时期景德镇御器厂创制的新器形。形状为唇式口微侈，直颈两侧贴塑兽耳，方形腹的每个直角均斜削45度，使之变为八棱锤形，圈足外撇。清雍正御窑厂仿品造型与宣德器相比，瓶体较大，且书有雍正官窑款。乾隆朝仿品底足较矮，兽耳小。明末清初时无款仿品有的可达乱真程度。

壁瓶 专为悬于壁上或挂于轿中设计的瓶式，又称"挂瓶"或"轿瓶"，始见于明代宣德朝。瓶体均为整体的半剖，背面平整有穿，可系绳悬挂。初挂于鸟笼之中。万历时大兴，有莲花、葫芦、瓜棱、胆式

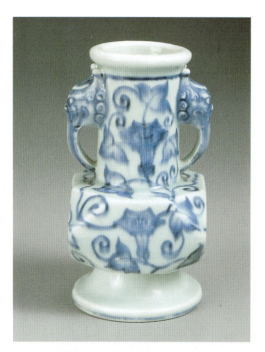

127. 明宣德青花四方倭角瓶

128. 明万历青花红绿彩壁瓶

等多种形制，清代乾隆官窑多有生产，造型规整，工

艺精巧，品种丰富，并多附御题诗句。

活环瓶 瓶式之一，因瓶的双耳上套有可活动的环而得名。装饰活环是明嘉靖以来流行的一种造型。嘉靖时期活环瓶造型为唇沿外撇，束颈，长腹下垂，足部较高且外撇，平底，颈部贴塑双兽耳，并套有可活动的圆环。此类瓶式清康熙及民国时期均有烧制。

筒瓶 瓶式之一。造型为侈口，短颈，溜肩，长腹，平底，形若直筒，故名。筒瓶始见于明代万历朝，在清初顺治、康熙两朝被赋予"大清天下一统"的寓意，从而成为民窑中最为流行的器物。

129. 清乾隆钧红窑变釉胆式瓶

胆式瓶 一种瓶式。长颈，溜肩，垂腹，形若悬垂的动物胆囊。造型近似锥把瓶，不同之处在于颈部较为短粗。始见于明万历朝，流行于清代。

六方瓶 又称六棱瓶。明中晚期流行的瓶式之一，因瓶体作六棱柱形而得名。

橄榄瓶 鼓腹，口足内敛，平底或圈足，形似橄榄。有素身与瓜棱式之分。为清代流行器形，始创于

130. 清雍正珐琅彩橄榄瓶

131. 清康熙五彩棒槌瓶

顺治朝，雍正、乾隆时最为常见。

荸荠扁瓶 清代流行的一种瓶式。直颈较粗，有撇口与直口之分，器腹均为扁圆，形如荸荠，圈足。清代康熙时首创，多为直颈。晚清同治、光绪时，官窑又流行这一造型，但均为粗短锥颈，荸荠形扁圆腹，圈足，造型千篇一律，鲜有变化。

锥把瓶 形若锥把的一种瓶式。小口，长颈上细下粗，溜肩，鼓腹，浅圈足。创于清代康熙朝，清康熙、雍正、乾隆三朝颇为流行。

油锤瓶 一种瓶式。小口，细长颈，鼓腹，平底，形似旧时油坊匏制之油锤，故名。器形与锥把瓶或胆式瓶相近，其不同之处为颈部比二者更细长，且上下粗细基本一致。腹部呈圆形。仅流行于清代康熙朝。

棒槌瓶 瓶式之一，因似旧时洗衣用的木棒槌而得名。多为清康熙民窑所烧。棒槌瓶又分圆、方、软。圆棒槌又称硬棒槌，造型为盘口，直颈较短，圆折肩，筒形长腹，底部多为平切式二层台。器形大小不一，大者高达70厘米，小的不足10厘米。方棒槌瓶又称方瓶，器形为撇口，短颈，平肩微折，方形长腹，腹部略为上宽下窄，方形宽足，凹底施釉。软棒槌瓶特指雍正初期所烧制的一种器形，是与硬棒槌相对而言，造型不及后者挺拔。器口外侈，束颈，溜肩，直筒形腹，腹下略收。清光绪及民国时期对方棒槌瓶仿造较多。然仿品胎体比较厚重，口边较薄且不规整。

纸槌瓶 瓶式之一，因形似纸槌而得名。多见于清康熙时期。造型为小口，细长颈，丰肩，圆腹。

爆竹瓶 瓶式之一，因器形似爆竹而得名。造型为小口，溜肩，直腹，圈足，以清康熙制品较为多见。

菊瓣瓶 瓶式之一，造型为撇口，长颈，溜肩，敛腹，圈足，下腹部浮雕一周菊花瓣为饰。为清代康熙朝独特器形之一。

132. 清康熙豇豆红釉柳叶瓶

133. 清康熙郎窑红釉观音瓶

柳叶瓶　一种瓶式,为清代康熙官窑独特器形之一。侈口,细颈,溜肩,敛腹修长,卧足。器形曲折多姿,隽秀典雅,若悬垂的柳叶,又似亭亭玉立的美人,故又有"美人肩"之称。

观音瓶　又称"观音尊",瓶式之一,流行于清代康熙至乾隆时期。康熙一朝景德镇窑烧制的瓶式很多,有时瓶、尊在称呼上不易区分,一般来说,凡口小腹大的均称为瓶。观音瓶特征是侈口,颈部较短,丰肩,肩下弧线内收,至胫部以下外撇,浅圈足,瓶体修长,线条流畅。

灯笼瓶　瓶式之一。因形似长圆形灯笼而得名。流行于清雍正、乾隆时期,造型为直口,短颈,丰肩,筒腹,圈足。

藏草瓶　又称甘露瓶,瓶式之一,清朝廷为西藏

134. 清乾隆粉彩灯笼瓶

僧侣烧制的用于插草供佛的特别器皿，故称藏草瓶。雍正时已有烧制，乾隆时期制品为圆唇口，直颈有凸弦纹，丰肩，腹下部渐收，束胫，足部外撇。这类瓶式不书款识，一般多认作乾隆制品。

136. 清乾隆粉青釉暗花交泰瓶

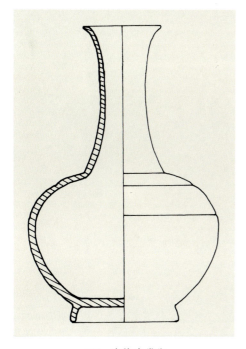

135. 清乾隆赏瓶

赏瓶 瓶式之一，是清代雍正朝新创造型，一直延续至清末宣统朝，成为官窑传统器形。瓶呈撇口，长颈，圆腹，圈足，多以青花缠枝莲为饰，取其"清廉"谐音，专用于皇帝赏赐臣下，意在令其"为政清廉"。同治以后又增添粉彩与单色釉描金等品种，并改称"玉堂春瓶"。

玉堂春瓶 见"赏瓶"。

交泰瓶 清代流行的一种瓶式。器腹中段镂雕成如意头形，套钩回纹或倒、正T形。瓶体上下于纹饰间相互钩套、连为一体，可以活动却不能分开，寓意"天地交泰"，为清代乾隆早期御窑厂督陶官唐英和催总老格刻意制作专供乾隆皇帝玩赏的佳器。

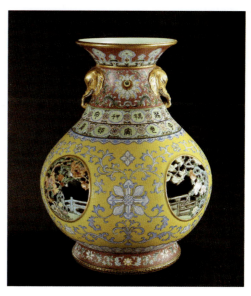

137. 清乾隆粉彩镂空转心瓶

转心瓶 瓶式之一，流行于清朝乾隆时期。器形有大、小之分。瓶体由内瓶、外瓶、底座分别烧制组成。内瓶上部是外露的瓶口，瓶身似筒状，上有装饰

145

绘画，瓶底有内凹的轴碗。一般外瓶镂空，形状似灯笼，内、外瓶套合后放在瓶座上，座上的立轴嵌入轴碗，手持瓶口转动，内瓶可随之旋转。瓶体上的图案如走马灯般可通过外瓶镂空处看到。清末民国时期有仿清乾隆时期的制品。

双联瓶　瓶式之一，流行于清代，因两瓶联成一体而得名。通常是两瓶的腹部粘连在一起或自口至底通体相连。市场上出现的仿制品中，有书"大明万历年制"楷书款的。

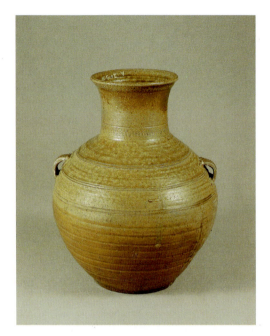

139. 东汉青釉双耳壶

138. 清乾隆珐琅彩双联瓶

壶　陶瓷容器。历史上被称为壶的器物在不同时期有不同造型和功能，陶壶基本造型为小口直颈，球形或扁圆腹，平底或圈足，亦有三足的。在新石器时代裴李岗文化、磁山文化、仰韶文化、大溪文化、屈家岭文化、马家浜文化、良渚文化、昙石山文化以及商周、秦汉的遗址和墓葬中均有出土。秦至西汉时壶口似盘，有半球形盖；西汉中期壶口微外撇，无盖，出现空心假圈足；东汉末圈足升高。瓷制品始自汉

代，有延续早期器形或略加变化的西晋扁壶，三国至隋代的盘口壶、唾壶、多系壶。西晋的鸡首壶鸡首虽多不贯通，但首开器身一侧有流、一侧装鋬的新式壶的造型。至唐代，短流的执壶已成为普遍的实用器皿。这类壶几经变化，一直延用至今。历代还有许多特殊造型的壶，如唐代的凤头壶，辽代的皮囊壶、鸡冠壶，元、明时期的多穆壶、僧帽壶等。

扁壶　又名坤，始于新石器时代晚期的陶制容器。瓷制品最先流行于西晋时。造型为直口，溜肩，扁圆腹，外撇高圈足，器腹两侧有对称双系，便于系绳背挂。江苏金坛白塔乡惠群村出土的一件，腹下部刻"紫是会稽上虞范休可作坤者也"；浙江上虞百官镇外严西晋墓出土的一件，足底划"先姑坤一枚"，可知此器在当时的名称。上述两件均为青瓷器。江西九江出土的铜质器及湖北江陵纪南城出土的漆器，均有自铭"坤"、"钾"或"柙"，只是根据质地的不同，偏旁从"土"、从"金"或从"木"。宋以后，依其形而名之，改称扁壶。

背壶　壶式之一，又称穿带瓶、背水壶，因壶的

两侧有穿带的系或沟槽而得名。溯其历史可知新石器时代彩陶制品中已有此式。瓷制品有西晋的青釉刻花双系扁壶、北齐范粹墓出土的黄釉扁壶、1984年出土于安徽合肥西郊的隋淮南窑青釉刻花盘口式四系壶。唐、宋时期较为流行双鱼形穿带壶。宋、辽、西夏时背壶较为流行，壶式有扁、圆等多种式样，有黄釉、黑釉、白釉、青釉、白釉绿彩等。

匏壶　流行于战国至汉代的一种壶式。器形似匏瓜状，是盛酒或水的容器。匏壶的质地有泥质陶、印纹硬陶、釉陶和原始青瓷。有的匏壶由上小下大的两个球体联接而成，有的颈部较长，或直或弯曲，腹部作椭圆形。壶盖造型考究，多做凤首形状，1973年山西闻喜邱家庄战国墓中出土一件陶匏壶，通高30、口径4厘米，凤鸟形盖高9厘米。

140. 西汉彩绘陶茧形壶

茧形壶　亦称鸭蛋壶，一种古代壶形。唇口，短颈，圈足；腹呈横向长椭圆状，既似蚕茧，又若鸭蛋，故名。初为战国时期秦国所产，后盛行于西汉。壶腹多彩绘流云、几何图案，也有光素者，仅以暗刻弦纹装饰。茧形壶在当时既为容器，又可在战争中埋

入地下，用以倾听远方敌军骑兵马蹄声。茧形壶后世传入朝鲜，李朝青白釉瓷器中有这种器形。

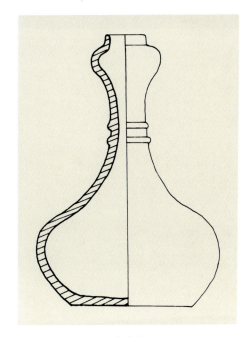

141. 秦代蒜头壶

蒜头壶　始见于秦汉时期的一种壶式，有陶质和原始青瓷两种。特征为蒜头形小口，长颈，圆腹。东汉时期蒜头壶腹部比西汉时期丰满，蒜头呈扁圆形。有的蒜头壶颈、肩部堆塑有人物、龙、虎等纹饰。

唾壶　又称"唾盂"，为古代贵族宴饮唾鱼骨或兽骨的承器，故又有"渣斗"之称。瓷质唾壶始自东汉，三国、两晋颇为流行。三国至西晋为撇口，扁腹，高圈足。东晋时渐成盘口，垂肩，圆腹，平底或假圈足。南朝时增加盖与托盘。隋、唐除青瓷外新添白釉器，造型基本沿袭南朝旧制。五代及宋、辽，恢复为盘口，扁腹，圈足，不过一般口径大于器腹，早期圈足外撇，腹饰莲瓣装饰。入明以后继续沿用，各朝略有变化，一直持续到晚清，侯后被灰槽所代替。

带系扁壶　壶式之一，特征是壶身扁平，肩腹部有系，便于穿绳提携。瓷质带系扁壶出现于东汉时

面平，长条状平底，造型风格与前朝完全不同，烧造地点有景德镇窑、龙泉窑、磁州窑。综上所述可以看出，带系扁壶名称相同，然而由于历史时代不同，形状各有差异，各个时期都反映了浓厚的时代特征。

142. 东汉青釉扁壶

143. 西晋青釉印花盘口壶

期，是仿铜器形状制作的。1986年浙江余杭反山出土的东汉青釉扁壶，为圆唇口，直颈，扁腹，长方形足外撇，上腹两侧有对称的衔环耳。西晋时壶体呈丰唇，直口，短颈，圆肩，肩部两侧各贴塑带翼鼠为系，壶腹扁圆，圈足为椭圆状。南北朝、唐、五代时期出现了一种带西域风格的扁壶。如1971年河南安阳北齐武平六年（575年）范粹墓出土黄釉瓷扁壶，敞口，短颈，肩两侧各有一带孔凸起为系。壶体扁圆，上窄下宽似核桃状，底部假圈足，扁腹两面印有胡人舞蹈图案。与此相似的扁壶还有唐三彩制品，所不同的仅是纹饰上的变化。辽宁省博物馆收藏辽暗黄釉印花穿带扁壶则带有北方游牧民族的特征，长方形口，短颈，扁圆形壶体，椭圆形圈足，周边有凹沟，共有6个系。与之相似的扁壶，在内蒙古和林格尔晚唐墓中也有发现。收藏于宁夏海原县文化馆的褐釉扁壶，蘑菇形口，短粗颈，壶体扁圆，周围有四系。元代四系扁壶，唇口外卷，短颈，溜肩，装有四系，腹侧垂直，腹

盘口壶 壶式之一。口沿上折，口形似盘，长颈，球腹，平底。造型源于西汉的喇叭壶，其时部分器物口颈转折处已呈现棱线，至东汉初棱线凸起，初具盘口，中期后定型。此器自东汉流行至初唐，器身由矮小向高大演变。肩部通常饰双系或四系，东汉为环形，三国、两晋呈桥形，隋以后渐成条状。

虎子 又称"械"，形若伏虎的一种器物，用途有水器与溺器两说。迄今发现最早的虎子为新石器时代良渚文化的黑皮灰陶器。呈茧式扁圆腹，绳梁，虎状圆臀有尾。此后的先秦墓中曾出土过漆、铜、陶质的虎子。瓷质虎子流行于三国、两晋、南北朝时期。早期造型呈卧虎状，昂首，张口，鼓目，四足屈蹲，背部提梁或若绳索式，或塑成一小型奔虎状，腹侧刻双翼。中期以后，造型渐趋简单，器身与扁罐相类，肩部有向上倾斜的直筒口，素身，极少装饰，至晚期虎首和四足逐渐消失。

144. 西晋青釉虎子

鸡首壶 出现于三国末年，流行于两晋至隋的一种壶式，因壶肩部塑鸡首形而得名，亦称鸡头壶、天鸡壶、罂。烧制鸡首壶的瓷窑主要有越窑、瓯窑，壶的造型与盘口壶相似，不同的是肩部一侧安鸡首，另一侧是鸡尾，前后对称。鸡首有空心、实心之分，前者多为实用，后者是冥器。三国末年的器皿较为少

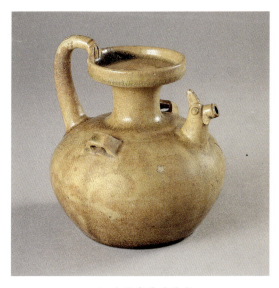

145. 东晋青釉鸡首壶

见。西晋时期的鸡首壶特点是壶身、壶颈比较矮，鸡首多无颈，鸡尾甚小。东晋壶体略高，鸡首有了颈部，鸡尾消失。取而代之的是略高于壶口的圆股形曲柄。东晋中、晚期在把手的上端饰龙首和熊纹，器形优美。1972年江苏南京化纤厂东晋墓出土青瓷鸡首壶，底部刻"罂主姓黄名齐之"，可知晋时称此类器形为罂。南北朝时期，壶体修长，鸡首的冠部较大，颈部细长，盘口增高。浙江绍兴南池乡尹相公山南朝墓出土一件鸡首壶，碗形口，下接细长的弦纹颈，肩部前有圆嘴的鸡首，后贴上翘的鸡尾，壶下有承盘。湖南曾出土龙柄三足壶，装饰与上述南朝墓鸡首壶相似。隋代的壶鸡首趋于写实，作昂首曲颈打鸣状，壶柄贴塑龙形饰。此外，还派生出羊首、鹰首或虎首壶。隋代以后，鸡首壶几乎匿迹。清代康熙时期，宜兴陶艺大师陈鸣远制有紫砂天鸡壶，直口，长颈，丰肩，肩一侧设鸡首形流，其风格与上述鸡首壶相似，是仿古作品。

鹰形壶 又称鹰首壶，属盘口式壶中的一种。江苏宜兴周墓墩西晋墓出土的一件，高17.5、口径10.5、底径11厘米，盘口，短粗颈，圆腹，平底。壶的肩部贴塑双目圆睁、尖喙下勾的鹰首。两侧有对称竖式双系。腹部两侧用简单的刻划纹表示鹰的飞翼，腹下部塑有鹰爪，另侧对称位置贴附鹰尾，着重刻画了鹰首部位和硕大的双翅。

羊首壶 壶式之一。流行于东晋时期。器形为盘口，长颈，溜肩，椭圆形腹，口与肩部有一曲柄。羊首装饰在壶的肩部与柄相对处。羊鼓睛凸目，双角卷曲，雕塑细腻。羊首壶曾出土于南京和平门外米家山东晋墓以及江苏丹徒、浙江绍兴等地区。

象首盘口壶 壶式之一，1959年出土于河南安阳隋开皇十五年（595年）张盛墓。盘口高而微撇，束颈，丰肩，椭圆形腹，腹部下收，足外撇，肩部有对称的四组条状系。壶流根部塑一象首，象耳向两侧展

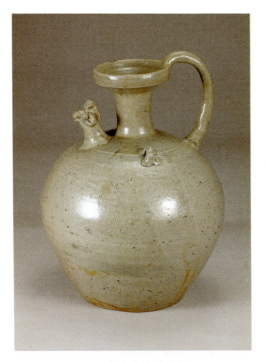

146. 东晋青釉羊首壶

开附在壶体上，高昂的象鼻为壶流，对称的一侧是隋代流行的龙首形柄，造型独特。其白釉略带青瓷特征，属白釉滥觞期的作品，是中国陶瓷发展史上珍贵的标本。

凤首壶 流行于唐代的一种壶式。又称龙凤壶。源于波斯萨珊朝金银器的造型，用龙凤纹作装饰，明显地融合了中国传统风格。北京故宫博物院藏有青瓷凤首龙柄壶，壶盖塑造成一个扁状高冠、大眼、尖嘴的凤头，与壶口恰相吻合，由口沿至底部装置一条螭龙形壶柄，龙头伸向壶口，前肢攀壶肩，后肢连底座，瘦长的壶身上堆贴着层层繁缛瑰丽的纹饰。唐三彩凤首壶造型更接近于萨珊朝金银器，凤冠作圆环状，有直口、撇口造型，中空。作为壶流的凤嘴有的张开，有的尖喙合并，两侧可向外流水。凤首后部恰似一束长羽披落在壶体肩部，巧妙地形成曲柄。广东广州瑞南路出土的唐青瓷凤首壶、印度尼西亚出土的唐白瓷凤首壶在器形上有较大的变化，凤冠做成花冠

状，凤首成为一种装饰而不再充作壶流，壶体呈球状，肩部有管状流，凤首后部与壶肩部有曲柄相接。唐代以后凤首壶基本上消失，元代偶有出现。1974年北京旧鼓楼大街元代窖藏中出土了一件青花凤首壶，小口，直颈，扁圆形壶体，椭圆圈足。仰首曲颈的凤首作流，凤尾卷曲作壶柄。壶腹绘展翅飞翔的凤纹。明宣德时期亦有一种以凤首作流、龙首为柄的执壶。元、明时期的凤首壶造型与唐代的凤首壶虽有明显的区别，但是受异域风格的影响应该是它们之间的共性。

龙凤壶 见"凤首壶"。

147. 唐青釉凤首龙柄壶

龙首壶 壶式之一，因壶流装饰成龙首形而得名，始于唐代，有陶、瓷制品。扬州博物馆收藏唐三彩龙首壶，用龙首作流，壶柄也塑成龙形。北宋定窑烧造的龙首壶，直颈，长圆瓜棱形腹，圈足，肩一侧贴附扁形曲柄，另一侧有直立龙首，龙颈雕琢细腻的鳞纹，龙口含有弯曲的短流，壶的形体秀丽。

双鱼壶 唐至五代时期流行的壶式之一。整体作并联的双鱼形，双鱼嘴为壶口，鱼体作壶身，鱼尾为

148. 唐梅县窑青釉鱼形壶

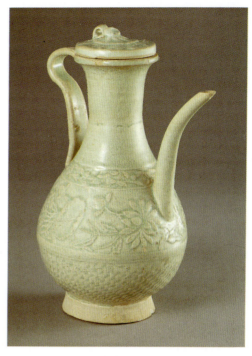

149. 南宋青白釉印花执壶

假圈足。鱼背脊间各有凹槽，槽上下两端贴有桥形系，可系绳，故又名双鱼穿带壶。陶、瓷质双鱼壶是受金银器影响后出现的新品种。唐代越窑青瓷和三彩陶制品较多。1983 年广东梅县出土唐代水车窑青釉双鱼壶，壶口外敞，鱼形腹，圈足仿鱼尾，肩部一侧装管形短流，双鱼之间有一凹槽，上下各设一系，足上部有穿孔，制作简练。1964 年河北井陉县出土五代时期的白釉双鱼穿带壶，虽然双鱼的基本特征均有细致的刻画，但与唐代相比，缺少了简练、生动的效果。

鹦鹉形壶　唐代出现的一种壶式，低温釉陶制品。1960 年内蒙古乌兰察布盟和林格尔县土城子墓葬出土。壶的外形是一只鹦鹉，立于喇叭形座上，后颈有一盘口，直颈，柄的一端依附壶颈弯曲于背部，鹦鹉腹部中空，喙为流，全身羽毛刻划细腻，生动而实用。

执壶　隋代出现的酒器之一，又称注子、注壶。

据唐李匡乂《资暇集》"注子偏提"条云："元和初，酌酒犹用樽杓。……居无何，稍用注子，其形若罍，而盖、嘴、柄皆具。"唐前期注子有盘口，短颈，鼓腹，圆筒形或六角形短直流，曲柄。唐晚期仅越窑烧造的注子样式就有 5 种之多。腹部多作瓜棱形，有短流、长流、曲柄、直柄等数种。五代至北宋，器身渐高，通体多压 4 至 6 条瓜棱，流渐趋细长微曲，曲柄高于壶口，平底变为圈足。器形修长秀美，并多有注碗相配，注碗稍大于注腹，因内盛热水用以温酒，又称"温碗"。习惯上对宋代的注子称为执壶。宋代壶式有 10 余种，腹部多作瓜棱形，器身趋于瘦长，流和柄上端高度相等，此外尚有兽流壶、提梁壶、葫芦式壶等。元代壶身多为玉壶春瓶式，弯流与壶颈之间以 S 形饰件相连。明、清之后，执壶造型增多，并多作茶具。

注子　见"执壶"。

提梁壶　始于北宋，流行于明、清时期的一种壶

151

式。北宋时期有耀州窑刻飞凤穿花纹龙流提梁壶，小口内敛，丰肩鼓腹，下部贴有三足，仰首张口的龙头为壶流，拱形提梁装于肩部，靠壶流一侧的提梁上骑一小猴。壶体设计精巧，构思新颖。定窑烧造的瓜形提梁壶比较多，壶口内凹，壶体作瓜棱形，提梁有缠绕的瓜藤式、藤编式等。提梁前部一般分为三股，每股附有模印花饰与壶体相连接。这种壶式在北方辽墓中出土比较多。重庆市博物馆收藏元代青白釉龙柄壶，造型别致，六棱形壶体上趴伏一曲体龙，龙首外伸作流，拱起的龙身为提梁，生动而神奇。明代提梁壶以万历时期的为代表，壶体有瓜形、球形、六棱形等式样，提梁有高、低之别；少数为窗柜式，或在壶肩部有双竖系，双系之间穿半环形金属提梁。

内管壶　始于宋、辽时期，流行于清代的壶式之一。因壶底中心有一通心管而得名。由于向壶内倒水需从底心管口倒入，又称倒灌壶、倒流壶、倒装壶。1968年陕西省彬县出土的耀州窑青釉剔花内管壶，是这种壶式的典型器，壶虽然有流、柄、腹体及圈足，但无口、无盖。壶上半部作双蒂式象形壶盖，顶端和一侧腹部有飞凤式提梁，另一侧贴塑母子狮，母狮张口作流，子狮在母狮腹中吸吮，壶底有一梅花形注水孔。清代内管壶多作桃形。

人首鱼龙壶　辽代的一种壶式，出土于内蒙古赤峰市巴林左旗，器形为人首鱼身，腹部两侧有翼，背上壶口作莲瓣形，鱼尾上翘。胸前有一龙首为流，人首脑后与鱼尾之间相连的曲柄作提梁，造型奇特，构思巧妙。

鸳鸯形壶　辽代三彩陶壶形式之一，1977年出土于内蒙古赤峰王家店辽墓。壶体作浮水鸳鸯形，鸳鸯背负敞口花瓣形壶口，壶口与鸳鸯尾部连有弧形花梗作柄，鸳鸯嘴部为流，腹下有假圈足。

鸡冠壶　辽代典型壶式之一，是摹仿契丹族使用的各种皮囊容器而烧造的，亦称皮囊壶。因壶的上部有鸡冠状的穿孔，故称鸡冠壶。又因形似马蹬，俗称马蹬壶。依据考古发掘的实物资料，经过排比研究，可知鸡冠壶大体分为5种形式，即扁身单孔及扁身双孔式、扁身环梁式、圆身环梁式、矮身横梁式，辨别

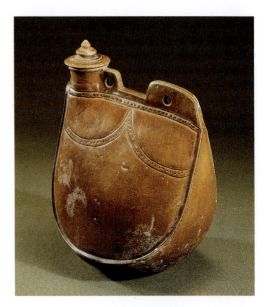

150. 辽酱黄釉鸡冠壶

鸡冠壶年代的早晚，通常采用的办法是以壶身保留的皮囊形象多少来区分。扁身单孔式，是辽代早期形式，壶体上扁下圆，肥身，上有竖直的管状口和鸡冠状单孔系，器身似两片皮页，下加圆底上加管口缝合而成。内蒙古赤峰大营子庆历九年（959年）墓出土的鸡冠壶就是这种类型的代表。扁身双孔式除自身保留着仿皮囊形象以外，在造型与装饰艺术方面更加精美，如在双系的部位贴塑攀附的猴等动物。有的壶底出现划刻"官"字款。鸡冠壶唐代就已经出现，陕西西安、河南新安等唐墓中均曾出土。

皮囊壶　见"鸡冠壶"。

多穆壶　元代创新壶式之一，由蒙藏民族贮放奶液的金属或木质器皿演变而来。器形为筒式，上收下敞。口部靠柄一侧有花冠形装饰，柄两端各有卷曲花

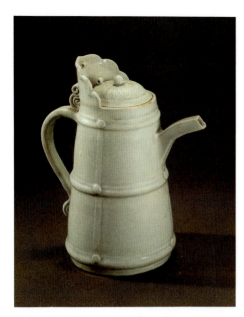

151．元青白釉多穆壶

饰，方式壶流，矮足，足脊宽平无釉。壶体上有仿金属箍和铆钉状装饰。1963年北京市崇文区元铁可墓出土的一件是国内仅存的完整器。

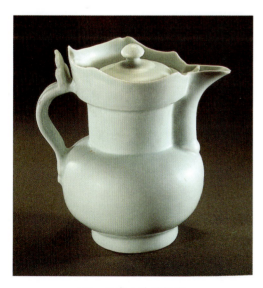

152．元青白釉僧帽壶

僧帽壶　一种壶式，因壶口形似僧帽而得名。壶口沿上翘，前低后高，鸭嘴形流，壶盖卧于口沿内，

束颈，鼓腹，圈足，曲柄。最早的僧帽壶为元代景德镇青白釉器，明永乐、宣德红釉及甜白制品最为珍贵，清康熙年间仍有仿制。元代僧帽壶形体敦实，壶颈较粗，壶流略短。明代造型秀美，各部位比例匀称，壶流比元代略长。清代壶颈略高，腹部略瘦，壶流略短于明代，没有明代优美，也不如元代制品敦实稳重。

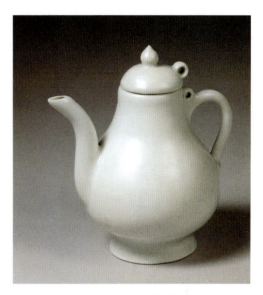

153．明永乐甜白釉暗花梨式壶

梨式壶　壶式之一，始于元代，流行于明，因形状似梨而得名。伞形盖，盖顶有宝珠钮，短颈，其下渐丰成下垂的圆腹，矮圈足，弯流，曲柄。从北京元代遗址中出土的青花梨式壶看，其特点是颈部较细，腹部硕圆，平底。北京丰台区出土的洪武时期梨式壶腹部略瘦，腹下部明显内收，圈足外撇，足边垂直，足内较深。江西景德镇御窑厂遗址出土永乐壶颈较粗，圆腹，圈足向外侈，整体造型端庄。宣德时期，壶腹略短，圈足增高。颈与盖上的宝珠顶比永乐略大。成化时期除继续沿用传统形式外，在壶盖顶部出现微小的变化，增添平盖形式。此式影响到正德时期，清康熙时期亦有摹拟之作，其器挺拔肥硕，唯柄

曲线欠流畅。

154. 明永乐大扁壶

大扁壶 壶式之一，明永乐时期创烧。小直口，颈部凸起一棱，并有一小系，有盖。壶身为立扁圆形，正面微鼓，中心有圆形凸脐；背面平坦，中有相应的圆形凹脐。底部为弧面。左右肩部各有一活环系。均为青花制品。正面凸脐上多绘八角星纹，外围有的绘缠枝莲，边缘为海水纹，侧壁一周绘缠枝莲纹。背面无纹饰。器形仿西亚金属器皿，其用途有待考证。

莲瓣壶 壶式之一，流行于明代宣德时期。器形为直口，溜肩，圆腹，前有直流，后有曲柄，腹部有4层凸起的仰莲瓣纹。器表施有祭红釉，红色鲜丽匀润，造型宛如一朵怒放的莲花。

字划壶 亦称字形壶，清代康熙时期出现的一种壶式。壶体为立体的汉字形，多做成福、禄、寿三字，笔划间雕镂透空。

茄式壶 清康熙时期景德镇窑烧制的壶式之一。小口，颈部细长向一侧弯曲，腹呈长圆球状，似长茄形，圆底施釉，故放置不稳。据此分析，茄式壶可能是陈设品。

鼻烟壶 又称烟壶，盛放鼻烟的器皿。鼻烟壶于明晚期由西方传入我国，清朝英文音译称拿乎薄土或士拿乎巴突卢。明代晚期，中国尚无专用鼻烟壶，只用废弃的药瓶代替。鼻烟壶始创于清康熙朝，由宫廷造办处设计试制。专用鼻烟壶的特征是，壶口较小，使烟的气味不易外泄。腹部扁圆，容积加大，壶盖带一小勺，伸入壶内。乾隆朝以后所制瓷质鼻烟壶形式繁多。

盉壶 乾隆时期景德镇窑烧制仿青铜器形状的一种壶式。直口，圆腹，直流，曲柄，腹下承四柱状足。据《乾隆记事档》载，乾隆三年（1738年）命唐英烧造仿宣德窑青花高四足茶壶，即为此壶式，后世延续制作至道光年间。

155. 清康熙青花贲巴壶

贲巴壶 壶式之一，流行于清代，由藏族金属制品演变而来。器形为洗口，束颈，球形腹，高足外撇，腹部有龙首形流弯曲向上，无柄，是一种祭祀用品。

瓮 陶质容器。小口，丰肩，硕圆腹，小平底，无耳，形制巨大，一般高度在 50 厘米以上。新石器时代彩陶中已常见，汉代十分流行。因为多是民间盛装粮食或酒的实用器皿，所以制作大都较为粗放。

釜　陶质炊器，功能相当于现代的锅。早期的釜多为夹砂陶制品，器形为敛口，扁腹，折腰圜底。新石器时代仰韶文化、河姆渡文化、马家浜文化遗址中都有出土。春秋至汉代中原地区所制，多作折沿或卷沿，腹部为半球形，圜底，有的底部饰绳纹或麻布纹。

平底碗　又称实足碗，碗式之一，东汉至唐均可见到。其平底是在制坯过程中对碗足部采用平切工艺制成。东汉时平底碗的平底微向内凹，碗形有半球形和口沿内敛两种，腹上部鼓，下部内收。三国时期的平底碗内有叠烧支钉痕。西晋碗口较大，腹浅，小平底。东晋碗底出现足台，平底宽大。南朝时足台明显，此式一直沿用到唐。

玉璧底碗　碗式之一，流行于唐代中、晚期。碗足部为璧形，中心内凹，足圈较宽。足中心内凹处有不施釉和施釉之分。烧造玉璧底碗的瓷窑有邢窑、定窑、巩县窑、越窑、长沙窑、浑源窑、柏井村窑等。

四出碗　碗式之一，唐代比较流行。四出是指碗口部有四处下凹而形成四瓣花边状。通常下凹处的腹内壁都有凸起的竖向线纹，好似花叶的茎脉。

笠式碗　碗式之一，又称斗笠式、凉帽式、草帽式碗，五代、宋以来流行的一种器形。大敞口、斜直腹、小圈足，似倒置尖顶斗笠，清康熙时期为宽口沿外撇，圆腹，圈足较大。

葵口碗　碗式之一，北宋以来较为常见，因碗口沿为四、六、八瓣葵花式而得名。宋代葵口碗一般作六瓣，如宋官窑烧制的粉青釉碗，敞口，腹部略有弧度，小圈足。明永乐甜白釉印花碗，口作六瓣式，敞口，小足。清乾隆仿官窑葵花碗作八瓣形。

诸葛碗　又称孔明碗，宋、明时期常见的一种碗式，始见于北宋龙泉窑刻花器。造型为敛口，弧腹，圈足。底与碗心呈双层夹空，底面有孔与空腹相通。此独特造型，源于"三国"的传说：诸葛亮六出祁山，司马懿屡遭败绩，困守不出。亮修书遣使赠巾帼衣物以羞辱之。据使者回报，懿阅札受礼不怒，却详询丞相寝食办事之繁简，继言："食少事烦，其能久乎。"亮为惑敌，乃于对方来使刺探时，用双层碗进餐，明示食可盈碗，实仅上层有饭。后世遂称此种双层碗为诸葛碗，亦称孔明碗。用途为供器。龙泉窑烧造数量最多，明、清景德镇也有烧制。

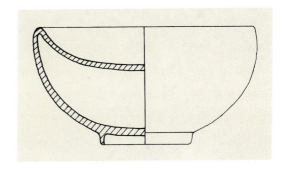

156. 明弘治诸葛碗

卧足碗　碗式之一。金代开始流行。1980 年北京丰台金墓出土有耀州窑刻花卧足碗，形式为唇沿直口，平底中心内凹，底足无釉。

折腹碗　俗称折腰碗，元代流行的碗式。器形为敞口，腹内削，腹底向内平折，小足。景德镇元枢府釉器较为常见。除此之外亦有青白釉、青花等品种。

鸡心碗　碗式之一，流行于明永乐、宣德时期。敞口，深腹，内底下凹，外底凸出似鸡心状，小圈足。有大、中、小之分。釉彩品种多为白釉、青花两种。清代雍正、乾隆时多有仿制。

宫碗　特指明宣德时期创烧的一种碗式。口沿微外撇，腹深而宽阔，圈足。这种器形多以青花作装饰，并历代相传。正德时烧制量增大，因此又有"正

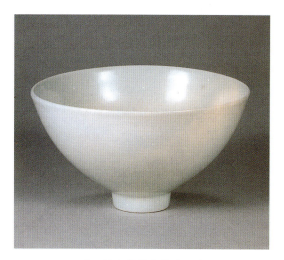

157.明宣德甜白釉鸡心碗

德宫碗"之称。当时民窑都竞相仿制。

盉碗 亦称合碗，明宣德时景德镇窑已有烧制。器形为撇口，直壁，折腹，下腹部有两道凸起的弦纹为饰，上覆圆顶盖。盖内与碗心有青花对铭款，字体有楷书、篆书两种。清代盉碗盖钮多作蹲兽式。

骰子碗 俗称"骰盔子"，碗式之一，因与旧时赌博用具相似而得名，明宣德时期景德镇烧制。器形为平沿敞口，浅弧腹，圈足，胎体厚重。器内素白，器外多为青花或洒蓝釉装饰，署款位置或于外口沿下，或于器内底。

攒碗 明万历至清代流行的一种成套组合餐具，见"攒盘"。

净水碗 佛教供器，为明末清初常见的器形。口微侈，圆腹下收，假圈足。净水碗常配有瓷质器座。座呈洗口，长颈，溜肩，收腹，下部外撇，平砂底，颈侧置对称兽耳。瓶与座相配，俗称"海灯"，但传世品往往失其一，不能配套。散存器座多据其器形式样称为"号筒尊"或"洗口兽耳瓶"。

盖碗 带盖的小碗，茶具，流行于清。清康熙时期盖碗器形有撇口折沿式、敞口式两种。二式器腹均下收，圈足。盖径多小于碗口径，扣于碗口内，少数

盖大于碗口，俗称天盖地式。胎质有瓷胎和宜兴紫砂陶胎两种，常见青花、粉彩、珐琅彩及其他单色釉等品种。

八方碗 碗式之一，流行于清代。器形作八方形，有敞口、敛口二式，碗腹多内收。雍正时期有直腹内收式。

扎古扎雅木碗 仿西藏喇嘛教木质碗形制烧造的一种碗式。侈口，弧腹，器壁较浅，拱璧足底，内外施木釉。为清代乾隆朝的独特造型。

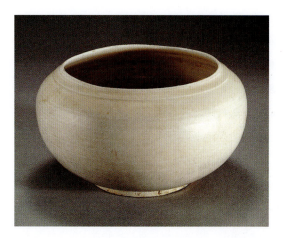

158.唐定窑白釉钵

钵 盛储器，因形状似僧人食器而得名，有陶、瓷制品。基本造型为敛口，鼓腹，平底。陶钵始见于新石器时代。河北武安磁山文化遗址发现深腹圆底三足陶钵。山东滕县北辛龙山文化遗址发现敞口斜腹平底钵。西安半坡仰韶文化三角纹彩陶钵作敛口深腹式。河南郑州大河村遗址出土的彩陶钵，敛口，鼓腹，腹下部较高且内收，小平底。甘肃马家窑文化有双耳彩陶钵。东北地区沈阳新乐遗址1978年出土的陶钵敞口，口沿有一道凹槽，腹内收，下承以柱式高足。商周时期白陶、印纹硬陶、原始青瓷制品中都不乏钵形器皿。东汉至南朝瓷钵更为丰富，许多是在纪年墓葬中发现的。1956年陕西西安唐段伯阳墓出土

的白瓷贴花高足钵精美华丽，风格受金银器影响。1987 年湖南长沙桃花仓一号墓出土的唐定窑白瓷钵，敛口，鼓腹，圈足，胎薄体轻，釉白细腻，为稀有珍品。宋元以后钵的形状多为敛口，圆腹，腹下内收，底足或平或圆。

盘　食具，有陶、瓷制品。器形一般为圆形，敞口，浅腹，平底。陶盘在新石器时代文化遗址中经常发现。器形有敞口浅腹平底盘、侈口浅腹三环足盘、镂孔高足盘、敛口浅腹高圈足盘、折沿六角盘等。夏代二里头文化早期出土的灰陶盘，口微侈，浅腹，平底，下有三瓦状足。东北地区夏家店文化中有假圈足陶盘。西周时期原始青瓷盘为敞口，浅腹，直圈足。春秋战国时期原始青瓷盘的式样很多。东汉以后，瓷盘直径较大，器形与原始青瓷盘十分相似，通常用作耳杯的托盘。西晋以后，瓷盘成为食具中的主要品种之一，依据不同用途需要，历代烧造式样不断增加，造型更为丰富，出现撇口、敛口、弧腹、折腹、圈足深浅等不同形状。

7 个不等的支烧痕迹，下承以空心喇叭状高足。清朝雍正时亦有烧制。

海棠式长盘　辽瓷典型器之一，全器若海棠花形，盘面较扁长，折沿，浅腹，平底，多以三彩印花装饰。瓷制品源于木制餐具。这种器物也常见于辽墓壁画。

方碟　辽瓷独特器形之一，源于契丹人木制餐具。器呈花口方斗式，器壁斜直外侈，平底粗涩。有三彩和白釉刻、印花，花纹装饰富有民族特色，为辽代贵族宴饮用具之一。

攒盘　始于明代万历朝，延续至清末的成套餐具。以分割成数件的盘或碗相攒组合为一个整体，故名攒盘或攒碗，又称全盘、全碗。用以盛装不同的小菜或果点。按其件数区别，又称为"五子"、"七巧"、"八仙"、"九子"、"十成"。外部多以各种质地的套盒相盛。

160. 清乾隆粉彩攒盘

159. 辽三彩海棠式长盘

高足盘　盘式之一，南北朝、隋代瓷器中常见的品种。器形有大、中、小之分。形式为浅盘式，口沿外撇，盘心平坦，常有阴线圈纹，留有 3 个、5 个或

鸭池　清嘉庆时期创新的器形，流行于晚清。器的上部为海棠式托盘，下连高足。托盘腹深者名为鸭池，腹浅者为鱼池，均系饮宴间餐具。

鱼池　清嘉庆时期的一种餐具。见"鸭池"。

直筒杯　一种杯式。新石器时代的许多文化遗址

中即已出现直筒杯。春秋时期原始青瓷直筒杯，在江西、浙江、江苏常有发现，到唐代更广为流行。

器形仿青铜器式样，用于陈设或祭祀。

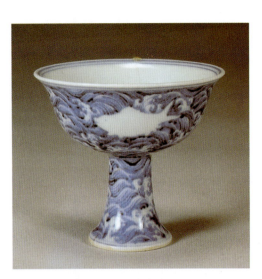

161. 明宣德青花高足杯

高足杯 杯式之一。撇口，弧腹，下承以高足若把柄，故俗称"把杯"。因执于手中便于在马上饮酒，又名"马上杯"。用于佛前供奉者，称"净水碗"。有陶、瓷质之分。陶质高足杯以龙山文化黑陶高足杯最为著名。瓷质高足杯始见于隋、唐，源于同时期的金银器，明显受到西亚文化的影响，后成为元、明、清时期流行的器形。景德镇窑、龙泉窑、德化窑、钧窑、磁州窑、耀州窑、霍县窑、介休窑等处都大量生产。元代的高足杯，垂腹多较浅，足高长，且有八方、转心、竹节柄各式。1980年江西高安窖藏出土的元代釉里红彩斑高足杯，杯底有上小下大的圆锥状榫嵌入圈足内，圈足上方有微内收的榫，能使杯旋转。明以后的高足杯又增加菱花口式。

把杯 见"高足杯"。

爵杯 酒具。夏、商、周时代盛行陶质或青铜质的爵，明清瓷造型多仿古之作，福建德化、浙江龙泉、江西景德镇等窑均曾烧制瓷爵，俗称"爵杯"，

162. 元蓝釉金彩爵杯

提柄式杯 战国时期原始青瓷杯式之一。杯体近似直筒形，小口，折肩，腹下略大，平底下有足。一侧有方棱形曲柄，柄上部与肩相连后向外折，下端与腹底相连。东吴时期亦有提柄式杯，作筒式，一侧附竖式提柄，柄端高于杯口，造型秀美。

耳杯 亦名"羽觞"，杯式之一。椭圆形，浅腹，平底，口缘两侧对称置新月形板耳，故名，为战国晚期创制的饮酒器。陶制品多见于汉、晋，造型、纹饰源于秦、汉时的青铜器与漆器，有彩绘陶与绿釉品种，均为冥器，常与托盘配套。

鸽形杯 西晋青瓷杯式之一。杯体呈圆形，一侧贴塑昂首、展翅飞翔的鸽子，另一侧有宽而上翘的柄，形状酷似鸽尾。

双联杯 流行于唐代的一种杯式。杯作敞口，收腹，圆底，双杯并联，腹下部有孔相通，联接处有羊首纹饰，一侧附柄。

海棠杯 杯式之一，流行于唐、五代时期，是仿同时期金银制品烧制的器形，因造型似海棠花而得名。1978年浙江省临安县晚唐水邱氏墓出土有白釉

"官"字款海棠杯。器形平面近似椭圆，四瓣海棠花式敞口，腹部下收，喇叭形高圈足。

公道杯 又称"平心杯"，一种杯形，始见于辽代缸瓦窑产品，元青花中亦有，流行于明、清时代。杯多撇口，垂腹，圈足；杯中立一人形，体内空心瓷管通于杯底小孔，瓷管口端与杯沿等高；立人足下与杯衔接处又有一暗孔。当杯中酒位高于管口，酒即随杯底的漏水孔一泄而出。所以在酒宴中，进酒者只能给饮者注等量的酒，因此称其为公道杯。此杯系以物理学中的虹吸原理制成的，有提倡满损谦益的教化作用。

163.明永乐青花压手杯

压手杯 明代永乐朝景德镇御窑厂创制、为皇室内廷所垄断的一种杯式。器呈撇口，弧腹，圈足，足底外沿凸出一条棱线。手持时器口恰合于拇指指节，并因器壁自口沿而下胎体渐厚，托于手心有凝重之感，故名。明人谷应泰《博物要览》记载："压手杯，坦口折腰，沙足滑底。中心画双狮滚球，球内篆大明永乐年制六字，或四字，细若粒米，此为上品。鸳鸯心者次之，花心者又其次也。杯外青花深翠，式样精妙，传世已久，价亦甚高。"压手杯因弥足珍贵，后世仿品甚多，传世真品寥寥，多为四字款识。

马蹄杯 明、清时期流行的一种杯式。敞口，斜削腹，内凹小平底，倒置似马蹄。明成化、嘉靖、清

康熙、雍正时期烧制的数量最多。明代马蹄杯有洒蓝、回青、孔雀蓝、白釉等品种。清代多作斗彩。

164.清雍正粉彩铃铛杯

铃铛杯 亦称仰钟杯、金钟杯、磬式杯，杯式之一，流行于明、清时期。杯口外撇，深腹，圈足，倒置似铃铛。明成化、嘉靖、万历时铃铛杯有白釉、斗彩、青花等品种。清康熙、雍正时则有青花、五彩等。

鸡缸杯 明代成化朝御窑厂创制的一种杯式。器呈撇口，敛腹，卧足；外壁以斗彩绘雌、雄鸡相伴护雏觅食图，画面衬以山石、花草，色泽鲜亮而柔和。鸡缸杯曾十分名贵，据明《神宗实录》载："神宗尚食，御前有成化彩鸡缸杯一双，值钱十万。"明代嘉靖御窑最先仿制，庶几乱真，但署本朝年款。清代以康熙、雍正两朝御窑仿制最佳。乾隆朝杯身加高，画面中题有乾隆帝御诗《鸡缸歌》。

方斗杯 流行于明代嘉靖时期的一种杯式，因形似方斗而得名。古时制作方形器，不似圆器那样能利用陶车的旋转，直接拉坯而成，其工艺比较特殊，需要将坯泥制成片状粘接而成。由于工艺复杂、技术局

限，嘉靖时期方斗杯多不规整。清康熙时期，出现一种提梁式方斗杯。杯内有一横梁，将两侧内壁连接起来，由此加强了方斗杯在烧制过程中的强度，使器形十分规整。

卧足杯　明、清时期流行的一种杯式，因杯底无圈足，呈内凹的卧足而得名。有白釉、青花、五彩、粉彩、墨彩等品种。

套杯　多见于清代雍正至道光时期。撇口，敛腹，浅足。器倒置如同马蹄，大小 10 个为一组，依次套叠合成一体，故名。

165.唐越窑青釉盏

盏　盛装茶、酒的小碗或杯。汉扬雄《方言》云："盏，杯也。……自关而东赵魏之间曰椷，或曰盏。"东晋、南朝时期，江南饮茶之风渐盛，出现了专用的青瓷茶盏，造型为直口，深弧腹，饼形实足，有的与盘形盏托配套使用，有的盏与托连成一体。唐代茶盏以越窑青瓷和邢窑白瓷器为代表，器形均为撇口，斜直腹，玉璧形圈足，邢窑盏口沿有一道较厚的唇边。宋代点茶之风甚盛，流行使用建窑黑釉盏，造型为口微敞，深腹，小圈足，其中黑釉中有兔毫、鹧鸪结晶斑纹的格外珍贵。宋、元吉州窑、磁州窑等许多窑口也仿制黑釉盏，唯器腹造型略有区别。宋代另有一种斗笠形盏，敞口，斜直壁，尖底，小圈足，定窑、龙

泉窑、景德镇窑皆有此器形。汝窑还烧制青釉带托盏，盏托为花瓣形，制作十分精致。明、清继续沿用带托盏，但盏托造型时有变化。此外，明清饮酒用的高足杯也俗称"把盏"。

166.宋青白釉莲瓣盏托

盏托　放置茶盏的托盘，是与盏配套使用的一种茶具。所见最早的文字记载是唐人李匡乂的《资暇集》，言"茶托子""始建中（780～783 年）蜀相崔宁之女"。然据出土资料，瓷质盏托始见于东晋、南朝时期，皆为青瓷器。常见器形为圆盘形，饼形足或圈足，为固定盏足，盘心有的做成圆形凹槽，有的凸起一周托圈，还有的盏托与盏连成一体，这种器形唐代仍偶有所见。晚唐定窑、宋代汝窑、定窑、钧窑等窑口均烧制盏托，盘心托圈普遍加高，盘沿除圆形，还有花瓣形。钧窑还烧制一种托圈下通透无底的盏托。明代洪武年间盏托开始有青花或釉里红等新品种，口沿多为菱花形，外径加大，托圈较浅。清代盛行使用盖碗，有的仍带托盘，称为茶船，造型多似浅碟，与古制相仿。雍正官窑生产一种青釉无底盏托，托圈高而内敛，接近盂形，属仿宋代官窑旧制。

瓯　宋代流行的一种饮茶器，造型为敞口，斜直壁，小圈足，形似斗笠，形体比盏大。品种多为白瓷或青白瓷。据宋程大昌《演繁露》载："东坡后集

《从驾景灵宫》诗云，'病贪赐茗浮铜叶'。按：今御前赐茶，皆不用建盏，用大汤氅，色正白，但其制样似铜叶汤氅耳。"

折沿盆 盆式之一。早期制品有出土于南京三国孙吴时期的青釉盆，唇式口外折，浅腹，腹部下收，腹部两侧有铺首纹，平底。宋、元时期烧制折沿盆的窑场较多，有绿釉、白釉、白地黑花等品种，折沿一般比较宽，浅腹，平底，腹部不再有铺首纹装饰。北京元大都、河北乐亭等地出土元白釉鱼藻纹盆，器形硕大，浑圆厚重，盆口平折，腹部向内收，平底。明、清两代盆口有折沿、倭角八棱、沿口外敞等不同形式。

167. 西汉彩绘陶鼎

鼎 煮食物用的陶质炊具，以夹砂陶制作。器形大多为圆形腹，带盖，双耳，三足。最早的鼎见于新石器时代河南新郑裴李岗和河北武安磁山遗址，仰韶、大汶口、龙山、屈家岭、马家浜、良渚等文化遗址中也都有发现，夏代二里头文化和商代早期也普遍使用。鼎的形制根据地域差别与时代早晚略有变化。如仰韶文化有釜形鼎、罐形鼎，鼎足有柱足、锥足之分，庙底沟类型还有形制独特的鹰鼎；大汶口文化依次有釜形鼎、钵形鼎、折腹罐形鼎、篮纹鼎；马家浜

文化有锥足鼎、扁足釜形鼎；屈家岭文化有球腹锥形或凿形足鼎、双腹盆形鼎；良渚文化的鼎足为鱼鳍形或断面呈丁字形；二里头文化早期有单耳锥足鼎，晚期则逐渐以鬲取而代之。商周时代，鼎多为青铜制品，战国至汉代，出现铅釉陶和原始青瓷鼎，多作随葬品，部分陶制品有彩绘装饰。西汉中期鼎的腹面出现两个并列的圆眼形凸起，晚期演变为兽面纹。明、清时期江西景德镇和福建德化窑仿商周青铜器制作出瓷鼎，成为高档的陈设瓷。

罐形鼎 陶质鼎式之一，炊器，因腹部作罐形而得名。新石器时代仰韶文化、龙山文化、夏、商、周至汉代都曾制作。战国以后，仿青铜礼器式样，敞口，罐形圆腹，底或圆或微平，两侧有对称的双耳，腹下有马蹄形三足，盖上附钮，以子母口与器身相扣合。

盘形鼎 鼎式之一，炊具，陶制品，因器身似盘形而得名。距今 6000～4000 年的新石器时代马家浜、大汶口等文化遗迹中均有发现。战国时期造型多为仿青铜礼器形式，敞口，折沿，器身似盘形，有半环形耳，平底，三足外撇。

釜形鼎 春秋、战国时期出现的一种陶质鼎式，器形为半环形耳，器身似釜，平底，圆柱形三足。

兽首鼎 春秋、战国时期出现的鼎式之一，仿青铜礼器，陶或原始青瓷制品，江南地区出土较多。北京故宫博物院收藏的原始青瓷兽首三足鼎，器形为广口，窄沿，浅直腹，平底，兽蹄形三足，口沿一侧贴塑有直立的兽头，与之相对一侧贴短尾。兽首高昂，双目外突，额上有双角。在兽首与尾之间，有对称的长方折边立式双耳。

峰形耳鼎 春秋、战国时期出现的陶质鼎式之一。口沿平折，上贴山峰形竖耳，浅腹，平底，圆锥形足微向外撇。

尊 陶瓷容器，亦作祭器，在商周时专作酒器。

168. 春秋晚期兽形陶鼎

169. 清乾隆釉里红朵莲纹尊

黄河流域、长江流域新石器时代大汶口文化、龙山文化、马家浜文化、良渚文化遗址中均有出土，多为泥质陶器，形状为敞口、折沿、圆腹、圆足外撇。商代以后的尊又增加印纹硬陶、原始青瓷制品。商朝中期

原始青瓷尊为侈口，粗颈，折肩，腹部下收。安徽屯溪西周墓出土的尊口部呈喇叭状，腹部较小，底足增高，造型宏伟。南北朝的青釉莲花尊器身加高，形体变得清秀，腹部贴塑莲瓣纹，十分精美。装饰瑰丽的瓷尊应首推 1948 年河北景县北朝封氏墓出土的 4 件仰覆莲花尊，器形为喇叭口，长颈，椭圆腹，高圈足外撇，器身塑出多重莲瓣装饰，最大的一件通高 63.6 厘米。北宋后期，汝窑、钧窑、官窑等烧制的尊专供宫廷陈设所用。汝窑、定窑、龙泉窑尊仿汉铜尊形式烧制，敞口，圆筒形器身。到了元代，瓶壶类品种繁多，尊逐渐失去了实用器皿的作用，但明、清时期有些大型、敞口的瓷瓶，习惯上也称为尊，景德镇窑烧制尊的品种很多，有观音尊、石榴尊、鱼篓尊、无挡尊等。

大口尊 尊式之一。陶瓷容器，流行于西周以前。陶质大口尊在新石器遗址出土很多。其中陕西神木石峁村龙山文化遗址出土的夹砂灰陶尊唇沿敞口，深腹，似两敞口筒式杯上下套接而成。腹中部有一道台阶式痕迹。甘肃武威皇娘娘台齐家文化遗址中发现的陶尊折沿敞口，腹自口部斜线内收。1974 年内蒙古敖汉旗南台地出土的彩陶尊，口沿外侈，粗颈，鼓腹，腹部有对称的环状双耳。东北地区夏家店文化中有大口沿外敞，折腹内收式尊。商代中期大口尊有敞口、凸圆肩，口部略大于肩部，深腹和大敞口、肩微凸或无肩深腹几种。商代的大口尊多用作炼铜的坩锅。商代晚期，陶质大口尊逐渐少见，原始青瓷大口尊从商代中期始见，河南郑州分别于 1954 年、1971 年出土的原始青瓷大口尊，造型为敞口、束颈斜肩折腹式。1959 年安徽屯溪出土的西周原始青瓷大口尊作喇叭形口，粗颈，鼓腹，高足外撇。东汉以后瓷质大口尊少见。

莲花尊 南北朝时期的一种青瓷尊，是顺应佛教盛行而产生的器形。造型呈侈口，长颈，溜肩，鼓

170. 北朝青釉仰覆莲花尊

腹，外撇高圈足，肩部均匀分布6个直系。器身布满堆塑的上覆下仰层层莲花瓣，莲瓣丰硕而高凸，其间还贴塑飞天与宝珠纹。全器造型宏伟，装饰瑰丽，艺术水平相当高。

盖尊 带盖的尊。南北朝、隋代墓中出土的尊常配有盖，但盖尊之名并不意味着一种特有的器形，器盖附属于各种不同的尊式。如1956年出土于湖北武汉武昌的南朝青釉莲花尊、1972年出土于江苏南京麒麟门外林山梁代墓的青釉仰覆莲花尊和1948年河北景县北朝封氏墓出土的青釉仰覆莲花尊，均属带盖莲花尊。山西寿阳北齐库狄回洛墓出土的黄釉贴花莲瓣纹尊则属另一种器形，尊作僧帽式，敞口、短颈、弧腹、矮足。隋代张盛墓出土的白瓷贴花兽耳衔环带盖尊作凹形盖，桃形钮，敞口，长颈，鼓腹，高足外撇，腹部贴饰一周兽面铺首。

双螭尊 或称双螭瓶，创始于北朝，盛行于隋、

唐。呈盘口，长颈，溜肩，长腹，平底。从口至肩置对称双螭柄。另有单口双腹并联式，自铭"传瓶"。参见"传瓶"。

橄榄尊 又称"橄榄瓶"，尊式之一。北宋时始烧，如收藏于北京故宫博物院的河南登封窑珍珠地刻划双虎纹尊，小撇口，束颈，腹部长圆微鼓似橄榄形，底与口大小相近。清康熙、雍正时期流行另一种橄榄尊。收藏于首都博物馆的清雍正青花橄榄尊，喇叭式口，细颈，圆腹，尊的上部比腹下部略长，圈足。收藏于北京故宫博物院的雍正珐琅彩松竹梅纹瓶，口部微侈，粗颈，弧腹，圈足，造型亦略似橄榄状。

扉棱尊 又称"出戟尊"、"出戟瓶"，尊式之一，北宋始烧，流行于明，初为北宋钧窑为宫廷所烧制的仿青铜器陈设品。造型为敞口，颈部内收，折肩，鼓腹，下接喇叭形圈足，颈、腹、足四面有扉棱。元代景德镇烧制的青花尊，仅腹部四面饰有扉棱。明正德以后有些尊的颈、腹、足四面饰对称的扉棱，万历朝则有六面饰扉棱的。

出戟尊 见"扉棱尊"。

鱼篓尊 尊式之一，器形似鱼篓，明代初期与清代初期均有烧制。前者作盛储器，后者作高档陈设品。明永乐器特征为直口，溜肩，鼓式腹，弧形圆底。宣德时期所烧，敞口，斜肩，圆腹下收，圈足。清雍正、乾隆年间制品着意仿竹编鱼篓，形状为盘口，束颈，扁鼓腹，平底。

无挡尊 尊式之一，流行于明永乐、宣德时期。平沿，圆口，筒腹上下通透，底沿扁平与平沿呼应。器形明显带有异域风格，亦有人称之为器座。清康熙、雍正、乾隆三代均有仿品。

石榴尊 尊式之一，始见于明宣德时期，流行于清代。器形似石榴果实，通体由纵向凹曲线分为六瓣形，口部外卷，短颈鼓腹，圈足外撇，台阶式底。清康熙、雍正、乾隆时期制品水平尤高。雍正时期石榴

171. 明永乐青花无挡尊

172. 清雍正白釉暗花石榴尊

北京故宫博物院的仿古铜彩双牺尊，造型为撇口，短颈，丰肩，腹部下收，圈足外撇，肩部饰对称的回首立羊耳。

摇铃尊 清康熙时流行的尊式之一。造型为小口，细长颈，丰肩，弧形或筒式腹，浅圈足，似长柄的铜铃。

173. 清康熙豇豆红釉太白尊

太白尊 又称太白坛、鸡罩尊，清康熙官窑典型器物之一，因摹仿诗人、酒仙李太白的酒坛，故名。又因形似圈鸡用的竹罩，还有"鸡罩尊"之称。造型为小口微侈，短颈，溜肩，腹部渐阔呈半球形，浅圈足旋削得窄小整齐。腹部多浅刻团螭图案。后世仿品器形规格与真品相比非大即小，纹饰过于生硬。

琵琶尊 流行于清代的一种尊式，陈设品。器形似弦乐器琵琶，洗口，束颈，弧腹，腹下部较大，圈足为宽窄不同的二层台式。有的琵琶尊颈部饰对称的兽面双耳。

如意尊 清雍正时流行的尊式之一，因装有如意形耳而得名。尊上部呈钵式，颈部较细，有凸起弦纹，下部丰满浑圆，两侧有对称的如意式双耳。

络子尊 又称"网络尊"，清雍正、乾隆时流行的一种尊式。器作撇口，短颈，圆腹，假圈足，腹部贴塑凸起的网络纹。民国时期多有仿制。

尊除继续烧造宣德器形，还有一种作外撇五瓣式花口，束颈，腹部浑圆，浅圈足。

双牺尊 明弘治时期出现的一种尊式，敛口，短颈，溜肩，腹下部斜收，平底。肩部有对称的兽耳为饰。此种尊在清雍正、乾隆时期也有烧制。如收藏于

174.清康熙郎窑红釉琵琶尊

苹果尊 形似苹果的瓷质容器。侈口，短颈，器口颈若果蒂，下凹于圆腹之中。丰满圆润，为清代康熙朝独有器形之一。

175.清康熙釉里红加彩马蹄尊

马蹄尊 肇始于清代康熙朝的器形。器身似马蹄形，唇口，溜肩，斜腹渐放，浅圈足，足背窄细。有

的敛口溜肩，器腹略高，浅圈足。多用于文房，故又称"马蹄水盂"。

观音尊 撇口，束颈，溜肩，敛腹修长，至底外撇，若观音菩萨亭亭玉立，故名，为清代康熙独特器形之一。又称"观音瓶"。

鹿头尊 收口，腹上敛下垂，夔耳，倒置器身若鹿头或牛头，故称之为"鹿头尊"或"牛头尊"。始见于清康熙，至乾隆朝盛行。当时粉彩器多以青绿山林为景，绘十鹿或百鹿奔跑、穿行于山林之中，故亦称"百鹿尊"。青花器多绘缠枝莲纹，以青莲谐音"清廉"，因而又名"青莲尊"。

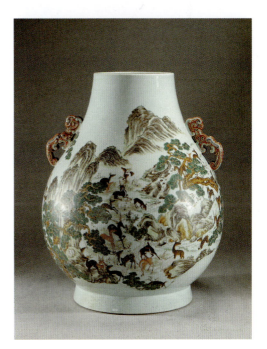

176.清道光粉彩百鹿尊

百鹿尊 见"鹿头尊"。

牛头尊 见"鹿头尊"。

莱菔尊 清代康熙朝独特器形之一。侈口，细颈下饰双弦纹，丰肩，长腹下敛，假圈足，足脊窄细，形若莱菔，即萝卜，俗称"萝卜尊"。

簋 陶或瓷质盛器，功能相当于大碗。早期一般

165

177. 清康熙豇豆红釉莱菔尊

178. 商代陶簋

的青瓷窑依然烧制瓷簋。

罍 商周至汉代的盛酒或盛水器。质地有灰陶、白陶、印纹硬陶、原始青瓷和青瓷制品。常见器形为小口，短颈，丰肩，深腹，平底。肩部两侧有双鼻，西周后期多无鼻。商代原始青瓷罍多为敛口，深腹，圜底，至西周起演变为低领折肩，下附圈足。

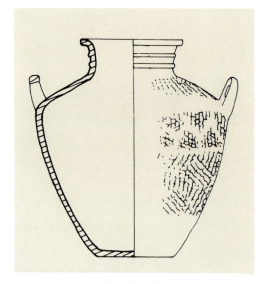

179. 西周陶罍

卣 陶质酒器，多以泥质灰陶和白陶制作，流行于商代晚期。造型为敛口，长颈，带鼻，深腹，圈足。也有仿青铜卣，为直口，长颈，鼓腹，圈足，颈部有两竖耳，附盖。器身装饰刻划、镂孔纹饰。

豆 陶瓷食具，流行于新石器时代至汉代。造型多为浅盘或浅钵形，下附高圈足。器足有喇叭形、镂孔喇叭形、竹节细把形、高柄把形等。质地有灰陶、黑陶、白陶、印纹硬陶及瓷制品。

盉 古代酒器，一般为圆口，深腹，早期口部有流，后期流置于腹上，有的附柄；三足。陶盉出现于新石器时代，大汶口、马家浜、良渚、龙山文化遗址中均有出土。商代陶盉为敛口，圆肩，管状短流，带鋬，有三袋足。陶盉至汉代仍有生产，山东临沂西汉

为侈口，圆腹，圈足，有的有双耳。新石器时代大溪文化、良渚文化、昙石山文化以及夏、商、西周遗址、墓葬中，均出土陶簋。商代中晚期开始，器形演变为敛口，折沿，深腹，圜底，圈足，也有敞口、卷沿、斜腹的。商代始见原始青瓷簋，三国至西晋浙江

166

180. 龙虬庄类型镂孔陶豆

颈较长，方腹饰有扉棱，方足外撇。

181. 明万历五彩花觚

墓即曾出土带盖兽头形流陶盉。原始青瓷盉始于西周，造型仿青铜器，有兽头形流和提梁，有的器腹不通，多为陪葬冥器。

觚 ①陶质酒器。始见于新石器时代，夏商较为流行，早期器形为喇叭形侈口，细腰，高身，平底，商代后期有的为圜底，下附圈足。商周时代青铜觚流行，陶觚多为仿制，用作陪葬冥器。②仿青铜觚的瓷质花瓶，称"花觚"，流行于元、明、清时代。器形仍为敞口细身，圈足。明代花觚器身直下，清康熙以后腰部凸出。另有一种器形，器身较粗壮，长颈，高圈足，鼓出的小圆腹四周凸起四道棱戟。有青花、斗彩、单色釉等品种，有的在器腹部装饰堆贴或印花纹饰。乾隆、嘉庆年间所制还有一种细身的觚，腰际堆塑一条蟠螭，施素三彩釉。

方口觚 觚的一种造型，陈设瓷，流行于明万历、天启时期，因口、腹、足均作方形而得名。如收藏于北京故宫博物院的天启青花花卉纹觚，方口外敞，方

爵 古代陶瓷饮酒用具。夏文化遗址中始见泥质灰陶和白陶制品。器身似敞口杯，口沿一侧有流，一侧有尖尾，有的无尾。器身一侧有鋬，平底，三锥状足。也有的为粗腰、鼓腹、圜底，流两侧附加泥钉，还有敛口、折肩、细腰、袋状足，或敞口、口沿有柱的式样。商代较为流行，并发展为青铜制品，西周以后逐渐衰落。明、清时期景德镇、德化、龙泉等窑都烧制仿青铜器的瓷爵，主要作为陈设瓷。

斝 古代陶质温酒器，始见于新石器时代龙山文化，为夹砂陶质，侈口，束颈，腹较深，圜底，下承三袋足。龙山文化晚期和二里头文化出现作为饮酒器的白陶斝，器形似爵，但无流，有的有双耳、三袋足。商代出现单柄陶斝，与青铜斝并存。至西周晚期消失。

鬶 新石器时代陶质炊具，以夹砂陶制作，主要

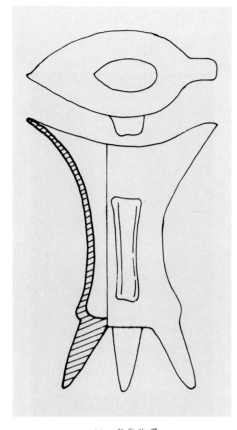

182. 商代陶爵

流行于黄河下游地区。始见于大汶口文化，山东龙山文化盛行，延续至龙山文化晚期、二里头文化至商代。后期演变为酒器。早期造型为圆腹，短颈，口部有扁流，带鋬，三实足；中期器腹渐扁，直颈前移，鸟嘴形流口，三实足；晚期足部演变为袋足。山东龙山文化的陶鬶颈部加粗，有的甚至与腹部连成一体，三足有袋足和圆锥形实足，鸟嘴形流加大并朝天上扬。鋬渐粗壮，呈绞索形。龙山文化晚期、二里头文化至商代的白陶鬶制作更加精美，有的口沿装饰锯齿形花边，鬶上有长方形镂孔，流外侧贴饰两个对称的乳钉形凸起。

甗 陶质炊具，黄河流域新石器时代晚期至商周时期流行，由甑与鬲连接而成。下半部为鬲，用以盛水和加热；上半部为甑，盛放蒸食物，与下面的鬲相配合，可蒸热或蒸熟食物。陶甗多为灰陶和黑灰陶质，器身有绳纹，有的在口沿下有鸡冠状附加堆纹。

甑 陶质炊具，功能相当于现代的笼屉。器身似盆或罐，大口，腹壁斜直，平底，底部分布着数目不等的小孔，有的从近底部的器壁上起就有孔洞。常与鬲配套使用。仰韶文化、龙山文化、河姆渡文化、大溪文化等新石器时代遗址中均有出土，商、周至战国时代一直沿用。

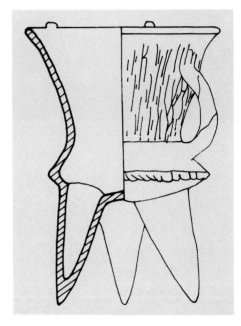

183. 商代陶斝

匜 盥洗用具，有泥质陶和瓷制品。陶匜从新石器时代至汉代均有制作，瓷匜以唐代越窑、宋代钧窑，尤其是元代龙泉窑和景德镇窑的制品为多。基本器形为浅圆钵形器身，平底或圈足，亦有仿青铜器装有三足的；口沿一侧有较宽的流，有的瓷匜在流下部有一圆环形小系。

镰斗 又称"刁斗"，盛行于汉、晋，与同期的青铜器形制相同。器身呈盆状，下承三足，腹侧附一兽首曲柄。出土时多伴有火盆并搁置于火盆中，说明用

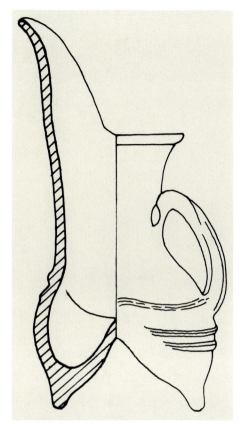

184.龙山文化陶鬶

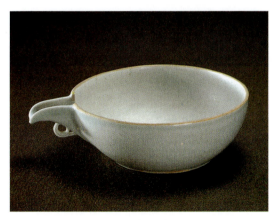

185.元青白釉匜

物，汉武帝前后盛行，与灶、井、炉配套。秦时的陶仓，器身较矮，呈圆身束腰式，与圆形仓顶相连，通体间隔绳纹装饰，正面开扁方形门洞。西汉早期为圆口，折肩，筒腹，平底，口上置覆钵式平顶盖。西汉中期仓的折肩渐变成圆弧形，并于平底下沿装三足，足形多为立熊或神兽。东汉时，陶仓下身渐收，去掉三足，复为上大下小的平底仓形。灰陶仓多彩绘装饰，或光素以白粉或朱砂写隶书"粟千石"等文字。

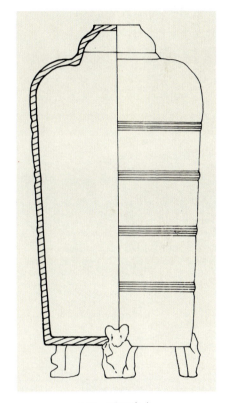

186.西汉陶仓

途为温食炊具，军旅多用之。唐诗有"行人刁斗风沙暗"之句。

陶仓 陶制随葬冥器，始见于战国、秦墓葬出土

军持 梵语"kundikā"的音译，为佛教僧侣饮水或净手的盛水器物。依据军持用途分析，宋代的"净瓶"、明永乐、宣德时期的"藏草壶"、清康熙时期的"贲巴壶"，均属军持系列。军持始于唐，元、明以后比较盛行。唐代有青瓷、白瓷制品，宋代多为定窑白釉瓷器。如1969年河北定县宋代静志寺、净众院两

塔基出土20余件。耀州等窑还烧制绿釉制品。元代福建德化窑、晋江磁灶窑产量最大，销往国外。元代器形以敞口、长颈、扁腹、细长管状流最常见；明、清时期器身矮胖，肩腹部有乳状流。永乐、宣德时期藏草壶与外销的军持造型区别很大，敞口、束颈、圆腹、台式足，腹部有管状直流。乾隆时期军持的特征为洗式口，龙首口含曲管状流。

水注 又称砚滴，一种文房用具，形似注壶，与砚合用，为之贮水，盛行于宋、元时期，以浙江龙泉窑青瓷和江西景德镇青白瓷制品为主。器形秀巧，造型各异，有人物、动物、植物和几何形，其中植物形状的水注比较多，如立瓜、卧瓜、桃形等等。

187. 清雍正青花花浇

花浇 用于浇花的一种壶。流行于明永乐、宣德时期，延续至清。形状摹仿西亚铜器，口沿一侧有流，直颈，圆腹，口、肩之间连有曲柄。明永乐时期颈部较长，宣德时期短且粗。清雍正时期的花浇口部似唐三彩凤首壶，细颈，腹部为直扁圆形，圈足，颈、肩均有凸起的弦纹，肩、腹下部有凸起的菊瓣纹。

188. 宋钧窑菱花式花盆

花盆 栽种花草的盆具。宋代最名贵的品种是钧窑专为宫廷需要而烧制的玫瑰紫釉器。盆式有葵瓣、海棠、长方、六方等式。葵瓣式通体似六瓣花形，折口，深腹，圈足，器身贯以凹凸的线纹，通常与花盆托一起使用。明代宣德时期花盆造型亦很丰富，有葵花式、海棠式、折沿式、长方、正方、八方、椭圆等式，以适应不同用途。清代，特别是清代后期，器形更加变化多姿。

水仙盆 种植水仙花的盆具，是宋代宫廷流行的品种。汝窑制品最佳，形式为椭圆状，口外撇，斜腹，腹底有凸起的线纹为饰，平底，有四足或无足，明、清造型比较丰富。仅宣德时期就有长方倭角形、椭圆形等数种。

樽 或称尊，温酒器，汉晋时期流行，主要为铅绿釉或黄釉陶器。圆筒形器身，直腹，平底，三兽足。器身多贴铺兽衔环，并饰凸起的神兽等纹饰。完整器应附有器盖，常见的是博山形，但多佚失。隋至南宋时期有较精致的白瓷或青瓷制品。

尊 见"樽"。

189. 西晋陶槅

槅　又称"多子盒"、"果盒"、"格式盘"。江西南昌晋墓出土的长方形漆槅，底书"吴槅"，其形式与瓷槅相似，故定名为槅。瓷槅流行于三国及南北朝时期，且时代特征明显。三国、西晋时器呈长方形，中分一大格八小格，初期是平底，稍后变为方圈足，足壁下部切割出花座。东晋以后出现圆形槅，分为内外圈，内圈三格，外圈七格。南朝以后，圆形内格数减少。

190. 唐长沙窑青釉绿彩油盒

盒　瓷质容器。按使用功能可分为盛装化妆品的油盒、粉盒、胭脂盒；存放铜镜的镜盒；装药的药盒，装茶末的茶盒，装食品的果盒和文房用品笔盒、印泥盒等。油盒一般为扁圆柱形，盖与盒身以子母口扣合。因江苏扬州唐城遗址出土的唐长沙窑制品盖面有褐彩书"油合"铭文而知其用途。化妆盒一般形体小巧，造型从宋代起尤为丰富，有扁圆盒中套装三个小盒的子母盒，有三盒联体并堆花装饰的，还有瓜棱形、八方形、菊瓣形、石榴形、桃形、朵花形等多种样式。镜盒盛行于南北朝，宋代亦有生产。造型扁圆，平底内凹，附盖。宋代磁州窑镜盒有的盖面有钮，还见有盖面书"镜盒"铭文的。宋代景德镇窑有烧造盒子的专业作坊，青白釉盒底部多有"某家合子记"的戳记。明清时代盛行瓷质果盒，造型有圆形、方形、倭角方形等，有的盒内分格，还有层层相叠的套盒。

191. 北齐黄釉贴花灯

油灯　照明器具。基本构成由灯柱、油盏和承盘3部分组成。东汉冥器有灰陶、釉陶制品。除单只灯形外，还有的灯柱上端托圆盘，盘内立有张开双翼的瑞鸟，灯柱四周有"S"形枝蔓，枝蔓根部贴有叶形纹，顶端托油盘。1958年出土于南京清凉山吴墓的青瓷熊灯，灯柱做成熊形，蹲坐在承盘内，头顶和前肢托着油盏，承盘底刻有"甘露元年五月造"铭文。西晋时灯柱有熊形、人形，柱比三国时高一些。东晋南朝以后的油灯造型趋于简朴，灯柱更加细长。唐代的无柱盏式油灯，移动比较方便。唐代四川邛窑生产的省油灯，构思巧妙。明宣德时有壶式油灯，圆腹，高足，直流，壶带盖，立于承盘内，曲柄上端与壶的肩部相接，下端与承盘相联，灯芯从壶嘴内伸出，壶腹部可贮油。

192. 明永乐青花勾莲纹八角烛台

烛台　插置蜡烛的照明器具。三国时期有青瓷卧羊形烛台。西晋流行卧狮形烛台。南朝时烛台形式较多，有狮形、单管、双管、四管、荷花形等，其中管状烛台在福建地区流行，上有弦纹长柄，柄上端是敞口碗形，碗中有烛座。明永乐、宣德时景德镇窑烧制的烛台，器口和台座呈八角形，颈部为圆柱形。北京故宫博物院藏明正德官窑款青花阿拉伯文烛台，为一管状圆柱立于高台盘。清代以后的烛台形制基本承袭此式。

炉　陶瓷焚香用具。也可作陈设之用。陶炉流行于汉，多为冥器。瓷炉始于三国，多为香熏。五代、宋始流行三足炉，造型摹仿古代青铜器，多用于陈设或焚香。器形有鬲式、鱼耳、鼓钉、莲瓣、三足、五足、弦纹炉以及熏炉等多种式样。

193. 元钧窑兽面纹三足炉

博山炉　熏炉式样之一，流行于汉晋时期。秦汉时盛传东海有蓬莱等三座仙山，根据这一传说，将炉盖设计成山形，上有羽人、走兽、云纹等，象征蓬莱仙境。所以称之为博山炉，有陶、瓷两种质地。1972年江苏镇江出土的东晋德清窑青瓷博山炉，炉盖作三层重叠山峰状，每层五峰交错并列，峰沿划三线弦纹，酷似火焰起伏，镂雕的纹饰很有规律，炉腹为半球形，高足外撇，下承以宽沿敞口盆。盆内可以注水，象征着海水。

熏炉　熏香用具。其历史十分悠久，湖南长沙汤家岭西汉张瑞君墓出土的铜质器上，就有"熏炉"二字铭文。三国、两晋时，贵族"无不熏衣剃面，傅粉施朱"，成为一时习俗，青瓷熏应运而生，并广为流

194. 东汉绿釉通花熏炉

行。其造型三国时多敛口、扁圆腹、圈足、索耳，器身遍布大小不一的镂孔，有的中心立一中段镂孔的细筒，以置香料；西晋时多为球形香笼，下连三熊足及浅腹平底承盘，环腹壁横列数层三角形气孔，直口边常堆塑飞鸟或圆珠；东晋器直口开阔，有的香熏呈上下开合式；并以支柱连接钵式承盘，平底无足。

托炉 流行于南朝的一种炉式。炉口外敞，直座，平底，兽蹄形三足，立于敞口直壁平底浅盘中。这种炉式是托盘熏炉向三足炉过渡的一种形式。

覆碟五足炉 又称五足熏炉，炉式之一。流行于宋代。因折沿形似覆扣的碟子，故名。筒形腹，腹外壁贴兽形足，器形简练别致，多为耀州窑、定窑所烧。

鬲式炉 炉式之一，流行于宋至明。以龙泉窑、景德镇窑烧制为多。鬲式炉仿照商周时期青铜礼器而作。南宋龙泉窑所烧式样为敞口，束颈，圆腹，三足微向外撇，腹至足部有凸起线纹。浙江金华出土的绍定二年（1229年）鬲式炉腹部饰缠枝牡丹纹，下有

兽面纹袋形足。元代炉式为直壁盘式口，颈部比宋高。如北京元大都遗址出土的青白釉鬲式炉，造型呈分档鬲式，盘口，束长颈，直耳，丰肩，袋形腹，柱足，腹部凸起兽面纹。1956年北京昌平出土明龙泉窑鬲式炉，直口，口部立有对称绳索形耳，短束颈，硕大袋形腹。鬲式炉虽然形状相似，然而由于时代差异，炉的各个部位均有不同程度的变化，时代风格非常明显。

钵式炉 炉式之一，因炉体似钵而得名。宋景德镇窑有青白釉制品。明末清初时广为流行。器形为唇沿侈口，圆腹，圈足，有青花、五彩、冬青釉、洒蓝釉、霁蓝釉等装饰品种。

筒式炉 又称三足樽式炉、弦纹三足炉，宋至明代流行的一种炉式，因炉身作筒状而得名。筒式炉源于汉代的奁，因此也称为奁式炉。宋代烧造筒式炉的瓷窑有汝窑、官窑、定窑、龙泉窑等窑。宋代筒式炉口、底直径几乎相等，三足落地，筒腹以数道弦纹为饰。北宋官窑烧制一种筒式炉，口、底向内微敛，形成腹部微鼓的造型，腹底贴有三足。元代开始，筒腹下部逐渐收小，器底下凹，三足逐步上移，少数几乎与底平，但仍然起支撑作用。明代宣德时期景德镇御器厂烧制器形比较规范，器身如筒，口沿微向外起棱，与器身凸起的弦纹相呼应。而民窑所烧制的器形开始变化，腹部呈鼓式，高矮不一。弘治时期，唇口向外侈，有些烧制不太考究的器皿，炉底中心下凸，成为支撑面，三足仅为一种装饰。

鼎式炉 瓷香炉形式之一，仿青铜礼器鼎的形状烧制而成。宋代鼎式炉器形为立耳，直腹，柱足。金、元时期鼎式炉造型不再刻意追求青铜礼器形式。如1960年出土于陕西蓝田的耀州窑青釉印花三足炉，呈方唇平沿，束颈，丰肩，鼓腹，一对方形耳贴唇曲折向上，兽面虎爪式三足。北京故宫博物院收藏的元代青花松竹梅纹炉，器形硕大，立耳向外撇，圆腹，

兽面三足，造型凝重端庄。1970 年内蒙古呼和浩特市白塔村出土的元代钧窑炉，浅盘式口，颈部贴塑麒麟纹，长方形双耳自颈部贴口沿曲折向上，长耳与球形腹之间附有对称的兽形耳，腹下有三足。元代鼎式炉的造型奠定了明、清时期炉的基本形制。

簋式炉　宋代流行的一种炉式，仿商周时期青铜礼器簋的造型，多为官、哥窑所烧。口部微侈，圆腹，圈足，两侧双耳作鱼形或龙形。

虎耳式炉　又称虎眼炉、凤眼炉。宋以后流行的一种炉式。明、清时期因炉耳装饰似虎耳状，故名。宋代官窑烧制炉式为平沿，上饰横向长方形双耳，束颈，扁圆腹，腹下柱式三足较小。明永乐时期甜白釉炉双耳外侈，唇口，椭圆腹。明后期炉式，以 1962 年北京海淀区出土嘉靖斗彩炉为例，直口，溜肩，椭圆腹，腹下有三足。清代康熙炉式变化较大，直口，垂肩，折腹，带有明显的时代特征。

乳足炉　炉式之一，流行于明、清时期。因足部微小似乳钉而得名。乳足炉腹部似钵状，无耳。正德时期，炉口微外撇，万历以后基本内敛。圆腹下收底，有 3 个乳状足。

灶　陶瓷灶具，有实用和冥器两类。实用器多为夹砂陶制，仰韶文化、河姆渡文化、马厂文化、龙山文化等新石器时代遗址中均有出土。陕西临潼姜寨仰韶文化早期村落遗址中出土有连通灶，即一灶数个灶眼。50 年代发掘的河南陕县庙底沟遗址、洛阳王湾遗址出土的陶灶，敞口，斜腹，平底，灶门下有足，一侧有箕形火门，另一侧附有烟孔。山西襄汾陶寺遗址出土的筒式陶灶，两侧附有横向曲錾。冥器灶又称鬼灶，盛行于汉代至五代，其中东汉时期最为盛行，有陶、釉陶、瓷质之分，形状有长方形、三角形等式。灶的结构与实用灶无异。火眼有三四个。灶上除置放炊具外，还刻或贴塑人物、动物等。隋代灶作船形或拱桥形，收藏于江苏吴县文化馆的越窑青釉拱桥

形灶，灶旁还塑有一双手捧炊具的立人。

井　陶质冥器，流行于汉至南北朝时期。1953 年河南洛阳出土的西汉陶井模型最为形象，井体较长作筒状，上粗下细，栏呈方形，四周有花纹，井口上设有支架，支架中央有定滑轮，系有绳索及陶罐，井旁置水槽。湖南长沙出土的东汉绿釉陶井，井体变短，刻有弦纹，似层层水圈叠置而成。井沿上亦有带轮支架，井口附有陶罐。1958 年出土于山东高唐的东汉绿釉陶井，井体作筒状，井口的支架上装饰有树、卷曲形花饰、禽鸟，上端有滑轮。

195. 宋磁州窑白釉刻花云头形枕

枕　陶瓷寝具，分为生活实用器和随葬冥器。另有一类为医用脉枕。品种有低温釉陶和高温釉瓷器两大类。始见于隋，唐代至元代南北方各窑场普遍烧造。造型最初有箱形和兽形，进而演化出建筑枕和人形枕。箱形枕是贯穿各代的基本造型，多作长方形或圆角方形，无论方圆，均由枕面、四壁和枕底构成，枕面前低后高，枕体中空。为防止烧造时变形，一般在后壁或底部留有气孔。宋代瓷枕造型最为丰富，仅磁州窑即有长方形、腰圆形、云头形、花瓣形、鸡心形、六角形、八方形、银锭形等样式，枕面、枕壁常

有白釉黑花、剔花、刻划花、印花等装饰，有的枕底有"张家造"等作坊戳记。定窑的白釉孩儿枕塑作伏卧童子状，以童子背为枕面；景德镇窑的青白釉童子荷叶枕、卧女枕则以侧卧人物为枕座，以人物手持的一片荷叶作枕面，这些都是人形枕的代表。兽形枕即把枕座或枕体做成写实的卧兽形，座上安装枕面或在兽背上开出枕面。典型器如江苏扬州出土的唐三彩犀牛枕、上海博物馆收藏的金代雀鸟纹虎枕。元代瓷枕形体普遍加长加大，枕面有的宽出枕壁。建筑枕是元代瓷枕的独特品种，将枕座镂雕成宫殿、戏台等建筑形，内塑众多人物，可谓集建筑与瓷塑艺术于一体。典型代表如安徽岳西出土的青白釉建筑枕、山西大同的传世品广寒宫枕。

孩儿枕　人形枕的一类。枕体塑作伏卧童子形，以童子背为枕面；或以侧卧童子为枕座，童子手持的一片荷叶作枕面。这两种造型分别是宋代定窑、景德镇窑人形枕的代表。

197. 宋定窑白釉孩儿枕

196. 北宋白釉褐彩刻花六角形枕

箱形枕　瓷枕最常见的形式，贯穿从隋到元瓷枕生产的各个朝代。南北方各窑场均有生产。造型有长方形、圆角方形、腰圆形、云头形、花瓣形、鸡心形、六角形、八方形、银锭形等。由枕面、枕壁和枕底构成，枕体中空。宋元时期有的枕面宽出枕壁，形成屋檐形，并由此派生出建筑枕。

人形枕　瓷枕的一种形式，流行于宋代。包括孩儿枕、仕女枕等。见"枕"。

198. 元青白釉人物建筑枕

建筑枕　瓷枕的一种形式，由箱形枕派生而来。流行于元代。见"枕"。

绣墩　一种坐具。又有"坐墩"、"凉墩"之称。历来多作鼓形，平顶微凸，折肩，弧腹中空，外壁上下边沿各饰一周鼓钉，故又称为"鼓墩"。宋时已有

199. 明龙泉窑刻花绣墩

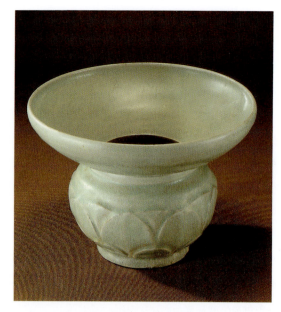

200. 五代耀州窑青釉渣斗

制作，据清代乾隆时朱琰所著《陶说》载："宋学士王珪召对蕊珠殿，设紫花坐墩，命坐。"江苏常州武进南宋墓出土的朱漆戗金菱花式奁，顶面人物画背景中有镂空绣墩形象。瓷质绣墩始见于元，流行于明、清。明代墩顶面普遍隆起，清代多为平面。据明人谷应泰所撰《博物要览》记载，明代宣德朝器最为精美，"漏空花纹，填以五彩，华若云锦。又以五彩实填花纹，绚艳悦目。二种皆深青地子。有蓝地填画五彩，如石青剔花，有青花白地，有冰裂纹者。种种式样，非前代曾有。"惜宣德绣墩传世品尚未发现实物。

帽筒 清代康熙、雍正、乾隆三朝，官员的帽子多以球形帽架承托存放。自嘉庆始，创制帽筒，呈直立圆柱形，器身中空，此后成为传统形制，直至宣统期。器壁多饰海棠花式镂孔，孔大而边缘清晰者年代较早。亦有少量上部作筒状，下部为扁三足。

渣斗 见"唾壶"。

拍鼓 原为古代西域打击乐器，南北朝时传入我国，又称"羯鼓"。据唐人南卓所撰《羯鼓录》云："其制如漆桶，下以小牙床承之，击用两杖。"故又有"两杖鼓"之称。瓷质品始见于隋，唐代开元、天宝

201. 宋青釉拍鼓

年间最为盛行，并延续至宋、元。迄今已发现烧此种产品的窑口有河南鲁山段店、郏县黄道、禹县下白峪、山西交城、河北定州、广西藤县等。器呈圆筒形，中段束腰，两端开阔，以绳束蒙皮做鼓面。唐代多以黑褐釉为地，洒点月白等色窑变花斑为饰，故又称"花鼓"。此后传入日本、朝鲜，改称"杖鼓"。

砚 文房用具，用于磨墨。初见于西汉墓葬，为长方泥板，以墨团研之，因多用作加工妇女画眉的粉

黛，故又称作"黛板"。而专用于书写的椭圆形石研磨器，当为砚之雏形。东汉始见石质或灰陶的熊足圆砚。青瓷砚见于三国，为圆形砚面，周边开设水槽，加盖。西晋后期，蹄足砚取代了熊足砚，并随时间推移，砚面渐薄，足由少至多，由矮肥至高瘦。南北朝时，砚面向上凸起，多为六蹄足。隋代多以珠足取代蹄足。唐代又恢复蹄足，但足数多达 20 只以上，环壁密列一周，如同镂空圈足。砚面中心高凸，围以凹槽，注水后若环水之辟雍台建筑，故又称"辟雍砚"。唐以后中原时兴石砚，瓷砚逐渐减少。但契丹族所建辽王朝盛行三彩砚，多为圆形，砚面与四周印花，顶面靠边仅留一方寸之地露夹砂胎以研磨。砚底多为倒置的圆洗，拆装自如，构思巧妙。

熊足砚 瓷砚的一种，圆形，有子口，砚面平，带盖，砚心微凸，子口既能起到固定盖的作用，又有贮存墨汁功能，砚平底上承以 3 个立熊形足而得名。1974 年江苏南京市郊甘家巷出土的青釉熊足砚，当为代表作。

202. 唐白釉蹄足砚

蹄足砚 六朝时期江南地区流行的一种砚式，砚为圆形，周围有子口式边墙，砚面微凸，略呈弧面，平底下有三、四、六不等的兽蹄形足，从出土情况分析，三足出现于西晋，四足出现于东晋，六足多出现于南朝时期，隋唐时期多足砚较流行。

辟雍砚 瓷砚的一种，始见于南朝，后世广为流行。因砚形似古时大学中四周环水的辟雍建筑而得名。如 1952 年河南禹县白沙水库东区唐墓出土的辟雍砚。早期圆砚周边以子口形成向外微敞的口沿，砚面凸起，不施釉，以利磨墨，砚面与砚边之间环以凹槽，可以贮存墨汁，砚底 17 个兽蹄形足立于圆环之上，形成蹄形足下有圈足。宋代官窑有辟雍圆砚，其口、底径几乎相等，中部内收呈亚字形。明、清时辟雍砚最为盛行，多作鼓式，砚面微凹，周围沟槽较深。

珠足砚 隋代流行的一种砚式。圆砚面凸起现象比前期更甚，长圆珠式足取代了蹄式足，足的数量多在 8～10 个或更多，足多外撇，足上部三分之一处或三分之二处与砚盘相连，可视为由多足式向圈足演进的模式。

箕形砚 流行于唐代的一种砚式，因形似长方形箕而得名，又因砚尾端两侧向外撇似风字形，亦称风字形砚。上圆下方，周围有沿，面平，靠近砚首部位有凹槽，以便贮存墨汁，砚底箕口一端有二足，使无沿的箕口升高，保持砚面水平。

暖砚 陶瓷砚的一种，是辽瓷典型器之一。器呈扁圆或八方形，顶面如意形开光，斜面如箕，可贮墨汁。近口沿处部分不施釉，显露砂胎以便研磨。腹部中空可置炭加热，旁侧有出气孔。器也可倒置，底面如同笔洗，有的底部可拆卸，用来洗笔。清代宜兴紫砂器也有此类产品。

抄手砚 明代流行的一种砚式，呈长方形。砚面平滑无釉，四周有沿，一端有凹槽，用于贮墨。砚底三面有高足墙，一面无，便于拾取，故名抄手砚。

砚滴 文房用具之一。《饮流斋说瓷》第九"杂具说"中称："水滴象形者，其制甚古，蟾滴，由来久矣。古者以铜，后世以瓷。明、清有蹲龙、宝象诸状。凡作物形而贮水不多则名曰滴，不名曰盂。"西晋时，蛙形砚滴比较流行，也有龟形、熊形、兔形等式。后世砚滴种类极为丰富，形式各异，形成了一个独立的发展体系。

203. 元青花船形砚滴

船形砚滴　宋、元时期出现的新式文具。为龙泉窑、景德镇窑所烧制，形状塑作船形，船中部、尾部有篷及身披蓑衣的艄工，船仓下部中空，船头留有花形流水口，构思精巧，制作精良。

水盂　文房用具，用以盛水。造型多为敛口，圆形器身，平底或圈足。三国两晋以后，盂的造型变化多样，最典型的如蛙盂。后代还有伏螭、莲蕾等各种造型。

蛙盂　用于盛水的文房用具，形状似蛙，故名。流行于三国、两晋时期，以越窑青瓷制品为主。浙江上虞早期越窑遗址中发现三国时期蛙形水盂，整体作蛙形，背负管状盂口，蛙头向前伸出，前足捧钵作饮水状，后足直立，蛙尾曳地，构成鼎立的三足。1955年江苏南京御道街太庙遗址西晋墓出土的蛙盂作蹲伏状，鼓目朝天，背部装有一个圆筒形口，用以灌水，腹部浑圆。东晋时的蛙盂，腹下部向内收敛，假圈足较高。1983年浙江慈溪文物部门征集的北宋越窑青

釉蛙盂造型别致，三足蛙昂首立于荷叶之上，蛙背上有一注水圆孔。

204. 北宋越窑青釉蛙盂

洗　①盥洗用具，作用相当于盆。从汉至清历代均有烧制，其中宋、元时磁州窑系，明、清时景德镇窑产量最大。其式样多为广口，折沿，圆腹，平底。②文房用具，用于洗笔，亦称笔洗。宋代最为流行，汝窑、官窑、钧窑、哥窑、龙泉窑、耀州窑等许多窑场都有烧造。明、清时造型更为丰富，仅雍正朝就有桃、灵枝、葫芦、海棠、荷叶、梅花形等数十种之多。

花口洗　笔洗的一类，又称菱花洗、葵式洗、海棠洗。形状通常为5至10个花瓣形，洗壁向内斜。沿着高低起伏的花瓣形口，腹壁亦做出凹凸的棱线，传世品中宋代汝、钧、哥、官等窑均有花口式洗。明永乐时期的青花花口洗，内底绘云龙纹，外壁每一个花瓣上绘有团龙纹。

鼓式洗　亦称鼓钉洗，笔洗的一种，宋代文房用具。以钧窑制品最负盛名。器形为唇口，圆腹，平底，圈足下有朵云形三足。洗口及下腹有一周鼓钉纹。底部通常刻有数目字，"一"表示同类器物中最

205. 明宣德青花团龙纹花口洗

高或最大，刻"十"字为最低或口径最小。明宣德、清雍正、乾隆等时期都有仿造。

叶形洗 笔洗的一种，宋代文房用具。形状似秋叶，故名。以官窑制品最精，洗口外撇，呈曲线形，浅腹下收，椭圆形圈足。后世亦有烧制，清代为直壁，口作椭圆形。

桃形洗 笔洗的一种，元初至明初龙泉窑所烧，似一个半剖的桃子，靠近蒂处还有两片桃叶分贴在口沿两边，式样新颖。清雍正朝除桃式洗外，还有双桃形洗。

笔架 放置毛笔的文房用具，形如并列的山峰，故又称笔山。元、明时期流行。北京元大都遗址出土的青白釉笔架，镂雕成5座山峰形，山间浮云环绕，中间山峰上塑有朵云托日，山崖间布满藤蔓，青竹挺拔，山间溪流中浪花飞舞，游龙嬉戏。1984年景德镇御窑厂遗址出土了永乐釉里红梅竹纹笔盒，也有笔架功能，器形为长圆形，平底，盖与盒有子母口，盒内分成三格。正德时期的五峰山式笔架，下连须弥台座，绘缠枝灵芝纹，两面有菱形开光，内书波斯文"笔架"。万历朝笔架有长方形盒式。唇口沿外撇，四角内折，长圆形足，内有笔搁。有青花、五彩两种。清代笔架形状较为丰富，有盒式、山形和椭圆形数

种。艺术水平超越前朝，如乾隆朝哥釉笔架，山峰做成玲珑透雕状，形似太湖石。

206. 明正德青花笔架

207. 清雍正釉里红臂搁

臂搁 文房用品，用于写字时搁放手臂，形状多为半圆筒形，似半剖的竹筒。宋代官窑制品中有天青釉器，搁面微凸，剖面四角有垫烧痕，中间为细小的两组支钉痕。清代前期，景德镇御窑厂烧制粉彩及仿各种质地的象生制品。

笔舔 文房用具。其作用是使笔内涵墨均匀，毛锋顺畅。清代笔舔多作椭圆形。

笔筒 文房用具。插放毛笔之用。始见于宋，流行于清。器形似筒状。宋代笔筒口径较小，传世不多。清代笔筒数量陡增，造型虽然都是筒式，但重视

装饰效果。器形上也注意了变化。口部或直或撇，器身有直筒形、束腰形、竹节形、方胜形等。乾隆朝烧制转心笔筒，绘相同大小的葫芦纹，分别书有相对应的天干地支，上下两截自葫芦的束腰处分开，上部可以转动。

笔海 清代流行的文房用具。功能与笔筒相同，造型呈筒状，比笔筒略矮，口径稍大，存放毛笔数量多于笔筒。

墨床 文房用具，用于放置墨锭，多流行于清代乾隆时期。形式有长方形、书卷形、弧形、几案形等式样。

口沿 陶瓷容器口部及其边沿的统称。不同时期的不同器物口沿形状各异，如碗有敞口、敛口、花口，瓶、壶、罐、洗有直口、盘口、唇口、折沿等等。口沿的形状和成型工艺，是鉴定器物时代及烧造地点的依据之一。

敞口 陶瓷容器口部形式之一，也称为侈口。形状为近口沿处逐渐开敞宽阔。历代碗、盘、尊、罐等器多作这种口式。敞口器物的器壁有弧形和斜直形之分。

侈口 见"敞口"。

撇口 陶瓷容器口部形式之一。形状为口沿向外翻撇，略呈喇叭状。这种口式多用于瓶、瓿等器物，碗、杯等也偶有撇口的。

敛口 陶瓷容器口部形式之一，多见于钵、碗、罐等器，形象为口沿处渐向内收敛，有的器壁先向外撇，近口再向内敛。

直口 陶瓷容器口部形式之一。形状为垂直的筒形。最早见于新石器时代的罐、瓶等器物，后代的碗、罐、壶、瓶等器均有直口的口式。

喇叭口 陶瓷容器口形的一种。从细颈逐渐展开，形似管乐器喇叭，比敞口深度大。这种口式从新石器时代的陶壶、陶尊上即有出现，历代瓶、罐类器物均

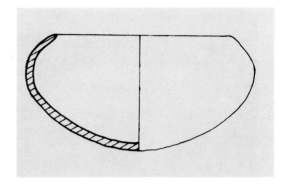

208. 敛口陶钵

有此种口式。

唇口 陶瓷容器口沿形式之一。器口边沿凸起一道浑圆似嘴唇的厚边，故称唇口。唐代邢窑白瓷碗和历代一些罐等器物都有唇口。

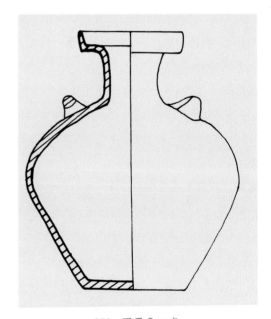

209. 西晋盘口壶

盘口 陶瓷壶、瓶等器口部形式之一，形象似盘，直壁，折收，下接较细的直颈。汉代陶壶的口已有盘口趋势，三国、两晋、南北朝盘口壶盛行，唾壶、鸡首壶也作盘口。盘口的壶、罐隋代仍有烧造，唐代变化得渐为小巧，至宋代为洗口所取代。

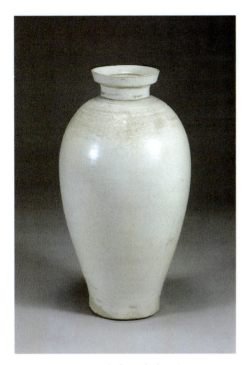

210. 北宋青白釉洗口瓶

洗口 瓶、罐等瓷容器口部形式之一。源于六朝壶的盘口，形象接近而略深，更似文具中的笔洗，一般为浅直壁，折收，下接细颈。宋代始见洗口瓶，元、明、清的瓶、罐也有洗口的造型。

花口 ①陶瓷碗、盘等器口部形式之一，把圆形或椭圆形的器口用连弧线分成若干等份，形如花瓣。有四瓣、五瓣、六瓣乃至十瓣以上花口。按花瓣曲线不同，又可分为葵口、菱花口、海棠式口等多种形式。唐至清代各个窑口烧造的碗、盘、洗、花盆等器均可见花口的造型。②唐以后出现的一种瓶口形式，即把圆形敞口捏成上下起伏的波浪形，瓶口似盛开的花朵。这种瓶式宋代比较流行，磁州窑、扒村窑、景德镇窑、耀州窑等处均有烧造。明、清瓷瓶仍有花口造型。

葵口 陶瓷碗、盘花口的一种，把圆形器口做成等分的连弧花瓣形，似秋葵花的形状。葵口有五瓣、六瓣之分。唐代始见，宋代广为流行，明、清仍大量生产，造型更加精美规整。

菱花口 陶瓷盘、碗花口的一种，口边每组花瓣为中央尖两侧圆弧的对称形，使整个器物口沿的线条富于变化。菱花口多见于盘、碗、盏托等器。出现于唐代，明、清时代较为流行，如明洪武青花或釉里红盏托、明宣德菱口花盆等。

211. 明宣德冬青釉菱花口小碟

海棠式口 陶瓷盘、碗等器花口的一种。一般器口均为椭圆形，作四瓣花口，形似海棠花。唐代越窑青釉碗即有海棠式口；辽代则十分盛行三彩海棠式长盘。

复口 陶瓷容器口部形式之一，即内外两重口，外层口似浅盘，内层为略高的直口，两口之间为环形浅凹槽。西晋青瓷罐即有这种口式。后代民间的泡菜坛也是这样的结构，碗形盖覆于两口之间的凹槽中，槽内注水，可起密封的作用。

子母口 带盖瓷器口部的一种结构。一般为盖内凸圈小于器物口沿，可插入器口，用以固定盖子。也有的器口小盖圈大，盖圈套住器口。

子口 子母口结构的器物直径小的一个口。常见的是盖内凸圈小于器物口沿，可插入器口，盖内凸圈即为子口。见"子母口"。

折沿 陶瓷容器口沿形式之一,造型为直口,向外翻折出一周窄沿,一般都有一道较硬的转折线。折沿多出现在盆、盘、瓶、罐等器上。新石器时代仰韶文化彩陶盆即有折沿,元代龙泉窑青釉折沿盘也是典型器物。

212. 清乾隆粉彩板沿盆

板沿 陶瓷容器口沿的一种形式,在直壁器物上做出较宽的水平折沿,有的并不布满器口一周,而只位于口部一侧,如金代耀州窑青釉板沿洗。

颈 陶瓷瓶、罐、尊等容器口沿以下肩部以上较细的部位,犹如人的颈项。不同器物的颈有长短、粗细之分。

肩 陶瓷瓶、罐、尊等容器颈与腹之间的过渡部位,因酷似人的肩部,故名。器物肩部造型有丰肩、溜肩、平肩、折肩等区别,它们也是鉴定陶瓷器时代及窑口的依据之一。

丰肩 陶瓷瓶、罐等容器肩部形式之一,其造型线条丰满浑圆,向上高耸。元、明、清的梅瓶和历代一些罐类器物多为丰肩。

溜肩 陶瓷瓶、罐等容器肩部形式之一。造型为肩部向下倾斜,与腹部衔接成圆弧形。历代瓶、罐、壶等器均有溜肩的造型。

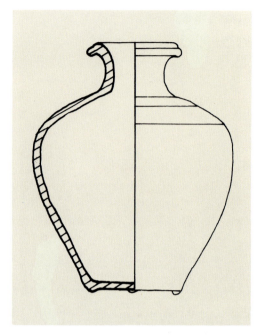

213. 丰肩陶罐

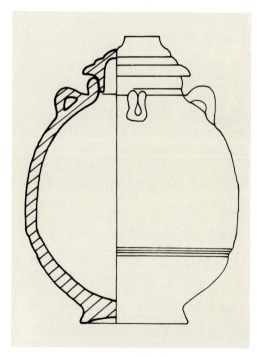

214. 溜肩陶罐

折肩 陶瓷瓶、罐等容器肩部形式之一。造型为从肩至腹有明显的转折,转折处出现棱角。典型器如元龙泉窑双凤耳瓶。

平肩 陶瓷瓶、罐等容器肩部形式之一。肩部为一水平面，至腹部有明显转折。

腹 陶瓷容器中部主要的盛物空间。一般罐类器物多为圆鼓腹；瓶类有直筒腹、扁圆腹、弧腹等多种样式；碗、钵有弧腹、折腹、斜直腹等。不同时代、不同地区的产品，腹部造型亦有区别。

鼓腹 陶瓷容器腹部形式之一，造型为腹部呈弧形向外凸出，线条丰满鼓胀。一般罐类器多为鼓腹。

直腹 陶瓷容器腹部形式之一，指腹部造型为直筒形或接近直筒形，有方、圆之分。如清代的棒槌瓶或方棒槌瓶。

筒形腹 圆筒形的直腹，见"直腹"。

扁腹 陶瓷壶、瓶类容器腹部形式之一。扁腹有两种情况，一种是腹壁前后间距小于左右间距，腹部横截面为扁圆形，如唐至辽代的皮囊壶、穿带扁壶以及明代永、宣年间的绶带抱月瓶等。另一种扁腹造型为腹部扁矮，纵剖面作扁圆形，如六朝青瓷唾壶和大部分紫砂茶壶。

折腹 陶瓷容器腹部形式之一，指器腹中部有明显的弯折，折棱下骤然收束。新石器时代仰韶文化即有折腹的盆、釜等陶器，其他文化还有折腹鬲、盉、壶等。五代、宋、元定窑白瓷盘、碗、盂等常作折腹的造型，后代多见于盘、壶等器。又称"折腰"。

曲腹 陶瓷容器腹部形式之一，造型为腹中部向外弧凸，圆折，其下向内作弧形收束，转折曲线明显。新石器时代仰韶文化半坡类型曲腹罐、庙底沟类型曲腹碗、盆等为典型代表。

弧腹 陶瓷容器腹部形式之一，腹壁略向外作弧形凸出，碗、盘等器多为弧腹。

瓜棱腹 陶瓷容器腹部形式之一，多见于唐、五代及以后的执壶、罐等器，腹部压印数条纵向凹槽，做出数瓣纵贯腹部的弧形凸棱，似南瓜形，故称瓜棱腹。

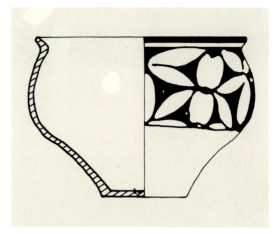

215．庙底沟类型曲腹盆

垂腹 又称胆形腹，陶瓷容器腹部形式之一，腹部上小下大呈自然下垂的弧线，形似悬胆。元、明、清常见的玉壶春瓶，明、清的胆瓶即为垂腹。辽代皮囊壶虽多为扁腹，但腹形上扁下鼓，也有垂腹的趋势。

胆形腹 见"垂腹"。

腰 陶瓷容器中部收束的部位。类似人和动物的腰部。常见的腰部形式有折腰、束腰等。

折腰 见"折腹"。

216．五代定窑折腰盂

束腰 陶瓷容器腰部形式之一，腰部明显收束，细于上下其他部位。如葫芦形瓶。

底 陶瓷器的最下部位，起承托或支撑的作用。有时将底与足统称为底足。器底或底足的形式多种多样，如平底、圜底、尖底、玉璧底等，这些造型均指器物外底，它们是鉴定器物时代、窑口的重要依据之一。

平底 陶瓷容器底部形式之一，指整个底面平坦，无明显起伏变化。有轻微弧凹的底形也可归入平底范畴。唐以前，平底为陶瓷器最基本、最常见的底形，唐以后的部分罐、壶、缸、盘等器仍作平底。

尖底 早期陶瓶底部形式之一，瓶底作尖锐的圆锥形。见于新石器时代仰韶文化尖底瓶。

圜底 陶瓷容器底部形式之一，即圆弧形底，由器壁至底面作圆弧形过渡，无明显转折，底部无明确的平面。多见于早期陶器，新石器时代仰韶文化、马家窑文化均有圜底的钵、盆、罐等。后代瓷器偶见圜底造型，如唐代青釉或三彩圜底钵盂。

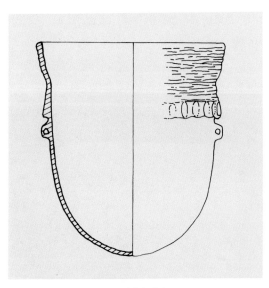

217. 圜底陶缸

玉璧底 陶瓷容器底足形式之一，流行于唐代中、晚期。造型为圆形平底中心挖去一小片同心圆，形似玉璧，也称作玉璧形圈足。唐代越窑、邢窑、长沙窑

等各窑口烧制的碗、盏等器均采用玉璧底。一般底部不施釉，较精致的制品，在底心内凹处施釉，只有圆环形底面露胎。

脐底 瓷器底部形式之一，器物圈足内底心向下形成一乳钉状凸起，形似铜锣之脐。多见于胎体较厚、圈足较小、圈足内无釉、器形不大的碗等器物上。脐底是成型过程中造成的，金代末期出现，元代普遍盛行，成为重要的时代特征之一。元代钧窑、磁州窑、龙泉窑及枢府窑器等都有此现象。明初洪武器上仍可见到。

足 陶瓷器底部以下类似腿的支撑部位。早期陶器的足以鼎的三足为代表，鼎足形状有柱形、锥形等多种；以后，相继出现饼形实足和圈足，圈足是瓷器最为常见的足形。此外，还有袋状足、高足、珠足等种类。随着时代的更迭，陶瓷器足部形状也有相应变化。

实足 陶瓷器足部形式之一，为实心的整体。常见的足形有饼形足，陶质鼎、鬲、爵、砚等器的柱形足、锥形足、兽形足、珠足等也多为实足。

饼形足 陶瓷器实足的一种，造型作圆饼形，外壁与器身之间有明显转折，足壁多微向外撇，底面不施釉，六朝至唐、宋的壶、罐、瓶、碗等器常采用这种足形。

圈足 陶瓷器足部形式之一，造型为平置的圆圈状。圈足有高低深浅之分；圈足壁有薄厚之分。成型方法有镶接和旋削两种。圈足的造型始于新石器时代，龙山文化、马家窑文化、大汶口文化等诸多文化陶器均安装圈足。瓷器产生后，圈足更被广泛使用，它们多为施削而成。各个时期的挖足工艺略有区别，致使圈足的深浅、薄厚、足壁倾斜程度不同，成为鉴定其时代的一个重要标志。

假圈足 陶瓷器足部形式之一。器物外壁看似有圈足，足与腹壁界限分明，但实为平底。

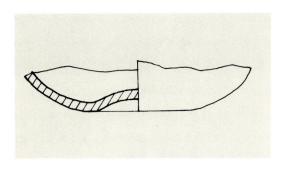

218. 卧足

卧足 瓷器足部形式之一。器外腹垂鼓，自然连接到底部，器形似伏卧状，底部中心内凹。卧足多用于明、清的碗上，鸡缸杯和少量瓶等器物也有这种足式。

219. 隋青釉珠足砚

珠足 瓷砚的一种足形，作若干个长圆的实心葡萄珠状，均匀粘附在圆盘形砚池底边。珠足从隋代起取代以前的蹄足，数目往往有 8 至 10 个或更多。足上均施釉。

高足 陶瓷器足形的一种，安装在陶豆、陶瓷盘、杯、碗的正下部，有圆柱形、圆筒形、竹节形、上小下大的喇叭形等样式。高足有实心的，也有中空的高圈足，还有的足壁有镂孔。新石器时代陶豆的高足多为喇叭形圈足、镂孔圈足、竹节形等，细而长的高足习惯上称为柄或把，如大汶口文化蛋壳黑陶高柄杯。

从隋代至唐初，南北青瓷窑大量烧造作为食器的高足盘，盘足中空，较粗矮，足底外撇，足壁多装饰多重弦纹，有的盘心饰印花。元代起流行高足杯，又称为把杯或马上杯，多为酒具。其高足有圆柱形、竹节形或喇叭形，也有实足。这种高足杯明、清景德镇窑一直持续生产。

二层台圈足 又名双圈足，瓷器圈足形式之一，流行于清康熙早期景德镇窑的瓶、罐、盘等器物上。造型为内外两重圈足，内圈足略浅，由外圈足支撑。

双圈足 见"二层台圈足"。

柱形足 陶瓷器的一种足式，如直立的实心圆柱，支撑着器腹。一般由 3 至 4 个组成。常见的如鼎或香炉的三柱足。

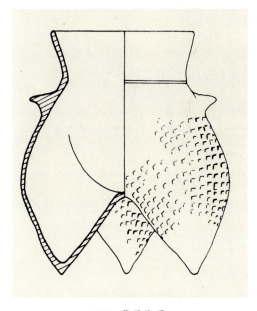

220. 袋足陶鬲

袋状足 或称袋足，陶器的一种足式。位于器腹下部的三足如口袋状中空，与器腹相通，外观一般上粗下细。陶鬲和陶甗的三足即为典型的袋状足。鬲为煮食器，袋状足的出现，可使器物加热面积增大，是食具发展的一个进步。

乳状足 陶瓷器足部形式之一,属袋足的一种,区别在于足下端凸出似乳头,常见于新石器时代陶鬲上。

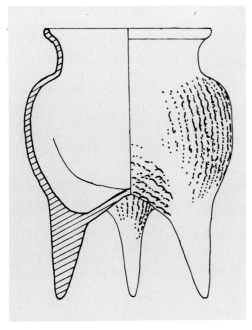

221. 锥足陶鬲

锥形足 陶器足部形式之一,为上端粗大下端尖细的实体,形似锥体。陶爵和马家浜文化陶鼎的三足即为锥形足。

兽形足 陶器足部形式之一,常见于陶鼎等器,造型为柱形足上端与器腹相接处装饰为一兽面。

蹄足 瓷器足部形式之一,足下端形似兽类的蹄。这种足式见于六朝青瓷砚、香炉以及唐代三彩三足镀等器上。

鋬 陶瓷器上用以把握的的部位。有宽扁的条状或双圆条并列的复合状。一般围成半环形,两端分别装置于器物的肩部和腹部。也有直条形置于器物一侧的。习惯上,早期器物多称为"鋬",后代器物则称"把"或"柄"。

柄 陶瓷器上用以手握的凸出部位,俗称为"把"。包括早期陶瓷器物的鋬,以及历代器物上具有此功能的部件,按形状分为曲柄、直柄、环形柄等。豆、高足杯等器的细而长的高足,习惯上也称为柄。

把 陶瓷器上用以手握的部位,同"柄"。高足杯、碗的高足,亦俗称为把。

提梁 陶瓷器上供提携的梁状部件。一般为向上弯拱的条形,两端粘接于器物肩部。见于新石器时代陶质提梁卣、盉以及明、清时代瓷质或紫砂壶上。

耳 安置于器物口部、颈部或连于颈、肩部的附加装饰物。一般呈对称布局。多见于瓶、壶、炉、罐等器上。耳多为竖置,除新石器时代陶器上和汉代陶耳杯的耳有一定的实用性外,在器物上主要起装饰作用,使器物整体趋于均衡、协调。古代制瓷工匠为了美化器物,发明了各式各样的耳,如龙耳、凤耳、夔耳、贯耳、牺耳、戟耳、绳耳、鱼耳、鹦鹉耳、螭耳、鸠耳、象耳、菊耳、如意耳、绶带耳、铺首耳、蝠衔磬耳等。

龙耳 陶瓷器耳的一种式样。即器物的耳作成龙形,最早见于隋、唐白瓷及唐代三彩釉陶上。如陕西西安李静训墓出土的白瓷双龙耳双连瓶,造型为盘口、细颈,双腹相连,口沿与肩之间有对称的两龙形耳,为隋代典型器之一。唐代白瓷双龙耳瓶与三彩双龙耳瓶造型相似,系由隋代白瓷双龙耳双连瓶演变而来。唐三彩双龙耳瓶的腹部有塑贴的宝相花纹。清代雍正时景德镇窑有茶叶末釉双龙耳瓶。

凤耳 瓷器耳的一种式样,即器物的耳作成凤形。最早见于宋代龙泉窑青瓷瓶上,其造型为盘口、细长颈,折肩,直腹。颈部置对称的双凤耳。日本大阪和泉久保惣纪念美术馆收藏的一件龙泉窑青瓷双凤耳瓶被定为日本国宝。清代景德镇窑瓷器上亦有所见。如康熙茄皮紫釉凤耳蒜头口瓶、乾隆豆青釉青花凤耳瓶等。

贯耳 瓷瓶耳的一种式样,造型为贯通的管状,竖向粘附于瓶的直颈两侧。多见于宋代官窑、龙泉

222. 元龙泉窑双凤耳盘口瓶

223. 戟耳

窑、哥窑制品上。明、清景德镇瓷器上亦很流行，如宣德青花贯耳瓶、雍正窑变釉贯耳瓶、乾隆仿官釉贯耳瓶等。传世品中有晚清青花缠枝莲托八吉祥纹双贯耳尊，其贯耳做成竹节式，殊为少见。

戟耳 耳的一种式样，因形似古代兵器戟而得名，主要流行于明、清景德镇窑瓷器上，品种有青花、斗彩、仿官釉等。如明正德青花戟耳香炉、万历青花戟耳瓶、清雍正仿官釉戟耳瓶、嘉庆斗彩戟耳瓶等。

鱼耳 瓷器耳的一种式样，即器物的耳做成鱼形。最早见于宋代哥窑及龙泉窑制品上，如著名的哥窑鱼耳炉。明末景德镇民窑青花瓷上亦可见到。

螭耳 瓷器耳的一种式样。即器物的耳做成螭虎形。主要流行于明、清景德镇窑瓷器上。如明嘉靖蓝釉螭耳瓶，万历黄釉紫彩螭耳瓶、青花螭耳瓶，清康熙天蓝釉螭耳尊等。

如意耳 瓷器耳的一种式样，即器物的耳做成弯曲的如意形。流行于清代景德镇窑瓷器上。如雍正斗

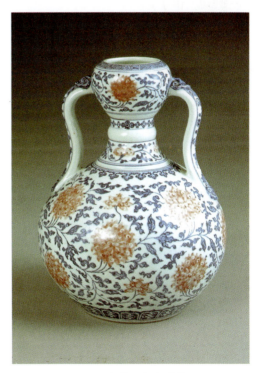

224. 清雍正如意耳尊

彩如意耳尊、乾隆仿官釉如意耳扁瓶、嘉庆粉彩如意耳瓶等。

绶带耳 瓷器耳的一种式样。即器物的耳作成细

长弯曲的绶带式。主要流行于明、清景德镇窑瓷器上，特别是葫芦式瓶多置此耳。如永乐、宣德青花扁腹绶带耳葫芦瓶，雍正、乾隆茶叶末釉绶带葫芦瓶等。

象耳 瓷器耳的一种式样。器物的耳作成象头，象鼻弯曲成环形，尖端粘附于器壁，有的象鼻上还套有圆环。最早见于元代景德镇窑制品上，如英国大英博物馆大维德基金会收藏的元代"至正十一年"铭青花云龙纹象耳瓶。明、清景德镇窑瓷器上亦多有所见，如正德青花象耳香炉，嘉靖蓝釉象耳瓶、蓝釉地金彩象耳方瓶，万历青花象耳瓶，乾隆釉里红象耳瓶，嘉庆青花象耳尊等。

系 陶瓷器上用以穿绳系带的部件。一般贴附在罐、壶等器物肩部或腹部，体积较小，与器壁间留有孔隙。造型有半环形、桥形、两条并列的复合形；有横系、竖系；数量有 4 个、6 个、8 个不等，对称分布于器物各面。早期瓷器，特别是六朝青瓷上多有系，有实用的，有的仅作装饰。宋以后较少见。系的造型、数目等特征是判断器物时代的依据之一。

复系 陶瓷器系的一种形式，作圆条半环形或桥形，特点是均两两并列，成对分布于器物各面。复系流行于六朝瓷器上。

225．南朝青釉六系罐的桥形系

桥形系 陶瓷器系的一种形式，造型似拱桥，外侧为梯形，中有圆孔。流行于六朝青瓷罐、壶等器物

上，有的器物桥形系与环形系并存。

流 俗称"嘴"，盛装液体的容器供液体流出的部位。新石器时代的陶爵和陶鬶有鸭嘴状流；盉则从器腹向斜上方伸出管状流。以后的执壶等器多采用管状流。唐代注子的流短而直；宋代起壶流加长，略变弯曲，使注水动作更易控制。流与器腹相通的孔洞，初为单孔，清代起出现成组小孔的筛孔。

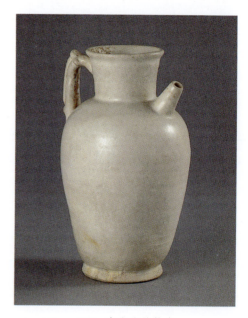

226．唐直流的执壶

直流 陶瓷容器流的一种形式，呈直管形。直流一般安装在器腹上部或肩部，口伸向斜上方，如新石器时代的陶盉、唐代的注子、明清的部分紫砂茶壶。唐代注子的直流还分为圆筒形和多棱形两种外观。

曲流 陶瓷容器流的一种形式，圆管状，细长而微曲，略呈 S 形。流口稍向外撇，斜削成尖圆形，便于控制水流的角度和力度。宋代的执壶和明清的酒壶及部分茶壶均采用这种流，一般安装在器腹中下部，后代有的还在流末端至肩部加一微曲或略带花饰的扁横梁，起加固和装饰作用。

鸭嘴流 陶瓷容器流的一种形式，造型为将圆形

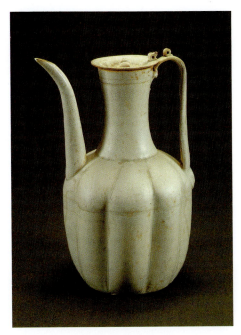

227．宋曲流的执壶

228．明万历倭角折沿盆

器口沿的一侧拉长，形似鸭嘴。新石器时代的陶爵、陶鬶，明代的僧帽壶等器，都有鸭嘴流。

倭角 又作"委角"。方形瓷器转角的一种装饰形式，有几种样式：常见的是将直角变为内凹双弧线；或将直角变成圆角；也有的将直角斜削45度，变四方形为八角形。倭角常出现在方形盘、盒、瓶等器物上。

委角 见"倭角"。

三、釉　彩

【陶瓷釉】

颜色釉　瓷釉的一个种类。在瓷器基础釉料中分别加入铁、铜、锰、钴等氧化金属着色剂，在相应的烧成条件下，釉面就会呈现出青、褐、红、蓝等某种色泽。古陶瓷的颜色釉种类繁多，仅青釉就有豆青、粉青、天青、梅子青等等，多达20余种。关于古代陶瓷釉色的分类，清代瓷史专著《南窑笔记》分为两大类，凡在窑内烧成的称高温釉，在彩炉内烧成的称低温釉。近人认为，如按温度划分，颜色釉应分高温釉（1250℃以上）、中温釉（1100℃~1250℃）、低温釉（1100℃以下）。另一种观点认为，颜色釉可分为纯色釉、结晶釉、花色釉、纹片釉，然而按颜色划分，难以反映我国古陶瓷全貌。高、中、低温釉概念属现代陶瓷范畴，有些方面不一定适用于古陶瓷。我们认为，清人的划分方法相对而言是科学的。颜色釉从商代原始青瓷产生以来，经过3000多年的不断改进，到清代前期，有了很大发展，它的成就主要反映在景德镇御窑厂的官窑瓷器上。清唐英《陶成纪事碑》记载御窑厂烧制的颜色釉就有35种之多。留存至今的康熙、雍正、乾隆时期官窑单色釉瓷器名目繁多，品种多变，充分反映了当时制瓷工艺的水平。

青釉　中国瓷器最早的颜色釉。施青釉的瓷器称为青瓷。青釉并不是单纯的青色，多为青中泛黄，或泛灰、绿。青釉始见于商代中期，此后历代都有烧造，均以铁为主要着色元素，以氧化钙为主要助熔剂。釉内氧化铁含量的多少，与釉色深浅成正比，含铁量高，呈色即深。早期瓷器均属青釉系统，因为所有制瓷原料都含有一定量铁的成份，这些含铁的坯釉经过还原焰烧成，便呈现各种深浅不同的青色。商代中期原始青瓷的青釉以青绿色为主，并有豆绿、深绿和黄绿色。后期多为青色和豆绿色。西周时期，釉色

229. 唐越窑青釉划花盖盂

以青绿色和豆绿色为主，并有少量黄绿色与灰青色。灰色的出现是由于釉料中含有一定量的二氧化钛，在还原焰中部分转变为缺氧结构。春秋、战国时期，釉为青绿色、黄绿色和灰绿色。秦、汉时期原始青瓷釉层比战国时厚，釉色普遍较深，呈青绿或青黄、青灰等色，并有聚釉现象。这是因为氧化钙含量普遍较高，釉的高温粘度降低，流动性较大，有较好的透明度，容易形成蜡泪痕和聚釉现象。浙江上虞大顶尖山窑址中发现少量的东汉时期原始青瓷标本，器表施以青黄色或青灰色釉。东汉晚期青瓷釉层比原始瓷器明

显增厚,而且有较强的光泽度,胎釉的结合紧密牢固。釉中含氧化钙 15% 以上,在还原气氛中烧成,所以釉层透明,表面有光泽,釉面淡雅清澈,犹如一泓清水,无论外表还是内涵都在原始瓷釉的基础上有了一个飞跃。三国时期,青釉釉层均匀,胎釉结合牢固,极少有流釉或釉层剥落现象,釉汁纯净,以淡青色为主,青中泛黄者少见。西晋时青釉釉层厚而均匀,普遍呈青灰色。南朝青瓷多数施青绿色釉,少数施青黄釉。北朝烧制青釉的山东淄博寨里窑,早期釉色深浅不一,釉层很薄,有青褐色、青黄色;晚期则为二次上釉,釉层加厚,明亮光润。河北景县北朝封氏墓出土的青瓷,釉层薄,多开细纹片,呈灰绿或黄绿色,其中 4 件仰覆莲花尊,釉层厚而均匀,呈青灰色,不甚透明。而北齐天统元年(565 年)崔昂墓发现的青瓷四系罐,釉呈艾青色,釉薄而透明。三国到南北朝时期南方各地青瓷窑址使用的都是石灰釉,具有光泽好、透明度高等特点。因为透明度高,所以胎的颜色对釉色影响很大,如越窑瓷器胎色灰,釉即呈青灰色。东晋瓯瓷的釉色为淡青色,也称缥色。缥原为一种淡青色的帛。但是,由于火候不一,釉色呈现深灰绿、青绿、黄绿色。唐代越窑青釉日臻完美,被誉为"千峰翠色"。唐、五代时创烧的秘色也为青釉色的一种,釉色青绿或青中泛黄,滋润有光泽,呈半透明状。宋代龙泉窑烧制的粉青、梅子青如同巧夺天工的人造青玉,使青瓷釉色与质感之美达到顶峰。金代耀州窑所烧纯正淡雅的月白色青釉,是不可多得的精品。明、清之际彩瓷虽为主流,然而传统的青釉仍独树一帜,如永乐的翠青、冬青,雍正的粉青、豆青等等。青釉烧制技术到雍正时期才真正稳定,釉面肥腴,色调匀净,有的苍翠欲滴,有的嫩如翠竹,烧制水平达到炉火纯青的境界。

酱色釉 简称"酱釉"。以铁为着色剂的高温釉。釉色如柿黄色或芝麻酱色。酱色釉早在商代后期原始

青瓷上偶有出现,东汉时期比较盛行,东汉中晚期窑址和墓葬中均有发现。多数器物通体施酱色釉,富有光泽,质坚耐用。它是利用一种铁分较高的原料做成的,说明东汉烧制酱色釉的技术已经纯熟,为东汉晚期黑釉瓷器的产生打下了良好的基础。如浙江上虞龙松岭脚一带约属东汉中期偏早的 6 处窑场,发现少量的酱色釉原始瓷器,有敛口双系的杯形罐等器物。约属东汉时期的凤山窑群 5 处窑场中酱色釉制品也占有较大的比例。宋代定窑也烧酱釉瓷,明曹昭《格古要

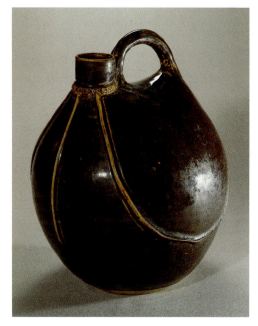

230. 辽酱色釉皮囊壶

论》载:"有紫定色紫。"紫定胎质与白瓷一样,同是白胎。考古资料证明,所谓紫定的釉色实际为酱色。宋代定窑、耀州窑、吉州窑、修武窑等都生产酱色釉瓷,似与当时社会风尚有关。釉面匀净,有些酱色釉表面还呈现出红色,故古人又称为"定州红瓷"。明洪武时期的酱色釉是在元代基础上烧造的,釉层均匀,色调似佛教僧侣穿旧的僧衣,因而有人称之为"老僧衣"色。此外,还有外酱色内雾青的品种。宣

德时期景德镇御器厂烧制的酱色釉甚为成功，烧制温度达到1250℃以上。经高温烧造的釉色光洁莹润，釉面肥厚，色泽分浓淡两种，浓者釉厚，淡者略薄。正德时期除器物整体施酱釉外，还利用酱釉为底色釉，上绘白色花鸟图案。嘉靖时期酱釉描金彩的装饰方法也十分出色。清代康熙、雍正、乾隆时期酱色釉比明代更胜一筹，润泽的釉面，闪烁着金属般的光泽，好似紫金包镶一般，被称为紫金釉。

琉璃釉　以石英为主体，铁、铜、钴、锰为着色剂，用铅作助熔剂的低温色釉，主要用于装饰陶胎制品。釉色有黄、绿、蓝、紫等。琉璃釉始见于战国的陶胎琉璃珠，隋、唐、辽时更为发达，明、清仍继续烧造。琉璃釉一般二次烧成，即先烧好素胎再施琉璃釉，然后再经低温烧成。隋、唐时期琉璃釉多用于装饰建筑构件、冥器、供器等。明清时期，皇家宫廷建筑、陵墓照壁、宗教庙宇、佛塔供器以及器具饰件，很多都用此类制品。

铅釉　以铅的化合物作为基本助熔剂，入炉后大约在700℃左右即开始熔融的一种低温釉。它的主要着色剂是铜和铁，在氧化气氛中烧成。铜使釉呈现美丽的翠绿色，铁使釉呈现黄褐色和棕红色。铅釉早在商、周时代就已发明，西汉武帝时期的墓葬中有极少发现，到汉宣帝时期，铅釉技术开始获得比较快的发展，烧制成功铅釉陶，不仅有翡翠般美丽的绿色，而且釉层清澈透明，釉面光泽强，平整光滑，光彩照人。但在汉墓中发现的铅釉陶均为冥器，可能与低温烧成不宜实用有关。出土的铅釉陶表面有时有一层银白色金属光泽的物质，被称为"银釉"，这实际上是铅绿釉的一层半透明衣，是一层沉积物。当铅绿釉处于潮湿环境下，由于水和大气的作用，釉面受到轻微溶蚀，溶蚀下来的物质连同水中原有的可溶性盐类在一定条件下在釉层表面和裂缝中析出。但这层沉积物与釉面的接触不十分紧密，故水份仍能进入沉积物和

231. 东汉绿釉双铺首陶壶

釉面间的空隙，继续对釉面溶蚀，产生新的沉积物。如此反复，当沉积物达到一定厚度时，由于光线的干涉作用，就产生银白色光泽。在汉代绿釉陶和唐三彩上有时就有这种银釉。这种银釉是由于铜绿釉易于受到水和大气的溶蚀而产生的。铁黄釉和钴蓝釉不易受到水的溶蚀，表面不会生成"银釉"。铅釉折射指数比较高，高温粘度较小，流动性较大，熔融温度范围较宽，熔蚀性较强，所以避免了石灰釉和石灰碱釉中比较常见的"橘皮"、"针孔"等弊病。同时釉层中无气泡和大量残余晶体的存在，使釉层清澈透明，表面平整光滑，富于装饰感。三国、两晋时期在北方仍烧造铅釉陶，但数量很少，质量也不如前。北朝的铅釉陶器工艺成熟，品种丰富多样，北方各地区都有烧制。北魏盛行以低温铅釉制作器物和宫殿建筑构件，釉色莹润明亮，有些在黄釉或白釉上加绿彩，有些黄、绿、褐三色同时使用。多色釉的出现为绚丽多彩的唐三彩陶器奠定了基础。北朝铅釉产品制作更精，

如河北封氏墓群发现的黄釉高足盘，釉面黄中闪青，晶莹如镜。最具有代表性的如河南安阳北齐范粹墓出土的黄釉扁壶，釉色深黄，莹润透明，制作精巧，曾被误认为是瓷器。出土的绿釉、淡黄釉及酱色釉等釉陶器，有些在淡黄釉上同时加深黄釉和绿彩，可谓唐三彩陶器的前身，起着汉、唐之间承前启后的作用。明、清时期的素三彩、低温黄釉及琉璃釉等都属于铅釉，只是烧成温度有所差别。

黑釉　古代瓷器的一种釉色，釉面呈黑色或黑褐色。黑釉主要呈色剂为氧化铁及少量或微量的锰、钴、铜、铬等氧化着色剂。通常所见的赤褐色或暗褐色的瓷器，其釉料中氧化铁比例为8%左右。如将釉层加厚到1.5毫米左右，瓷釉即呈黑色。黑釉釉料可分为石灰釉和石灰碱釉两种。唐代以前属石灰釉，唐代以后基本上都改为石灰碱釉。黑釉瓷器出现于东汉中、晚期。在浙江上虞、宁波的东汉窑址中发现青釉与黑釉同时烧制。东汉时期黑釉内含铁量为4～5%，釉呈现深褐绿色乃至黑色，釉层厚薄不均，常有蜡泪痕，并在器表的低凹处聚集着很厚的釉层。早期烧制黑釉最成功的首推东晋时期浙江德清窑，所烧黑釉釉面滋润、光亮，色黑如漆，可与漆器媲美。北方黑釉出现比江南地区晚300年。目前所发现北方最早的是河北赞皇县东魏李希宗墓中漆黑光亮的黑釉瓷器。唐代北方烧造黑釉瓷器比较普遍，其中最能代表烧制水平的是1972年陕西铜川黄堡镇出土的黑釉塔式盖罐。唐代中期山西浑源窑所烧黑釉瓷碗，外施黑釉，内施白釉，釉色装饰上的变化别具一格。宋、金时期黑釉瓷器烧造量更大。南方地区如建窑、吉州窑生产的黑釉瓷器注重釉装饰，即在光亮润泽的黑釉上装饰各种结晶斑纹或把剪纸花样移植到黑釉茶盏上。北方一些窑场的黑釉瓷器多以胎釉装饰为主，如剔花、印花、线纹及跳刀法，给单调的黑釉瓷器赋予了丰富的内涵。明代黑釉瓷器在烧造中更注重釉面装饰。据文献记载，洪武年间景德镇窑烧造过黑釉戗金器。1984年在景德镇明代御器厂遗址永乐文化层中出土了大量瓷片，其中有一件内外施黑釉的四方印盒，说明在明代宫廷中仍沿用纯黑釉瓷器。此后，明、清两代御器厂所烧黑釉瓷器多为精工细做，在纯净的黑釉上施以各种低温色彩，黑釉则成为各种美丽颜色的衬托。

白釉　瓷器的釉色之一。施白釉的瓷器称为白瓷。白釉的烧制工艺比青釉复杂，首先需要含铁量比较低的瓷土和釉料，使含铁量降低到1%左右，施以纯净的透明釉经高温烧制而成，而不是在釉料中加白呈色剂，也不在坯胎上施白色护胎粉。白釉瓷器的烧制成功，为后世彩瓷发展奠定了基础，因此，白釉烧成是陶瓷史上的一件大事。目前已知，白釉在北朝时烧制成功。河南安阳北齐武平六年（575年）范粹墓出土的白釉器就是很好的实物例证。这批白瓷的釉普遍泛淡青色，说明早期的白釉中含铁量偏高。隋代白釉烧制技巧虽有提高，但其产地仅限于河北内丘一带。唐代河北邢窑烧制的白釉为诸窑之冠。从出土实物看，邢窑白釉瓷器精细者釉面均匀纯净，洁白光润，玻璃质感强，确有"类银似雪"的效果，所以唐代文人李肇、陆羽、皮日休等人的诗文中对邢窑白瓷都有赞语。唐代早期白釉瓷器增加釉面白度的主要措施是采用施化妆土方法。中期以后，多数选用高质量的原料，减少或不用化妆土，使其白釉精品达到釉面光润洁净的程度。唐代北方地区烧造白釉的瓷窑目前发现很多，南方地区尚未发现。然而唐代诗人杜甫《又于韦处乞大邑瓷碗》诗曰："大邑烧瓷轻且坚，扣如哀玉锦城传。君家白碗胜霜雪，急送茅斋也可怜。"诗中对四川大邑所烧风靡蜀中的白瓷描写十分细致。这种高质量的白釉瓷的产地还有待于以后考古发现。南方景德镇胜梅亭等窑在五代时期已经生产白釉瓷器，所烧白釉色调纯正，釉中三氧化二铁含量为0.73%，洁白度为70度。宋代烧制白釉瓷以河北定窑为代表，由于定窑白釉中三氧化二铁含量为 0.96%，所以釉色白中多泛牙黄。宋代德化窑白釉三氧化二铁含量为 0.29%，釉呈乳白色，光亮洁净。元代景德镇以烧青白瓷为主，白釉瓷器生产水平不太突出，一般瓷器的白釉中含铁量均在 0.9% 左右。明代永乐时期白釉烧制达到了历史上最高水平，白釉温润如玉，胎体薄如卵壳。前人对这种白釉评价为"甜白"，称宣德时期的白釉为"汁水莹厚如堆蜡，光莹如美玉"，为一代绝品。清代康熙时期景德镇所烧白釉，有奶粉般的色泽，亦称奶白。除景德镇外，明清时期福建德化白釉有着独特的风格，纯正的釉色光润明亮，乳白如凝脂，在光照之下，釉中隐现粉红或乳白，因此有"象牙白"或"猪油白"之称。

过约 800℃ 的温度烧制而成。釉面呈现深绿、浅绿、翠绿、蓝、黄、白、赭、褐等多种颜色，但以黄、绿、白三彩为主。唐三彩釉料以铅的氧化物作为助熔剂，目的是降低釉料的熔融温度。在烧成过程中，各种着色金属氧化物熔于铅釉中，自然扩散和流动，于是各种颜色互相浸润，形成斑驳灿烂的釉色。铅还能增加釉面光亮度，使色彩更加美丽。唐三彩始见于唐高宗时，开元年间为极盛期，器物造型多样，色彩绚丽，到天宝以后数量逐渐减少。迄今发现烧造唐三彩的窑址有河南巩县、陕西铜川、河北内邱。唐三彩中的钴蓝是我国最早运用钴土矿作陶瓷彩料的实物例证。唐三彩色釉制作的高度成就，对宋、辽三彩及明、清景德镇釉上彩的发展有重要的影响。

232. 唐三彩鹰首壶

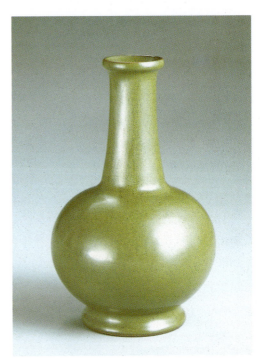

233. 清乾隆茶叶末釉瓶

唐三彩　唐代生产的彩色低温铅釉。用白色粘土作胎，用含铜、铁、钴、锰等元素的矿物作釉料着色剂，并在釉里加入大量炼铅熔渣和铅灰作助熔剂，经

茶叶末釉　古代铁结晶釉品种之一，属高温黄釉，经高温还原焰烧成。釉面呈失透状，釉色黄、绿掺杂，绿者称茶，黄者称末，古朴清丽，颇似茶叶细末，俗称

"茶叶末"。它是由釉中铁、镁与硅酸化合而产生的结晶,起源于唐代的黑釉。初似为烧黑釉瓷过火而出现的一个特殊品种,不是窑工有意烧制。北方烧造黑釉瓷的窑址中常伴有为数不多的茶叶末釉器物。明代御器厂所产茶叶末釉,称为"鳝鱼黄",釉色黄润,带黑色或黑褐色斑点,像鳝鱼的皮色。《陶雅》称:"鳝鱼皮以成化仿宋者为上。"清代前期的官窑,仿造明以前的茶叶末釉,康熙时臧窑有蛇皮绿、鳝鱼黄等名目。雍正、乾隆时期的产品很多,当时称为"厂官釉"。乾隆时烧制最为成功。雍正时期的制品釉色多偏黄,有茶无末,俗称"鳝鱼皮"。乾隆时则茶末兼有,釉色偏绿的较多,俗称"蟹甲青"、"茶叶末"等。

235. 辽黄釉皮囊陶壶

234. 清雍正蟹甲青釉瓜棱罐

蟹甲青釉 又称"蟹壳青釉"。茶叶末釉的一种,清雍正、乾隆时所烧,釉面颜色似刚出海的蟹壳。见"茶叶末釉"。

鳝鱼黄釉 见"茶叶末釉"。

黄釉 陶瓷器的一种釉色。以适量的铁为着色剂,

在氧化焰中烧成,也称铁黄。分高温、低温两种。高温黄釉是含少量铁分的石灰釉,在高温氧化气氛中生成三氧化二铁,呈现黄色。唐代烧制出标准的黄釉瓷器,其中安徽寿州窑、白土窑,河南密县窑、郏县窑,陕西铜川玉华宫窑,山西浑源窑和河北曲阳窑等都有烧造。唐代寿州窑黄釉在当时很有名,唐人陆羽将其所烧茶碗评为六大名窑之第五。寿州窑瓷器的玻璃质釉透明光润,开小片纹,釉色以黄为主,有蜡黄、鳝鱼黄、黄绿等。低温黄釉,即铅釉,最早见于汉代陶器上,显橙红色泽。唐三彩和宋三彩的陶器上已有深浅不同的黄褐色釉。瓷器上纯正的黄釉,始自明永乐年间,以铁为着色剂,用氧化焰低温烧成,呈色淡,釉面薄。宣德黄釉釉面肥厚,釉色娇嫩。弘治的黄釉达到了历史上低温黄釉的最高水平。这时的黄釉是用浇釉的方法施在瓷胎上的,所以称为"浇黄"。又因为它的釉色娇嫩、淡雅、光亮如鸡油,又称为"娇黄"、"鸡油黄"。嘉靖以后黄釉成为皇室宗庙祭器

的重要颜色,其色较深。清代黄釉有蜜蜡黄、蛋黄等数种。蜜蜡黄因釉色与蜜蜡相似,故名。康熙时蜜蜡黄釉层透明,釉色有深浅两种,深色釉厚,浅色釉薄,有细小开片。蜜蜡黄大都用来绘制瓷器上的图案。蛋黄釉出现于康熙年间,因色如鸡蛋黄而得名,与蜜蜡黄、浇黄的釉色相比,显得淡而薄,滋润而无纹片。康熙时黄釉色泽微重,釉层透明。雍正时的蛋黄为浅淡含有粉质的乳浊釉,是最成功的黄釉品种。乾隆时,因釉中掺有玻璃白,使釉汁混而不透,呈色嫩莹。蛋黄釉多用于单色器。

花釉　瓷器的一种多彩装饰釉。始见于唐,盛行于宋,以后各代也都有烧制。花釉瓷器是在黑釉、黄釉、黄褐釉、天蓝釉或茶叶末釉上饰以天蓝或月白色彩斑。由于它的装饰是在深色釉上衬托出浅色彩斑,显得格外醒目。唐代南卓《羯鼓录》中有关于"鲁山花瓷"的记载。花釉采用两种色料装饰,先上一层底釉,多为黑褐色,再淋洒或涂抹另一色料,常作乳白或淡蓝色,入窑烧成,即为色泽对比强烈的斑块花釉。一般的黑釉多饰以天蓝或月白色斑纹,黄褐釉有的也饰以月白色斑纹,但比较少见。唐代烧造花釉瓷器的窑主要有河南郏县黄道窑、鲁山窑、内乡窑、禹县窑及山西交城窑。清代花釉瓷器装饰方法多由两种或两种以上釉混合而成,在施釉时,需要几次挂釉;有的是同一种色釉分几次挂到一定厚度,有的是先施一层底釉之后,再在上面挂其他的色剂或色釉。熔烧时,在一定温度下釉面自然流淌,熔融交织,变成美丽多姿的色泽。花釉有高、低温两种,高温花釉在窑内烧成,故又叫窑变花釉,如火焰青、火焰红等;低温花釉在炉中烧成,如炉钧釉等。用花釉装饰的瓷器,釉层凝厚,釉中呈现出互相交错的青、红、青蓝、紫、褐黄、青白等多种颜色,并有针状、放射状的光点、块斑或结晶,加之釉面有光亮的玻璃质感,所以釉色灿烂夺目。

绿釉　陶瓷传统釉色之一,以铜作着色剂,铅化合物作为基本助熔剂。汉代烧制铅绿釉的釉料中就有2.6%的氧化铜。宋代除烧制低温绿釉陶器,还有许多烧制绿釉瓷器的窑场,尤其是磁州窑系。定窑所烧制的绿釉,被后世称为"绿定",是珍贵的名品。明代占主导地位的绿釉是孔雀绿釉。永乐时期还烧造比孔雀绿更为浅淡的淡绿色釉,明代早期有呈色似西瓜皮色的"瓜皮绿",是二次烧成的低温釉。这两种釉生产量比较少,传世品不多。清康熙时绿釉器的烧制达到鼎盛,色调比较丰富,有松黄绿、龟绿、湖水绿、松石绿、鱼子绿、秋葵绿等。所谓龟绿,即先在器物的釉上绘黑彩图案,然后全部吹上绿釉,呈色黑绿如龟背,故名。油绿是运用窑变而创造的一种绿釉,色如碧玉,古朴典雅。鱼子绿比较暗淡,常有细小纹片,均施于小件器物。湖水绿是康熙时杰出的绿釉,因呈色淡绿如湖水,故名。

青白釉　介于青白二色之间的一种釉色,又称"影青"。创始于北宋前期,以景德镇窑为代表。青白釉瓷器胎骨洁白,釉料中三氧化二铁含量低于0.99%。釉质细薄晶莹润泽,质感如玉,加上胎体极薄,器上的暗雕花纹内外都可以映见,在花纹边上,显出一点淡青色暗影,其余几乎都是白色,故又有影青、映青、隐青、罩青之名。南宋时,以景德镇为中心形成了南方青白瓷系,除景德镇外,安徽、福建、湖北等地都有烧青白釉瓷器的窑场。元代的青白釉比宋代的青色略深,不似宋代那样清澈透亮,形成明显的时代风格。北京元大都遗址出土的青白釉笔架和青白釉观音像就是当时的成功之作。山西大同市博物馆收藏的"广寒宫"瓷枕、北京昌平县出土的青白釉把杯和盘,也是元代青白瓷的佼佼者。明永乐青白釉与宋、元作品有明显的区别,这时的釉质肥润,并有较大的气泡分布于釉中。另外,永乐青白釉器的胎体玲珑,透影性强,由于釉面玻璃质强,因此在已刻划的纹饰轮廓线内外形成积釉现象,把

236. 宋绿釉枕

238. 北宋汝窑天青釉三足盘

纹饰衬托得格外秀美清晰。

影青釉 见"青白釉"。

237. 南宋青白釉三足熏炉

天青釉 特指宋代河南汝窑烧制御用青瓷的一种釉色。南宋周辉《清波杂志》记载："汝窑宫中禁烧，内有玛瑙为釉。唯供御拣退，方许出卖，近尤难得。"

玛瑙的成分主要是二氧化硅，汝窑釉中的主要成分也是二氧化硅，与一般石英砂作釉料并无区别，但玛瑙往往含有铁等着色元素，对增加汝窑瓷器的特殊光泽有着一定的作用。根据实物观察，汝窑天青釉主要特征是釉层匀净，釉面润泽，汁水莹厚，有如堆脂。经过还原焰烧成，釉色青蓝如澄澈的天空。釉中显露蟹爪纹、鱼子纹，釉表有鱼鳞状的开片。因含有玛瑙成分，釉色光泽莹润多变，除天青色，还有豆青、卵青、粉青、天蓝、虾青等。

乳浊釉 一种不透明的釉。釉层中含有大量的微细气泡时即会形成乳浊现象。传统青釉的乳浊釉如钧釉，主要是这种气相乳浊的作用。乳浊釉可以掩盖胎体的颜色和缺陷，具有特殊的装饰效果。

窑变釉 瓷器颜色釉品种之一。瓷器在窑内烧成时，由于窑中含有多种呈色元素，经氧化或还原作用，出窑后，釉面色彩斑斓，呈现出意想不到的效果。它本出于偶然，由于呈色特别，又不知其原理，只知经窑中焙烧变化而得，自古称之为"窑变"。俗语说"窑变无双"。《稗史汇编》中云："瓷有同是一质，遂成异质；同是一色，遂成异色者。水土所合，非人力之巧所能加，是之谓窑变。数十窑中，千万品而一遇焉。"窑变早在唐代以前的青釉瓷器上即偶有出现，宋代河南禹县钧窑生产的铜红窑变，可谓鬼斧神工，变幻莫测。从文献记载看，景德镇窑生产的窑变釉瓷始见于宋代，如《清波杂志》所云："饶州景德镇，陶器所自出，大观间有窑变，色如红朱砂。"但清代以前景德镇的窑变釉瓷都不是人为烧制的，偶尔烧制的窑变釉瓷也未流传下来，这与当时人们认为窑变釉瓷是"怪胎"，出现窑变即预示不祥，多将其捣毁有关。明郭子章《豫章大事记》就有记载："瓷器以宣窑为佳，中有窑变者极奇，非人为所致，人多毁藏不传。"清代景德镇的窑变釉已作为著名色釉而专门生产，虽然亦入火使釉流淌，颜色变化任其自然，并非有意预定为某种釉色，但已经能够人为地配制釉料，控制火候，可以说基本上掌握了窑变的规律，成功地烧制出大批窑变釉瓷。

239. 北宋钧窑紫斑盘

钧釉　特指河南禹县钧窑在宋代烧制出的一种釉层较厚的乳浊釉。在中国陶瓷历史上，以窑名作瓷釉的称谓不过两、三种，钧釉即为其中之一。其特点是在天蓝色中闪烁着红色或紫色的斑块。这种现象古人称之为窑变，用现代科学分析，是由于在连续的玻璃相介质中，悬浮着无数圆球状的小颗粒，并从中散射短波光，使釉面呈现美丽的蓝色乳光。古人在总结钧釉颜色时，将其分为朱砂红、玫瑰紫、葱翠青、月白等数种名目，以赞美钧釉的万般变化与绚丽的色彩。钧釉的化学组成特点是三氧化二铝含量较低，二氧化硅含量高，并含有少量五氧化二磷。钧釉中的红色和紫红色是由各种颗粒尺寸的铜红与蓝色结合而成的。有的局部色斑，是在釉的表面涂上铜的溶液，在1250℃～1270℃之间采用还原气氛烧成，为明、清铜红釉的烧制奠定了基础。宋代钧釉基本釉色是各种浓淡不一的蓝色乳光釉，较深的称为天蓝，较淡的称为天青，比天青更淡的为月白。这几种釉都具有莹光一般幽雅的光泽。这种蓝色的乳光釉是钧釉的一个重要特色。另一特色是釉面常出现蚯蚓走泥纹。金代钧釉器釉面润泽有开片，红色晕散斑不如宋代的自然。元代钧釉保持了天蓝釉、月白釉及蓝釉红斑，特征为釉面多鬃眼，光泽较差；釉色天蓝、月白交融，以月白色为主；釉层厚而失透，施釉不到底，圈足内外无釉。元代钧釉中没有了红紫交融的玫瑰紫和海棠红釉色。清代雍正时景德镇仿钧釉极为成功，尤以窑变花釉最为出色。它采用多种不同色釉施于一器，在高温下自然流淌、相互交融，呈现出犹如火焰状的色彩和图案，较红的称为火焰红，偏蓝的谓之火焰青。仿钧釉有的先上一层以铜为着色剂的底釉，再在上面涂滴含铁的面釉；也有采用在烧坏的红釉器上，涂以两种不同的釉料入窑复烧而成的。

结晶釉　由于熔体中含有的熔质处于过饱和状态，在缓冷过程中产生析晶而形成的釉。我国古代结晶釉都是高温铁结晶釉。至迟到宋代已有成熟的兔毫、油滴等结晶釉品种。清代的茶叶末、铁锈花等结晶釉更为精美。现代的结晶釉，熔质除铁外，还有锌、锰、钛等，烧成温度除高温外，还有低温，而晶花除细晶外，亦有粗晶，许多地方均烧制。

240．元龙泉窑豆青釉葫芦瓶

豆青釉　青釉中派生出的一种釉色，是宋代龙泉窑青瓷釉色之一。其釉色为青中泛黄，釉面光泽比粉青、梅子青弱。明代豆青色釉烧制水平趋于平稳。豆青色釉的基本色调仍以青中闪黄为主，而青色比以前淡雅。清代豆青色釉淡雅柔和，色浅者淡若湖水，色深者绿中泛黄，釉面凝厚。清代在烧造豆青色釉的同时，还在釉上施以各种色彩入窑二次烧造，艳丽的色彩在淡雅柔和的釉色衬托下，显得更为妩媚。清代中期以后，豆青色釉瓷器还有在素胎上装饰凸起的纹饰，用青花勾描出纹饰轮廓线，施以豆青色釉，然后入窑烧造的。豆青色釉透明程度不如白釉，因此豆青釉青花不如豆青釉釉上彩效果好。

粉青釉　青釉中派生出的一种釉色，呈现粉润的青绿色，如半透明的青玉。粉青釉为南宋龙泉窑创烧，是石灰碱釉的一种。以铁的氧化物为主要呈色剂，还有少量的锰或钛。粉青釉是生坯挂釉，胎中带

灰，入窑经过 1180℃～1230℃ 高温还原焰烧成。因石灰碱釉高温粘度较大，即在高温下不易流釉，这样釉层就可施得厚，使器物的釉色通过适当的温度和还原气氛达到柔和淡雅的玉质感。粉青釉的釉层中含有大量的小气泡和未熔石英颗粒，它们使进入釉层的光线发生强烈散射，从而使其在外观上获得一种和普通玻璃釉完全不一样的视觉效果。南宋许多瓷窑均烧粉青釉，郊坛下官窑亦烧成仿龙泉粉青。景德镇在明、清时期烧成的粉青，为浅湖绿色中微闪蓝，说明釉中除铁外，还有微量的钴元素。

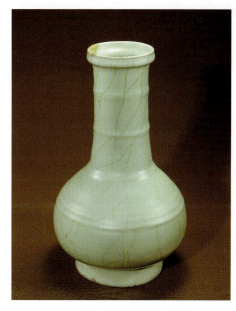

241．南宋官窑粉青釉弦纹瓶

梅子青釉　龙泉青瓷的一种釉色，龙泉窑于南宋时期创烧。釉色浓翠莹润，恰似青梅色泽，故名梅子青。烧制梅子青釉对瓷胎的白度要求较高，釉料采用在高温下不易流动的石灰碱釉，以便于数次施釉以增加釉层的厚度。在 1250℃～1280℃ 之间的高温和较强的还原气氛下烧造，釉面的玻璃化程度高且略透明，釉面光泽强，釉质莹润如同美玉一般。

孔雀绿釉　一种呈色翠绿透亮似孔雀羽毛的低温

242．南宋龙泉窑梅子青釉盘

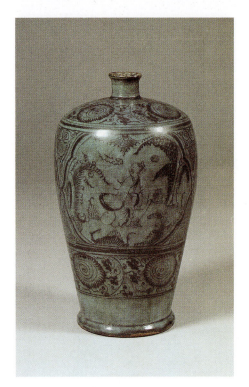

243．元磁州窑孔雀绿釉下黑花梅瓶

以孔雀绿。元代的孔雀绿一般罩在黑花之上，磁州窑、扒村窑均烧造此类品种。由于孔雀绿釉烧成温度不高，釉层往往易剥落。在明代孔雀绿烧制成熟以前，所有的绿釉都属于一种深暗的青绿色泽，没有达到亮翠的程度。明代的孔雀绿釉则烧成了似孔雀羽毛的碧翠雅丽的翠绿色。80年代初期在景德镇公馆岭地段永乐堆积层中首次出土了孔雀绿釉瓷器标本，说明永乐时期景德镇御器厂已烧成这种低温釉。宣德时期，孔雀绿釉多在白釉上覆釉二次烧成，釉面不易剥落。成化时期，除在白釉上罩孔雀绿釉，还开始烧单一的孔雀绿釉。烧造方法为素胎直接挂釉烧制，年久后，釉面易开片剥落。成化、弘治孔雀绿釉比较少见，上海博物馆藏成化孔雀绿釉青花鱼藻纹盘、北京故宫博物院藏弘治孔雀绿釉暗鱼藻纹大碗，均是目前罕见的珍品。正德时期孔雀绿烧制达到鼎盛，色泽鲜艳、青翠的制品也多。清代康熙年间孔雀绿釉极为盛行，釉色浓重葱翠，有的色淡而鲜艳，釉面薄厚不同，但均开有细碎纹片。后期仿制者，釉色偏蓝。

翡翠釉　见"孔雀绿釉"。

吉翠釉　见"孔雀绿釉"。

东青釉　又称"冬青釉"，青釉之一。据蓝浦《景德镇陶录》记载，为北宋时汴京东窑（在今河南

244．清雍正冬青釉暗花莲花纹碗

色釉，又称翡翠釉、吉翠釉，最早见于宋代磁州窑。以铜为着色剂，釉色有深、浅两种，深者颜色翠绿，釉内有细碎开片纹，衬以浆白釉底，釉色鲜明艳丽。浅者主要在彩釉中配合使用，如茄皮紫等釉器上常配

开封陈留）所烧，所以称之为东青釉。东窑的青釉瓷器亦有深浅之别。器口、足色泽较深，与官窑相似，故也有紫口铁足之说，所不同的是与官窑相比釉面没有开片纹，缺少红润之感且较粗糙。然而由于时代久远，窑址又无处可寻，难以目睹史籍中记述东窑所烧东青釉的真貌。而今日所见东青釉为清代雍正时期景德镇烧造，特点为釉面平润，色泽稳定，以豆青为主要色调。釉料中铁的含量及对还原气氛的控制上完全可以掌握得得心应手。

冬青釉　见"东青釉"。

245. 辽三彩凸花缠枝菊纹盘

辽三彩　辽代生产的低温彩色铅釉。技术上受唐三彩影响，在陶胎上挂白粉后，再施彩釉。辽三彩多用黄、绿、白三色釉。已知辽代烧制三彩的瓷窑有辽上京临潢府故城西南1公里村东的南山窑、内蒙古赤峰缸瓦窑、辽宁辽阳江官屯窑、北京龙泉务窑。其中赤峰缸瓦窑烧造量相对大一些，所烧三彩釉陶器胎质细软，呈淡红色，釉色娇艳光洁，可与唐三彩媲美。单色黄、绿釉器，釉色厚重雅致。少数三彩器还涂有红色釉，如三彩印牡丹花海棠式长盘，器心印牡丹花一株，花朵涂红色釉，枝叶涂绿色釉，地涂白色，宽边亦涂绿色，边涂黄色。辽三彩与唐三彩的区别除胎土不同外，主要是辽三彩中无蓝色，施釉不交融，釉面自然流动感稍差，缺少斑驳华丽的特点。

宋三彩　宋、金时期生产的低温彩色铅釉。陶质胎体主要用刻划方法进行装饰。在第一次烧成涩胎后，按纹饰需要填入彩色釉，再经第二次烧成。已发现烧制宋三彩的窑口有河南登封曲河、鲁山段店、禹县扒村、宝丰青龙寺和河北观台诸窑。各窑烧制的彩色品种各异，色彩缤纷。宋三彩釉色丰富，在唐三彩、辽三彩的基础上，除黄、绿、白、褐4种主色，还有酱色、艳红、黑色，并新创一种色泽青翠明艳的翡翠釉。与唐三彩相比较，宋三彩画面生动，填色规整，虽不见蓝釉，但是丰富的色彩，娴熟的绘画，使画面充满了生机。

蓝釉　属高温石灰碱釉，掺入适量天然钴料做着色剂，在1280℃～1300℃窑内一次烧成，元、明、清三代景德镇窑几乎从未间断过生产。低温蓝釉在唐代已经普遍应用在唐三彩陶器上。经钴蓝釉装饰的器皿，在低温焙烧后显得高雅别致，蓝色亦光彩绮丽。高温蓝釉是元代景德镇窑创烧的瓷釉新品种，后人称为"霁蓝"。1964年河北保定元代窖藏中出土了3件蓝釉瓷器，蓝釉色泽深沉典雅。蓝釉瓷器装饰有以下两种技法。一是在纯蓝色的釉上绘制金彩，蓝与金色形成强烈的反差，突出了金彩的装饰效果。二是在通体蓝釉地上，绘以白色花纹，使着意刻画的白色纹饰更为生动，代表器如扬州博物馆藏传世元代霁蓝釉白龙纹梅瓶。明、清时期，蓝色釉器皿数量增多，质感越来越好。永乐蓝釉，蓝色纯正，釉面光润肥厚。宣德时期蓝釉烧造的工艺技术更纯熟，蓝釉质感凝厚，色泽美艳，犹如蓝色宝石，被叫做"宝石蓝"。后人在品评时，将其选为上品。成化蓝釉蓝中泛紫。弘治、正德蓝釉有的蓝中泛黑，有的闪灰。正德时期个别器皿垂流釉现象比较明显，质量明显不如前朝。嘉靖、万历时期蓝釉取用回青料，发色浅淡，次者蓝中泛灰。清代康熙、雍正时期蓝釉瓷器色泽匀润稳定，烧造高温蓝釉技术在平稳中有所提高，釉色光泽匀润，釉面近似茄皮色，色浓暗者仿明宣德蓝釉效果，然而釉面稍欠肥润。

246. 明宣德霁蓝釉盘

霁蓝釉　元代创烧成功的一种高温蓝釉，色调浓艳深沉，光亮细腻。又称祭蓝、霁青。详见"蓝釉"。

卵白釉　元代景德镇创烧的一种青白色釉，又称"枢府釉"。色泽白中微泛青，釉面透明度较弱甚至呈失透状，恰似鹅蛋壳，故名"卵白"。明代王佐增补《新增格古要论》下卷《古窑器论》"古饶器"条记载："元朝烧小足印花者，内有枢府字者高。"此后一些文献将这类釉色的瓷器称为"枢府窑"，"枢府釉"由此而得名。卵白釉含钙量低，钾、钠成份增多，粘度大，烧成范围较宽。元早期器物由于釉中含铁量稍高，颜色微闪青；晚期随着釉中含铁量的减少，色泽趋于纯正。枢府卵白釉为明永乐甜白釉烧制成功奠定了技术基础。参见"元代枢府瓷器"、"枢府窑"。

枢府釉　即卵白釉。因这种釉色的瓷器多为元朝枢密院定烧，印有"枢府"等铭文，故名。见"卵白釉"。

铜红釉　以铜作着色剂，使高温石灰釉在还原气氛中焙烧成的红釉。通体高温铜红釉的瓷器是元代景德镇窑创烧成功的。在明永乐、宣德时期，景德镇御器厂熟练掌握了铜红釉的烧制技术，烧出鲜艳夺目的红釉瓷器，受到世人宝爱，被冠以鲜红、宝石红、祭红、霁红、积红等称谓。永乐时的红釉器釉下往往有暗花云龙纹等装饰，品种极为名贵，故而有"永器鲜红最贵"之说。其红釉大多艳丽而匀润，釉层莹润透亮。少数釉质不纯，伴有黑色小点或血丝状纹。宣德时期的铜红釉殷红灼烁，宝光耀目，似红色宝石，"宝石红"即为宣德红釉的代表品种。宣德铜红釉可分为深、浓、浅、淡 4 种色阶。深为黑红，浓者艳丽，浅色匀净晶莹，淡者若桃花粉红娇艳。永乐、宣德的红釉器口边均显淡青白色，俗称"灯草口"，这实际是工艺过程中红釉流动的一种现象。然而红色与白色相互映衬，更显出红色艳丽华贵。宣德以后到正德时期，铜红釉传世品极为少见，且质量不如永、宣时期，这与烧造的水平不无关系，所以后世有成化红器难得之说。据文献记载，嘉靖时期开始用矾红代替铜红釉。矾红属三氧化二铁悬浊体着色的低温红釉，烧造时易于掌握，但外观没有铜红釉鲜艳华贵。清代康熙时期铜红釉得以恢复，著名的"郎窑红"就是效仿前代名品的成功之作，与永、宣相比，达到了与真无二的境地。

宝石红釉　明宣德时期烧制的一种艳若红宝石的铜红釉。见"铜红釉"。

鲜红釉　铜红釉的一种称谓。见"铜红釉"。

珐华釉　装饰陶、瓷器的一种低温色釉，又称法花、法华。烧制技术源于琉璃，发展成为与琉璃制品不同的新品种。珐华釉用牙硝作熔剂，施釉方法是在陶胎表面采用立粉技术，勾勒出凸线或堆贴纹饰轮廓，然后分别以所需彩料填底子和花纹色彩，入窑烧成。珐华釉是一个集合名词，专指装饰珐华器所用的黄、白、蓝、绿、紫等各种色釉。据《饮流斋说瓷》，"法花之品萌芽于元，盛行于明。大抵皆北方之窑"。珐华有

247.元卵白釉"东卫"铭印花盘

胎、彩料及装饰更为丰富和考究，艺术效果更为高雅。

珐翠釉　珐华的主要釉色之一。又名珐绿。据清《南窑笔记》："其制法在涩胎上填色，复入窑烧成即是。用石末、铜花、牙硝为珐翠。"可知所谓珐翠之名，是先人对呈色葱翠透亮如孔雀绿色釉的一种特定称谓。今人对珐华器中的这一颜色称为孔雀绿。

珐绿釉　珐翠釉的别称，见"珐翠釉"。

珐蓝釉　珐华的釉色之一。依据清《南窑笔记》记载，珐蓝釉与珐翠釉的制法、釉料配制基本相同，只是加入青料烧成后呈蓝色，故谓之珐蓝釉。其釉色蓝若宝石，晶莹润泽，釉表有极细微的鱼子纹。

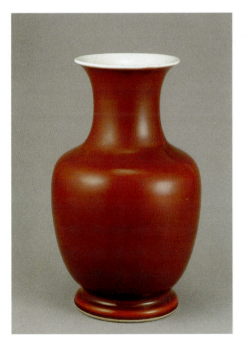

248.清雍正祭红釉撇口瓶

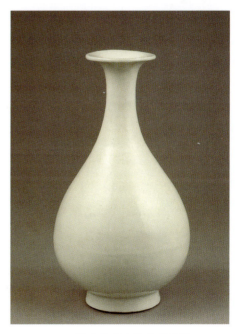

249.明永乐甜白釉玉壶春瓶

陶胎、瓷胎之别。陶胎珐华多为山西所烧。瓷胎珐华由景德镇于宣德时期开始烧制，兴盛于明代中期。景德镇珐华在工序上基本效仿山西珐华的制作方法，但

甜白釉　明永乐时期景德镇御器厂烧制的一种半脱胎白瓷的釉色，呈半木光状，具有甜润的白糖色泽，故称之为甜白。明代黄一正所撰《事物绀珠》卷二十二载有"永乐、宣德二窑内府烧造，以鬃眼甜白为常"之句。此后"甜白"称谓沿用下来。永乐甜白釉瓷坯胎中三氧化二铝的含量达22%，说明羼入白高岭

土的比例较多。这对于提高釉的白度起了很大的作用。在釉料中加入 5.28% 钾长石做助熔剂，也增强了釉的白度，并将瓷釉泛青的现象降低到最小限度。

翠青釉　明永乐朝创烧的一种瓷釉，釉色翠绿，青亮光润如翠竹，故名翠青。釉面细腻，垂釉处尤其浓艳，玻璃质感强，釉中有密集的小气泡。

宝石蓝釉　明宣德时烧造的上等蓝釉。见"蓝釉"。

仿龙泉釉　青釉之一。青釉在宋末以前是我国陶瓷釉色的主流。南宋时期龙泉窑青釉中有梅子青、粉青，使青釉发展到顶峰。然而其成功率并不很高，说明烧造技术不稳定。明初永乐仿烧的龙泉釉，釉色青中闪绿，釉质肥厚，多有小气泡及垂流现象。釉层均匀，釉面玻璃质强，色泽较重，具有摹仿宋、元龙泉的效果，故称之为"仿龙泉釉"。宣德时的仿龙泉釉，釉面无橘皮纹，釉质莹润无气泡。宣德以后仿烧龙泉釉水平一度下降。一直到清代康熙、雍正时期，才烧制出了酷似龙泉青釉的名品豆青色釉。

250. 明宣德洒蓝釉钵

洒蓝釉　瓷釉的一个品种。蓝釉中自然分布着白色的斑点，如同雪花洒落，故名洒蓝，又称雪花蓝、青金蓝、盖雪蓝。洒蓝釉采用吹釉方法施釉，就是文献中提及的"吹青"。于烧成的白色器上，用竹制的管状工具，一端包扎纱布醮青釉料对准坯体，用口吹竹管的另一端，使釉附在瓷胎上。洒蓝釉始创于明代宣德年间。其产品除景德镇御器厂遗址中有出土标本外，传世品不过一、二，国内仅首都博物馆收藏一件胎体较厚的钵。此钵外壁为洒蓝釉，内壁施白釉，内底书有"大明宣德年制"款。清代康熙年间，景德镇民窑大量烧造洒蓝釉器，成为当时外销瓷品种之一，标志着洒蓝釉制作水平的成熟与发展。

雪花蓝釉　见"洒蓝釉"。

青金蓝釉　见"洒蓝釉"。

盖雪蓝釉　见"洒蓝釉"。

251. 明嘉靖瓜皮绿釉划花盘

瓜皮绿釉　玻璃质的低温铜绿釉，因色泽绿似西瓜皮而得名。瓜皮绿是在涩胎上施釉，于低温中二次烧成的绿釉。始见于明代初期。清康熙时期烧造最为成功，尤其是用这种釉色装饰造型为瓜状的器物，更是弥足珍贵。雍正时期所烧制的瓜皮绿釉比康熙时期的釉厚而润，淡淡的绿色略泛黄，似春天的柳叶。乾隆时瓜皮绿颜色较深，略逊于雍正釉色。瓜皮绿有深浅二色，深色者为浓绿，无纹片，多用在单色釉的瓶、罐、盘、碗、洗上；浅色者为嫩黄瓜色，常用来装饰高约六七寸，式样精巧的细颈瓶。瓜皮绿除作为单色釉，还广泛用于彩瓷图案中山石、树木、枝叶等纹饰的涂染。

252. 明弘治黄釉盘

鸡油黄釉　明弘治朝烧制成功的一种低温黄釉，颜色黄亮如鸡油。因采用浇釉法施釉，又称"浇黄"。又因釉色娇嫩可人，也称为"娇黄"。见"黄釉"。

浇黄釉　明弘治朝烧制的黄釉。见"黄釉"。

娇黄釉　明弘治朝烧制的黄釉。见"黄釉"。

紫釉　瓷器低温釉之一。清蓝浦《景德镇陶录》卷三载："紫色釉，黑铅粉末加石子青、石末合成。"可知紫釉的主要着色剂应为锰，釉料中的铁、钴起调色作用，经 800℃～850℃ 烧成。颜色似茄皮，故又称"茄皮紫釉"。由于配料和窑火气氛变化有别，紫釉呈色亦不同，有深、浅茄皮紫、葡萄紫、玫瑰紫等色。紫釉始烧于明代弘治时期，此时的紫釉釉质肥厚光润，紫中泛蓝，色彩绚丽。嘉靖时期，紫色可分深、浅二色阶。深者呈黑紫色，浅者色如未成熟的茄皮，清新淡雅。清康熙时的茄皮紫，釉色可分浅、深、老三色。浅者鲜艳，主要为配合彩器使用。深者比一般茄皮色深，釉面发亮，多用于单色釉器。老者亦作配合三彩等器之用。釉色均匀无开片纹的为上等，虽有开片但片纹紧密者次之。

茄皮紫釉　见"紫釉"。

矾红釉　在氧化气氛中烧制而成的低温红釉，色泽略显橙红。清蓝浦《景德镇陶录》卷三载："矾红釉，用青矾炼红加铅粉、广胶合成。"因此称矾红。又因为主要着色剂是氧化铁，又名铁红。这种低温铁红釉自明中叶开始就有了很大的发展。据载，嘉靖二年，朝廷令江西烧造瓷器，"内鲜红改作深矾红"。因矾红是在氧化气氛中烧制而成的低温红釉，比烧成高温铜红容易得多，虽没有铜红纯正鲜艳，但呈色较稳定。因此景德镇御器厂就采用矾红代替铜红。清代康熙时期，矾红色泽鲜艳，华丽凝重，多用于五彩、斗彩绘制纹饰或施于纯色釉器。嘉庆时烧制的矾红色泽不甚佳，直到光绪时才稍有起色。

铁红釉　见"矾红釉"。

253. 明嘉靖矾红釉盘

回青釉　专指明代嘉靖、万历朝烧制的一种蓝色釉。因为烧造回青釉所用的钴料是进口回青与石子青调合而成的钴着色剂，故名。回青釉呈色较淡，不如霁蓝釉色泽深沉、浓艳，质量较次的颜色泛灰，这可能与钴料中的石子青比例过大有一定关系。嘉靖、万历时期所烧的回青釉器多带有暗花纹饰。

素三彩　瓷器低温彩釉品种之一，因以黄、绿、紫、白等彩料为主，不用红彩，故称素三彩。其工艺

254. 清康熙素三彩暗龙纹花蝶碗

是在瓷坯上先按预定的图案进行刻划，待坯体干燥后以高温烧成无釉的素瓷，再将作地色的釉浇在涩胎上；待其干燥后，刮下花纹图案中应施其他色彩部分的地釉，然后填上所需要的色彩，再一次低温烧成。最早的素三彩见于明代成化时期，1986 年景德镇御器厂遗址出土了数件用黄、绿、紫等彩釉烧制的素三彩瓷。正德时期素三彩传世品与成化、弘治时期一样，并不多见，但是与前、后时期相比，制作水平非常高。北京故宫博物院收藏的素三彩海蟾洗为这一时期的代表作。嘉靖、万历时期素三彩的产量有所增加。清代康熙年间素三彩最为盛行，并有创新，它的彩色除了黄、绿、紫外，还增加了当时特有的蓝彩。同时，加彩的方法也更多样，有的在素烧过的白瓷胎上直接加彩，然后罩上一层透明白釉，用低温一次烧成，传世较为常见的素三彩花果盘即属此种制作方法；也有的在白釉瓷器上涂以色地，再绘素彩，如黄地加绿、紫、白彩，黄地三彩，绿地加黄、紫等彩。墨地素三彩器则是更少见的精品。此外，景德镇民窑还以黄、绿、紫三色彩釉在器物上晕染成不规则的斑块，烧成后，酷似虎皮，俗称"虎皮斑"、"虎皮三彩"，这是康熙时期的新品种。

象牙白釉　特指明代福建德化窑生产瓷器的白釉。德化窑白瓷特点是胎釉中的三氧化二铁含量很低，氧化钾含量高，烧成时采用中性气氛。从外观看，其色泽光润明亮，乳白如凝脂，在光照下，釉隐现粉红或乳白，如同象牙的色泽。

255. 明德化窑象牙白釉童子拜观音

珐青釉　清代试配成的一种釉色。是在珐蓝基础上创出的品种。颜色比霁青浓重深翠，釉面光滑平整，无橘皮綮眼。

豇豆红釉　一种呈色多变的高温颜色釉，是清康熙时铜红釉中的名贵品种。其基本色调如成熟豇豆的红色。由于受烧成气氛的影响，豇豆红釉色千变万化：或在朦朦的粉红色中有深红色的密集斑点；或深红色逐渐晕散为浅红色；有的局部微泛浅黄或浅绿色；还有的在深浅绿色当中泛出红晕，表现出满身苔点泛于桃花春浪间的意趣。由于釉料组成特性及釉料粘度变化不同等一系列因素影响，成品也有高下之分。后人对各种色调有不同的称谓，上乘者名"大红

256. 清康熙豇豆红釉印盒

袍"或"正红",通体一色,明快鲜艳,洁净无暇。略次者,釉色如豇豆,含有深浅不一的斑点及绿苔,又称"美人醉"或"美人霁"。色调再浅一些的被称为"娃娃脸(面)"或"桃花片",虽不如深者艳美,但有幽雅娇嫩之态。再次者色调更浅,或者晦暗浑浊,名为"乳鼠皮"或"榆树皮"。至于釉面灰黑不匀的所谓"驴肝"、"马肺"色,与器下部呈黑釉焦泡的一类,则属最次品。苹果绿是豇豆红的窑变异色,釉面苔绿连成片,其间呈现红晕,近似新鲜苹果的丰美色泽。豇豆红烧成难度很大,只能由官窑少量生产,仅供皇室内廷使用,且无大件器物,最高的不过20厘米左右。常见的器形也不过几种,大多是文房用具,如印盒、水盂、笔洗等等。器物底足内均有白釉青花书"大清康熙年制"六字三行楷书款。

大红袍釉 特指豇豆红釉之上乘色泽。见"豇豆红釉"。

正红釉 特指豇豆红釉之上乘色泽。见"豇豆红釉"。

美人醉釉 又称"美人霁",豇豆红釉之略次者,红釉中有深浅不一的斑点及绿胎。见"豇豆红釉"。

娃娃脸釉 又称"桃花片",豇豆红釉之较浅的色泽,见"豇豆红釉"。

乳鼠皮釉 又称"榆树皮"。豇豆红釉之较次产品,色泽晦暗浑浊。见"豇豆红釉"。

苹果绿釉 豇豆红釉的窑变异色,于成片的绿苔中显出红晕,酷似苹果的色泽。苹果绿的呈色机理,是制品在窑内最后阶段误被氧化,使铜变成氧化铜,导致釉的大部或全部变成绿色。苹果绿虽说是豇豆红的失败之作,却变成很难得到的珍贵品种。见"豇豆红釉"。

吹红釉 清雍正朝成书的《南窑笔记》有"吹青、吹红二种本朝所出"的记载,说明采用吹釉法的青、红两种色釉是清初新创。现在景德镇烧制豇豆红器仍采用吹釉方法施釉。据传世实物推断,所谓"吹红"很可能就是指豇豆红品种。

257. 清康熙郎窑红釉观音尊

郎窑红釉 清康熙时期仿明宣德宝石红釉所烧的一种红釉。因康熙时郎廷极督理景德镇窑务时仿烧成功,故以其姓氏命名,又称郎红。郎窑红釉以铜为着色剂，用1300℃以上的高火度还原焰烧成，在烧造过程中对烧成的气氛、温度等技术指数要求很高，烧制一件成功的产品非常困难，所以郎窑红器在当时就很昂贵，民谚有"若要穷，烧郎红"的说法。郎窑红器的特点是色泽浓艳，犹如初凝的牛血一般猩红，又称牛血红。而红釉过薄，则会出现色如鸡血一般的鲜红器。郎窑红釉釉泡小而闪闪发亮，釉色极润，常有小白点，釉面开裂纹片，釉清澈透亮有垂流现象，底足内呈透明的米黄或浅绿色，俗称米汤底或苹果底，也有较少的本色红釉底。口部因釉层较薄，铜分在高温下容易挥发和氧化，多露胎骨，呈现粉白、淡青或浅红色的"灯草边"。越往器体下部，红色越浓艳，这是由于釉在高温下自然流淌，集聚器下之故，但底足旋削工艺高超，流釉不过足，不会出现粘釉的缺陷，有"脱口垂足郎不流"之称。郎窑红器偶有加彩的品种。

郎红釉　见"郎窑红釉"。

牛血红釉　见"郎窑红釉"。

郎窑绿釉　郎窑红的"窑变"品种，又称"绿郎窑"。郎窑红制品在窑内烧成的最后阶段，因铜红釉误被氧化，使釉中的低价铜变为高价铜，里外釉面均呈现浅绿色。郎窑绿是康熙年间郎窑烧制出的，釉色有的呈色浅翠，有玻璃光泽，有的微绿而泛五色光，器身布满极细小的纹片，釉色莹澈，又有"绿哥瓷"之称。郎窑绿比郎窑红更为名贵，因而仿制品很多。郎窑红还有一个窑变品种，因铜红釉的氧化、还原不一，形成器里釉为红色，器外釉为浅绿色，类似绿郎窑，因而被称为"反郎窑"。

绿郎窑　见"郎窑绿釉"。

反郎窑　郎窑红的窑变品种，器里釉为红色，外釉为浅绿色，类似绿郎窑。这是因铜红釉的氧化、还原不一而造成的。器形有水丞、渣斗等小件器皿。这个品种较为少见。见"郎窑绿釉"。

乌金釉　一种黑色亮釉，始创于清代康熙时期。乌金釉是名贵的高温颜色釉。配制乌金釉需要使用浓度较高的优质青料与紫金釉混合。釉中除含有大量铁分，还有一定量的锰和钴等有色元素。制法是在白釉上吹以黑色玻璃釉，经高温还原焰烧成。景德镇所烧的乌金釉为最纯正的黑釉，光润透亮，色黑如漆。因主要采用景德镇附近所产的乌金土（含铁13.4%）制釉，故称乌金釉。纯粹的乌金釉器极为少见，多在其上用金彩描绘各种锦地或开光纹饰，但金色都不能持久。雍正、乾隆时期景德镇御窑厂督窑官唐英在总结乾隆以前的景德镇制瓷工艺时，提到"乌金釉有黑地白花、黑地描金二种，系新制"。

258. 清康熙乌金釉笔筒

珊瑚红釉　清代烧制的一种低温铁红釉。将红釉吹在烧好的白釉器上，烧成后，釉色均匀、光润，呈色红中闪黄，能与天然珊瑚媲美，故名"珊瑚红"。始于康熙，盛行于雍正、乾隆。康熙、雍正时，珊瑚红釉色闪黄，除生产一色的盘、碗、瓶，还用作地色，上面绘各种彩色纹饰。乾隆时期，珊瑚红颜色深而且釉层厚，有的作地色，还有用珊瑚红装饰器物局部的，但仍以单色珊瑚红器物更为名贵。

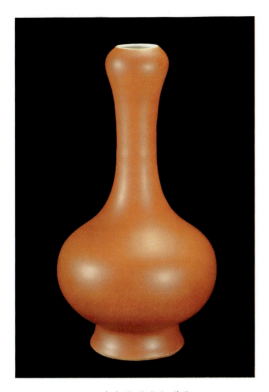

259. 清康熙珊瑚红釉瓶

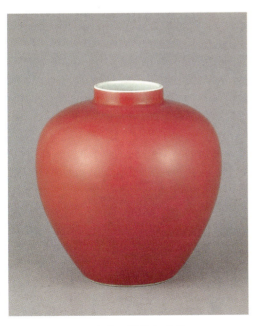

260. 清雍正胭脂红釉罐

金红釉　以黄金为着色剂的低温粉红色釉，清代康熙年间从西方国家传入我国，故又称洋红。在康熙年间的珐琅彩瓷上始见应用。雍正、乾隆两朝的金红釉成为盛行的名贵色釉。它的制作，是在烧成的薄胎白瓷器上施以含金的红色釉，在800℃～850℃的彩炉中烘烤而成。釉色匀净明艳，娇嫩欲滴，器内白釉纯净，更映衬出外釉极其美丽的粉红色。金红釉根据呈色的浓淡，有胭脂红、胭脂水、粉红釉之分。胭脂红大约在釉中掺入万分之二的金，釉汁细腻，光润匀净，色如浓艳的胭脂。胭脂水掺入万分之一的金，即呈浅粉红色。金红釉的瓷器都是官窑产品，雍正、乾隆两朝最精。底足一般用青花书写年代款识。器形多为小件碗、杯、水盂等类。

洋红釉　即"金红釉"。

胭脂红釉　金红釉的一种，见"金红釉"。

261. 清雍正胭脂水釉碗

胭脂水釉　金红釉中较浅的一种。见"金红釉"。

天蓝釉　一种浅蓝色高温颜色釉，创烧于清代康熙年间。釉色浅蓝，莹洁清雅，像蔚蓝的天空，故名天蓝釉。天蓝釉含有1%以下氧化钴，釉料中的铜、铁、钛等金属元素均起呈色剂的作用。清代康熙时期所烧的天蓝釉，色调淡雅，釉面匀净莹润。雍正时期烧造技术更为纯熟，淡雅的天蓝色釉，又分成深、浅两种色阶，如同蓝天有远近之别一般。

蜜蜡黄釉　清代康熙年间烧制的低温黄釉，色如蜜蜡。见"黄釉"。

蛋黄釉　清代康熙年间烧制的蛋黄色低温黄釉。见"黄釉"。

262. 清乾隆祭红釉玉壶春瓶

霁红釉　以铜为着色剂，经1300℃左右的高温还原气氛烧成的红釉。烧成后的釉面为失透状，呈色均匀凝厚，是清代康熙、雍正、乾隆三朝盛行的红釉品种；为区别于明代永乐、宣德时期的红釉，及同时代的郎窑红，习惯上称之为霁红或祭红。康熙时期的霁红釉釉面普遍泛深红色，个别的较为浅淡鲜亮，色调都很均匀。有的釉面有细小的橘皮纹。雍正时期的霁红釉釉质与色调比康熙时更为成熟，釉面润泽，釉色分深、浅、浓、淡。乾隆时期霁红器除御窑厂烧造，民窑也逐渐多起来，但"陶户能造霁红者少，无专家，惟好官古户仿之"。清龚轼在《景德镇陶歌》中记述："官古窑成重霁

红，最难全美费良工。霜天晴昼精心合，一样搏烧百不同。"说明霁红器是比较难烧成的。

祭红釉　见"霁红釉"。

鹦哥绿釉　又称哥绿，清代康熙年间瓷器上的一种低温装饰釉。用氧化铜呈色剂配入釉中，颜色比豆绿釉深，像鹦鹉身上的绿色羽毛一样碧绿青翠，器身布满仿哥窑青瓷器上的片纹，纹理比哥瓷细密均匀。哥绿为单色釉，施于已烧成的白瓷上，再以800℃左右的温度烘烧；由于釉料中加入大量的铅灰，釉面明亮娇媚，很有特色。清康熙哥绿釉瓷烧得很成功，器物以细颈瓶、水盂、笔洗为多，大件的瓶、罐类作品很少。

鱼子绿釉　见"绿釉"。

263. 清康熙湖绿釉暗花螭纹杯碟

湖水绿釉　清康熙年间烧制的浅绿色釉，见"绿釉"。

龟绿釉　见"绿釉"。

松黄绿釉　见"绿釉"。

鹅绒白釉　见"白釉"。

奶白釉　特指清康熙景德镇所烧白釉。见"白釉"。

虎皮斑　清康熙时的素三彩品种，又称"虎皮三彩"。见"素三彩"。

虎皮三彩　清康熙时的素三彩品种，又称"虎皮斑"。见"素三彩"。

264. 清康熙虎皮斑釉碗

炉钧釉　清代雍正年间创烧的低温窑变花釉品种之一，是景德镇仿宜兴施有乳浊感的釉陶"宜钧"而烧制的。因史籍有载"炉钧一种，乃炉中所烧"，故名"炉钧"。炉钧釉属于仿烧品种，然而风格独特，有月白、葱翠、朱砂红及蓝、绿等丰富的色彩。各色釉垂流过程中，互相熔融于一体，形成各种美丽的彩斑或五光十色的丝线纹理。史称炉钧釉"有红点者为佳"，因红斑似红高粱穗状，俗称"高粱红"。这种现象是雍正时期炉钧釉的特征。乾隆时期，炉钧釉主要

265. 清乾隆炉钧釉花囊

特点是蓝、绿、月白色交织成垂流的条纹。嘉庆时期炉钧釉色以蓝为主体，釉面缺少垂流感。道光时期釉面流动现象不是在烧造过程中自然形成的，而是用毛笔绘成，故呈色不自然。

高粱红釉　见"炉钧釉"。

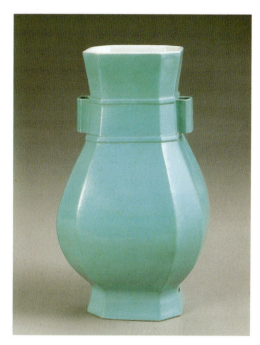

266. 清雍正松石绿釉贯耳瓶

松石绿釉　瓷器绿釉的一种，又名西湖水釉，属以铜为着色剂、二次烧成的低温釉，是清代雍正时期创烧的绿釉名品。其呈色青绿，与绿松石色泽相似，故名。

秋葵绿釉　清雍正年间创烧的一种瓷器低温绿釉，比松石绿略浅，似秋葵叶色。

厂官釉　见"茶叶末釉"。

紫金釉　又称酱色釉，一种高温釉。北宋定窑烧制出的酱色釉，明曹昭《格古要论》称为"紫定"。清代景德镇御窑厂生产的酱色釉瓷器，近代许之衡《饮流斋说瓷》谓之"紫金釉"。紫金釉实属酱色釉范畴，然而对清代景德镇御窑厂所烧的酱色釉，习惯上多称为紫金釉。清康熙以后，紫金釉瓷器上装饰金

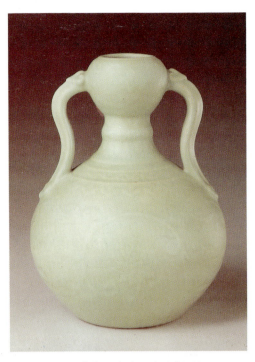

267.清雍正秋葵绿釉绶带耳瓶

268.清嘉庆紫金釉金彩瓶

彩，摹仿古铜器，成为瓷器装饰的一个新品种。

【陶瓷彩】

釉下彩　瓷器的一种主要装饰方法，用色料在成型的坯胎上进行绘饰后，施以白色透明釉或青釉，入窑经高温一次烧成。大约在20世纪40年代以前，景德镇又称釉下彩为"里绘"。釉下彩的烧成温度一般在1200℃～1250℃左右才能达到应有的效果。所以釉下彩的着色剂需要足够的耐火性，以适应高温的煅烧。早在三国时期，已有了利用铁为着色剂，在瓷器上施釉下彩的装饰工艺（见"青釉釉下彩"）。我国古陶瓷中的釉下彩品种有釉下褐彩、釉下褐绿彩、青花、釉里红、釉下三彩。采用釉下彩工艺装饰的瓷器色彩鲜艳夺目，彩绘装饰永不褪色。在白色透明釉覆盖下，彩料中的氧化铅等物质对人体不会产生任何副作用。因此，釉下彩装饰一直深受世人喜爱。

青釉釉下彩　釉下彩品种之一，在瓷器的坯胎上进行彩绘装饰后，罩青色透明釉一次高温烧成。这种装饰始于三国时期，沿用到现代。1983年江苏南京雨花台长岗村三国吴末墓葬中出土的青釉釉下彩盘口盖罐，通体用褐黑彩绘画，上罩青釉，在高温下一次烧成。但是，从三国晚期到唐代晚期约500年间，釉下彩瓷器的发现处于空白阶段。唐末、五代时期，青釉釉下彩瓷器在湖南长沙窑、浙江越窑、陕西黄堡镇等窑均有烧造。其中长沙窑烧制的釉下彩瓷器品种最为丰富，用氧化铁、铜为原料，在坯胎上进行彩绘，然后施青釉，在1220℃～1270℃高温下烧出青釉褐彩、绿彩和褐绿彩纹饰。晚唐时期越窑青瓷装饰由釉上彩发展成釉下褐彩，最精美的代表作是浙江临安水丘氏墓出土的青釉褐彩带盖罌和青釉褐彩云纹镂孔熏炉。从此釉下彩工艺为后世所继承，历代均烧造出色彩缤纷的作品。

青釉褐斑　瓷器高温装饰彩之一，即在青釉釉上加点褐色彩斑。这是早期越窑创造的一种装饰方法，

269. 东晋青釉褐斑唾壶

始于西晋晚期，东晋至南朝早期盛行于浙江地区的瓷窑。唐代越窑仍保留青釉褐斑的装饰工艺。长沙窑青釉执壶等器，常在模印贴花上加点大片褐斑。元代龙泉窑继承了这一装饰方法，也烧制青釉褐斑器。

褐彩　瓷器装饰彩之一，以铁为主要呈色剂的彩料，施于釉中或釉下，有的任其自然流淌、变化，烧成后呈现褐色花纹。这种装饰方法始见于西晋早期，普遍使用于东晋到南朝早期。唐代四川邛窑器大多在上釉以后用含铁色料绘画，然后入窑一次烧成，谓之釉中褐彩。湖南长沙窑则用含铁色料在瓷胎上绘画，然后上釉烧成，花纹亦呈褐色，称为釉下褐彩。宋磁州窑系的褐彩多以这种方法烧制，纹饰精细。元代景德镇白釉瓷器用褐色彩斑作装饰，后施青白釉，有的由于氧化铁结晶斑过于浓重，致使釉面出现不均匀的现象。元代龙泉窑青瓷亦有用褐色彩斑作装饰的。

黄釉褐彩　瓷器装饰彩之一。初期的黄釉褐彩仅用含铁色料绘画，花纹呈褐色。又由于釉中含有少量的铁分，在氧化气氛中烧成，铁充分氧化呈黄色，谓黄釉褐彩。后来加用含铜色料，在氧化气氛中呈绿

色，为黄釉褐绿彩，始见于唐代四川成都青羊宫窑。此窑除青釉瓷器，也烧制黄釉褐绿彩圆点纹瓷器。唐代长沙窑已大量烧制。黄釉褐绿彩多施在碗、壶上。褐绿彩装饰技法有两种，一种是在坯上用褐绿彩直接画纹饰，另一种是先在坯上刻出纹饰轮廓线，再在线内填绘褐绿彩，最后施釉。如果在还原气氛中烧成，使釉中的铁与少量的氧结合，则呈青绿色泽，烧成青釉褐彩或青釉褐绿彩。

270. 唐越窑褐彩如意云纹罂

绿彩　以铜为着色元素，在氧化气氛中烧成的一种陶瓷装饰彩。绿彩是瓷彩家族中主要成员之一。我国古陶瓷中绿彩品种甚多，其呈色有十余种，形成这种原因除烧造过程中窑的温度、氧化气氛等外界条件的影响，更主要的是与彩料中铜的含量不同有直接的关系。绿彩在装饰瓷器时，可以用于釉下，亦可用于釉上。唐晚期长沙窑青釉绿彩壶将含铜色料绘于釉下，形成釉下绿彩。绿彩彩料中，除铜之外，有时还

添加少量其他着色元素，如铁、铬、钴、锡等。康熙珐琅彩和雍正粉彩中的一些绿彩略带黄色，就是加有锑的缘故。据文献记载，绿彩与黄料配合可呈现略似枯叶的色彩，称为"枯绿"。若绿料多一些就呈"酱绿"色。在彩瓷中用各种不同呈色的绿彩，可出现丰富多采的艺术效果。

褐绿彩　瓷器装饰彩之一，使用含铁和含铜色料，在釉下或釉中绘画，呈现褐、绿两色的花纹。唐代湖南长沙窑、四川邛窑等处均采用这种装饰。长沙窑用色料在胎上绘画，施釉后在高温氧化气氛中烧成，花纹呈褐、绿两色，谓之釉下褐绿彩；邛窑多在釉上用色料绘画，在氧化气氛中烧成，花纹也呈褐、绿两色，谓之釉中褐绿彩。

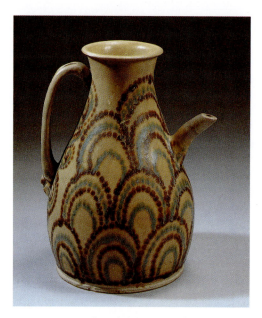

271. 唐长沙窑褐绿点彩执壶

釉上彩　瓷器的主要彩绘方法之一，是在烧成的瓷器釉面上用彩料进行绘饰，再经低温烧结。旧时景德镇称这种技法为"表绘"。釉上彩的调制、应用和烧成情况与釉下彩有明显差异。釉上彩需二次烧成，烧成温度一般在700℃～900℃之间。釉上彩几乎不

受釉的化学组成影响，经煅烧后牢固地粘结在器表上。其特点是彩料应用广泛，能烧造出高温釉下彩不可能达到的鲜艳效果。因彩绘施于釉上，长时间使用、摩擦会磨损、脱落。釉上彩工艺始见于宋、金时期，是在传统的低温色釉基础上发展而来的。其种类包括红绿彩、宋加彩、五彩、粉彩、珐琅彩等等。

白釉绿彩　瓷器装饰彩之一。在白瓷上用绿彩绘制纹饰，始见于北齐武平六年（575年）范粹墓出土的白釉绿彩四系罐和长颈瓶。唐代长沙窑烧制的白釉绿彩器，制作方法有两种，一是以含铜色料在釉下绘圆点纹组成的图案，在高温氧化气氛中烧成，纹饰呈绿色，系釉下绿彩。其白釉乳浊闪黄，釉面开细小纹片。二是在白釉之上用色料绘画或涂抹纹样，经高温氧化气氛烧成，呈现绿色，即釉中绿彩。唐代还较盛行白釉绿斑，即在成型的胎上敷一层洁白的化妆土，罩一层透明釉后，加点含铜的色料斑块，在高温氧化气氛中一次烧成。主要用于装饰各类器皿的口、肩以及小长方枕的四角部位。宋代北方地区瓷窑继承了白釉绿彩的装饰方法，河北磁州窑，河南郏县、登封、宝丰窑，山东淄博窑，陕西耀州窑都烧制白釉绿斑器，种类十分丰富。明代的白釉绿彩在宣德时又增添了色似苹果的青绿色彩料，称为白釉青绿花，是明代的稀有珍品。成化时白釉绿彩已趋成熟，绿彩色泽浅淡，微闪黄色，透明感强，所绘龙纹线条纤细，舒展自然。已发现的器物，多为绿彩龙纹盘、碗之类。弘治、正德、嘉靖三朝均有烧造，以弘、正两朝产量为多。釉泛青白色，龙纹或海水上所填的绿彩色泽闪黄，色调较柔和。嘉靖时，绿彩色泽纯正，无闪黄现象，有的还以黑彩勾画纹饰轮廓线。

金彩　瓷器装饰彩之一。用金作陶瓷上的装饰，始于唐代。古代金彩装饰有描金、贴金（戗金）两种技法。描金即把金粉调入适量的胶水中，用毛笔蘸金料在瓷面上描饰。明人曹昭《格古要论》认为宋代定

272. 清康熙洒蓝金彩龙纹瓶

窑的描金方法是取大蒜汁作胶调金描画，贴金类似磁州窑刻花填彩技法，在酒壶、酒盏上采用这种工艺。宋代定窑器有用金彩装饰云龙纹的，建窑黑釉器也有用金彩描绘花蝶，书写文字、诗句等。元代金彩装饰于蓝釉瓷器上，在烧成的蓝釉器物上，用金彩描绘花纹，再经彩炉烘烤。河北保定曾出土3件元代窖藏蓝釉器，即有描金装饰。明代景德镇窑用金彩装饰瓷器更为普遍，从永乐、宣德至嘉靖、万历时期，未尝间断。清代以金粉代替了金箔，描金代替了贴金。方法是将金粉融入胶水，挤入适量的铅粉，在瓷器上描绘后，经低温烘烤，然后用玛瑙棒或石英砂磨擦，使其发光。清代后期，德国的液态金（金水）传入我国，金箔、金粉均被淘汰。金水是一种金的树脂酸盐，特点是使用简单，耗金量低，外观富丽，因此成为金彩的主要原料。

蓝彩 瓷器釉上彩之一。传统的釉上蓝彩是由钴蓝铅釉发展而来的，蓝彩的着色剂是天然的钴土矿。

根据考古资料得知，战国墓葬中出土的陶胎琉璃珠上的蓝彩即是钴的呈色。唐代用钴作为陶器上的呈色剂已经很普遍，尤其是唐三彩中的蓝彩和纯蓝彩陶器。钴土矿的化学组成由于产地不同而有较大的差别，除所含主要着色元素钴外，还含有不同量的铁、锰等元素。有的蓝彩还含有少量的铜，这是为略微调整蓝彩的色调，特地加入少量绿彩的缘故。清康熙年间烧成釉上蓝彩，从此以之替代五彩瓷器上的釉下青花。

273. 唐白釉蓝彩盖罐

青花 瓷器高温釉下彩之一，是白地青花瓷器的专称。用含氧化钴的钴土矿为原料，在瓷器胎体上描绘纹饰，再罩上一层透明釉，经高温还原焰一次烧成。青花所使用的钴原料经高温烧成后呈蓝色，具有着色力强，发色鲜艳，空气氧对其影响较小，烧制成功率高，呈色稳定的特点。青花瓷目前发现了唐代标本。1975年江苏扬州唐城遗址出土的瓷枕残片上所绘制的釉下蓝彩清晰可见。1983年扬州唐城遗址又出土了一批唐青花标本。经科学测试，其原料为钴，胎、釉、彩与河南巩县窑产品相同，说明早在唐代巩县窑就已经开始了青花瓷器的制作。元代青花瓷器普

215

274. 元青花云龙纹盖罐

遍烧制成功，尤以景德镇窑最具代表性。青花纹饰清晰华美，蓝色沉静，白色透明釉微微闪青。元青花所使用的钴料有进口料和国产料两种。进口料的特点是钴料中含锰的成分少，含铁量高，且含有钾，与国产青料含锰量高、含铁量低截然不同。用进口料绘画的青花色泽浓艳，釉面有黑色斑点。而国产青料色调较淡，没有黑斑，所绘纹饰也比较简单。明代青花成为瓷器的主流。洪武时青花色泽一般偏于暗黑，是使用国产青料之故。永乐、宣德时的青花瓷器质量最佳，被称为青花瓷器的黄金时代。青花色泽浓艳，其青料是郑和下西洋从西亚地区带回的"苏泥勃青"（又译作"苏麻离青"）。这种青料含锰量低，减少了青色中的紫红色调，用适当的火候可烧成宝石蓝一样的鲜艳色泽。宣德最有代表性的青花颜色有两种，一种浓艳深沉，色濃黑蓝或深蓝。因钴料中含铁量高，在凝聚处有自然形成的黑褐色结晶斑。另一种含铁量较低，呈现幽雅青纯的色泽，多用于描画人物。正统至天顺时期的青花瓷器在景德镇出土很多，其青花呈色有宣德时期的遗风。成化、弘治时期使用国产平等青料，

特点是清新淡雅，色泽蓝中泛灰，透澈而明晰，少数发色灰黑，带有浓重的铁锈结晶斑。弘治时期，有少数青花色泽浓艳呈灰蓝色，与正德时青花相似。正德晚期改用回青料。使用回青料烧制青花瓷器，最为成功的应属嘉靖时期。这一时期，是明代青花瓷发展史上又一个突出的阶段，青花色泽为蓝中微泛红紫，浓重而鲜艳。隆庆朝仍用回青料。万历早期青花色泽凝重艳丽，蓝中泛紫；中期蓝中闪灰，发色渐浅；晚期更浅。清代青花瓷器使用的是云南珠明料，以康熙民窑最为典型。色调早期为灰蓝色，中期为鲜艳的翠蓝色，层次分明，蓝色透底，莹澈透亮。同一种青料可分出浓淡层次，形成多至八九层的色阶，类似中国画中的"墨分五色"。而康熙晚期的青花则颜色浅淡，蓝中微闪灰色。雍正青花不如康熙时色阶丰富，色泽艳丽。此时仿明宣德、成化和嘉靖制品较多，以青花黄彩和青花金银彩器更为名贵。乾隆时青花以正蓝为主，色泽明艳，呈色稳定，无晕散现象。

釉里红　瓷器釉下彩品种之一，以铜红料为着色剂在瓷胎上绘画纹饰，罩以透明釉，在高温还原气氛中烧成，使釉下呈现红色花纹。铜只有在还原气氛中才呈现红色，因此釉里红瓷器的烧制对窑室中气氛要求十分严格，烧成难度大，成品率低。元代景德镇窑开始烧制釉里红瓷器，色彩不够纯正，发色偏黑，花纹晕散，模糊不清，说明当时对铜彩料的烧成气氛不能有效地控制。因此元代的釉里红器产量低，流传至今的数量不多。明初洪武时期，釉里红瓷器在很大程度上保留元代特征，红色晕散，不太鲜艳。永乐时期，鲜红釉声名显赫，然釉里红器则极为鲜见。20世纪80年代，景德镇中华路、公馆岭地段在永乐前期与后期的地层中出土了一些釉里红标本，其中有永乐元年、四年款识，从这些标本的外观看，铜红料烧失的情况比较严重，可见烧制釉里红比铜红釉难度更大。宣德时期，釉里红烧制很成功，能依据画面的需

275. 元釉里红开光祈雨图罐

要自如描绘。这时期还有以白釉剔花填红料作纹饰，烧成后图案凸出白色釉面的方法，呈色鲜红。清乾隆年唐英编《陶冶图编次》称这种方法为"宝烧"。可知宣德时期对釉下铜红烧制掌握得比较纯熟，达到运用自如的程度。宣德以后，釉里红数量锐减，但是成化时期的产品呈色浓艳鲜亮。弘治时期，釉里红泛灰黄色；正德则过于灰暗。嘉靖时虽亦有传世品，但红色烧失的现象比较严重。清康熙朝恢复釉里红的烧制，釉里红发色比明代有所提高。雍正时是烧制釉里红最为成功的时期，呈色稳定，色调红艳。特别是青花和釉里红施在同一器上的"青花釉里红"更为突出。因二者烧成气氛不一致，能达到两色都鲜艳的，只有雍正一朝。典型器如北京故宫博物院藏桃果高足碗，青叶和红桃两种色泽都十分鲜艳。乾隆时的釉里红有深浅不同的层次，除白地外，尚有豆青地、天蓝地、黄地、浅绿地等。

青花釉里红　瓷器釉下彩品种之一，是青花、釉里红两色同施于一器的装饰方法。由于青花着色剂是钴，釉里红着色剂是铜，二者性质不同，烧成温度以及对窑室气氛的要求也有差异，因此两者施于一器，而且红、蓝呈色均恰到好处并非易事。青花釉里红始于元代。河北保定曾发现过元代的青花釉里红瓷器，这是我国最早的青花和釉里红相结合的品种。明代景德镇御器厂遗址曾出土永乐时期的青花海水红龙纹把盏，并有宣德时期的青花釉里红器标本。成化时期的青花釉里红器极为罕见，但偶有佳作。正德以后青花釉里红器比较少见，清代康熙时又发展起来，传世品中有康熙十年、十一年、十二年"中和堂"款器物，多以青花绘亭台、树干，以釉里红绘花朵，两种色调特别是釉里红呈色稳定，色泽比较浅淡。雍正时期的青花釉里红是真正的成功之作。唐英《陶成纪事碑》载，"釉里红器皿，有通用红釉绘画者，有青叶红花者"，即指青花画叶，釉里红绘花（果）的青花釉里红品种。乾隆时期的青花釉里红色调同样稳定鲜艳，釉里红有深浅不同的层次。除白地外，尚有豆青地、

276. 清乾隆青花釉里红龙纹玉壶春瓶

天蓝地、黄地、浅绿地等品种。如浅绿地青花云波釉里红龙纹双耳扁壶，下部绘青花海水波涛，腹部绘釉里红正面龙戏宝珠和青花云纹。此外还有青花加紫，即在青花器上点缀少量釉里红，这也是青花釉里红品种之一。

青花加紫　青花釉里红品种之一，见"青花釉里红"。

白釉红彩　瓷器装饰彩之一，在白釉上或釉下用氧化铁为着色剂，在氧化气氛中烧制的红彩装饰。这一品种在宋、金时期的磁州窑比较流行。山西介休窑在成型坯胎上绘画时，所用的原料是含铁量较高的黄色粘土，罩透明釉经高温烧成后，色调变化较大，多数呈现柿黄色、赭红色，少数为红色。然而，在胎、釉、彩绘等方面均能达到高水平的白釉红彩器，应首推 1964 年南京明故宫玉带河遗址出土的洪武时期白釉釉上红彩云龙纹盘标本。这件作品用矾红彩在匀净润泽的白釉上绘云龙纹，鲜亮的色彩，清晰传神的纹饰，堪称杰作。1984 年发掘景德镇御器厂遗址时，出土了数件永乐时期白釉红彩器，提供了这一时期的

277．清康熙盖雪红葡萄松鼠纹瓶

标准器。宣德时期的白釉红彩器传世也较多。80 年代景德镇出土的矾红三鱼纹高足盏等物，红色淡雅，内底有矾红彩楷书"大明宣德年制"六字双行款。1955 年河北省安次县西固城出土白釉红彩八宝纹三足炉，红彩鲜艳，浓淡层次清晰。宣德以后，白釉红彩品种比较多，各朝均有不同特征，如嘉靖时期红彩一般比较厚，呈枣红色。到清代前期，景德镇御窑厂少量烧造，不过所烧品种多以仿前代为主。

278．清雍正矾红地青花龙纹盘

矾红彩　即"白釉红彩"。矾红彩料是以青矾为原料，经煅烧、漂洗制得生矾，配合氧化铁着色剂制成，故称矾红。

白釉釉下黑彩　瓷器装饰彩之一。方法是以氧化铁或含铁量较高的矿物斑花石作为颜料，在瓷器釉下白地上绘画，经过高温烧成黑色纹饰，亦称"白地黑花"、"白地黑彩"，是宋代磁州窑系特有的装饰品种之一。这种工艺是将中国画艺术与制瓷工艺有机结合创造而成的，富有笔情墨趣。其过程是在成型的坯胎上，敷一层洁白的化妆土，然后用毛笔蘸细黑料绘画，再施一层薄而透明的玻璃釉入窑烧制，纹饰题材多为吉祥图案，黑白形成强烈的对比，有着浓郁而醇厚的民间色彩。磁州窑系的白釉釉下黑彩瓷器还有一种装饰方法，是用尖针状工具在黑色纹饰上勾划出轮

廓线和花瓣叶筋，剔掉黑彩，露出白色化妆土，然后施透明釉入窑烧制，纹饰黑白对比，形象立体感强。从北宋开始，历经辽、金、元直至明代，约500余年的时间内，白釉釉下黑彩装饰在北方及南方一些地区广为烧造，表明这种装饰风格深受民间喜爱。

279. 北宋磁州窑黑彩鱼纹枕

白釉红绿彩　瓷器釉上彩之一，是北方磁州窑系所开创的一种装饰方法。用毛笔蘸红、绿彩料，在已烧成的瓷器釉面上描绘花纹，然后置于800℃左右的炉中加以烘烧，使彩料烧结在釉面上。彩料有红、绿、黄以及金、银彩等。从出土实物看，多在白釉碗、碟上加绘红、绿等彩的花鸟纹，也有以黑彩在釉下描绘纹饰轮廓线，釉上填入其他彩色的。白釉红绿彩器在宋、金窑址中出土比较丰富。以往的窑址调查中，宋、金地层不分，因此白釉红绿彩旧称"宋加彩"。但此后的墓葬考古中，白釉红绿彩瓷器均出土于金墓，而不见于宋墓，故断定这种工艺出现于金代。因这类瓷器是在正品白瓷上加工而成的，所以废品极少。河北磁县观台窑址还发现一件带红绿黑彩的小俑，可知白釉红绿彩有与各种色彩组合进行装饰的方法。河北临水窖藏还曾出土过白釉加红绿彩文殊菩萨等一批塑像，塑像高大，色彩鲜艳，特别是大面积加金彩更属罕见。烧白釉红绿彩器的窑口很多，如河

280. 金红绿彩持莲童子

南禹县扒村窑及新安城关窑。扒村窑红黄绿彩绘花卉碗比较多，里口多用红色画数圈线纹，碗内用黄、绿彩绘花卉。山西的红绿彩器纹饰布局具有地方特色，碗里口用红彩画2至3道粗细线纹，纹饰之间点绿彩。山东淄博窑也有红绿黄彩器，纹饰布局特征与河南、山西大致相同。碗里口的线纹有3道，彩色较鲜艳。江西吉安永和窑发现过红绿黄彩绘碗的标本，风格与北方各窑相近。出土白釉红绿彩器的墓葬有山西侯马金墓，其出土物的做法同样是先施白釉烧成白瓷，然后在白瓷上施加红、绿诸彩，经过低温窑彩烧。白釉红绿彩是宋金瓷器中比较珍贵的品种，它的成熟开创了在釉面上彩绘的方法，为瓷器装饰打开了一个新局面，并逐步代替了刻花、贴花、印花、划花等胎装饰方法，可视为明清彩瓷的前身。

宋加彩　见"白釉红绿彩"。

白釉釉下褐彩　瓷器装饰彩之一。在施有洁白

化妆土的素胎上用褐彩绘画出简练的折枝花叶纹，然后罩以白色透明玻璃釉，经窑火一次烧成。是宋代山西介休窑、交城窑受磁州窑釉下彩绘影响创制的装饰方法，风格与磁州窑相近。有些器皿局部纹饰高出釉面，这是彩绘时用料较厚的缘故。褐彩呈色有深有浅，或桔红色或黑褐色，色调变化较大，这与晋中地区特殊的矿物质原料有关。

白釉酱褐彩　宋代磁州窑系烧造的瓷彩品种之一。其绘制、烧造方法与白釉釉下黑彩相同，很有可能是在烧白釉釉下黑彩过程中，因黑彩略薄或烧成温度不同所致。它使黑白分明的色彩，成为酱白相衬的效果。宋、辽、金、元时期庞大的磁州窑系，使用酱色或酱褐色作装饰的窑场很多，每个窑场又有与众不同的风格，使白釉酱彩的内涵更为丰富。然而白釉酱彩的成熟产品，则是明代宣德年间景德镇御器厂所烧。与前代有明显区别的是酱色填在刻好的花纹内成为一种彩釉，在低温窑火内二次焙烧而成。釉色如同未经搅拌的芝麻酱色。常见的器皿有自宣德至正德一直延续烧制的白釉酱花三果大盘。成化时的白釉酱花器，釉面平净光润，酱色花纹光泽强烈。弘治时的特点是酱色凝重，光泽比成化时更强。正德时的釉呈色浅淡，并出现了以酱色绘出花鸟等纹饰的其他器物。嘉靖时民窑由白釉酱花品种又演变出酱釉白花，以色调浅淡光亮的酱釉为地，上面堆起富有立体感的白色纹饰，如松、竹、梅、云龙、麒麟等。万历时的瓷器釉面肥厚光亮，白花纹饰有龙、凤、麒麟等。

铁锈花　瓷器的一种彩绘装饰。制作技法是，在施好黑釉的坯体上用含氧化铁的斑花石作着色剂绘纹饰，在高温烧造过程中，纹饰中的铁晶体呈现出斑斓的铁锈红色。铁锈花是北方磁州窑系宋、金、元时期特有的工艺。清代雍正、乾隆时期，景德镇御窑厂也生产黑釉铁锈花瓷器。清寂园叟《陶雅》有"紫黑色釉，满现星点，灿烂发亮，其光如铁"的记载。这时

281. 金黑釉铁锈花荷花纹罐

的釉料配方主要是含铁和锰，釉呈赤褐色。

黑地白花　瓷器釉下彩绘之一，系磁州窑白地黑花装饰的另一种画法，即以黑色料涂地，留出白色花纹，形成黑地白花相互映衬，对比强烈的效果。1955年安徽巢县宋墓出土的吉州窑黑地白花瓶，通体黑色作地，留出白色莲花、莲叶和莲实纹，是一件罕见的黑地白花瓷器。辽代赤峰窑、江官屯窑也生产这类黑地白花瓷器，所不同的是在器身局部用黑地白花装饰一周，这种具有特殊艺术效果的装饰方法后来为元代景德镇继承，景德镇窑还在此基础上创烧出蓝地白花的新品种。清初景德镇生产的素三彩器，也以黑彩作地，留出白花，亦称黑地白花。

黑釉酱斑　北方地区宋代瓷器上比较常见的一种装饰手法，即在黑釉瓷器上饰以酱色斑点。这个品种河南省的窑场烧造量最多，河北的磁州窑次之，山西地区也有烧造。黑釉酱斑主要施于瓶、罐、碗、壶等类器皿上，有的用酱色绘成斑点，有的绘成条纹。这种装饰任意点画，不拘形式，没有排列规则，烧成后显得潇洒大方。黑酱两色相配，极为谐调，很受民间

喜爱，成为珍贵的釉彩品种之一。

青白釉褐斑　南方地区青白瓷上的一种装饰，也称为"点彩"工艺，即在青白釉瓷器上点绘氧化铁为着色剂的彩料，烧成后呈现褐色的彩斑。青白釉褐斑始于北宋。元代景德镇生产的青白瓷上盛行这种"点彩"，多装饰在青白釉小型器皿如小罐、双系罐、荷叶罐上，这些在国内的出土物与传世品中尚不多见，似专为适应外销而生产的，大量销往菲律宾等东南亚国家。

绿釉釉下彩　瓷器釉下彩品种之一，又称绿地黑花。宋、元时磁州窑一些窑场生产。烧制绿釉釉下彩的方法一是在烧成的白地黑花瓷器上罩一层绿釉，再经低温烧结。另一种是不上透明釉，在烧结的绘花涩胎上直接施以绿釉。河北磁县的观台窑、磁州窑和河南禹县扒村窑都生产这类产品。从器物上看，观台窑绿釉釉层较厚润，色调翠绿，黑彩如漆。扒村窑绿釉釉层较薄，色调蓝绿，釉下彩呈黑褐色，釉面极易剥落。磁州窑绿地黑花制品出土很少，极为珍贵。目前所见的几件瓶是多年前出土的，绿釉多有土锈，已失掉了原有的翠绿光泽。

绿地黑花　见"绿釉釉下彩"。

酱褐地白花　瓷器釉下彩绘品种之一，是南宋吉州窑仿烧磁州窑白地黑花器的一种画法。以黑釉涂地，上绘白色花纹。吉州窑使用的色料经高温烧成后呈酱褐色，所以称为酱褐地白花。由于白色纹饰装饰在酱褐色上，所以白彩泛黄。

蓝釉白花　瓷器釉下彩品种之一，在通体蓝釉地色上，衬以白色花纹，再罩透明釉高温烧成，是一种具有特殊艺术效果的装饰方法。始创于元代。扬州博物馆藏蓝釉白龙纹梅瓶，即是典型范例。明代宣德、成化、万历和清代雍正时尚有少量的烧造。器形有蓝釉刻白花龙纹碗、蓝釉凸白花鱼藻纹盘等。明代宣德时的制品最为珍贵，装饰方法类似元代。用宝石蓝釉作地，留出空白作纹饰图案，用刻、堆、镶嵌等方法，使白花纹饰有立体感；蓝地深厚匀净，比青花更加鲜艳。常见纹饰有龙纹、葡萄、牡丹、鱼藻等。成化时，工艺更精，多在宝石蓝色的釉地上，用浓厚的、加有粉质的白釉堆成纹饰，蓝釉鲜艳而微泛紫色，凸起的白色花纹非常清晰，具有珐华的效果。万历时的产品基本上继承了宣德时的风格，但釉面色泽却逊于宣德的宝石蓝，泛深灰色。清代康熙时的冰梅纹罐最为典型，在蓝地上画有冰裂纹，衬出白梅的高雅洁净，比前期的蓝地白花更胜一筹。

282. 元蓝釉白龙纹梅瓶

五彩　瓷器釉上彩主要品种之一，俗称"古彩"。五彩的主要着色剂是铜、铁、锰等金属盐类。基本色调以红、黄、绿、蓝、紫等彩料为主。按纹饰需要施于釉上，再在770℃～800℃的彩炉中二次焙烧而成。烧烤后的色彩呈现玻璃状，有坚硬的质感，所以又称"硬彩"。五彩是景德镇窑在宋、元时期釉上加彩的基

283. 明宣德青花五彩莲池鸳鸯纹碗

础上发展起来的。景德镇元代窑址和杭州、北京等地均有发现。传世品中也有元代"五色花、戗金"瓷器。所发现的实物与标本上所绘的彩色有红、绿、紫及孔雀绿等色。近年来景德镇地区时常发现明洪武时期青白釉红绿彩标本。宣德时期五彩采用了釉下青花和多种釉上彩相结合的新工艺。1985年西藏萨迦寺发现的青花五彩莲池鸳鸯纹碗，和1988年景德镇御窑厂宣德地层出土的数件与之相同的标本在绘画上都运用这种工艺，称为青花五彩。成化时期五彩瓷器用青花作衬托的比较少见，多为釉上彩，彩色中以红、绿、黄及姹紫为主。弘治时所用彩色有红、绿、赭、黑、孔雀绿等色，色调淡雅。正德时期以红、黄、绿色为主。有些器皿上的红、绿彩色浓重。嘉靖、万历时期，五彩瓷盛极一时，色泽纯正，绚烂陆离，以红浓绿艳取胜。嘉靖时期所用的彩料有红、绿、紫、孔雀绿等色，有的还加饰釉下青花。红彩为枣皮红，凝厚光熠。紫彩皆为赭紫，呈色艳丽。其用黄彩托红者，红黄二色重叠，呈现凝重、柔美的橙红色调。黄彩似蜜蜡，绿彩则为大绿、淡绿或淡孔雀绿。这一时期的官窑彩瓷，主要是青花五彩，青花只用作画面中的一种颜色，而不以其勾画轮廓。在清康熙以前，瓷器上的蓝色只能用釉下青花来表现，这样，该用蓝色

的，就用釉下青花代替。嘉靖、万历的青花五彩，特别是万历彩瓷，图案密集，色泽浓艳，颜色有红、淡绿、浓绿、孔雀绿、黄、褐、黑紫及釉下蓝色，尤其突出红色。如北京故宫博物院收藏的万历五彩镂空云凤纹瓶，器形硕大，高近50厘米，器身共绘7层纹饰，各种颜色发挥淋漓尽致，可称艳丽之至。万历时还独有黄釉五彩，以青花为主，通体罩以黄釉，釉上再加绘红、绿彩，色调浓重艳丽。嘉靖、万历时民窑也有五彩器，所烧青花五彩很接近官窑器，产品多为以红色为主的釉上彩和鲜艳的红绿彩。在色彩上很少用青花和紫色，多用红、绿、黄色，尤以红色为主。清康熙时五彩瓷器生产出现新的高潮，除常用的红、绿、黄、褐、紫等彩，还有釉下蓝彩和黑彩。蓝彩烧成的色调，其浓艳程度超过青花，呈紫灰色，彩层很厚，四周有一层光晕，成为鉴定康熙五彩的特征。黑彩有黑漆的光泽，衬托在五彩的画面中，加强了绘画的效果。到康熙晚期更用黑作主题花纹，或略加五彩作为陪衬。康熙五彩一般色彩都很鲜艳，光泽透澈明亮。康熙五彩除白地彩绘外，尚有各种色地彩绘，如黄、绿、黑地及米色地等。官窑器中"康熙御制"款的珊瑚红地五彩器最为珍贵。这个时期金彩的运用，使得五光十色的画面更增添富丽堂皇、光彩夺目的效果。雍正五彩设色浓艳，釉色闪青，具有明代风格，因此又称"大明彩"，其特点是作品多仿成化，致使釉层厚重，有的色彩还略带粉质，黑彩和亮釉混合使用，以区别康熙黑彩上加罩亮釉。

硬彩　五彩的别称，见"五彩"。

古彩　五彩的别称，见"五彩"。

大明彩　清雍正朝五彩的别称，见"五彩"。

黄釉五彩　在黄釉上加绘五彩的瓷器品种，是明万历朝特有的制品。见"五彩"。

黄釉绿彩　低温色釉釉上彩品种之一。以黄色釉为地，用绿色在锥刻好的暗龙纹等纹饰上彩绘，是黄

釉绿彩搭配烧制的主要特点。造型品种比较单一,多以盘、碗为主。这种形式自明永乐时期创烧以来,成为明、清两代的传统品种。景德镇御器厂遗址出土的永乐、宣德、成化时期黄釉绿彩标本比较多,而传世品比较罕见。永乐、宣德时期绿彩龙纹凸起于釉面。弘治时期的典型器物有黄釉绿彩双龙戏珠纹高足碗,碗内外壁施黄釉,釉色娇嫩,碗心暗刻"弘治年制"四字篆书款,外壁绿彩敷色薄而淡,呈色泛黄。嘉靖时期,黄釉绿彩烧制虽不如前几朝精细,但器形品种、纹饰内涵均丰富起来,对清代的黄釉绿彩器产生一定的影响。

红釉白花　一种釉装饰品种。用高温红釉施于素白瓷上,施釉时留出纹饰轮廓,烧成后即形成红地白花的效果,这种装饰是釉里红派生出来的一个新品种,始见于明永乐、宣德时期。如红釉白龙纹高足碗,器外壁遍施红釉,留出白色龙纹,龙的双目以蓝色点饰,器边还留出白色卷枝花。正德时,有红釉白花鱼纹盘、碗。清代随着装饰色彩的丰富,这一品种随之减少。

红地绿彩　用红彩为地,绘绿彩纹饰的低温彩绘,是明代景德镇窑创新的品种之一。装饰方法为在经高温烧好的白釉器皿上复施矾红彩,再用绿彩描绘出纹饰后经低温烧制而成。在传世品中尚未发现这类品种的永乐、宣德时期遗物。1984年景德镇御器厂遗址永乐后期文化层首次发现了矾红地绿龙堆花小盘,这是明初官窑最早的低温红绿彩器。成化时期地层中出土的红地绿彩器皿有双耳三足炉与印盒残器,红地上绘绿彩缠枝灵芝纹。其红彩凝厚,泛紫红色,干涩无光。嘉靖时期,红地绿彩烧造数量开始多起来,红、绿彩的色调纯正。与此同时还出现了相反的品种绿地红彩。

绿地红彩　见"红地绿彩"。

孔雀绿釉青花　釉下彩与釉上彩相结合的瓷器装饰品种之一,用釉下青花在坯体上绘画,然后施透明玻璃釉,烧成后,复施一层孔雀绿釉,入炉经低温烧结。青花纹饰在低温孔雀绿釉下,发色不如白釉下那样明快,带有青中闪黑的现象。利用青花与孔雀绿相互配合的技术,以前认为始于明代成化时期。80年代,景德镇御器厂遗址永乐地层发现了这种标本,由此可知,永乐时期已开始烧成这种彩瓷。釉下彩与颜色釉的巧妙配合,对明代彩绘瓷器的发展产生了很大的影响。此后,随着烧制工艺的提高,孔雀绿釉发色更为鲜艳。在碧翠欲滴的绿色覆盖下,青花纹饰更为清晰。

紫彩　瓷彩之一,始于明初永乐时期。成化斗彩瓷器上,紫彩的呈色可分为透明鲜艳的葡萄紫,色浓无光的赭紫和姹紫。万历以后,紫彩常在黄釉、绿釉上填色,装饰各种纹饰。传世品中,有青花紫彩龙纹碗等。根据上海硅酸盐研究所对康熙珐琅彩中的紫彩光谱分析的结果,着色剂主要元素是钴、锰、金,估计是用金红和钴蓝配制而成的。清代使用紫彩装饰瓷器非常普遍。

豆青釉青花　或称豆青地青花,瓷器釉下彩品种之一。在用青花钴料绘画的胎上,罩上一层豆青釉,经高温还原气氛烧成,色调幽静,柔和雅致。景德镇明宣德时期生产的仿龙泉釉葵口折腰碟釉色葱翠,釉层肥厚,底心书"大明宣德年制"青花款,是豆青釉与釉下青花相结合的最早范例。豆青釉青花较为盛行是在清康熙以后。康熙时期豆青釉青花的特点是豆青釉色淡雅细润,青花往往施于凸起的白粉上,使蓝色更为明艳。乾隆时期,豆青釉青花多以大件器皿为主,有的还采用开光的装饰方法。以后各朝均有烧制。

青花红彩　明宣德时发明的釉下彩与釉上彩相结合的装饰品种。宣德以前,釉下青花和釉上红彩的工艺都已成熟,但都是单独施用,宣德时使这两种工艺

284. 清乾隆青花红彩龙纹盘

结合起来。青花红彩器需要先烧成青花瓷器后，再在釉上用矾红描绘图案，然后低温烘烤而成。青花红彩在成化、嘉靖、隆庆、万历各朝都有烧造，并有相反的品种，即用红彩作地，来衬托青花纹饰。如青花红彩海涛龙纹碗，以红彩作海波，青花绘各种姿态的游龙。这一品种的红彩色调比单一的矾红略显轻淡，又比浅珊瑚略重，介于二者之间。

斗彩　釉下青花和釉上彩色相结合的一种彩瓷装饰工艺。用青花在胎上勾描出完整构图的纹饰轮廓，然后罩透明釉入窑高温烧成，再于釉上青花轮廓线内填画各种彩料完成彩色图案，复入彩炉低温二次烧成。首先启用斗彩名称的是成书于清雍正年间的《南窑笔记》。书中记述：凡是"青料画其半体，复入彩料，凑其全体"拼斗成完整图案的，称为斗彩。斗彩萌发于明宣德，1985 年发现的西藏萨迦寺收藏宣德青花五彩莲池鸳鸯纹碗，其突出特点即在鸳鸯纹饰上采用了青花与五彩结合的工艺，它开启了有明一代斗彩工艺的先河。1988 年 11 月，景德镇明代御器厂遗址西墙宣德地层中发掘了数件在装饰工艺上与萨迦寺所藏相似的瓷器标本。但是这类制品还不能称为严格意义上的斗彩。在景德镇正统、成化地层遗物中发现了斗彩瓷器。成化时期斗彩已发展成为独立的彩瓷品

种。施彩方法以填彩为主，所用色彩，有鲜红、油红、娇黄、鹅黄、杏黄、蜜蜡黄、姜黄、深绿、浅绿、松绿、浅紫、姹紫、孔雀蓝、孔雀绿等十余种。一般斗彩器物上多用三四种釉上彩，多者五六种。而所施色彩的特征又极鲜明，如：鲜红色艳如血，厚薄不匀；油红浓艳而有光泽；鹅黄娇嫩透明而闪微绿；杏黄色闪微红；蜜蜡黄色稍透明；姜黄色浓，光泽较弱；水绿、叶子绿、山子绿等色皆透明而闪微黄；松绿浓重而闪青；孔雀绿浅翠而透明；孔雀蓝色泽深沉；葡萄紫恰如熟葡萄色而透明；赭紫色暗；姹紫色浓而无光。成化时期斗彩最为名贵，尤其是鸡缸杯、

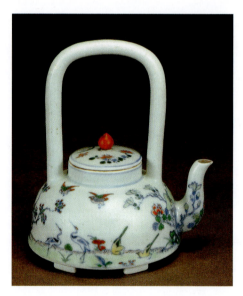

285. 清雍正斗彩五伦图提梁壶

天字罐、葡萄纹杯、婴戏纹杯等，其画面疏朗秀丽，嘉靖、万历以后则变得繁密、浓艳。清代康熙斗彩不及成化时的精致娇艳，但斗彩工艺有所改进，红彩即以洋红取代了矾红，显得更加明快艳丽。清代雍正时期，斗彩工艺高度发展，其突出成就之一是仿制成化斗彩的成功，北京故宫博物院收藏的雍正补配斗彩罐盖子大多与原罐比较接近；传世品中雍正仿成化斗彩鸡缸杯等，有的也几乎可以乱真。另一个成就是用粉

彩和青花相结合，使斗彩显得更加秀丽清逸。如上海博物馆藏斗彩花卉纹双耳扁壶，即用浅淡的青花勾出极细的轮廓线，釉上用粉彩填绘四季花卉和规矩花，所用色彩共9种，绘画的牡丹、荷花、菊花、梅花婀娜多姿，淡雅明艳，若与成化斗彩相比，似犹胜一筹。

黄地红彩　瓷器釉上彩品种之一，俗称"黄上红"，这种装饰工艺是先在高温烧结的瓷胎上施黄釉，二次入炉在900℃左右的温度下烧造，再行彩绘，第三次入炉，在750℃以上低温下烧成。装饰方法多采用刻或以红彩、黑褐彩勾描主题花纹轮廓，在黄色地衬托下，红色图案绚丽，主题突出。此外，还有以红色为地，黄色绘画各种纹饰，其工艺过程与黄地红彩相同。这种装饰工艺始于明宣德时期，嘉靖时较为多见，一直延续到清末。

黄上红　见"黄地红彩"。

黄地青花　瓷器装饰彩品种之一。制作工艺过程为，在瓷胎上绘画以钴作着色剂的青花纹饰，施白釉经高温烧造后，再在白釉处加填低温铅黄彩，复入彩炉经850℃～900℃低温焙烧而成。所以这类工艺又有"青花填黄彩"之称。它首创于明宣德时期，清代《南窑笔记》记述的"宣德有青花填黄地者"，就是指这种工艺。明代成化、弘治时期烧造量比较大。各时期黄地青花上的黄釉特征不一，宣德黄釉凝重鲜亮，呈深蛋黄色；成化的色调浅淡；弘治时期凝厚光亮；正德制品与弘治相似，但缺乏娇嫩感，嘉靖时则有些器皿黄嫩明亮，有的出现深浅不一的现象。清代康熙、雍正时沿袭烧制黄地青花，器形比明代丰富，在清代官窑青花器中以青花黄彩更为名贵。乾隆时在黄地青花基础上，在白釉下又增加了红色，形成黄地青花釉里红。蓝、红、黄三色相映成趣，别开生面。清末、民国时期，黄地青花制品较为昂贵，有在宣德青花瓷上后挂黄釉以牟大利之作。

青花填黄彩　见"黄地青花"。

286. 明正德黄地青花花果纹盘

纹片釉青花　瓷器釉下彩之一，又称"碎纹素地青花"或"哥釉青花"。特点是在青花彩绘上罩以纹片釉，釉面碎片纹很像哥窑开片。明宣德时期御器厂仿烧哥釉瓷器时，底部用青花书写款识，可谓集纹片釉与青花于一体的始创。这一品种常见于明代晚期，烧制器皿比较粗糙，如万历时期器物，纹片釉釉面闪米黄或黄色，开片纹路呈粉红色，青花呈色多为蓝中闪灰或发黑，一般多用白、褐等彩料堆绘出松鼠、花蝶、蟠螭等图案。清代康熙时期，纹片釉开片呈米色或灰色，青花呈色与当朝青花特点相同。

哥釉青花　见"纹片釉青花"。

碎纹素地青花　见"纹片釉青花"。

白釉黄彩　瓷器釉上彩之一，即在纯白色釉面上用黄彩描绘花纹，入炉低温烧结，明宣德景德镇御窑厂已有生产。景德镇御窑厂遗址出土的成化款白釉黄彩云龙纹碗，釉面黄彩发色浅淡，在洁白的釉色衬托下高雅华贵。

黄地紫彩　瓷器釉上彩之一。目前发现最早的黄地紫彩是成化时期产品。80年代在景德镇御器厂遗址出土有成化款黄地紫彩云龙纹盘、碗的标本。这种彩瓷制作过程，是先在素胎上刻云龙纹饰，覆白色透明釉入窑烧造，然后在刻好的云龙纹上绘紫彩，其余部分施黄彩，再入低温彩炉焙烧而成。黄彩为地，紫彩作纹饰装饰，是这一品种的特征，以紫色绘制的纹饰有人物、花卉、动物等。

白釉孔雀蓝　瓷器釉上彩之一。用孔雀蓝彩直接在白釉瓷上描绘花纹，而且不用其他色彩来勾描轮廓线，施彩不匀，但色泽却艳丽而凝重，这种工艺始见于明代嘉靖朝。孔雀蓝或孔雀绿色自宋代出现以来，一般多用于装饰瓷器的器身，成为单一的釉色，或与其他彩料配合，共同装饰彩瓷，很少当作一种独立的色彩在器表进行彩绘装饰的，至嘉靖年间，白釉孔雀蓝的独特工艺方得以实现。

黄彩　瓷器装饰彩之一。我国古代瓷器上的黄彩有铁黄、锑黄两种。铁黄彩系由铁黄铅釉发展而来。铁黄铅釉创始于汉代，唐三彩上的黄色釉亦为铁黄铅釉。在明代嘉靖官窑器皿中还可见到黄釉黄彩器，又称"黄上黄"，即在淡黄釉上以赭彩勾描纹饰轮廓线，再填以黄彩。在清代康熙以前，瓷器上的黄色釉和黄彩均用铁黄。康熙时期的斗彩、五彩中的黄彩也是铁黄。清代铁黄的制作工艺，据当时居住在景德镇的法国传教士昂特雷科莱给教会的信中提到："要制备黄料，就往一两铅料中调入三钱二分卵石粉和一分八厘不含铅粉的纯质红料……如果调入二分半纯质红料，便会获得美丽的黄料。"这样制成的黄料即为铁黄。康熙珐琅彩瓷器上所用的黄彩是进口锑黄彩料。雍正时期开始使用国产的锑黄彩料装饰瓷器。

珐琅彩　瓷器装饰彩之一。珐琅彩瓷是清宫廷御用器，康熙晚期创烧，雍正六年（1728年）以前均为进口的西洋珐琅彩料，色彩多至十几种。珐琅彩瓷的制作方法是先由景德镇官窑选用最好的原料制成素胎，烧好后，送到清宫内务府造办处珐琅作彩绘烧成。珐琅彩瓷专作宫廷玩赏器和宗教、祭祀的供器，制作极为考究，因此成本高而产量低，传世品很少，

且多为小件器物。珐琅彩料含有大量的硼，这是中国传统彩料中所没有的，珐琅彩中的黄彩则采用氧化锑为着色剂，有别于康熙以前五彩或低温色釉中的黄色

287．清乾隆珐琅彩番莲纹盒

所采用的氧化铁为着色剂。其胭脂红是用胶体金着色的金红，这也与康熙以前的不同。康熙珐琅彩器除一部分用宜兴紫砂胎，一般都在素烧过的瓷胎上，以白、黄、蓝、红、豆绿、绛紫等彩色作地，釉料较厚，凸出于平面，富有立体感。因釉料过厚，往往有极细小的冰裂纹。康熙珐琅彩上出现的胭脂红是我国最早使用的金红，它是一种最早的进口红色料。器底多书"康熙御制"四字双行青花、蓝料或红料楷书款。雍正六年起，清宫造办处自炼珐琅彩料，并且比进口料增加很多色彩。原西洋珐琅彩料有月白、白、黄、绿、深亮绿、浅蓝、松黄、浅亮绿、黑等色，新炼的珐琅彩料虽也有9种，但色彩不同，有月白、白、黄、浅绿、亮青、蓝、松绿、亮绿、黑色，后更增加软白、秋香、浅松黄绿、藕荷、浅绿、深葡萄、青铜、松黄色，这些彩料都娇艳华丽。雍正朝珐琅彩除各种色地彩瓷，多在白地上作画，改变了康熙时只绘花枝，有花无鸟的单独图案，而增加了花鸟、竹

石、山水等各种图案，并配以书法极精的题诗，成为制瓷工艺与诗、书、画相结合的艺术珍品。这时期又出现蓝色和水墨珐琅彩，如珐琅彩墨竹图碗，一面用墨彩绘竹石，一面题行书"色连鸡村近，影落凤池深"诗句。由于水墨珐琅器墨色浓淡有致，画意高雅，再配以诗句、印章，俨若一幅中国画。此外，还有墨地珐琅彩，如墨地白梅小盘。乾隆时期珐琅彩极为盛行，造型更加奇巧，纹饰尤为绚丽。典型器如上海博物馆藏珐琅彩龙凤纹合欢瓶，相连的两瓶体各画彩凤、夔龙和卷草纹，由于不用大红大绿，虽然色彩缤纷，却无俗艳之感。珐琅彩瓷器在清宫内的原标签上称"瓷胎画珐琅"，习惯上又有古月轩瓷之称，但清宫建筑中并无古月轩之名，显然是讹传。

古月轩　清代对珐琅彩瓷器的一种称谓。见"珐琅彩"。

瓷胎画珐琅　见"珐琅彩"。

粉彩　清康熙末期出现的一种瓷器低温釉上彩，是五彩进一步发展与升华的结果。粉彩的工序是先在高温烧成的白瓷上用墨线起稿，然后在图案内填上一层可作熔剂又可作白彩的玻璃白，彩料施于玻璃白之上，再经过画、填、洗、扒、吹、点等技法将颜色依深浅的不同需要晕开，使纹饰有浓淡明暗层次，经 720℃～750℃ 的低温烧成。粉彩瓷器由于掺入粉质，在彩绘上改变了五彩那种单线平涂的生硬色调。充分吸收了中国绘画的表现方法，运用各种丰富的彩料，使画面风格近于写实。瓷面光泽透亮，每一种颜色都有丰富的层次，粉润柔和，秀丽雅致，与被称为"硬彩"的五彩相对，又有"软彩"之称。粉彩所用的颜色种类多达数十种，每种彩料根据不同的画面需要又可派生出多种色调。在创烧过程中，受到珐琅彩技术与彩料的影响。康熙时期粉彩尚处于初创阶段，彩料粗糙，施彩浓重，仅在红花的花朵中运用珐琅彩中的胭脂红，其他色彩大多仍沿用五彩的画法。雍正时期

粉彩在烧制、胎釉、彩绘方面得以空前发展，成为釉上彩的主流。雍正粉彩瓷器胎白且薄，已达到了"只

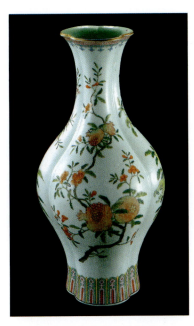

288. 清乾隆粉彩花果纹瓶

恐风吹去，还愁日炙销"的地步。在这样莹洁如雪的白釉上用没骨画法绘制的瑰丽花纹浓淡相间，层次清晰而富有立体感。雍正朝粉彩器由于要充分运用胭脂红和黄色、白色渲染的有利条件，故多绘花卉，其中尤以胭脂红色的秋海棠为绝艳。雍正粉彩的花朵一般用胭脂红着色，往往在花心部分保留的胭脂红色料最多最厚，从花心到花瓣，色彩渐淡。由于粉彩中有的色料用油调配，色料的厚薄本身就造成层次分明的立体感。雍正粉彩不仅有白地彩绘，还有各种色地彩绘，如珊瑚红地、淡绿地、酱地、黑地、木理纹地开光及粉彩描金等。描金勾线加填墨彩的品种更是别致，增加了粉彩瓷器在色彩对比上的美感。乾隆粉彩秀丽淡雅，凡胭脂红花朵大多勾茎，改变了以前简单的渲染手法。锦地、蓝地、黄地开光粉彩的制作逐渐增多。这个时期盛行轧道工艺，即在器物局部或全身

色地上刻划纤细的花纹，然后，再于其上填绘各色图案，或于锦地开光内绘山水、花鸟、人物，并书乾隆御制诗篇，故有"锦上添花"的美称。如上海博物馆藏粉彩花卉双体瓶，色地半为深蓝，半为深红，其上用黄、白、绿、红等色绘折枝花卉，尤为新颖瑰丽。由于粉彩所用彩料多为进口料，用油调彩也属于"洋"法，因此从乾隆起又有"洋彩"之称。寂园叟《陶雅》所载洋彩大盘"四周黄地碎锦纹……工细殊绝，背面相同，盘心画海屋添筹之属，仙山楼阁，缥缈凌虚，参用泰西界画法。"许之衡《饮流斋说瓷》提到洋彩"尤以开光中绘泰西妇孺为至精之品。至于花鸟亦喜开光，又有不开光者。所用颜色，纯为洋彩，细辨之，则显然有别，且底内往往有华字款也。"

软彩　粉彩的别称，见"粉彩"。

洋彩　清乾隆以后对粉彩的别称，见"粉彩"。

289. 清康熙釉下三彩笔筒

釉下三彩　瓷器高温装饰彩之一。清代康熙时期创烧，是以氧化钴、氧化铜、氧化铁3种元素为着色剂，集青花、釉里红、豆青3种色彩于一器的釉下彩品种。单色釉下褐彩创烧自吴末西晋初，唐代长沙窑发明了釉下褐绿双彩。而明、清之际多生产釉上彩瓷，釉下彩一直局限于青花和釉里红两种色彩。清康熙时期，釉下彩工艺再度得到重视，在青花釉里红的基础上添加了豆青，3种对温度要求不同的高温彩集于一器，使釉下彩工艺更进了一步。但是，康熙釉下三彩器传世甚少，可能与当时烧造量较小有关。

釉里红加彩　瓷器装饰彩之一，清代康熙时期从釉里红派生出来，是釉上彩与釉下彩相结合的特殊品种。用氧化铜为着色剂，在釉下描画花朵，经高温烧成后，在釉面上加绘绿色枝叶，经彩炉烘烤后，红花绿叶，相互映辉，显得分外娇艳。

290. 清雍正墨彩山水纹杯

墨彩　瓷器装饰彩之一，以黑色为主兼用矾红、本金等彩料，在瓷器上绘画，经彩炉烘烤而成。墨彩始见于清康熙时期，是五彩、珐琅彩、粉彩瓷器中常见的色彩。浓黑的彩料在似雪的白釉下装饰绘画，亦深亦浅，可浓可淡，与水墨画的效果相似。所以又称之为"彩水墨画"。墨彩所点染的人物发髻、衣、履，漆黑光亮，用其所绘的竹木、花草、山石，阴阳向背明确，清新雅丽，生动传神。除用于点缀绘画外，还常见用墨彩为地，在其细润光亮的釉上绘三彩（黄、绿、紫、白）、五彩（红、黄、绿、蓝、紫、黑）的名贵品种，清代末年至民国时期，多有仿造。

黑彩　瓷器釉上彩之一。传统釉上黑彩的主要着色元素是铁、锰、钴和铜，系用钴土矿（珠明料）和铜花片配制而成，化学分析的结果表明，黑彩料的化学组成有两个特点：一是在配制黑彩料时没有加硝，所以氧化钾和氧化钠含量极低。二是黑彩料的烧失量高达14～26％，因为彩料中加入了有机物牛皮胶作为粘合剂，在瓷器上用黑色彩料绘画后，经低温烘烧呈黑色，或将熔剂涂在上面，使呈色黑而亮。也有用黑彩作地色的。康熙黑彩多在其上罩一层绿色，更显得乌黑。

古铜彩　摹仿古代青铜器色彩的一种装饰彩，是清代乾隆时期制瓷工艺中的特殊品种之一，制作工艺十分考究，在紫金釉或厂官釉上，用红、绿、黑、蓝、酱黄等低温彩仿造青铜器的斑驳锈痕，或用金彩摹绘出璀璨的错金银纹饰，其质感与青铜真品几乎无异。所仿器皿的足部多为黑色或酱色，底部刻有"大清乾隆年制"篆书款。古铜彩烧制一直延续到清末、

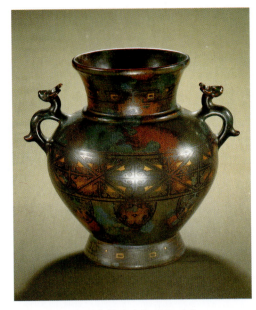

291. 清乾隆古铜彩牺耳尊

民国时期，但后期制作工艺和色彩运用等方面，远不如乾隆时期精美。

四、纹　　饰

纹饰　陶瓷器表面装饰纹样的总称。早期陶器的纹饰最初是因制陶工艺的影响无意中产生的，如铺垫的竹席、麻布在器底印上席纹、布纹；用缠着麻绳的陶拍拍打加固陶器，在器身印上绳纹；为加固器物衔接处，捏塑出附加堆纹。随着制陶工艺的提高和人们审美意识的加强，开始有意识地在器物上施加纹饰，方法有刻划、模印、绘画等。纹饰内容由简至繁，从起初简单的弦纹、水波纹、网纹等，逐渐增加了复杂的几何纹、动物纹、植物纹、人物纹；随着时代更迭，一些动、植物形象还被赋予了约定俗成的吉祥含义。纹饰构图多种多样，有单独纹样，有二方连续纹样如带状纹，有四方连续纹样如缠枝纹、锦纹，有适合纹样如团花纹、皮球花纹，还有写实风格的绘画，如山水、花鸟、人物。越到后来，纹饰构图越复杂，多在一件器物上以多种纹样组合进行装饰，通常以一个或一组纹样作主纹，周围衬以细小繁密的辅助纹饰。有些主纹被装饰在各种形状边框的开光里。

绳纹　陶器装饰的原始纹样之一，形象如编结的绳子的印痕，布满陶器表面，有粗绳纹和细绳纹之分。其制作方法，是在陶器成型后的半干状态，用缠有绳子或刻有绳纹的陶拍拍打器表，遂拍印出绳纹。由于拍打时较为随意，因而呈现纵向、横向、斜向以及交叉、重叠、中断等规则或不规则的各种形态。绳纹始于新石器时代早期，反映出由原始的工艺技能发展而来的审美意识。在中国新石器时代的代表性文化遗存中，绳纹分布广泛。许多新石器时代遗址如裴李岗、磁山、老官台、大地湾、仰韶、北首岭、半坡、庙底沟、后岗、客省庄、陶寺、城子崖、齐家坪、河

姆渡、马家浜、仙人洞、昙石山、凤鼻头、西樵山、甑皮岩、白羊村、卡若、白斯郎营子、阿善、大口等，都有绳纹陶器出现。在陕西龙山文化陶器中，有些陶鬲袋足的内壁上还发现由内模遗留下的"反绳纹"印痕，较为奇特。以绳纹为饰的原始陶器，胎质较为粗糙。绳纹具有较强的传承性，在北方青铜文化早期遗址如夏家店（下层）、辛店、寺洼、沙井和二里头文化早期（夏文化），绳纹陶器仍是主要文化内涵。在尔后商代、西周和春秋时代的灰陶器上，绳纹仍是常见纹饰。商代后期的印纹硬陶上，也印有绳纹。直至汉代，陶器上仍有绳纹装饰。

席纹　陶器装饰的原始纹样之一，是制坯时铺垫席类衬垫物留下的印痕，无装饰意义。多见于新石器时代陶器的底部，一般印痕较深，印纹清晰，说明席质较坚硬。席纹一般呈"十"字交叉，经纬互相压叠，编织紧密。典型的席纹如陕西西安半坡遗址出土陶器底部的扁平人字形席纹、圆条和扁条垂直交错的席纹等。

附加堆纹　陶瓷器表面附加的泥条或泥饼等堆饰物。为新石器时代至战国陶器和商至战国原始瓷器上常见的装饰方法。通常是用泥饼或搓得很细的泥条以泥浆粘附于器物外壁，构成单独的凸饰，或环绕器壁作带状凸饰，形状有锯齿、波浪、绳索、螺旋、圆饼、"S"等。还有在堆饰上加印绳纹和指甲纹的。从其在器物上所粘附的部位考察，附加堆纹最初有加固器壁、便于把持的实用目的，后来演化为纯粹的装饰。

垂幛纹　新石器时代彩陶器常见纹样之一。形似

292. 半山类型垂幛纹彩陶壶

垂悬的幕幛，又写作垂帐纹。是马家窑文化独具特色的纹饰母题，多见于半山类型和马厂类型彩陶。典型器物如马厂类型垂幛纹双耳彩陶罐，从器颈至器下腹，用相间的黑红二色大面积地描绘垂幛纹样，画面饱满生动，富于感染力。在庙底沟类型和屈家岭文化彩陶上，也有相似纹饰出现。

293. 仰韶文化人面纹彩陶盆

人面纹　新石器时代黄河流域仰韶文化彩陶的特色装饰，常用彩绘、刻划的方法，表现比较写实的人面形象。西安半坡村出土的人面纹彩陶盆，内壁用黑彩描绘对称分布的两个人面纹，人面头顶和两颊有三

角状鱼形饰物，其文化涵义尚不明了。甘肃秦安大地湾遗址出土人头形器口彩陶瓶，以浮雕人面作为器物口颈部位的装饰，艺术气息和生活气息均很浓厚。在马家窑文化遗存中，类似人面纹彩陶器物多有发现。

294. 马厂类型蛙纹彩陶壶

蛙纹　陶器装饰的原始纹样之一。以蛙类动物为题材，用绘画或刻划方法加以简化、变形，成为装饰图案。蛙纹是陕西、河南及甘肃地区仰韶文化彩陶的典型纹饰，用黑、红彩描绘在彩陶盆、壶、罐等的内壁或外壁上，有具象或抽象的各种形式。半坡类型及庙底沟类型彩陶上的蛙纹较写实，马家窑类型彩陶的蛙纹已初露变形端倪。从半山类型到马厂类型，则经历了由具象向抽象转变的过程。半山期蛙纹尚有头有足，头部呈圆圈状，身体为宽直线，腿足为折线。马厂晚期已蜕变为象征性的几何形图案，蛙头省略，蛙足仅装饰性地残留在波折线纹末端。其后，齐家文化彩陶上的蛙纹基本沿袭了马厂类型风格。此外，在黑龙江肇源白金宝遗址出土有刻划变体蛙纹的陶器，尚属罕见。

篮纹　陶器装饰的原始纹样之一，状如篮筐编织的条痕，印于器物表面。篮纹系用刻有篮纹的陶拍在半干陶坯上拍印而成。由于拍打时较为随意，因而常常呈现重叠交错的形态。从现有考古学材料看，篮纹的出现不晚于新石器时代中期，在新石器时代的代表性文化遗址中，篮纹分布广泛，秦王寨、西王村、大司空村、庙底沟、王湾、后岗、下王岗、造律台、客省庄、陶寺、大汶口、城子崖、齐家坪、薛家岗、马家浜、马桥、阿善、大口、昙石山、西樵山、甑皮岩等遗址，都有篮纹陶器出现。在陕西龙山文化陶器中，有些陶鬲袋足的内壁上还发现由内模遗留下的"反篮纹"印痕，较为奇特。以篮纹为饰的原始陶器，胎质一般比较粗糙。篮纹在新石器时代以后，依然延续了较长时间。在北方青铜文化早期，例如二里头文化早期，大部分陶器仍饰印篮纹。入商以后直至汉代，陶器上少见篮纹。但在商代和西周原始青瓷上，则装饰着篮纹。

布纹　陶器装饰的原始纹样之一，具有一定的传承性，即器表呈现的纤维织物印痕，又称麻布纹。布纹出现初期并非有意作为装饰纹样，只是制陶时所用垫布留在器物上的痕迹，新石器时代仰韶文化半坡类型、庙底沟类型陶器底部即有这样的布纹。商周原始青瓷和印纹硬陶上的布纹，则是人们有意作为装饰纹样，用拍印方法制成的。东汉陶瓷器继续流行布纹。布纹的结构与网纹相似，因此可以归入网纹类属。但布纹在使用处理上与网纹有所不同。布纹在器物上往往通体皆是，网纹则仅出现在局部。

编织纹　陶瓷器装饰的原始纹样之一，具有浓厚的传承性，泛指竹、苇、藤、麻等编织物遗留在器物上的印痕以及后来摹拟这些印痕的装饰性纹样。编织纹始见于新石器时代早期陶器，并普遍存在于各处新石器时代遗址出土的陶器上。磁山、仰韶、青莲岗、马家窑、良渚文化等遗址发现陶器的编织纹，均为编织物遗留印痕。在商周原始青瓷、印纹硬陶及灰陶上，编织纹已经作为常用装饰，纹样有席状、人字

状、米筛状、叶脉状、方格状等。汉代陶瓷器承袭了这一传统纹饰。自唐代至清代，编织纹一直流行不衰。它在后期演变为锦纹，或绘画，或刻印，常用作器物的地纹或边饰，也有作为主题纹饰的。

295.西晋青釉网纹豆

网纹　又称网格纹、方格纹，陶瓷器装饰的原始纹样之一。将方格以二方连续或四方连续形式展开似鱼网。有直线网格、斜线网格和曲线网格之分。网纹的出现正是新石器时代渔猎经济生活在原始制陶及其审美意识上的反映。网纹的表现方法有刻划、拍印、压印、镂孔、彩绘等多种，以彩陶上的彩绘网纹最为生动。新石器时代文化的代表性遗址，如庙底沟、西王村、秦王寨、后岗、大司空村、下王岗、王湾、造律台、陶寺、青莲岗、大汶口、半山、刘家坪、大溪、北阴阳营、马桥、新开流、阿善、大口、石峡、西樵山等处，都有网纹陶器遗存。陕西宝鸡北首岭仰韶文化的彩陶船形壶，壶身两面画有较写实的鱼网纹，如船两侧鱼网张开。甘肃临洮马家窑文化的彩陶钵内描绘落网的双鱼，生活气息浓郁。大地湾陶上网纹交叉着绳纹，形式更为复杂一些。发展到二里头文化早期，网纹仍是陶器主要装饰之一。商周陶器上网纹渐趋消失，而在浙江地区的商周印纹硬陶上，网

纹则是常见花纹。商周原始青瓷的纹饰也以网纹为多。东汉至六朝前期的青瓷上，网纹盛行。东晋以后，网纹不再流行。明清瓷器上，网纹作为边饰偶有出现。

条纹 又称条形纹、线纹，陶瓷器装饰的原始纹样之一，由较短的相对独立的线条构成，有竖线、横线、斜线、弧线、宽线、窄线、单线、复线等多种形状。篮纹也可视作一种条纹。条纹有的单独成立，也有与圆点纹、漩涡纹等组成复合纹样的。表现技法主要是刻划、压印、拍印、彩绘等。最早出现在新石器时代早期裴李岗、磁山文化遗存中，方法稚拙原始。之后，在仰韶、红山、大溪文化彩陶上，线条排列有一定规矩，表现力加强，条纹趋于成熟。此外，在河姆渡、青莲岗、大汶口、龙山、屈家岭等典型文化遗存中，都发现有条纹陶器。商周灰陶器、印纹硬陶和原始青瓷仍大量使用传统的条纹。在西北地区青铜文化如辛店文化、沙井文化陶器上，条纹也占主要地位。汉以后各代陶瓷器上虽不乏条纹，但已属辅助性的装饰。

篦纹 陶瓷器装饰的原始纹样之一，是用篦状工具在半干的器物坯体上戳刺或深划而成的。用戳刺方法形成的成片点状纹样，习惯上称篦点纹；用划花方法形成的细密平行线条纹，习惯上称篦划纹。篦纹还有栉齿纹、梳篦纹、篦线纹等多种别称。篦纹产生在新石器时代早期，裴李岗文化和磁山文化陶器即以篦点纹和弧线篦纹为主要装饰。以后在屈家岭文化遗存、新开流遗址、白羊村遗址、北辛遗址等，都有篦纹陶器出现。在新乐遗址和红山文化遗址中，有一种典型的"之"字纹陶器，其纹饰为由篦点压印排成连绵不断的竖形"之"纹，因而也可归入篦纹类属。在北方早期青铜文化遗存夏家店下层文化中，也有压印篦点纹陶器。商代陶瓷器上很少有篦纹，但西周陶瓷器上大量出现。战国至汉代，篦划纹风行，表现手法

熟练，线条流畅，极富动感。六朝早期青瓷上沿袭了汉代篦划纹造型风格与技法。到了宋元时期，篦纹在瓷器装饰上又被大量采用，尤其盛行于东南沿海地区，在青瓷和青白瓷上最为多见。工具虽然简单，但是线条纹样变化多端。定窑白瓷、耀州窑青瓷上以篦划表现水波或花朵筋脉，格外自然流畅。

296. 宋耀州窑青釉刻划花三鱼纹碗

篦划纹 陶瓷器纹样，用篦状工具划刻出的细密平行线条纹。详见"篦纹"。

篦点纹 陶瓷器纹样，用篦状工具戳刺出的成片排列的点状纹饰。详见"篦纹"。

剔刺纹 陶瓷器装饰的原始纹样之一，用工具在器坯上成片剔刺而成，故称剔刺纹。也有称刺剔纹、锥刺纹、针刺纹、戳刺纹等。用指甲剔刺而成的纹样，旧称指甲纹，也应归入剔刺纹类属。工具不同或操作方法不同，便产生不同形状的纹样。剔刺纹出现在新石器时代早期，装饰手法极原始。在磁山、河姆渡、仰韶、北阴阳营、红山、良渚、齐家等新石器时代典型文化遗存中都发现剔刺纹陶器。商周以后剔刺纹衰退。春秋时期原始青瓷上也有以剔刺方法制成的

纹饰，别有意趣。宋代当阳峪窑在一种内壁白色、外壁黑色的小罐上以锥刺纹为装饰，黑地白纹形成色彩对比，给这种原始纹样赋予了特殊的风格。

云雷纹 陶瓷器装饰的原始纹样之一，基本形象是圆弧形卷曲或方折的回旋线条。圆弧形的也单称云纹，方折形也称雷纹，两者统称云雷纹。云雷纹在构图上通常以四方连续或二方连续式展开，表现技法有拍印、压印、刻划、彩绘等。云雷纹出现在新石器时代晚期，可能从漩涡纹发展而来。在马桥、昙石山、筑卫城、两城镇和陶寺等遗址中，都发现云雷纹陶器。二里头文化早期（夏文化）和商代早、中期灰陶器上，云雷纹是主要纹饰。商代晚期以后灰陶器上，云雷纹少见，但在商代白陶器和商周印纹硬陶、原始青瓷上，云雷纹仍是主要纹饰，商周时代云雷纹大量出现在青铜器上，多作衬托主纹的地纹。到了汉代，随着青铜器的衰退，陶瓷器上的云雷纹也消失了。

297. 明成化青花盖罐上的回纹

回纹 陶瓷器装饰的传统纹样之一，形象是线条作方折形卷曲，形似"回"字。回纹与雷纹同源同义，亦可视为雷纹形象的一种。回纹一般排列为二方连续式，有单体间断排列的，有作正反相向成对的，俗称"对对回纹"，也有首尾相连作单向连绵排列的。制作方法有彩绘、刻划、模印等。回纹最早在马家窑文化马厂类型陶器上普遍出现，商代中期灰陶器上较盛行，商周原始青瓷上也多见。宋代复古风气较盛，回纹再度流行。在定窑、耀州窑、磁州窑、吉州窑、

景德镇窑烧制的瓶、罐、盘、碗、洗、炉、枕等器物上，回纹常作为边饰出现。元、明、清各代瓷器装饰上保持了这一传统。

298. 宋定窑白釉弦纹樽

弦纹 陶瓷器装饰的原始纹样之一，作细而长的线条形，水平展开并环绕器物周匝。弦纹的出现与原始制陶中轮制方法的产生有关，旋刻出来的弦纹又称旋纹。由于使用工具及处理方法的不同，有凹凸、粗细、尖方、圆弧等不同形状，也有单线弦纹与复线弦纹之别。除此，还有用彩绘、堆贴等方法形成的弦纹。在新石器时代仰韶、山东龙山、屈家岭、山背、良渚文化及新乐、阿善等遗址中，都发现弦纹陶器。商周时期，弦纹在陶瓷器上的装饰作用依然比较强调。春秋灰陶器上以宽旋纹作为主要纹饰。汉魏以后各代，陶瓷器上弦纹运用绵绵不息。北朝时期的青瓷瓶、壶、罐类器物上也以长凸弦纹为主要装饰，形成独特时代风格。

几何纹 陶瓷器上非写实的规则图案的概括性称谓，以点、线、面组成，类似几何学图形，包括网纹、三角纹、八角纹、菱形纹、曲折纹、雷纹、回纹、弧线纹、窄条纹、漩涡纹、圆圈纹、回旋钩连纹等，也可专指那些难以名状的抽象图案。从原始陶器纹饰的发生发展过程

299. 仰韶文化几何纹彩陶盆

看，新石器时代早期的纹样多为简单的划、刻、剔、刺、压印、堆贴装饰。到新石器时代中晚期，纹饰的结构形态渐渐复杂起来，纹饰风格逐渐由拟实进入抽象，几何纹样成熟起来。几何纹陶器几乎出现在中国新石器时代全部代表性文化类型遗存中。到商周时期，陶器上的几何纹十分突出，吴越地区几何印纹硬陶文化尤为发达。秦汉以后各代，几何纹始终是陶器和瓷器上常见的装饰图案或辅助纹饰。

带状纹　陶瓷器上条带形状纹饰的概括性称谓，也是极具传统性的纹饰类。带状仅指其外形，一般是环绕器物的二方连续图案，上下夹以边线。其内容形形色色，包括带状鱼鸟纹、带状网格纹、带状云雷纹、带状曲折纹、带状几何纹，等等。狭义上的带状纹也可专指素面上单一的宽线纹或叫宽带纹。带状纹可装饰在器物的口沿、颈、肩、腹、胫等部位，有作辅助性边饰的，也有作纹饰母题的。习惯上多将作为边饰的称作带状纹。带状纹的原始表现方法主要有彩绘、刻划、镂空、压印等。单一的宽带纹出现较早。仰韶文化半坡类型彩陶钵，在口沿处饰一道红、黑彩宽带纹，简洁醒目。南京北阴阳营文化彩陶三足鼎，在颈部和最大腹围处，各饰一道宽窄略同的宽带纹，呈现出不同的装饰效果。纹样内涵复杂的带状纹多出现在新石器时代中期和晚期，在仰韶、马家窑、齐

家、龙山、大汶口、大溪、良渚等文化遗存里都有发现。其中马家窑文化彩陶彩绘带状纹最为丰富，大汶口文化、良渚文化灰黑陶镂孔刻划带状纹颇为别致。商周时期及其以后各代陶瓷器上，带状纹的基本形式被传承。元代盛行的多层纹饰实质是由一道道内容不同的带状纹组合而成的宽阔的纹饰带作为主题纹饰，狭窄的带状纹用作陪衬、分隔和勾边。如江西高安出土元青花云龙纹兽耳盖罐，腹部为云龙和牡丹两层宽阔纹饰带，上下配以莲瓣、缠枝菊、杂宝、回纹、连钱等带状纹，共累叠 12 层之多。而后代较多的还是把带状纹作为辅助纹饰。

曲折纹　陶瓷器常见的装饰纹样之一。又称曲尺纹、波折纹、三角折线纹、曲带纹等，以连续线条折曲而成。用短直线、横线、斜线或连续或有间断组成的单纯与复合带状的曲折纹，也归入此类。表现技法有刻划、拍印、彩绘等，彩陶器上的彩绘曲折纹尤为生动活泼。曲折纹约产生在新石器时代中期，在中国新石器时代中晚期典型文化遗存中广泛存在，半坡、后岗、大汶口、马厂、齐家、良渚、山背、昙石山、石峡、西樵山遗址陶器上，都有曲折纹装饰。此后的商周灰陶器和商周原始青瓷、汉魏青瓷上，也有曲折纹出现，但逐渐退出主体地位。明清瓷器上依然有曲折纹，但仅作为边饰出现。

水纹　陶瓷器装饰的传统纹样之一，形象摹拟水流动的形态，统称水纹，又称水波纹、波浪纹或波状纹等。专门表现海水波涛的，习惯上称作海水纹或海涛纹。着意表现水的漩涡的，习惯上称作漩涡纹或涡纹。水纹的表现技法主要有刻划、彩绘、拍印、模印等。最早出现在新石器时代早期，浙江余姚河姆渡文化陶器即出现刻划水波纹。新石器时代中晚期，水波纹被广泛采用。马家窑文化彩陶上彩绘水波纹是原始时代水波纹的杰作，黑彩单纯明快，线条优美流畅，构图变化丰富，富于艺术感染力。其后的齐家文化、

卡约文化、辛店文化承袭了水波纹装饰传统。商周灰陶器和印纹硬陶器上也有水波纹装饰。战国秦汉时代彩绘陶和原始青瓷上，水波纹成为主要纹饰。东汉、三国及西晋青瓷上，仍流行水波纹。东晋南北朝时期，水波纹未见采用。隋代起，水波纹作为陶瓷器边饰出现。宋、元、明、清各代，水波纹又大量兴起。有作为主题纹样的，例如宋代吉州窑瓷器上的白地褐彩海水纹。更普遍的是作为地纹与其他纹样结合组成新纹样，例如宋代定窑、耀州窑的落花流水纹、海水游鱼纹，饶有情趣。明清瓷器上水波纹屡见不鲜，如宣德青花海水纹大香炉，海涛迭起，气势夺人。

水波纹　见"水纹"。

涡纹　水纹中的一种，表现水流产生的漩涡，又叫漩涡纹。见"水纹"。

300. 马家窑类型漩涡纹彩陶壶

漩涡纹　水纹中的一种，用线条表现水流产生的漩涡形象。见"水纹"。

海水纹　水纹中着意表现海水波涛形态的，多出现于宋以后尤其是明清时代的瓷器上。参见"水纹"。

海涛纹　水纹中专门描绘海水浪涛的一种，多出现在宋以后特别是明清时代的瓷器上。见"水纹"。

螺旋纹　陶瓷器装饰的传统纹样之一，形似螺旋，也似流水漩涡，故又称涡纹。在器物成型过程中由于旋削而留于器底的螺旋状线痕，习惯上也称螺旋纹。在中国新石器时代典型文化遗存中，螺旋纹分布广泛，马家窑、半山、马厂、下王岗、陶寺、三元宫、屈家岭、马家浜、良渚、山背、石峡等遗址出土的陶器上，都有螺旋纹装饰。表现技法主要是彩绘及刻划。布局有个体纹饰左右排列的，也有四方连续式的。采用黑红二色颜料，以红色为多，有的搭配较为复杂，半山类型彩陶红黑相间的锯齿状纹构成螺旋纹；马厂类型彩陶则在红彩线条两侧勾以附加黑线。二里头文化早期（夏文化）和商代灰陶器上，仍常见螺旋纹。西周和春秋时代灰陶器上基本不见，商周原始青瓷上，常见成型过程留下的螺旋纹。战国彩绘陶上，螺旋纹又成为重要的装饰纹样。在明代前期民窑青花瓷器上，螺旋纹流行，纹饰比较草率，但很生动。

云纹　陶瓷器装饰的传统纹样之一。用云朵形纹饰象征高升和如意。云纹多与龙、凤、蝙蝠等相配，有时也单独使用。战国至汉魏时代的瓦当上流行云纹装饰。浙江临安晚唐水邱氏墓出土的越窑青瓷罂和熏炉上，均描绘褐彩云纹。宋代定窑印花或刻花云龙纹瓷器、元代磁州窑白地黑花云龙纹瓷器及景德镇青花、釉里红、红釉、卵白釉等瓷器上，均有云纹装饰。明、清景德镇及其他地方窑陶瓷上普遍装饰云纹，且形式多样，如灵芝形云、蝌蚪形云、如意头形云、风带如意云、"壬"字形云、"卍"字形云等。有的云纹时代特征鲜明，如明代洪武时期的云纹多作风带如意形，其云头如意形不像元代如意云那样规整，云脚较粗，并向一侧弯曲。

动物纹　陶瓷传统装饰纹样的一类，描摹各种动物形象。动物纹广义上包含具象和抽象两类，狭义上只指写实性强的具象纹样。动物纹在新石器时代早期即已出现，如在河姆渡文化遗址中发现刻划猪纹、鱼纹、鸟纹的陶钵，纹样朴实生动。在新石器时代中期和晚期的彩陶文化中，所绘画的动物纹显著增多，装饰性增强，装饰手法及表现意识趋于成熟。典型纹样有各种代表性鱼纹、鸟纹、蛙纹、兽面纹及龙纹、狗纹、鹿纹等。庙底沟类型鱼蛙纹瓶和石岭下类型大鲵纹瓶的动物形象，怪异奇特。仰韶文化浮雕壁虎纹残陶片，其壁虎形象及浮雕贴塑方法在原始陶器中实属罕见。如果说早期写实的动物纹是先民们生活的直接反映，那么随着文化的发展，动物纹的表现上也体现出当时人们精神追求的内容，出现了臆想的、综合的、非写实动物纹，二里头文化早期（夏文化）陶器上浅刻动物纹除了兔、蝌蚪等写实形象，也出现了龙、饕餮等虚构动物图案。商代白陶器装饰受青铜器影响，主要采用动物纹样，以饕餮纹和夔龙纹为主。装饰方法主要是模印。西周印纹硬陶上，尚有夔龙纹饰。战国时期彩绘陶上，流行龙凤纹、蟠螭纹及各种走兽、飞禽纹。汉代及三国、两晋、南北朝时期，陶瓷器上的动物纹数量大增，多采用模印贴塑的方法制作，甚至有许多捏塑动物装饰或将器形做成动物形，如鸡首壶、蛙形水盂、熊形灯等。隋、唐以及以后各代，陶瓷器上的动物纹更加千姿百态，内容多为龙、凤、蝠、鹿、鱼、狮、蝶等借以祈福祈寿的吉祥图案；表现技法绘画、模印、刻划、雕塑等兼而有之，运用愈发自如，形象愈发准确生动。

饕餮纹 陶瓷器装饰的传统纹样之一，具有浓厚的传承性。饕餮是古代传说中的一种动物，《吕氏春秋·先识览》记载："周鼎著饕餮，有首无身，食人未咽，害及其身，以言报更也。"饕餮纹应视作兽面纹之一种。饕餮纹始见于新石器时代晚期，长江下游地区良渚文化陶器上有刻划的饕餮纹，黄河上游地区灰陶器上有彩绘饕餮纹。二里头文化早期（夏文化）灰陶器上有浅刻的饕餮纹。商代中期是饕餮纹亦即兽面纹的极盛期。饕餮纹是青铜器、也是灰陶器上的常用主纹，白陶器上的饕餮纹尤称精绝。汉魏至东晋陶瓷器流行堆贴铺首，实质也是一种兽面纹，可视作饕餮纹的一种变体。明清两代瓷器上饕餮纹再度流行，以印花、刻花、彩绘、透雕诸般技法加以表现。上海博物馆藏明万历白釉饕餮纹瓶，腹体刻划精美的饕餮纹，高圈足内青花双栏楷书"古周饕餮万历年制"款，为传世珍品。清代名品有康熙青花饕餮纹瓶、五彩加金饕餮纹尊、五彩加金饕餮纹方熏等等。

301．商代陶器上的饕餮纹

鹿纹 陶瓷器装饰的传统纹样之一，最早出现在新石器时代仰韶文化半坡类型彩陶器上，是原始渔猎生活的反映。卡约文化彩陶上的鹿纹已有站立和奔跑的不同姿态，还有以鹿角为纹样的。其后的辛店文化彩陶上，也有鹿纹出现。战国至汉代陶瓷器上鹿纹少见。唐代长沙窑有青釉鹿纹褐绿彩注壶，小鹿体态轻盈，边跑边顾盼，是不可多得的佳作。宋代缂丝上的天鹿纹移植于瓷器，典型纹饰如定窑白釉盘上的印花鹿纹，画面上两只长角鹿奔跑在枝叶缠绕的花丛中，前一只鹿回首张望，后一只鹿追赶鸣叫。磁州窑枕面上所绘鹿纹动态不同，或在山中奔跑，或在草莽漫步，或卧于灌木中惊望，或立于路途上踟蹰，线条流畅写意。吉州窑白地黑花罐上描绘的鹿衔草飞奔的图画，简练生动。耀州窑金、元时期青瓷上鹿纹别具一

302. 宋吉州窑褐彩奔鹿纹盖罐

格，婴孩驯鹿纹、卧鹿衔牡丹纹甚为新颖。明代晚期流行以谐音和寓意象征吉祥的纹样，鹿纹作为"禄"的替代形象常与蝠（福）、寿桃组合成"福禄寿"吉祥图案出现在青花瓷器上。万历五彩瓶上，描绘各色鹿栖息于山石林间。清代尤盛吉祥纹饰，鹿纹被广泛采用。乾隆朝创烧的粉彩百鹿纹尊，把鹿纹的人文含义推到极致，乾隆以后及近代多有仿制。

狮纹 陶瓷器装饰的传统纹样之一，具有一定宗教意味。包含以狮为主的组合纹饰，如狮子与绣球、狮子与人物等。狮子于西汉时自西域传入，被视作祥瑞之兽。六朝前期青瓷上兴行狮纹装饰，多在堆塑罐、唾盂等器物的肩腹部塑贴狮纹或胡人骑狮纹，还盛行以狮为造型的狮形烛台。唐代瓷器上的狮纹有单纯画面也有与人物配合的画面，如长沙窑褐彩注子上的模印贴花狮纹、太原西郊唐墓出土青瓷扁壶上模印的狮与胡人形象。五代耀州窑青瓷上出现双狮追逐嬉戏的纹样，开后代狮戏类纹饰先河。入宋以后兴行狮

子与绣球的配合纹饰，习称狮球纹。宋代定窑白釉瓷盘上出现印花狮球纹。耀州窑青瓷上的狮戏纹则是双狮顺向追逐。元代红绿彩瓷和青花瓷上以绘画方法表现狮纹，如红绿彩玉壶春瓶上绘狮戏绣球纹。明、清两代青花瓷、五彩瓷及琉璃器上，狮纹是常用纹样。构图上有双狮戏球、三狮戏球等。南京市博物馆藏明永乐至宣德大报恩寺琉璃宝塔狮纹琉璃建筑构件，狮作为佛教中的护法神出现，造型奇伟，制作精彩。其他典型器有"永乐年制"篆款青花压手杯，杯心绘画双狮滚球，为永乐压手杯上品。还有宣德狮球纹青花大盘、宣德狮球纹青花罐、清康熙五彩描金狮球纹长颈瓶，所绘狮纹皆传神动人。

303. 明正德青花双狮纹绣墩

麒麟纹 瓷器装饰的典型纹样之一。麒麟是中国古代传说中的一种祥瑞神兽，形象略似鹿，独角，全身生鳞甲，尾像牛尾，简称麟，被视作吉祥象征，是古代麟凤龟龙"四灵"之一。麒麟纹作为瓷器装饰题材在元代景德镇窑兴起，常作为主题纹饰配以山石瑞果，也见有与飞凤相配，组成麟凤纹。典型作品有元青花麒麟花果纹菱口大盘、元青花麟凤纹四系扁壶等。明代前期，受宫廷风尚及服饰制度影响，麒麟纹在瓷器上较为盛行，并有多种形态。明代中期较少见，但不乏精彩之作，如成化青花麒麟纹盘，以祥云衬托麒麟，颇似仙界气象。明代晚期，民窑青花瓷器

304．明青花麒麟纹笔海

仿袭明代前期纹饰，麒麟纹又大量出现，但是绘制潦草。清代吉祥观念更强盛，麒麟纹屡见不鲜，如麟吐玉书纹、麒麟送子纹等等。

海马纹 瓷器装饰的典型纹样之一，最早散见于唐代三彩器上，兴盛于元代，系从元代舆服制度中帝王仪仗旗帜上的白马纹移植而来。白马，又称玉马，特征是两膊有火焰。《元史·舆服二》有记："玉马旗，赤质，青火焰脚，绘白马，两膊有火焰。"在元代瓷器装饰上，常在瓶、罐上部的云肩形纹饰带中绘白马海水纹，习称海马纹。如元青花大罐的肩部所绘海马纹，画一匹两膊火焰上飘的白马，不加渲染，配以蓝线勾画的起伏不断的海浪，加强了玉马的神奇感。明代前期和中期的青花瓷及彩绘瓷上，仍见有海马纹。如明成化斗彩罐上，描绘赤马腾跃于万顷碧波上，一变白马形象，更具神异色彩。

龙纹 陶瓷器装饰的传统纹样之一，表现古代传说中能走、能飞、能游泳、兴风降雨的神异动物龙。广义上可包含由龙纹和其他纹样组合而成的纹饰，如云龙纹、海水龙纹等。狭义上仅指纯粹龙纹或以龙纹

305．清康熙仿成化素三彩海马纹瓶

为主体的纹饰。龙纹最早出现在中原地区龙山文化陶寺类型遗物上，彩绘蟠龙纹陶盘是其最富特征的器物。此时龙纹可能是氏族、部落的标志，与氏族图腾崇拜有关。在二里头文化早期（夏文化）陶器上，有浅刻的龙纹。商代前期与中期灰陶器及白陶器上，流行夔纹。夔为一足的龙，习称夔龙纹。西周印纹硬陶上，尚有夔龙纹。战国时期彩绘陶上出现龙凤纹和蟠螭纹，纹样由模仿青铜器上的规则线条渐趋流畅柔和。汉代彩绘陶壶上多见龙、虎、朱雀相逐于流云间的纹样。南朝晚期至唐代浙江地区青瓷上以塑贴、刻划手法表现行龙。长沙窑用釉下彩绘表现腾云之龙。五代越窑秘色瓷龙纹瓶，纹饰华贵典雅。宋元时，南北方瓷窑多以刻划、剔花、剪纸贴花、绘画、塑贴手法表现龙纹。如宋吉州窑剪纸龙纹碗、宋定窑划花龙纹瓶、宋磁州窑白地剔花龙纹瓶、宋龙泉窑和耀州窑青釉蟠龙瓶，瓶肩部塑贴一蟠曲舞动的龙。80年代

末耀州窑遗址出土青瓷大碗内壁刻划的正面龙，额带火珠，眉宇间阴刻"王"字，威风凛凛。元代龙纹瓷器代表作有扬州博物馆藏蓝地白龙纹梅瓶、江苏吴县出土的釉里红龙纹盖罐等。明清两代是龙纹全盛时期，主要采用釉下、釉上彩绘方法，亦有印花、划刻的工艺。北京故宫博物院收藏的明永乐青花行龙纹盘，宣德青花矾红彩九龙纹碗、清康熙红绿彩龙纹细颈瓶、雍正青釉印花云龙纹缸等，都是具有皇家气派的精妙之作。龙是传说中的神物，自唐朝始龙纹与皇权有了密切联系。元、明、清三代，朝廷对龙纹烧作、使用都有严密规定，龙纹更成为皇权象征。宋以前瓷器上的龙纹尚无规范，多作兽状，躯体粗壮，兽形腿，三趾鹰爪，龙首有角无须。宋代龙纹形体已有定式，直至元、明、清代，均身作蛇形，身至尾渐细，四肢有羽毛，趾有三、四、五不等，龙首有角、发、须。宋、元时以三、四趾龙纹居多，明、清时皇室瓷器上所饰皆五趾龙纹。龙的体态在元、明、清三代也有较多变化。元代始见龙体画双翅，习称翼龙纹。明清

时期还流行蟠龙、行龙、立龙、正面龙、侧面龙、披发龙、海水龙、戏珠龙、云龙等等形神各异的龙纹。

307. 明嘉靖青花云龙纹盘

云龙纹　瓷器装饰上龙纹的一种。构图上以龙和云组成纹饰，龙为主纹，云为辅纹，龙或作驾云疾驰状，或在云间蟠舞。始见于唐宋瓷器上，如晚唐五代越窑秘色瓷瓶上的云龙纹、宋定窑印花盘上在祥云间蟠曲舞动的龙纹等。元、明、清瓷器上云龙纹更为多见，典型作品有江西高安博物馆藏元青花云龙纹带盖梅瓶、江苏金坛出土的元青花双龙行云纹罐、北京故宫博物院藏元红釉印花云龙纹高足杯、明洪武釉里红云龙纹双环耳瓶、明宣德青花云龙纹天球瓶、清雍正珐琅彩云龙纹碗等等。

海水龙纹　瓷器纹饰中典型龙纹的一种，以龙与海水组成，表现龙游在海水中。北宋越窑青瓷碗上刻划海水龙纹为典型纹饰。元、明、清瓷器上海水龙纹很多，有单龙、双龙、四龙乃至九龙，穿游腾跃于海水之间，多用绘画方法表现，也有用彩绘结合划花的手法，北京故宫博物院藏明宣德青花海水龙纹扁瓶，海水以青花描画，白龙则用刻划技法表现。白龙在碧涛中翻滚腾游，分外矫健。成化斗彩海水龙纹盖罐，黄色蛟龙行驰在碧波中。清乾隆釉里红海水龙纹梅瓶，彩绘与刻花并用，红色海水间白龙遨游，极富神奇色彩。

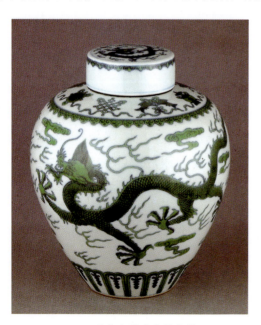

306. 清乾隆绿彩龙纹盖罐

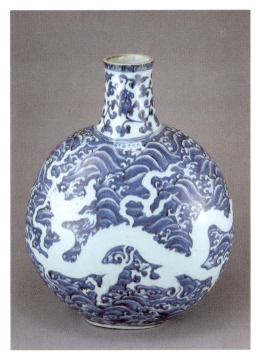

308．明宣德青花海水白龙纹扁瓶

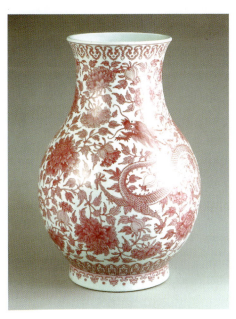

309．清嘉庆胭脂彩穿花龙纹瓶

穿花龙纹　瓷器装饰中典型龙纹的一种，表现龙在花枝间穿行，又称串花龙纹，花间龙纹。五代越窑

青瓷上已见龙与蔓草相配的纹饰。明代穿花龙纹运用较多，主要以青花描绘，亦有用五彩者。明宣德青花扁瓶，以青花描绘缠绕的花枝和穿行其间的龙纹。台湾故宫博物院藏青花僧帽壶，在颈部绘缠枝游龙纹。正德时穿花龙纹最盛行，盘、碗、渣斗、壶、花觚上多见。弘治朝青花瓷器中有龙游戏于莲塘中的纹样，称莲池龙纹或莲池游龙纹。

310．明永乐青花龙戏珠纹碗

龙戏珠纹　瓷器装饰上典型龙纹之一种。以龙和宝珠组成画面，通常宝珠在前方，龙在后追逐；也有宝珠在中间，左右二龙相对戏游，习称双龙戏珠纹、二龙戏珠纹。五代越窑青釉龙纹四系壶，腹部浮雕双龙戏珠及卷云纹，是目前所见最早的龙戏珠纹饰。明代青花、五彩瓷器上多见，色釉瓷器上偶见。上海博物馆藏蓝釉白龙纹尊，在宝石蓝色釉上，一条白龙张口瞪目，前肢向上奋力划动追赶游动的宝珠，纹饰鲜明夺目。

夔纹　瓷器装饰纹样之一。夔是古代传说中的一种奇异动物，似龙而仅有一足。《庄子·秋水》中载："夔谓蚿曰：'吾以一足趻踔而行。'"汉代许慎《说文解字》也谓夔"如龙一足"。夔纹原本流行于商、西周青铜器及玉器上，商代的白陶因造型和纹饰均模仿当时的青铜器，故也有印夔纹装饰的。瓷器上的夔纹

311. 清乾隆仿雕漆夔纹圆盒

主要流行于明、清景德镇瓷器上，如宣德青花夔龙纹罐、嘉庆青花夔龙福禄万代瓜棱形龙耳瓶等。

螭纹　瓷器装饰的典型纹样之一。螭是古代传说中的一种动物，属蛟龙类。《说文·虫部》有释："螭，

若龙而黄，北方谓之地蝼。"其形盘曲而伏者，称蟠螭。躯体比较粗壮，有的作双尾状。螭纹最早见于商周青铜器上。受复古风气影响，宋代瓷器装饰纹样大量出现螭纹。宋定窑以印花、划花手法在瓷盘、瓷碗、瓷瓶等器物上装饰螭纹。北京故宫博物院藏定窑白釉瓶上刻划螭纹、定窑白釉洗上模印螭纹。元末景德镇窑有釉里红塑贴螭纹高足转杯的名品。明清瓷器上的螭纹有蟠螭、团螭、双螭等多种形态，表现手法多为绘画，偶有塑贴。北京故宫博物院藏明嘉靖白釉红螭瓶，以一条红蟠螭盘绕白瓶颈肩处，红白辉映，神采耀目。定陵出土明万历黄釉紫彩三螭足炉，以三螭倒立成足，螭身成为炉腹上的堆塑装饰，构思精巧，风格古朴，令人赞绝。晚明民窑青花瓷器大量出现螭纹，逸笔草草却颇有神采。清康熙豇豆红太白尊上则是以细线刻划团螭纹，尤显盛世之时的刻意精致。

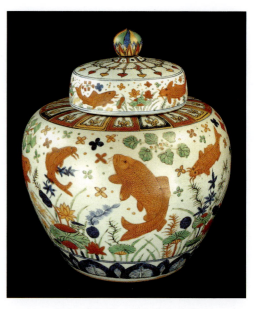

313. 明嘉靖五彩鱼藻纹盖罐

鱼纹　陶瓷装饰的传统纹样之一，广义上可包含由鱼纹和其他纹样组合而成的纹饰，如鱼藻纹、鱼鸟纹等，狭义上仅指纯粹鱼纹或以鱼纹为主体的纹饰。

312. 清雍正斗彩蟠螭纹尊

鱼纹的表现手法有刻划、彩绘、模印、塑贴等。鱼纹最早见于新石器时代早期河姆渡文化陶器上，有刻划的鱼藻纹，十分拙朴。仰韶文化半坡类型彩陶，鱼纹最普遍。其形象早期写实，以后过渡到近似几何纹的象征性鱼纹。陕西西安半坡仰韶文化遗址所出彩陶人面鱼纹盆为典型纹饰，绘人面衔鱼，并在额角两侧各绘一鱼。汉代陶盆上的鱼纹，多以彩绘或刻划单体鱼的形式出现。入宋以后，鱼纹题材广泛地运用到瓷器装饰上。定窑、磁州窑、耀州窑、景德镇窑、龙泉窑、德化窑、容县窑的制品中，都有风格各异的鱼纹。鱼或单或双、或三、四、五尾戏水追逐。鱼水组合的画面称为海水鱼纹或水波游鱼纹。如耀州窑青釉花口碗内壁上的海水鱼纹，以篦状工具左旋右转刻划细密的水波纹，以粗健的线条勾勒出游鱼，动态真切自然。鱼与莲组成的画面，称为鱼莲纹或莲池游鱼纹；鱼与水藻相配称为鱼藻纹。磁州窑的鱼藻纹最为生动，水藻飘动，鱼儿浮游，水藻飘拂显示水的流向，令人感受到鱼逆流而上。元、明、清瓷器中鱼藻纹饰更为普遍，多用青花、釉里红、五彩表现单尾或双尾鱼纹，鲭、鲢、鲤、鳜或鲭、鲌、鲤、鲫鱼四鱼与水草组成的寓意纹饰。明宣德蓝釉鱼藻纹盘，以晶莹艳丽的宝石蓝色釉托起洁白如玉的鱼藻，清丽动人。明成化孔雀蓝釉鱼藻纹盘，以翠色釉衬托黑色鱼藻，则显得含蓄深沉。由于鱼与余谐音，鱼成为象征富足、富余的吉祥物。清代瓷器上还用鱼纹与蝙蝠、戟、磬、卍、盘肠、钱等纹样组成"连年有余"、"吉庆有余"、"富贵有余"等等吉祥纹饰。

摩羯纹　瓷器装饰的典型纹样之一。摩羯本是印度神话传说中的河水之精、生命之本，公元4世纪末传入中国。经隋唐，摩羯形象融入龙首的特征。宋代瓷器上的摩羯纹多见于耀州窑瓷器。往往在青瓷碗的内壁刻划头上长角，鼻子长而上卷，鱼体鱼尾的鱼形摩羯，或在碗心的莲池中盘旋，或在碗壁的碧波中对

314．北宋青白釉刻花摩羯纹枕

游。摩羯纹有作主题纹饰出现，亦有作辅助纹饰，与水波、莲荷、荷叶等组成带状纹，衬托婴戏主题纹饰。辽代三彩陶器中尚见摩羯形壶。宋以后摩羯纹不再流行。

鸟纹　陶瓷器装饰的传统纹样之一，广义上可以包含由鸟纹与其他内容组合而成的纹饰，如花鸟纹，狭义上仅指纯粹鸟纹或以鸟纹为主体的纹饰。神话性质的凤纹或其他瑞禽纹也归在鸟纹类属。鸟纹的表现技法有刻划、彩绘、模印、塑贴等等。鸟纹最早出现在河姆渡文化和仰韶文化半坡类型遗存陶器上。北首岭文化遗址中期遗存彩陶蒜头壶上的水鸟啄鱼纹，纹饰拙朴生动，追求写实。仰韶文化庙底沟类型和马家窑文化石岭下类型彩陶上，鸟纹逐渐趋向抽象，写意性增强。河南汝州阎村仰韶文化遗址彩陶缸上所绘鹳鸟衔鱼纹，线条与造型简单而概括。在新石器时代晚期的其他典型文化遗存如良渚文化陶器上，也有简化鸟纹和带形鱼鸟纹。商周时期北方青铜文化辛店文化陶器上的鸟纹仍很简单。战国时期楚文化陶器上，盛行彩绘凤鸟纹。秦汉时期受四神观念影响，朱雀纹流行在灰陶、原始青瓷、铅釉陶器和画像砖、瓦当等建筑用陶上。魏晋时期，鸟纹多以塑贴形式出现，如谷仓

罐上觅食的小鸟，盒盖顶钮作栖息的双禽，神态可爱。北朝青瓷上的划花小鸟，简洁稚朴。唐宋以后，受中国画影响的鸟纹多与花卉纹相配为饰，习称花鸟纹。唐代长沙窑注壶流下方的腹部，多绘、贴小鸟与花草，纹饰洗练生动。宋代吉州窑梅枝雀鸟纹、磁州窑竹枝白头鸟纹、绶带鸟穿花纹、水泽喜鹊纹等，都是民间气息浓郁的纹饰。明清时期花鸟纹更是层出不穷。明宣德青花菱口盘上枇杷绶带鸟纹，画意清新，格调不凡。清康熙洒蓝描金瓶的五彩花鸟纹、雍正珊瑚红地粉彩瓶的翠竹玉鸟纹等，构图考究，用笔精细，宫廷气息十足。

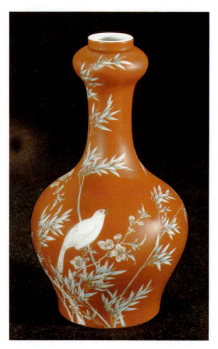

315. 清雍正珐琅彩花鸟纹瓶

花鸟纹 陶瓷器装饰的传统纹样之一。因以花卉与鸟类相配组成画面而得名。最早见于唐代长沙窑釉下彩绘瓷器上，宋代则主要见于磁州窑白地黑花瓷器及耀州窑青釉刻花瓷器上。明、清时期景德镇窑彩瓷上盛行花鸟纹装饰，如明宣德青花枇杷绶带鸟纹盘，描绘绶带鸟正在啄食枇杷的生动图象，成为彩瓷花鸟

纹的代表作。成化时期瓷器上的花鸟题材，比宣德时更为普遍，鸟的种类更多，大多栖于枝头，形态活泼有生气。清康熙瓷器上的花鸟纹更多地揉进中国画工笔画法，使所绘花鸟更加生动逼真。

316. 清乾隆青花凤纹梅瓶

凤纹 陶瓷器装饰的传统纹样之一。凤是远古传说中"出于东方君子之国"的神鸟，是远古氏族图腾的一种标志，其形象在传说中十分神秘奇异。新石器时代某些文化遗存陶器上出现的不可称名的鸟纹很可能即是当时观念中的"凤之象"。战国及秦汉时期，陶瓷器及建筑用陶瓦当上多出现夔凤纹和朱雀纹，此时凤的形象趋于明确。唐代凤的形象与高冠长尾的孔雀庶几相同并成定式。唐长沙窑青釉注子上釉下彩绘展翅之凤，侧题"飞凤"二字。唐三彩陶器上也多有印花凤鸟纹。宋代定窑、耀州窑、景德镇窑瓷器常见印花凤纹，多与牡丹相配，形成凤衔牡丹、凤穿牡丹等典型画面，还有双飞凤、双凤穿云等形象。耀州窑遗址出土的凤衔牡丹纹青釉印花碗，牡丹花心印"政

和"年号。此外，宋吉州窑窑变釉剪纸贴花凤戏朵花纹，新颖别致。元大都遗址出土的青花凤纹扁壶，以凤首作流，壶身绘展翅飞翔的凤体，凤尾卷起作柄，融实用与美观于一体，构思精妙。明、清两代青花、五彩、素三彩等类瓷器上大量运用凤纹装饰，有单凤、双凤、九凤以及与百鸟组成的画面，如北京故宫博物院藏明宣德青花凤纹菱花洗、万历五彩镂空凤纹瓶。上海博物馆藏清康熙百鸟朝凤纹大盘，描绘出凤凰作为百鸟之王的高贵神态。

317. 清乾隆珐琅彩龙凤纹茶盘

龙凤纹　瓷器装饰的典型纹样之一，描绘龙与凤相对飞舞的画面。龙为鳞虫之长，凤为百鸟之王，都是祥瑞。龙凤相配便呈吉祥，习称龙凤呈祥纹。宋代耀州窑为宫廷烧制的青釉盘、碗上，有刻划龙凤对舞的纹饰。元代磁州窑有在罐腹两面开光内分别绘龙、凤纹。明、清两代宫廷用瓷上，青花、釉里红、五彩、斗彩龙凤纹尤为多见。明万历五彩龙凤纹笔盒、清康熙斗彩龙凤纹盖罐等等，都是典型之作。乾隆粉彩龙凤纹盒，盖面上饰龙凤对舞戏珠的纹样，别有一番情致。

鹤纹　瓷器装饰的典型纹样之一。古人以鹤为仙禽，喻意长寿。《淮南子·说林训》记"鹤寿千岁，以报其游"，鹤纹正含延年益寿之意。瓷器装饰中的鹤纹初见于唐代，越窑青瓷上有刻划鹤在云间飞翔的图案，习称云鹤纹。宋代耀州窑青釉瓷器上有双鹤展翅上下翻飞、群鹤飞舞穿行云间以及群鹤与博古相间的图案，还有罕见的仙人骑鹤纹样。明、清瓷器上多画丹顶鹤，景德镇窑青花瓷、五彩瓷、黄釉绿彩瓷上多见，有云鹤纹葫芦瓶，鹤纹与寿字相配，组成长寿画面。有黄绿彩鹤纹碗，鹤衔葫芦穿云而飞，寓意福禄寿。有珐琅彩瓶，群鹤与梅树组成的纹样别有情致。还有仙鹤衔筹飞向海上瑶台祝寿，别称"海屋添筹"纹。

318. 清道光珊瑚红白鹤纹插口瓶

雁纹　瓷器装饰的传统纹样之一，广义上包含单独雁纹和以雁纹为主配合其他景物的图案。雁纹通常配以其憩息环境芦苇，习称芦雁纹。元代服饰制度上称雁衔芦，所以又称雁衔芦纹。扬州博物馆藏唐代长

319．元釉里红雁衔芦纹匜

沙窑青釉执壶上有写实的模贴雁纹。宋代耀州窑和磁州窑的雁纹装饰，表现手法主要是印花和彩绘。宋磁州窑白地黑花枕面上画有排成人字形的南飞雁。北京故宫博物院藏金代磁州窑白地黑花残荷秋雁纹虎形枕、上海博物馆藏金代磁州窑鹊鸟飞雁纹虎形枕，都是雁在空中飞翔的画面。元代瓷器上的雁纹，变为口衔芦苇展翅飞翔状，并成为一种定式。如江西高安窑藏出土的釉里红匜，在适合纹样的圆形画心部位描绘一只红色衔芦之雁。明代民窑青花瓷器纹样上将雁置于芦苇滩汀上，充溢着一种野逸气息。清康熙民窑青花瓷器的芦雁纹承袭了这一风格。

鸳鸯纹　瓷器装饰的典型纹样之一。古人视鸳鸯为爱情象征，《古今注》说鸳鸯为"鸟类，雌雄未尝相离，人得其一，则一必思而死，故曰匹鸟"。瓷器装饰中的鸳鸯皆成双成对出现，而且多与莲池相配，习称鸳鸯戏莲纹、鸳鸯卧莲纹、莲池鸳鸯。宋代定窑、景德镇窑、耀州窑、磁州窑的碗、盘、枕等器物上普遍采用鸳鸯纹。表现手法主要是模印、刻划、彩绘。定窑白釉盘上所印鸳鸯纹，有一对鸳鸯于塘边小憩，另一只在天空孤飞，此种画面极为少见。元代青花瓷器上，鸳鸯纹颇多。有作主题纹饰的，也有作辅助纹饰的。上海博物馆藏青花缠枝牡丹纹瓶，在肩部

320．南宋吉州窑褐彩开光鸳鸯纹瓶

垂如意云头纹内填画莲池鸳鸯纹，即为以鸳鸯纹作辅助纹饰的代表。明、清两代青花瓷、斗彩瓷、五彩瓷上常见鸳鸯纹饰，典型器物有西藏萨迦寺藏明宣德青花五彩鸳鸯莲花纹碗、台湾故宫博物院藏明成化斗彩鸳鸯莲花纹盘、北京故宫博物院藏明万历五彩鸳鸯莲池纹瓶等。

鹦鹉纹　瓷器装饰的典型纹样之一。鹦鹉纹始见于唐代瓷器，流行在晚唐至北宋，在构图方法上无论是表现展翅飞舞的单体鹦鹉，还是首尾相对的成对鹦鹉，都考虑器物造型特征，处理成适合纹样。这些都是因为深受金银器装饰风格的影响。主要表现方法是彩绘、刻划。唐长沙窑出土的鹦鹉纹枕，笔法流利，生动自然。唐密县窑珍珠地划花鹦鹉纹枕，表现鹦鹉扑翅落地的动态，生动写实。五代至北宋，鹦鹉纹更多出现，甚至兴烧鹦鹉形壶式，习称鹦鹉壶。在内蒙古和林格尔、河北定县分别出土过黄绿釉鹦鹉壶、绿

釉鹦鹉壶。北宋越窑青釉碗、盘等器物上，常刻划首尾相逐的两只鹦鹉，装饰意味更足。

鸭纹 瓷器装饰的典型纹样之一，包含单独鸭纹和以鸭为主体的组合纹饰。鸭纹多有衬景，或与荷莲配，或与芦苇配，更奇者与雄鹰相配。宋代受中国花鸟画题材影响，瓷器上的鸭纹最为丰富，定窑、景德镇窑、耀州窑、磁州窑多以此为装饰题材，画面上多是两只或四只鸭成双成对，周围莲草相间，装饰趣味浓郁。也见有荷莲间三鸭戏游的。定窑白釉盘上鸭纹多出现在器壁上，作3组鸭莲纹构图，器心则饰配荷叶莲花纹。台湾故宫博物院藏定窑白釉划花鸭纹盘，以皓月、水波、芦苇陪衬仰首并游的双鸭，表现月夜池塘小景，极富诗情画意。磁州窑白地黑花瓷枕上描绘莲池游鸭、竹林双鸭、老鹰逐鸭，还有珍珠地莲鸭等纹饰，构图简要，笔意生动。尤以老鹰逐鸭纹精彩，黑鹰从天飞扑而下，一鸭仓皇逃窜，一鸭急钻入水，尚露腚尾，水花四溅，芦苇摇颤，画面真切动人。耀州窑瓷器上的鸭纹，多为浮游水波中的小鸭，常与鸳鸯、水草等组合。金代的鸭纹多为二方连续式构图，图案较为严谨工整。元、明青花瓷器上，也见有鸭禽纹，但构图已逐渐疏朗。晚明民窑青花上的芦鸭纹，颇有当时文人画的野逸之风。

蝴蝶纹 瓷器装饰的典型纹样之一，狭义上仅指独立的蝴蝶纹，广义上也可包含以蝴蝶为主配以其他内容的纹饰。宋代花鸟画成熟，受其影响瓷器装饰中花鸟虫鱼题材多见，蝴蝶纹盛行。宋瓷上蝴蝶纹多取蝴蝶对飞纹样作圆形构图。内蒙古辽陈国公主墓出土的越窑青釉洗、河北定县北宋塔基出土的定窑白釉花口洗，都在洗心划刻细线双蝶纹。宋吉州窑剪纸凤梅蝶纹盏，以剪纸贴花手法将与双凤相配的双蝶纹表现得形简神传。明代青花瓷、五彩瓷、斗彩瓷上，蝴蝶多与花卉组成主题纹饰，表现蝶恋花意境，习称花蝶纹。也有作为辅助纹样点缀在花鸟画面中的。典型器

物有明成化斗彩团蝶纹罐、万历五彩花鸟花蝶纹蒜头瓶等。清代五彩瓷、粉彩瓷上的蝴蝶纹，有图案风格的团蝶纹，也有写实风格的飞蝶纹。康熙五彩蝴蝶纹瓶，采用散点式构图法，在瓶体上绘画成双成对或三只两只聚集飞舞的蝴蝶，清丽新巧。还有一种在冰裂纹地上绘画彩蝶翻飞，装饰手法别具一格。雍正粉彩团蝶纹碗，以草花与双飞蝶构成的5组团蝶纹均匀环布碗壁，精致美观。雍正以后瓷器上还盛行一种瓜蝶纹，即以瓜蔓与蝶纹相配，谐音"瓜瓞"，习称"瓜瓞绵绵"，寓意子孙万代连绵不绝，如乾隆粉彩瓜蝶纹瓶。

植物纹 陶瓷器传统装饰纹样的一类，是表现各种植物形象的总称。新石器时代前期即已出现，如在河姆渡文化遗址发现刻划谷穗纹、藻纹的陶钵。在新石器时代中期和晚期的彩陶文化中，彩绘植物纹如叶形、豆荚形、花瓣形纹样较为多见，构图及表现力都大为增强。以马家窑文化彩陶彩绘植物纹最丰富，叶形纹种类最多。商周在陶器和原始青瓷上流行的叶脉纹，是抽象性植物纹样。战国、秦汉至六朝前期，陶瓷器上常见柿蒂、卷草等图案化的植物纹，南朝时期佛教盛行，莲纹风靡，给植物纹赋予了意识形态的含义。隋唐时期随着中西方文化交流，具有西域风格的花卉纹、叶纹、草纹使中国瓷器装饰面目一新。宋代瓷器上的植物纹发展得丰富多彩，磁州窑装饰效果强烈的竹枝、小树、芦苇、花卉等各种植物纹堪称典范之作。定窑、耀州窑、吉州窑等名窑以印花、刻划、绘画等各种技法表现的植物纹也各具特色。元、明、清各代的植物纹更加丰富。康熙、雍正、乾隆三朝瓷器上的植物纹既有精致的图案，又有写实的绘画。与同时代其他纹饰一样，用植物表现的吉祥图案也很见，如寿桃、灵芝、松竹梅"岁寒三友"和梅兰竹菊"四君子"等，这些植物纹包容了丰厚的人文含义。

莲花纹 陶瓷器装饰的典型纹样之一，也是典型

321. 元青花莲池鸳鸯纹玉壶春瓶

宗教纹样之一。《尔雅·释草》释："荷，芙蕖……其实莲。"莲本指荷实，后世莲荷混用。莲花纹亦即荷花纹。南北朝时期，佛教盛行，被视为佛门圣花的莲，便成为陶瓷器上的流行纹饰。南朝青瓷常在碗、盏、钵、罐的外壁和盘面上刻划重线仰莲瓣，形似莲花。还有在器外刻划仰莲，而在器内心刻划莲实的，更为拟真。南京市博物馆藏南朝梁的 2 件青瓷莲花尊，更是同类装饰的代表杰作，通体为仰覆莲，器盖也似莲形，采用堆塑、模印和线刻多种技法混合制成。隋代青瓷碗和高足盘上，仍有沿袭南朝风格刻划图案化的莲瓣纹。唐代长沙窑双耳罐上有褐绿彩水涛莲花画面，风格趋于写实。宋代佛教世俗化，莲纹大量出现，但宗教意味已经淡薄。宋代定窑、耀州窑、磁州窑、景德镇窑、龙泉窑、吉州窑等，多在盘、碗、瓶、罐、枕上分别用刻划、模印、彩绘等手法，以串枝、缠枝、折枝等多样姿态表现优美清雅的莲纹。其中折枝式的一花一叶莲花纹比较多见，如定窑白釉盘上舒展的缠枝莲，茎蔓缠绕，莲花摇曳。串枝莲则多以环带形式布于盘壁，两朵莲花相对开放，衬托着盘心的折枝莲花。耀州窑的莲花纹样别出心裁，用锦带把莲花、花实、莲叶扎成一束，组成"把莲"形式。吉州窑白地黑花瓶上绘满莲花、莲实与莲叶，

似在展现莲塘景致。元代青花瓷器上不乏莲纹，有作主纹也有作辅纹的，瓶、罐、壶等器物胫部或颈肩部的莲瓣及莲叶纹，既有一定的模式，又在定式中追求细部变化。明清各类陶瓷器及琉璃器上，莲纹普遍存在，多以缠枝、串枝形象出现，写实性莲纹和图案性莲纹均为常见。明永乐与宣德青花盘上，盛行一把莲纹。宣德以后，莲纹与鸳鸯纹的组合纹饰风行。明、清两代莲纹瓷器名品有宣德青花串枝莲纹罐、宣德青花把莲纹板沿盘、清康熙五彩鹭莲纹尊、清乾隆青花加紫缠枝莲纹尊等等。

把莲纹　莲花纹的一种形式，将折枝莲花、莲叶和莲蓬用锦带扎成束状。常见的是作对称构图的一把莲，还有均齐式构图的二把莲和三把莲，始见于宋代耀州窑青瓷的印花纹饰，其中三把莲纹样上还印"三把莲"字样。明代永乐、宣德年间的青花盘心，盛行描绘一把莲纹。

322. 北宋潮州窑青白釉莲瓣纹炉

莲瓣纹　瓷器装饰的传统纹样之一。其在瓷器上出现与南北朝时期佛教在我国的盛行有密切关系。按所装饰莲瓣的层次，可分为单层莲瓣、双重莲瓣及多

重莲瓣。按莲瓣的形态可分为尖头莲瓣、圆头莲瓣、单勾线莲瓣、双勾线莲瓣、仰莲瓣、覆莲瓣、变形莲瓣等。早期瓷器上的莲瓣纹曾作为主题纹饰出现，如著名的北朝青釉仰覆莲瓣纹大尊、五代耀州窑青釉刻花莲瓣纹渣斗、北宋定窑刻花莲瓣纹盖罐等。元、明、清瓷器上所绘莲瓣纹或变形莲瓣纹，多作为辅助纹饰，出现在器物的肩、胫部。

323. 唐三彩宝相花纹盘

宝相花纹　陶瓷器装饰的传统纹样之一。将自然界花卉(主要是莲花)的花头作变形的艺术处理，使之图案化并程式化。有两种形式。一种是平面团形，以8片平展的莲瓣构成花头，莲瓣尖端呈五曲形，各瓣内又填饰三曲小莲瓣，花心由8个小圆珠和8瓣小花组成。这种团形宝相花多用于唐三彩装饰，上海博物馆藏唐三彩宝相花纹盘为典型器。另一种是立面层叠形，以层层绽开的半侧面勾莲瓣构成。此种宝相花纹多见于明清景德镇瓷器上，北京故宫博物院藏明永乐影青暗花缠枝宝相花纹碗、明成化青花宝相花纹碗为代表。清乾隆时宝相花纹多作辅助纹饰以衬托主纹，使装饰效果更加富丽堂皇。典型作品如清乾隆黄地珐

琅彩开光婴戏纹瓶、乾隆粉彩折枝三果纹灯笼瓶等。

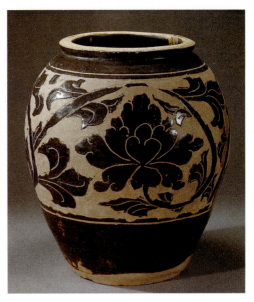

324. 西夏褐釉剔花牡丹纹罐

牡丹纹　瓷器装饰的典型纹样之一，系指以牡丹花为母题的纹饰。唐代人崇尚牡丹，金银器等常以牡丹纹为装饰题材。宋代人受其影响，视牡丹为富贵花，瓷器上盛行牡丹纹饰，宋定窑、磁州窑、耀州窑、景德镇窑等在瓶罐、盘碗、盒枕等器皿上大量采用。表现技法有刻花、印花、绘画；形式有独枝、交枝、折枝、串枝、缠枝等；定窑器上常出现一枝独秀的单朵牡丹，耀州窑瓷器上多见花朵两两相对，磁州窑枕面上还可见画云头形曲线绘画3朵牡丹。构图方式有适合式、对称式、均衡式等；耀州窑青釉碗内壁刻划一枝牡丹，花朵盛开，枝叶繁茂，布满全器，作适合式构图；又有刻划两枝牡丹，花枝相交，花朵相对的对称式构图；耀州窑青釉瓶上的刻划牡丹枝茎缠绕，花叶纷披，作均衡式构图。宋代亦见将牡丹纹用作辅助纹饰的，如定窑、耀州窑的刻花、印花凤衔牡丹纹。元、明、清三代牡丹纹久盛不衰，多用作主纹，装饰在瓶、碗、盘、罐等器皿的主要部位。元、

明时多作图案式布局，如南京市博物馆藏元青花牡丹纹梅瓶、上海博物馆藏元青花纹罐，在器腹上描绘仰覆有致、枝繁花硕的串枝牡丹纹。又如明宣德青花盘上的折枝牡丹纹、青花玉壶春瓶的缠枝牡丹纹，图案精致，装饰效果强烈。明代还盛行牡丹与莲菊等花卉相配组成四季花的纹饰。牡丹花也出现在园景纹饰中，如明嘉靖酱釉描金孔雀牡丹纹执壶，在器腹部桃形开光中贴金描画孔雀牡丹纹，尤显富贵华丽。清代彩瓷器中喜作拟实性摹绘，如清雍正粉彩牡丹纹盘口瓶、珊瑚红地粉彩牡丹纹贯耳瓶，都是工笔重彩，一丝不苟，将牡丹花的国色天香、雍容华贵表现得淋漓尽致。清代还喜以诗配画，如雍正珐琅彩雉鸡牡丹纹碗，一面描绘一对雉鸡栖于山石，旁伴数枝牡丹，一面以墨料题"嫩蕊包金粉，重葩结绣云"五言诗一首，诗句上下有胭脂水印章三枚，引首为"佳丽"，下有"金成"、"旭映"篆体白文方章，是国画式构图的典型一例。

扁菊花纹 瓷器装饰的典型纹样之一，特指明洪武朝瓷器上的菊花图案。菊花纹饰在宋、元瓷器装饰中已经出现，花形近似团形。洪武朝瓷器则将菊花形状处理成扁圆形，因此称作扁菊花纹。一般将菊花的花蕊画成椭圆形双线圈，内填网格纹。其外围以两层长圆形菊瓣，内层菊瓣为白色，外层菊瓣填色留出白边，花形清晰，时代特征鲜明突出。扁菊花纹常用青花或釉里红描绘在盘、碗等器的内外壁，典型器物有洪武青花缠枝菊纹碗、釉里红缠枝菊纹玉壶春瓶等等。

绣球花纹 瓷器装饰纹样之一，因花朵形状颇似绣球，故称绣球花，见于清代景德镇窑彩绘瓷上。

百花纹 又称满花纹、万花纹、万花堆，瓷器装饰的典型纹样之一，即以多种花卉为题材满绘器身组成的图案。百花纹始见于清乾隆景德镇窑粉彩瓷器，嘉庆朝继续流行。构图多以牡丹花为主，并绘菊花、茶花、月季花、荷花、百合花、牵牛花等花卉，五彩缤纷，百花怒放，蕴含百花呈瑞之意。由于百花繁密不易见纹饰地色，俗称"百花不露地"，绘画极为工致秀丽，花之仰覆姿势、阴阳反侧，都各尽其妍。北京故宫博物院藏清乾隆百花纹直颈瓶，百花艳集，娇美妩媚。

325. 清乾隆粉彩百花纹觚

冰梅纹 又称冰裂梅花纹，清康熙朝创制的瓷器纹饰，以仿宋官窑冰裂片纹为图案地色，再在其上画朵梅或枝梅。景德镇窑有以青花作画，也有以五彩画，以青花作画最见格调，多饰于瓶、罐、盘等器物上。典型作品如康熙冰梅纹盖罐，通体以青花浓料画冰裂片纹，以青花淡料略加晕染，其间勾画白色梅花，蓝白相映，寒梅吐艳尤显芬芳，颇具文人画风韵。晚清、民国瓷器上，多有摹绘。

木叶纹 瓷器装饰的典型纹样之一，特指以植物叶片经工艺处理贴烧后在器物上形成的纹样。天然树叶经腐蚀处理后，贴在素器上，施釉焙烧，树叶的形状及脉络便清晰地留存在器壁上。这种木叶贴花装饰方法是宋代吉州窑的独特创造，装饰于黑釉瓷盏的内壁上，在黑釉的底色中显现纹饰美丽的黄颜色。木叶

326. 清道光珐琅彩冰梅纹瓶

327. 宋吉州窑黑釉木叶纹碗

和诗情。

328. 元代青花觚上的蕉叶纹

蕉叶纹 瓷器装饰的典型纹样之一,特指以蕉叶图样作二方连续展开形成的装饰性图案,写实性的芭蕉纹不在此列。蕉叶纹最初流行于商末周初青铜器上,用作瓷器装饰则始于宋代。定窑、龙泉窑、景德镇窑多将其作为瓷器的辅助纹样,表现手法主要是划花。元、明、清时期更为盛行,多绘于瓶、罐、尊等器物颈部或近底部。景德镇出土明洪武青花松竹梅纹执壶,颈部饰蕉叶纹,近腹部饰一周大小相间的云肩纹,云肩纹内绘画蕉叶的筋脉,似为变形蕉叶纹,较为奇特。

凤尾纹 瓷器装饰的典型纹样之一,图案形似凤尾。凤尾纹多作为地纹,或作为辅助纹饰,有锥凤尾和画凤尾两种装饰方法。锥凤尾系用锐器在红、蓝、黄、绿等粉彩地色上划出凤尾纹,俗称压凤尾,作为地纹。画凤尾系用彩笔描绘而成,用为辅助纹饰。凤尾纹盛行于清乾隆、嘉庆时期彩瓷上,典型作品有清乾隆蓝地粉彩凤尾纹开光山水图碗等。

瓜果纹 陶瓷器装饰的典型纹样之一,系指以各

纹有单片树叶的,也有两片或三片树叶叠在一起的,错落有致。叶形或残叶稀疏,或满叶铺地,极富天趣

种植物果实为母题的纹饰。历代装饰手法有模印、贴塑、雕刻、彩绘等。瓜果纹始见于唐代，唐宋两代陶瓷器上多见葡萄纹和石榴纹，有缠枝葡萄、婴戏葡萄、婴戏石榴等图案，均含多子多孙的寓意。江西水吉宋墓出土的耀州窑青釉盘，盘内刻划石榴树上三童嬉戏的花纹。元代青花瓷器上常以瓜果纹组成秋实画面，如青花大盘上多绘葡萄、西瓜、芭蕉与花草组成的秋实图案。明清两代陶瓷器上，瓜果纹样增多，以青花、釉里红、彩绘及雕刻等多种手法及色彩表现石榴纹、荔枝纹、葡萄纹、枇杷纹、桃纹、西瓜纹、苹果纹、樱桃纹等，并在吉祥观念影响下，形成丰富多彩的吉祥纹饰。表现方式有图案性与写实性两类。构图方法多样，如明宣德青花盘，利用盘心圆面，满绘叶茂果硕的葡萄或其他瓜果，采用的是适合式布局；成化斗彩葡萄纹杯，腹部绘环绕的折枝葡萄，属单独纹样的构图；再如宣德青花梅瓶或玉壶春瓶上的桃枝、石榴、荔枝、枇杷、苹果等纹样，采用的是散点式布局；而在釉里红高足杯上，绘等距环布的3只桃或3只苹果，采用的是均齐式布局，习称"三果纹"。清代吉祥纹饰盛行，瓜果纹寓意更丰。康熙釉里红桃蝠纹瓶、雍正青花桃蝠纹瓶，都描绘桃树结硕果、蝙蝠天上飞的纹样，以桃喻寿，以蝠喻福，祝贺福寿双全。康熙民窑青花瓷盘盘心绘一枝葡萄，旁书"福寿蒲萄"4字，将葡萄象征福寿，甚为罕见。乾隆黄地青花瓶上以佛手、桃、石榴三果组成寓意多福、多寿、多子的画面，习称"福寿三多"纹。

三果纹 明、清景德镇瓷器装饰纹样之一。以3种瑞果作为装饰题材。最著名的如宣德釉里红三果纹高足杯，腹壁饰石榴、柿子、桃3种果实，其装饰技法为施白釉后先剔出3种果实的轮廓，再在轮廓内填以高温铜红釉，烧成后，红宝石一般艳丽的三果纹在白釉的衬托下显得格外醒目，时称"宝烧"。景德镇珠山明代官窑遗址出土宣德白釉褐彩三果纹高足杯，

为传世品中所不见。清代康熙、雍正时景德镇官窑曾仿制宣德釉里红三果纹器，近代亦有仿品。

329. 清雍正釉里红三果纹碗

海石榴纹 陶瓷器装饰的典型纹样之一。海石榴系从伊朗传入，最早出现在唐三彩陶器上，多与宝相花、莲花、葡萄等相配，有模印贴花，也有刻花施彩手法。其形象是在盛开的花朵中心露出饱绽的石榴果，或花苞之中满是石榴子，有称海石榴花。因石榴"千房同膜，千子如一"，被民间视为象征多子的祥端之果。海石榴纹遂成为吉祥纹饰之一。宋、元、明、清瓷器装饰上多有所见。宋定窑白釉盘面上的印花海石榴纹线条微微凸起，有浅浮雕之美。元代青花瓷上海石榴纹多作辅助纹样饰于器物的肩部。明清瓷器上

330. 清雍正五彩海石榴纹碗

以榴房多子为基本意象的纹饰屡见不鲜。

岁寒三友纹 瓷器装饰的典型纹样之一，多以象征常青不老的松、象征君子之道的竹和象征冰肌玉骨的梅组成表达清高坚贞气节的松竹梅纹，因这3种植物都以不畏严冬著称，故名岁寒三友，又称三友图。此外，亦见以梅、竹、石或柏、竹、梅组成的岁寒三友纹饰。岁寒三友题材源于文人画，文人画在元代特定的政治与文化背景中产生，采用松竹梅或梅兰竹菊等植物象征君子德行的风气，也影响到瓷器及其他工艺品的装饰。元青花瓷器上，有单纯描绘松竹梅的，也有加洞石芭蕉衬景的。江西波阳出土的元青花瓶和江苏丹徒窖藏出土的元青花高足杯上，均为单纯描绘；而元釉里红玉壶春瓶上则有洞石芭蕉相伴。明代

寒，梅花魁万卉，三友四时欢。"

332．明宣德青花缠枝莲纹罐

331．明洪武釉里红松竹梅纹尊

瓷绘上松竹梅常与洞石栏杆构成庭园景致，如永乐青花松竹梅纹碗、青花松竹梅纹带盖梅瓶、成化青花松竹梅纹盘等。清代瓷绘松竹梅纹刻意追求写实效果，如故宫博物院藏雍正青花釉里红瓶，苍松、青竹与红梅生意盎然，并以竹叶藏诗"竹有擎天势，苍松耐岁

缠枝纹 瓷器装饰的纹样形式之一，因其图案花枝缠转不断，故称缠枝纹，明代称为"转枝"。构图机理是以波状线与切圆线相组合，作二方连续或四方连续展开，形成波卷缠绵的基本样式，再在切圆空间中或波线上缀以花卉，并点以叶子，便形成枝茎缠绕、花繁叶茂的缠枝花卉纹或缠枝花果纹。缠枝莲、缠枝菊、缠枝牡丹、缠枝石榴、缠枝灵芝、缠枝宝相花等纹样，统称缠枝纹。二方连续形式的缠枝纹，循环往复，变化多端且婉转流畅，节奏明快，因此最为常见。缠枝纹兴起在宋代，表现手法有刻划、模印、彩绘等。宋耀州窑青瓷的刻划缠枝纹尤显画意生动，手法娴熟。元、明、清三代盛行缠枝纹，多作为主题装饰出现，也有作为辅助纹饰运用的。明、清两代还流行一种串枝纹，颇似缠枝纹。所不同处，串枝纹的花枝在缠绕之中呈穿插状态。

折枝纹 瓷器装饰的典型纹样之一。构图方法系截取花卉或花果的一枝或一部分，形似折下的花枝或花果，习称折枝花纹、折枝果纹或折枝花果纹，共称折枝纹。如折枝梅、折枝莲、折枝牡丹、折枝枇杷、

333. 明宣德蓝釉白花折枝纹盘

折枝石榴、折枝荔枝等。折枝纹在瓷器装饰绘画中多作为单独纹样，也有配合禽鸟组成的折枝花鸟纹。以一枝单独使用者居多，也有作连续式或交织式组合。宋代定窑、耀州窑、磁州窑、吉州窑器物上多见，元代以后更为流行。折枝纹多饰于碗、盘、洗等器的内底和瓶、罐、壶等器的外腹壁，作主题纹样，也有饰于器物肩部或近口沿处作为辅纹边饰的。表现技法主要是刻划和彩绘。宋代定窑白釉刻划花折沿盘内底刻一株丰腴婆娑的折枝牡丹；耀州窑青釉碗心刻两株折枝牡丹交织环抱；磁州窑白釉黑花瓶腹壁绘 3 株折枝花等距环围；吉州窑黑釉瓶腹壁则以剔刻手法表现一枝寒梅。明、清两代折枝纹十分盛行。明洪武釉里红菱花口大盘，在盘心绘画叶茂花硕的折枝牡丹；宣德青花罐腹部绘画 6 枝折枝瑞果，有枇杷、荔枝、石榴、桃子、香橼、柿子，并在肩部的云头纹内填绘折枝花卉作为呼应。清康熙釉里红水丞腹壁上，描绘一枝红花吐芳，生意盎然；雍正青花大盘内心绘一株桃花，双禽在枝干上憩息啼鸣，宛如中国画的折枝花鸟图。

卷枝纹 又称卷草纹、卷叶纹，瓷器装饰的典型纹样之一。图案为植物枝茎作连续波卷状变形，构图机理似缠枝纹，是以波状线与切圆线相组合，作二方连续展开，形成波卷缠绵的基本样式，再以切圆线为基干变化出有规则的草叶或茎蔓，形成枝蔓缠卷的装饰花纹带。卷枝纹与缠枝纹最大的不同是仅出现枝茎或草蔓，不出现花卉或花果。缠枝纹虽也图案化，但写实性仍较强，而卷枝纹则较凝炼概括，更具抽象性。卷草纹与卷叶纹也有细微差异。卷草纹只见茎蔓，不见叶形。卷叶纹则叶形明显，极类忍冬纹。卷枝纹源于魏晋南北朝时期流行的忍冬纹，但更规范也更细致，通常只作为辅助纹饰。宋代吉州窑、耀州窑、磁州窑、扒村窑等广泛采用，表现技法有刻划、彩绘等。元、明、清三代均很流行。

卷草纹 见"卷枝纹"。

卷叶纹 参见"卷枝纹"。

334. 南朝青釉莲瓣罐上的忍冬纹

忍冬纹 瓷器装饰的典型纹样之一，以忍冬植物为母本。忍冬亦称金银花、二花，为多年生常绿灌木，枝叶缠绕，忍历冬寒而不凋萎，故而得名。陶瓷装饰中的忍冬纹通常是一种以 3 个叶瓣和 1 个叶瓣互生于波曲状茎蔓两侧的图案。忍冬纹始见于魏晋时期浙江一带的青瓷上，与佛教的传入有关联。南北朝时期较为盛行，常与莲瓣纹相配作为主题纹饰。主要表现手法是刻划。北京故宫博物院藏南朝青釉刻花忍冬纹单柄壶是典型器物，表现风格比较写实。隋代瓷器继续采用忍冬纹，但图形和线条已注重概括和单纯，写实性弱化。唐代以后，忍冬纹渐被缠枝卷蔓的卷枝纹替代，而忍冬纹的基本形态则直接被卷叶纹承继。

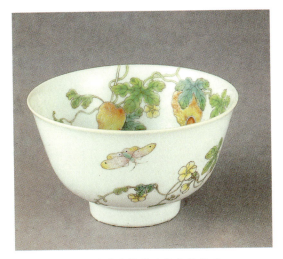

335.清道光粉彩过枝花果纹碗

过枝纹　又称过墙花、过墙龙，瓷器纹饰的一种特殊构图，指器物内壁与外壁或器盖与器身的纹饰相连，浑然一体，宛如花枝越过墙头，从外壁伸至内墙。有过枝花卉、过枝花果等纹样。《饮流斋说瓷》载："过枝，成化开其先。"清代流行，以雍正、乾隆、道光、光绪等朝为盛。过枝花卉多见于盘、碗、瓶等粉彩器上，有过枝牡丹、过枝菊花、过枝梅花等。尤其是表现"一枝红杏出墙来"诗境的过枝花卉纹，令人称绝。典型作品有雍正珐琅彩过枝花卉碗、雍正粉彩过枝菊花纹碗、雍正粉彩过枝牡丹纹大盘、乾隆粉彩过枝桃蝠纹大盘等，均富丽雅致，画工精妙。道光和光绪朝，多绘过枝瓜果纹样。

过墙花纹　见"过枝纹"。

皮球花纹　瓷器装饰的典型纹样之一，指以多个大小不一、花色不同的团花，似有规则似无规则地分布在装饰画面上，宛如跳动的花皮球，因而称作皮球花纹。皮球花纹的基本单位是团花，即圆形适合纹样。团花纹成熟于隋代，隋唐陶瓷器上常见，多以模印手法制作。明、清两代团花纹再度盛行，且内涵远比隋唐时期丰富，表现手法主要是彩绘。皮球花纹与团花纹的区别主要在运用方法及其意趣上。皮球花纹较小，排列自由活泼，不刻求均衡，而团花纹则较大，常作对称排列，比较刻板。其次区别在花纹内容有所不同。团花纹除花卉，还有团龙、团凤、团螭、团蝶等，而皮球花纹样则多似绣球，故而清代人称之为绣球纹。清雍正朝斗彩皮球花纹器物最为著称。北京故宫博物院藏雍正斗彩皮球花纹罐、斗彩皮球花纹碗是典型作品。乾隆珐琅彩皮球花纹镂空交泰葫芦瓶，纹样新颖，别具一格。

336.清乾隆斗彩团花纹盖罐

舞蹈纹　陶瓷器装饰的传统纹样之一，表现人的舞蹈场面。舞蹈纹作为装饰题材出现在陶器上，始于新石器时代，表现技法是彩绘。青海大通上孙家寨出土马家窑类型舞蹈纹彩陶盆，内壁上用黑彩描绘5人一组手拉手集体歌舞的图案，3组纹饰在盆壁上均匀分布，是彩陶器舞蹈纹的代表作品。战国至汉代陶器及汉代画像砖上，舞蹈纹较为常见，此时期多表现长

337. 仰韶文化舞蹈纹彩陶盆

袖舞的场景，绘画或刻划技巧趋于成熟。魏晋南北朝时期，舞蹈纹以贴塑、模印、刻划等表现方法出现在瓷器及画像砖上。河南安阳北齐范粹墓出土黄釉乐舞纹瓷扁壶，在器腹模印5个舞蹈或奏乐的艺人，尤以舞蹈者形象生动别致。唐宋至清代，陶瓷器上有着各种各样的舞蹈纹饰。台北故宫博物院藏明初青花胡人乐舞图扁壶，描画5个歌舞胡人，或击手鼓，或吹横笛，边歌边舞的情景表现得极为生动。

婴戏纹 瓷器装饰的典型纹样之一，以儿童游戏为装饰题材，故称婴戏纹。最早见于唐代长沙窑瓷器，有釉下褐绿彩婴戏莲纹。入宋以后陕西耀州窑、河北定窑、磁州窑、山西介休窑、江西景德镇窑、广西容县窑等南北瓷窑均喜用婴戏纹作瓷器装饰。表现方法有刻花、印花和绘画，画面有婴戏花、婴戏球、婴戏鸭、婴戏鹿，还有荡船、骑竹马、钓鱼、放爆竹、抽陀螺、蹴鞠等，以婴戏花画面居多。磁州窑釉下彩绘婴戏纹最富表现力，儿童的娇憨之态表现得十分传神。如1954年河北邢台宋墓出土磁州窑白地黑花蹴鞠纹枕。明清瓷器装饰中，婴戏纹更为盛行，画面更加丰富多彩，人数也增多，以十六子和百子最典型。明成化斗彩婴戏纹杯，描绘两个孩童放风筝的场面；明正德、嘉靖朝的婴戏纹碗，是当时青花瓷的代

表作。清代瓷器上婴戏纹的表现技法有青花、五彩、珐琅彩、粉彩等，多描绘富贵子弟的游戏场面，如点彩灯、骑马做官、舞龙等，民间色彩已经淡薄。如北京故宫博物院藏黄地珐琅彩开光婴戏纹瓶。

竹林七贤图 瓷器装饰的典型纹样之一，描绘魏晋名士"竹林七贤"活动场面。七贤为山涛、阮籍、嵇康、向秀、刘伶、阮咸和王戎，他们常于竹林聚会，饮酒清谈，抚琴吟诗，世称竹林七贤。明清时期景德镇窑瓷器常以此为主题纹饰，有青花及五彩竹林七贤图瓷器传世。

高士图 瓷器装饰的典型纹样之一，特指人物图画中以文人雅士情趣生活为题材的纹饰。最负盛名的王羲之爱鹅、爱兰，陶渊明爱菊，周茂叔爱莲，林和靖爱鹤，俗称"四爱图"。除此还有描绘隐士行踪的图案，如携琴访友、山涧行吟等。在封建道德规范下，这些人士以高行著称，因此这类纹样习称高士图。高士图常见于青花瓷和斗彩瓷上，多描绘在瓶、缸、罐、杯等器物的主要装饰部位，作为主纹。元代瓷器装饰中的高士图已趋于成熟，题材也比较确定。明代则呈泛化现象，题材扩大，尤其是晚明，受世风影响，隐士图大量出现。武汉市文物商店藏元青花四爱图梅瓶，在腹部的四组菱形开光内绘四爱图，非常典型。郑州市博物馆藏元磁州窑四爱图大缸，也是典型之作。明成化斗彩高士杯，更是瓷器珍品。其杯身或一面绘陶渊明爱菊，一面绘王羲之爱鹅；或一面绘高士赏菊，一面绘高士赏莲，高士身边皆有一僮仆陪伴，绘画精细雅致。

四爱图 高士图中的一类。见"高士图"。

历史故事图 陶瓷器装饰纹样之一，以历史人物故事情节为题材，流行于元、明、清时期。元代除景德镇窑青花瓷器，磁州窑白地黑花瓷器上也喜绘历史故事图。明、清两代景德镇窑青花、五彩、粉彩、珐华等陶瓷器上多见，通常在瓶、罐、盘、缸等器物上

338. 元青花四爱图梅瓶

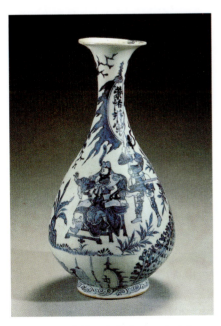

339. 元青花历史故事图玉壶春瓶

绘制。历史故事图纹多出自历史小说或戏曲。元代瓷绘有"周亚夫细柳营"、"萧何月下追韩信"、"蒙恬将军"、"三顾茅庐"、"尉迟恭单鞭救主"、"明妃出塞"、

"薛仁贵阵营"等图画，明代有"弄玉吹箫"、"八仙过海"等图画，清代瓷绘纹样多选自《三国演义》、《水浒传》、《封神演义》中的人物故事。此外还有"陈平卖肉"、"西厢记"、"岳飞"、"钱塘梦"、"风尘三侠"等脍炙人口的民间传说。南京市博物馆藏元青花萧何月下追韩信图梅瓶，人物造型准确，性格分明，画面构图生动，青花发色鲜靓，是元末明初瓷绘人物的杰作。北京故宫博物院藏清康熙青花空城计图盘、康熙五彩秦琼卖马图盘、康熙五彩临潼斗宝图盘、康熙五彩西厢记图盖缸、上海博物馆藏雍正粉彩春夜宴桃李园图笔筒等，都是代表作品。

渔家乐图 瓷器装饰纹样之一，描绘渔夫们欢乐的劳动生活情景，有饮酒庆丰收、小舟垂钓、渔舟唱晚、渔翁得利等画面。渔家乐图流行于清康熙朝，多见于青花瓷器，以翠蓝色青花加以描绘，显得明快清新。北京故宫博物院藏清康熙二十九年庚午日青花渔家乐方瓶，在画面的一侧题写"得鱼换酒江边饮，醉卧芦花雪枕头"七言诗句，下署"木石居"款，诗书画皆富有韵味。康熙青花渔家乐图笔筒、康熙青花渔家乐图四方花盆等，也是代表性作品。

耕织图 瓷器装饰纹样之一，描绘农家耕种与纺织的生产场面。耕织图起源于南宋时期，刘松年曾作《耕织图》，楼璹作农耕二十一图并纺织二十四图。清康熙帝命内廷画家重绘《耕织图》，绘成耕图与织图各23幅。耕图内容为：浸种、耕、耙耨、耖、碌碡、布秧、初秧、淤荫、拔秧、插秧、一耘、二耘、三耘、灌溉、收刈、登场、持穗、春碓、籭、簸、扬耷、入仓、祭神。织图内容为：浴蚕、二眠、三眠、大起、捉绩、分箔、采桑、上簇、炙箔、下簇、择茧、窖茧、练丝、蚕娥、祀谢、纬、织、络丝、经、染色、攀华、剪帛、成衣。康熙帝于三十五年为该图作《圣祖御制耕织图诗》。康熙五十一年，《耕织图》木刻殿版刊行，导致其他工艺移植摹绘，瓷器上始见

340.清乾隆斗彩农耕图扁瓶

341.清乾隆青花釉里红八仙纹碗

纹于是流行，有"八仙过海"、"八仙祝寿"、"八仙捧寿"等图样。首都博物馆藏明成化珐华八仙纹罐，在腹部以立粉技法描绘八仙过海，栩栩如生，神采奕奕。清康熙朝八仙纹饰亦很盛行，并开始流行暗八仙纹。参见"暗八仙纹"。

耕织图纹，并成为康熙时期的独特题材，多用青花或五彩表现。北京故宫博物院藏清康熙五彩耕织图纹棒锤瓶，瓶身相对两面分别绘"春碓"和"分箔"画面，画面的左上方各题写五言诗。"春碓"诗为："娟娟月过墙，簌簌风吹叶。田家当此时，村春响相答。行闻炊玉香，会见流匙滑。更须水轮转，地碓劳蹴踏。""分箔"诗为："三眠三起余，饱叶蚕局促。众多抢分箔，早晚植满屋。郊原过新雨，桑柘添浓绿。竹间快活吟，惭愧麦饱熟。"在瓷绘画风上，完全仿效原作中西相参的画法，十分精美。乾隆以前瓷绘上有耕织题材的图案，称"田家乐"或"农家乐"图。

八仙纹 陶瓷器装饰的典型宗教纹样之一，八仙指8位传说中的道教神仙，即汉锺离、吕洞宾、李铁拐、曹国舅、蓝采和、张果老、韩湘子、何仙姑，习称八仙纹或八仙图。也有暗八仙纹，即以其各自手持之物代表各位神仙。八仙纹盛行于明代中期，尤以嘉靖、万历两朝为甚。帝王和上层社会倡行道教，八仙

342.清乾隆斗彩暗八仙纹碗

暗八仙纹 陶瓷器装饰的宗教纹样之一，由八仙纹派生而来，以道教中八仙各自的持物代表各位神仙，而不出现人物。暗八仙以扇子代表汉锺离，以宝剑代表吕洞宾，以葫芦和拐杖代表李铁拐，以阴阳板

代表曹国舅，以花篮代表蓝采和，以渔鼓（或道情简和拂尘）代表张果老，以笛子代表韩湘子，以荷花或笊篱代表何仙姑。瓷器上绘制暗八仙纹从清康熙朝始盛，并流行于整个清代。参见"八仙纹"。

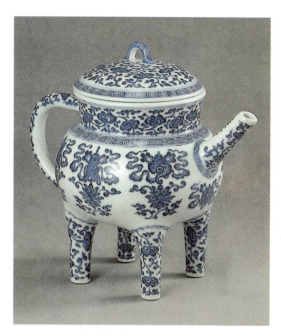

344．清乾隆青花八吉祥纹四足盉壶

343．明嘉靖斗彩八卦纹炉

八卦纹 瓷器装饰的典型宗教纹样之一。八卦系《周易》中的8种基本图形，以"—"为阳，以"- -"为阴，组成乾（☰）、坤（☷）、震（☳）、巽（☴）、坎（☵）、离（☲）、艮（☶）、兑（☱）8种卦象，主要象征天、地、雷、风、水、火、山、泽8种自然现象。道教经籍中以八卦衍释经义。约在元代，瓷器绘画中开始采用八卦纹饰。明嘉靖朝道教极盛，八卦纹风行。首都博物馆藏明嘉靖斗彩八卦纹炉，炉的下腹部以斗彩描绘折枝莲纹，上腹部则以青花绘出八卦图。清代瓷器仍以八卦为饰，如康熙青花八卦海潮纹碗，近底处绘一层海潮纹，近口沿处绘八卦纹，青白相映，颇有仙风。

八吉祥纹 瓷器装饰的典型纹样之一，也是典型的宗教纹样之一。特指以佛家常用象征吉祥的八件宝物为题材的纹饰，称"八吉祥"，亦称"八宝"。八吉祥物为：法轮、法螺、宝伞、白盖、莲花、宝瓶、金鱼、盘长结，由西藏喇嘛教流传而来。法轮，佛说大法圆转万劫不息之物；法螺，佛说具菩萨果妙音吉祥物；宝伞，佛说张驰自如曲覆众生之物；白盖，佛说遍覆三千净一切药之物；莲花，佛说出五浊世无所染着之物；宝瓶（罐），佛说福智圆满具完无漏之物；金鱼，佛说坚固活泼鲜脱襀劫之物；盘长结，佛说回环贯彻一切通明之物。八吉祥纹始见于元，流行于明、清，常与莲花组成图案，作折枝莲或缠枝莲托起八吉祥的构图，也有以八吉祥捧团寿的图样。多作为主题纹饰，也有饰于器物肩部作为辅助纹饰的。元代八吉祥纹主要见于龙泉窑青瓷和景德镇窑卵白釉瓷，以印花技法加以表现，纹样排列尚未规范化。明清时期景德镇窑多以青花、斗彩、五彩、粉彩描绘八吉祥纹，纹样排列规范化。明代早中期排列次序为：轮、螺、伞、盖、花、鱼、瓶（罐）、长结；明代晚期至清代排列次序为：轮、螺、伞、盖、花、瓶（罐）、鱼、长结。清乾隆以后又有见打乱上述次序的八吉祥纹。明宣德矾红彩八吉祥纹双耳炉，腹部描绘缠枝莲托八吉祥的图案；清康熙矾红彩八吉祥纹盘，绘八吉祥环捧团寿字图案；清乾隆粉彩八吉祥扁壶，腹部8个莲瓣内绘折枝莲花托八吉祥图案，异常精美。清康熙斗彩云龙纹盖罐肩部的八吉祥纹，虽为辅纹，但绘制精妙。清乾隆时又烧制出各自独立的粉彩八吉祥供器，八吉祥皆配以莲花柱形底座，显得庄重肃穆。

五供养纹　瓷器装饰纹样之一。供养亦作"供施"、"供给"等，佛教用语。一般指以香花、灯明、衣服等供佛、菩萨及亡灵。《增一阿含经》卷十三曰："国土人民，四事供养，衣被、饮食、床卧具、病瘦医药，无所渴乏。"从佛经记载看，供佛本无一定，可以食物、用品、器杖法物等供养，称为"财供养"；亦可以讲经说法供养，称为"法供养"。五供养即佛前供奉的5种物品。它与佛前香案上陈设的被称为"五供"（由香炉一、烛台二、香瓢或瓶二组成）的5种供具不同；也与一般寺庙殿堂供台所陈设的花、涂香、水、烧香、饭食、灯明，依次表示布施、持戒、忍辱、精进、禅定、智慧等"六度"的6类供具不同。明成化斗彩五供养纹小杯外壁所绘5种供物为莲花、白螺、寿桃、宝山、烛台。成化官窑瓷器上出现这种纹饰，与当时宪宗皇帝的崇佛有密切关系。

杂宝纹　瓷器装饰典型的吉祥纹样之一。所取宝物形象较多，元代有双角、银锭、犀角、火珠、火焰、火轮、法螺、珊瑚、双钱等，明代又新增祥云、灵芝、方胜、艾叶、卷书、笔、磬、鼎、葫芦等，隆庆朝还烧制方胜形瓷盖盒。由于任意择用，常无定式，故称杂宝。也有任取其中八品组成纹饰，亦称八宝，但不同于八吉祥纹。杂宝纹作为瓷器装饰始于元代，多作辅助纹饰，一般描绘在器物肩部或胫部的变形莲瓣内。明代有所变化，杂宝纹多散于主纹的空间。清代也有作为主纹的，如清雍正仿成化青花八宝纹高足杯，在杯身主体位置绘画方胜、银锭、火焰等杂宝纹样。

福寿吉庆纹　瓷器装饰典型的吉祥纹样之一。通常以蝙蝠谐音福，以寿桃或团寿喻示寿，以戟、磬谐音吉、庆，寓含福寿吉庆的美好祝颂。还有以双钱谐音双全，与福寿纹配成"福寿双全"纹。以鱼谐音余，与戟磬纹配成"吉庆有余"纹。福寿吉庆纹饰盛行于清乾隆朝，景德镇官窑瓷器上多有所见，主要以粉彩描绘，衬以各种色地，更显得喜气洋洋。

345.　清乾隆粉彩福寿三多纹灯笼尊

福寿三多纹　瓷器装饰典型的吉祥图案。以佛手谐意福，以桃子谐意寿，以石榴暗喻多子，表现多福多寿多子的颂祷，故称福寿三多纹。清代瓷器上的福寿三多纹多见于乾隆朝斗彩和粉彩瓷器。还有绘画9支如意与佛手、桃子、石榴相配。9支如意谐意"九如"，即如山、如阜、如陵、如岗、如川之方至、如月之恒、如日之升、如松柏之萌、如南山之寿，皆为祝颂之意，世称"三多九如"。代表作品有清乾隆粉彩福寿三多纹盘，斗彩福寿三多双耳扁瓶等。

五福捧寿纹　瓷器装饰典型的吉祥纹样之一。据

《尚书·洪范》称：一为寿，二为富，三为康宁，四为攸好德，五为考终命，是谓五福。清代瓷器上多画 5 只蝙蝠以象征五福，又有将五蝠纹与桃或寿字相配，组成五福捧寿纹饰。构图上通常在画面中心绘一团寿，上有 1 只蝙蝠，外围再环以 4 只蝙蝠。也有绘画 5 只蝙蝠环捧寿桃或寿字。五福捧寿纹盛行于清乾隆朝。

洪福齐天纹 瓷器装饰典型的吉祥纹样之一。以红色的蝙蝠谐音"洪福"，在器体上满画飞舞的红蝠，象征洪福之高与天等齐，故称洪福齐天纹。蝙蝠纹出现在明代，有在瓷器上绘画百只蝙蝠，谐意"百福"。北京故宫博物院藏乾隆粉彩洪福齐天纹葫芦瓶是典型之作，瓶体用绿色绘天地，无数红蝠翻飞其间，一派洪福祥瑞的气象。清乾隆以后各朝，皆喜用红蝠纹寓示洪福齐天。

太平有象纹 瓷器装饰典型的吉祥纹样之一。以瓶谐音平，进而谐意太平，以大象谐意气象，在器物上绘画象驮宝瓶，象征太平景象，故称太平有象纹。流行于清代。也有绘宝瓶中插 3 只戟，以戟谐音级，则谐意"平升三级"。太平有象纹除用作装饰画面，还有以瓷塑手法做成立体的象驮宝瓶，成对地陈设在宫殿内条案上，这是清乾隆朝特有之作。

日日见喜纹 瓷器装饰典型的吉祥纹样之一，以喜鹊谐意喜。在器物上描绘月亮和喜鹊，如《饮流斋说瓷》所记："绘喜鹊三十只者，有一红月，名曰'一月三十喜'，又名曰'日日见喜'，皆吉祥语也。若不足三十者，即以其数名曰若干喜。杂以红梅，亦颇不俗。"日日见喜纹盛行于清乾隆朝。传世品中见有清乾隆青花月亮喜鹊梅花纹瓶，青花釉里红日喜鹊海水纹碗等，表明日日见喜纹的题材有多种画法。

独占鳌头纹 瓷器装饰典型的吉祥纹样之一。鳌是传说中海里的大鳖。唐宋时翰林学士承旨等候朝见皇帝时，立于镌有巨鳌的陛阶正中，故有称入翰林院为上鳌头。《玉壶清治》载："座主登庸归凤阁，门生批诏站立鳌头。"后世称状元及第为独占鳌头。明清瓷器上多绘此类纹饰以祝仕途好运。清康熙青花瓶即有腹部绘巨鳌腾起、一身着官服的状元稳立其上的纹饰，十分传神。

三羊开泰纹 瓷器装饰典型的吉祥纹样之一，取材于《易经》"正月为泰卦，三阳生于下"。《易·泰》谓："象曰：天地交，泰。"王弼注："泰者，特大通之时也。"三阳开泰即意味着否极泰来，阴消阳长，万物复苏，为吉祥之象。瓷图绘上以 3 只羊谐音三阳，并衬画山坡、松柏、小树、小草等，画面郁郁葱葱，生机盎然，有的题写"三羊开泰"。还有画 9 只羊，题写"九羊启泰"。九阳也是《易经》上说的 9 个阳数。三羊开泰纹始见于明代中后期，明嘉靖朝有见青花三羊开泰纹杯。清代瓷绘中继续流行。

百鸟朝凤纹 瓷器装饰的典型纹样之一，是一种象征或喻示吉祥内容的寓意风俗图案。画面通常在显要位置画凤凰梧桐，四周配画百鸟，若在向凤凰朝觐，故称百鸟朝凤纹，也称仪凤纹。凤凰为百鸟之长，百鸟朝凤纹即寓示明君威德，人心向归，盛行于清康熙朝，多见于五彩瓷器。上海博物馆藏清康熙五彩百鸟朝凤纹盘，以红彩、绿彩、褐彩、黄彩、紫彩、黑彩、蓝彩和金彩描绘，山石上凤凰顾盼生姿，群鸟环绕相向，衬以梧桐、山石、牡丹、莲塘、彩云等图景，将凤凰接受百鸟朝贺的威仪表现得多姿多采。

丹凤朝阳纹 瓷器装饰的典型纹样之一，是一种象征或喻示吉祥内容的寓意风俗图案。画面主体为凤凰、旭日及梧桐等，故称丹凤朝阳，又有称朝阳鸣凤或丹心彩凤。传说中凤凰栖息于梧桐树上，因此，瓷器装饰中凤凰身后常衬以梧桐。丹凤朝阳纹在民俗观念中寓意高位吉运，盛行于清康熙、雍正朝，多见于粉彩、五彩瓷。上海博物馆藏清康熙五彩丹凤朝阳纹大盘为代表性作品。

麻姑献寿纹　瓷器上典型的寓意风俗纹样。麻姑其人其事见于东晋葛洪《神仙传》，是传说中的女神仙，曾在三月三日西王母寿辰之日于绛珠河畔以灵芝酿酒而祝寿。后世民俗遂将麻姑与祝寿相联系，多用于祝颂女寿。麻姑献寿纹绘于瓷器始于清康熙朝，清代一直流行，纹饰图象有多种。有在八仙图中"兼绘南极老人及麻姑童子仙鹿"（《饮流斋说瓷》）；也有绘麻姑携童子，麻姑肩荷花锄与篮，童子肩背寿桃，皆脚踏祥云前来祝寿。上海博物馆藏康熙五彩麻姑献寿纹盘在内底绘一头鹿拉车，俗称"鹿拉车"，车上一只大酒坛封着盖，车的右侧仙女麻姑肩荷如意，一童子随行其后，空中翻飞着几只红色蝙蝠。图绘精妙，色彩绮丽。

346. 清乾隆釉里红山水纹方胜形笔筒

山水纹　瓷器装饰纹样以山水画面作为装饰题材。宋、元时期磁州窑、景德镇窑、龙泉窑等瓷绘中已出现山水画，但多作为人物或动物的衬景。在元龙泉窑刻花山水纹花口碗上，山水纹开始作为主题纹饰出现。独立意义的山水纹在明代瓷绘中发展起来，尤

其是晚明大量出现，文人画气息甚浓。清康熙朝青花山水画成就最高，受晚明以来浙派山水画影响，采用南宋院体"斧劈皴"法，并注重墨色变化，达到"墨分五色"的韵致。北京故宫博物院藏康熙青花山水纹棒槌瓶为代表作。雍正朝山水画受当时流行的四王画风影响，改用"披麻皴"法，画面风格顿变。雍正与乾隆朝御窑瓷绘山水纹多仿宋、元、明、清名家笔意，画工精致，北京故宫博物院藏雍正珐琅彩山水纹碗为典型作品。

347. 马厂类型卍字纹罐

卍字纹　陶瓷器装饰的原始纹样之一，是典型的宗教纹样。卍，或作卐，本是一种原始符号，起源于亚洲中部和东部新石器时代彩陶文化时期，可能与原始宗教萨满教有关，其形象是人类自身形态或骨骼形式，用来显示灵魂不死的祖先崇拜观念。后世佛教取其符号代表"轮回"，为释迦牟尼三十二相之一。梵文名室利靺蹉洛刹曩，意为"胸部的吉祥标志"，古时译为"吉祥海云相"。唐武则天长寿二年定读此符为"万"，从此卍便识为万字。中国东北辽河流域、燕山南北、吕梁山和黄河上游甘肃、青海地区的草甸

地段都发现有新石器时代的卍纹陶器，文化类型分属仰韶文化庙底沟类型、马家窑文化半山类型、马厂类型，以甘青地区马家窑文化马厂类型最为盛行，1980年青海民和墓葬出土的卍纹彩陶长颈瓶，图形准确规范，文化特征明显。夏商时期，北方草甸地带如内蒙古赤峰夏家店遗址，常见类似陶器。周、秦、两汉时期，陶瓷器上的卍字纹很少见，明代晚期和清代的瓷器上又流行起来。卍字的四端可作四方连续展开，形成卍字锦纹，连绵不断，俗称"万不断"或"万字不到头"，以寓长久不断之意。大多作盘边的地纹。清康熙五彩人物纹盘上的纹饰即为典型。

348. 明万历青花莲花托梵文碗

文字纹 瓷器装饰的特殊纹饰。文字本不是图案，但古代瓷器装饰中作为纹饰应用，书写错落有致犹如花纹，更有将文字作图案化布局，成为装饰画面的组成部分，因此可称其为文字纹。文字纹分汉文、藏文、梵文、阿拉伯文等。内容有民谚、俚语、诗句、词句、曲句、文赋等等。瓷器装饰中采用文字始于唐代长沙窑，多在盘心或壶身以褐彩书写如"鸟飞平无远近，人随流水东西。白云千里万里，明月前溪后溪"等汉文诗句。亦见于壶腹书写"真主最伟大"阿拉伯文字的。宋代磁州窑、吉州窑等延续这种方法，瓷枕等器物上多有文字纹，反映市井商民的生活

意识，如"众中少语，无事早归"等。元、明时期景德镇窑、龙泉窑等盛行文字纹，明代瓷绘上出现阿拉伯文、梵文、藏文，清康熙朝一度流行短篇古文，如《出师表》、《滕王阁序》、《归去来辞》、《兰亭集序》、《赤壁赋》、《圣主得贤臣颂》等，有的配以图画，图文并茂。字体多仿虞世南、柳公权、欧阳询、褚遂良，且有真、草、隶、篆、行不同体势。多见于康熙二十年后烧制的青花釉里红笔筒上。乾隆帝喜为宋代名瓷和其他瓷器精品题诗，因此乾隆朝盛行将御题诗书写或刻于瓷器上，更显名贵。如北京故宫博物院藏清乾隆珐琅彩景州塔瓷瓶，腹部以冬青釉托金色乳钉为地，四面开光，内分绘景州开福寺塔或书写墨彩篆书乾隆御制诗《登景州开福寺塔》七律一首，并有"乾隆宸翰"、"惟精惟一"两方朱红篆印。明清瓷器上还有以福、寿字构成树本，或以福、寿字开光，内绘纹样的，如康熙五彩描金福寿开光人物纹棒槌瓶。

博古纹 瓷器装饰的典型纹样之一，由《宣和博古图》一书而得名。此书由宋徽宗敕撰，王黼编纂，始编于北宋大观初年（1107年），成书于宣和五年（1123年）之后。全书凡30卷，著录当时皇室在宣和殿所藏商至唐代铜器839件，集宋代所藏青铜器之大成，故名"博古"。后来，"博古"的含义被加以引伸，凡鼎、尊、彝、瓷瓶、玉件、书画、盆景等被用作装饰题材时，均称博古，在各种工艺品上常用这种题材作为装饰，寓意清雅高洁。古代瓷器上的博古图流行于明末至清代的景德镇窑瓷器上，特别是康熙朝瓷器上的博古图，屡见不鲜，有的用作主题纹饰，有的用作边饰，还有将博古图塑贴在器物上的。

宝杵纹 瓷器装饰纹样之一。宝杵又称"十字杵"，是佛教礼器或法器。十字杵是将双头杵交叉成十字形，有的还加饰飘带，称为结带宝杵。瓷器上以十字杵为纹饰最早见于元代青花碗内，明初瓷器上少见，明代中期盛行。特别是在明代成化官窑瓷器上，

349. 明成化青花结带宝杵纹盘

宝杵属典型图案。如北京故宫博物院收藏的成化官窑斗彩花卉纹浅杯，内底青花双圈内即描绘十字宝杵，宝杵中心圆圈内青花书一梵文，宝杵外环绕 8 个莲瓣，每个莲瓣内均书一梵文。

太极纹　瓷器装饰图案之一。相传伏羲创八卦图，八卦分据八方，居中的则为太极图。古代中国哲学家认为太极是派生万物的本原。《易·系辞上》称："易有太极，是生两仪，两仪生四象，四象生八卦。"明、清时期景德镇窑瓷器上有用太极图装饰的。形象为将圆形以 S 形线分为两半，一黑一白，即一阴一阳，并在白中有一黑圆点，黑中有一白圆点，寓意阴阳相生。

锦纹　瓷器装饰的典型纹样之一，系采用织锦图案作为纹饰，故称锦纹。因其多作辅助纹饰，起地纹作用，因此又称锦地纹。在其上再饰花卉纹，习称锦地花，又称锦上添花，蕴含吉祥意味。此织物图案作为陶瓷器装饰始于唐三彩。元代景德镇窑受江南兴盛的织锦业影响，将锦纹引入制瓷工艺。明、清两代相继不衰，尤其是清代彩瓷锦纹极尽华丽繁缛之巧。锦纹图案主要有绣球、花卉、龟背、重菱、连线、云纹、卍字、十字纹等，构图规矩繁密，作四方连续展开。表现技法多是彩绘，清代彩瓷有用锥拱方法。代表作如清康熙五彩锦地开光花卉纹枕，清乾隆紫红锥

凤尾地勾莲纹梅瓶。

钱纹　瓷器装饰的典型纹样之一，为线描圆圈中有内向弧形方格，似圆形方孔钱，多作二方或四方连续排列，也绘作成串圆圈两两相交套合的形象。始见于汉代瓷器，北京故宫博物院收藏的褐釉钱纹大罐为代表作。宋、元、明三代较流行。表现手法主要为印花、刻花和绘画。多用于装饰盘、碗的边沿或瓶、罐的肩部或腹部。主要用作辅助纹饰，也有作主题纹饰的。辅助纹样多为单钱二方连续展开，形成装饰带。主题纹样则由钱纹构成整个纹饰格局，并有在圆钱纹的中心填画花草等图案的。还有以钱纹作地，衬托主题纹饰。宋代耀州窑青釉刻花钱纹小壶，明洪武青花钱形锦地垂云莲纹折沿盘等为代表作。

350. 元青花梅瓶上的云头纹

云头纹　瓷器装饰的典型纹样之一，是云纹的一种。其形状犹似下垂的如意，亦称如意云。多装饰在瓶、罐、壶等器物的肩部，因而习称云肩纹。也有装饰在盘、碗的内心部位，称作垂云纹，如景德镇出土明洪武青花锦地垂云莲纹折沿盘和青花缠枝莲纹直口大碗。云头纹始盛于元代景德镇窑青花和青白瓷上。元青花云肩纹内满绘花纹，装饰方法为两种，一种是在白地上以青花直接描绘缠枝牡丹、缠枝菊等；一种是青花海水为地，露白为纹，如海涛海马纹。青白瓷上采用贴花串珠式构成仰垂如意云头纹。明青花瓷虽

也流行采用云肩纹，但内涵已经减化。清代则呈衰退之态，云头纹主要作为辅助纹饰，其作用有些类似"开光"。但偶见作为主题纹饰的，如首都博物馆藏1963年北京龙潭湖元墓出土青白釉玉壶春瓶，腹部主体即饰云头纹。

串珠纹 瓷器装饰的典型纹样之一，以一颗颗小圆珠连缀成纹，又称联珠纹。串珠纹最早见于唐代长沙窑釉下彩，1973年扬州唐城遗址出土的褐绿彩串珠状涡云莲花纹双耳罐为代表。元代景德镇瓷器上多用来装饰青白釉、青花、釉里红瓷器，或缀成主题纹样和辅助纹样，如云头纹等；或缀成吉语文字，如"寿比南山"等；或缀成开光，如保定窖藏一对青花釉里红盖罐即以串珠开光。串珠纹装饰的精粹之作即是北京龙潭湖元墓出土的青白釉玉壶春瓶，全器主要以小圆珠串联成纹，颈部饰覆钟纹，腹部饰仰垂如意云头纹，间饰"寿比南山"、"福如东海"八字吉语。陕西省博物馆藏1973年西安出土元青白釉凸花高足杯，以凸起串珠构成的花朵式杯体，美观典雅，别具一格。

联珠纹 见"串珠纹"。

璎珞纹 陶瓷器装饰纹样之一。璎珞原是用丝线将珠石编成多层次的装饰物品，《晋书·林邑国传》载："其王服天冠，被璎珞。"将璎珞形象用于塑像或其他器物为装饰纹样，称璎珞纹，始见于元代瓷塑宗教人物像上，多为景德镇窑与龙泉窑的瓷塑观音、菩萨。表现方法为模印或贴塑，以首都博物馆藏元代青白釉观音坐像最为精绝。坐姿观音微闭双目，端庄慈祥，自发髻而下全身纷披璎珞，神采奕奕。入明以后，璎珞脱离人物独立使用，往往成为佛教或道教的象征，明代中期风行，多见于珐华器、青花器和五彩器。珐华器采用立粉画法，青花器与五彩器则采用笔绘手法。首都博物馆藏明成化珐华八仙纹罐，在罐的肩部饰一周璎珞纹，与腹部八仙过海纹相呼应，宗教意味浓厚。也有作为一般流行纹样应用的，如明中期

351. 辽绿釉璎珞纹净瓶

352. 清雍正斗彩开光花卉纹盖罐

珐华花鸟璎珞纹罐。璎珞纹的出现仅是一种装饰，并无宗教含义。

开光　瓷器装饰的构图方式之一，又称"开窗"。在器物的显著部位以线条勾勒出圆形、方形、菱形、扇面形、云头形或花形等多种式样的栏框，框内绘各种图案，起到突出主题纹饰的作用。此法犹如古建筑上开窗见光，故名。南宋吉州窑、金代耀州窑及金、元磁州窑、元代广东海康窑等瓷器上，普遍使用开光装饰。元、明、清景德镇瓷器上更是大量运用开光技法进行装饰，并有许多创新。例如成化瓷器上的菱形开光，康熙五彩瓷器上的"福"、"寿"字开光，乾隆粉彩转心或转颈瓶腹部圆形开光加镂空等。

五、窑　口

窑　①即窑炉。焙烧陶瓷制品的一种设施。②生产陶瓷器的窑口，如邢窑、定窑、龙泉窑等；③窑器，即陶瓷器，如称官窑、哥窑制品为官窑、哥窑。

窑场　古代陶瓷产区，有时还包括就近的原料产地。一个窑场在一定的范围内有原料、作坊、窑炉及废品堆积，如陕西铜川黄堡镇耀州窑，古代即有所谓"十里窑场"之称。

窑系　瓷窑体系的简称。民间众多瓷窑中，以一个窑口为代表，产品的胎釉成分、工艺、造型、釉色、装饰诸方面相同或相近的一批瓷窑，往往被划分为一个窑系。窑系形成于民间制瓷业空前繁荣的宋代，元代继续发展。重要的窑系有定窑系、磁州窑系、耀州窑系、钧窑系、景德镇青白瓷窑系、龙泉窑系。各窑系产品多以一个品种为主，如定窑系的白瓷、磁州窑系的白地黑花瓷、耀州窑系的刻花青瓷、龙泉窑系的青瓷等，有的也有其他种类的产品。

窑址　烧造陶瓷器物的窑口遗址，可以指一个独立的窑场遗址，也可以指一个较大的窑群遗址。一般由窑和作坊两个部分组成，由于窑身较易发现，而作坊不易发现，往往被忽略。因此在已发现的窑址中，古代制陶或制瓷作坊的资料积累较少。由于烧瓷要用大量水和木材，因此古代瓷窑往往依山傍水而建，以便就地取材。南方地区以龙窑为主，往往在有一定坡度的山丘地带顺坡而建。在某一地区集中发现了古代的陶瓷碎片，即意味着有可能找到了窑址。但判断其是否属于窑址，主要依据是看此处是否有窑具及烧窑的遗迹。

官窑　古代由官方营建、主持烧造瓷器的窑场，其产品专供宫廷使用。五代十国吴越钱氏宫廷垄断越窑的部分生产，使之具有官窑的性质。据载北宋大观、政和年间在汴京设置官窑，史称北宋官窑，正式有了"官窑"的名称。宋高宗南迁在都城临安（今杭州）建修内司及郊坛下官窑。北宋官窑及南宋修内司官窑遗址至今尚未发现，郊坛下官窑已被正式发掘，其遗址现已成为南宋官窑博物馆。辽代官府在内蒙古赤峰及巴林左旗建立缸瓦窑、林东窑。明清两代朝廷在景德镇设御器厂，又称御窑厂，依据宫廷的需求生产瓷器。明代官窑一般由宦官督管，清初改为由工部、内务府派官主管御窑事务。乾隆年间起确定九江关使管理御窑厂，并以饶州景德镇巡检司监造督运，自此形成制度。清朝以后官窑不复存在。官窑因为是由官府营建的，所以能够强占优质瓷土和原料，拘获天下能工巧匠无偿使用，并控制釉料配方和制瓷工艺，发展官窑瓷业，限制民窑生产。官窑分工细致，生产不计成本，制作技术熟练精湛，因此产品代表了当时制瓷业的最高水平。官窑产品以生活用器与陈设用器为主。宋代官窑主要器物有碗、盘、碟、洗、瓶、炉、尊及仿周、汉时期青铜壶等式样的瓷器，器形精巧别致。早期釉色有粉青、青灰、青黄等，晚期釉色追求玉质感，采用厚釉工艺，即先素烧坯胎再反复施釉，釉质莹润似玉。有的周身布满冰裂纹，口足呈紫色，如北京故宫博物院藏郊坛下官窑烧制的粉青贯耳弦纹瓶。辽代官窑产品受北方定窑、磁州窑影响，以粗白瓷为主，细白瓷和黑瓷器形与北方窑口无太大区别。具有北方游牧民族皮制容器特征的鸡冠壶是其特色产品。明代官窑产品烧造技术成熟，工艺精湛，胎体洁白，釉色肥润，新器形不断涌现，前期烧造青花，后期更重视彩瓷，釉上彩器有较大突破。也烧造单色釉瓷及仿宋代名窑瓷器。器形纹饰崇尚小巧纤细。后期御器厂烧瓷量锐减，制瓷工艺粗糙，不重修饰，器形风格与前期不同，喜爱大器。纹饰粗浅，釉色浓重艳丽。清代前期官窑产品已达到我国制瓷工艺史上的最高水平。其胎质洁白致密，工艺精湛，力求创新，造型繁多而精致，如镂空套瓶、转颈瓶、转心瓶、玲珑瓷、瓷胎仿漆器、仿铜器等。釉彩齐全，除青花、釉里红、釉下三彩、五彩、斗彩，又先后烧制出粉彩、墨彩、金彩、珐琅彩等许多品种，同时还生产出许多种单色彩釉，如郎窑红、豇豆红、霁红、紫金釉、珊瑚红、洒蓝、天蓝、孔雀绿、水绿等等。清官窑瓷器纹饰题材广泛，有龙、凤、松、竹、梅、山水、花卉、鸟兽、人物等，还有的题材具有宣扬封建伦理道德、士大夫隐逸思想或象征吉祥的内容。正是由于官窑产品必须代表皇家意愿，反映统治阶级的心理需求，客观上很大程度地限制了陶瓷工匠们的创作激情和工艺技术的发挥，所以清乾隆之后官窑产品日趋衰落。

民窑　民间瓷窑，相对宫廷兴办的官窑而言。历代绝大多数瓷窑属于此类。五代起兴官办，宋代汴京官窑和修内司官窑的命名明确了官窑与民窑性质的区别。明、清时期景德镇设御窑厂为宫廷烧造御用瓷器的同时，民窑大量存在，民窑的产品曰客货，风格不同于官窑，造型、纹饰题材更加自由、丰富。

【安徽省】

寿州窑　唐代民间瓷窑，位于淮南高塘湖、滨湖、上窑镇一带。上窑镇唐代归寿州管辖，故名寿州窑。唐代文献有著录，唐人陆羽《茶经》中记载其为当时六大瓷窑之一。寿州窑烧瓷始于隋，当时亦称淮南窑。隋代窑址以管家咀为代表，烧青瓷四系瓶、高足盘、小口罐等器，有贴花、印花、划花装饰，主要饰

353. 寿州窑黄釉枕

于瓶、罐上。划花有弦纹、弧纹、波浪及莲瓣纹，贴花仅见卷草纹一种，印花多为小朵花叶。有的器物上兼用几种装饰。唐代以烧黄釉器为主，以余家沟窑为代表。出土物中碗最多，此外有注子、枕、盏、杯、盆、钵、罐及玩具。器物多平底，注子有多角形短流，枕为小长方形，具有典型的唐代风格。黄釉器物一般胎体厚重，都施化妆土，釉有深、浅多种色调。在口沿上往往出现褐色。出土实物与陆羽《茶经》中"寿州瓷黄"的记载相吻合。黑釉有瓶、罐、碗、枕，有的釉色漆黑光润，有的呈酱褐色，胎较厚，有粗细之分。细者胎为白色。

休宁岩前窑　唐代民间瓷窑。窑址位于休宁县城西北约18公里的岩前镇旁山坡上。从采集的标本来看，主要烧制青釉粗瓷。主要器物为碗，胎较厚，呈灰色，夹砂，质粗，杂质较多。釉为青黄色，一般施半釉，釉薄厚不均，釉厚处泛青色，薄处泛黄。釉面有片纹，胎釉烧结程度不好，有剥釉现象。

萧县窑　又名萧窑，唐宋时期民间瓷窑。窑址在皖北萧县白土镇，故又称白土窑。唐代烧制的器物多为玉璧底碗，碗心有3个支烧痕，施白釉、黑釉、黄釉，胎、釉较粗，有的釉色接近青釉。宋、金为其发展时期，烧瓷品种较为丰富，以烧白釉瓷器为主，有

白釉绿彩、白地褐花、白釉划花、黑釉、黄釉等装饰。1954年出土的一件金代白釉瓶，瓶身上刻"白土镇窑户赵顺，谨施到慈氏菩萨花瓶壹对，供奉本镇南寺，时皇统元年（1141年）三月二十二日造"，计36字，由此得知萧县窑金代仍烧白瓷。在采集的标本中，还有白釉碗、枕、折沿盘、罐、钵、盂。有的碗口沿饰绿彩，碗心仍采用泥珠支烧，与山东淄博窑白釉绿彩碗烧法一样，这在金代北方窑中尚属少见。从地理位置上来看，该窑位置距河南、山东较近，烧瓷品种属北方窑系。北宋末靖康之变以后，中原窑工大量南迁，对萧县窑产生一定影响，该窑烧制北方磁州窑系的品种也是很自然的。

歙县竦口窑　皖南唐、宋民间瓷窑。窑址位于歙县桂林镇竦口村北100米处。烧瓷年代始于唐，盛于五代到北宋。产品以青釉盘、碗、盏为主。少数釉色为青黄色或灰色。该窑烧制的青釉器物色调纯正，釉质细腻、滋润，光洁度较好，釉层薄厚均匀。釉面有细碎开片，胎釉烧结程度较好。器内外满釉，仅足圈无釉。五代碗多大口、大足，腹部弧度小，有瓜棱及五瓣葵口的造型，釉色与浙江越窑、江西黄泥头窑接近，烧法也与江西所烧器物相同，都采用支钉垫烧。

泾县窑　唐末至五代民间瓷窑。窑址在泾县东北琴溪乡碗冲的山坡上，距县城12公里。主要烧青釉器，常见器物有各式碗、执壶。碗有折沿与无折沿之分，一般圈足较大，采用支钉垫烧。釉多呈青灰色，色调较暗，少数泛黄色。釉层较薄，釉下施浅灰色化妆土，釉面多数无开片，少数釉厚者局部开片。一般施釉不到底，并有脱釉现象。

芜湖东门渡窑　唐至宋瓷窑，位于芜湖东门渡村小镇，西距县城湾沚镇20公里，东距宣州市28公里。镇四周大都是圩田，仅西南方是属于敬亭山支脉的小丘陵，窑址就分布在这些小丘陵上，主要有小山、营盘山、康王山、蛤蟆地、窑头山和小竹园6

处。6处窑址均有大量瓷片堆积，康王山堆积最厚，达10米以上。器物有碗、钵、盏、灯、执壶、四系罐、双系小口瓶、缸、盆、各类俑、建筑饰件等。各窑所烧器物不尽相同，营盘山、康王山以烧注子、壶、罐为主；蛤蟆地则主要烧制碗、钵、碟等类器物；小竹园等专烧缸类器物。因当地瓷土矿含铁量较高，同时又羼和大量赭红色粘土，所以产品胎质为灰黑、铁灰等色，露胎处呈铁红或褐色。釉色以青黄、酱黄、酱黑为基本色调，由于釉料中氧化亚铁含量不同，少数器物出现青灰、青绿、酱褐色。器物施釉前先上一层乳黄色石灰釉，似化妆土，然后施釉。从窑址标本考察，烧瓷时间始于盛唐，盛于晚唐、五代，终于北宋。值得一提的是，在康王山发现一批印有"宣州官窑"款的宋代瓷罐残件，制作粗糙，似为酒器。古代文献有宣州窑的记载。至于东门渡窑与宣州窑的关系，目前意见不一，主要有以下观点：一，从广义上讲古宣州境内有两个窑系：一是泾县窑头岭、窑峰以及繁昌柯家冲、骆冲窑的青白瓷系；二是东门渡窑与琴溪窑的青瓷系。从狭义上讲，宣州窑应是专指东门渡窑。因为宣州官窑是为完成特殊任务而设立的窑场，是官办，而其他几处窑是民窑，以烧日用瓷为主。二，东门渡窑为民窑，钤"宣州官窑"款的器物为官府监烧的专用器皿。三，东门渡窑是早期宣州窑发源地之一，琴溪窑是宣州窑由官窑向民窑的过渡阶段；窑头岭和骆冲是宣州窑工艺水平突飞猛进的鼎盛期；繁昌柯家冲是宣州窑的晚期窑场。四，宣州官窑为地方官窑。究竟如何定论，有待于窑址的试掘及更多考古材料的发现。

绩溪霞间窑　皖南五代至北宋民间瓷窑，1984年发现。窑址位于绩溪县城（华阳镇）西北约2公里霞间村（又名花根村）南面的山坡及高地上。安徽省文物考古研究所于1993年进行了初步发掘，判明在南北长240米、东西宽140米的范围内分布有姑嫂塘、十亩园、黄金坦、栗树山、对面窑等处窑址，烧瓷时间为五代至北宋，主要品种有青釉、酱黑釉、酱黄釉及绿釉器。其中以青釉为主，器形有各式碗、壶、盘等，釉质细腻、滋润，釉层薄厚均匀，胎釉结合牢固，釉面光洁，有片纹。酱釉器质地粗厚，釉面光洁度较差。绿釉器有罐、盆等。在窑址上还采集到一些酱褐釉拍鼓标本，具有唐代风格。

宿州窑 宋代民间瓷窑，以烧白瓷为主。南宋周辉《清波杂志》载："辉出疆时，见房中所用定器，色莹净可爱。近年所用，乃宿、泗近处所出，非真也。"由此可知宿州窑烧白瓷，而且具有定窑风格，明、清文献多源于此。窑址迄今尚未发现。唐宋时宿州辖境在今皖北地区。

繁昌窑 宋代民间瓷窑。50年代于皖南繁昌柯家冲发现11处青白瓷窑址，此后又陆续发现几处。繁昌与江西邻近，两地瓷业联系比较密切。繁昌窑烧制器物有执壶、盒、碗、盘、枕、瓶、罐等，瓷胎较薄，釉面光润，有开片。器物以光素无纹者居多，也有少量刻花、印花装饰。安徽合肥、桐城、铜陵、枞阳、宿松等地宋墓出土的青白瓷中既有繁昌窑产品，又有江西景德镇所造。

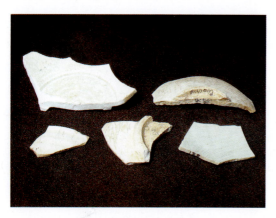

354. 繁昌窑青白瓷标本

霍山窑 宋代瓷窑，窑址在皖西南霍山，以烧黑釉瓷器为主。器物有碗、盘、碟、双系罐、壶、瓶、炉、玩具小狗等。胎釉较粗，胎有砖红及灰褐色，釉色大多泛褐色。碗、盘采用支钉叠烧，一般里心都留有5至10个较大的支烧痕，器外多施半釉。执壶和罐的造型有高矮、大小、长扁等不同形式。

【北京市】

龙泉务窑 辽金瓷窑。窑址在北京门头沟龙泉务村，所烧器物有碗、盘、瓶、壶、盂等，其中碗、盘数量较多。釉色以白釉为主，兼烧少量青釉、黑釉。瓷有粗细之分，有葵口盘、折腰盘，还有的装饰浮雕菊瓣，特征与邻近的河北、山西白瓷风格相似，但各地支烧方法不同。龙泉务窑盘、碗里心或足部多数留有4个支烧痕，而这种方法在其他地区仅见于山西浑源窑，说明两窑在支烧方法上有一定的关系。

355. 辽龙泉务窑白釉托盏

【福建省】

福州窑 南朝至元代闽东地区古瓷窑。已发现的有南朝至唐代窑址和宋元窑址各一处。福州郊区怀安窑，距市区10余公里，南朝至唐代烧青釉罐、碗、钵、盘和高足盘。唐代有各式碗、盘口壶等，器物多平底；窑具中有 5 至 7 点的支烧具。距福州 15 公里的北峰宦溪硖砺乡窑是一处宋元时期窑址，烧青釉、青白釉及黑釉品种。青釉有少量珠光青瓷；青白釉数量较多，有注子、注碗、罐、瓶、钵、器盖、缸。有光素与划花间篦划纹两种装饰。有些碗、盘采用刮圈支烧。有一种厚胎大腕，内饰篦划莲花纹，外为莲瓣纹，属元代仿龙泉窑产品，釉色有青、青白、青灰几种。

356. 宋同安窑青瓷标本

同安窑　唐至元代闽南地区外销瓷产地，在同安境内。窑址面积大，瓷器质量较精，烧瓷历史比较长。已发现唐、宋、元时期窑址。东烧尾窑为唐代遗址，烧制厚胎平底碗；汀溪水库附近 3 处宋、元窑址，为珠光青瓷的主要产地，遗物丰富。青釉盘、碗里心都有划花间篦划或篦点纹，器外刻复线纹，是典型的珠光青瓷。釉色多数偏黄。盘心有印阴纹双鱼、鹿纹、折枝花纹等，双鱼纹具有明显的元代风格。很多器物从造型、纹饰上看与浙江龙泉窑关系较为密切，如平足划花小盘、折沿双鱼盘、珠光青瓷盘、碗，均摹仿龙泉窑同类器物。青白釉有瓶、壶、碗、杯、缸、盘等，纹饰与青瓷基本相同，碗心修坯时多有一小圆窝。瓶、罐、缸外部多刻划一组细线条交叉

组成的斜十字形纹。印花有朵花、鱼纹，多见于盘内。壶系式样与浙江越窑、慈溪窑相似。此外，窑址中还发现少量黑釉碗、瓶。同安窑瓷器南宋时已大量外销，日本北九州一些古遗址中出土了不少完整的同安窑盘、碗及大量残器。

南安窑　唐至清代晋江地区外销瓷产地。窑址主要分布在南安东北、西南部。已发现窑址 53 处。其中宋代 47 处，唐及清代各 3 处。瓷器品种以盘、碗为大宗，釉色有青釉、青白釉两类。青釉装饰与临近的同安窑相同，其中还包括碗里饰划花间篦划纹、碗外刻复线纹的珠光青瓷。烧制青白釉器的东田窑距县城 18 公里，山坳里瓷片、窑具堆积有七、八处，遗物以各式盘、碗居多，如里饰卷叶、莲瓣、草花、水仙、折枝花纹，外划莲瓣纹的青白釉碗、划草花纹洗。盒子标本很多，造型有瓜式、菊瓣式等多种，胎较厚，盒身较高，与晋江地区其他瓷窑所烧制的薄胎矮式盒截然不同。青白瓷除上述器形，还有瓶、罐、盘、高足杯等。

将口窑　闽北唐代瓷窑，在建阳以北的将口村，是福建地区烧瓷比较早的窑口之一。据发掘情况看，该窑为依坡而建的龙窑，长度在 50 米以上，比唐代一般常见的窑炉长得多。出土遗物为青釉碗、盘、盏、盆、钵、执壶、盘口壶、灯盏、罐等器物。胎质细腻，少量胎有夹砂，胎色多为黄白、灰白色。釉色有青绿、青黄，施釉较厚，近器足处露胎。装饰有褐彩及划花。少量器物如盘、碗、壶上有褐色斑块或简单的花、叶纹。个别盆上划有简单的飞禽、走兽纹饰。

浦城窑　唐至元代民间瓷窑。在闽北浦城境内。已发现唐代窑址一处，南宋至元代窑址两处。唐代水北寨下窑烧青釉碗、碟、罐、壶、砚等器物。碗窑背的宋元窑址，烧青釉盘、碗、瓶、罐、高足杯等。浦城距浙江龙泉较近，故而受龙泉窑影响，遗址中的青釉双耳活环扁瓶，瓶身两面印"福"、"寿"字，这种

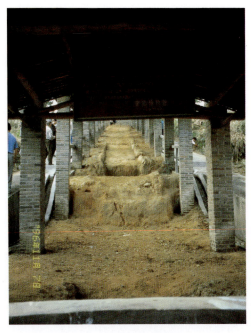

357. 将口窑龙窑遗址

瓶龙泉窑大量烧制。龙泉窑风格的器物还有青釉刻划花纹碗、青釉碗、高足杯等。另一处在大口村，以烧青白瓷为主，器物有碗、盘、盒、罐、钵及各式壶。釉色有湖蓝与灰青色。器身多印有阳纹装饰。堆塑瓶数量较多，有的瓶身饰以褐色彩绘。此外，还少量烧制黑褐釉小碗等品种，黑釉小碗有的为白口，这种碗北方烧制比较普遍，南方亦有一批瓷窑烧制，但造型、釉色与北方的不同。黑釉器中还有印花碗、壶、盒。

松溪窑　唐至元代闽北地区民间瓷窑。在松溪境内已发现山合、垱场等处窑址。山合窑烧瓷时间较早，以烧青釉各式碗、碟、壶、瓶、罐、钵为主，有少量褐彩装饰。碗均为平底。底部有紫红色支烧痕。碗心有 4 至 5 个支烧痕，与浙江唐代瓷器烧法相似。双系瓜棱罐造型与湖南长沙窑制品近似。因此，初步判明这是一处唐代窑址。垱场窑为宋、元时期瓷窑，以烧划花篦点纹装饰的珠光青瓷为主，是闽北烧制珠光青瓷最具代表性的瓷窑。器物以碗、盘为大宗，胎

体厚重，釉多呈青黄色，少数为青绿色。纹饰丰富，器外刻直线纹，器里心有多种纹饰，常见的有中心刻团菊纹，内壁划花草或蝴蝶纹间篦点纹，这种纹饰在浙江龙泉、武义、福建同安窑都可见到。

厦门窑　宋代闽南外销瓷产地，窑址在厦门东瑶一带。遗物有青釉、青白釉、黑釉器物。青釉器以盘、碗为主，亦有缸、钵等。装饰与同安窑非常近似，珠光青瓷有的质量很好，有划花间篦划纹与划花间篦点纹，篦点纹有"之"字形及竖向平行排列的。篦划纹小盘福建很多窑都烧造，最早烧制这种盘的为浙江龙泉窑。厦门窑所烧此类盘质量较好，纹饰与龙泉窑所产相似，只是釉色偏黄。青白釉器有划花碗、起线纹瓶。黑釉器数量较少，仅见有小碗，胎色为灰白色，碗外施半釉。

德化窑　宋至清代沿海地区外销瓷重要产地之一。在福建省中部德化，已发现窑址 180 余处，是目前该省发现古窑址最多的一个县。重点发掘了碗坪仑窑与屈斗宫窑。碗坪仑宋代烧青釉、青白釉及近似白釉的器物，黑釉亦有少量发现。青釉器有瓶、壶、碗等。青白釉器有瓶、壶、罐、缸、盘、碗、军持、盒子等。与江西景德镇一样，德化窑也有专门制作盒子的作坊。盒子遗物丰富。盒盖上阳纹印花装饰题材丰富，达近百种，有动物、花卉，如鱼、鸟、荷花、芦苇、葵花、宝相花、团花、叶纹等，每种构图又有多样变化，辅以卷云、联珠与连弧纹。其次，划花间篦划纹亦较多，饰于碗、盘、瓶等器物上。屈斗宫宋、元时期以烧造青白瓷为主，器物有碗、高足碗、盘、折腰盘、瓶、罐、壶、盒、军持。装饰有印花与划花。印花在盘、盒、军持上比较多见，划花常在瓶、碗等器物上见到。明、清时期在元代白瓷的基础上，进一步烧制出质地坚硬、釉呈牙白色的器物。产品可分为两类，一类为雕塑品，有如来、达摩、弥陀、观音等塑像，出现何朝宗等一批制瓷名家；一类为日常

用品，有白釉瓶、炉、贴花杯、碗、盘、青花盘、碗、杯、炉，彩绘碗、盘等器物。自元代起，德化瓷器销往海外，菲律宾曾出土元代德化窑青白瓷，东非坦桑尼亚等国也出土过清代德化窑青花瓷器。

仙游窑 仙游境内宋至明代瓷窑。已发现两处宋代窑址，烧造青釉、青白釉、黑釉瓷器，器物风格与临近的瓷窑相似。据明弘治本《兴化府志》卷十二中记载："近仙游县万善里潭边有青瓷窑，烧造器皿颇佳；及本县北洋澄林有瓷窑，烧粗碗、碟；南洋濑溪有瓷窑，烧酒缸、花盆等器；景德里又有瓦窑，专烧造砖瓦，阖郡资以为用。"由此而知，该窑明代仍烧造青釉器物。

永春窑 永春境内宋至清代瓷窑。永春与德化接壤，烧瓷受德化窑影响。到目前为止，已发现窑址20多处，宋代5处，元、明各1处，清代14处。宋、元时期以烧青白瓷为主，宋代蓬莱窑器质量最好。碗为大宗产品，有内饰划花间篦划纹，外饰蝴蝶纹的。蝴蝶纹最早见于龙泉窑青釉盘、碗上，而后福建地区诸窑瓷器上常可见到。青釉、青白釉盘、碗上都有此装饰，是具有福建地区特色的纹饰之一。青白釉盒子数量仅次于碗，盒子造型多样，盖面印有牡丹、莲花及折枝花纹，一些盒上还有酱红色彩绘。盒子是宋、元时期外销数量较多的一种器形，江西及福建各窑生产的盒子大量销往海外。明、清时期窑址都烧青花瓷器，风格与德化窑的接近，支烧方法都为足部满釉砂粒支烧。清代后山窑烧造的圈点纹碗与东非坦桑尼亚出土的中国青花碗一样。这种碗在德化、安溪都发现过，装饰纹样是晋江地区瓷窑共有的，专为供外销而生产。

莆田窑 宋、元时期外销瓷产地之一。已发现莆田的庄边、许山灵川、西天尾等处窑址。庄边位于莆田县城以北约40公里，遗址范围较大，遗物丰富，以烧制青釉器物为主。有光素与印花、划花、贴花等装饰两大类。光素器物有乳钉三足炉、瓶、盖罐、灯盏及各式碗、盘、碟。印花装饰的有折沿盘，中心印阴纹折枝花，花纹外一周刮釉支烧。划花间篦点纹装饰的有青釉盘、碗，一部分是外刻复线纹的珠光青瓷。贴花装饰在缠枝莲纹瓶上。此外有莲瓣纹盘、碗，装饰较为多样，莲瓣或刻或划或浮雕。此窑烧制的瓷器从造型到纹饰与浙江龙泉窑相似，如平底莲花纹小盘、折沿盘、莲瓣盘、印花盘、莲瓣纹缸、乳钉三足炉、贴花瓶、划花碗、珠光青瓷碗等都是刻意摹仿的。只是釉色为青、青灰，是本地特点。灵川窑位于县城以南，是专烧青白瓷的窑口，遗物有盘、碗、洗。碗、盘内有阳纹印花装饰，洗外印细线条莲瓣纹，装饰、器底与德化窑较为接近。由于采用覆烧法，口缘无釉。西天尾窑在县东12公里，遗物有青釉盘、碗，碗心印阴纹折枝花卉；青白釉器有划花篦划纹盘、碗。

安溪窑 宋至清代晋江地区外销瓷产地，窑址在安溪县境内。明嘉靖本《安溪县志》记载，此窑嘉靖以前烧粗青瓷。据调查目前已发现窑址128处，宋、元时期23处，明、清时期105处。宋、元时期以烧青白瓷为主，亦有少量青瓷。青白瓷有各式盘、碗、瓶、壶、军持、盒子等。碗有六瓣花口的造型，有的里饰6条凸线，有的饰划花间篦划纹，有的外刻复线、内饰篦划纹，中心刻团菊纹，还有光素的、饰大小菊瓣纹的或唇口较宽的，形式多样。军持腹部比较丰满，胎体厚，器身饰酱彩，这些都是安溪窑的特色。盒子有大小多种形式，多饰阳纹卷枝纹，印纹线条比德化窑盒子的纹饰粗。青釉有珠光青瓷盘、碗，制作比较精细。明代青花与德化窑制品相似，以碗、盘为主，纹饰有莲池、水草、变形龙纹、山水等。有在盘心书写"一叶得秋意，新春再芳菲"诗句的。青花盘底足满釉，粘有砂粒，有些盘口沿无釉。明末清初烧制的红绿彩绘花卉纹碗，在外销瓷中引人注目。

358. 宋泉州窑青釉褐彩瓷标本

泉州窑　宋、元时期晋江地区外销瓷重要产地。在泉州碗窑乡、磁灶乡、童子山等地共发现窑址 10 余处。烧瓷品种有青白釉、青釉、青黄釉褐彩、绿釉、黑褐釉等。东门外碗窑乡两处窑址的出土物，以青白瓷为主，有碗、盘、印花盒、菊瓣盒、蔗段盒、洗、盘托以及印花盒的素烧坯；青瓷也占有一定比例，器物有瓶、壶、碗、缸、钵、折沿盘、小杯、洗；黑褐釉碗盘亦有少量发现。西门外磁灶乡窑址 9 处，器物标本有青釉和黑釉碗、盘、盂、瓶、罐、壶、小扁瓶、三足炉、军持等，质量较粗。绿釉器发现有印花瓶、壶、盒、军持等，也残留不少素烧坯。窑址中出土的黑釉、绿釉军持与菲律宾出土物完全相同，是泉州蜘蛛山窑的产品。70 年代末发现的泉州童子山窑以烧青釉褐彩大盆为主，盆有直口与折沿两种，盆里绘折枝花卉或书写"寿山福海"吉语及诗句。日本福冈曾出土这种彩绘盆，可以断定为童子山窑产品。该窑还烧制篦划纹碗、瓶、壶以及黑釉瓶、碗。

漳浦窑　宋、元时期闽南沿海地区古瓷窑，50 年代发现，窑址分布较广，经多次调查已发现漳浦境内的竹树山窑、南山窑、罗宛井窑、南门坑窑、仙洞

窑。宋、元时期烧造青釉与青白釉瓷器，釉色变化大，有深浅多种色泽。青釉有碗、盘、杯、壶、瓶、罐、器盖、砚等，其中有内饰划花间篦点纹、外刻复线纹的珠光青瓷。青白瓷有碗、盘、碟、壶等，装饰与青瓷相似，划花间篦点纹比较简单。有的碗外饰莲瓣纹，器物造型、纹饰风格与同安、南安窑相似。

福清窑　宋代闽东沿海地区外销瓷产地。在福清县城东门外东张区发现 5 处窑址，所烧器物大体相同，有青釉、黑釉两类。青釉中有大量内饰划花间篦划（或篦点）纹、外刻复线纹的珠光青瓷盘、碗，复线多粗细数条线一组；纹饰有花草、花卉、游鸭或任意划出。瓷胎烧结程度较高，胎质较细，釉色青绿。在福建地区所烧珠光青瓷中，质量属上乘。碗、盘造型及纹饰与浙江龙泉窑有很多相似之处，釉色比龙泉窑器物略深一些。也有釉色浅的，与青白釉相似。黑釉以碗为主，胎色有泛黄、红两种，并有兔毫纹、斑点纹，釉面黑而光亮。也有酱釉器，胎色泛紫。

闽侯窑　闽东地区宋代瓷窑。已发现分别距福州 19 公里及 21 公里的碗窑山窑及山边书斋窑。碗窑山窑遗物分布在大樟溪沿岸的山坡上，瓷片及窑具堆积范围很大，烧瓷品种有黑釉及青釉。黑釉碗胎骨有黑紫、黄色两种，造型与建阳窑黑釉碗相似。其中的精品釉色黑亮，也有的呈酱色。釉面有兔毫纹及酱斑装饰。此外，还发现罐盖和盘。青釉器属南宋晚期制品，釉色泛白，近似青白釉，装饰有划花，也有的碗内满饰划花间篦划水波纹。距碗窑山窑约 2 公里处为山边书斋窑，采集的标本以黑、酱釉器为主，造型与碗窑山制品相近。

闽清窑　宋、元时代闽东地区民间瓷窑，分布着宋、元窑址群，元代为烧瓷鼎盛时期。已发现义窑、湖里窑、青窑、安仁溪、上武坪、井后岗、上窑、窑隔、罗经丘、大安、牛头墩等处遗址。烧瓷品种有青釉、青白釉及黑釉。青釉碗胎色灰白，胎体较厚，施

淡青透明釉，釉色较浅。装饰多为划花间篦划纹；细线条莲花纹较为多见，有些附以篦划纹。有的碗心印"福"、"寿"，字体有草、隶、篆，碗内壁划双线莲瓣纹，与南平窑器相近；折腰盘造型与德化窑相似，均为元代产品。另外还有瓶、壶、罐、器盖、盘、小杯等器物。青白釉与青釉器造型、纹饰相似，胎体较厚，有刻、划花装饰，纹饰以荷花居多，亦有菊瓣纹。唇口大碗、中碗标本很多，黑釉盏胎体较厚，呈黄白色。

连江窑 宋、元时期闽东沿海地区外销瓷产地。窑址在闽江口北岸的连江，已发现浦口、魁岐窑址群。浦口镇所属井头里、锦上窑及西山顶 3 处窑址以烧青白瓷为主，有精粗两种，精品数量少，白胎；粗者胎釉偏灰。器物有唇口、直口、敞口各式碗、盘、碟，多光素无纹，胎较厚重，制作较粗糙，碗、盘里心多无釉，有少量饰划花间篦划纹，质量较好。青釉器物亦有烧造，数量最多的是内饰划花间篦划纹、外刻复线纹的珠光青瓷，也有只在器内饰划花间篦划纹的碗、盘。其次是仿龙泉窑的浮雕莲瓣纹折沿盘，其胎釉、纹饰都很相似。再次为胎呈黑色的黑釉碗。魁岐窑以浅式小足青釉盘、碗为主，器物小巧，胎薄。有光素、划花、刻花 3 种。划花装饰使用比较普遍，遗留标本较多；刻花器主要有仿耀州窑缠枝菊纹小碗，造型、纹饰都与之相似。

建阳窑 又称建窑，宋代黑釉瓷器的著名产地。窑址在建阳水吉、芦花坪、牛皮仑、南山、大路后门等 10 余处。经发掘得知，烧瓷时间上自晚唐、五代，下至宋、元，烧瓷品种有青釉、黑釉、青白釉等。宋代为其发展时期，以烧黑釉器最为著名。兔毫斑、鹧鸪斑、曜变等釉色的茶盏名品就出产在这里。在窑址还发现有刻"供御"、"进盏"字铭的碗，是北宋后期为宫廷烧造的御用茶盏。建阳窑黑釉碗的特点是胎土富含铁质，呈黑紫色。碗盏造型多样，有大、小、敛

359. 建阳芦花坪窑址

口、敞口等不同形式。圈足小而浅。器物内外施釉，外壁釉至近足部，有明显垂流现象。兔毫盏为建窑的名贵品种之一。兔毫斑是一种铁结晶在黑釉中形成的细条状斑纹，多数盏口为酱色。鹧鸪斑为此窑的又一名品，形象似鹧鸪鸟胸前羽毛的圆点斑纹，数量比兔毫少。曜变，是建窑中稀少而珍贵的品种，是指在黑釉里面浮现大小不同的结晶，结晶周围带有日晕状的光彩。传世品仅在日本收藏几件。经考古工作者多年查寻，在窑址中发现了酱色釉面上光彩变异，随光转动呈现金、深蓝、鲜红、洋红、海蓝、碧绿等色彩的标本。建阳窑黑釉瓷器影响福建北部一大批瓷窑，附近几乎县县都烧黑釉瓷器。目前发现的黑瓷窑有南平、建瓯、松溪、浦城、崇安、光泽、邵武、宁德、闽清、闽侯、连江、福清、福州、泰宁、建安、罗源等。建阳窑出土的青釉标本以碗为主，其中有珠光青瓷碗，多在碗心一周刮釉作涩圈支烧。

南平窑 宋、元时期瓷窑。窑址在闽江上游南平境内的茶洋，属太平乡葫芦山村管辖，故又称南平葫芦山窑。品种有青釉、青白釉、白釉、黑釉、绿釉等。青釉多施于碗、盘、盏托、净瓶等。装饰采用印花、划花间篦划及刻复线纹，后两者多见于盘、碗

上。净瓶与龙泉窑产品相近。青白釉器物有壶、盘、碗、钵、多嘴壶、蟠龙盖瓶、执壶、小罐、高足杯、盏托等。装饰多为印花，花纹有阳纹与阴纹之分。印花盘、碗的折枝花纹间还兼有"蔡"、"玉"、"寿"、"福"等字样。白釉器有光素卧足小碗、中碗，另有划花及篦点"之"字纹装饰。黑釉器物有盏、碗、盘、壶、高足杯、印花器盖。黑釉盏有的显现兔毫纹；碗口有白口和青口之分；碗足有浅足与实足两种。绿釉器有八方杯、器座、器盖、钵、碗、盆、罐、壶，胎偏灰色，有灰、灰白、灰黄等色，胎的瓷化程度较好，胎质坚硬，釉色翠绿，釉层较薄，但光亮润泽，有些釉面玻璃质感强。装饰有刻划、模印及釉下彩绘，常见有水波纹、圆圈纹、莲瓣纹。福建地区烧造绿釉器物的窑此前发现有浦城大口窑、泉州瓷灶窑。南平绿釉器的发现，又增添了新的资料。

光泽窑 宋代闽北民间瓷窑。已发现光泽的茅店、寨里等窑址。遗物有青白瓷及黑瓷。青白瓷数量较多，胎体洁白，造型多种多样，装饰有印花双凤、飞鹤、蝠鹿、蝴蝶、双鱼、水藻及花卉纹。釉色有的纯正，有的偏灰、偏黄。烧法有正烧与覆烧两种。黑釉器多为各式茶盏，有少量兔毫及酱斑纹，有的釉色为黑酱色。光泽茅店黑釉碗与其他窑不同的是胎为灰白色，而建阳等瓷窑所烧制的黑釉碗为紫黑色胎。

邵武窑 宋至清代闽北地区民间瓷窑。窑址在邵武四都青云山。明、清地方志中记载该窑产白瓷。经过实地调查得知邵武窑是一处以烧青白瓷、白瓷为主的瓷窑，同时兼烧黑釉瓷器，此后又烧青花瓷，尤以元代白瓷产量大，质量好。窑上村后门山窑与巴掌山窑烧青白釉小杯、高足杯、碗、碟、盘、罐等，杯、高足杯有八方形，小盘有折腰形，造型精美。拳头山窑即为文献上记载的白瓷产地，有杯、碟、盘、高足杯等。器物成型规矩，足部处理一致，底足心出脐，为典型的元代风格。釉白而滋润，光泽感强，有的盘

里印菊花、牡丹等花卉纹。枢府型盘这里亦有烧造。从地域关系考察，闽北白瓷窑受景德镇的影响较大。从标本中可以看出，枢府型盘、高足杯及印花装饰与景德镇窑瓷器有一定关系。

泰宁窑 宋、元时期瓷窑，在闽西北泰宁境内，已发现窑下、东窑、西窑、灯盏窑等几处窑址，主要生产青瓷、青白瓷及黑瓷。青瓷中有内饰划花间篦划纹、外刻复线纹的珠光青瓷和仿龙泉窑香炉；青白瓷有高足杯、菊瓣盘、灯、香炉等，炉中有的饰刻花，有的盘、碗里印"寿"、"用"等字；黑釉器物有小碗、白口碗。东窑为文献中记载的际口窑，但未发现其中提到的白瓷，明《八闽通志》、清《邵武府志》中都记载泰宁产白瓷，而且比邵武青云窑、建宁兰溪窑的白瓷精美。文献所记是否属实，有待于对窑址做进一步调查。

建宁窑 宋、元时期瓷窑。窑址在建宁县城西南的兰溪。据明清《闽书》、《建宁县志》记载，"宝山，厥土白壤可以陶"；"宝山，其土白腻，可陶为器"。《八闽通志》、《邵武府志》也记载建宁生产白瓷。经实地调查，发现宋、元时期烧制青白釉划花碗、杯、盘、壶、器盖、瓶、谷仓等，有些质量很好，颜色类似景德镇湖田窑器。白釉器有仿定窑的碗、盘，饰划花篦点纹等花纹。此外还烧黑釉、酱釉器。黑釉胎为白色，与光泽窑黑釉器的胎骨相类似。

崇安窑 宋至明代闽北民间瓷窑。在崇安（今武夷山市）境内已发现窑址 11 处，其中宋代 8 处，明代 3 处。宋代烧瓷品种有黑釉、青白釉、青釉。崇安距建阳较近，受建阳窑影响，烧制同一风格的黑釉小碗，以星村玉林亭窑为代表。碗的造型有直唇与圆唇两种。胎灰黑而厚，深腹，浅圈足或平底，内外施釉，碗外釉施至近足部，釉漆黑光亮。青白瓷窑址有两处，曾出土盘、碗、杯、碟、洗、盒，其中苑埂窑产品质量最精。崇安北面与江西交界，青白瓷一定程

度上受景德镇、南丰窑影响。青釉器以碗为主，制作较粗糙，施釉较薄。

建瓯窑　宋代瓷窑。在福建北部建瓯，已发现6处宋代窑址，有小松乡东北渔村周围的上栏门山、渔山、后坑仔山、推印山以及郭际村、徐墩乡等。烧瓷品种有青白釉、黑釉。青白釉器有盘、碗、高足杯、壶、盏托、罐、花口碟。装饰印花与划花，印花纹饰有莲花纹、鱼纹、婴戏纹等；划花有花卉纹及划花间篦划纹，与青瓷上的划花间篦划纹相似。青白瓷釉色有两种，一种为湖蓝色釉，与景德镇青白瓷造型、花纹、烧法都相似；另一种为灰白釉，质量较粗糙。黑釉数量可观，有碗、盏、壶、炉、器盖、碟、盒。盏与建窑器相像，亦有酷似建窑的兔毫纹，唯胎呈灰白色，与之不同。黑瓷中还有印花装饰，如印花盒，釉色漆黑，印纹凸起呈白色，非常精致。

罗源窑　窑址在福建罗源八井村碗窑里，从宋至清均烧造瓷器，但未发现元、明标本。宋代标本有青瓷、青白瓷及黑瓷。青瓷数量比较多，有内饰划花间篦划纹、外刻复线纹的珠光青瓷碗；青白瓷有碗、盘、碟、钵及执壶，装饰有篦划牡丹等花卉纹；黑釉标本较少，仅见黑釉小碗一种。清代标本比例很大，以青花碗居多。

宁德窑　宋、元时期瓷窑。窑址在闽东北宁德飞鸾镇及扶摇乡，烧瓷品种为黑釉、青白釉两大类，黑釉碗与建阳水吉窑风格相似，有黑色及酱色，也有的带兔毫及酱斑，但质量不及建阳水吉窑。青白釉器较粗糙，釉色偏灰，胎体厚重，部分碗足较高，有的碗外划有细线纹或花瓣纹，少量碗心有细线划花装饰。除各式碗以外，还有小杯，造型特征为足较高而外撇。在窑址发现黑釉、青白釉相粘连的标本，说明两种釉色的器物是在同一窑中烧造的。此外有少量的白釉碗、盘，其胎、釉都很白。

宁化窑　闽西地区宋、元瓷窑。已发现的泉上窑遗址，标本有青白釉及黑釉器物。青白釉有印花绣球菊瓣折沿盘、印花莲池游鸭纹碗、刻花篦划纹碗、印花洗等；黑釉盏直口平底，外施半釉，元代风格明显。从器物标本判断，烧瓷在宋、元时期。

【广东省】

梅县窑　唐代青瓷窑。窑址在梅县水车及南口等地，70至80年代发现水车瓦坑口、罗坑窑，南口崇芳山窑等多处窑址。出土器物有青釉碗、杯、碟、四耳罐、钵。器物胎体厚重，胎为灰色或灰白色。碗有圆口、花口之分，圆口碗有的口沿外折；花口碗多为四瓣，有的于花口下饰4条凹线。璧形足碗与越窑同类碗烧法相似，足部满釉，然后擦去3块作支烧点，但梅县窑制品比越窑粗糙，璧足较宽。罐有高、矮两

360. 唐梅县水车窑青釉双耳壶

种形式，从口、肩、腹至足曲线变化较平稳，地方特色浓厚。此窑早期器物青釉色泽较淡，青中泛黄，因烧成温度较低，胎质疏松，制作粗率，器形少，器外多施半釉，并有剥釉现象。晚期器物釉色较深，釉层略厚，胎质坚硬，器外一般满釉支烧。梅县窑产品在墓葬中屡有发现。梅县唐代属潮州管辖，潮州在当时

是一个繁荣的对外港口。梅县水车窑的产品不仅内销，而且远销到泰国、日本等亚洲一些国家，上述国家均出土过梅县窑产品。

高明窑 唐代青瓷窑。窑址在佛山地区大岗山，位于高明三洲乡塘尾村东约 0.5 公里。采集的标本有青釉瓷、碟、钵、罐、壶、盆、缸等。罐有四耳、六耳、无耳几种。器物胎质较粗，烧成温度不高，胎色有灰、灰白两种，器壁较厚。釉色有青绿、青黄，有开片及剥釉现象。碗、碟多采用泥珠支烧，支烧点有 4 至 12 个不等。另一种为方形刮釉露胎支烧，特征与泰国出土同类器物相似。从器物造型、胎釉及出土物组合情况来看，具有唐代特征。

英德窑 唐代瓷窑。窑址在英德含光镇姑婆湾，烧制青釉器物。

新会窑 唐至北宋瓷窑。窑址在广东新会古井官冲村西南约 2 公里。1957 年发现瓦片岩与碗山两处窑址。1961 年进行了发掘，判明了它的烧瓷时间。器物种类有碗、碟、豆、杯、盆、罐、盂、壶。烧瓷品种有青釉、黑釉两类。青釉釉面多开片，釉质光亮；黑釉釉面无光泽，具有广东黑釉特点。其中罐有黑釉、青釉两种，造型不同，有无系、四系、八系者，在采集的标本中有一件刻有"政和二年"铭文的黑釉罐残片，为断代提供了依据；杯有双联杯、单耳杯、无耳杯 3 种，双联杯较为独特，在双杯相连处一面饰羊首，一面置杯柄。除上述器物，还出土过纺轮、网坠、勺、玩具等。

遂溪窑 唐至元代瓷窑。窑址在雷州半岛遂溪，有四五十座，主要分布在杨甘乡新埠村、铺仔山、坡头山和甘来村下井山和沟口山。器物有碗、盘、碟、杯、盏、盏托、瓶、勺、炉、砚等。烧瓷品种有青釉、酱黑釉、酱黄釉，以青釉居多。有些碗、碟内外刻划或印莲瓣纹、直线条纹、卷草纹、缠枝及折枝花纹。青釉碗、盘中有褐彩装饰，其中五角星纹是具有

地区特色的纹饰。器物胎体厚重，纹饰、釉质粗糙。标本中有一些碗、盘里心留有 4 个泥珠支烧痕，出土的窑具中有一件碗模刻元代"大德六年"（1302 年）铭文，提供了该窑烧瓷下限的依据。

惠州窑 北宋时期瓷窑。窑址在惠州郊区东平窑头山，1976 年发现。出土瓷器标本有青釉、青白釉、白釉、酱色釉几种。器物有碗、碟、盏、杯、罐、壶、瓶、炉、器盖、枕及小狗、雀等雕塑，同时伴出的有北宋太平至南宋初建炎年 30 种铜钱。青釉瓷器胎色为白色或灰色；酱黄、酱黑、青褐釉瓷器多为灰胎或砖红色胎，青白釉瓷器多灰白色胎。装饰印花、刻划花、雕塑、镂孔，印花纹饰有 6 朵缠枝菊纹；刻划有缠枝牡丹、卷草纹、五瓣蕉叶纹、篦划莲花纹与刻直线纹。炉则集中了镂空、浮雕及堆塑多种方法。其中青白釉碗、杯、壶，青釉浮雕莲瓣纹炉、刻线纹碗，黄釉浮雕莲瓣纹炉，酱釉碗、杯都是此窑有代表性的产品。

潮州窑 宋代生产外销瓷的重点瓷窑之一。窑址在潮安。潮安宋代属潮州，故名。1954 年至 1972 年经过 6 次调查，发现唐、宋、元窑址多处，其中笔架山窑址规模最大，堆积最丰富。当地村民称为"百窑村"。笔架山位于潮州市韩江湘子桥东面，是一处宋

361. 唐潮州窑青釉碗

代窑址群，产品有青白釉、青釉、黑釉和褐黄釉瓷器。以青白釉为主，器物种类齐全，有碗、盘、碟、杯、执壶、瓶、炉、罐、盂等。其中喇叭口细长流壶与浮雕莲瓣纹炉最为典型。凤头壶与鱼形壶也是该窑的特色产品，遗址中有大量未上釉的鱼形壶半成品，采用刻划方式表现鱼的身形、鳃、鳞、鳍、尾等，形象生动，产量很大。装饰方法主要有刻花、划花、篦划和褐色点彩4种，划花间篦划纹经常用于壶、瓶、罐、碗等器物。划花线条纤细流利，篦划纹短而直的多，弯曲的少，与福建地区的划花间篦划纹有明显区别。褐彩装饰见于20年代出土的4件有北宋纪年铭文的青白瓷造像上，佛像的头、眼、须部即以黑褐色描绘。青白瓷上饰褐彩的器物在广州西村、南海官窑也有烧造，福建、江西同样见到这种装饰，它是北宋时期东南沿海地区比较流行的一种装饰方法。潮州窑瓷器在东南亚一些国家曾出土过，而在广东当地宋墓中却发现很少。

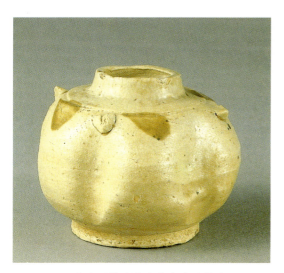

362. 北宋西村窑青白釉点彩瓜棱小盂

西村窑 广东宋代重点瓷窑。窑址在广州西北，产品大多外销。1952年发现，经过调查与发掘，判明其烧瓷时间为宋代，主要品种有青白釉、青釉、黑釉、褐釉及低温绿釉。其中青白釉瓷比例最大。青白釉基调为白色，有的呈淡青色，有的略带灰或淡黄色。器形有凤头壶、折沿盆、碗、杯、炉、瓶、罐、拍鼓、盘、盒、枕。装饰有刻花、划花、刻划花、印花、彩绘、点彩、浮雕、捏塑。其中不少器物与潮州窑相似，如刻花小碗碗心都凸起一个小圆饼；还有半高足小杯、浮雕莲瓣纹炉、壶、洗口瓶等。装饰以褐色点彩及彩绘最具特色，方法是首先在坯体上刻、划花，再进行彩绘或点彩，施行双重装饰。这种装饰方法在其他瓷窑很少见。彩绘盘、碗口径较大，一般在25～35厘米之间，纹饰有折枝花，笔法简练；点彩亦常见于大件碗、盘里部，在刻划纹饰后再点几个或几组彩点。青釉基调为青绿色，呈色不稳定，变化较多，青釉印花缠枝菊纹小碗从造型到纹饰都与陕西耀州窑相似，属耀州窑系品种。黑釉基调为黑色，也有黑褐、黑酱以至酱色。低温绿釉标本较少，属低温釉陶器。西村窑的产品目前已在东南亚一些国家的古遗址出土，常见的有凤头壶、划花点彩盘、盆。

南海窑 宋代瓷窑。窑址在沿海地区南海，已发现奇石窑、文头岭窑，烧制青釉、青釉褐彩、青褐釉、褐釉器物。青釉器形有碗、执壶，碗足形式有圈足与饼形实足，有的在饼形实足近边处旋一周，形成宽而浅的足。碗有划花装饰。青釉褐彩器物有瓶、执壶、罐、器盖、盆、钵、折沿盆，纹饰多为花草及点纹，釉面大多失亮无光泽，胎体烧结程度欠佳。青褐釉罐为横系，口下划花。褐釉器有罐、执壶、灯，罐口外卷，颈、肩饰划花，并印有"冷香"款字。在窑址中采集到一部分素烧的供器、花口瓶、盘、碟、罐，供器上有一周堆贴的人物纹，说明该窑器物是先素烧坯，然后上釉二次烧成。采集到的还有一件青白釉壶标本。

海康窑 宋、元时期民间瓷窑。已发现窑址60多处，主要分布在海康明通河和南渡河两岸的圩镇、村

363. 元海康窑褐彩凤鸟纹荷叶盖罐

庄与山岗。其中纪家、杨家、白沙、客路等区发现烧制青釉褐彩器的瓷窑数十处。出土器物及标本有碗、盘、罐、枕、瓶、壶、盆、棺，其中罐最多，枕次之。罐上书写吉祥语"长命富贵"、"金玉满堂"、"兰桥仙会"、"福如东海"、"寿比南山"等。制作精细的菊花仕女图彩绘罐以及元代至元三年墓出土的双凤喜鹊荷叶盖罐为元代海康窑的代表作品，诗文花卉枕、荷花如意枕也具有该窑特色。海康窑褐彩器物是在素胎上以褐、赭彩绘画或书写，然后上青釉一次烧成。青釉为玻璃质薄釉，与北方先施化妆土然后彩绘、上透明釉烧成的方法不同，地区特色明显。除青釉彩绘器物，还有青釉及黑釉品种。青釉有碗、钵、盘、壶、瓶、三足炉等。有的碗上采用印花装饰，纹饰有牡丹、荷花、向日葵、团花等。黑釉器有三足炉、罐。黑釉、青釉器物多有4个较大的泥珠支烧痕迹。

韶关窑 宋代瓷窑。窑址在韶关，已发现的韩家山窑址，位于浈江区东河坝。主要产品有青釉及酱釉瓷器，器物有碗、盘、杯、碟、炉以及军持等。

兴宁窑 兴宁境内宋代瓷窑。已发现湖乡宋代窑

址群，主要分布在永和镇崇新、廉丰、竹居庐。烧制青白釉盘、碗、壶、杯等器物，胎白而薄。清代窑址位于下堡乡永兴村，烧制青花罐、壶、碗、碟、盘、盒等，有些盘、碟绘有花草及吉祥语"福"、"喜"等字。

封开窑 宋代瓷窑。窑址在封开县城东南约20公里的都苗村，1973年发现，主要分布在村南的猪墩、十份窑、天后宫和张山冲一带。器物有碗、盏、盘、碟、杯、炉、钵、壶。釉色有青釉、青白釉，颜色有深浅变化，釉面光滑，有片纹。施釉大多不到底，腹下部及足露胎，露胎处为棕色，胎断面为灰白色。碗有撇口、直口、唇口几种，有的碗外刻菊瓣纹，有的碗里饰划花间篦划纹；有的盘为折腰形；杯足为外撇的半高足；有的壶饰复线纹；有的钵饰凸莲瓣纹。器物风格与广州西村窑及潮州笔架山窑器相似，唯工艺较为粗糙。

惠阳窑 宋至明代广东沿海地区瓷器产地之一，已在惠阳境内发现3处窑址。一处为宋代瓷窑，在窑头山，以烧青白瓷为主，釉色不稳定，有标准的青白色，也有浅青、淡黄或浅灰等色。装饰有印花、刻花，纹饰内容丰富，造型多样。另两处为明中期瓷窑，在白马山与新安三村，两处都烧青釉，所烧瓷器釉色、胎体、造型与烧造方法基本相同，器形有碗、杯、折沿盘等。青釉器中有一种碗色泽光润、透明感强，胎体厚重而坚硬、胎色灰白，器外刻菊瓣纹，里心印"福"、"寿"字，浙江龙泉窑也大量生产，属于龙泉窑系制品，这类碗在邻近的惠州、惠东也有烧造。除"福"、"寿"字以外，还有印"用"、"溪"、"晴"等文字及"卍"字的。

廉江窑 宋至明代瓷窑。窑址在廉江的碗窑墩，已发现多处窑址。明代青釉器发色好的为浅青色，与龙泉窑近似。出土标本有与惠东窑产品相似的刻菊瓣纹碗，还有罐、碗、折沿花口盘。碗、盘里心有3至

4个大支钉痕，足为圈足或饼形实足，施釉至下腹部。一部分器物胎体烧结程度不好，釉色偏黄。褐釉器有碗、盘，制作较粗，用3至4个大粒支钉支烧。

364. 明石湾窑翠毛釉梅瓶

石湾窑 广东著名古瓷窑。窑址在佛山石湾。石湾窑创于宋，盛于明、清两代。明代大量烧制黑釉、酱黄釉瓷器，并大量仿制南北各地名窑产品，既仿器形又仿釉色。清代石湾窑成就更为显著，其特点是器体厚重，胎色灰暗，釉层厚而光润，与河南宋代钧窑特点接近，以仿钧蓝釉、玫瑰紫釉驰名，墨彩及翠毛釉成就尤为突出，以此得名"广均"（"均"与"钧"同）。石湾窑仿钧仿中有创，钧窑的窑变釉为一层釉，石湾仿钧为两层釉，分底釉与面釉。其中称为"雨淋墙"的品种最为著名，其特征为在蓝釉中流淌着雨点状的葱白色。器物有盘、碟、洗、花盆、仿古铜式花瓶、陈设用器、文房用具及以渔、樵、耕、读为主题的人物陶塑。陶塑是石湾窑的典型制品，塑造得自然、生动。明代晚期以来的制品上往往印有店号、作

者姓名等款识。明代晚期有"祖唐居"、"陈粤彩"、"杨升"、"可松"等；清代康熙年间的有"两来正记"、"文如璧"；乾隆前后有"沅益店"、"大昌"、"宝玉"、"琼玉"、"如璋"、"来禽轩"；道光前后有"黄炳"、"霍来"、"冯秩来"、"瑞号"等。传世常见的"唐祖居"款器物中大多是晚清仿品。

始兴窑 明代青花瓷窑。窑址在始兴冷水迳、侯陂、桃村坝等处。器物有高足碗、盘、碟、杯、盆。胎为白色，常见纹饰有火轮、兰草、点纹等10余种，并有书"福"、"忠信孝悌"等文字的。

揭阳窑 明代青花瓷窑。1961年在揭阳河婆镇以南约5公里的岭下山发现。器物有碗、碟、杯、瓶、器盖，碗数量较多，里心书有"福"、"禄"、"寿"、"中"、"上"、"正"、"和"、"士"、"信"、"佳"、"玉"、"仁"、"魁"、"元"、"月"等字。有的碗内外壁绘青花纹饰，花纹简单而草率，常见有折枝花、曲折带状纹；瓶亦绘有简单的曲折带状纹及山水。其画风与江西景德镇民窑青花的写意山水十分接近，这类器物在流传到日本的中国天启青花外销瓷中亦有所见，但此窑青花器通常比景德镇制品胎釉粗糙，所绘青花纹饰亦稍逊色。

博罗窑 明代晚期瓷窑。窑址在博罗县城西北约25公里的角洞山。烧制器物有碗、碟、杯、瓶。烧瓷品种有白釉、青花两种。白釉釉面光泽强，有开片现象，胎一般为灰白色；青花器胎釉比江西景德镇制品粗，所绘青花纹饰比较草率，有折枝、缠枝花卉。在出土的青花碟中，有盘心书"雨香斋"款，底为"大明成化年制"款的，为明末所仿。从款识及瓶口为酱色等特征来看，博罗角洞山窑烧瓷时间为明代晚期。

高州窑 明、清时期瓷窑。窑址在高州镇江镇、大井镇、高州镇、南塘镇的缸瓦地、窑尾岭、正山坡、欧村、蟹岭、长山岭、白坑、火更、古表塘等处。其中缸瓦地、窑尾岭烧青釉和黑釉碗、碟、杯、

壶、罐。其余几处以烧青花器物为主，器形有碗、碟、瓶、杯、烟斗、盅、砚。纹饰有菊花、竹叶、花草等。此外，欧村窑制品有褐色彩绘装饰。

饶平窑 明、清民间瓷窑之一，位于广东省南部沿海的饶平，以东与福建省接壤，以烧青花瓷器为主，兼烧少量青釉器物。所烧青花与福建一些青花瓷窑烧法接近，都采用砂粒支烧。明代器物以碗、盘、碟为主，纹饰有灵芝、童子、双龙或双狮戏球、折枝、缠枝花卉、折枝花鸟、螺纹、鱼纹、山水以及"福"字或诗句。清代器物有碗、碟、杯等，器形较大，胎体较厚，青花色调明亮。纹饰有团龙捧寿、开光、松鼠葡萄、团鹤、缠枝牡丹、菊花、山水及"卍"字、"福"字。有些书写商号标志，如永玉、仁玉、正玉、美玉、珍玉、仁利、生利、玉利、三利、义利及顺兴、双和等。

【广西壮族自治区】

桂平窑 隋代和宋代瓷窑，在桂平境内。已发现分布在上窑、窑里的隋、宋代窑址。隋代窑址标本有青釉碗、杯、盘口壶、罐、坛等。胎体较厚，釉色有青、青褐色。宋代标本有青釉酱彩碗、褐釉印花碗。后者与广西诸窑褐釉印花器相似。

365. 宋藤县中和窑青白釉碗

藤县窑 晚唐至宋代瓷窑。窑址在藤县。已发现两处古瓷窑：一处在雅窑村，标本有青黄及酱釉器物，烧瓷时间为晚唐；一处在中和圩，为宋代窑址，专烧青白瓷，器物有碗、盘、碟、盏、盒、壶、钵、灯、炉、枕等。胎质细腻，胎体薄，釉质莹润，釉色偏白。装饰采用划花和印花，多饰于碗内。遗址中还出土完整的印纹陶范，制作规整。

366. 宋容县窑青白釉葵瓣碗

容县窑 宋代瓷窑。窑址在容县。已发现两处宋代瓷窑，一处在县城以西，烧青白瓷，器形中碗最多，此外有杯、盏、盘、壶、钵。装饰方法采用刻、划，有刻菊瓣、莲瓣纹碗、杯、炉等器物。划花多饰于碗、盘内。纹饰有的与藤县窑相似。另一处在县城以东，烧绿釉器，色调与常见的低温铅釉不同，由于胎较白，釉呈翠绿色，有少数器物出现铜红色。这类器物主要为薄胎小碗、盘，从造型到纹饰与陕西耀州窑青釉印花小碗相似，不同在于胎白而薄。绿釉器物分素面和有装饰两种，有装饰的一类是盘、碗内印花，有缠枝菊花纹小碗、卷枝纹小盘等；另一类采用刻花，饰于碗的外部，多为菊瓣纹。

北流窑 宋代瓷窑，在北流境内，以烧青白瓷为主。素面器物有碗、盘、碟、杯、瓶、壶、罐。有印花装饰的多属碗，纹饰有缠枝花、折枝花、凤纹、海水鱼纹、鱼穿莲花和婴戏纹，釉色偏白，外施釉至近足部。圈足矮浅。有少量褐彩小碗，施彩和器形与广西兴安、永福等窑同类器物相似，区别在于北流生产青白釉褐彩，其他窑为青釉褐彩。

永福窑　宋代瓷窑。窑址在永福城厢窑田岭一带，以烧青釉器为主，兼烧黑釉器。器物有碗、盏、碟、壶、罐等。青瓷釉色比较稳定，胎色较重，釉色较暗。印花装饰主要饰于碗内，纹饰比较丰富，有缠枝花、折枝花，花卉纹中各式菊花较多，其次为牡丹、莲花，还有鱼纹等。有些碗里或刻或印"太"、"二公"等字铭。烧造方法为泥点支烧，碗心都有5个较大的支烧痕，碗足上多粘有不规则的泥珠。有些青釉碗饰以黑口，还有的于青釉上画褐色斑点，似花釉效果。以褐彩绘纹饰的器物有拍鼓、罐等。另外，还烧少量黑釉器物，有碗、壶等，碗亦有印花菊瓣、缠枝菊等纹饰，有一些黑釉碗口沿为一周青灰釉。

368．宋兴安窑玳瑁釉碗

瓣纹。此窑还烧制褐彩拍鼓。黑釉器呈酱色，有印花牡丹、莲花、菊瓣纹、梅花形开光及鱼纹碗。另一品种为钧釉，有少量亦有印花装饰，釉色偏灰，为广西钧釉特点，器形有盘、碗、罐等。还有一部分碗在钧釉上饰以褐色点彩，釉在烧造过程中有变化，似窑变花釉，是广西同类器物中烧造数量较多质量较好的产品。

全州窑　宋代瓷窑。窑址在广西东北部全州，1966年在全州永岁青木塘、蒋安岭、腾家湾、改州发现窑址。烧瓷品种除蒋安岭、腾家湾兼烧玳瑁釉、酱黄釉，一律烧青釉器物。器形有碗、盘、灯、罐、盏、钵、壶、盒、碟、杯等。

柳城窑　宋代瓷窑。窑址在柳城。烧制钧釉、青釉、褐釉瓷器。钧釉釉色偏灰蓝，器形以碗、盘为主。碗有大小之分，腹较浅，碗足有两种，一种为宽浅足，碗形似盏；另一种为圆饼形实足，足边斜削一刀，棱角清晰。施釉一般至近足部，部分碗口为酱色釉，少数碗外刻有莲瓣纹。一般采用支烧叠烧，碗心留有4个不规则圆形支烧痕。盘亦有大小几种，圆口盘心一般留有5个支钉痕，施釉至足以上约10～20毫米处，有垂釉现象；圈足宽而浅。花口盘盘心有6

367．北宋永福窑遗址堆积

兴安窑　宋代瓷窑，在兴安严关附近发现窑址。遗址地面遗物以青瓷为主。此外有黑釉、钧釉器标本。青釉瓷器常见有鱼、菊花、菊瓣、葵花、落花流水等印花纹及"寿山福海"等字铭。有少量碗饰以酱釉口，还有的印"太平"铭文。另有一些标本饰凸莲

个支钉痕，外施半釉，宽浅圈足。此外还有凸莲瓣纹钵、缸。青釉器有盘、碗，器内有 5 个支钉痕，宽浅足，里心有印阳文"畐"字者。褐釉碗中的小碗为实足，内留 5 至 6 个支钉痕，外壁施釉至下腹部；大碗为宽浅圈足，外施釉至足以上约 10～20 毫米处。盘为宽浅圈足，里心印阳文双线菊瓣纹，里心有 7 至 8 个支钉痕。

钟山窑　宋代瓷窑，在钟山境内红花乡大庄，1977 年发现，烧制青釉碗、碟、盘、罐、壶等器物。

宾阳窑　宋代瓷窑，在宾阳县邹圩粮所仓库附近，1963 年发现，烧制青釉碗、碟、盘等。

邕宁窑　宋代瓷窑，在邕宁境内。1963 年发现五塘、新村两处窑址。烧制青釉碗、碟、盘、罐等器物。

合浦窑　明代青瓷窑。窑址在合浦境内。1957 年在福成乡发现上窑、下窑两处窑址，出土的"嘉靖二十八年四月二十四日造"铭文压槌，为断定此窑的年代提供了依据。合浦窑烧制的青釉器物，釉色青中带黄，器形有各式罐、瓮、壶、盆、烟斗等。器物胎体一般为灰白色。壶是具有地方特色的器形之一，一种为喇叭形口，扁圆腹，平底，长流，在流与肩之间有一扁状曲形条相连。另一种壶为直口，口沿有一个三角形短流，长圆腹，平底，肩一侧有一管状把柄。装饰主要为划花水波纹，有的壶腹部用釉下红彩书"福寿"等字，有的盆底部书红彩"盆"字。

【河北省】

邢窑　唐代著名瓷窑，位于今内丘境内。内丘在唐武德五年由赵州改隶邢州，唐代瓷窑均以州命名，故称"邢窑"。邢窑在中国陶瓷发展史上占有十分重要的地位。在唐代已见记载。李肇《国史补》云："内丘白瓷瓯，端溪紫石砚，天下无贵贱通用之。"陆羽《茶经》赞颂"邢瓷类银"、"邢瓷类雪"。1980 年 8 月，考古工作者根据文献记载，首先在与内丘交界的临城县发现了多处唐代白瓷窑址，因其中祁村窑烧制的白瓷最具邢窑特征，故以为这就是"邢窑"。后又据《国史补》记载，在内丘境内广泛进行了调查，又发现邢窑遗址 20 余处。可知邢窑当位于太行山东麓，广泛散布在内丘县冯、唐、宋村以北，临城县祁村、双井村以南，内丘县西丘以东，隆尧县双碑以西的狭长地带，整个面积约 300 余平方公里。调查证明，内丘县城关一带的白瓷窑最为集中，器物质量也最高。上述遗址分布地区，除烧制白瓷，还烧青、黑、黄釉等产品，而白瓷中又有粗、精之分，其中粗白瓷居多。《茶经》所赞是其中精品。邢窑产品以造型规整，制作精致，胎质坚硬，釉色洁白为主要特点。器形有碗、盘、托子、瓶、壶、罐等。碗最具代表性，大多浅式、敞口、碗身呈 45°角外撇，口沿往往凸起一道唇边，底为玉璧形，足矮浅。壶短流。罐丰肩平底。盏托为五瓣口沿，腹较深，矮圈足。器物均施满釉，釉面光滑，色纯白或微微闪青。内丘城关邢窑遗址出土的白瓷玉璧形碗底中心往往刻划一个"盈"字。在遗址范围内，还发现带有划花以及点彩装饰的白瓷标本。粗白瓷亦以各式碗为多。此外，还有壶、长方枕等。50 年代以来，在陕西、河南、河北等地的唐墓中曾出土不少白瓷，其中精细者与邢窑无异。西安大明宫遗址以及唐长安西明寺遗址，亦曾见有"盈"字款的白瓷碗，应为内丘邢窑产品。据记载，西明寺始建于唐显庆元年（656 年），大中年间改名福寿寺。从出土遗物看，多为盛唐、中唐风格，也有晚唐流行的器物。《国史补》所记为开元至贞元间见闻，由此而知，邢窑白瓷"天下无贵贱通用之"盖非虚语，且表明此时绝非初创。其时代上限应在开元以前。唐代后期，邢窑由于原料短缺等原因而式微。邢窑白瓷不仅广销国内，而且还远销海外。在埃及福斯塔诗、印度河上游的婆罗米纳巴德等古代遗址，以及日本的平城京、平安京及其周围地区都有出土。

369. 曲阳涧磁村定窑遗址

定窑 宋代五大名窑之一。窑址在曲阳涧磁村及东西燕山村。曲阳宋代属定州，故名定窑。创烧于唐，发展于宋，延续烧瓷至金、元时期。唐代始烧白釉、黄釉器物。白釉器受邢窑影响，有玉璧底碗、注壶、瓶类；黄釉器有碗、注壶等。宋代定窑形成了自己独特的风格，烧制碗、盘、盏、盒、壶、瓶、枕、熏等类器物。其大宗产品为白釉，其次有黑釉、酱釉、绿釉、白地褐花等品种。白釉器胎白质坚，薄胎，釉白中泛牙黄色，因覆烧而形成无釉的芒口，釉面有泪痕。装饰方法有划花、刻花、印花。纹饰题材有莲瓣、龙凤、牡丹、莲池游鸭、婴戏、鸳鸯等。北宋时期，一度为宫廷及官府烧制瓷器。北京故宫博物院收藏一批定窑龙纹盘、碗即专为皇室烧造，有一些器物上入宫后刻"风华"、"奉华"、"禁苑"、"德寿"等宋代宫殿名称。窑址出土白瓷标本有刻"官"、"新官"、"会稽"、"尚食局"、"五王府"等款识的，显然是为官府或某些机构而烧制。定窑黑釉釉色黑如漆，与其他窑黑釉器的不同点是胎体极白，细而薄，与白瓷的胎一样。酱釉器有的为内白釉外酱釉，这种一件器物上施两种色釉的器物北方窑比较常见，定窑碗中

就有白釉酱口、黑釉酱口的。绿釉标本发现最少，只有碗。此外，定窑还烧其他窑系品种。属磁州窑系的，如白地黑花点彩碗，里心书"段"、"刘"、"李"、"元"、"王"、"液"等姓氏；白地褐花枕，有腰圆与长方各式。青釉系统有碗、钵等。定窑的印花白瓷及覆烧方法影响当时一批瓷窑，河南鹤壁、山西介休、霍县、阳城、盂县、平定、四川彭县、江西景德镇都模仿定窑烧白瓷，形成了以定窑为中心的定窑系。霍县窑仿定产品有土定之称；景德镇仿定有南定之称。明、清景德镇仍有仿定窑的器物。参看"北定"、"南定"、"土定"、"紫定"、"绿定"、"新定"。

定窑系 北方重要瓷窑体系。主要窑口有河北曲阳涧磁村定窑，山西平定窑、阳城窑、介休窑、霍窑，四川彭县窑等。定窑系以烧白瓷为主，兼烧黑、酱、绿釉瓷及白釉剔花瓷。其中曲阳定窑产品质量最高，最具代表性。产品种类以折腰盘、碗为大宗。北宋前期是定窑的鼎盛时期，器物胎薄质细，釉色光洁润泽。装饰有刻花、划花、印花3种。纹饰题材有花卉、动物、禽鸟及人物、婴戏图等。北宋定窑首创了覆烧法，不仅大大提高产量，而且节省了燃料。覆烧法对我国瓷业产生了极大影响，很快被广泛推行。

磁州窑 宋代北方民间瓷窑。窑址在河北磁县，因地属磁州而得名。50年代开始调查和发掘，发现窑址主要分布在两个区域：一个区域以观台镇为中心，在镇西2公里的漳河两岸，东岸为观台、东艾口，西岸为冶子镇；另一区域以彭城镇为中心，70年代又发现隋、唐时期青瓷窑及宋、元时期窑址多处。80年代重点对观台遗址进行了发掘，又取得新的收获，对磁县隋、唐以来历代烧瓷情况有了较为全面的了解，为综合研究磁州窑的历史创造了条件。磁州窑是北方宋、金时期烧瓷品种最为丰富的一个瓷窑，器物有瓶、罐、炉、碗、盘、枕、灯、盆、盒、缸、钵等。白地黑花装饰最具特色，有浓郁的民间生

370. 观台磁州窑遗址

活气息。纹饰选用日常生活中喜闻乐见的素材,用简练纯熟的概括手法生动地表现出来。这个品种从窑址出土器物考察,枕的烧造数量较多,有八方、腰圆、虎形、如意形、长方形等;纹饰有马戏、婴戏、踢球、钓鱼、赶鸭、熊纹等。枕底多印有"张家造"等款识。在窑址采集的标本中"张家造"印记来自东艾口窑,"张家枕"款识来自冶子镇窑,说明两窑有专门的制枕作坊。大量瓷枕残片中,还有一部分书写诗词、格言警句,常见词牌有"满庭芳"、"朝天子"、"普天乐"、"阮郎归"等。此外,还有白地酱花、白釉划花、剔花、白釉酱彩、白釉绿彩、红绿彩、珍珠地划花、绿釉黑彩、黑釉酱彩、白釉、酱釉、绿釉、红釉、三彩等10余个品种。其品种之繁多、造型之丰富非其他窑可比。元代磁州窑产品有罐、枕、盆等,其中罐、枕数量最多。烧造地点主要集中在彭城。白地黑花不像宋代黑白分明,白地中泛淡黄,黑花实际为褐花、酱花。酱色间浅黄色釉在彭城采集的龙纹罐残件中相当多,长方形山水人物纹枕上亦较常

见。磁州窑产品影响一批瓷窑相继模仿,白地黑花品种影响范围最广,形成了磁州窑系。目前发现河南鹤壁、鲁山、宜阳、禹县扒村、钧台、密县、郏县、山西介休、霍县、陕西耀州、安徽萧县、山东淄博、浙江衢州、江西吉州、广东海康、南海、福建泉州等,都烧制这一品种。但因原料上的差异,产品具有各自的特点。

磁州窑系 我国北方最大的民窑体系,以烧黑瓷、白瓷和白地黑、褐彩绘瓷为主。重要窑口有河北磁县观台窑,河南鹤壁窑、禹县扒村窑、修武当阳峪窑、登封曲河窑,江西吉州窑等。其中以观台窑烧瓷品种最丰富,是最有代表性的一处窑址。观台窑以烧白釉划花、白釉釉上绿斑、褐斑及白釉釉下黑褐彩、珍珠地划花等多种彩瓷见长。器形有盘、碗、瓶、罐、枕等生活用器。纹饰多为花、蝶、龙凤、卷枝、如意头、人物等。纹饰题材丰富,花卉线条流畅,人物、动物图案真切生动,细部刻划细腻逼真,富有乡土气息与生活情趣。

隆化窑 宋、元之际瓷窑。窑址在河北北部隆化县,80年代对窑址进行了调查,采集的标本有磁州窑系的白地黑花罐、碗、白釉碗以及钧窑系碗。制品釉色泛黄,瓷质较粗。

【河南省】

安阳窑 隋至元代瓷窑。窑址在安阳北郊安阳桥附近。经过小规模试掘,初步判明为隋代瓷窑。窑址发现后,解决了安阳地区部分隋墓出土青瓷的窑属问题。50年代在善应、天僖二镇还发现了宋、元时期的窑址,前者专烧钧釉瓷器,后者烧白瓷,二镇距磁州窑较近,但没有发现磁州窑风格的瓷器。隋代标本有青釉高足盘、碗、钵、器盖、砚、瓶等。高足盘釉厚处为青褐色,足无釉,盘内有3个圆形支烧痕。碗有大小几种,胎质致密,碗心有3个支烧痕,碗外有的有两道弦纹,外施半釉,圆饼形实足,足底微凹。

钵为平底，施半釉，釉垂流至腹部呈青褐色凸棱，釉面开片。胎质较密，采用支钉支烧。器盖有几种形式，釉面亦开片。砚满釉支烧。瓶颈凸起一道棱，饰一周约 30 个小乳钉，扁腹有数道弦纹。宋、元钧釉标本有碗、盘、碟、洗、罐、瓶、炉等，以碗为主。釉色有天蓝、天青、月白等，有的带有紫红斑。其中宋、元时期最常用的一种碗，口微敛，足微外撇，外施釉至足部，有的垂釉较多。另有直壁碗，足微外撇，里心不施釉，外釉至近足部，垂釉起棱；还有一种碗为直口内收式，以上两种为元代典型器形。折沿盘，修坯精细，造型规整，棱角清楚，釉色有的似汝釉，棱角处釉薄呈胎黄色。糖锣洗，造型精巧，钧釉瓶、罐数量较少，都施月白釉，罐口上有 3 个褐色斑点。还采集到一件标本，茶叶末釉上有乳白色条纹，似花釉，与日本收藏的一件高足钵相类似。

371．唐巩县窑白釉盒

巩县窑 唐代重要瓷窑。50 年代在巩县小黄冶、铁匠炉村、白河乡等处发现窑址，创烧于隋，已发现青瓷及泛青的白瓷碗、高足盘等标本。唐代烧瓷品种丰富，除玉璧底碗、注壶、盘口瓶、罐、盒、钵、

杯、豆、枕等器物，还烧制人物、动物雕塑、玩具等。器物以白瓷为主，胎中含杂质，多数器物釉色白中泛黄，少数精品胎釉洁白。唐《元和郡县志》载："开元中，河南贡白瓷，领登封、新安、巩县……三十县。"陕西西安唐大明宫遗址出土过巩县窑白瓷，证实了文献的记载。三彩及单色釉陶器也是巩县窑的大宗产品。三彩除俑像和日用器形，还有一些器物有动物形象的配饰，如凤头壶、龙柄瓶、兔形枕等，造型很富特色。窑址中出土的大量素烧坯，表明三彩器物是二次烧成的。先烧素坯，再用含铜、铁、钴、锰等元素的矿物作釉料的着色剂，在釉中加入大量含铅物质为助熔剂，经 800 ℃ 温度烧制而成。单彩及单色釉器中最值得一提的是蓝彩的运用。经化验，巩县窑使用的蓝彩及蓝釉原料为氧化钴，它是我国目前发现最早使用氧化钴的瓷器。扬州唐城遗址出土的唐青花瓷残片，据认为即巩县窑制品。绞胎和绞釉装饰，也是巩县窑的特色产品。此外，还烧制黑釉、里白外黑釉、茶叶末釉等各种釉色的器物。从窑址采集的标本和出土器物看，巩县窑唐代生产规模很大，产量很多，尤其是三彩陶器，不仅供国内使用，而且远销到日本、朝鲜、印度尼西亚、巴基斯坦、埃及、伊朗等国家。上述地区都曾出土唐三彩器。有的国家还受其影响，烧制陶器，如日本就出现了仿唐三彩的奈良三彩等品种。

密县窑 唐至金代瓷窑。窑址在密县西关、窑沟等处。西关窑创烧于唐，终于宋；窑沟烧瓷在宋、金时期。西关窑烧白釉、黄釉、青釉、黑釉及珍珠地划花品种。珍珠地划花最具代表性，是仿唐代金银器錾花工艺特征而形成的，宋代比较流行，西关窑烧此品种时代最早。窑址出土有鹌鹑纹小枕，枕式具有五代风格。窑沟以烧白釉器为主，白地黑花标本也有较多遗存。瓶、壶等器物上多画简洁的花草纹，而⊙形纹是该窑独有的纹饰。

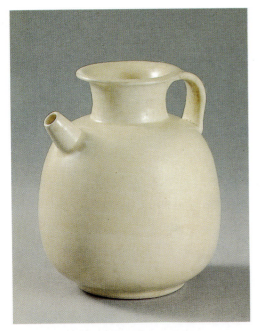

372．唐密县西关窑白釉执壶

等浅色斑纹装饰的器物，器形有拍鼓、瓶、壶、罐、碗、盘等。宋、金时窑场扩大，烧瓷品种丰富，装饰方法多种多样。白釉器物有炉、罐、碗、钵等。白釉上绘褐彩的点、圈点、花卉等几类纹饰。其中点纹排列方式有横向形、花朵形和三角形等。另有白釉划花，纹饰有荷叶、花草纹，器物为碗、枕，有以多组直线、曲线相间竖向排列组成的纹饰，有珍珠地划花，还有刻粗线纹的钵，用黑釉、酱釉装饰口沿的白釉碗。黑釉器物有线纹装饰，有满线与两线一组两种。有六角纹盘，盘中心素胎上有点彩花朵装饰。还有酱彩装饰的碗。酱釉有碗、罐等器物。青釉印花的几种纹饰与临汝等窑相近。此外，红绿彩碗、三彩凸雕莲瓣炉、绿釉狮形枕、划花枕、褐黄釉划花枕都具有鲁山窑特色。

鲁山窑 唐至元代瓷窑。窑址在河南鲁山段店。唐代南卓《羯鼓录》有"不是青州石墨，即是鲁山花瓷"的记载，说明唐代鲁山烧造的花瓷很有名。从采集的标本来看，"花瓷"是黑釉或褐釉上带白、月白

373．唐鲁山窑黑釉彩斑双耳罐

374．唐郏县黄道窑黑釉葫芦形瓶

郏县窑 唐至元代瓷窑。窑址在郏县，已发现黄道、黑虎洞、石湾河3处遗址。黄道、黑虎洞均发现唐至元代标本，石湾河仅发现元代标本。唐代遗物有

黑釉斑点花瓷和黄釉品种；稍晚一些有白釉绿彩器，白釉略微泛黄，绿彩呈碧绿色，此品种在河北、河南、山东、陕西、安徽的10余处瓷窑中，以郏县窑所产色彩最美。元代遗物有磁州窑风格的白地黑花、钧釉器物。白地黑花四系瓶，与禹县扒村窑的一样，上半部白釉，以褐彩书"春夏秋冬"4字，下半部施褐釉。宋代北方流行的五角或六角盘，郏县窑亦有烧制，釉为褐釉，釉下施白色化妆土，盘里心为五角形露胎，是为叠烧而形成的一种装饰方法。

内乡窑　旧称邓窑或邓州窑　唐至元代瓷窑。窑址在河南内乡大窑店，宋代为其兴盛期。唐代烧黑釉及带斑点装饰的花瓷。黑釉器有平底碗、盘、壶、罐、瓶、钵等，花瓷有罐、瓶。宋金时期烧造青瓷，釉色青绿，器底呈紫褐色，文献称之为邓窑器，有光素或印花、划花装饰。印花纹饰有菊瓣、缠枝花卉、缠枝菊花、海水、分格折枝菊纹等，以缠枝菊花纹居多，与临汝、宜阳等窑同类装饰相似。此外有茶叶末釉碗、罐、钵及白地黑花、绿釉品种。遗址现存元至大二年（1309年）普济宫碑一通，碑文记载该窑元代仍烧造瓷器。

邓窑　见"内乡窑"。

登封窑　晚唐至元代瓷窑。窑址在登封曲河，1961年发现，北宋为其繁盛时期。窑址附近庙内一座清嘉庆二十一年碑记载："地名曲河，面水势也，其中风景物色，宋以前渺无可稽。尝就里人偶拾遗物，质诸文献通考而知，当有宋时窑场环设，商贾云集，号邑巨镇。金元两代亦归淹没……"据宋王存《元丰九域志》记载，曲河为宋时登封三大镇之一，其南为颖河，交通便利，窑场当时就设在曲河东、西、北三面。烧瓷品种丰富，以白釉为主，有白釉、白釉绿彩、白釉刻花、白釉剔花、白釉珍珠地划花、白地黑花，此外还有黑釉、青釉印花、三彩及瓷塑玩具。珍珠地划花最具代表性，此装饰受密县窑影响，

产量在同类装饰的瓷器中居首位。遗物有瓶、罐、洗、碗、枕等，其中瓶、枕较多。瓶有两种形式：一种口底大小相近，瓶身细长，腹部稍广，形似橄榄；一种为小口，长身，瓶高约40厘米左右，窑址中采集的多属这种瓶式。瓶下部胎体厚重，划莲瓣纹。剔花柳斗纹杯也很有特色，一种为白釉，剔刻出柳斗纹后上化妆土及釉，另一种先上白色化妆土，然后剔刻出柳斗纹，再罩一层透明釉，白赭相间。白釉剔花亦很精致，以往定为磁州窑系的白釉剔花壶中，就有该窑的产品。白釉绿彩是此窑烧造较多的一个品种，有壶、瓶、碗、瓜棱罐、花口钵等，白釉润而亮，饰以绿彩，淡雅纯净。

375. 北宋登封窑珍珠地鹿纹枕

柴窑　史籍记载五代的一座瓷窑，窑址尚未发现。柴窑一名见于明、清文献，最早的是明曹昭《格古要论》："柴窑器出北地河南郑州，世传周世宗姓柴氏，时所烧者故谓之柴窑。"文献称柴窑器物的特点是釉为天青色，滋润细腻，有细纹，多粗黄土足。明万历以后徐应秋《玉芝堂谈荟》、张应文《清秘藏》、黄一正《事物绀珠》、谢肇淛《五杂俎》、田艺衡《留留青》、谷应泰《博物要览》、文震亨《长物志》，清王士祯《香祖笔记》、刘体仁《七颂堂识小录》、刘廷玑

《在园杂志》、陆廷灿《南林随笔》、佚名《南窑笔记》、朱琰《陶说》、唐铨衡《文房肆考》、蓝浦《景德镇陶录》等都论及此窑。关于柴窑制品性质众说不一，一说以《格古要论》为代表，认为因周世宗姓柴，其时所烧器物称柴窑；另一说以《玉芝堂谈荟》为代表，认为柴窑器即越窑秘色瓷。张应文把柴窑器物描写为"青如天，明如镜，薄如纸，声如磬"，后人多以此来形容柴窑。而清末民初学者认为，只有景德镇影青符合上述特征，与明、清文献所述有出入，因此柴窑的性质及器物的面貌至今仍不详，有待进一步的考古调查。

汴京官窑 官窑为宋代五大名窑之一，有南北之分，北宋后期所设官窑在东京汴梁，即今河南开封。宋顾文荐《负暄杂录》有"宣政间京师自置窑烧造，名曰官窑"的记载。以后明、清文献多因袭此说。南宋官窑有修内司官窑与郊坛下官窑。北宋汴京官窑，按中国硅酸盐学会编《中国陶瓷史》的观点，窑址在今开封地下，目前未曾发掘，无法取证。但从传世品来看，此窑是继汝窑之后为宫廷烧制御用瓷器的窑口，器物形制与烧制工艺与汝窑有共同之处。官窑器形多仿古，釉色为粉青、月白色，釉质晶莹润泽，釉面开片纹，有文献上所描述的紫口铁足特征，底部有支烧痕。另一观点认为北宋官窑不存在，汝窑即北宋的官窑，这也有待于进一步证实。

钧窑 宋代五大名窑之一，与汝、官、哥、定窑齐名。因所在地禹县古称"钧州"而得名。从20世纪50年代初开始的实地调查探明，禹县境内的八卦洞、钧台、神垕镇等地分布着100余处窑址。烧瓷时间从唐至元，约有600年的历史。唐代窑址发现于小北峪，出土遗物有黑釉彩斑装饰的壶、罐、拍鼓等。1974～1975年，在八卦洞及钧台窑进行了局部发掘，清理出窑炉、作坊、灰坑等遗迹，出土大量窑具及瓷器标本。器形有花盆、盆托、洗、炉、钵等；施以铜

金属为着色剂的乳浊釉，通称钧釉，颜色有天蓝、月白、玫瑰紫、海棠红等多种。盆、托、尊等宫廷用器的底部均刻一个十以内的汉字数目字，标明从大到小的型号。这批器物的另一个特点是釉面上的蚯蚓走泥纹，它是在施釉晾坯时干燥不当，因此釉层产生裂痕，烧制过程中融化的釉又使之弥合，从而形成弯曲的痕迹。从窑址调查与传世器物来看，钧窑影响了南北方一大批瓷窑，形成了钧窑系。地域包括河南禹县、临汝以及河南、山西的一些窑场。

钧窑系 烧造钧窑风格瓷器的瓷窑体系。以河南禹县为中心的宋代钧窑属北方青瓷体系，其含铜的蓝色乳浊釉被后代许多窑口仿烧，到金、元时期形成窑系。目前发现的宋、元仿钧瓷窑，有河南临汝8处，以及内乡、林县、浚县、淇县、鹤壁、新安、鲁山、安阳，河北隆化、磁县，浙江武义、鄞县、金华、宁波、东阳，广西柳城、永福、兴安，山西浑源等窑。明、清时期仿钧的窑口有江西景德镇、江苏宜兴、广东石湾。烧制器物多为花盆、洗、炉、钵等。

汝窑 宋代五大名窑之一。窑址在宝丰清凉寺。宝丰宋代属汝州，故称为汝窑。自50年代即开始寻找汝窑窑址，直至80年代才在宝丰县发现。从窑址采集的标本及传世器物来看，汝窑在北宋后期元祐至崇宁间20多年里为宫廷烧制御用青瓷器。主要器物有盘、碟、洗、瓶、樽、碗、盏托、水仙盆等。盘、碟、洗、碗多为圈足外卷，足底心有3至5个支烧痕。盘、洗数量较多，盘有花口、圆口、敛口、敞口等不同形式，三足盘是较为独特的器形。碗仅见3件，一为莲花式，较深，是宋代较为盛行的注碗形式；其余两件为口径在16至17厘米之间的大碗。瓶有纸槌瓶、长颈瓶、长颈撇口瓶，尊有三足尊、出戟尊，盏托为六瓣花式，水仙盆为椭圆形。汝窑器物胎较薄，质地细腻，呈香灰色，修坯精细，一丝不苟。釉以天青色为主，釉面匀净滋润，有细小开片。烧造

方法多采用满釉裹足支烧。由于汝窑烧造时间短，制品少，南宋文献就有"近尤难得"的记载。目前传世的汝窑器物不足百件，分别收藏在北京故宫博物院、台北故宫博物院、上海博物馆、英国达维德基金会以及美国、日本、香港等私人收藏家手中。明前期景德镇御窑厂曾一度仿烧，清代雍正、乾隆帝授意年希尧、唐英等督窑官大量仿制，其中有乱真者，但多数只仿釉色，器形则为清式。雍正仿品有汝釉大碗、花盆、象耳弦纹瓶、贯耳瓶、长颈扁腹瓶；乾隆仿品有高足盘、五孔尊、菱花式花盆、三联葫芦瓶、水丞、四方贯耳瓶、八方花盆、双环尊、蒜头瓶、三牺梅瓶、花口缸等。现代仿汝窑器物形、釉均仿，有出戟尊、三足尊、莲花式碗和各式瓶、盘、碟、洗等。

376. 北宋临汝窑青釉印花盘

临汝窑 宋代重要民间瓷窑，已在临汝发现严和店、轧花沟、下任村、东沟、陈沟、岗窑、石板河、桃木沟、陈家庄、蜈蚣山等处遗址。烧瓷品种以耀州窑系统的青釉瓷器和钧釉瓷器两大类为主，此外还烧制北方常见的白釉绿彩、白地黑花、白釉划花、黑

釉、绿釉等品种。青釉器物有光素、印花、刻花、划花几种，陕西耀州窑器的器形、纹饰，在临汝窑都可以找到，只是质地比耀州略为逊色，时代比耀州晚，明显是受其影响。印花纹饰有海水鱼纹、婴戏海水、缠枝牡丹、缠枝菊花、分格折枝花、折枝菊等。刻花装饰刀锋不如耀州犀利。划花有缠枝花卉，光素碗为厚唇小足，足粘砂粒，并有酱黄色，与耀州相似，但总体看耀州比临汝制作得更为精细。钧釉器物绝大部分为盘、碗，盘有折沿、花口、圆口等不同形式，有的饰以红色斑点。在临汝 8 处钧釉窑址中几乎同时都发现有青釉器，青釉中亦有带红斑者。

鹤壁窑 宋代重要瓷窑，窑址在鹤壁，创于唐而终于元。唐代已开始烧白釉、黄釉、黑釉器物。有花口钵、短流壶等器物。宋、金、元时期，烧瓷品种增加了白地黑花、白釉划花、白釉印花、里白外黑釉、钧釉、红绿彩等，很多品种及风格与磁州窑相似。其中白地黑花和褐黄釉划花两种最富代表性。白地黑花器物有碗、盒、瓶、罐、缸、枕等，黑彩乌黑光亮，黑白对比鲜明。褐黄釉大盆标本遗留较多，口径都在 40 厘米以上，有莲花、鱼纹、鹅、兔等划花纹饰。白釉划花间篦划纹大碗与磁州窑同类器物风格相同，碗心亦有 5 个长条状支烧痕。黑釉线纹罐制作亦很精细，起线细而锋利，有二、三、五线一组及满线纹。白釉印花与定窑风格相似，胎釉极薄，几乎达到脱胎的程度。

修武窑 宋代著名民间瓷窑，窑址在修武当阳峪，故又称当阳峪窑。所烧瓷器以剔花装饰最负盛名。纹饰的颜色以黑白、褐白搭配为主，对比强烈，流利洒脱。代表性器物如北京故宫博物院收藏的剔花缸、罐，其艺术感染力在磁州窑系同类装饰之上。另一个装饰品种是绞胎，白褐两种色料绞在一起，形成羽毛一样的纹理。绞胎器物中白口钵居多。酱釉器物在北方同类品种中可属上乘之作。酱地划花也是修武窑的独特产品。在窑址中采集到一片白口酱地划花碗，酱地衬以白色细线条花纹，图案别致。完整器物仅见日本收藏一件。此窑址还有白釉划花、白釉绿彩以及黑釉器物的标本。

当阳峪窑 见"修武窑"。

377. 宋宝丰窑瓷器标本

宝丰窑 宋、金时期瓷窑，在宝丰清凉寺。烧瓷品种有青釉、白釉、黑釉、绿釉、酱釉、三彩、钧釉等。青瓷质量较好，造型、纹饰与耀州窑近似，青釉印花碗较多，纹饰主要有缠枝菊纹、菊瓣纹、海水鱼纹、海水螺纹、莲纹、分格折枝花纹等，还有其他窑所未见的海水船纹。刻花装饰见于盘、瓶、器盖、碗上，有刻线纹、刻菊瓣纹。划花装饰有花卉、划花间篦划纹。青釉光素器物中的厚唇小足小碗，与耀州、临汝窑青釉小碗很相似。还有的碗内饰5至6条线纹装饰，这类碗在耀州、临汝等窑也很常见。此外光素器物还有器盖、双耳罐等。白釉器物有黑口碗、双耳罐、瓜棱罐、珍珠地划花瓶、篦划水波纹瓶、柳斗杯。黑釉器物有线纹罐，酱色花纹器物有瓶、双系瓶、罐、六角纹盘（有的里心有褐色点彩）等。黑釉

戳麦粒纹装饰在北方其他窑中比较少见。酱釉碗有的为外酱釉、内酱口白釉。绿釉器有水波纹、篦点纹枕、梅花式盒、炉。三彩器有腰圆、八方枕，此外还有赭黄色划花腰圆枕。钧釉标本较少，主要器形为碗。

宜阳窑 宋、金时期瓷窑。窑址分布在宜阳三里庙、锦屏山、红窑村等处。明、清地方志记载，宜阳在宋熙宁以前就开始了陶瓷生产。从采集的标本来看，烧瓷时间在宋、金之际，以烧青釉瓷器为主，此外有白釉、珍珠地划花、白地黑花及三彩陶器。青釉标本较为丰富，以碗为大宗，有光素及印花、划花、刻划花等装饰，造型纹饰风格与临汝、宝丰、内乡、登封、鲁山等窑同类器物相似，同属耀州窑青瓷系统。常见的有印花海水鱼纹、团菊纹、缠枝菊或缠枝花、菊瓣纹、分格印折枝花、细线划花及戳印米粒纹，戳印米粒纹较为独特；还有耀州及临汝等窑常见的刻线纹，多饰于碗的外壁及盖面。宜阳窑青釉印花在河南诸窑中质量较好，釉面气泡较多。在锦屏山采集到珍珠地划花枕片，为研究这个品种瓷器的烧造地点提供了新的资料。

新安窑 宋至金代瓷窑，在河南西部新安。遗址发现10余处，多烧造钧釉器物，属钧釉系瓷窑。烧瓷时间历经宋、金、元三代，烧造盘、碗、炉、瓶、罐等生活用具，以盘、碗占绝大多数，标本中有的釉色呈现红斑。此外，新安窑还烧造磁州窑系的白地黑花碗、珍珠地划花腰圆枕，此类枕有牡丹纹、莲花纹、花卉纹、虎纹及"忍"字，珍珠地纹排列密而整齐；还有白釉剔花枕、梅瓶、红绿彩折枝花小碗以及耀州窑系的青釉印花、刻花品种。印花有耀州窑常见的缠枝菊纹、缠枝花纹、菊瓣纹、分格折枝花纹及"段"、"吴"、"杨"、"同"、"张"、"惠"等姓氏文字。

东窑 宋代汴京附近烧制砖瓦的陶窑。见于《宋会要》"窑务"条："京东西窑务掌陶工为砖瓦器给营

缮之用,旧东西二窑景德四年（1007年）废止,大中祥符三年（1009年）复置东窑务……"据传东窑在河南陈留,但至今未发现,窑址所在地因黄河改道而沉入水下数米,曾几次挖掘没有成功,真正的东窑已不可知。而一般所谓东窑瓷器,即青釉浮雕花卉执壶等,经窑址发掘证明,为耀州窑的产品。此外辽宁、内蒙一带发现砂粒支烧的满釉青瓷,日本人称为宁东窑的瓷器,也是耀州窑产品。

378. 宋扒村窑黑花玉壶春瓶

扒村窑 金、元时期瓷窑。窑址在禹县扒村,1950年发现,属磁州窑系。烧制器物有折沿盆、碗、盘、盖罐、瓶、盒、缸、枕。受磁州窑影响,装饰品种有白地黑花、黄地黑花、白釉、白釉划花、黑釉、黄釉、红绿彩、三彩,此外还烧制钧釉、青釉器物。其中以白地黑花最具代表性。北京故宫博物院收藏的折沿大盆,白地洁白,黑彩浓黑,黑白对比强烈。盆共有5组纹饰:折沿上画朵花,缠枝叶纹如松针一般,此为扒村常用的笔法;盆内壁为肥硕的莲花瓣;

盆里心绘3组纹饰,主题为3朵盛开的莲花,外围是4组卷枝纹,花间隔以莲叶,并衬以水波、浮萍,中心点缀一朵团花。一般产品以碗为主,碗中心画一枝花叶或书"张"、"秦"、"记"、"花"、"将"等字,多采用叠烧,碗里心及足部留有3或5组砂粒支烧痕。白釉划花与磁州窑同类装饰相似,唯支烧痕略有不同,磁州窑为长条形,扒村窑则为不规则形。黑釉器物有盘、碗、缸等,以金、元时期常见的阴刻线纹装饰。在窑址中还有一定数量的素烧坯,是三彩的半成品。值得注意的是,标本中有黄地黑花虎形枕,可见在传世的此类枕中当有扒村窑的产品。

淇县窑 元代瓷窑,窑址在淇县。明、清文献记载淇县产青瓷。北京故宫博物院于80年代对窑址进行了调查,于黄洞乡3处窑址采集的标本绝大多数为钧窑系器物,兼有少量白釉器。西渔泉窑址采集到钧釉碗、碟,有天蓝、深蓝等不同色调,器内外施釉,外釉至腹部以下,圈足露胎处较粗糙。小碟口沿多外折,釉色泛黄,是与盖碗配套使用的。前嘴西坡与黄洞村窑亦出土钧釉碗、罐、缸等器物。大件器物胎较为厚重,少量的饰红斑。还采集到素烧坯,说明器物是二次烧成的。从上述标本分析,碗为元代典型造型,釉色、胎质与河南钧窑系器物有共同点。淇县窑元以前是否烧瓷,何时烧青釉器物,还有待于新资料的发现。

【湖北省】

鄂城窑 唐、宋时代瓷窑,主要分布在鄂州梁子湖心梁子岛及湖东南沿岸的涂镇乡、公友乡等,时代为唐、五代及宋代。烧瓷品种有青釉壶、瓮、碗、碟,壶的标本发现较多,造型有双系矮颈短流形、喇叭口曲流形和直颈曲流形,壶柄上印有菱形纹、团花、朵花及执壶形纹,具有鄂城梁子湖窑的独特风格。碗亦有大中小、深浅等不同造型,里心有4至5个支烧痕。所烧的青釉器物胎为黑褐色,较厚重,断面气孔较多，釉色不稳定，有青灰、褐、黄色。此外还发现青白釉标本，多属碗类，胎质细密洁白，釉色泛灰，有划花装饰。

武昌窑 宋代瓷窑，是湖北省重要产瓷地区。窑址分布在梁子湖南岸的湖泗乡、保福乡、舒安乡，西岸的土地堂乡、乌龙泉乡及北岸的龙泉乡。目前这一带已发现古瓷窑址190余处。重点发掘了土地堂青山窑，从而揭开了该地区古代瓷窑的面貌。土地堂青山窑烧瓷品种有青釉、青白釉及白釉。青釉器主要有碗、盘、碟、盏、壶，其中碗、盘、壶数量较多，胎以青灰及白色为主，装饰上有少量刻、划、印花。这些器物的胎釉、造型、纹饰与浙江龙泉窑器很相似。青白釉器物以盘、碗为主，装饰有划花间篦划纹、莲瓣纹，花口碗及出筋（起线纹）器物亦有一定数量，质量好的与景德镇青白瓷相似。白釉器物有各式壶、盘口瓶、碗等。湖北处于南北窑系的交汇处，武昌窑的发现，既填补了湖北古窑址的空白，又表明湖北不仅烧造北方普遍生产的白瓷，而且生产南方盛行的青瓷、青白瓷。

【湖南省】

醴陵窑 位于湖南株洲与江西萍乡之间的陶瓷窑。从新石器时代开始烧造彩陶与白陶。东汉时期进一步发展，已发现这一时期的窑址群。然据1948年出版的《醴陵县志》记载，醴陵的制瓷业始于清代雍正年间，清晚期形成了以沩山为中心的瓷器产区，并由生产粗瓷发展为生产细瓷，成功地创造出5种高温釉下颜料，运用双勾填色的绘画技法，采用两次素烧、一次釉烧方法烧制的釉下五彩瓷器，这一具有地方特色的品种盛烧不衰。

湘阴窑 重要的古代瓷窑，窑址在湘阴。目前已发现汉、三国、两晋、南朝、隋、唐、五代直至明代的多处窑址。东汉湘阴青竹寺窑已烧制青釉碗、钵、盆、坛、罐、壶等。胎色灰白，质地细腻，部分胎壁

379. 隋湘阴窑遗址

有气泡，多施半釉。东吴、两晋、南朝窑头山窑、城关镇窑烧制青釉洗、盆、罐、四系壶、鸡首壶、印纹钵、褐色点彩钵、托盘等。釉色有青、黄、酱等色，部分釉色因窑变而成蓝、紫色。装饰有印花团花、卷草、人物、几何纹、浮雕莲瓣纹及圆雕鸳鸯、龙头、象首。隋代为湘阴窑发展的时期，烧制的青釉器物有碗、盘、钵、高足盘、四系罐、盘口壶、瓶、灯、多足砚等。胎较厚重，有青灰、灰白色。青釉透明或半透明，釉层薄，施半釉，釉面多开片，有垂釉现象。酱色釉以酱绿色为主，釉面开片易剥落。有朵花、草叶、几何以及直线纹印花装饰。纹饰的搭配布局均衡、对称，图案效果强烈而又富于变化，往往用3组或4组团花与叶纹或与成组的直线纹相间排列，仅高足盘盘心纹饰即达30种以上，构成千变万化的纹样。除印花装饰，还有划花莲瓣纹。唐、五代湘阴隶属岳州，湘阴窑称岳州窑，产品仍以青釉为主，参见"岳州窑"。

岳州窑 湘阴窑在唐、五代称岳州窑。窑址在湘阴窑头山、白骨塔、窑滑里一带，1952年发现。唐代陆羽《茶经》评价唐代6个瓷窑的茶碗时说："碗，越州上，鼎州次，婺州次，岳州次，寿州、洪州次。""越州瓷、岳瓷皆青，青则益茶。"从饮茶角度，陆羽

把岳州窑器排在第四位，由此可见该窑在唐代的地位。这一时期器物以碗、盘为主，碗有唇口及玉璧形底，具有典型的唐代风格。壶、罐、瓶等，胎体比前代薄，色灰白，胎质不如越窑致密。釉色以青绿居多，亦有青黄色，釉层仍很薄，玻璃质很强且开细碎片纹，剥釉现象仍然存在。唐代采用垫饼支烧；五代用支钉支烧，在盘、碗底部留有支钉痕迹。长沙黄泥坑唐大和六年（832 年）王清墓出土的青瓷与该窑的标本完全相同，可以确定是岳州窑的产品。长沙子弹库五代墓出土的浮雕莲瓣瓶是岳州窑五代时期的代表性作品。乌龙嘴遗址出土的印花鱼纹碗，碗心饰一朵团菊，接近宋代的风格。参见"湘阴窑"。

长沙窑 唐代重要瓷窑。窑址在长沙铜官镇及书堂乡石渚瓦渣坪一带，又称铜官窑、瓦渣坪窑。发现于 1955 年，据调查烧瓷时间为唐、五代。烧瓷品种之丰富，在唐代其他瓷窑中尚属少见。器形有碗、碟、杯、钵、洗、瓶、坛、罐、壶、乳钉纹高足杯、托盘、灯盏、水注、筒形罐、鼎及玩具。产品以青釉为主，兼烧少量褐釉、酱釉、白釉、绿釉器。青釉有光素器及釉下彩绘、印花、贴花装饰。釉下彩绘盛行于长沙窑，主要是在青釉下描绘以铁、铜为着色剂的褐、绿彩纹饰，有褐彩与褐绿彩两种，装饰于碗、盘、盒、壶、罐、枕、泡菜坛等器物上。碗、碟采用叠烧，器里心有圆形、方形、多边形露胎，坯上先施化妆土，然后用褐彩绘画。彩绘题材有人物、山水、花鸟、走兽、游鱼等。釉下彩装饰除绘画以外，还有题诗，内容选用民间喜闻乐见的俗言、谚语、警句、通俗诗，书写于壶的腹部，少量见于碗、碟里心及枕面。字体以楷书、行书为主。仅湖南省博物馆收集的瓷器题诗即达 50 种。彩色斑点装饰比较普遍，最初为 4 组大块圆斑，逐渐过渡到小斑点组成的纹饰，有的单用褐色，有的褐、绿并用。江苏扬州出土的褐绿彩云纹双耳罐，釉色泛淡黄，用成串的褐绿彩点勾勒

出精美的云纹，是唐代长沙窑高水平的作品。印花装饰出现在晚唐，主要见于碗、碟里心，纹饰以花卉居多，也有花鸟、云纹。模印贴花装饰于中唐偏晚出现，多饰于壶、罐肩腹部及系部，题材有人物、鸟兽、园景、双鱼、椰枣、叶纹，纹饰凸起，罩以酱色阔斑。长沙窑继唐代岳州窑而起，迅速发展，影响邻近地区一批瓷窑。其釉下彩绘工艺对我国古代陶瓷装饰产生了深远影响。产品不仅内销，而且大量外销。有些器形及纹饰为西亚风格，显然是订烧器。目前集中出土长沙窑器物及标本的地区有湖南长沙、江苏扬州、浙江宁波以及安徽、广东、广西、陕西、江西、河南；还有日本、菲律宾、泰国、韩国、伊朗、伊拉克等国。

380. 铜官窑唐代窑址堆积

铜官窑 见"长沙窑"。

衡阳窑 唐、宋时代瓷窑，窑址主要分布在衡阳北郊湘江两岸。西岸主要有泥基台、瓦子堆、窑堆 3 处，产品以碗、碟为主；东岸窑址堆积面积较大，品种也比较丰富，分布于茶山乡金甲岭的梁家河、浏阳

河、江家河、罗汉寺与贺家港一带。梁家河与浏阳河产品以壶为主，江家河与罗汉寺一带以碗、碟为主。烧瓷上限为晚唐、五代，下限至北宋。产品以青釉为主，器形有壶、坛、罐、碗、碟、杯等。壶的种类较多，胎色灰白，早期多施满釉，装饰有刻划莲花纹；晚期多施底粉或露胎，碗、杯里心有的印朵花纹。

岳阳窑 五代至宋代瓷窑。窑址在岳阳以南25公里的洞庭湖畔，分布在三笼矶、陶家嘴、九马嘴、万石湖、杨庙湖、布嘴山、鹿角、呈祥湖、黄主港、白沙湖、铜盆湖等17处。其中杨庙湖窑烧瓷上限早至五代，大量标本属宋代，釉色以酱黑色为主，青釉次之，还有少量素地白彩和釉下粉彩。胎有灰褐、红褐、青灰几种，胎质坚硬。器物有碗、碟、罐、壶、缸、坛。其中有的碗、壶造型与衡阳窑接近。釉下粉彩饰于坛、器盖上，图案用白粉在浅灰素胎上绘成，然后施透明青釉。青釉在浅灰胎上呈茶叶末色。鹿角窑在红旗乡，早期烧黑釉、黄釉壶、坛、碗，碗心印莲花或"黄垱种炉"四字及"李"、"大吉"字样。中期釉色以青釉为主，酱黄釉、酱青釉烧成温度低，为半陶半瓷产品。装饰有釉下粉彩绘花、印花、划花。釉下粉彩绘花装饰较多，器物有壶、碗、盏、坛、罐，多灰胎，用浆粉绘牡丹或直线几何纹，外罩透明青釉。印花多用于碗内，内容有文字或花卉。也有图文并用的，如水波莲花纹碗，以水波纹为地，中心绘团菊，碗内壁4个花形开光内分别书"福"、"寿"、"嘉"、"庆"。刻花数量较少，多在钵内刻莲花纹。瓶、壶、罐等也是常见的器形。根据该窑以釉下粉彩为主要装饰，造型与汨罗营田窑相似的特点，应划归营田窑系。

零陵窑 北宋青瓷窑。窑址在零陵黄阳司三角洲一带，1979年发现。零陵窑所烧青釉有青黄、浅黄两色，有的釉面开片，釉下多施化妆土。施半釉，胎色大部分呈砖红色。器形以碗、碟为主，只有少量杯、瓶、坛、罐。碗、盘有的为花口，有的印团花。纹饰常见莲花、菊花、蝴蝶和几何形图案；另一种印文字，有"唐"、"何"、"夫"单字，还有印唐、宋钱币纹饰的，如唐"开元通宝"、宋"宋元通宝"等。

郴州窑 北宋瓷窑。窑址在郴县街洞石面坦水电站内。产品主要为青瓷，与零陵窑产品风格较为接近。器物有杯、碗、碟、缸、带流钵、洗、盂、坛等，碗杯里心有3至5个支钉痕，印梅花、菊花等纹饰，还有印"二"、"三"、"音"等文字的。

381. 宋衡山窑粉上彩双系壶

衡山窑 宋、元时期瓷窑，窑址在衡山县城西南的渡口边和赵家堆。烧瓷品种以单色的青黄、绿、蓝、褐釉为大宗。素胎彩绘又称粉上彩，是衡山窑最具特色的品种，数量约占总数的8%，器物有壶、瓶、罐、炉、碗。制作过程是在素胎器物中部先施略泛黄的白色化妆土，然后用褐绿彩画出缠枝牡丹、荔枝等纹饰，器物口缘及近底边处施褐、绿色釉，整器形成3层装饰带，别具一格。釉下彩绘是该窑的又一装饰品种，在素胎上施化妆土，其上画散点式团花、朵花或几何图案，再罩一层透明釉。有的只在碗口沿施化妆粉，形成青釉或酱釉白口，此种做法在其他南方窑中也可以见到。印花装饰于绿釉、酱釉、蓝釉等单色釉碗、盘、碟上，纹饰有莲花、牡丹、菊花水草、鸳鸯游鱼及"金玉满堂"四字吉语，有些纹饰采用梅花形开光布局。刻划装饰见于碗、器盖、香炉上，花纹主要为莲瓣纹。衡山窑器总的特征是胎质坚硬，胎呈灰色、赭灰或褐红色，80％以上器物都施化妆土。

衡东窑 宋至清代瓷窑。窑址在衡东，已发现宋、元、清时期窑址多处。宋、元制品有彩瓷与青白瓷两大类。彩瓷窑有大源窑，位于县城东6公里的洣水北岸甘浣镇大源村。釉色品种有青釉、酱釉、绿釉，器物有碗、杯、碟、壶、罐、坛、瓶、炉等。装饰方法有釉上彩、釉下彩、釉下粉彩、印花及刻划花。纹饰有莲花、梅花、牡丹花、水波游鱼、吉祥语"福寿嘉庆"、"福"字等。其产品与衡阳窑产品相似。青白瓷窑目前发现有麻园窑、谭家桥窑、集富窑、北斗岭窑、窑里村窑，主要分布于县城以北的小初乡、油麻乡、大桥乡。产品有碗、杯、盘、瓶、罐、壶、高足杯、坛、盏等。胎较白，釉色白中泛青或泛黄。碗、盘、杯等多采用覆烧或砂粒垫烧，覆烧者口部无釉。麻园窑装饰有印花花卉纹，在碗外壁印一周回纹，其下印莲瓣纹。该窑出土有元祐四年（1317年）铭窑具，为其烧瓷年代提供了依据。清代衡东虎形山窑、茶子山窑、茶塘窑烧制青花瓷器，器物有碗、杯、盘等。以碗、杯为主，纹饰有几何纹、变形花草纹及"寿"字。青花色调浓黑，胎体白，白釉泛灰。

衡南窑 衡南境内宋代瓷窑。已发现东江、窑里坪、怡谷等窑址。东江窑位于衡南东江乡，是一处宋代青瓷窑，产品有壶、瓶、坛、罐、碗、钵、盘、缸、灯、盆等。胎色灰白或浅灰，部分器物施化妆土，釉色有青黄、虾青，釉面有开片。装饰刻划花或

印文字"胜"等。窑里坪窑位于向阳乡，器形有碗、盏、碟、盘、高足杯、钵等。胎为青灰或紫红色，装饰有印花、釉下粉彩、刻花及堆塑。以酱黑釉为主。质地较粗，绝大部分碗心留有3至6个支钉痕。圈足底沿整齐，底心有圆形凹面。怡谷窑位于衡南城南22公里的茶市镇。以烧青褐釉为主，器物有碗、盏、杯、碟、壶、坛、瓶、炉、器盖、砚等。碗心多留有5或6个支钉痕，装饰有印花、釉下粉彩画花及线纹。宋、金、元时期流行一种黑釉白线装饰，该窑为褐釉白线，四线一组均衡排列，具有地方特色。窑址中曾出土"至正八年"（1348年）铭文砚，为该窑烧造年代提供了依据。

祁东窑 宋代瓷窑。窑址在祁县东南部归阳镇财宏村的月形嘴与龙家埠头一带，1986年发现。器形有碗、杯、碟、壶、坛、罐、钵、炉。釉色为青釉、黄釉、酱釉、紫蓝、深绿釉。与邻近地区瓷窑在烧瓷品种和装饰上有共同之处，如与相邻的衡山窑一样，也烧素地粉上彩器物。粉上彩钵内施淡绿釉，外为粉地彩釉绘叶纹。碗盘中留有4个支钉痕，有的印水波游鱼纹。

耒阳窑 宋、元时期瓷窑。窑址在耒阳。已陆续发现县城北部遥田镇、西部春陵水东面台地上以及西南部磨形乡与太平乡的瓦子塘、虾塘、青皮、瓦子窝、老背山、栾岭、窑门前、南唐、凤形山多处窑址，时代多在宋、元之际。烧瓷品种一类为湖南常见的青黄、酱黑、褐、绿釉碗、盘、坛、罐、壶、杯、器盖。胎色分别为青灰、砖红、紫红。装饰有刻花、印花，碗、盘上多印缠枝莲纹，部分碗、盘叠烧时留有4至5个支烧痕。一类为青白瓷，器形有碗、杯、盘、灯、高足杯、执壶、瓶、炉。目前发现湖南烧青白瓷的窑有耒阳窑和衡东窑，两窑均距江西较近，烧瓷工艺可能受江西瓷窑影响。但耒阳窑青白瓷造型、纹饰也有自身特点。碗、盘等采用覆烧法，口部无

釉。装饰采用印花、刻花工艺，纹饰题材有缠枝或折枝莲花、菊花，还有的在器外壁饰莲瓣、菊瓣纹，并常采用联珠纹、勾连云雷纹作边饰。

常宁窑 常宁境内宋、元时期瓷窑，已发现两处窑址：一处在荫田区衡头乡白马村一、二组境内的祖山岭、庙下岭一带，标本有酱釉平底、圈足碗、褐釉泡菜坛和钵；另一处在县城东28公里处的瓦子坪，烧瓷时间比白马窑晚，标本有酱釉碗、泡菜坛；绿釉双系罐、黄釉碗、白釉高足杯等。

邵阳窑 宋代瓷窑。窑址在湖南邵阳县城塘渡口，濒临资江，1985年发现。主要烧制黑褐釉及粉上彩釉绘花器物。黑褐釉器物有碗、壶、罐、坛、瓶等。壶有多种造型，有盘口束颈圆腹壶，还有直颈折肩长腹壶。粉上彩釉绘花器物有碗、瓶，绘折枝花卉及缠枝花、草纹。装饰方法与衡山窑一样，但造型不同，邵阳窑出土的粉上彩釉绘花瓶为喇叭形口，细长颈，鼓腹，喇叭形足，造型修长美观。

益阳窑 宋至明代瓷窑。窑址在湖南益阳羊舞岭乡与石笋乡交界处的早禾、杨泗牌楼、高岭的丘陵地带。烧瓷品种有白釉、青釉、黑釉、影青及青花。白釉器物胎体白，少部分微黑，釉为乳白色，有的泛青。器形有碗、碟、杯、盘、盏、灯，装饰为褐色点彩梅花纹及印莲花纹。青釉多施于碗、盘、碟、钵、缸，以盘为主。胎为白或灰白色，釉面开片，釉色深浅不同，装饰有酱彩、刻花及釉下彩绘莲瓣纹。黑釉器有盏、高足杯，胎灰白色，有刻莲瓣纹装饰。青花为明代产品，以碗、坛、壶、高足杯为主，胎亦为白或灰白色，白釉泛青。青花色泽较深，纹饰有菊花、水藻、兰花及"寿"、"福如东海"等文字。碗、盘、碟多采用叠烧，器心露胎。白瓷、青瓷也有覆烧的，口部无釉。

汝城窑 宋、元时期青瓷窑。窑址在距汝城约18公里的暖水乡沤江西北岸、下蒋村的三角园、任前头

和上蒋村方圆角一带。器形有碗、坛、罐、壶、钵等。釉色介于青、褐之间，胎质细腻，白中带灰。多数采用支圈叠烧，少量支珠垫烧，碗心残留3至5个支烧痕。碗为圆口，有的外饰莲瓣纹，造型与浙江龙泉同类碗相近。有相当一部分碗里印"元泉"、"太"、"吉"、"全"、"金玉"、"佛"、"文"、"斋"、"宋"、"大"、"大吉"、"曹"、"龙京"、"城殿"、"牛"字，有的类似八思巴文，有的字不规范，难以确认。

汨罗窑 宋代瓷窑。窑址在湖南汨罗县城东约25公里的湘江东岸营田。器形有碗、盘、罐、壶、香炉、三足炉、钵、瓶、瓮、器盖等。胎多为灰色，少数呈紫红色。釉色有青釉、褐釉，两种釉都有深浅变化。装饰技法有模印、釉下白粉绘花以及极少量的白地彩釉绘花。青釉器物装饰有印花缠枝莲纹、菊花纹；青釉釉下彩绘菊花纹、牡丹纹。褐釉器物装饰有釉下彩绘牡丹纹，罐、壶等器物上有釉下白粉组成的点、线及交叉线组成的纹饰，饰于器物的颈、腹部。此外还烧造青黄、黄绿、暗绿等釉色的炉、罐、壶、器盖，装饰有釉下白粉绘出的牡丹花、叶等纹饰。汨罗营田窑多数器物与衡山瓦子墩窑器物相似，但不如瓦子墩窑器形丰富。

常德窑 元代瓷窑。窑址在常德斗姆湖乡南阳村瓦罐堡的源水西岸。遗物中有钵、炉、坛、罐、壶、器盖、缸、瓶。胎色呈褐红、棕色、瓦灰或紫灰色，多属瓦缸胎，釉色以赭石色为主，少部分为青绿或茶叶末色。壶有赭色印花，也有青釉绘褐色灵芝纹的。壶柄上印有多种图案与文字，有莲花、卷草、流云、席纹、菱形几何纹或"张"、"杨"等字。带流罐，当地称"药罐"，至今铜官窑仍在生产，口部有流，对称一侧为柄，双系，柄上印回纹或席纹、云纹、莲花纹及"张"字，这种罐也有作油罐用的。

怀化窑 明、清之际青花瓷窑。窑址在怀化方中乡龙井村梨子坡，本地或称窑货场。主要有碗、盏、

单柄罐、敞口罐、灯盏、盘、高足盘。胎色洁白或白中泛灰。釉色白中带灰或黄。青花呈黑、铁锈色及淡蓝色。纹饰有飞蝶、花卉、蝙蝠、凤、卷草、团花纹。纹饰布局有二方连续及散点式图案。

【江苏省】

宜兴窑　苏南重要古瓷窑。在宜兴东南部丁蜀镇发现16处汉代窑址，烧造红陶、灰陶与原始青瓷罐、泡菜坛、盘口壶等；3处六朝时期窑址，即龙丫窑、六十头窑与马臀窑，烧制青釉碗、钵、洗、盘口壶等，器物具有西晋时期特征，属越窑青瓷系统。在丁蜀镇东南365公里的涧㳇，发现了唐代窑址，有青釉碗、钵、罐、盘、灯盏、瓶、盆、壶、灯座标本。从宋代开始，宜兴以日用陶为主要产品，在丁蜀镇、张渚两地区发现有陶瓶、盆、罐、壶、钵、缸等器物。明代以来，以烧制紫砂陶器闻名于世，在丁蜀镇蠡墅村羊角山，发现了早期紫砂窑址，有粗糙的壶、钵、罐。随着饮茶方式的改变，宜兴窑主要产品为各式紫砂茶壶，出现供春、时大彬、陈鸣远等一批制壶名家。此外，宜兴窑还仿烧宋代钧窑器物，生产乳浊釉陶器"宜钧"。

常州、金坛、无锡窑　窑址分布在江苏南部，80年代发现。常州市内发现唐代青瓷窑，烧制青釉四系罐，其中有的施彩。在金坛发现汉代釉陶与印纹陶共烧的早期窑址，还发现元代青白瓷窑址，烧制刻粗莲瓣纹的青白釉平底碗。无锡发现了宋代青白瓷窑址，质量较为粗糙。江苏省古窑以往只报道过六朝时期青瓷窑址宜兴均山窑、涧㳇窑，上述窑址的发现为江苏地区古代瓷业的发展提供了新资料。尤其是金坛、无锡两地发现了宋、元时期青白瓷窑址，为确定青白瓷的烧造范围提供了新的依据。

泗州窑　宋代民间瓷窑。据南宋周辉《清波杂志》记载："辉出疆时见房中所用定器，色莹净可爱，近年所用乃宿、泗近处所出，非真也。"可知泗州窑烧白瓷，属定窑系。唐、宋时期泗州辖区在今苏北至皖北诸县。窑址迄今尚未发现。

【江西省】

洪州窑　古代重要青瓷窑。分布在丰城所属的曲江等5个镇（乡）的18个自然村，位于赣江或与赣江相通的清丰山溪、药湖岸畔的山坡、丘陵地带，窑址面积较大。此地唐代属洪州，在唐代称洪州窑。烧瓷时间较长，从东汉晚期开始，历经三国、两晋、南朝、隋、唐、五代，约有800年的历史。窑址出土器

382. 江西丰城罗湖洪州窑遗址

物时代特征明显，汉代常见器物有双唇罐、盘口壶等，三国、西晋烧制鸡首壶、唾壶、虎子、灯、砚台等。东晋到南朝，逐步进入兴盛时期，器形种类增多，碗、耳杯、托杯、格盘、盏盘、博山炉和冥器极为流行。由于此时已使用匣钵，器物釉面光洁。隋代常见高足盘、高足杯、粉盒，很多器物已使用化妆土，由于化妆土与釉面结合不牢，常见剥釉现象。这个时期广泛使用模印装饰，盘心、碗、钵外印多种花叶纹样，风格和造型同各地隋代青瓷大体相似。唐代烧青、褐釉瓷器，初唐多见大碗、盘口壶、双唇罐、杯，装饰比隋代简化，重环纹和小花纹较多。盛唐至中唐，瓷器生产达到历史上的高峰，杯的造型丰富，有的仿金银器形制，胎色较深，施化妆土，釉多为褐

299

色，与唐陆羽《茶经》描述的"洪州瓷褐"相吻合。江西地区墓葬出土的器物中，当有一部分为洪州窑产品。

丰城窑 见"洪州窑"。

新干窑 隋、唐时期青瓷窑。窑址在新干东南约2.5公里的塔下古。采集的标本有青釉、米黄釉及酱褐釉等。常见器形有碗、盅、罐、钵、壶、盂、高足杯、高足盘，器物多施半釉，盘、碗里心多留有几个支烧痕。新干县隋初曾隶属洪州，所产青瓷与陆羽《茶经》所记载"洪州瓷褐"的特征相吻合。此窑的发现对了解洪州窑的分布范围提供了新的线索。

临川窑 隋、唐时期青瓷窑。窑址在临川白浒，1963年发现遗物有碗、壶、罐、缸、钵等，其中碗较多。器物制作的特点是胎骨粗糙而厚重，施釉多不到底，釉大多数呈酱褐色，这与唐代陆羽《茶经》中所评述的"洪州瓷褐"有共同之处。临川唐代属抚州，与唐代洪州所辖县南昌、丰城相邻，临川窑很可能与丰城、新干等窑属于同一窑系，烧制同类器物。只因洪州窑名声较大，故而陆羽只提洪州窑而未及其他。继发现唐代标本之后，又发现具有典型隋代风格的高足印花盘，盘里纹饰有多种形式。由此判断该窑烧瓷在隋、唐之际。

景德镇窑 我国重要瓷器产区。窑址在景德镇，目前发现的早期窑址属五代时期，生产青瓷与白瓷，有杨梅亭、石虎湾、黄泥头窑。青瓷釉偏灰，白瓷白度已达70度，烧造方法采用支钉支烧，在碗里及足上留有一周长形支痕。器物以碗、盘为主。宋代窑址发现有湖田、湘湖、南市街与柳家湾等处，烧造青白釉瓷器。杨梅亭等3处五代窑宋代也改烧青白瓷。器形有盘、碗、瓶、壶、罐、盒、枕。装饰有刻、划、篦划、篦点、印花等技法。北宋后期吸取北方定窑的覆烧法，产量大大提高，有"南定"之称。其中湖田窑制品质量较好，釉色纯正，纹饰精美。元代成为全

国的制瓷中心。开始烧青花、釉里红、釉下彩绘品种，并继续烧造青白瓷，有梅瓶、玉壶春瓶、罐、碗、盘、高足杯、匜、炉等器形。明代青花瓷得到很

383. 明景德镇窑青花带盖梅瓶

大发展，釉上彩、斗彩、素三彩、五彩等品种相继出现。清代制瓷技术又有提高，彩瓷品种更加丰富，五彩、粉彩、珐琅彩达到非常高的水平。仿宋代名窑瓷器，釉色极为接近，而且出现仿玉石、漆、铜釉色及仿干鲜果品的象生器，烧瓷技术达到历史上的高峰。宋以后景德镇瓷器销往海外，制瓷技术也随贸易文化交往传播国外，对亚非及欧洲瓷器的出现，起了关键性作用。

景德镇青白瓷窑系 以江西景德镇窑为代表，烧制青白瓷的瓷窑体系。形成于宋代，主要窑口除景德镇，还有江西南丰白舍窑、吉安永和镇窑、安徽繁昌窑、广东潮安窑、福建德化窑、泉州碗乡窑等。青白瓷釉色青中显白，白中泛青，又称"影青"，是由景德镇首创烧出的一种风格独特的瓷器。器形有盒、

碗、盘、壶、炉、瓶、枕等。装饰以刻花、印花为主。纹饰题材有花卉、飞凤、水波纹等。

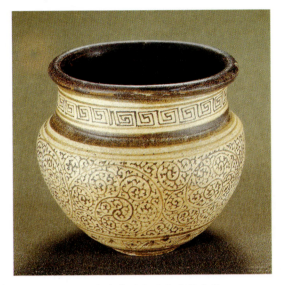

384. 南宋吉州窑缠枝蔓草纹罐

吉州窑 宋代著名民间瓷窑。窑址在吉安市永和镇，吉安在隋、唐、宋均称吉州，故名。已发现窑址20余处，创烧于唐代，宋、元瓷业有较大发展。烧瓷品种比较丰富，器物有罐、炉、盒、瓶、枕、盆等；釉色种类较多，既烧南方流行的青釉、黑釉、青白釉，又烧北方常见的酱釉、绿釉、白釉及白地褐花。借鉴北方定窑的覆烧法与印花装饰、磁州窑的白地褐花彩绘，胎釉及绘画风格则具有江西特点。江西地区宋墓中出土的莲花纹炉与奔鹿纹盖罐为吉州窑精品。韩国新安沉船中打捞的卷枝纹地开光花卉长颈瓶亦为难得的佳作。吉州窑经常生产的低温绿釉器也是北方流行的品种之一，器形有碗、枕、盆等，釉色较浅，玻璃质感较强。最能代表吉州窑特色的品种是黑釉器，其上多伴有木叶纹、玳瑁斑、剪纸贴花、窑变花釉、黑釉彩绘及剔花装饰。木叶纹是把天然树叶直接烧在黑釉碗上，以黑釉衬托出黄色的叶子剪影。玳瑁釉是在黑、褐釉上饰以浅黄色斑点，色泽质感有如

海洋动物玳瑁的甲壳，常装饰于碗、炉、瓶等器。剪纸贴花主要饰于碗内，装饰效果极似民间的剪纸，题材有飞凤、折枝梅花、散点式梅花、鹿纹、凤梅纹、鸳鸯、蝴蝶、竹、兰以及菱形边框内有"福寿康宁"、"金玉满堂"、"长命富贵"四字吉语的图案。黑釉彩绘有月梅、月竹、凤蝶纹，是在铁质釉上用草木灰釉绘画纹饰，烧成后形成黑地白色花纹。剔花装饰见于瓶、罐、碗等器物上，梅花纹最常见。此外，白釉、青白釉亦有剔梅花纹的。黑釉器除上述装饰，还烧制大量光素碗、盘、瓶、罐等。青白釉有碗、高足碗、罐、洗、盒、枕、罐、灯、壶、三联盒、褐彩骑狗俑，有的以褐彩书"吉"、"记"字样。其中有印花、划花装饰，图案有凤纹、花卉纹、柳斗纹、菊瓣纹等。

南丰窑 宋代重要瓷窑。据元代蒋祈《陶纪略》记载，南丰窑已有实力与景德镇争夺瓷器市场。这是关于该窑最早的文献记载。南丰窑于1960年发现，1979年北京故宫博物院对此窑作了调查，两次调查判明南丰窑烧瓷时间是宋代，烧瓷品种为青白瓷。器物以盘、碗为主，还有注壶、盏托、盒子、缸、钵、罐、瓶、枕。装饰方法有刻、划、篦划、贴花，以刻花纹居多。刻剔月梅纹为一枝梅花与一弯新月遥遥相对，与吉州窑画、刻的月梅纹饰有异曲同工之妙。窑址中还有一种青白釉酱口碗，这种工艺在其他瓷窑中尚未见过。还有的器物上饰有小小的联珠纹，与景德镇此种装饰相似。南丰窑青白瓷与景德镇制品色调不同，景德镇的釉色偏青，而南丰窑的偏白。

赣州窑 赣南地区宋、元民间瓷窑，窑址在赣州七里镇，宋、元时期烧造瓷器。宋代烧刻花青白瓷，元代烧青白釉、黑釉及龙泉釉瓷器。发现较多的器形是高足杯；柳斗杯则是赣州窑特色比较明显的产品，杯里施釉，外部素胎刻柳斗纹，颈部饰有一周凸起的白色乳钉。韩国新安海底沉船打捞物中有与此相同的

385.南宋赣州窑青白釉柳斗纹钵

柳斗纹罐,属赣州窑产品。

枢府窑 旧称元代景德镇专为官府枢密院烧制"枢府"款卵白釉瓷器的窑口。现已发现窑址在景德镇湖田。经发掘,出土大量枢府瓷器,器形主要为碗、盘、高足杯。胎体较厚,器底心出脐,具有典型元代特征。釉色白中带青,不透明,属青白瓷类。器内多有印花,纹饰有云龙、飞凤、云雁、缠枝莲花等。款识除"枢府",还有"太禧"、"福禄"等。湖田窑除枢府器,还兼烧青花、黑釉等品种。因此并不存在单纯烧造枢府器的所谓"枢府窑"。参见"元代枢府瓷器"。

御土窑 元代景德镇烧造贡瓷的窑口,窑名见于元代孔齐《至正直记》。书中"饶州御土"条云:"饶州御土,其色白如粉垩,每岁差官监造器皿以贡,谓之御土窑。烧罢即封土不敢私也。或有贡余土作盘、盂、碗、碟、壶注、杯、盏之类,白而莹色可爱,底色未着油药处,犹如白粉,甚雅薄,难爱护,世亦难得佳者。"同书"窑器不足珍"条又云:"尝议旧定器,官窑皆不足为珍玩,盖予真有所见也。在家时表兄沈子成自余干州归,携至旧御土窑器径尺肉碟二个,云是三十年前所造者,其质与色绝类定器之中等

者,博古者往往不能辨。"据此记载可知,御土窑元代既烧贡御器皿,又仿烧定窑大盘。

横峰窑 江西东北部古代瓷窑,烧瓷时间为元、明时期,1965年发现。经复查,又发现下窑口、上窑口、窑湾等处窑址,都烧制青釉瓷器。器物以碗、盘、盅为大宗产品,其次为碟、高足杯、砚、炉。多厚胎,质略粗糙,亦有薄胎器物。装饰有印折枝花卉,如牡丹、荷花、菊花纹,印花大盘中的纹饰最为精美。盘心花间有"吉"、"俞"、"青荷俞"、"广信余吉"等款识。另外,在一些高足杯上还有褐色点彩装饰。横峰距浙江较近,横峰窑器物风格明显受浙江龙泉窑影响。据清代《兴安(横峰)县志》记载:"兴安旧弋阳横峰地,……元末多江浙处人居之,以陶冶为生。"由此而知,该窑烧制龙泉类型的瓷器是很自然的。

御窑厂 又称"御器厂",在今江西景德镇珠山。明洪武间(1368~1398年)设置,是明、清两代专为宫廷烧造瓷器的场所。明代派宦官主持窑务,清代派临窑官临督烧造。所烧瓷器质量精良,不计工本。数量动辄以万计,仅宣德、嘉靖年间所烧瓷器即达80万件。产品也称"官窑器",是相对民窑器而言的。官窑器多按颁发式样承做,其中一部分器物的造型、纹饰、釉色是皇帝亲自授意的。不同时期有不同的造型与纹饰,但龙凤纹一直占很大比例,器物底部或其他部位多书写"大明某某年制"或"大清某某年制"六字款及"某某年制"四字款。

弋阳窑 明代青瓷窑。窑址在弋阳县城南32公里的港口圩。以窑山、王家山、神灵湾为中心,三地烧制风格一致的青釉瓷器,有碗、盅、盘、高足杯等。青釉色调比邻近的横峰窑单一。釉色比较稳定,胎薄而白,比横峰窑瓷器胎质略好。纹饰以莲花纹为主,有的器外壁饰刻线纹,器里心为团花。弋阳窑比横峰窑品种、造型少,装饰简单。其中厚边碗、高足杯、

菱口盘与横峰窑制品一样。据明嘉靖本《广信郡志》记载："瓷器窑在弋阳县太平乡，去县四十里，洪武年间浙江龙泉人瞿志高等新创。"由此可知戈阳窑是继横峰窑之后又一处烧制龙泉类型瓷器的瓷窑。

乐平窑　明代瓷窑。1962 年在乐平县城东 5 公里的窑上家嚣山脚下，经勘查发现 5 处堆积，进一步的调查证实，乐平窑为一处明代窑址，以烧青花瓷为主。采集的标本有碗、盘、高足杯、盒、罐、折沿盘。纹饰有折枝和缠枝花卉、花鸟、云纹、鱼纹、团螭、云鹤、海螺、跑马、白菜纹等。还有于器心书"福"、"禄"、"寿"、"梅岗"等字，碗底有"大明年造"、"长命富贵"、"福"、"正"、"长春"等款识。该窑的发现，与《乐平县志》所记载的"在县城东十里窑上华家，有窑址古迹"相吻合。乐平距景德镇很近，所烧制的青花瓷器形、纹饰、款识等与景德镇民窑产品相似，惟质量略为逊色。

臧窑　清康熙时臧应选在景德镇监烧瓷器，后人把他监陶的窑称为臧窑。清蓝浦《景德镇陶录》记载"二十二年（1683 年）二月差工部虞衡司郎中臧应选、笔帖式车尔德来厂戍督，器日完善，其后渐罢。"同书记载臧窑瓷器"土坯腻，质莹薄，诸色兼备；有蛇皮绿、鳝血黄、吉翠、黄斑四种尤佳。其浇黄、浇紫、浇绿、吹红、吹青者亦美。追后有唐窑，犹仿其釉色"。臧窑的成就，主要在单色釉上，以鲜红最突出。从传世的康熙官窑瓷器来看，上述引文中所列除鳝血黄和黄斑之外，其他几乎都有实物印证。

郎窑　康熙四十四年至五十一年（1705～1712 年），江西巡抚郎廷极在景德镇御窑厂监造瓷器，这个时期的官窑旧称郎窑。刘廷玑《在园杂志》记载："近复郎窑为贵，紫垣（郎廷极号）中丞公开府西江时所造也，仿古暗合，与真无二，比摹成宣，黝水颜色，橘皮棕眼，款字酷肖，极难辨别。"《在园杂志》为康熙五十四年（1715 年）刻本，时距郎廷极监造

瓷器仅数年之遥。北京故宫博物院有郎窑红釉瓶多件，仿宣德时期的宝石红釉烧制，是郎窑的代表性作品。

熊窑　清代景德镇御窑厂由督陶官熊氏督造时称为熊窑。据清康熙末年刘廷玑《在园杂志》所载推知，熊氏督窑当在康熙四十五年至五十一年之间。清末寂园叟《陶雅》记述了熊窑瓷器的几十个品种和器形。清宫造办处档案中记载了熊窑烧造的梅桩笔山、蕉叶笔抻、海棠式洗、纸槌瓶、双耳小瓶、双耳扁瓶及冰裂纹圆笔洗等文房用具，釉色仿汝、官、哥窑。而近人有称清雍正民窑粉彩为熊窑的，恐有讹误。

386. 清乾隆年窑天青釉花觚

年窑　清雍正五年到十三年（1727～1735 年）年希尧督理景德镇御窑厂，此期间的官窑称为年窑。清宫档案中多有记载，并有雍正手谕，命烧何物、画何纹饰、烧造数量、釉色的记述。据《景德镇陶录》记载年窑制品"选料奉造，极其精雅"，"琢器多卵色，圆器莹素如银，皆兼青彩或描锥暗花玲珑诸巧样，仿古创新，实其于此"。从传世的雍正瓷器来看，釉色

丰富多彩，有一二十种之多，都达到了历史上的最高水平。其中以胭脂釉最为著名，器物胎骨极薄，里施白釉，外施胭脂釉，呈现粉红色。年窑烧制仿古瓷也很有成就，仿汝、仿官、仿哥、仿龙泉、仿钧、仿影青、仿宣德青花、仿成化斗彩等都具很高的水平，有的达到乱真的程度。此外年窑亦发展了珐琅彩，花样富丽清润，具有诗情画意，堪称第一。

唐窑　景德镇御窑厂在清乾隆时期唐英督造时称唐窑，所烧瓷器，通称唐窑器。雍正时唐英协助年希尧管理厂务，乾隆二十一年（1756年）前唐英督理九江关，并兼理窑务。他督理御窑厂期间，对于瓷器的泥土、釉料、坯胎、火候等有深入了解，生产出的象生瓷模仿各类工艺品以及蟹、螺、果品等生物几可乱真，镂空、转心、交泰、玲珑透雕等独特技艺达到登峰造极的程度。

【辽宁省】

辽阳窑　辽代瓷窑。窑址在辽阳以东30公里太子河南岸的江官屯，又称江官屯窑，以烧白釉粗瓷为主，也少量烧制白地黑花、黑釉及三彩陶器。白釉及白地黑花瓷胎体较粗，往往杂有红黑色杂质颗粒，均施化妆土。白釉器物有杯、碗、盘、瓶、罐等，色白而微黄，白釉黑花器的黑花呈黄黑色。黑釉多为粗糙的大件日常用具，较好的器物有茶盏、小碗、小罐、小瓶等小件器物。各种小俑、犬、马、骆驼等小玩具，则黑釉、白釉均有。

【内蒙古自治区】

林东窑　辽代瓷窑。在昭乌达盟巴林左旗林东镇发现上京、南山及白音戈勒3处窑址。上京窑为辽代官窑，烧长颈瓶、海棠式长盘、方盘及长柄壶、罐、盂等白瓷、黑瓷及绿釉陶器。白釉釉层白而薄，无堆脂现象，光泽强而温润。辽上京故城内出土的白瓷"官"字款穿带壶，即上京窑的产品。黑釉釉色闪绿，

釉厚处呈蜡痕或堆脂状，釉质沉重温润，光泽较强，此种釉在宋、辽时代各窑未发现过，为此窑独创。瓶、罐二式多施绿釉，釉质稍浑浊，光泽较差。南山窑以烧三彩陶器为主，施在化妆土上的釉色不鲜艳，釉层易脱落。有的低温白釉或黄釉器上，加少许绿彩，色泽美观。白音戈勒窑专烧茶叶末绿釉和黑釉大件粗瓷器。前者鸡腿瓶最多，釉色灰绿而闪黄，釉层厚而光泽较差；黑釉器物多瓮、罐之属，双耳小罐最多，釉色纯黑而欠光润。

387. 辽赤峰缸瓦窑白釉剔花填彩梅瓶

赤峰窑　辽代瓷窑。窑址在昭乌达盟赤峰西南60公里的缸瓦窑屯，又称缸瓦窑。器物有杯、碗、盘、碟、壶、罐、尊以及少量棋子、玩具，装饰品种有白釉、白釉黑花、黑釉瓷器及三彩色釉陶器。其中白釉为大宗产品。白釉瓷器胎质白而微黄，往往有黑色杂质，在大器中尤为多见。白釉黑花出现在辽代晚期，器物以尊为代表，装饰方法与常见的白地黑花装饰不

同，白地亦泛黄，有杂质。三彩及单色釉陶器胎质细软，呈淡红色。器形有印花盘、碟、砚、小佛塔、鸡冠壶、凤首壶等。三彩釉为黄、绿、白色，娇艳光洁，几可与唐三彩媲美。单色釉有黄、绿色，厚重雅致。茶叶末绿釉器，主要器形为鸡腿瓶，胎质粗硬而色黄，含杂质。与其他类器物不同的是不施化妆土，肩部多刻有汉姓"孙"、"徐"等字。还发现少量精致的黑釉器。缸瓦窑见于宋、元人的记载，在窑场中还曾发现刻有"官"字款的支垫窑具，可知此窑为辽代官窑。

缸瓦窑　见"赤峰窑"。

【宁夏回族自治区】

灵武窑　西夏至元代瓷窑。窑址在宁夏中部灵武。80 年代中国社会科学院考古研究所对此窑进行了调查与发掘，判明其烧瓷时间从西夏至元代。灵武窑与北方其他瓷窑有许多相似之处。它是一个综合性瓷窑，烧瓷品种丰富，有白釉、青釉、褐釉、茶叶末釉、黑釉及少量紫釉器物；装饰手法则与河北磁州窑更为接近，如白釉划花、白釉剔花、黑釉剔花、白釉褐色点彩。其中划花、剔花中以折枝、缠枝牡丹纹最为常见，其次为卷枝纹、荷花纹、几何花纹、梵文。折枝花多出现于各式开光内。该窑纹饰构成的另一特点，是以海水纹地衬托花纹。从器形上看，灵武窑亦烧造北方常见的碗、盘、盆、钵、釜、杯、高足杯、盒、壶、各式瓶、缸、罐、瓮、灯等，扁壶、铃、钩则为西夏游牧民族所特有。梅瓶口部特征与山西省瓷窑制品较为接近。很多器形虽为北方常见，但在整体上，体现了西夏瓷器的特点；胎较沉重，造型浑厚。烧造工艺采用北方常见的施化妆土方法，烧法上有刮釉叠烧、支圈垫烧等。而花口瓶、刮圈支烧的盘、碗等又具有明显的金朝特征。灵武窑瓷器到了元代装饰趋于简单，纹饰多呈带状。

【山东省】

曲阜窑　北朝至唐代瓷窑。窑址在曲阜，已发现宋家村、粉店、东河套、息陬、郭家沟、徐家村、旧县、陶洛、梁公林、大官庄等多处，其中宋家村窑所产瓷器年代最早，且品种多，质量好。宋家村窑西距曲阜县城 10 公里，北离泗河约 4 公里，村北是盛产瓷土、煤、铁等原料的八宝山。烧瓷时间为北朝晚期至唐代初期，主要为隋代产品，器物有青釉碗、盏、杯、盘口壶、盘、高足盘、瓶、罐、枕、砚。碗、盘多为饼形实足；砚饰龙纹，并有模印狮首人身力士形足。器物装饰刻划花或贴花，分饰于盘心或罐的肩部。胎色有灰、灰白、白。釉色为青绿、淡青或青黄，釉面润泽，玻璃质感强，器外多施半釉。盘、碗里心多留有叠烧时留下的 3 个支烧痕。

泗水窑　隋末至唐代瓷窑。窑址在泗水境内泗河上游，已发现楚下寺、柘沟金庄的大泉及尹家城等几处，烧制碗、盘、罐、砚等器物，釉色有青褐、褐、白、黑、黄。有的器物施化妆土。装饰仅见简单的弦纹。青釉器中狮足砚最为精致，狮首鬣毛卷曲，面貌凶悍，具有山东地区特点。青釉器与曲阜窑产品相似。

388. 淄博窑唐至元代瓷器标本

淄博窑　唐至元代瓷窑。窑址在淄博磁村。唐代以烧黑瓷为主，主要器物有碗、注壶等。碗有圆饼形实足与宽浅圈足两种；注壶口微敞，颈长短适中，短流。宋、金时期烧瓷品种有带剔花、刻花装饰的白瓷碗、盘、双系罐、灯、钵、盏托、壶等；大碗里心一圈刮釉，具有北方地区瓷窑共同风格，但有的口沿涂一周较窄的黑釉，较为独特；中型碗用 3 至 5 个支钉支烧。有的小碗仿定窑造型或内壁凸起 5 条线纹。各式碗、盘均施化妆土，外施半釉，圈足。罐多直口双系，系面饰 3 条纹。灯、钵等与北方磁州窑器造型相近；盏托造型与其他窑不同，形似撇口小碗。金代出现篦划花、绞胎、白釉红绿彩、黑釉、酱釉、茶叶末釉等装饰，其中黑釉器器形丰富，有直口缸、葫芦形长颈双系瓶、炉、盏托、钵、碗、碟、罐等。仿定窑黑釉碗、盘胎体较薄，底足满釉支烧，釉面漆黑光亮。最具代表性的是黑釉起线纹罐及少量缸、钵。这种装饰在河北、河南、四川诸窑都可见到，而淄博窑产品质量较好，釉黑而光亮，釉下立白粉形成竖直线纹。线纹排列方法在标本中有 1 线 1 组、3 线 1 组、4 线 1 组、5 线 1 组、6 线 1 组以及满线纹等几种，满线纹还在双系的下面饰叉形纹样，为淄博窑的独特风格。这类器物有完整的传世品。其次，双系瓶上类似宝丰窑的麦粒纹，以及罐肩的螺旋形纹都较有地方特色。酱釉器标本仅见 1 件，但釉色器形都很好，与北方同类器物风格一致。元代出现的白地黑花盆，画简单的花草、鱼纹、垂幛纹，造型与磁州、鹤壁等窑大同小异，盆底胎薄，折沿部分中间凸起。采集到的白釉划花腰圆枕残片，与磁州窑产品相似。

【山西省】

平定窑 唐至金代瓷窑。窑址在平定柏井村。明、清地方志书及笔记简要记载该地有瓷窑。窑址于 70 年代发现，从目前掌握的发掘资料来看，平定窑的烧瓷历史经唐、五代、宋、金时期。窑址有平定柏井张家坟、阳泉北郊 10 公里的牵牛镇以及寨圪垛 3 处。平定距河北较近，与内邱邢窑及曲阳定窑成犄角之

势，因此在釉色、造型、装饰上先后受到两窑的影响。唐代两窑烧造的白釉玉璧底碗，柏井亦有。但制作略粗，碗外一般施半釉，碗里有 3 个支烧痕，不施化妆土的器物釉色泛黄。唐代还烧制花口钵等器。五代常见的唇口碗与曲阳窑产品相似，唇口有空心与实心之分，足亦有宽窄不同形式。此时期还有葵口盘、托子等。宋代白釉刻划浮雕莲花瓣纹碗标本装饰与定窑产品如出一辙。白釉兽面贴花罐、注子、折腰盘均为仿定产品。金代有刮釉支烧的白釉印花碗。宋、金时期标本还有白釉碟、小瓶、罐，黑釉印花、剔花盘以及北方常见的五角（或六角）盘、碗、杯以及白地黑花碗、洗。

浑源窑 山西重点瓷窑之一，窑址在浑源。烧瓷历史较早，《辽史·肖阿古只传》中即有"天赞初（922 年），与王郁略地燕、赵，破磁窑镇"的记载，由此而知在五代后梁龙德年间已产瓷器。在实地调查中，发现浑源窑创烧于唐，延续至金、元。唐代烧瓷品种有白釉、黑褐釉、黄釉。其中白釉器占多数，器形以玉璧底碗为主，胎体厚重，釉下施白色化妆土，底足心有施釉与无釉之分，碗内有 3 个支烧痕。玉璧底碗除白釉，还有内施白釉、外施黑褐釉的，胎质细密，釉面比其他窑同类制品光润；黄釉碗内亦有 3 个支烧痕，外施半釉。另一种圆饼形实足碗也是唐代常见的形式。以上器物中以白釉和黑褐釉质量较好。此外，还有褐釉、黄釉席纹钵、罐，都为小唇口，外施半釉，钵腹饰两道弦纹。金、元时期窑场扩大，器物品种增多，有光素与带装饰的两大类。装饰方法有划花、剔花、剔划花、印花、贴花及白地黑花。釉色以白釉和黑釉所占比例最大。白釉多呈牙黄色，这不仅在雁北地区，在山西其他地区瓷窑中都少见。黑釉剔花制品是雁北地区最精的。此外尚有青釉、酱釉、茶叶末釉及钧釉品种。茶叶末釉中的虎枕及八方枕是很有特色的产品。浑源窑除烧造具有自身特点的黑釉剔

花等产品，还受北方其他瓷窑影响，烧仿定窑、钧窑、磁州窑的品种。1955年山西天镇夏家沟出土的金代黑釉剔花瓶、英国伦敦大英博物馆收藏的元大德八年铭婴戏纹瓶，即是山西雁北地区的产品，在浑源窑烧造的可能性最大。

交城窑 唐至元代瓷窑。窑址在交城。唐代烧瓷品种有盘、碗、壶等，以白釉产量最大，还发现黑釉斑点拍鼓残片，鼓片多黑地或浅灰地，鼓身饰凸起的弦纹，比河南所烧拍鼓胎薄而略小。宋代仍以白瓷为主，碗有平底内凹式及各式圈足，并有深、浅及圆口、花口之分，似河南密县、登封产品。另外，还有凸雕莲瓣纹碗及菊瓣盘。交城窑也有北方瓷窑习见的小动物雕塑，标本中有白釉、黑釉小狗。釉上赭彩彩绘装饰，与介休窑大体相同。赭彩有的呈桔红色，是其他地区极少见到的。珍珠地划花器标本有碗、洗、枕，产量较少，多划莲花纹，与河南同类品种不同的是河南制品多瓶、枕，而山西交城窑多盘、碗，有完整的珍珠地划花盘传世。

389. 宋介休窑瓷器标本

介休窑 山西省重点瓷窑之一，窑址在介休洪山镇，1957年发现，创烧于北宋，历经金、元、明、清，有八九百年历史。宋代烧瓷品种比较丰富，以白釉为主，兼烧黑釉、褐釉、白地黑花等品种。白釉器早期产品胎体厚重，与交城窑相似。有白胎与灰胎两

种。白胎器多为薄胎小型器物，不施化妆土，带有定窑风格的印花装饰，器内及圈足各有3个细小的支烧痕。窑址中发现缠枝花及婴戏纹印模，精细程度超过定窑、耀州窑水平。灰胎器胎体较厚，器形较大，如投壶口径达10厘米，此型大器在北方瓷窑中比较少见。盘、碗一般有5个支烧痕，多施化妆土。白釉器中还有少数剔花、划花枕片及珍珠地划花枕片，惜标本少，不能见其全貌。黑釉器物有花纹呈酱色、器内刮釉支烧的印花缠枝纹碗，以及光素的瓶、壶、供器、五角和六角盘、碗等。此类支烧和印花工艺还用于金代的褐釉器物，其中盘、洗类器四周印孩童荡船纹，这种纹饰布局仅见于介休窑。白地黑花器标本较多，灰胎，白釉略带浅黄色，釉面光亮，与河南、河北同类装饰有别。器物以碗为主，装饰分两种，一是碗内题字，如"福"、"禄"、"墨午"、"支云记"、"青云客会青云客，状元郎生下状元郎"，碗外多施黑釉；另一是碗内画卷枝、菱形、水波或云纹，外画朵云、松枝纹。后者从元至清持续烧造。此外还有白地酱花、茶叶末釉等品种。元代以后产品远逊于宋代。洪山镇附近源神庙内有宋代大中祥符元年（1008年）立《源神庙碑记》，记载了当时的瓷业生产盛况和瓷窑税务官员，是目前所见最早记录古代制瓷业的碑刻。

长治窑 晋东南地区金代瓷窑。窑址在长治八义镇。主要烧制碗、俑、枕等，装饰品种有白釉、白釉红绿彩、白地黑花、青褐釉及黑釉5种。其中以白釉红绿彩品种最富特色。红绿彩碗标本胎为粉红色，轮旋规整，底足间有沟槽。釉下均施化妆土，碗外施半釉，碗心及圈足上留有5个支烧痕。碗心一般画折枝花卉、花鸟、开光诗句。折枝花卉纹样变化较多，有6至8瓣不等。多以红彩勾边，花瓣内涂红彩，涂彩部位不尽相同，有的涂靠近花心的部分，有的涂花瓣尖部，亦有竖向涂一半者；绿彩绘叶或花心；黄彩或

点或线，饰于碗口沿下双弦纹之间。鱼纹为首尾相接的双鱼，这类纹饰的碗曾在晋南地区金墓出土。花鸟纹为长尾喜鹊。开光纹饰仅见一件，以红绿彩相间作开光，红彩书诗句："金马玉堂三学士，清风明月两宋人。"彩绘女俑长眉黑发，戴帽，前额有黑彩装饰；男俑有须，右手于胸前抱一子。残片中还有立、坐及双手执荷叶等各种姿势的俑。三彩枕片仅见1片，画简单的花纹。

390. 金霍窑白釉印花碗

霍窑 金至清代瓷窑。窑址在霍县。金、元之际以仿定窑为主。据明曹昭《格古要论》和谷应泰《博物要览》，山西霍州烧制"霍器"，元戗金匠"彭均宝仿定窑烧于霍州者，名曰彭窑，又曰霍窑"。通过调查，在霍县陈村发现大量仿定白瓷标本，器形有折腰盘、洗、盏托、高足杯、盖罐等。产品制作规整，质脆易折。产品以白瓷为主，精细者多光素无纹，少量印海水、莲瓣纹。胎釉洁白，杯足多为喇叭形半高足，饰2至3道弦纹。绝大多数器物采用支钉支烧，器里留有5个细小的支钉痕。亦有极少数用刮圈方法支烧。粗糙者有大缸等器，为灰胎，胎质较细，厚重，施化妆土。在窑址中还有白釉八方枕，灰胎，不施化妆土，釉色泛青。传世品中有北京故宫博物院藏

金明昌四年（1193年）盘、英国大英博物馆藏元至元八年（1271年）划花盘、元至大四年（1311年）盘，从而证明此窑烧造瓷器在金元之际。从采集的标本来看，元、明、清时期改烧白地黑花品种，器物有碗、高足杯等，高足杯腹部亦饰黑色宽条纹，与介休窑相似。霍窑明、清时期的碗与介休窑亦相似，胎灰色，上釉后呈黄色，绘花卉或书写诗句，以花卉纹居多。兔、鸭等纹介休窑中尚未见过。另外，文献中提到霍窑还烧制黑瓷，目前尚未发现烧造地点。

391. 金大同窑瓷器标本

大同窑 金、元两代瓷窑，窑址在大同。乾隆四十七年刊刻的《大同府志》记载："青磁窑，距城二十三里。"经调查，在大同市西郊瓦窑沟村发现窑址，即文献所述"青磁窑"。标本中，代表性器物为弦纹瓶、剔花罐、多角供器等。釉色以黑釉为主，兼烧少量茶叶末釉、白釉。黑釉梅瓶瓶口为山西地区常见的梯形，装饰主要有剔花、划花，釉色乌黑光亮。肩部一圈刮釉。茶叶末釉器物剔花纹饰精细，线条干净流畅；划花有水波纹、鱼纹，线条纤细，表面无光。白釉碗，不施化妆土，釉呈灰白色，支钉支烧。另有内

白釉外黑釉碗。

怀仁窑　金至明代瓷窑。窑址在怀仁。明《大明一统志》中记载："锦屏山东怀仁县西南二十五里，山旧有瓷窑。"根据文献提供的线索，在怀仁发现了3处遗址，始烧于金，历经元、明时期。烧瓷品种以黑釉为主，胎体厚重，装饰有粗线条划花、剔花，纹饰有叶纹、卷枝纹，具有雁北地区地域特色。黑釉标本有碗、盘、折沿盆、罐、枕、钵、玩具小狗等。碗有两种烧法：刮釉支烧与满釉支烧。盘有刮釉支烧与底部五角、六角形露胎的星角盘。折沿盆，边沿起凸棱。罐有双系、绳纹、带盖多种，有的装饰划花，有的罐釉面呈现油滴斑。枕有八方、腰圆两种，枕面饰酱色条彩或斑点。还有鸡腿瓶、剔花叶纹大瓮。茶叶末釉施于梅瓶、大缸、小狗及剔花罐上。梅瓶有的肩部一周刮釉。此外，在窑址中还发现有酱釉、白釉、白地黑花及钧釉标本。

榆次窑　金代与明代瓷窑，窑址在太原孟家井，1959年发现。孟家井旧属榆次，故文献中称榆次窑。孟家井村北有柏灵庙，庙中明弘治三年重修碑记载了榆次的位置、地理环境、民业、民俗，是了解该窑的宝贵资料。村西、西北、西南部都有瓷片标本遗存，为金代、明代器物。器形有碗、盘、罐、炉、枕、供器等，装饰主要有以下几类。白釉器占遗物中的比例较大。碗有两种烧法，一种采用刮圈支烧，一种为支钉支烧，较大的碗留有8个左右支烧痕。碗、罐等较白的器物釉下施有白色化妆土，碗外化妆土及釉施至一半处。白釉印花，器内多刮釉，因不施化妆土，釉色白中闪灰。印纹线条粗犷，具有典型的金代风格。纹饰有3类：里心团菊，内壁为缠枝牡丹；里心无纹饰，内壁饰朵花纹；里心印"福"、"石公"、"郭三"等字，内壁为缠枝花纹。还有少量划海水纹枕片。黑釉器是数量较多的一个品种。一些标本釉色漆黑光亮，少量装饰印花。还采集到1件兔毫纹碗，外釉施

至足部，足外壁斜削，足里为双层台，足心较小。青釉与褐釉，印花碗从造型到纹饰与白釉近似，纹饰有缠枝牡丹、莲花等，印纹较粗糙。白地黑花纹饰为写意花卉，或书写"福"或姓氏"郝"、"刘"等字，碗外画松鹤，与介休窑同类器物相似，属明代产品。北京故宫博物院于60年代调查该窑时，还采集到1件白釉褐绿彩盘，釉下施白色化妆土，褐花绿叶，较为独特。

彭窑　文献记载元代镪金匠彭均宝在山西霍州烧制仿定瓷器，名彭窑，又称霍窑。见"霍窑"。

临汾窑　元代瓷窑。窑址在临汾。文献记载生产黑瓷。70年代经调查发现，临汾窑确以烧制黑釉器物为主，与文献记载相吻合；同时烧制酱釉、白釉划花、印花、白釉黑花等品种。烧瓷时间主要在元代。黑釉器物中有两种碗为典型的元代造型。一种直口碗数量较多，直口部分长约10多毫米，中间内凹，直口下内收；釉漆黑光亮，有的釉面呈现油滴。同样造型的碗还有酱釉品种，釉色纯正，从断面看胎呈黑色。另一种为直壁浅式碗，足微外撇，为北方元代常见的碗式之一。胎较厚，釉亦很光亮。白釉盘碗有的里心有印花装饰。白地黑花盘内壁饰3朵太阳形花纹。此外，有折沿盆，沿上划3周弦纹。碟，口呈酱色，以下为黑色。各式罐，有直颈、卷口、双系等数种造型，有的肩部贴有梅花形凸点纹。瓶有葫芦瓶、梅瓶。还烧制黑釉小执壶、灯盏及划花、剔花、刻字枕。白釉和白地黑花盘、碗多采用刮釉支烧，梅瓶则采用肩部刮釉支烧。

【陕西省】

耀州窑　陕西省重要瓷窑之一，窑址在陕西铜川黄堡镇，铜川旧称同官，唐末天祐、五代后唐以及宋代均属耀州治，故以耀州为瓷窑名。烧瓷时间始于唐而终于元，有700多年的历史。1959年起，已发掘11500平方米，清理窑炉、作坊各67座，出土陶瓷

392．唐耀州窑三彩作坊遗址

标本100多万片，是目前国内发掘面积最大、清理窑炉、作坊最多、出土陶瓷标本最丰富的窑址。唐代烧制三彩、白釉、黑釉、黄釉、青釉、茶叶末釉、花釉、素地黑彩、白釉黑彩、白釉绿彩、白釉褐彩、青釉釉下白彩、黑釉剔花填白彩瓷器，品种之丰富，在唐代瓷窑中首屈一指。五代以烧青釉为主，器物在造型、釉色、纹饰上明显受越窑影响，器形有碗、盏托、执壶、花口杯、套盒等。并发现有"官"字款圈足碗片，为宋代青瓷的发展奠定了基础。宋代以烧青瓷为主，形成了耀州窑的独特风格，其次烧酱釉、黑釉与白釉。早期青瓷以碗居多，中期为鼎盛时期，造型凡日常所用应有尽有，如碗、盘、碟、洗、钵、杯、盏、托、注子、注碗、砚、砚滴、瓷塑等。每类器形又有多种式样。装饰上以刻花、印花最具特色。刻花刀法犀利，线条流畅，构图完美，在诸窑同类装饰之上。纹饰有缠枝莲花、菊花、牡丹、把莲、海水游鱼、飞鹤、博古、婴戏等。龙凤纹盘、碗制作精工，是为宫廷生产的。装饰除刻、印花以外，有划花、镂雕、贴塑，技法多样。晚期器物多为盘、碗，器形制作更为规整小巧，胎体变薄，装饰上印花占主导地位，纹饰布局严整。耀州窑刻、印花装饰技法对其他地区瓷窑影响很大，河南临汝、宝丰、内乡、宜阳、新安、鲁山、禹县、钧台、广东西村、广西容县、永福等一批瓷窑都烧制具有耀州窑风格的青釉刻、印花瓷器。金代青瓷继续发展，釉色有翠青及姜黄色，器物有碗、盘、狮形灯盏、双龙瓶等。常见纹饰有分格折枝花卉、犀牛望月、海水游鸭、莲花莲叶等，纹饰趋于简化，开光装饰使用较为普遍。因采用叠烧工艺，一部分碗、盘里心刮去一圈釉。青釉以外，月白釉出现较多，釉色青灰，器形有玉壶春瓶、碗、盘、盏、钵、三足炉、鸟食罐、直腹杯、唇口罐、单柄洗等。元代青瓷衰落，只烧少量碗、盘，纹饰有莲、菊、水波、钱纹等。此时大量烧造白地黑花、白釉、黑釉瓷器，有高足杯、碗、盘、碟、折沿盆、双耳瓶、罐、炉，器形较大，纹饰有花鸟、枝叶、蔓草、鱼纹以及诗文。

耀州窑系 我国北方著名的青瓷窑系。主要窑口有陕西铜川耀州窑，河南临汝窑、宜阳窑、宝丰窑、新安城关窑，广东西村窑，广西永福窑。耀州窑唐代烧黑瓷、白瓷、青瓷，宋代青瓷得到较大发展，尤其是晚期青瓷，胎薄质坚，釉面匀静，色泽青幽，质量上乘。主要器形有盘、碗、瓶、罐、壶、盆、炉、盏等。装饰为刻花、印花。刻花刀锋犀利，线条流畅洒脱。印花布局严整，讲求对称。花纹种类多样，构图以繁满见长。耀州窑艺术水平在当时诸民窑中出类拔萃。广东、广西许多窑场都仿耀州窑青瓷，并且作为外销瓷输往亚、非各国。

旬邑窑 宋、元时代瓷窑。窑址在旬邑县城南1公里处的安仁村，此地距铜川黄堡镇耀州窑较近，烧制具有耀州窑风格的器物。烧瓷品种以青釉为主，黑釉、酱釉器物亦有少量烧制。宋代青釉器物有碗、盘、碟、瓶、壶、尊等，釉色青绿，有印、刻纹饰，如牡丹、莲花、菊花、水波游鸭、扇形纹等。金、元时仍烧造上述品种，青釉釉色多为姜黄色，碗、盘采用叠烧，器里心有一圈刮釉，具有典型的金代特征。

393.金旬邑窑青瓷标本

器形更为丰富,除宋代常见器形,还有洗、罐、盆、盒、盏托、灯盏、灯座、奁、盅等。装饰上以印花居多,纹饰题材多样,有折枝、缠枝牡丹和缠枝菊花、海水游鱼、海水莲花、婴戏莲花、游鸭鸳鸯等,其中孩儿荡船纹较为独特。

白水窑 史籍记载宋、金时期瓷窑。清康熙、乾隆本《白水县志》"方伎"条中有关于陶人雷祥的记载。雷祥未知何时人,据元至正年间重修雷祥庙碑记中得知,雷祥善陶,所造器物精工绝人,世称雷公器。时有人掘得雷祥遗器,形制古朴,色绿,有阳纹印花。关于器物的烧造地点在"杂用"与"古迹"条中有"窑器出西河坡"与"县东北三十里为雷祥造窑器处"等记载。据此已大体上了解了白水窑的烧造地点、烧造者及所烧器物的大致面貌。白水县地处陕西腹地,与旬邑、耀州窑相距不远,旬邑、耀州窑宋、金时期都烧青釉瓷器,白水窑的器物被描述为"色绿",也应是青釉瓷器,而且有印花装饰,与旬邑、耀州窑的器物风格一致。白水窑有可能是受耀州窑影响而发展起来的一个瓷窑,烧瓷时间据推断当在北宋后期至金代。但白水窑遗址至今尚未发现,所谓雷公

器之谜尚待解开。

【四川省】

成都窑 四川省早期青瓷窑址之一,烧瓷时间从晋至唐,窑址在成都通惠门外青羊宫及四川省人民医院附近。50年代曾小规模试掘,判明烧瓷始于南朝,以后发现还有晋代瓷器标本。唐代遗物以青釉为主,有壶、罐、钵、碗、杯、碟、炉、砚等。壶多为盘口,椭圆腹,置桥形系或复系,平足。罐多短颈,鼓腹,也有桥形系或复系,平足。钵为敛口,圆唇,鼓腹,平底。碗作敛口,平唇或方唇,弧腹,平足。杯有敞口,敛口,深腹。平底盘有平足和喇叭状高足。碟多平底。砚有圆形或蹄形圈状足。炉宽沿斜壁,平底五足。装饰有浅黄釉下施加褐绿彩小斑点,多饰于钵、罐等器物上,与邛窑器物有相似之处,唯釉层薄而不润,釉色较浅,又与邛窑有所区别。

394.唐邛窑青釉褐绿彩瓷标本

邛窑 川西地区古瓷窑。邛崃固驿窑烧瓷最早,遗物表现出南朝到隋代的风格。什坊堂窑遗址面积较大,遗物具有典型的唐代特征,有长流瓜棱壶、罐、花口碗、盏、折腰盘、省油灯。四川省博物馆采集的一件刻"贞元二年"(790年)铭文的匣钵残件,为判断此窑的烧瓷年代提供了依据。遗物中有青釉、青

311

釉褐绿斑、青釉褐绿彩绘装饰，在品种、器形、装饰上与湖南长沙窑有诸多共同点：器物造型种类多样，有日常生活使用的瓶、壶、罐、洗、盘、碗等，还有大量小件雕塑，如各种动物、禽鸟、杂技人物及胖娃娃，形象姿态生动。邛窑器亦有与长沙窑不同之处，邛窑的青釉绿斑与釉下彩绘在风格上虽与长沙窑区别不大，但什坊堂器物上均使用化妆土，而长沙窑只有部分使用化妆土；邛崃什坊堂窑绘画题材亦不如长沙窑丰富，长沙窑器上常见的诗句，在什坊堂却很少见；在支烧方法上，什坊堂采用五齿锯状圈支烧，而长沙窑是三足环支烧。邛窑宋代除烧青瓷，还有绿、黄、酱、黑釉及三彩器物。

新津窑　南朝至隋代瓷窑，位于新津白云小学附近。从遗址采集的标本有青釉、黑褐釉的碗、盘口壶、四系罐、碗、盘、杯施釉前先上化妆土，装饰有弦纹及釉下彩联珠纹。

郫县窑　唐代民间瓷窑。窑址在郫县铁占山大坟包，距灌县约3.5公里。窑场面积较大，堆积有瓷片及窑具。烧瓷品种以青釉为主，有的带酱斑，与长沙窑器相似；有点彩钵，以小点组成圆圈纹，与灌县窑相似。主要器物有碗、盘、碟、罐、壶、钵等，胎为红色或灰白色，部分施化妆土。碗多平底，为支钉叠烧，留5个支烧痕。壶为短流，造型特征为唐代风格，与邛窑唐代制品相似，但质地、造型、釉色逊于邛窑。

灌县窑　唐、宋时代瓷窑。1977年在灌县金马公社发现并试掘几处唐、宋窑址。烧瓷品种有青瓷、青瓷彩绘、白瓷。唐代烧青瓷及少量三彩，宋代仍以青瓷为主，但亦烧白釉。唐代青瓷略逊于邛窑与成都青羊宫窑，有的于釉下书"吉"、"大吉"、"上"等褐绿彩字，有的绘黑、褐、绿彩圆圈及联珠纹，或弦纹与连珠纹并用，或圆圈与联珠纹组合，形成此窑的装饰特点。宋代器物装饰有刻、印折枝花、牡丹、莲瓣

纹，或绘酱色直条斑纹。器物有碗、盘、杯、盏、碟、钵、罐、壶、水盂、香炉、瓶、灯、盒、洗、枕等。带纪年款的器物及窑具有"咸通十年"（868年）铭垫饼、"广明元年"（880年）铭玉璧底碗以及"淳熙肆年（1177年）平阳使用季冬组记"12字铭文洗。

华阳窑　成都地区唐、宋时代瓷窑。窑址在华阳县城以南胜利乡一村，当地俗称琉璃厂，故又称琉璃厂窑。宋代为其繁荣时期，烧瓷品种有青、黄、褐、黑、白、绿釉。采集的标本有唐代褐釉钵，造型与北方所烧钵相似，外施半釉。宋代青釉器有碗、罐、壶、瓶，碗为支钉支烧，罐为唇口，装饰有划花、印花；黄釉器有长流执壶和折沿炉；黄釉绿彩遗物较多，较为突出的有大盆，盆心刻双鱼纹，两鱼逆水并游，辅以水草，线条自然流畅；褐釉器有鸭嘴流式壶、长流壶、碗、盘等；褐釉碗、盘绘花草纹，纹饰涂白粉；白釉器有碗、盘，釉色有的很白，有的偏黄，有的饰绿口及绿彩花草纹。白釉碗圈足底心有田、窑、井、卍、◇、▣等标记。少量绿釉器似邛窑产品。华阳窑器物的胎体多呈砖红色。

琉璃厂窑　即四川华阳窑，见"华阳窑"。

彭县窑　宋代瓷窑，位于彭县境内。1977年作了局部试掘，出土的标本为定窑系白瓷，同时出土南宋绍兴及嘉泰年号的铜钱，对于判断此窑烧瓷时间有重要参考价值。出土的白瓷与定窑器近似，器物有碗、盘、缸等。瓷胎烧结程度较好，修坯也比较精细，釉色白中微泛灰色，因胎色不如定窑白，故而影响釉面呈色。足浅，修坯比较规整，足底施釉。与定窑不同的另一点是碗以砂粒或支钉支烧。装饰有刻划花加篦划纹及印花，纹饰有花卉、双鱼纹等。印花纹饰有缠枝莲花、牡丹、大雁衔枝、凤纹、以线纹间隔的6组折枝花和中心双鱼纹。有些碗外口出一条棱，还有一些碗、盘有起线装饰，碗饰6条曲线，盘饰6条直线，均在釉下用白粉画成。

重庆窑　宋代瓷窑。1938年美国学者葛维汉在重庆黄桷垭涂山窑采集了一些黑釉、兔毫、玳瑁釉瓷器标本，器物均为平底，胎较白，釉滋润，彩斑似河南地区所制，釉质较好。80年代进行了清理与试掘，获得了丰富的陶瓷标本。此窑是一处规模较大的窑场，器物为宋代风格。器形有碗、盘、杯、盏、钵、碟、壶、瓶、盆、炉、水盂、灯、瓷塑玩具，多数碗里一圈不上釉，装饰有起线纹，有白口，有黑褐釉印花，即在碗内壁或里心印莲花、菊花或牡丹纹，类似器物仅见于山西介休洪山窑和福建泉州窑。

广元窑　宋、元时期瓷窑。窑址在川北地区广元磁窑铺，烧瓷品种比较丰富，有黑釉、绿釉、黄釉褐花等。其中黑褐釉产量最大，有仿建窑兔毫盏、吉州窑玳瑁釉盏、赣州窑刻柳叶纹罐及北方常见的黑釉线纹罐。广元窑的黑釉小碗虽然有兔毫纹，但是碗形与建窑不同，线条比较圆润，足有小平足、璧形足与浅圈足，以璧形足居多。

【云南省】

玉溪窑　玉溪境内的古瓷窑，已发现3处窑址，时间上起元代，下至明代，约有300年的历史。主要烧青釉和青花瓷器。青釉有印花、划花装饰及光素无纹3种。印花多阳纹花卉，划花有云纹及水波纹，青花釉色为青釉，青地青花，是典型的云南青花特点。纹饰有鱼藻、折枝花卉及四佛杵等。器皿以盘、碗最多，还有少量玉壶春瓶、罐等。

建水窑　元至明代瓷窑。窑址在建水。80年代对该窑作了调查，判明了烧瓷时间。烧瓷品种及风格与玉溪窑近似。品种分为青釉、青釉印花、褐釉印花及青花4种。青釉主要器形有碗、杯、炉、盘等。其中部分碗、盘印有团花、折枝花等纹饰。器物内壁有些划双线葵花、莲瓣纹。有的器外亦饰这种划花，花瓣内再划花。盘一般有圆口与花口之分。盘内留有6或7个支烧痕。褐釉器主要为印花盘，纹饰、口部特征

及支烧方法与青釉器相同。青花器物主要为盘、缸。盘有直口与折沿之分，折沿中又有花口造型。盘心双圈内绘莲池、鱼藻纹两大类。此外还有折枝菊花或折枝花、缠枝菊纹。鱼藻纹有一鱼与双鱼两种，莲瓣口鱼藻纹盘，盘壁上印有菊瓣纹。沿面画一圈蓝色，再划曲线纹装饰。此窑盘的烧法采用叠烧，绝大部分盘心留有5至7个支烧痕，以7个的居多，足上亦留7个支珠，支珠多少因器物大小而异。建水青花在胎釉、修坯、画工上比玉溪窑稍精致，但与景德镇系统青花瓷明显不同，地非白色，而为青色，青花色泽也较暗淡。

【浙江省】

绍兴窑　浙江早期瓷窑之一，在绍兴富盛地区。一处在县东偏南约14公里的半山区长竹园、诸家山一带，是生产原始青瓷的窑址，时间在春秋末、战国初。所烧碗、盘、钵等器物胎质细腻，呈灰白或灰色。施石灰釉，釉色青中泛黄。器形较为规整，厚薄均匀。器物里心有明显的螺旋纹，有的延伸至内壁及口沿。器外底有轮制切割的痕迹，器内外各有3个明显的支烧痕。另一处在下蒲西一带，为吴、西晋时期窑址，烧制印有带状纹饰的壶、罐等器物。

萧山窑　早期青瓷窑。已发现3处窑址。一处在萧山进化区茅湾里。此地为战国时期越国故地，距都城会稽很近，为浙江战国时期原始青瓷产地之一。产品与绍兴富盛窑相似，碗内有螺旋纹。这类器物在浙江地区战国墓中大量出土，其中就有萧山茅湾里窑的产品。另两处在戴村区上董村、石盖村，遗物有褐斑及划莲瓣纹装饰的碗、盘等，具有东晋、南朝时期的特征。

越窑　我国烧瓷历史最早的瓷窑之一。窑址在余姚、上虞、绍兴一带。这里唐代属越州管辖，故称为越州窑，简称越窑。目前已发现汉至宋代古窑遗址400处。越窑经历了汉、两晋、南朝的发展，至唐代

已形成独特的风格，成为南方著名的青瓷窑。所烧器物有执壶、罍、瓶、罐、耳杯、把杯、盏托、粉盒、油盒、玉璧底碗、碟、水盂、脉枕、唾壶等，造型丰富秀美，釉质浑厚滋润，如冰似玉，引来了文人骚客的赞美之辞，著名的如顾况所赞"越泥似玉之瓯"，许深所书"越瓯秋水澄"，以及陆龟蒙描述的"九秋风露越窑开，夺得千峰翠色来"等等。这一时期器物以造型、釉色取胜，胎体多光素无纹，少量有划花、印花、刻花及褐色彩绘等装饰。由于对烧成气氛还不能完全控制，有相当一部分器物青中带黄。五代继承唐代造型特点，壶多作瓜棱形，碗、盘多为花口，海棠式杯、莲瓣纹碗、盏托为这一时期的代表性器物，器表仍以光素为主。宋代越器的造型及装饰形成了新的风格，壶身的瓜棱形变为双凸线；由于釉层透明性强，因此盛行刻、划装饰，此外镂、雕、堆塑等方法也常使用。划花线条纤细流畅，有蝴蝶、鹦鹉、游鱼、龙凤、人物纹等。常见器物有壶、碗、粉盒、盘、香炉、盏托、罐、瓶、灯、盆、洗等，碗底有刻划"供"、"辛"、"永"、"天"、"大"、"吉"、"官样"、"太平戊寅"等铭款。晚唐时期，越窑除烧制民间用瓷，还设"贡窑"，烧造宫廷贡瓷。徐寅《贡余秘色茶盏》诗中有"捩翠融青瑞色新，陶成先得贡吾君"的描写；余姚上林湖出土唐光启三年（887年）墓志罐上有"中和五年（885年）岁在乙巳三月五日终于明州慈溪县上村乡……光启三年岁在丁未二月五日殡于当保贡窑之北山"等铭文，从而证明贡窑在余姚上林湖。据文献记载，五代时越窑进贡后唐、后晋瓷器达万件。入宋以后，贡瓷数量增加，余姚上林湖以外，上虞窑、寺前窑等亦烧造贡瓷，一次进贡瓷器达14万件之多。越窑所烧特优质瓷器称为"秘色瓷"。宋代以后的文献多说因其专为进贡，庶民不得使用，故云秘色。从陕西扶风法门寺唐塔基地宫出土有物账记录的"秘色瓷"来看，器物有八棱长颈瓶、碗、

盘、碗、盘较大，有花口与平口之分。这些器物釉色淡青，质地细润，制作精绝。北京故宫博物院所藏和浙江临安晚唐钱氏家族墓葬出土品，均有同类器物。自唐代开始，越窑瓷器不仅大量内销，而且外销数量可观。朝鲜、日本、菲律宾、印度尼西亚、伊拉克、埃及等国家的古遗址中，都出土过唐、宋时期的越窑瓷器。

余姚窑 越窑主要窑口之一，窑址在余姚上林湖一带。唐、五代、宋时期标本最为丰富，唐至宋初生产的秘色瓷、宫廷贡瓷就出产于此。详见"越窑"。

395. 南朝上虞窑青瓷标本

上虞窑 古代青瓷窑，在上虞。已发现东汉至宋代窑址300处以上。东汉小仙坛已烧出成熟的青瓷与黑瓷。三国、两晋、南朝窑址发现很多，江苏省墓葬出土有三国吴赤乌十四年铭文的上虞窑瓷器。五代至宋代窑址最多，烧制的瓷器与邻近地区的余姚、宁波、鄞县等窑关系密切，造型、纹饰有共同点，同属以余姚上林湖越窑为中心的越窑系，五代十国时吴越钱氏供奉中原的瓷器，绝大部分出产于这些瓷窑。

瓯窑 温州一带的古瓷窑。温州瓯江北岸的永嘉在汉代已生产原始青瓷及青瓷。三国、西晋时瓯瓷胎质不如越窑瓷器致密，胎较白，未完全烧结，釉色基本为淡青色，呈色不够稳定，有剥釉现象。东晋时胎质细密，釉多为淡青色，青黄色减少，说明烧瓷技术有了提高。南朝青瓷釉色普遍泛黄，有开片纹，釉层

易脱落。器形种类与越窑相同，有罐、碗、钵、洗、壶、盘等，其中五联罐、束腰罐、牛形灯、褐彩罐、碗、笔筒风格独特。唐代窑址分布于温州、永嘉、瑞安、苍南、瓯海等地，与越窑不同的是胎为灰白或浅灰色，早期釉色泛黄或浅黄，釉易剥落，晚期釉质滋润，很少剥釉。器物有玉璧底碗、执壶等。五代至宋、元继续烧青釉瓷器，有壶、盒、罐、碗等。采用褐彩装饰的时间较长，东晋为点彩，唐、五代为褐斑，宋、元采用褐色彩绘，时代风格明显。

396. 东汉宁波窑青瓷标本

宁波窑 东汉至唐代瓷窑。在宁波郭堂岙、云湖及小洞岙发现窑址。郭堂岙烧瓷时间最早，东汉后期烧造青釉、黑釉器物，与上虞小仙坛东汉窑所烧器物近似。云湖与郭堂岙一岭之隔，烧青釉碗、盘、盏、罐、鸡首壶、灯盏、砚等，还有少量酱褐釉器物。装饰以划花莲瓣纹为主，莲子纹、鱼纹及凸雕莲瓣纹亦有少量发现。有的器物口沿等部位饰以褐色点彩，具有东晋晚期至南朝特征。小洞岙为唐代窑址，青釉碗遗存最多，有的为玉璧底。器身多光素无纹，少数器物上印有双鱼，有的在碗口里外饰半圆形褐色斑点。宁波窑遗物中还有堆贴蟠龙纹罂，与传世越窑同类器物相似。

金华窑 金华地区古瓷窑。窑址以金华西南20公里的铁店为中心，这里从汉至元均出产青瓷，宋代窑址最多。铁店窑以仿钧为主，所烧器物为天蓝或月白色乳浊釉，釉厚处多有窑变。器物有碗、高足杯、炉、瓶、灯盏及花盆。大型碗在窑址标本中所占比例最大，外部施釉不到底，有的碗心印一阳文"福"字或一朵团花。小碗较少，有一种碗口的稍下部位凹进，特征与元龙泉窑产品大体相同。高足杯的残片遗留亦较多，近似元龙泉窑同类产品。炉的形式大体可分为两种，一种与元龙泉窑鬲式炉相近，一种为平底。花盆也有大小之分，但口缘一周所饰花边、腹部凸起线纹和花边装饰则大体相仿。仿宋钧的鼓钉三足洗亦有大小之别，口外均饰一周鼓钉，平底承以3个兽形足。金华窑元代仿钧器物在国内元墓中尚未发现，但1976年韩国术浦市新安海底沉船打捞的瓷器中，这座窑所烧钧釉花盆及三足鼓钉洗多达82件。这不仅解决了沉船瓷器的具体产地问题，而且证明该窑产品元代曾销往海外，为研究中国瓷器外传增添了新的资料。此外还发现多处唐、宋窑址。唐代有上、下塘西、华南汉灶村、大王村、粮站、石南塘等数处窑址。烧瓷品种有青釉、青釉褐斑、黑褐釉、酱釉、窑变等。青釉碗有平底、圈足、玉璧底3种，碗里有支烧痕，有的口沿饰有褐斑，璧底碗外满釉支烧，4个支烧痕多呈紫红色；褐斑装饰于瓜棱注子、各式唇口钵、双系罐、盘；酱釉器有八方流注子；黑褐釉器有灯盏和内置圆环的平底盏。宋代窑址有后大窑、琅邪乡仓里村等几处，烧青釉、黑釉器物。青釉器有内饰篦划纹、外刻复线纹的珠光青瓷碗、六等分刻花壶。盘、碗用泥点支烧或粗圈垫烧，有的盘足外卷。黑釉器主要是盏。

武义窑 金华地区古瓷窑，位于金华武义。已发现的数十处窑址中，有东汉、三国、晋代等早期瓷窑，而大部分属宋代。武义窑东汉烧造褐釉印钱纹瓮、青釉印纹罐；三国有青釉网纹直口碗、罐、酱褐釉印纹罐；西晋有网纹碗、盂、三铺首唾壶等。宋代主要烧制青釉器，亦有少量黑釉，器形以碗为主，盘、缸、罐、壶亦有发现。装饰有刻花、划花间篦划纹。其中碗心刻团菊，内壁为划花间篦划纹，外刻复线纹碗。盛行于浙江、福建两省众多瓷窑的珠光青瓷碗烧造量较大，约占全部标本的半数，在浙江其他窑中是少见的。此外，还有青釉六出口碗、莲瓣纹碗、盘、炉（包括折口及刻花莲瓣纹装饰）、注子等。除了青釉，还烧制黑釉灰口碗。元代窑址以烧龙泉系盘、碗为主，亦有钧釉。龙泉系青釉盘、碗里心一圈刮釉，中心印阴文折枝花或"吉"、"安"、"福"字，露胎处呈红色。还见有一片印巴思八文的标本。钧釉器物有直口缸、直口碗、盆，釉色与元钧近似。

德清窑 东晋至南朝时期瓷窑。窑址在德清，已发现县城东郊的焦山和西南郊的戴家山、陈山、丁山4处。遗物堆积丰富，范围较大。烧制黑釉、青釉瓷器，以黑釉瓷器为主。用红色粘土或在瓷土中加适量紫金土做瓷胎，多呈砖红、紫或浅褐色。釉色黑如漆，经化验氧化铁含量达8%左右。主要器形有碗、碟、盘、耳杯、桶、筒形罐、盘口壶、鸡首壶、盒等，盘口壶、鸡首壶都配有盖。青瓷胎为灰色，施化妆土，青釉色调较深。

余杭窑 东晋黑瓷产地。在余杭大陆乡大陆果园附近发现两处窑址，所烧器物与德清窑近似，有碗、钵、鸡首壶、罐、瓶、盘口壶、盆、器盖及少量划花间篦划纹碗。鸡首壶标本遗存丰富，有大、中、小几种。

鄞县窑 东晋至北宋瓷窑，窑址在鄞县小白市、沙叶河、郭家峙等处。其中小白市烧瓷历史较早，东晋、南朝时期开始烧造。沙叶河及郭家峙、花园山等处为五代及北宋时期窑址，烧青釉碗、盘、盏托、洗、瓶、壶、盒、撇足小杯。釉色有青黄、青绿色。装饰以细线条划花居多，有鹦鹉纹、水波纹、荷叶纹、缠枝花纹、四瓣花纹。碗底多留有4个长条形支烧痕。还有浮雕莲瓣纹，饰于卧足盘、碗、杯上。有

397. 五代鄞县窑青瓷标本

的碗里划"供养"二字。花园山等窑的器物造型、纹饰及支烧方法与余姚上林湖越窑近似，所烧器物多为吴越钱氏进贡中原朝廷之用。

奉化窑 浙江沿海地区南朝至宋代瓷窑，1958年在奉化白杜乡孙侯村发现窑址，采集到南朝至五代时期青釉标本。70年代又陆续发现几处五代至宋初窑址。主要分布在西圩、尚桥等处。标本有南朝青釉碗、唐代青釉罂瓶，五代注壶、莲花盘等。奉化窑在一定程度上受越窑影响，烧制的青釉瓷器具有越窑风格。

乐清窑 南朝至宋代瓷窑，窑址在乐清。1958年发现白象乡馒头山南朝时期青瓷窑址。1961年在大荆区峃后村又发现一处宋代窑址，位于县城北65公里雁荡山北麓大荆镇以西2.5公里的峃后村。烧青釉瓶、壶。器形较大，壶小口，短颈，鼓腹，平底，最大径在上腹部，肩部饰有双系或多系，一侧有管状短流。有些器物肩部饰以褐色彩绘图案及"东岩"等文字。胎质粗糙，质地坚硬，呈灰白色。釉层薄而浅，釉面光亮，同类产品在附近的温岭县和温州市东郊也

有发现。这类产品的釉色及彩绘特征既不属于瓯窑系统，也不是越窑系产品风格，具有独立的地方特色。

临海窑 浙东古瓷窑，在临海发现两处青瓷窑址，一在五孔岙，烧瓷时间从南朝到初唐；一在许市，为五代至北宋瓷窑。制品瓷胎较薄，釉色为青绿色，代表器物有镂雕精致的香熏，属越窑系统的瓷窑。

丽水窑 浙江古代青瓷窑。窑址在丽水，已发现20余处窑址。早期窑址有吕步坑一处，烧瓷时间从南朝至唐代。元代窑址较多，在碧湖、石猴、保定等地均有发现，都烧制青釉盘、碗一类器物，属龙泉窑系。保定窑器心多印蒙古官书八思巴文。元代烧制带有八思巴文字瓷器的窑口共发现5处：浙江龙泉大窑、安仁口窑，武义窑，丽水保定窑及广东南海窑。大窑及安仁口窑均为阴文小字，多印于花卉纹饰之中；保定窑只印在碗心，为阴文大字；南海窑为图章款，有方形、长方形及银锭形3种，文字有书"八思巴"3个汉字或其中的一两字的。

象山窑 唐代民间瓷窑。窑址在象山。明清文献中有著录，记载其烧白瓷，制品似定而略粗，属定窑系瓷窑之一。白瓷标本目前尚未发现，仅见唐代青瓷标本，以盘、碗为主，直口平底碗的造型与浙江丽水、吴兴、余姚等窑制品相同，属唐代前期江浙较为流行的式样。此外还发现青釉罐等器物。

婺州窑 金华地区唐至元代瓷窑。唐代这一地区属婺州，故名。婺州窑在唐代与越窑、鼎州窑等同属六大青瓷产地之一。这一地区烧瓷历史悠久，早在商周时期已烧制原始瓷，东汉中晚期又成功地烧出瓷器。婺州窑在唐代创烧乳浊釉瓷，并延续到宋、元，一直盛烧不衰。唐、宋时窑场遍布今金华、衢州两市所属各县，形成了一个独特而完整的婺州窑系。所产瓷器以青瓷为主，还烧黑、褐、花釉、乳浊釉瓷和彩绘瓷。唐代婺州窑以出产茶碗出名，陆羽《茶经》把婺州生产的青瓷碗列为第三位。唐代窑址目前已发现

4处，有各式碗、多角形短流壶、双耳罐、黑褐釉及青釉褐斑蟠龙纹瓶。褐斑装饰始于东晋，五朱堂著录有东晋青釉褐斑瓷标本。宋代有青釉双系瓶、堆塑瓶、四柄瓶、枕等。

龙游窑 浙西唐代瓷窑，1984年在龙游上圩头乡方坦村发现。创烧乳浊釉器物，兼烧少量褐釉器物。乳浊釉器物中碗较多，其次有盏、罐、盘口壶、盆等，与衢州窑同类产品相似。碗有平底及假圈足两种形式，在盆、罐、碗等器物上饰以褐釉圆斑。胎体原料一种为粉砂岩，用于大件壶、罐、盆，呈紫或紫灰色；另一种是瓷土，制作碗、盏、钵、小壶，胎质较粗，为灰白或灰色。釉色以月白为主，少量为天青、天蓝。器物施釉不到底，碗、盏等外部仅施半釉，釉层较厚，釉面光洁。该窑产品从釉色、原料到褐斑装饰均与婺州窑一脉相承。方坦村窑址出土的一片褐釉天蓝色窑变的环耳盘口壶标本有隋代特征，故该窑的烧瓷上限有可能为隋代。

398. 唐宋慈溪窑遗址

慈溪窑 唐、宋民间瓷窑。窑址在慈溪村杜湖滨湖地带，与余姚毗邻。烧造与越窑同一风格的器物。唐代有青釉玉璧底碗及平底厚胎碗。宋代有青釉碗、盘、钵、瓶、壶、罐、盒、小杯、灯等。其中壶类有

多种式样，有的为瓜棱形，壶腹部多有刻花、划花装饰，肩部多有双系，与越窑壶系相似，系面纹饰多达几十种，有的系上还印有"小"、"上"、"利"等文字。瓷质松脆易碎，釉色多呈青灰色。

东阳窑 唐、宋民间瓷窑。窑址在东阳。以烧青釉器为主，兼烧少量钧釉器。东阳唐代归婺州管辖，所烧瓷器属于婺州窑体系。唐代器物胎体厚重，釉色青中泛黄。遗物中弦纹碗碗心无釉，有4个支烧痕；碗外施釉至足以下。大、小平底直口碗、敞口碗圈足极浅，里满釉，外施半釉。砚有圈足及兽足两种，此外有灯盏及素烧坯。宋代东阳窑继续烧青瓷，是烧造器形较多的一个窑。主要器物有盘、碟、碗、杯、盂、洗、壶、瓶、罐、盒、盏托、炉等。装饰采用刻花、划花、印花、浮雕。与浙江鄞县、慈溪、兰溪诸窑在器形、装饰、烧造方法上有相同之处。其中刻重瓣花纹盘与鄞县等窑相同。碗的烧造方法与兰溪窑相同，采用圈形支具，支具与碗之间隔以砂粒。碗形较多，有花口及六出口；饰划、刻花及浮雕莲瓣纹；有内饰划花间篦划纹、外刻复线纹的珠光青瓷；还有的碗外刻直线纹。杯有印花、刻花装饰，花口五出的器形属五代产品。壶与浙江兰溪、慈溪等很多瓷窑同类产品大体相同，壶身饰6组双凸线，把壶身分为6等分，柄为扁状三条形，肩部有的饰刻花装饰。瓶中龙纹盖瓶较具特色，器物颈部贴龙纹，腹部刻云龙纹。盒，底为卧足，有菊花瓣式及瓜蒂钮式等不同造型，饰划花、刻花及印花纹饰。盏托折沿有圆口、六出口，沿面有划花装饰。此窑还有钧釉碗、罐等器物，胎体比青釉器厚重。

兰溪窑 唐、宋青瓷窑。在兰溪水阁唐代窑址发现的标本有圈足半釉大碗、口外有褐斑的半釉直口折腰平底碗、青褐釉小碗、兽足陶砚、钵、罐等。宋代窑址少数遗物具有五代越窑遗风，如浮雕莲瓣纹碗、圈足外卷的小杯与卧足盖盒等。产品中碗和注壶较多，碗有多种刻花装饰，满釉支烧，注子腹部饰6组双凸线纹，扁圆腹。此外有卧足盒、莲瓣盘、盏托、小杯、瓶、罐等。器物胎呈浅灰色，釉色为浅青，比一般青釉色淡，介于青白釉与青釉之间，釉面玻璃质感强，具有独特风格。此窑产品与越窑关系密切，在烧法、装饰、器形上可以看出二窑的关系。

衢州窑 唐、宋时期民窑，在衢州河东乡上叶村发现3座唐代早期窑，烧制乳光釉、月白釉、天青釉几个品种，器物有壶、罐、注子、施釉仅及口下的碗和盏等。宋代有冬瓜潭窑，烧青釉、青釉褐彩、黑酱釉等品种。青釉敞口圈足碗内划复线纹，采用叠烧工艺，碗里有支烧痕。划花盘采用满釉支烧，属越窑类型，釉为深青色。执壶为扁柄，有的壶身为六瓣形，另一种壶高达50～60厘米。罐、壶质地较粗。青釉褐彩器标本有折沿盆、壶、瓶、罐，釉薄，为青灰色，饰酱褐色彩。黑酱釉器有碗、壶等，造型与青釉相同。青酱釉器有盒、盏、六瓣花口小杯、越窑型浮雕莲瓣纹碗等。黑釉器有刻菊瓣纹碗，刻线较粗，施釉不到底，一种是用半圆形工具剔去地子，一种是先刻单线，再偏刻成菊瓣纹。

温州窑 唐、宋时期瓷窑，窑址在温州西山一带，遗址面积较大，制品在一定程度上受瓯窑和越窑影响。其中粗线条划花杯、卧足盘、莲瓣杯造型及支烧方法明显带有越窑特色。从遗物标本考察，唐、五代主要产品是青釉碗，五代出现划花装饰。宋代仍以烧青釉为主，少量烧酱釉。青釉器胎、釉的色调较浅，保留了早期缥瓷的传统，与浙江其他窑青釉有明显区别。宋代的碗上有划花、刻花装饰。莲实纹杯、小碗和划双蝴蝶纹碗与越窑制品相近。此外有瓜棱壶、褐斑壶、盖壶、盘、罐盖、盒、瓶，还有比较少见的刻覆蕉叶纹瓶。盏托胎釉较粗。支烧工具与越窑系瓷窑大体相似。

黄岩窑 浙东五代至北宋青瓷窑。在黄岩竺家岭、

399. 北宋黄岩窑青瓷标本

本主要有盘、碗、碟、洗及仿商周秦汉古铜及玉器造型的器物。胎土呈黑灰及黑褐，胎较薄，施釉较厚，釉色有粉青、月白、米黄等色。釉面有开片，片纹较大，并有冰裂纹。与文献记载官窑器特征基本吻合。传世的官窑器物目前所见主要有方、圆、葵口、折沿等各式洗，瓜棱、贯耳、胆式、弦纹瓶，葵口、花式盘，葵口、圆口碗，盏托等。大部分有紫口铁足的特征。器物多采用支钉支烧，传世品盘、洗有 5 至 8 个支钉，出土的支烧窑具有 1 至 6 个支钉的。有少数器物从造型、釉色、片纹上都与哥窑难以区分。官窑制品明、清御窑厂大量仿制，其中雍正仿品质量最好，有的达到乱真的程度。

牌坊山等地发现 8 处窑址，竺家岭面积最大，遗存最丰富。瓷器纹饰以刻花花卉纹为主。鹦鹉纹在越窑系瓷窑中较为常见，但多为细线划花，而黄岩窑鹦鹉纹为刻花，线条粗放，纹饰生动。

401. 南宋龙泉窑青釉菊瓣碗

400. 宋官窑龙纹洗

郊坛官窑 官窑为宋代五大名窑之一。宋叶真《坦斋笔衡》中记载，继南宋临安（今杭州）修内司窑之后，"郊坛下别立新窑"。据此而知，这是南宋设立的第二座官窑。窑址于 20 世纪初已被发现，引起中外古陶瓷研究者的注意。50 年代起对杭州乌龟山窑址作了多次发掘，发现了窑炉、窑具及瓷器碎片。标

龙泉窑 古代重要青瓷窑，在浙江西南部龙泉境内。已发现大窑、金村、溪口、梧桐口、大白岸、小白岸、道泰、山头窑、松溪、安福口、安仁口、笔架山、项户、碗圈山、马垴、大方、岭脚、围墙、大棋、下村、黄金坑、武溪等 300 余处窑址。其中大窑、金村两地窑址最多，烧瓷质量最精。从采集的标本与出土、传世器物来看，龙泉窑烧瓷时间从宋至清，约有七八百年的历史。北宋瓷器生产初具规模，产品主要为碗、盘、钵、盆、罐、瓶及执壶。元丰三年（1080 年）铭的莲瓣纹五管瓶和双耳盖瓶为这一

时期有确切纪年的器物。这一时期产品胎为灰或浅灰色，圈足高而规整，釉层薄，有流釉及开片现象，釉色不够稳定，多青中带黄，说明对还原气氛还没有完全控制。常见纹饰有团花、菊花、莲瓣及缠枝牡丹。南宋为龙泉窑发展时期，产品逐渐形成了独特的风格。器形丰富，有各式瓶、炉、碗、碟、盒、灯盏、渣斗、香熏、文具及塑像。装饰盛行单面刻划花，以刻花为主，常见纹饰有云纹、水波纹、蕉叶纹、凤纹、雁纹、鱼纹、莲花纹、叶纹等。由于熟练掌握了胎釉配方、多次上釉技术以及烧成气氛的控制，釉色纯正，釉层加厚，成功地烧成了粉青与梅子青釉，达到青釉史上的高峰。在这一时期的标本中有黑与白两种胎。白胎占绝大多数，比黑胎厚，釉层也较厚，故装饰上采用浮雕、出筋及贴花；黑胎量小，胎薄在1毫米左右，釉面普遍开片，紫口铁足，是龙泉仿官或龙泉官窑的产品。两种胎的器物是在同一窑中烧造的。这一时期器物中有印"河滨遗范"、"金玉满堂"铭文的。"河滨遗范"铭文器物中有带"庚戌元美宅立"款的，应为南宋绍熙元年（1190年）制品。元代龙泉瓷业继续发展，此期大件器物比较多，器大而不变形，反映出烧制技术的纯熟。碗、盘、杯、盏、洗、瓶、炉又出现新样式，时代特征明显。如高足杯、双鱼洗、月梅纹碗、龟心荷叶碗、荷叶盖罐、双耳连座瓶等。纹饰有云龙、荔枝、牡丹、荷叶，有模印贴花、露胎装饰与褐斑装饰。大量印"福"、"禄"等吉语铭文、商标性质铭文及八思巴文。明代早期龙泉窑产量仍很大，有相当一些器物，如大盘、盖罐等，造型、纹饰与江西景德镇青花极为相似。菊瓣纹碗与历史故事图案印花碗较具特色。明晚期瓷业渐衰，青釉色泽灰暗，器底不施釉，足部处理粗糙。龙泉窑产品不仅内销，自元代开始，还大量销往海外，日本、菲律宾、马来西亚、巴基斯坦、印度、埃及等国都出土有龙泉窑瓷器。受其影响，浙江、福建、广东、江西一批瓷窑先后仿烧龙泉窑产品，形成了一个庞大的龙泉窑系。泰国苏可泰窑以及韩国、日本都曾仿烧龙泉窑产品。

龙泉窑系 宋、元南方青瓷窑系。有众多窑场，主要分布在浙江龙泉瓯江两岸，旁及邻近各县，南宋晚期至元代，范围扩大到江西、福建的许多窑场。龙泉窑主要烧青瓷，其釉色有粉青、梅子青，润泽光亮可与翡翠媲美。釉层凝厚滋润有玉质感。胎洁白细腻。主要器形有盆、碗、盘、碟、洗、炉、瓶、渣斗、壶等。装饰以刻、划纹为主，纹饰有蕉叶、云纹、鱼纹、莲瓣纹等。龙泉青瓷中有少量黑胎青瓷，其釉面有冰裂纹，是龙泉窑仿南宋官窑产品。器形古朴典雅，工艺精湛。龙泉系青瓷兴起虽晚，但出口量大，传世品也很丰富。

泰顺窑 宋代青瓷窑。窑址在浙江省南端泰顺，与福建交界。泰顺窑使用覆烧方法，与浙江省其他瓷窑工艺不同。覆烧窑具形状口大底小，是一个可装9件器物的整体，装坯时先装小件器物，再依次渐大，上面一件口径最大。该窑青釉釉色偏灰，胎面有简练的刻花装饰。

永康窑 宋代民间青瓷窑，在永康境内。几处宋代窑址中发现的器物以碗、盘为主，还有杯、壶、盒、炉等。装饰方法多样，盒子上有印花，碗上有篦划纹，杯上有刻花。篦划纹碗中，有外刻复线纹的珠光青瓷。壶身以线纹分为6等份，与浙江慈溪等窑有共同风格。炉亦有刻线纹装饰。五出口杯器形较高，也是浙江常见的造型。

浦江窑 金华地区浦江境内民间瓷窑。已发现宋、元时期窑址。宋代烧青瓷。北宋受越窑系影响，青瓷釉色青绿，有细线划花各式盘、碗、钵，大多釉色精美。此种器物胎较白，因而釉色浅绿，比越窑釉色鲜艳。多采用裹足支烧。另一类胎为灰色，釉的呈色比白胎器浓重，制作稍粗。还有印双荷叶、荷花纹梅花式小杯，与东阳窑产品相似。青釉壶壶身为6等份瓜棱形，线有凹、凸两种。元代烧制钧釉各式盘、碗，折沿盘大小与龙泉窑盘略同。均采用叠烧工艺，质地较粗，圈足较厚。

云和窑　宋至明代瓷窑。在浙江省南部云和境内，在梓坊、赤石镇、水堆坑、张畈、大田坪、光石等处发现有宋、元、明时期窑址。云和县距龙泉县较近，烧制龙泉窑系的青釉瓷器。

江山窑　宋至明代瓷窑，窑址在浙西江山境内。因距江西省较近，受景德镇窑、南丰窑影响，烧青白瓷，同时还烧造浙江大多数窑口所烧的青釉和少量黑釉制品。宋、元时期烧制的青白瓷，造型、纹饰与江西产品近似，较多的是划花碗，胎较厚重，釉色偏灰。其次有印折枝花菊瓣盒、三兽足八卦炉、花口瓶、盘、壶。青釉制品有光素、划花及珠光青瓷碗；还有器内刮釉叠烧的盘，盘的胎体薄而脆。黑釉器物有碗、瓶、罐，部分碗有灰白口。元末到明、清时期，与江西一样烧青花瓷器，使用的钴颜料与江山县所产钴矿成分近似，应为当地原料。明清时期也烧青釉薄胎碗、盘，碗外有的用铁质彩料描绘草率的文字，还有类似3组竹纹的图案，彩呈黑色。

六、款　　识

款识　又称"铭文"，本指古代钟、鼎等青铜彝器上的文字，后引申为书画、陶瓷、漆器等文物上的题铭文字。就陶瓷而言，凡在陶瓷器上以刻、划、印、写等不同方法，记载制作该器的时间、地点或工匠的姓名、作坊牌号、监制者的姓氏，以及订制该器的顾主姓名、堂名、图案标识或吉祥语等，统称为款识。陶瓷款识虽是陶瓷器上的附属物，但由于它是古陶瓷鉴定中的重要一环，故历来为陶瓷鉴定家所重视。通过比较各时代陶瓷器上的款识内容、格式、字体、书法、工艺等方面的特征，再结合胎、釉、彩等其他特征，即可对一件器物进行鉴定。陶瓷器上的款识按其所表达的内容，可大致分为纪年款、室名款、王府款、吉言赞颂款、花样款、供养款、陶人款、仿写款及其他类特殊款等。

纪年款　标明陶瓷器制作年代的一种款识，在古代陶瓷款识中占有较大比例。一般说来，纪年款可分为3种：一、年款，即以帝王年号为纪年的款识，又称朝代款。如北宋"端拱二年"、明代"大明宣德制"、清代"大清康熙年制"等。二、干支款，指用60年周而复始的天干配地支来标明器物具体年代的款识。这种款识多附在帝王年号之后，如"大明宣德癸丑年造"、"万历丁丑年造"等；也有直接用干支纪年的，如弘治时的"壬子年造"、康熙时的"又辛丑年制"等。三、特殊年款，指只写某朝而不写具体年号的款识，如"大明年造"、"大清年制"等。历代纪年款中，以元、明、清时期釉下青花书写款所占比重最大，另有刻划款、模印款及釉上彩书写款等。纪年款外多加边饰，常见有双线圆圈、双线方框、单线圆

圈、单线方框等，也有无边栏的。款字多书于器物外底中心，也有书于内底心、口沿下以及肩、腹、耳、柄、颈、足内沿等处的。字体以楷书最为多见，另有篆书、行草等。款字排列方式多为自上而下竖写或自右向左横排。纪年款以明、清两代景德镇官窑瓷器使用最多，但部分民窑器，尤其是景德镇民窑器上也经常使用。民窑款字体多显得粗率，不及官窑款字体规整。纪年款标明了器物制作的大致年代或具体年代，所以是古陶瓷年代鉴定中最重要的依据。

早期纪年款　明代以前陶瓷器上的纪年款。从目前所掌握的资料看，陶器上的纪年款最早见于秦、汉时期，瓷器上的纪年款首见于三国时期。秦、汉至元代，纪年款日趋多见，落款方式以刻、划为主，另有彩书、墨书和模印。早期纪年款的特征是：文字内容不统一，落款位置不固定，款式无定制，一种纪年款往往只用于某一件器物，不见批量落款。

秦、汉纪年款　秦、汉陶瓷器尚无单独落纪年款的习惯，但有些铭文中的纪年内容，同样起到纪年款的作用。较重要的有以下几件。山东邹县邾国故城遗址出土的一件秦代陶量（现藏中国历史博物馆）上印有篆书秦诏文，文曰："廿六年，皇帝尽并兼天下诸侯，黔首大安，立号为皇帝，乃诏丞相状、绾，法度量则不一，歉疑之，皆明壹之。"所印诏文，四字一组竖写，缀连成篇，外有边框。从其书法风格上看，属于秦代小篆，字体方正，笔道圆润，章法和谐，布局合理。这段文字既是研究秦代统一全国度量衡和文字的重要佐证，也是研习秦篆书法可靠的典范。广东省博物馆收藏一件汉新莽时的灰陶狗，腹一侧阴刻篆

书"天凤六年何亚"铭,天凤为新莽年号,六年相当于公元19年。1988年湖南湘阴青竹寺汉代窑址堆积层的下层出土了东汉顺帝"汉安二年"(143年)纪年款的陶器残片,款字是刻划上的。另外,考古发掘工作中,常发现一种东汉时的镇墓陶瓶,上有朱书镇墓文,内容是为死者解除灾祸的文告,文字开头多记年、月、日。见有"永寿二年五月"(156年)、"熹平元年"(172年)、"初平四年十二月己卯"(193年)等。

三国纪年款 迄今所见三国时期陶瓷器上的纪年款,主要出现在越窑瓷器上。1955年,江苏南京光华门外赵士岗吴墓出土的一件越窑青瓷虎子腹部刻划"赤乌十四年会稽上虞师袁宜作"十三字铭文。赤乌十四年即公元251年。此器现藏中国历史博物馆。20世纪30年代后期,浙江绍兴吴墓出土一件青瓷谷仓,其正面堆塑龟驮碑,碑上刻划"永安三年时,富且洋(祥),宜公卿,多子孙,寿命长,千意(亿)万岁未见英(殃)"。此器现藏北京故宫博物院。30年代绍兴还出土过一件"吴陶灶",现已不知下落,灶壁刻有"永安四年十月九日……"等二十二字。1958年,江苏南京清凉山三国吴墓出土一件青瓷熊灯,在灯的承盘底部刻划"甘露元年五月造"七字铭文。甘露元年即公元265年。这几件有确切纪年的器物,大致反映了三国时期瓷器上纪年款的风貌,其特点是:釉下刻划,字体较草率,落款位置不固定,文字内容不统一。

两晋南北朝纪年款 此时陶瓷器上纪年款的风格与三国时相似,无大改变。1976年3月,江苏吴县枫桥狮子山西晋傅氏家族墓出土的两件青瓷谷仓,在龟驮碑上分别刻有"元康二年润(闰)月十九日超(造)会稽"、"元康出始宁,用此罂,宜子孙,作吏高,其乐无极"等字样。元康(291~299年)是晋惠帝司马衷的年号,元康二年即公元292年,但该年并不置闰,元康三年则闰二月。这件谷仓与"元康三年四月六日"铭文砖同出,可能也是元康三年物,碑铭纪年有误。西晋时带有纪年款的瓷器,还有浙江余姚出土的青瓷谷仓,其龟驮碑上刻有"元康元年八月二日会稽上虞"。浙江平阳敖江出土的青瓷谷仓,其龟驮碑上刻有"元康四年九月九日□州会稽"。东晋、十六国时期陶器上的纪年款,见有60年代敦煌东晋墓出土陶罐腹部墨书的"升平十三年闰月甲子朔廿一壬寅张弘妻氾心容盛五谷瓶"。升平十三年为公元375年。南朝瓷器上见有"大宋癸丑"、"永初年制"等纪年款铭,"大宋癸丑"为公元473年,"永初年"为公元420~422年。

唐、五代纪年款 此期纪年款仍以刻划为主,但已有模印和釉下彩书写款。从目前已发现的资料看,唐代纪年款主要为唐宣宗大中年间(847~859年)的款铭,如"大中二年"、"大中三年八月"、"大中四年岁次庚午八月丙午塑"、"大中玖年正月二十八日记"、"大中拾年拾日叁造鼓价"等。其次为宪宗元和年间(806~820年)款铭,如"元和三年二月卅日"、"元和三年十月十四日"、"元和五年"、"元和十四年"等。另有武宗会昌年间(841~847年)、文宗开成年间(836~840年)、昭宗光化年间(898~901年)的款铭,如"会昌七年"、"会昌七年赵家"、"开成三年"、"光化三年十月十一日"等。五代瓷器上的纪年款见有"贞明六年"(920年)、"天成四年五月五日造也"(929年)等。从窑口看,唐、五代瓷器上的纪年款主要见于越窑和长沙窑瓷器。刻划款者多为越窑,釉下彩写款者多为长沙窑。款识字体多为草书,楷书少见,落款位置不固定。这一时期年款的内容较复杂,如长沙铜官窑遗址出土的一件"鼓价器",其外壁釉下以褐彩书"大中拾年拾日叁造鼓价"。浙江嵊县出土的一件盘口壶上刻有"元和拾肆年四月一日造此罂,价直壹千文"。浙江余姚上林湖东岙南山麓出土的一件盘口壶上刻有"维唐故大中四年岁次庚午八月丙午朔，胡珍妻朱氏四娘于此租地，自立墓在此，以恐于后代无志，故记之罂"。这组文字表明，此盘口壶既是租地卷，又是墓志铭。上海博物馆收藏的一件越窑青瓷执壶，腹部刻划的三行文字为："会昌七年改为大中元年三月十四日清明故记之耳。"这件器物的款识记录了当时年号的更换。湖南石渚五代长沙窑遗址出土一件瓷枕，上刻"开平三年六月廿八日开造，夏月二女使用"。唐、五代时期的越窑瓷器中有一种罐形墓志，内容主要为纪年、人名、事迹等，纪年有"长庆三年"（823年）、"咸通七年"（866年）、"光启三年"（887年）、"光化三年"（900年）、"龙德二年"（922年）等。

宋代纪年款　宋代瓷器上的纪年大多为北宋年号，只有少数为南宋年号，主要见于越窑、龙泉窑、定窑、耀州窑、磁州窑等瓷器上，既有刻划、模印款，又有墨书、彩书款。磁州窑系瓷器上的纪年款多为釉下彩书，越窑、龙泉窑瓷器上的纪年款多为刻划。目前已发现北宋瓷器上的纪年款有"大观"、"大观元年制"、"大中祥符五年"、"庆历五（年）……七作，其年乙酉岁"、"治平三年丙午岁次九月一日题，匠人周明"、"太平戊寅"（即太平兴国三年）、"元丰内用"、"元丰三年"、"元祐年制"、"元祐四年"、"元祐七年三月□日莫"、"嘉祐□□月二十二日"、"元符三年仲秋佳制"、"元符三年七月二十三日史五"、"至和贰年记塊（碗）徐蒋大歌"、"明道元年"、"政和"、"政和三年"、"政和六年"、"咸平年造"、"咸平元年十一月三日张家记"、"咸平元年七月廿日记"、"绍圣四年四月十六日钟博士谨记"、"绍圣五年"、"崇宁二年新婚"、"淳化二年"、"雍熙一年七月"、"熙宁四年"、"端拱元年"，等等。南宋纪年款见有"嘉定四年柒月"、"绍兴永和舒家造"、"绍兴三年"、"绍兴五年"、"淳熙年制"等。总之，宋代瓷器上的纪年款，

比以前各代数量明显增多，特别是内容单纯的年款明显增多，五花八门的大段文字则明显减少。浙江余姚出土青瓷碗上的"淳化二年"款、越窑青瓷上的"太平戊寅"款等四字年款，与后代的同类款识已无大的区别。有的虽然在一器之上同时书有纪年、吉言、匠人姓氏等，但都分开刻划或书写，如英国收藏的一件剔花珍珠地瓷枕，枕面刻"家国永安"，右侧书"赵家枕永记"，左侧书"熙宁四年"。内容较复杂的纪年款如现藏甘肃省博物馆的一件瓷枕，枕面右上侧题："明道元年巧月造。青山道人醉笔于沙阳。"再如北京故宫博物院收藏的一件南宋人物纹瓷枕，枕面左侧刻："绍兴五年，为乱事纷纷。白阳山人作。"另据《景德镇陶录》记载，北宋景德年间，真宗命景德镇烧造进御瓷器，底书"景德年制"四字，但尚未见实物。至于首都博物馆收藏的刻有"隆兴纪元春二月张冲珍玩"款的三彩人物纹枕，被认为是民国时期的伪作。

辽代纪年款　辽代陶瓷器的纪年款，主要见于契丹族独有的器物鸡腿瓶上，均为赤峰缸瓦窑的产品。其纪年款有"轧二年田"、"轧三艾廿一"等。这里的"轧"和"艾"都是契丹文，分别为汉文的"乾统"和"月"。乾统为辽帝耶律延禧的第一个年号，乾统二年即公元1102年。另外，北京龙泉务窑辽代遗址曾出土辽三彩贴花残器，器内底刻划"寿昌五"字样。残缺的一个字似应为"年"，寿昌五年即公元1099年。

金代纪年款　金代陶瓷纪年款以墨书款较为多见，另有釉下彩书写款和刻划款。落款的位置多在器物的外底、足部，也有落于腹部和内底的。如"时皇统元年三月二十二日造"，此为金代萧窑瓷瓶纪年款，横刻于瓶足上，瓶腹刻"白土镇窑户赵顺谨施到慈氏菩萨花瓶壹对，供养本镇南寺"。上海博物馆收藏的白地黑花鸟纹虎形枕的底部有墨书"大定二年六月六

日□家造"款。北京故宫博物院收藏的定窑白釉剔花莲花纹枕的底部有墨书"金大定八年正月初四日康军使宅置到"款。1984年陕西铜川耀州窑遗址出土的盏范上有"大定十年"款。1983年陕西黄陵县古墓出土金代瓷枕的底部有墨书"大定十六年五月"款。1978年秋河北曲阳北镇村出土的定窑夔龙纹盘印模内壁刻有"甲辰正月望日造"干支款;同时出土的定窑菊花纹碗印模的内壁刻有"甲辰蕤宾十四日"款,"蕤宾"为五月。山西出土的白釉砂圈瓷碗的砂圈上有墨书"明昌三年十二月四日买了一十个"款。北京故宫博物院收藏的霍县窑盘的外壁露胎处有墨书"明昌四年柒月初四日三李置到"款。秦庭域收藏的金代白地黑花诗文枕,枕面题七言律诗一首,其中有一句为"泰和三年调玉烛"。1988年12月山东成武宝峰乡定西村出土的金代白瓷碗的外壁近足无釉处墨书"泰和三年十二□买二只"款。1978年秋河北曲阳北镇村出土定窑四季花纹碗模的内壁环刻"泰和丙寅岁辛丑二十四日画"款。中国历史博物馆收藏的白地黑花罐腹部釉下有以黑彩书写的"佛光普渡大安二年张泰造"款。1959年陕西铜川黄堡镇窑址出土刻有"大安二年"款的青瓷残片。另见金代磁州窑瓷枕上落有"正隆元年制"款,金代磁州窑三彩花卉盆外底墨书"正大七年十二月二十七日制"款。金代瓷器上还有一种只书年号,不书具体年代的款识,见于红绿彩瓷器的有"泰和"、"正大"等;见于耀州窑青瓷残片上的有"贞元"。

元代纪年款 主要见于磁州窑、景德镇窑、龙泉窑、钧窑、耀州窑、定窑瓷器上。既有彩书、墨书款,又有刻划款。常落款于外底、颈、肩、腹部等处,位置不固定。如广东遂溪窑出土碗模外壁刻有"大德六年"款。元紫金釉贴花牡丹纹三足炉外底刻有"大德七年制"款。元钧窑天蓝釉紫红斑盘上落有"大德八年"款。元定窑刻划花鱼纹盘外底刻"至元

八年制公用"款,前五字直书,后二字横书。元代白釉瓶上落有"大元国至元十九年九月十四日记耳"款。陕西铜川立地坡古窑址出土的残瓷片上刻有"至元二十九年六月十四日"款。山西琉璃龙莲纹香炉上刻有"至大元年汾阳琉璃寺诏任瑭成造"款。湖南衡东麻园窑址出土擂棒残器上刻有"延祐四年"款。元代磁州窑白瓷枕的外底有墨书"至治贰年前五月十五日造磁州齐居(君)仁"款。元龙泉窑青瓷大花瓶上刻有"泰定四年丁卯岁仲秋吉日谨题"款。1979年江西丰城县征集的出土于景德镇的青花釉里红楼阁式瓷仓上有青花料楷书"后至元戊寅五月二十三日"款;同时征集的出土于景德镇的青花釉里红塔式盖罐颈部有一周青花楷书款为"大元至元戊寅六月壬寅吉置"。收藏于英国伦敦大维德基金会的元青花云龙纹象耳瓶颈部有青花料楷书"至正十一年四月良辰谨记"款。元磁州窑白釉褐花罐外壁釉下有褐彩书写的"至正十一年七月廿九日"款。另外,元代瓷器上还有一种不书年号的干支纪年款,例如内蒙古呼和浩特出土的钧窑双耳兽足炉上落有"己酉年九月十五小宋自造香炉一个"款。

明代纪年款 主要见于景德镇官、民窑瓷器上。官窑瓷器上冠以帝王年号款始自永乐朝,后成定制。但永乐官窑年号款只见四字款,官窑瓷器上落六字双行或三行楷书年号款并围以双重圆圈这一最常见的体式,则始自宣德朝;常见的六字双行围以双重方框的体式,始自成化朝。还有一种常见的环书于高足杯、碗足内沿的六字或四字年号款的体式,也始自成化朝。明代官窑瓷器纪年款以朝代款(又称年号款、年款)为主,民窑瓷器纪年款则以干支款较为多见。明代纪年款多以青花料书写,兼用暗刻、模印、釉上彩和白泥料书写。落款位置以器物外底最为多见,也有在器内底、近口沿、颈、肩、腹、流、柄等处的。官窑年款字体除永乐、宣德、弘治、万历朝有篆书体

外，其他朝未见。款字排列方式，以六字双行和四字双行最为多见，六字三行、一排横书、一行直书、六字环形、四字钱文排列等极少见。官窑年款多由宫廷出样，御窑厂有专人负责照样书写，字体严谨规整。民窑纪年款则大抵随意书写，字体多草率不规。据有关专家考证，明代景德镇官窑瓷器的生产始自洪武二年（1369年），止于万历三十六年（1608年），此期间官窑瓷器上的纪年款以宣德、成化、弘治、正德、嘉靖、隆庆、万历较多见，其他朝则少见。有人根据明代各朝官窑瓷器上年款的特点，将明代官窑瓷器年款总结为五句口诀，即"宣德款多，成化款肥，弘治款秀，正德款恭，嘉靖款杂"，这与实际情况基本符合。

明洪武年款　洪武（1368~1398年）是明太祖朱元璋的年号，历时三十一年。文献记载和出土文物证明，早在洪武二年（1369年）朝廷即在景德镇设置御窑厂，专烧宫廷用瓷。洪武瓷器流传至今的不多。近些年，随着对洪武器的深入研究，人们已将过去定为元代晚期的一批瓷器划归洪武，即使这样，迄今仍未发现真正带有年款的洪武官窑器。带有明确纪年的洪武民窑瓷器目前也仅见2例，一为江西玉山发现的青白釉瓷罐上的"洪武七年二月二十七日造此"，款字刻划在罐腹，行楷字体，当为窑工随手刻划；另一件为北京故宫博物院收藏的"洪武元年"款龙泉青瓷兽钮印，款为釉下刻划，分列兽钮两侧，行书体，不很规整，"武"字错写成"珷"，应是工匠施釉前随便在胎上划写的。

明建文年款　建文（1399~1402年）为明惠帝朱允炆的年号，此朝历时仅四年，还未发现有真正署年款的瓷器。1981年，英国伦敦市场上曾拍卖一件仇炎之所藏署建文四年（1402年）款的浮雕山水人物五峰笔架，款字全文为"吴氏均茂志明建文四年三月日横峰"。据文献记载，历史上曾有过横峰窑，但

有的专家认为该款识字体甚为可疑，有可能是别出心裁的赝品。安徽省博物馆收藏一件青花瓷砚，系1953年张国药捐献，砚外底中心部位有长方形青花双框款，双框线粗细基本相同，框内青花料楷书"大明建文年制"六字双行款，字体工整秀丽，笔法遒劲，但结合器物造型、胎釉、纹饰等诸方面特征观察，此砚系清代雍正时的仿制品。

402.　"永乐年制"暗刻款摹本

明永乐年款　明永乐年间（1403~1424年）瓷器绝大部分不书年款，少部分带有年款的可分为青花料或釉里红料书写款、锥刻款和模印款3种。款识字体以篆书最为多见，另有个别楷书和行草。官窑瓷器上的年款，目前仅见"永乐年制"、"永乐元年"、"永乐肆年"等，不见"大明永乐年制"六字款，故凡书六字款者，皆为伪款。永乐官窑年款开启了明清景德镇官窑瓷器上书帝王年号款之先河。篆书款是永乐官窑瓷器上最常见的一种，目前所见皆为"永乐年制"四字双行排列，按书写方法可分为青花款、锥刻款和模印款。永乐官窑青花器为数不少，但青花款仅见于青花缠枝莲纹压手杯上。据明谷应泰《博物要览》载："永乐年造压手杯，坦口折腰，沙足滑底，中心画有双狮滚球，球内篆书大明永乐年制六字或四字，细若粒米，此为上品。鸳鸯心者次之，花心者又其次

也。"北京故宫博物院收藏有 3 件此种压手杯，一件杯心绘双狮戏球纹，球内篆书四字年款；另两件杯心画团花纹，五瓣葵花心内篆书四字年款。但目前尚未发现鸳鸯心者，也未发现谷应泰所说的六字篆款。锥刻款和模印款主要见于永乐单色釉瓷器上，位置在碗、盘、高足碗等圆器的内底心或内壁，款字作两行排列于葵花心或单圈内。模印款主要见于甜白釉薄胎印花器上，如甜白釉薄胎印花云龙纹盘和高足碗等。锥刻款则主要见于永乐红釉或甜白釉刻花器上，如永乐红釉高足碗，此类碗有两种，一种是内白釉外红釉，碗内心单线圈内锥刻一朵五瓣葵花，花心内锥刻四字双行篆款，款字清晰；另一种里外通施红釉，碗内心刻划的四字款被红釉覆盖，不甚清楚。永乐官窑瓷器上的刻、印年款需对光侧视或透视方能看清。永乐篆书年款，无论书写还是刻、印，都很有章法，笔道流畅自然，笔划转折处浑圆，字体结构严谨，苍劲浑厚，婉丽飘逸。此款识蓝本必出自当时功力深厚的书法家之手。有学者将上海博物馆所藏永乐时翰林学士沈度的一方端砚底部篆刻款"永乐乙未秋翰林沈度识"与永乐官窑瓷器年款仔细比较后认为，二者风格完全一致。因此，永乐官窑瓷器年款很可能是由当时的翰林学士沈度书写后，下交景德镇御窑厂，由工匠们按墨迹摹写、刻划或做成泥模印在瓷坯上的。传世永乐瓷器上不见楷书年款，1979 年至 1988 年，景德镇珠山永乐、宣德官窑遗址出土了大量实物标本，其中有两块铜红料楷书"永乐元年"和"永乐肆年"题记的釉里红盘口瓶残片，款字书于瓶口外沿，笔法遒劲。这两片标本的出土，弥补了传世品中的不足，为研究永乐瓷器年款提供了珍贵的资料。永乐行草年款极少，仅见于民窑瓷器上，如山西民窑黑釉剔花小口瓶，腹部刻有"明永乐二年初四日置买酒平葫"十三字。字体结构松散，但笔道均匀，手法熟练，显示出民间瓷匠的书法修养。

明宣德年款　明宣德（1426～1436 年）官窑年款在明、清各朝中最为复杂。从字数来看，可分为"大明宣德年制"和"宣德年制"两种；从书写方法看，可分为青花料书写款、矾红彩书写款、锥刻款和模印款等；从字体看，既有楷书款，又有篆书款；从写款位置看，除了最常见的器物外底，还有器内底心、器内腰部、外口边、内口边、颈部、肩部、外腹部、折沿下、耳部、柄或流上和盖内等。款字排列方式有双行竖写、三行竖写、单行竖写和单排横写等。款识外多围以双线圆圈，另有个别围以单线圆圈、双线长方框或双线长方框外复加双线圆圈的，也有无边栏的，极个别器物上的年款写于花心或锦纹中心。已故古陶瓷鉴定家孙瀛洲曾将宣德官窑年款编成四句口诀："宣德年款遍器身，楷刻印篆暗阳阴。横竖花四双单无，晋唐小楷最出群。"这对于我们了解宣德官窑年款的特征很有帮助。宣德官窑瓷器上的锥刻款主要见于单色釉瓷器上，器物造型有盘、碗、高足碗等，品种有黄釉、鲜红釉、酱釉、白釉、蓝釉等，字体以楷书为主，盘、碗款锥刻于外底，高足碗则锥刻于内底心，多为六字双行排列，外围锥刻双圆圈。景德镇珠山宣德官窑遗址曾出土一件白釉矾红彩云龙纹高足碗。其内底心既有锥刻暗款又有矾红彩书写的六字款，属罕见的款识。至于模印款，孙瀛洲曾见过一种白釉暗花高足把碗，在器内腰部印阳文四篆字暗款，款外围以花瓣，应属特别稀有之款，但不知该器今藏何处。宣德官窑楷书年款的字体特征，以"大明宣德年制"六字款为例，"大"字就有几种不同的写法，其一横被第二笔的一撇分割后，有右边长的，有左边长的，也有左、右相等的，且这一横还有长短之分。"年"字除一般写法外，还有最明显的 5 种不同的写法，即"∠"头"年"、"单丰腰""年"、"双丰腰""年"、大四横"年"、小四横"年"等。楷书"德"字"心"上无横，而篆书有一横。宣德官楷

403."大明宣德年制"青花底款

书年款中，有一种风格特别突出，其笔法工整、清秀、刚劲，自然大方，以前人们多认为这是仿晋唐小楷的笔法，近年有人提出宣德官窑年款的蓝本出自当时功力深厚的大书法家沈度之手。可以肯定的是，当时景德镇御窑厂按沈度墨迹往瓷器上临摹的决非一人，故此造成宣德官窑瓷器上年款字体的写法不一。总的说来，宣德官窑瓷器上的款字，笔划粗细适中，笔法遒劲有力，青花款的笔划颜色多不均匀，有的还泛出铁结晶斑。

明正统、景泰、天顺年款　明代正统、景泰、天顺三朝历时近 30 年，此时战争频繁，饥荒不断，朝野动荡，但《明实录》等文献记载，景德镇御窑厂的生产并未完全停止，只是此时烧造的瓷器，多不书官窑年款。正统一朝（1436～1449 年），迄今所见民窑瓷器上有青花料楷书"正统元年"和"正统捌年"款，景德镇湖田窑遗址曾出土一件正统瓷罐残片，外底刻划"正统叁 年 二月二十七 日"铭，这是目前仅见的一例正统朝刻划纪年款。景泰朝（1450～1456年）至今未见任何带纪年款的瓷器。天顺朝（1457～1464 年）仅见 5 件，一件为模印"天顺年造"款的卵白釉云凤纹瓷盘，为官窑器，现收藏于英国伦敦大维德基金会；另 3 件为青花三足筒炉，其中两件书

"天顺七年大同马氏造"，一件书"天顺年"三字，现藏北京故宫博物院，系香港杨永德先生捐献。"天顺年"三字以青花料书楷字于炉内底，字体苍劲有力，敦厚古朴，与成化官窑款识笔法十分相似。至于北京故宫博物院收藏的两件青花小碗，外底书有"大明天顺年制"青花料款，被认为是万历至天启时的仿品。明代磁州窑瓷器中有书"正统拾壹年伍月壹日"款的，见于白地黑花罐上，以黑彩书于器肩。

404."大明成化年制"青花底款

明成化年款　明代成化年间（1465～1487 年）的年款，主要见于景德镇官窑瓷器上。从目前所掌握的资料看，成化年款有三个特点：一是均为"大明成化年制"六字款，不见"成化年制"四字款；二是新创一种款字外加双方框的款式，为以前所未见；三是只见楷款，不见篆书款。主要体式为青花料楷书"大明成化年制"双行六字款围以青花双圆圈或双方框，也有极个别无边栏的。写款位置多在器物外底。另见有以青花料自右向左横书的六字楷款，在盘类的口边或高足杯的足内沿，写于口边的如黄地青花折枝花果纹盘，写款处不涂黄釉，留白一条；再如青花麒麟纹

大盘，款识也横书于口边。这种盘的款识之所以书于口边，是因为其外底无釉，呈糊米色，俗称"糊米底"，无法写款。成化官窑彩瓷中均为青花款，单色釉瓷除青花款外，还有少量锥刻款，例如霁青釉器中有的在外底锥刻双行六字款，外围锥刻双圆圈。成化霁青釉白花器的款识则为一特例，它是在外底蓝釉地上以白色泥料写楷书双行六字款，外围白泥双圈，款识笔道凸起，这种蓝釉白泥款为成化朝独有。青花款识占全部成化款识的绝大多数，其特点是字体深沉，无漂浮感。笔法苍劲有力，中锋运笔，笔道粗，字体肥，故有"成化款肥"的说法。但字体并不严谨规范，似为儿童所书，透着稚拙之气。成化官窑款识的蓝本似出自一人之手，也为历代仿写所不及。已故古陶瓷鉴定家孙瀛洲曾将"大明成化年制"六字楷款特征编成歌诀："大字尖圆头非高，成字撇硬直到腰。化字人匕平微头，製字衣横少越刀。明日窄平年应悟，成字三点头肩腰。"这首歌诀较为准确地描述了成化官窑年款的字体结构特征。款外围的双圆圈或双方栏的青花颜色深浅不一，双圈大多外圈色深，内圈色浅，说明当时先画外圈，后画内圈；双方栏并不规整，四角重笔处色深，这些虽然不能算作成化年款的长处，却为我们辨别真伪提供了依据。由于成化官窑瓷器成就卓著，自明代正德朝开始即被仿造，嘉靖至万历时期已成为一种时尚，虽有破绽可寻，毕竟已达到形似的程度，给鉴定造成一定困难。清康、雍、乾时期，仿成化款非常盛行，有些仿得很成功，能达到神似的程度。历代仿成化官窑年款，多作六字双行以青花料书楷字于器物外底，外围青花单圈、双圈或双方栏，也有无边栏的。康熙时有一种紫地三彩云龙花卉纹板沿大盘，其外底中心光亮如漆的圆形黑地上有"成化年制"四字双行楷书款，是仿成化款中较少见的作品。成化民窑瓷器年款，或在器物外底以青花料写楷书"大明年造"四字双行款，外围青花双方框；

或为楷书"大明成化年制"、"大明成化年造"双行六字款，外围青花双圆圈。其中书"大明成化年造"款的民窑瓷器，其精细程度，可与官窑相媲美。民窑瓷器款识字体略草率，不如官窑规整。

405. "大明弘治年制"青花底款

明弘治年款　主要见于景德镇官、民窑瓷器上。明弘治（1488～1505 年）官窑年款多为青花料楷书"大明弘治年制"六字双行款，落款于器物外底，套以青花双重圆圈。中锋运笔，笔力瘦劲，字体小而规整，显得清秀飘逸。因使用"平等青"料写款，故色调淡雅稳定。其"弘"字写法有鲜明的特征，即右边的"厶"明显比左边的"弓"字短。官窑器上除青花料楷书的六字款外，尚有少量以釉上矾红彩书写的"弘治年制"四字楷款。锥刻官窑年款只见有四字双行篆书，如台北故宫博物院收藏的黄地绿彩双龙戏珠纹高足碗，其外壁釉下浅刻双龙戏珠纹，花纹加填绿彩。碗内施黄釉，内底心暗刻"弘治年制"四字双行篆款，款外无边栏，款字笔画填绿彩。景德镇珠山弘治官窑遗址出土有相同的标本。弘治民窑器上的年款多标明具体年代。1982 年 12 月四川成都明墓出土的一件民窑青花碗，外底以青花料楷书"弘治三年"四字双行款，外围单线方框，字体纤小，欠工整。另见有弘治青花花卉纹碗上落以"弘治十四年购入"款，弘治青花人物纹筒炉上落以"弘治十四年置用"款。

406."大明正德年制"青花底款

明正德年款 明正德（1506～1521年）官窑年款有"大明正德年制"六字和"正德年制"四字之分，字体均为楷书。有青花料或矾红彩书写款，也有暗刻款。青花款多书于器物外底，均为双行排列，外围双圈。其中四字款多出现在高足碗上，自右向左环形排列于足内沿；也有书于器物颈部的，如青花带座瓶、双环耳瓶等；还有写在器物口沿处的，如青花炉，均自右向左横书一排，外加双线方框。六字款也有一排横书的，例如青花笔山上的底款，自右向左一排横书于外底；青花阿拉伯文插屏上的六字款，则自右向左书于托座正中，款外围以双线方框。以矾红彩书写的正德官窑款，只见四字款，双行排列，书于五彩瓷器的外底，外套矾红彩双线圆圈。正德官窑暗刻年款，多用于素三彩花盆、炉、洗等器上，且只见四字楷书款，自右向左横列于口沿下，款外暗刻双线方框。正德官窑款的字体较弘治略大，结构略显松散，但书写工整，笔中藏锋，素有"正德款恭"的说

法。其"年"字两横间的一小竖，除正常写法外，还常写成一斜点或一短横；"德"字"心"上无一横。已故古陶瓷鉴定家孙瀛洲总结正德官窑年款的歌诀为："大字横短头非高，明字日月平微腰。正字底丰三横平，德字心宽十字小。年字横划上最短，製字衣横少越刀。"正德时景德镇民窑器上有以青花料书写的"正德年造"、"大明年造"四字双行或"大明正德年造"六字双行楷书款，但与官窑年款相比，字体显得粗率。

407."大明嘉靖年制"青花底款

明嘉靖年款 明嘉靖（1522～1566年）年款无论官窑还是民窑器，其款字均为楷书，未见篆书。可分为青花料书写款、矾红彩书写款、暗刻款及刻字涂金款等，但以青花料书写款最为多见。青花发色不甚统一，有浓艳者，有浅淡者，亦有灰暗者。官窑器上用青花料书写的纪年款，以"大明嘉靖年制"、"大明嘉靖年造"和"嘉靖年制"为主。其特点是字体瘦长，笔画较粗，刚劲中藏秀逸，有刚柔相济之功力。

款字中"靖"字的特点最鲜明，即其左边的"立"位置较高。"年"字有的写成四横，成为"秊"。落款位置和排列方式较复杂。位置已发现的有外底、内底、口沿、颈、肩、腹等处，但以外底款最为多见。六字或四字分双行排列于外底中心，外加双线圆圈或双线方框，也有无边栏的。砂底器仅于写款处盖釉，周围不上釉。四字款中亦有个别仿照钱文按上下右左顺序作十字形排列的。另见青花凤凰云鹤纹罐外底有顺时针环绕排列的楷书"大明嘉靖年造"六字款，无边栏，属十分罕见的年款。高足杯上的款识多为六字青花款，有的书于内底，作六字双行排列；有的书于足内沿，六字作顺时针环绕。大型器物中，大盘于口边自右向左横书六字年款，围以扁框；大鱼缸则于外口沿自右向左横书六字年款，无边栏。嘉靖官窑暗刻年款，见于黄釉暗花凤穿花纹罐上，其外底白釉下暗刻六字双行楷款，外围暗刻的双圈。嘉靖刻字涂金款，见于蓝釉刻花涂金云龙纹香炉上，于外口沿处自右向左横刻六字年款，款字笔划涂金。但香炉上的年款也有刻字不涂金的，如北京故宫博物院收藏的嘉靖琉璃香炉，颈部环刻"大明嘉靖拾玖年圆智寺记文水马东都匠"十七字，炉身正面凸雕莲花一朵，花上立一黄牌，上刻"皇帝万岁"四字，属罕见的年款。以矾红彩书写的年款，主要见于嘉靖民窑白釉红、黄、绿彩器上，多书于外底，有"大明年造"、"大明年制"等。嘉靖民窑以青花料书写的年款有"刘信嘉靖年制"、"嘉靖年西谷制"、"嘉靖三十五年岁次丙寅仲吉日造匠人明山笔记"等。

明隆庆年款

明隆庆（1567～1572年）官窑瓷器上的年款独具风格。首先，目前已知的隆庆官窑年款均为楷书款，不见篆书款，且绝大多数为青花料书写；其次，年款中的最后一个字，绝大多数为"造"字，而不是"制"字。款识所书位置多在器外底，个别有书于器物口沿下或腰部的。款字排列方式，以"大明隆庆年造"六字双行围以青花双重圈为主，也有自右向左书写的六字横排款或六字直书单行款，单行款一般无边栏，双行款中亦有极个别围以双线方框的。隆庆官窑器中还有一种四字青花年款，比六字款少见，多书于盘类外底，双行排列，围以双重方框。中国历史博物馆收藏的青花瓷砚，腰部均匀分布6个圆形开光，内书"隆庆二年制造"，属于少见的年款。隆庆官窑大鱼缸的写款部位较特别，其六字年款横书于内口边，而不是常见的外口边。隆庆官窑红彩款较罕见，仅用于五彩器上，六字双行排列，书于外底。隆庆官窑年款在写法上以中锋运笔，笔划格外挺拔遒劲，似出自一、二人之手。其色泽浓艳，沉入胎骨，毫无漂浮之感。隆庆民窑瓷器年款，见有青花婴戏莲纹砚外底的"隆庆贰年"青花楷书款，款外无边栏；另见青花八卦炉的外壁楷书"大明隆庆五年吉日"款。

408."大明隆庆年造"青花底款

明万历年款

明万历（1573～1620年）官窑年款多为六字楷书，四字楷书较少见。有青花料或紫彩书写款，也有刻划款或在刻划款的笔划上填绿彩的。落款位置较复杂，常见于外底，另有内底、外口沿、肩部等。青花烛台则书于承盘下。六字款的排列方式有六字双行、三行、单排横书、单行直书及旋转环形

409. "大明万历年制" 青花底款

等，款外有围以双圆圈或双方框的，也有无边栏的。有一种青花番莲八吉祥纹高足碗，内底心直书六字单行款，款外加双方框，框外复加双圆圈，此种款式较罕见，明代除万历朝，唯宣德朝有此款式。有些尊、洗的外底不是满釉，仅在中心有一圆饼形釉地，罩住双行六字青花款。万历官窑瓷器年款中的绝大部分为青花款，且早、晚期特征鲜明，早期的青料与隆庆时相似，呈色浓艳，字体挺拔有力；中晚期则浓艳者少，大部分出现浅淡或灰暗色调，且有败笔现象。其字体颇近颜体，端庄工整，敦厚刚劲，笔力较硬，转折处多顿挫，捺多偏长。早期字形较瘦，晚期趋肥。"大"字之撇、捺顿挫有力，"萬"字有"草头"（艹）与"羊头"（⺍）两种写法，体现了早、晚两期的风格。"曆"字中的"秝"有时写作"秝"，"製"字中"衣"的钩、撇有时连为一笔。万历时景德镇民窑瓷器年款见有"安国寺万历三年四月八日"、"万历四十年冬月吉日立"、"万历四十四年"等。民窑瓷器中有一种青花盘的篆书年款较特殊，将吉言款与纪年款结合起来书于器物的外底，即在外底心以青花料书"德化长春"双行款，外围青花单方框，框外按上下右左的顺序以青花料书写"万历年造"四字，外复围以青花单圈。

明天启年款　明天启（1621～1627 年）年款主要见于景德镇瓷器上。据考证，万历三十六年（1608 年）至崇祯年间，景德镇官窑瓷器生产已经停止，故此时少量书官窑年款的器物，当为民窑别出心裁之作，见有青花料楷书"大明天启年制"六字双行款，落款于器物外底，款外围以青花双重圈；另有"天启年制"四字双行青花楷书款，款外围以青花双重圈或双方框。此时，景德镇民窑生产发达，民窑瓷器上的纪年款多以青花料书写，另有少数刻划款，未见釉上彩书写款。除上述仿官窑年款，另有"天启元年"、"天启三年"、"天启四年"、"天启七年"、"天启八年"、"天启三年唐氏制造"、"天启五年吴各冬香"、"皇明天启元年孟秋月谷旦立"、"天启元年仲夏月吉日立"、"天启三年仲冬月谷旦立"、"天启年米石隐制"、"大明天启年办"等。其中以"天启元年"款较为多见。北京故宫博物院收藏天启青花十八罗汉纹钟，肩部环刻"大明天启元年孟夏月造"，款字剔透胎体，属少见的年款。天启年间除景德镇瓷器上书有年款外，福建德化窑白瓷上也偶有所见，如河南新乡市博物馆藏德化窑白瓷观音坐像，座内壁刻有"天启年"三字。天启年间景德镇瓷器上以青花料书写的年款，其呈色不一，或明快，或灰暗，或浅淡，或浓重。笔道粗重浓深者，大都写得很有功力；浅淡者则显得清新雅致。天启年款除落于器物外底，还常落于外口沿、肩部、腹部等。

明崇祯年款　明崇祯年间（1628～1644 年）陶瓷器上的年款，主要见于景德镇瓷器上。此时景德镇已无官窑瓷器生产，少数以青花料书写的"大明崇祯年制"楷书款的器物，字迹潦草，当为民窑生产。崇祯时景德镇民营瓷业发达，民窑瓷器所书年款除"大明崇祯年制"，另见有"崇祯五年监制·翔凤堂"、"大明崇祯元年"、"大明崇祯八年"、"大明崇祯九年"、

"大明崇祯七年孟冬月信士邹士德心贡献关帝庙"、"大明崇祯七年孟冬月信士郑德清"、"大明崇祯十一年腊月初十日"、"崇祯二年孟夏吉日造"、"崇祯十一年腊月亥山苍水福信有归"、"崇祯拾贰年中秋月即立"、"皇明崇祯十一年腊月初八吉日时"、"崇祯八年"、"崇祯年冬日置茂卿置用"等。以上崇祯民窑年款,有的用青花料书写,有的用釉上红彩书写,也有的用尖状工具刻划。落款位置多在器物外底、外壁、内底等处。明代崇祯时德化窑瓷上也有书年款的,如白釉象耳瓶上的"崇祯己卯十二年十二月立"款。

410. "大明年造"青花底款

大明年制、大明年造款　明代两种较特殊的纪年款,只写朝代而不书具体年号。主要见于明代景德镇民窑瓷器上。"大明年制"见于正德、万历、天启、崇祯等朝瓷器上,多为青花料楷书,四字多作两行排列,外围双重圈。"大明年造"款始自明代景泰年间,成化、弘治、正德、嘉靖、天启、崇祯等朝皆有,其中以崇祯时期最为常见,正德次之。历朝"大明年造"款均落款于器物外底,以青花料书写,字体以楷书最常见,款字排列除正德朝有四字单行,其他均为四字双行。款外或无边栏,或围以青花双重圈、单重圈、双重方框等。

明代干支纪年款　明代陶瓷器上以天干与地支相配来标明器物制作年代的款识,主要见于景德镇民窑瓷器上。明代早期较少见,中、后期大量出现。如宣德时的"大明宣德癸丑年造",弘治时的"壬子年造",正德时的"正德丁卯八月吉日钦差膳照太监发心成造",嘉靖时的"嘉靖丙申年平遥府"、"辛丑上用"、"壬子年制"、"甲辰年造"、"辛丑年大茶房"、"嘉靖辛亥素家居藏",万历时的"万历己亥黔府制用"、"万历辛卯茹城家藏"、"庚子年造头班"、"万历辛丑年造"、"万历乙巳年苍王公禄",天启时的"皇明天启年丙寅吉旦"、"大明天启丁卯年",崇祯时的"庚午科置"、"己卯科置"、"应天癸酉科置"、"崇祯丙子科置"、"丙子之夏云林子书"、"崇祯丁丑岁供奉信士王大元喜舍"等。

南明年款　清军入北京后,明代皇族在南方拥立福王朱由崧,建立南明政权,年号"弘光"(1644～1645年),后又相继改元"隆武"(1645～1646年)和"永历"(1647～1661年)。吴三桂降清被封为广西藩王,其反清后立号"昭武"(1673～1678年)。尔后其孙吴世璠继位立号为"洪化"(1678～1681年)。这一时期被统称为"南明"。书有南明年号款的瓷器很少见。英国伦敦大维德基金会收藏一件署"弘光元年旷府佳器"款的青花地白花落花流水纹花口碗,器内、外壁饰落花流水纹,内底饰海水异兽纹,釉面有开片,外底写青花料楷书上述八字款,分双行排列,款外围以青花双重圈,字体工整。大维德基金会还藏有一件署"永历"年款的黄釉香炉。另外,传世品中还有署"洪化年制"款的青花碗。

清代纪年款　清代景德镇官、民窑瓷器上的纪年类款,从款识内容看,主要分为朝代款(又称年款)和干支款两大类。年款多用于官窑器上,干支款多见于民窑器上。官窑年款以楷书或篆书的"大清某某年制"、"某某年制"、"某某御制"最为多见,如"大清康熙年制"、"雍正年制"、"康熙御制"等。款字多落于器物外底，个别的落于近口沿、足内沿等处。六字楷书年款多作双行排列，个别为三行排列或一排横列，款外围以双重圆圈、双重方框，也有无边栏的。六字篆书年款绝大多数作三行排列，少数作一排横列，极个别的为双行排列，款外多无边栏，个别的围以双重圆圈或双重方框。四字楷书或篆书年款多作双行排列，外围双重圆圈、双重方框，也有无边栏的，个别的四字篆书年款作上下右左钱文排列。清代纪年款可分成釉下青花款和釉上珐琅彩款、矾红彩款、金彩款以及刻、印款3大类，其中青花款在所有纪年款中占主导地位，珐琅彩款则集中出现于康、雍、乾三朝，随着珐琅彩瓷器的停烧而不复存在，代之而起的是矾红彩款。刻划和模印款则用于颜色釉瓷器上，如白釉、厂官釉、仿钧釉、炉钧釉等。从字体上看，整个清代纪年款不外乎楷、篆、隶几种，其中楷书居于主导地位，自始至终都在使用，篆书款出现于康熙晚期，当时只用于供祝寿用的金釉蓝团寿字和五彩三多纹器上。雍正时篆书款增多，许多仿制名窑的品种上均喜用篆书款。乾隆时楷书、篆书款平分秋色。嘉庆及其以后各朝，篆书款数量渐减，基本以楷书为主。

清顺治年款　清代顺治年间（1644～1661年）陶瓷器上的年款。清初，朝廷仿明制在景德镇设御窑厂烧造宫廷用瓷，但由于当时政局不稳，战争尚在进行，财力、物力都很有限，致使顺治朝御窑厂时烧时停，规模也不大，故所见顺治官窑瓷器上署年款的很少。从几件传世品及景德镇珠山御窑厂遗址出土物看，顺治官窑年款均为青花料楷书，一种为"大清顺治年制"六字双行款，款外围以青花双重圈；另一种为"顺治年制"四字双行款，款外无边栏。字体刚中有柔，略欠工整，有明末遗风。顺治时景德镇民窑年款见有"顺治五年八月"、"顺治十四年"、"顺治十七年"、"顺治十三年十二月吉旦"、"顺治十五年五月拾叁"、"顺治十六年岁在己亥孟春月"、"顺治十八年信

士弟子程"等。

清康熙年款　清代康熙年间（1662～1722年）的年款，主要见于景德镇官、民窑瓷器上。康熙官窑早期作品多无年款或仅有干支款，中晚期大量使用楷

411．"大清康熙年制"青花底款

书年款，晚期出现少量篆书款。最常见的康熙官窑年款主要有两类：一类是"大清康熙年制"六字楷书款，运用最广，多为青花料书写，六字排列方式以双行和三行最为多见，双行款外围以青花双、单圈或双重方框；三行款或无边栏，或围以青花双圈。花盆类的六字青花楷书款常书于外口沿下，自右向左横书一排。高足盘、碗类的六字青花楷书款常书于高足内沿，自右向左环形排列。康熙官窑天蓝釉、豇豆红釉器上的青花款多为六字三行排列，且无边栏，属于例外。另一类常见的康熙官窑瓷器年款为"康熙御制"四字料款，多书于珐琅彩瓷器的外底，通常称为"图章式"款。四字多分双行排列，围以外宽内窄的正方形双线框。个别宜兴紫砂胎珐琅彩器上的"康熙御制"四字按上下右左钱文形式排列，外围双线圆圈或双重四瓣花形边栏。四字料款的颜色有红、蓝、黄

等，其中以蓝色料款最为多见，红色料款次之，黄色料款则只用于宜兴紫砂胎器上，这可能是由于黄色与红褐色的胎体相配易形成鲜明对比的缘故。北京故宫博物院收藏的一件紫地珐琅彩花卉纹瓶，外底无釉，"康熙御制"四字款系先阴刻再填以蓝色，此种作法在康熙珐琅彩器中极少见。康熙官窑瓷器上的篆书年款较罕见，只有个别器物如金釉凸花盘、金釉蓝团寿字的杯和碟、豆青地五彩佛手花纹碗等，外底釉下以青料写篆书六字双行款，外加青花双重圈。另见康熙白釉暗花番莲八宝葵瓣口碗上有模印的六字双行篆款，外围单圈。除此之外，尚未见更多的篆书年款，这是康熙朝官窑瓷器年款的一个显著特征。康熙朝是明、清两代中历时最久的一朝，景德镇御窑厂书写年款者绝非一人，致使官窑年款的书法体式多有变化，大体上是前期字体宽肥，笔道粗重挺拔，顿捺明显；后期字体则显得清秀。青花款字特点是："大"字起笔见顿，住笔见锋。"清"字大体有两种写法，即"清"与"清"，前者属早、中期写法，后者为晚期写法。"康"字下半部除俗称"半水"的正常写法，还有写成"水"的；另外"康"字有时不先写第一笔的点，而是将竖直接通上去。"熙"字写法有几种，最惯用的是三臣"熙"，两撇"熙"少见。"熙"字下半部的四点以直点为多，顺点次之，火字形极少。"年"字有几种写法，即"年"、"年"、"年"、"年"、"年"等。前四种为早、中期书体，后一种为晚期书体。"製"字最明显的特点是"衣"字无上点，"衣"横越过右边的立刀。康熙时民窑年款往往在年号后增注月日，如"康熙元年四月初八日"、"康熙十二年三月"等，这是与官窑年款的不同之处。

清雍正年款　清代雍正年间（1723～1735 年）陶瓷器上的年款，与康熙朝相比，篆书款明显增多，但楷书年款仍多于篆书。雍正官窑楷书年款最为多见的是以青花料书于器物外底的"大清雍正年制"六字

412."大清雍正年制"青花底款

双行或三行款，外围青花双重圆圈或双线方框。其中六字三行双圈款系雍正早期流行的款式，字体柔弱略草，不太规整，只有少数写得工整有力。六字双行双圈或双方框款时间略晚，字体工整秀丽，多为宋版书体正宗小楷，青花料色调大都纯正，只有少数呈色深浅不一。六字青花楷款也有个别自右向左横书于器物外壁近口沿处的。高足杯、碗上的六字青花楷款一般书于高足内沿，壶类则多于足里边环形排列。雍正官窑楷书年款中还有一种"雍正年制"四字青花款，多书于器物外底，四字作双行排列，外围双重正方框或双重圆圈。雍正官窑篆书年款有六字双行或三行以及四字双行的体式，大多无边栏，个别的围有双圈，可分为青花料或金彩书写款和镌刻款。篆字棱角分明，笔画刚劲有力，俗称"铁线篆"。镌刻篆款多用于颜色釉瓷器上，可分为款上覆釉与不覆釉两种形式。如窑变釉器外底的镌刻款多覆以酱色釉汁，釉色或深或浅；青金蓝釉器外底的镌刻款或覆釉或不覆釉。花盆外底的四字镌刻年款有的作十字形钱文排列。青花料篆书年款有六字和四字之分，六字年款多作三行排列书于器物外底，但也有较特别的，如天蓝釉或青花釉

里红茶托，款字多写于器足里圈。四字篆书青花款除常见的四字双行排列形式，有时还作钱文排列。青花或天蓝釉四连筒瓶上的四字款，则将四字分别书于四瓶的外底。雍正珐琅彩瓷器上的年款以"雍正年制"四字双行图章式蓝料款最为多见，蓝料色泽比康熙时浅淡，字体也比康熙时略小，笔法极其工整，款外所套双方框边线外粗内细，还有极少数款外无边栏，主要见于小酒杯上，可能由于底部空间过于狭小，无法再围边框。雍正珐琅彩瓷上的青花款共有3种，第一种是"雍正年制"四字双行款，外围青花双线正方框，内外框线粗细一致。第二种是"雍正御制"四字双行款，外围青花双线方框，此种极少见。第三种是"大清雍正年制"六字双行款，外围双线圆圈。雍正珐琅彩器上还有一种罕见的花果间藏款，如在珐琅彩器外底彩绘寿桃，其间写"雍正年制"双行红彩楷书款。雍正官窑瓷器也有不书年款的，有的是奉皇帝指示不书款。如《清档·雍正记事杂录》载："（雍正十年）八月十五日，司库常保来黄地暗龙茶圆一件，传旨着照此样交年希尧将填白釉的烧造些来，底下不必落款。"也有宫廷指定落某种年款的，如《清档·雍正记事杂录》载："（雍正四年）八月初八日，高足宣窑碗一件，传旨交与年希尧照样烧造，其碗内款落大清雍正年制。"雍正时景德镇民窑瓷器年款见有青花楷书"雍正元年监制"、"雍正二年制"、"雍正三年谷旦"、"大清国雍正九年"、"大清雍正二年冬制"等。

清乾隆年款　清乾隆（1736～1795年）官窑瓷器上的年款，篆书多于楷书，这是瓷器复古之风在款识上的体现。乾隆一朝历时60年之久，而且官窑瓷器产量巨大，款字风格变化多样。珐琅彩瓷器上的年款，绝大多数以蓝料彩书写，皆为"乾隆年制"四字，可分成4类：第一类是四字分两行书写的宋槧体款，套以蓝料彩双正方框，框线外粗内细，此类款最为多见。第二类字体及排列方式与第一类同，只是无

外边框，多用于形体较小底部狭窄的杯或瓶上。第三类是四字双行篆书款，外套双线方框，内、外框线粗细一致，这类年款多用于"锦灰堆"开光绘画的瓶类外底，是珐琅彩瓷器款识的尾声。第四类通常被称为"金钱"款，楷体四字按上下右左钱文排列，此类款仅用于高足杯上，书于足内沿。其他品种瓷器上的年款主要有3种，即"大清乾隆年制"、"乾隆年制"和

413."大清乾隆年制"青花底款

"大清乾隆仿古"。"大清乾隆年制"见有：一、青花料书写款，可分为双行楷书或篆书加双圆圈款、三行篆书款（在乾隆六字年款中最为多见）和篆书一排横款；二、篆书阳文刻款，可分为一排横款和三行竖列款，三行款有的围以双方框，有的款字笔划涂金；三、暗刻款，分别为双行楷书加双圆圈和三行篆书款；四、朱红款，可分为篆书一排横款、三行篆书款、两行楷书加双方框款（框线外粗内细）；五、金彩款，分为篆书一排横款和篆书三行款；六、篆书阴文刻款，款字分三行排列；七、黑彩篆书款，款字分三行排列。"乾隆年制"款见有：一、青花料书写款，分为四字双行篆书款和四字按上下右左钱文排列款（款外或无边栏，或围以双重圆圈）；二、篆书阳文刻款，四字分两行排列，有的款字涂金；三、朱红款，

分为四字双行篆书外套单方框款、四字双行楷书外围双方框款。"大清乾隆仿古"款均为青花料篆书，六字分三行排列。乾隆时景德镇民窑瓷器年款见有"乾隆六年"、"乾隆十年"等。

多作六字三行排列，落于器物外底，款外无边栏。按书写方式不同，可将六字篆款分为青花款、矾红彩款、紫彩款、描金款、阳文镌刻款、阴文镌刻款和暗刻款等。另见有以青花料横书的六字一排篆款，落于器外口沿下或中腰部。楷书六字款多作三行排列，围以双重圆圈，落于器物外底心，可分为青花料书写款、红彩书写款、描金款及阴文刻款等。

414."大清嘉庆年制"青花底款

清嘉庆年款　清嘉庆（1796～1820年）官窑瓷器年款以篆书为主，少有楷书。篆书款中"大清嘉庆年制"三行六字款最为多见，可分为青花料书写款、矾红彩书写款、金彩书写款和暗刻款等。字体笔划工整，结构严谨，款外无边栏，多落款于器物外底。另有六字篆书横排款，落于器物外口沿或中腰。嘉庆楷书六字官窑年款，均为三行排列落于器物外底心，外围双重圆圈。白釉盘类多署六字楷书暗刻款，于外底作三行排列，外刻双重圆圈。北京故宫博物院收藏有几种嘉庆瓷盒盖顶红彩描金书"懋勤殿"三楷字，外底写青花料篆书六字年款，品种以斗彩、青花为主。"懋勤殿"是嘉庆时期收藏御用文具的场所。嘉庆时期景德镇民窑瓷器年款，楷书、篆书兼有，如"嘉庆年制"、"嘉庆元年"、"嘉庆廿三年九思堂"等，字体大都草率不规整。

清道光年款　清道光年间（1821～1850年）官窑瓷器年款多为"大清道光年制"篆书六字款，楷书六字款较少见。篆款字体为铁线篆，笔划流畅圆润，

415."大清道光年制"青花底款

416."大清咸丰年制"青花底款

清咸丰年款　清代官窑瓷器上的年款，继康熙、雍正时期的楷书之风，乾隆、嘉庆、道光的篆书热潮之后，至咸丰朝（1851～1861年）复兴起以楷书为主的风气。咸丰官窑瓷器年款以"大清咸丰年制"六

字青花楷款最为多见，六字或作双行排列，或作三行排列，也有一排横书的，款外均无边栏。书法以侧锋运笔，字体规整，婉丽清秀。六字楷书年款除青花款外，尚有红彩款和刻款，刻款多落于窑变釉、白釉或仿宣德白釉的砂底上。咸丰官窑瓷器上的篆书六字年款较少见，所见均于外底作三行排列，有矾红彩书写款，也有刻款，款外均无边栏。咸丰官窑瓷器上的四字年款极少见，偶见"咸丰年制"四字双行阳文镌刻款。咸丰民窑瓷器上的年款有"咸丰元年淮阳履和堂陈祭器"等。

417."同治年制"红彩底款

清同治年款 清同治（1862～1874年）官窑瓷器年款以楷书为主，兼有篆书，有六字款和四字款之分。"大清同治年制"六字楷书年款分两行排列，落于器物外底，字体工整，布局严谨，款字外多无边栏，有青花料、矾红彩、金彩书写款及阴文刻款等，阴文刻款多见于窑变釉、厂官釉及白釉上。六字篆书年款均分三行排列，落于器物外底，款外无边栏，有青花料书写款和金彩书写款。"同治年制"四字年款多为楷书体，分两行排列落于器物外底，款外多无边栏，有青花料书写款和矾红彩书写款。常见的六字

三行或四字双行矾红彩印章式篆书年款，是以刻好的阳文印章钤于器物外底的，字体多草率不规整，属于同治时民窑器所用年款。

清光绪年款 清代光绪年间（1875～1908年）景德镇官窑瓷器年款多为六字，四字较少，字体楷、篆并用，楷书较为多见。"大清光绪年制"六字款有青花料楷书双行或三行款及一排横款，另有朱红或紫黑彩六字双行款和阴刻双行或三行款等，款外无边栏。六字篆书年款多于外底作三行排列，字体工整严谨，描金款较为多见。光绪官窑四字年款多为楷书，四字分两行排列，外无边栏。光绪官窑瓷器中有一种粉彩"秋操纪念杯"，其吸管上有以紫彩直书的"大清光绪三十四年安徽太湖附近秋操纪念杯"款。光绪时民窑瓷器年款见有"光绪七年"、"光绪九年世忠堂"、"光绪二十八年陶公仿制"等。

清宣统年款 清宣统（1909～1911年）官窑瓷器年款多为"大清宣统年制"六字，分为青花、红彩、紫彩、墨彩款与暗刻款。青花款均为楷书，六字双行排列，无边栏。字体工整秀丽，青花料色泽明快。红彩、紫彩、墨彩及暗刻款亦作双行排列，款外无边栏。以红彩、紫彩、墨彩书写的六字篆款，分三行排列，款外无边栏。清光绪三十年（1904年）至宣统二年（1910年），先后建立了7座新式瓷厂，这些瓷厂多为官商合办，其中湖南瓷业公司生产的瓷器上，有楷书"大清宣统元年湖南瓷业公司"、"大清宣统三年湖南瓷业公司"等年款的。宣统时带有年款的紫砂壶很多，大部分是宣统元年的作品，底款均为单长方框内篆书"宣统元年正月元日"，款的走向为字头对着壶流，字尾对着壶柄。这种壶的盖内还有"匋斋"和"宝华庵制"款。

大清年制款 只书时代不书具体年号的特殊纪年款，源于明代景德镇窑，明代已有"大明年造"和"大明年制"两种。清代的"大清年制"款不多见，

字体有楷书和行书两种,以青花料书于外底,四字分双行排列,外围双圆圈。其中较为草率的行书款为康熙早期款识;工整的楷书款字体同官窑年款一样,为康末雍初作品。另外,清末许之衡《饮流斋说瓷》记载:"瓷品有但书'大清年制'不书何朝号者,乃同、光间肃顺当国时所制品也。当时肃顺势焰熏天,将有非常之举,监督官窑者虑旦夕有改元事,故阙朝号以媚肃顺。物虽近代,而有一段故,实亦瓷学家所不可不知。"

清代干支纪年款 清代陶瓷器上以天干与地支相配来标明器物制作年代的款识,主要见于景德镇官、民窑瓷器上。这类款识在清代瓷器款识中所占比例较大,各类器物上均大量使用,从顺治开始直至清朝灭亡,贯穿始终。例如顺治时的"顺治丁酉年"、"庚子年制"、"戊子春月"、"戊子秋月"、"甲午仲

418. 清康熙"丙午年制"青花底款

秋"、"乙未年制"、"戊戌冬月"、"顺治十六年岁在己亥孟春月"等;康熙时的"康熙乙未仲夏"、"康熙丁未年制"、"大清丙午年制"、"丙午年制"、"康熙辛亥年制"、"康熙辛亥中和堂制"、"康熙壬子中和堂制"、"康熙癸丑中和堂制"、"康熙壬午王钦宣制"、"康熙壬辰岁振民武记"、"大清癸丑年制"、"大清戊申年制"等;雍正时的"雍正六年戊申岁"、"雍正甲寅沈

阳唐英敬制普陀山圆通殿"等;乾隆时的"乾隆乙丑"、"大清乾隆庚寅年莲塘监制"、"大清乾隆丙辰年制潞河继述堂李氏案祠"、"乾隆丙午"、"乾隆戊申岁"、"乾隆甲辰敬制"、"乾隆甲辰俊公赠品"、"乾隆丙寅宝啬斋制"、"乾隆戊寅冬十月立于璧华轩斗记买卖"等;嘉庆时的"嘉庆己未年制"、"嘉庆戊午事敬堂制"、"嘉庆己巳年子恬造"、"嘉庆癸丑行有恒堂制"等;道光时的"道光庚戌行有恒堂制"、"道光乙丑年制"、"道光丁酉年制"、"道光戊戌年制"、"道光丙午年制"、"道光戊申年制"、"道光己酉年制"、"道光庚戌年制"、"道光丁未文朗珊制"、"道光庚子年定王府制"、"道光乙巳年定王府制"、"道光戊申春行有恒堂制"、"道光丁未春定府行有恒堂制"等;咸丰时的"咸丰辛亥行有恒堂制"、"咸丰辛亥仲春退思堂主人制"等;同治时的"同治庚寅耕读山房监制"等;光绪时的"光绪丁未玉海堂制"、"光绪丁未冬"、"大清光绪壬午年江西景德镇官窑内造"等;宣统时的"宣统己酉宜春堂制"、"宣统庚戌宜春堂制"等。清代干支纪年款的落款位置不固定,有的落于器底,有的落于器壁,有的落于口沿处。字体有楷有草。款外边栏或有或无。

民国纪年款 主要是指袁世凯洪宪政权时期景德镇瓷器上的纪年款。袁世凯1912年任中华民国大总统,1915年12月接受拥戴推行帝制,改中华民国为中华帝国,把大总统的称号换成了洪宪皇帝,后在全国一片反对声中,于1916年3月23日被迫取消帝制,再复位为大总统,同年6月6日病死。由于洪宪瓷是研究20世纪中国陶瓷史一个颇富争议的问题,中外学者的意见莫衷一是,因此对于传世品中落"洪宪年制"或"洪宪御制"款的瓷器,有的学者认为皆为赝品;有人则认为落"洪宪御制"款的为赝品,而落"洪宪年制"款的可能有少数真品。另外,民国早期景德镇以外的瓷器上也有落年款的,如湖南醴陵生

产的釉下彩瓷器上写有"湖南模范窑业工场民国十年孟夏月制"。

室名款 将私人住所或书房名称刻、印、书写于订烧瓷器上作为私家用瓷或藏瓷的标志,这类款识称为室名款,或称私家藏款、堂名款、斋名款、斋堂款等。内容包括堂名、斋名、轩名、殿名、楼名、阁名、室名、书房名、馆名等。如:慎德堂、拙存斋、彩云轩、养心殿、古香楼、文山阁、澹怀室、古香书屋、椒声馆等。其中以带"堂"字的室名款最为多见。室名款于宋代已初露端倪,明代后期形成风尚,清代更是大量流行,尤以康熙、乾隆、道光时使用最广。在陶瓷款识中,室名款占有相当大的比重。室名款的使用与当时封建帝王的附庸风雅之风有密切关系。订烧者大部分是皇亲、贵族、高官豪绅、文人雅士或名工巧匠,也有一部分(例如带"宫"或"殿"字的)是皇帝本人订制的,一般人不能随便使用,如嘉庆朝"懋勤殿"款印盒。懋勤殿位于故宫乾清宫西庑,康熙皇帝曾在此读书,存放过碑帖,嘉庆时继续存放先帝遗物。此盒即为嘉庆时懋勤殿专用,至今盒里还有鲜红的印泥。清末许之衡《饮流斋说瓷》云:"瓷款之堂名、斋名者,大抵有四类,一为帝王,一为亲贵,一为名士而达官者,一为雅匠良工也。"又曰:"有清仁庙、纯庙两代君主,好讲理学,故所命堂名多理学语。康熙则有乾惕斋、中和堂;乾隆则有静镜、养和、敬慎诸堂,皆内府堂名也。由是亲贵诸王亦趋重于理学成为风气,如拙存斋、绍闻堂在康熙间;敬畏堂、正谊书屋在雍乾间;宁静、宁晋、宁远、德诚诸斋在乾嘉间;慎德堂、植本堂、有恒堂均嘉道间,大抵多属亲贵诸王之制品。"还言:"称堂、称斋者,帝王亲贵、达官名匠皆有之;若称书屋、山房者,称珍藏、珍玩、雅制、雅玩者,亲贵达官有之,而帝王无是也,故此类款概谓之私家款。"应当指出,有些室名款,特别是清代室名款,纵贯数朝,

也有些清初瓷器上题写的款识,晚清再次出现。

宋、元室名款 宋代瓷器带室名款的,主要见于定窑、汝窑和钧窑瓷器上。定窑瓷器的题款均在外底部,据统计其题铭不下16种,大多与宫廷有关,能确定为室名的有奉华、风华、聚秀、禁苑、德寿、慈福等,这些题铭均与宋代宫殿名称有关,是在制品入宫后,由宫廷玉作匠师镌刻于器外底的。汝窑瓷器上的室名款见有奉华、寿成殿皇后阁等,亦系后刻款。钧窑瓷器上也有室名款,窑址出土过"奉华"款标本,系烧造前刻于器物外底。元代龙泉窑青瓷盘外底有刻"使司帅府公用"款的,"使司帅府"即元代使司元帅府的简称。另一类室名款值得注意,一批宋代钧窑瓷器上,由清宫造办处玉作匠人镌刻了清代的宫殿名,它们是器物陈设所在的标志,如:养心殿、重华宫、景阳宫、钟粹宫、养心殿明窗用、重华宫漱芳斋用、重华宫金昭玉翠用、建福宫竹石假山用、建福宫凝辉堂用等。所刻室名多把东、西六宫的主要宫名横刻,而东、西六宫的配殿名则竖刻。另见有钧窑瓷器外底刻瀛台虚舟用、静息轩用、瀛台静息轩用、瀛台涵元殿用、瀛台香扆殿用、永安寺悦生殿用、长春书屋等款,皆为后刻。

明代室名款 明代陶瓷器上的室名款主要见于嘉靖以后景德镇窑瓷器上,多为青花或红彩书写款。嘉靖时有:东书堂、松柏草堂、滋树堂、茶房、大茶房、外膳房、内膳房、玉泉德记等。万历时有:芝兰室、博物斋藏、玄荫堂制、京兆郡寿房记、纯思堂用、青萝馆用、万历年纯思堂用、灌园督造等。崇祯时有:丛菊斋、雨香斋、白玉斋、博古斋、吾斋等。嘉靖、万历时多落款于器物外底,崇祯时多落款于器物内底。

清顺治室名款 清代顺治时期瓷器上书室名款的较少,见有五彩人物花觚器壁所书的"望仙楼"、青花山石碗内底所书的"百花斋"或"百花斋制"、

"梓桑轩制"等。

清康熙室名款　清康熙时景德镇瓷器上大量出现室名款，按款字内容归纳如下：一、带"堂"或"堂制"、"堂仿古制"、"堂博古制"等字的款识，如：安素草堂、春晖草堂、昭玉堂、彩玉堂、美玉堂、佩玉堂、居敬堂、书锦堂、篆漪堂、绿阴堂、德馨堂、绍闻堂、颖川堂、仙鹤堂、德星堂、心逸堂、北庆堂、晖吉堂、敦仁堂、紫荆堂、淡宁堂、秋辉堂、春辉堂、尚志堂、朗润堂、松年堂、景濂堂、王辰堂、百子堂、台衡堂、希范堂、御赐纯一堂、中和堂制、永和堂制、聚玉堂制、珍玉堂制、琳玉堂制、正玉堂制、奇玉堂制、碧玉堂制、怡玉堂制、珮玉堂制、荣锦堂制、世锦堂制、世恩堂制、庆恩堂制、全庆堂制、吉庆堂制、慎德堂制、嗣德堂制、通德堂制、聚云堂制、碧云堂制、玉海堂制、三元堂制、惟善堂制、光裕堂制、紫荆堂制、德馨堂制、天宝堂制、桂育堂制、大树堂制、益友堂制、同顺堂制、淡宁堂制、谦牧堂制、敦睦堂制、绍闻堂制、松柏堂制、东壁堂制、恒兴美玉堂制、益友鼎玉堂制、聚顺美玉堂制、天琛堂仿古制、全庆堂仿古制、慎德堂仿古制、白云堂仿古制、听松堂仿古制、嘉善堂仿古制、留耕堂仿古制、来雨堂博古制、慎德堂博古制、应德轩博古制、恒丰堂博古制等。二、带"斋"或"斋制"的室名款，如：容斋、玉兰斋、宿云斋、拙存斋、乾惕斋、松石斋、问心斋、丛菊斋、天禄书斋、芝兰斋制、金兰斋制、寿古斋制、芝润斋制、笔花斋制、还石斋宣和室等。三、带"轩"、"居"或"阁"字的室名款，如：杏林轩、应德轩、彩云轩、逸居、云居、木石居、玉石居、水云居、竹石居、青云居、卍石居、木石居仿古制、文山阁、潭草阁、远山阁、云苍阁等。四、带"清玩"、"清制"、"清赏"、"珍藏"、"珍玩"、"佳玩"等字的室名款，如：宁俭堂清玩、文翰斋清玩、蟑草阁清玩、复香轩之清制、调鹤间轩清赏、御赐纯一堂珍藏，常丰轩珍玩器、杏林轩珍玩、青云斋佳玩等。五、其他类型，如：张宅佳器、萃文苑制、萃友苑制、风流宰相家、莲峰寺记、漱玉亭等。

清雍正室名款　清雍正时期的室名款少于康熙朝，也不像康熙时那样庞杂。以带"堂"或"堂制"的款识较为多见，据不完全统计有：守易堂、百露堂、敦复堂、园明堂、敬恩堂、东园堂、希范堂、云在草堂、世经堂、谦牧堂制、世恩堂制、裕禛堂制、庆宜堂制、养和堂制、精雅堂制、浩然堂制、燕喜堂制、大明嘉靖年世经堂制等。其他有：立本堂置、古香书屋、正谊书屋、浴砚书屋、遗安书屋珍藏、姚江冯护荫堂珍藏、宝机楼藏、椒声馆、亦庵、冯宅、吴府、文石山房大清雍正年制、青云居、安占居珍玩制、太和斋雍邸清玩、欣赏阁、朗吟阁制、朗唫阁制等。

清乾隆室名款　清乾隆时期景德镇瓷器上室名款亦多见，据不完全统计，带"堂"、"堂制"、"堂藏"的有：凝和堂、明远堂、述德堂、述古堂、雅雨堂、惇叙堂、诚信堂、静镜堂、敬慎堂、椿荫堂、乐静堂、乐善堂、斯干草堂、和辉堂制、嘉阴堂制、植本堂制、彩华堂制、彩润堂制、彩秀堂制、敦睦堂制、荣瑞堂制、惜阴堂制、澹宁堂制、宝恩堂制、敬畏堂制、敬修堂制、致远堂制、曙光堂制、忠信堂制、资善堂制、养和堂制、师古堂制、庆宜堂制、六谦堂制、致和堂制、恭寿堂制、旭华堂藏等。带"斋"、"斋制"、"斋藏"的有：宝晋斋、宝善斋、宝啬斋、宁晋斋、宁远斋、宁静斋、百一斋、德成斋、经畲斋、有正味斋、澹宁斋制、宝啬斋藏等。带"山房"、"书屋"、"楼制"的有：九畹山房、畹委山房、百一山房、红荔山房、文石山房、玉杯书屋、浴砚书屋、正谊书屋、宝机楼制、市隐楼制、绣麟楼制等。其他有：恭寿堂宗祠、弍好堂清赏、对屏山馆、妙香馆制、七十二鸳鸯社、听云山主人馆、东园、略园、觉得轩、听松庐、苏庄、啸园等。传世品中有一种书"古月轩"款的珐琅彩瓷器，过去曾传说"古月轩"是乾隆时内府的轩名，但是遍查北京故宫、圆明园、颐和园，均无此轩名，显系讹传，故凡书"古月轩"款的珐琅彩瓷皆为别出心裁的赝品。

清嘉庆室名款　清嘉庆时景德镇瓷器上的室名款不多见，有些沿用前朝室名。据不完全统计，此时带"堂"或"堂制"的室名款有：志勤堂、敬畏堂、诚信堂、植本堂、彩华堂制、种芝堂制、庆宜堂制、事敬堂制、寿颐堂制、彩秀堂制、玉庆堂制、嘉荫堂制、一善堂制等。其他有：懋勤殿、润碧轩制、嘉荫堂藏、永源成记、素织山房、春江花月楼、嘉荫堂斋谷山人造等。

419. 清道光"经筍堂制"红彩底款

清道光室名款　清道光时期景德镇瓷器上的室名款所见很多，其中最常见的是"慎德堂制"款。其他带"堂"或"堂制"的有：筑野堂、种德堂、敬畏堂、敬修堂、听雨堂、行有恒堂、嘉乐堂制、嘉荫堂制、浩然堂制、惜阴堂制、皆山堂制、庆宜堂制、存古堂制、种芝堂制、乐古堂制、公勤堂制、经筍堂制、厚植堂制、巨德堂制、养和堂制、精进堂制、眉

寿堂制、退思堂制、珠琳堂制、求谦堂制、锡庆堂制、敦厚堂制、荣瑞堂制、一善堂制、履信堂制、聚庆堂制、监庆堂制、约己堂制、玉庆堂制、青莲堂制、静镜堂制、墨缘堂制、陶陶草堂制、多福多寿堂制、睿邸退思堂制等。带"斋"或"斋制"的有：湛静斋、十砚斋、知不足斋、道光年制十花斋、愿闻吾过之斋、宁晋斋制、宝善斋制、德诚斋制、慎静斋制、思补斋制等。其他有：百寿堂记、九思堂置、双清阁制、桂月山庄、锄月山庄、坦斋珍藏、婓斋监制、养性轩、古月轩、坐定轩、自治轩制、竹韵山房、云溪精舍、春江花月楼、百福楼、胡海楼、绛月楼、晋甄吟馆监制、冶春吟馆、睿邸清赏、丛香书屋、天香书屋、古香书屋珍玩、友棠浴砚书屋、澹怀室、瞿之室制、观莲舫制、完颜宗祠、慧福寺等。

清同治室名款　清同治时期景德镇瓷器上带"堂"或"堂制"的室名款有：乐寿堂、务本堂、慎思堂、诒谷堂制等。带"斋"或"斋制"的室名款有：慎静斋、涵德斋制、敬顺斋制等。另有体和殿制、竹雪轩、晋砖吟馆监制等。

清光绪室名款　清光绪时期瓷器上的室名款，目前所见有：储秀宫制、长春宫制、一善堂、慎德堂制、甘泽堂制、退思斋、大雅斋、俭存斋、聚厚轩、嘉泰松轩、愿闻吾过之斋、大清光绪春怡堂制等。

清宣统室名款　清宣统瓷器上的室名款较少见，据不完全统计有：坤宁宫祭器、宣统己酉宜春堂制、宣统庚戌宜春堂制、来鹤堂等。

民国室名款　从1912年至1949年的民国年间，景德镇瓷器上继续出现室名款，它们主要见于民国初期的瓷器上。据不完全统计有：颐寿堂、乐古堂、怀仁堂制、居仁堂制（袁世凯所用）、静远堂制（徐世昌所用）、大德堂制、慎德堂制、昭德堂制、退思堂制、延庆楼制（曹锟所用）、竹清山房、藏经山房、竹萧山房、碧云山房、澄怀园、惟一斋、古松斋、鼬斋（郭宝昌所用）、乐陶斋、如意馆等。当时制瓷艺人在瓷器上所署个人画室名有：匋匋斋（王琦所用）、饮冰斋（刘雨岑早年所用）、觉庵（刘雨岑晚年所用）、佩古斋（程意亭所用）、愿闻吾过之斋（王步所用）、古石斋（田鹤仙所用）、古欢斋（潘匋宇所用）、再思轩（刘希任所用）、石庐（梁兑石所用）、希平草庐（王大凡所用）、栖碧山馆（徐仲南所用）、平山草堂（汪野亭所用）、彤云山房（汪晓棠所用）、晴窗读书楼（邓碧珊所用）等。其中王琦、刘雨岑、程意亭、田鹤仙、王大凡、徐仲南、汪野亭、邓碧珊为景德镇珠山八友。

居仁堂制款　署"居仁堂制"款的瓷器，即所谓的洪宪瓷，是1916年（民国五年）袁世凯称帝改元洪宪时的特制瓷器，也是景德镇御窑厂烧造的最后一批御用瓷。当时由郭世五在景德镇督造。居仁堂是袁世凯当时在中南海的寓所。真正的"居仁堂制"款瓷器以粉彩和珐琅彩器较为多见，造型秀美，画工精细，质量较高。洪宪瓷多见"居仁堂制"款，但有人认为亦不排除其他款（见"民国纪年款"条）。"居仁堂制"以青花或红彩书于器物外底，字体多为篆书。应注意的是，传世"居仁堂制"款瓷器中，有一定数量的仿制品。

明、清王府款　明、清两代王府订烧瓷器上的款识。款字内容如"某府"、"某府上用"、"某府佳器"、"某府制用"、"某府造用"、"某府典膳所"、"某府制造"等。器形以盘、碗为主，兼有盖罐。品种以青花最为多见，也有少量五彩。从这类瓷器的造型、纹饰和胎釉看，应是明代晚期景德镇窑产品，尤以嘉靖、万历时居多。据《明史》记载，明太祖朱元璋于洪武二年（1369年）定封建诸王制，从洪武年间始，陆续分封诸王，按规定，所封诸王都在封地建王府，设置官属，掌管辖区驻军，王位由子孙世袭，《明史》、《大明一统志》等书分别记载了分封诸王的情

况。如秦王，洪武三年封，洪武十一年就藩西安府；晋王，洪武三年封，洪武十一年就藩太原府；赵王，永乐二年封，洪熙元年就藩彰德府（今河南安阳）；德王，天顺元年封，成化三年就藩济南府。王府款瓷器流传至今的不很多，正德时有：吉府上用；嘉靖时

420．明"吉府上用"红彩底款

有：朱府、晋府、秦府、黔府、晋府上用、潘府上用、潘府佳器、郝府佳器、长府制造、长府造用、晋府造用、赵府制造、赵府制用、秦府典膳所、秦府典膳所乙丑年造等；万历时有：德府造用、太和王府、万历年德府造、万历年制德府造、万历丁亥年造黔府应用、万历乙亥黔府制用等；崇祯时有：旷府佳器、甲戌春孟赵府造用等。南明时有：弘光元年旷府佳器等。清代王府款瓷器较少见，见有：道光庚子年定王府制、道光乙巳年定王府制、定府行有恒堂珍赏、道光丁未春定府行有恒堂制、道光己酉行有恒堂主人制、定王府制等。王府款多为器外底楷书款，以青花料书写较多，也有少量红彩款。

吉言赞颂款　又称"吉语款"、"吉言款"、"赞颂款"。指在陶瓷器上刻、印或书写的具有祈求幸福吉祥或赞美器物本身含义的字、词、短语。如"福"、"金玉满堂"、"宜子孙，作吏高，其乐无极"、"奇石

美玉之珍"等。明代以前多落款于器内或外壁，明清时多落款于器物外底。

明以前的吉言赞颂款 陶瓷器上落吉言赞颂款的历史很悠久。汉代陶罐上即有"日入大万"等语，汉瓦当上更是屡见不鲜，如：长生无极、长乐未央、长生未央、千秋、千秋长安、永寿嘉福、延年益寿、常生无极、与华相宜、长生吉利、飞鸿延年、延寿千年、万岁未央、富昌未央、安乐未央、永年未央等。三国、两晋时青瓷器上的吉言款多与纪年款连用，如：永安三年时，富且洋（祥），宜公卿，多子孙，寿命长，千意（亿）万岁未见英（殃）；以及：元康出始宁，用此罍，宜子孙，作吏高，其乐无极等。五代瓷器上的吉语款见有英国大维德基金会收藏越窑青瓷盒上的"福寿延长"，又如浙江温州出土的瓷砚底部刻"入朝以官上"，江苏南京五代南唐李昇墓出土绿釉罐耳上有"大吉利"三字。宋、金、元时期磁州窑、耀州窑、景德镇窑、龙泉窑、吉州窑、长沙窑、泉州童子山窑、岳阳鹿角窑等窑瓷器上则有：福、寿、利、宝、富、金、吉、福德、福寿、富贵、齐寿、大吉、宝用、绝上、金玉满堂、蒋整吉祥、福祐嘉庆、福德长寿、福如东海寿比南山、长命富贵、福寿康宁、福寿嘉庆、寿山福海、长寿新船、富贵长命大吉、镇宅大吉、利市大吉、家国永安、玉出昆山、天地大吉一日无事深谢。

明代吉言赞颂款 明代陶瓷器上的吉言赞颂款主要见于景德镇瓷器上，以四字、六字款最为多见，亦有部分单字、双字款。此类款贯穿整个明代，尤以嘉靖、万历时最为多见。洪武、永乐、宣德时有"福"、"寿"、"禄"、"辰"等单字，字体为草书或草隶。弘治时有：玉堂金马、金玉满堂、长命富贵、上用、玙金、正等。正德时有：天下太平、长命富贵、金玉满堂、福、寿等。嘉靖时有：长春同庆、长春寿喜、长命富贵、长春佳器、富贵长春、富贵佳器、永

保长春、永保万年、国泰民安、万福攸同、福寿康宁、天下太平、永保富贵长春、上品佳器、关西佳器、台阁佳器、陈造佳器等。隆庆时有：万古长春等。万历时有：长命富贵、万福攸同、永保长春、富贵长春、德府长春、金玉满堂、食禄万钟、福寿康宁、状元及第、三元及弟、天下太平、风调雨顺、万历年制德化长春、万历年制玉堂佳器、天福佳器、天禄佳器、永享佳器、上品佳器、玉堂佳器、万悬佳器、食禄佳器、仁波佳器、长春佳器、富贵佳器、堂阁佳器、敬与佳器、畅叙幽情、金明汝平、永兴九峰、九五之尊、清风明月、城南耕隐、上、福、寿、雅、玉、寿福、神圣碗等。天启时有：长命富贵、天下太平、仁波佳器、天理存心、积善之家、金榜题名、万古长青、福、永、喜等。崇祯时有：富贵长春、永葆长春、万福攸同、长命富贵、福有攸归、天下太平、状元及第、玉堂佳器、永昌佳器、长春佳器、同乐佳器、天禄佳器、富贵佳器、永兴卜玉奇明、福、贵、正、喜、雅、上品、美器、香茶、片玉等。明代景德镇以外如德化、龙泉、汕头等民窑瓷器上的吉语款有：永玉、福寿、积善、贵、永、寿、远来近悦等。

清代吉言赞颂款 吉言赞颂款在清代以康熙朝最为多见，其他朝也少量存在。顺治朝有：玉堂佳器、皇帝万岁万万岁、雅等。康熙朝有：万寿无疆、福寿无疆、万寿长春、周元佐助、世代联芳、世德留芳、有美于斯、美玉于斯、琴鹤相随、在川知乐、王者之香、洪福齐天、长生永庆、润比琅玕、禄在其中、锦堂福记、温润今古、文章山斗、文房山斗、杏林春宴、东壁西院、沧浪绿水、荆川美玉、昆山美玉、昌江美玉、世代文章、如玉珍玩、同玉珍玩、玉石珍玩、益友珍玩、如意珍玩、兰芝珍玩、兰乐珍玩、球琳珍玩、博翁珍玩、昌江珍玩、奇石珍玩、恒友鼎玉珍玩、益友鼎玉珍玩、慎友鼎玉珍玩、信友鼎

玉珍玩、杏林轩制珍玩、奇石宝鼎之珍、奇石美玉之珍、奇玉宝鼎之珍、青玉宝鼎之珍、卞和三献之珍、球琳琅玗之珍、怀瑾握瑜之珍、坝潘换若之珍、奇石席上之珍、友昆连碧之珍、常置轩珍玩器、常丰轩珍玩器、博古雅玩、玉石雅玩、美玉雅玩、留香雅玩、益友鼎玉雅玩、三益之珍雅玩、原交鼎玉雅玩、雅玩、益友鼎玉雅玩、三益之珍雅玩、原交鼎玉雅玩、雅玩、奇石鼎玉雅制、益友鼎玉雅制、忠友美玉雅制、奇玉至珍雅制、美玉雅制、冶国雅制、宝石雅制、魁元雅制、圣友雅制、子珍雅制、玉石佳玩、永兴佳玩、熙朝奇玩、庆兴荣玩、清雅古玩、和盛古玩、西朱若深珍藏、庆溪若深珍藏、若深珍藏、温润今古珍赏、爱乐长春清赏、宴乐长春清赏、宴乐长春清雅、鼎盛玉堂佳制、珍如玉永盛制、金陶玉冶之图、西宛雅集图记、信友玉珍记、玉殿传胪首唱、玉堂佳器、上锋博制、东海鼎臣、熙朝传古、清朝传古、康熙博古、两来正记、真玉、美玉、玩玉、玉、文、古、珍等。雍正朝有：福山寿海、金玉其相、陶成之宝、觉生常在、华章珍日、千秋如意、精雅古玩、精细古玉、坦素清玩、华章珍日精制、安吉君珍玩器、清玩、琅玗等。乾隆时有：山高水长、瑶华清赏、天竺恩波、实藏珍赏、新斋博古、陶成宝鼎、乙因雅制、葆灵珍藏、实藏珍玩、友昆连碧之珍、慧福寿、玩玉、雅玩、赏等。嘉庆时有：福海珍藏、爱莲珍赏、玩思古乃、万年甲子、喜等。道光时有：九月菊花、文甫雅玩、睹酒公杯、徐亭烟柳、南浦归帆、晓岚雅制、友棠雅制、句轩清玩、爱莲珍赏、蔗林珍玩、雅玩、兰香等。咸丰时有：山高水长、太平天国千岁卐夫国安等。同治时有：吉祥如意、燕喜同和、玉壶买春、富贵白头等。光绪时有：永庆长春、同庆长春、腋秋吟静、兰乐珍玩、清华珍品、陶斋法宝、佛日长明、满堂福记、锦堂福记、温润今古珍赏、春育主人珍藏等。宣统时有：吉祥如意等。

花样款 又称花押款、画押款、记号款、图案款等。其本意是指在文书契约上的签字或代替签字的符号。元代陶宗仪在《辍耕录》卷二"刻名印"中记载了当时画押的应用情况："今蒙古、色目人之为官者，多不能执笔花押，例以象牙或木刻而印之。宰辅及近侍官至一品者，得旨则用玉图书押字，非特赐不敢用。"在蒙古、色目人通用押印的风气下，许多汉人也纷纷仿效，致使押印广为流行。这种影响在明、清瓷器上

421. 清民窑青花花样款

也有反映。陶瓷器上的花样款是指器物底部非文字的图案纹样标记，主要见于景德镇民窑瓷器上。花样款明代已经出现，至清代康熙、雍正时广为流行，其内容主要有：一、博古图案，如八卦、太极图、八宝、琴棋书画、八音器及礼服上所绣的十二章等。二、佛教符号，如轮、螺、伞、盖、花、罐、鱼、肠八吉祥。三、道家符号，最著名的为八仙所持之物：汉钟离的还魂扇、吕洞宾的宝剑、李铁拐的葫芦、曹国舅的绰板、蓝采和的花篮、张果老的渔鼓、韩湘子的笛子、何仙姑的荷花，俗称"暗八仙"。四、"豆腐干"图案，即在双重方框内绘横竖相间的线条。五、"四朵花"图案，即在双重圆圈内绘四个似字非字的图案，或四个花朵，简单的只绘四个"×"。六、其他

花样，如龙、凤、鹿、鹤、龟、螭、兔、松、竹、梅、蟠桃、瑞草、灵芝、艾叶、云头、卍字等。

明代花样款 明代景德镇瓷器上的花样款不多见，永乐青花龙纹葵口碗的外底有绘一龙的。另见永乐青花加金彩苜蓿花碗的外底用金彩描绘一片小雪花状的图案。宣德青花凤纹葵口洗外底有绘一凤的。成化青花瓷器的外底有绘牡丹或鹤莲的。嘉靖蓝彩花卉小盘，底部有画一蓝彩小兔的。万历青花加红绿彩八仙人物纹梅瓶的底部有以绿彩绘一朵灵芝的。天启青花人物罐的外底有绘一兔或一花朵的。

清代花样款 清代景德镇民窑瓷器上盛行花样款，尤以康熙、雍正时多见，内容亦多种多样。康熙时有团凤、仙鹤、蕉叶、鹭莲、竹、团花、兰花、螺、犀角、双龙、盘长、鼎、方胜、梅朵、梅枝、银锭、双鱼、灵芝、笔洗、云头、兔、钱、"豆腐干"以及各种变形文字等。雍正时见有龙、凤、鹤、灵芝、鼎、人物、老媪、四朵花、笔锭如意、蝙蝠、云头及大量的"豆腐干"等。乾隆及其以后各朝瓷器上的花样款已很少见，乾隆时见有蝙蝠寿桃等。嘉庆时见有蝠桃、盘长、雪花片状图案等。道光时见有蝠桃、桃等。咸丰时见有盘长、蒙文花押等。

供养款 刻划或书写于宗教信徒订烧施舍给寺观的供器上的款识。此类款识文字内容较长，由于其内容多为"某年某月某日某人施舍某某器供养某某地点"，故名供养款。宋、金瓷器上已出现这种款识，元、明、清时期景德镇窑、龙泉窑等瓷器上大量流行。供养地点，有"佛前"，有"观音前"、"关王老爷前"、"玉皇大帝前"、"赵大将军前"、"太师爷前"、"地藏菩萨前"、"天仙圣母前"、"土地神前"、"子孙奶奶前"或"三代宗亲前"等等，目的是求福、求寿、求子、求顺、求平安、求诸事如意、求买卖亨通等等。从这些陶瓷器上的祈语文字可以看出，在以农业为主的中国古代社会中，人们最希望的是平安，所

以连瓷器上都写着"平安是福"的款识。至于"父母寿命延长，自身夫妻偕老"，表达了人伦中的亲情及夫妻间的恩爱，而"子孙再望"、"早生子嗣"，则是传统多子多福思想的反映。

明以前的供养款 明代以前陶瓷器上的供养款主要见于宋元定窑、萧窑、越窑、龙泉窑、景德镇窑、潮州窑等瓷器上。文字或刻划于器身，或墨书于成器底部，景德镇窑则以青花料书写于器身。例如1987年浙江黄岩灵石寺塔出土的北宋越窑青釉熏炉，炉内有两行墨书题记："咸平元年茂（戊）戌十一月廿四日当寺僧绍光括入塔买舍供养童行奉询弟子姜彦从同舍利永光。"1953年四川彭县开凿人民渠时，在垌口乡金山寺出土一件六出口白釉碗，碗的外壁刻划一周铭文："彭州金城乡窑户牟士良，施碗碟壹料，永充进（敬）盏，供献售（受）用，祈愿神明卫护，盒（阖）家安泰。"1922年，从广东潮州城南5公里羊皮岗的一个地下小石室内出土四尊分别刻有"治平四年"、"熙宁元年五月"、"熙宁元年六月"和"熙宁二年"铭文的释迦牟尼瓷塑像，皆为北宋潮州笔架山窑的产品，四尊塑像的座上均刻有供养铭文，文字内容大致相同，其中一尊为："潮州水东中窑甲弟子刘扶同妻陈氏十五娘发心塑释迦牟尼佛永充供养为父刘用母李二十娘阖家男女乞保平安。治平四年丁未岁九月卅日题匠心周明。"1969年河北定县宋代塔基出土的北宋定窑白釉划花对蝶纹花口洗，外底无釉，上有墨书："太平兴国二年五月廿二日施主男弟子吴成训钱叁拾足陌供养舍利。"1954年，安徽省文物管理委员会在安徽萧县白土镇征集到一件瓷瓶，上刻有："白土镇窑户赵顺谨施到慈氏菩萨花瓶一对供养本镇南寺。时皇统元年三月二十二日造。"元代景德镇窑瓷器上的供养款，最著名的为英国伦敦大维德基金会收藏的至正十一年青花云龙纹象耳瓶颈上的青花楷书题记："信州路玉山县顺城乡德教里荆塘社奉圣弟子

张文进喜舍香炉花瓶一付（副）祈保合家清吉子女平安。至正十一年四月良辰谨记星源祖殿胡净一元帅打供。”另见元龙泉窑青瓷大花瓶上刻有：“括苍剑川流山万安社居奉三宝弟子张进成烧造大花瓶壹双，舍入觉林院大法堂佛前永充供养祈福保安家门吉庆者。泰定四年丁卯岁仲秋吉日谨题。”

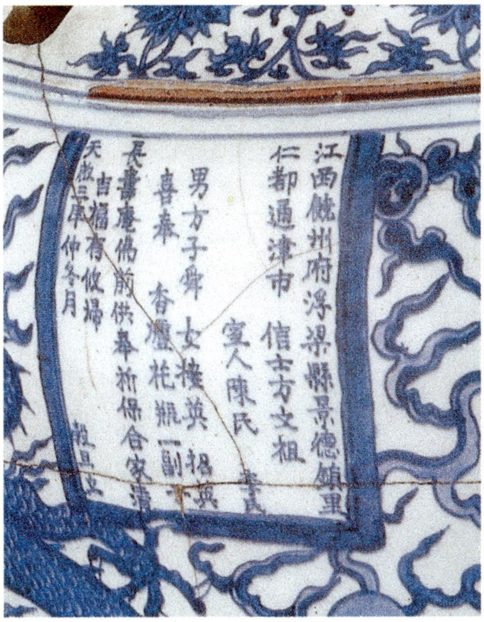

422. 明天启青花炉供养款

明代供养款 明代瓷器上的供养款主要见于景德镇青花瓷器上。明代中期开始出现，晚期流行，尤以万历、天启、崇祯时最为多见。此类款多题在器物的外口沿、颈部或腹部开光内，以青花料分行竖书，亦有个别于素三彩器外底以红彩书写的，字体均为楷书，不很规整。英国伦敦大维德基金会收藏的弘治青花双兽耳大瓶，外口沿有青花料楷书题记“江西饶州府浮梁县里仁都程家巷信士弟子程彪喜舍香炉花瓶三件共壹付送到北京顺天府关王庙永充供养专保合家清吉卖买享（亨）通。弘治九年五初十吉日信士弟子程存二造”。景德镇近郊曾出土一件正德青花应龙净水碗，外壁口沿一周有青花料楷书“正德十五年十二月十八日吉时徐氏造净水碗一付（副）长命富贵金玉满堂”。山东泰安市博物馆收藏一批供器，有的是皇室贵胄朝拜泰山神的供献，有的是民间信士供奉碧霞元君神祇的施舍。其中一件万历青花云龙瓶腹部有青花料楷书“江西饶州府浮梁县景德镇信士程时振敬造大宝花瓶壹副在于泰山顶上娘娘御前恭还供奉专保父亲程珊寿命延长兄时恭弟时启合门皆吉及自己买卖往回平安百事遂意福有攸归。万历己亥年孟秋月吉日书江西饶州府浮梁县景德镇信士程时振施舍”。北京故宫博物院收藏的天启元年青花龙耳瓶，腹部一面写青花料楷书“大明国直徽州府歙县滚诱乡孝行里潭滨礼堂大社管居信士弟子黄舜耕室中孙氏前妻程氏朱氏男黄伯正媳妇吴氏女时娥时凤孙女福弟接弟昭弟喜奉御香案前香炉花瓶烛台壹副永远供奉早赐男子合家清吉人眷平安寿命延长万事如意福有攸归。皇明天启元年孟秋月谷旦日”。北京故宫博物院收藏的崇祯八年青花云龙纹炉的腹部一开光内写青花楷书“会口县西府坊居信士颜主鼎喜舍天依寺供佛祈求吉祥如意父颜思学母朱氏妻张氏男观龄喜吉。崇祯八年”。

清代供养款 受明末影响，清代景德镇瓷器上的供养款以清初顺治、康熙时最为多见。例如安徽省徽州市博物馆收藏的顺治青花云龙纹香炉，有青花楷书“江南徽州府歙县信士黄道濬喜助济宁州三教堂香炉肆座永远供奉祈求江湖清吉福有攸归。大清国顺治丁未年孟秋月置造”。中国文物协调中心收藏的康熙青花云龙纹炉，上有青花楷书“江西抚州府临川县陆羽万敬献醉仙真君座前炉瓶一副。康熙五十六年秋月谷旦”。雍正朝书写供养款的瓷器较少见，传世品中有雍正青花云龙纹炉，炉身正面有青花楷书“山西平阳府大平县西王里苍头庄弟子李梅献。大清国雍正九年夏月置”。清代最著名的一件书有供养款的瓷器是收藏于中国历史博物馆的乾隆青花缠枝莲纹花觚，由当时杰出的督陶官唐英订制。觚的腹部有一变体莲瓣形开光，内有七行青花楷书文字“养心殿总监造钦差督理江南淮宿海三关兼管江西陶政九江关税务内务府员外郎仍管佐领加五级沈阳唐英敬制献东霸天仙圣母案前永远供奉。乾隆六年春月谷旦”。类似的传世花觚

423. 清乾隆青花觚唐英供养款

还有两件。乾隆以后各朝瓷器上仍有少量书供养款的，如道光青花山水云龙纹香炉，上有青花楷书“道光戊戌岁秋月谷旦潮阳庙福座座前喜奉天仙玉皇大帝”。宣统青花竹纹笔筒上有青花楷书“宣统二年庆寿庵大佛座前仲秋月立”。

仿写款　简称仿款，又称寄托款，指后代或后朝瓷器上落以前代或前朝款识。仿写款中最常见的是仿写年号款，如明代正德朝仿写“大明宣德年制”款，清代康熙朝仿写“大明成化年制”款等。仿写款主要见于景德镇官、民窑瓷器上，自明代中期以后直至今日，屡有所见。仿写款的出现与人们的好古之心以及前朝瓷器的经济价值增高有密切关系。如宣德官窑青花瓷器以其精细的胎釉、浓艳的青料、规整优美的造型和朴素优雅的纹饰而倍受后人青睐，自明成化年开始不断被人仿制，这些仿制品多落宣德官窑年款。明代后期文人墨客对宣德瓷器的品评，也助长了当时瓷器仿写宣德年款之风。正如明万历时谢肇淛《五杂俎》所言：“宣德款制最精，距今百五十年，其价几与宋品埒矣；嘉靖次之，成化又次之。”再如著名的成化斗彩瓷器，胎薄，釉润，彩精，至明代晚期已相当珍贵，明沈德符（1578～1642年）《万历野获编》云：“窑器初贵成化，次则宣德。杯盏之属，初不过数金，顷来京师，成窑酒杯，每对至博银白金，为吐舌不能下。”这就造成明嘉靖以来仿成化斗彩瓷器的大量出现。瓷器仿写款给后人鉴别瓷器真伪带来极大困难。民窑瓷器上的仿写款，字体多草率，容易识破；而官窑瓷器由于多按样仿制，其仿款几可乱真，常能误人眼目。

明成化仿写款　明成化朝瓷器仿写款只见仿宣德。以前，人们多认为仿写前朝年款始自正德时，1987年景德镇珠山出土的两件成化官窑瓷器标本改变了以往的结论。其中青花宝相花纹侈口小碗，外底有青花料楷书“宣德年制”四字双行款，外围青花双圆圈；另一件青花七狮戏球纹碗，纹饰承宣德式样，外底有青花楷书“大明宣德年制”双行双圈款。这两件标本是目前已知仿写前代年款的最早实例，它说明成化朝已开后世仿写前代年款的先例，对于瓷器年款研究具有重要意义。

明正德仿写款　明代正德时，景德镇瓷器上盛行仿写前朝年款。其仿洪武年款，见有青花缠枝莲纹罐，外底青花楷书“洪武年造”。此时仿写宣德年款的瓷器比较多见，在白釉绿水红鱼盘、青花盘等瓷器上，常见到“大明宣德年制”、“大明宣德年造”和“宣德年造”等仿款。这些款识，无论六字还是四字，均以青花料分两行竖列书于器物外底，外围青花双重圆圈。正德时也善仿成化年款，皆于器外底署青花楷书“大明成化年制”六字双行款，外围青花单圈或双圈。

明嘉靖仿写款　明嘉靖瓷器款识见有仿写永乐、宣德、成化年款。仿永乐款五彩婴戏纹碗，口沿处以

青花料自右向左横书"大明永乐年制"楷书款，外围矾红彩双方框。仿宣德年款的器物多在外底写青花双行楷书"大明宣德年制"或"宣德年制"，外围青花双重圆圈。也有无边栏的"大明宣德年制"或"宣德年造"双行款。嘉靖仿宣德年款瓷器多为青花器，造型有人物纹罐、花卉纹盘等，另见有白釉绿水红鱼纹盘。嘉靖仿成化年款以"大明成化年制"最为多见，款字为青花双行，书于器物外底，外围青花单圈、双圈或双线方框。

明隆庆、万历仿写款　明隆庆一朝历时较短，仿写款瓷器不多见。目前所见有青花蟠螭纹盘、双鸭纹盘外底的青花楷书"宣德年造"四字双行款。万历朝有仿写永乐、宣德、天顺、成化、弘治年款的瓷器。仿永乐年款仅见于青花缠枝莲纹压手杯一种，青花篆书"永乐年制"四字双行款写在器物内底心。仿宣德年款形式多样，有青花双重圆圈或双线长方栏内"大明宣德年制"六字双行楷款，青花双重圆圈内"大明宣德年造"六字双行楷款，青花双重圆圈内"宣德年制"四字双行楷款或"宣德年置"四字双行楷款，款字多书于器外底，个别书于内底心。万历仿宣德款瓷器以青花瓷为主，青釉器也偶有所见。万历仿天顺年款仅见书于器物外底的"大明天顺年制"一种青花楷书款，六字作双行排列，外围青花单圈。万历仿写成化年款见有"大明成化年制"、"大明成化年造"、"成化年制"、"成化年造"等，款字均为青花双行楷书，写于器物外底，并多围以双圈、单圈、双重方框等，也有无边栏的。万历仿弘治款瓷器，见有青花缠枝莲八吉祥纹碗，外底青花楷书"大明弘治年制"双行款。万历仿写款的最明显特征是款外圆圈过大，常靠近足边，与真品有所区别。

明天启仿写款　明天启时景德镇瓷器上盛行仿写前朝年款，由于均为民窑所仿，故款字多草率不规整。仿款多以青花料题于器物外底，亦有少部题于

内底心的，内容有"大明宣德年制"、"宣德年制"、"宣德年造"等。均作两行排列，外围以双重圆圈或单圈，也有无边栏的。仿天顺年款，款字为"天顺年造"，四字分两行题于器物外底双重圆圈内。仿成化年款，见有"大明成化年制"、"大明成化年造"、"成化年制"、"成化年造"等，均作两行排列，多以青花料书写，外围以青花双重圈、单圈或双重长方框，亦有个别无边栏的。仿弘治年款，见有"大明弘治年制"、"弘治年制"等，均作两行排列题于外底，围以青花双重圆圈。仿隆庆年款，为青花楷书"隆庆年造"四字双行款，落于器外底，围以青花单圈。仿嘉靖年款为青花楷书"大明嘉靖年制"六字双行款，题于器物外底，围以青花双重圆圈。

明崇祯仿写款　明崇祯时景德镇民窑瓷器仿写款，有仿永乐、宣德、成化、嘉靖、万历等朝的，款字多草率不规整。仿永乐款瓷器，见有青花楷书"永乐年制"款的《赤壁赋》诗文碗。仿宣德年款，多为"大明宣德年制"双行青花底款。围以双重圆圈，同式的"大明宣德年造"款较少见。另有"宣德年造"四字双行青花款，外围双重圆圈或双重方栏，也有无边栏的"宣德年制"双行青花款。仿成化年款，有"大明成化年制"和"大明成化年造"两种青花楷书款，前者较为多见，多作双行排列于器物外底，外围青花双重圈或单圈，以双重圈居多。仿嘉靖年款，有青花楷书"大明嘉靖年制"双行底款，款外多无边栏。仿万历年款，均以青花楷书写于器物外底，有"大明万历年制"六字双行款，外围青花双重圈；也有"万历年造"四字双行款，款外无边栏。

清康熙仿写款　清康熙时的景德镇官、民窑瓷器上盛行仿写前朝年款。从传世品看，明代各朝年款几乎均有仿写。仿写洪武年款的瓷器，见有内青花外豆青釉小碗，外底落青花料楷书"洪武年造"四字双行款。仿写永乐年款瓷器，见有红釉暗龙纹碗和青花

424. 清康熙仿明宣德年款

缠枝莲纹压手杯，器内底有暗刻后描青花的"永乐年制"四字双行篆书款。仿写宣德年款瓷器见有白釉鲜红三鱼纹高足碗，内底心有青花楷书"大明宣德年制"六字双行款，外围青花双重圈；仿宣德祭红釉僧帽壶，外底有青花楷书"大明宣德年制"六字双行款，外围青花双重圈，而真正的宣德祭红釉僧帽壶一般无款识；仿宣德祭蓝釉白鱼莲纹盘、釉里红云龙纹碗、青花矾红海水龙纹盘、红绿彩鱼藻纹盘及青花仕女纹碗等，均在外底写青花楷书六字双行款，外围青花双重圆圈。康熙仿宣德年款的特点是：字体或过大，或过于规整，笔力较软。康熙仿写成化年款，见有仿成化斗彩鸡缸杯、葡萄纹杯等，均在外底写青花楷书"大明成化年制"双行款，外围青花双重方框；仿成化青花缠枝花纹碗、婴戏纹碗等，于外底写青花楷书"大明成化年制"六字双行款，外围青花双重圆圈；仿成化斗彩缠枝莲纹罐和青花罐，外底以青花料写楷书"天"字；仿成化款紫地三彩双龙纹大盘，外底黑地上刻划"成化年制"四字双行款，而成化时无此品种；仿成化款豆青地五彩盖碗，署"大明成化年制"六字双行款，成化时亦无此品种。康熙仿写弘治

年款的瓷器，见有青花缠枝莲纹碗及紫绿彩云龙纹碗等，外底写青花楷书六字双行款，外围青花双重圈，仿款字体较长，有的还把"治"字错写成"冶"字。康熙仿写正德年款的瓷器，见有仿正德黄地绿龙纹盘、白地绿龙纹碗等，外底为青花料楷书"大明正德年制"双行款，外围青花双重圈；仿正德矾红彩缠枝莲纹盘，外底以矾红彩写楷书"正德年制"双行款，外围矾红双重圈。康熙仿嘉靖年款瓷器，见有青花云龙纹环耳瓶，青花山水花鸟纹瓢等，均在外底写青花料楷书"大明嘉靖年制"双行款，外围青花双重圈。康熙仿隆庆年款的瓷器，见有青花云龙纹小碗外底的青花楷书款"大明隆庆年造"，外围青花双重圈；另有青花缠枝莲纹卧足小碗，以青花料写"隆庆年造"双行楷书款。康熙仿万历年款瓷器，见有五彩云龙纹小盒，落"大明万历年制"青花楷书款。

清雍正仿写款　清代雍正时景德镇官、民窑瓷器上亦常落前朝年款，明代各朝年款几乎无所不仿。其仿洪武年款，见于青花人物纹小盘，外底写青花楷书"大明洪武年制"三行款，外加双重圈。仿永乐年款，见于白釉碗，为"大明永乐年制"青花楷书。仿建文年款，见于青花瓷砚，砚外底中心部位长方形青花双重框内写青花楷书"大明建文年制"双行款，字体工整秀丽，笔法遒劲。仿宣德年款，见于白釉鲜红三鱼纹高足碗，内底心写青花楷书"大明宣德年制"双行款，外围双重圈；青花团龙纹十方洗、青花缠枝花纹小碗、青花海石榴纹贯耳瓶等，均在外底写青花楷书六字双行款，外围双重圈；另见白釉划花鸡心碗外底有青花楷书六字双行款，外无边栏。雍正仿宣德年款的特点是，字体过于规整，拘谨无力。仿成化年款见于斗彩鸡缸杯，外底为青花楷书"大明成化年制"双行款，外围双重方框；斗彩花果纹方斗杯，内底心写青花楷书六字双行款，外围双重方框；斗彩山石花蝶纹罐，外底写青花楷书六字双行款，外围双重

圆圈。仿弘治年款，见于黄釉绿彩云龙纹盘，外底写青花楷书六字双行款，外围双重圆圈。仿正德年款，见于黄釉绿彩龙纹盘，外底有青花楷书"大明正德年制"双行款，外加双重圈。仿嘉靖年款见于斗彩灵芝纹盘，外底为青花楷书"大明嘉靖年制"双行款，外围双重圈。仿万历年款出现在青花五彩人物纹花觚等器上，均在外底写青花楷书"大明万历年制"双行款，外围双重圆圈。

清乾隆仿写款 清乾隆朝景德镇瓷器上仿写前朝年款的数量比康熙、雍正时明显减少。仿宣德年款，见于豆青釉盘，外底有青花楷书"大明宣德年制"双行款，外围青花双重圈。仿成化年款，见于斗彩婴戏纹盘、豆青釉盘、外豆青内青花盘等器，均在外底写青花楷书"大明成化年制"双行款。

晚清仿写款 清代晚期，景德镇瓷器上仿写前朝年款的数量比明晚期和清早、中期明显减少，所见仿款多为仿写清代康、雍、乾三朝款，少见仿明代年款。字体多草率，既有青花料书写款，也有刻划款。道光仿哥釉和定窑白釉器上有署"成化年制"款的；咸丰时的厂官釉器上也有署"成化年制"的。道光仿哥釉器和咸丰厂官釉器上有"雍正年制"款。道光按雍正式样仿制的青花、粉彩鼻烟壶，有"雍正年制"款，但这种鼻烟壶的器身比雍正时鼓胀。光绪仿康熙款青花缠枝花纹大碗，外底有青花楷书"大清康熙年制"双行款，外围青花双重圈；光绪仿乾隆款粉彩蟠桃图天球瓶，外底有青花楷书"大清乾隆年制"双行款，外围青花双重圈，而真正的乾隆器为青花篆书六字三行款，外无边栏。

民国仿写款 1912～1949年的民国时期，随着瓷器仿古之风的盛行，瓷器上又大量兴起仿写前朝款识。例如仿磁州窑白地黑花龙纹瓶，瓶体下部刻"花瓶刘家造"。仿金代瓷枕，有于外底墨书"大定十八年"铭文的。仿宋黑釉枕、白釉枕很多，枕形与宋青

白瓷枕略似，枕身较长，两头方形，中腰细，这类枕有印纹装饰，有的带"张家造"、"至和三年"、"重和三年"、"宣和三年"等阳文印记。北京首都博物馆收藏一件民国仿宋三彩人物纹枕，枕面上刻有"隆兴纪元春二月张冲珍玩"纪年款。仿磁州窑的器物中，还有一种白地黑花罐，上有"大明万历年制"款。仿宋越窑洗的外底有刻"太平戊寅"双行款的。仿明永乐款影青暗花云龙纹薄胎碗，内壁锥拱双云龙戏珠纹，内底心暗刻"永乐年制"双行篆款。仿宣德款青花海水地白龙纹盘、青花双凤穿牡丹纹罐等器的外底有青花楷书"大明宣德年制"双行款，外围青花双重圈。仿弘治款青花松竹梅纹盘外底有青花楷书"大明弘治年制"双行款，外围青花双重圈。仿嘉靖款红绿彩云龙纹方罐，外底有青花楷书"大明嘉靖年制"双行款，外无边栏，而真品款外则围以青花双重方框。仿康熙款红地珐琅彩九秋图碗，外底有胭脂紫彩"康熙御制"双行款，外围双重正方框；仿康熙素三彩牡丹纹碗，外底有青花楷书"大清康熙年制"双行款，外围青花双重圈；仿康熙豇豆红釉太白尊，外底有青花楷书六字三行款，款字结构松散；仿康熙款黄地珐琅彩牡丹纹碗，外底有胭脂彩"康熙御制"双行款，外围双重正方框，其胭脂彩呈色深红泛紫，浓艳生硬，而真品的胭脂彩款却浅淡柔和，细润透明。仿雍正窑变釉四方委角洗，外底心阴刻"雍正年制"双行篆书款；仿雍正款粉青釉刻花盘，外底写青花楷书"雍正年制"双行款，外围青花双重圈；仿雍正款胭脂水釉蒜头瓶，外底有蓝料彩"雍正年制"双行款，外围双重正方框；仿雍正天蓝釉花觚、小天球瓶、花盆等，有的仿写雍正官窑六字年款，有的于外底写青花楷书"朗吟阁制"双行款，外围青花双重方框。仿乾隆款粉青釉络子尊，外底有青花篆书"大清乾隆年制"三行款；仿乾隆款青花折枝花果纹蒜头瓶，外底有青花篆书六字三行款；仿乾隆款珐琅彩牡丹纹小

瓶，外底有蓝料彩"乾隆年制"双行款，外围双重正方框；仿乾隆花斑石釉盒，外底有红彩六字三行篆款；民国彩瓷花果盘中，有外底落以"乾隆甲辰俊公赠品"八字篆书款的，款外以蝙蝠作边框。民国仿明、清官窑瓷器年款的最大破绽是款字的呈色很难达到与真品相同的地步，如青花款，即多偏紫红，并且看似浮于釉面，而真品则如渗入胎骨。

陶人款 又称人名款，是指在陶瓷器上所署的陶工、作坊主、收藏者、督陶官等的姓氏或姓名。这早在商、周，特别是战国、秦、汉时期的陶器上已经出现，此后历代屡见不鲜。例如三国吴青瓷虎子上的"赤乌十四年会稽上虞师袁宜作"、唐长沙窑瓷器上的"郑家小口天下第一"、宋磁州窑瓷枕上的"张家造"、宋耀州窑青瓷上的"赵家"、宋临汝窑青瓷上的"吴"、明嘉靖景德镇瓷器上的"陈守钊造"、清乾隆景德镇瓷器上的"蜗寄唐英制"等。明以前的陶人款多为刻划或模印，亦有少量彩书，德化窑、宜兴窑等陶瓷器上的陶人款则多为模印或刻划。陶人款是研究古代社会制度、生产关系的珍贵资料。

早期陶人款 唐以前陶瓷器上的陶人款。陶人款的出现可以上溯至战国、秦、汉时期，其中最著名的是秦都咸阳出土陶器上的文字。这些陶文有六字、四字、二字和一字之分，其中以印文为主，刻文极少；阴文居多，阳文较少；一般为正书，也有反书的。字体以小篆为主。陶文多印在板瓦的内面，筒瓦的外面，日用陶器的肩部、腹部，亦有印于器内壁的。秦代的制陶业可分为两个系统，一是官府制陶业，一是民营制陶业。对于中央官署控制的制陶业，其产品的戳记一般由官署名和人名组成，官署名冠于人名之前，如右司空婴、左司高瓦、左贝、右齐、都昌等，也有的仅具官署名，如左司、右司、寺水等，但不见亭名、里名。对于市府控制的制陶作坊，其产品上的戳记，是在人名前冠以市亭名，如咸阳市于、咸阳成

（城）申等，或仅具市亭名，如安陆市亭、栎市、杜亭等，不见里居名。对于民间独立制陶手工业者作坊，其产品的戳记，既不见中央官署名，又不见市府名，而是具有秦代地方行政组织者的亭名、里名和作器者的人名，标明其产品是某亭、某里、某人所制。如秦都咸阳遗址出土的一件陶瓮肩部两处印有"咸亭阳安驻器"，"咸亭"为咸阳市亭的简称，"阳安"为咸亭的里名，"驻"为作器人名。又如秦始皇陵东侧上焦村的陪葬墓内出土的一件陶罐上印有"咸亭芮柳婴器"，"芮柳"为"咸亭"内的里名，"婴"为作器的人名。另外，考古工作者已从秦始皇兵马俑的陶人、陶马身上一些不被人们注意的隐蔽处，发现刻划或戳印的"彊"、"得"、"系"、"欬"、"朝"等85位匠师的名字。秦代实行的是"物勒工名，以考其诚"的制度，能在秦俑身上打印或刻划姓名的陶工，都是技艺较高的匠师。早期瓷器上的陶人款，目前所见最早的是1955年江苏南京光华门外赵士岗吴墓出土的越窑青瓷虎子腹部所刻划的"赤乌十四年会稽上虞师袁宜作"，此器现藏中国历史博物馆。1970年8月江苏金坛出土的一件青瓷扁壶腹下部一面刻划"紫（此）是会稽上虞范休可作坤者也"。1972年南京市化纤厂东晋墓出土一件青瓷鸡头壶，底部刻"罂主姓黄名齐之"。江西南昌市区东晋墓出土的瓷钵和瓷碗外底有墨书"朱"字，当是墓主姓氏。

唐代陶人款 随着瓷窑的兴起和商品的竞争，唐代陶瓷器上的陶人款明显增多。此时除单独的姓氏或姓名外，还有由工匠姓氏或姓名与器名、生产者对器物的赞语所组成的陶人款。署以陶工姓氏或姓名的，如长沙窑瓷器上的张、何、陈、李、赵、冯、庞、庞家、陈家、陈琪、李十造等。作坊主姓氏和器名组合的，如绞胎贴面花枕底部所刻铭文，目前所见有3种，一种刻"杜家花枕"，一种刻"裴家花枕"，另一种刻"元家记□"，后一字为画押。由此可知，当时

至少有三家专门从事生产花枕的作坊。同时署以陶人姓名或姓氏、器名、赞语的，如长沙窑瓷器上书写的"卞家小口天下有名"、"郑家小口天下第一"。另外北京故宫博物院收藏一件白釉花口瓶，腹上刻有"丁道刚作瓶大好"。唐代邛窑青釉小碟，边缘处刻有"徐家沉"三字，也有刻"丙午岁造蒋应"六字的。

宋代陶人款　宋代陶瓷器上，陶人款骤然增多。随着商业的繁荣和海外贸易的加强，瓷器的需要量大增，瓷窑大量兴起，遍布南北各地，诸窑产品呈现激烈竞争的新局面。生产者为了拓宽销路，纷纷在产品上标明姓氏或作坊名称。如磁州窑张家作坊生产的瓷枕，在外底戳印"张家造"、"张家枕"等标记。景德镇段家作坊生产的青白瓷盒，外底戳印"段家合子记"标记等。宋代陶人款主要见于磁州窑、景德镇窑、吉州窑、德化窑、耀州窑、临汝窑、新安窑、宜阳窑、鹤壁集窑、藤县中和窑、永福窑等瓷器上。落款方式以模印较为多见，另有少量刻划或彩书。

425. 宋磁州窑枕"张家造"底部印款

宋代磁州窑陶人款　宋代磁州窑上的陶人款，主要见于瓷枕上，绝大多数是制瓷作坊的标记，如"张家造"、"张家枕"、"张家记"、"张大家枕"、"古相张家造"、"王家造"、"王氏寿明"、"王氏天明"、"赵家造"、"刘家造"、"李家枕"、"滏阳陈家造"等。其中以"张家造"款数量最多。所见最早题"张家造"款的瓷枕为甘肃省博物馆收藏的白地黑花长方枕，枕面绘一虎，右上侧题"明道元年巧月造。青山道人醉笔于沙阳"，枕底印"张家造"款。宋代磁州窑系瓷枕上的陶人款皆戳印于外底，字体多为楷书，有阴、阳文之分，款式有横式与竖式、带边框与不带边框、双边框与单边框之别，有的于边框上端單一荷叶，下端托一荷花。另外，早年流散到英国的一件磁州窑系瓷枕，枕面刻"家国永安"四字，右书"赵家枕永记"，左书"熙宁四年"。

宋代吉州窑陶人款　宋代吉州窑陶人款主要见于瓷枕上，已发现的有枕外底戳印"舒家记"、"陈家印记"、"刘家印号"、"郭立"、"谢"等。其中值得注意的是尹家山窑址发现的戳印"舒家记"款的枕底标本，为了解吉州窑著名的制瓷艺师舒翁、舒娇的史迹提供了珍贵的实物资料。明曹昭《格古要论》载："吉州窑，……宋时有五窑，舒公烧者最佳。"清唐衡铨《文房肆考》曰："（吉州）宋时有五窑，舒翁工为玩具，烧者最佳，翁之女号舒娇，尤善。"而《青原杂记》在引用宋代中叶吉州庐陵人欧阳铁杂著时说："永和镇舒翁、舒娇，其器重仙佛，盛于乾道间；余见有元祐、崇宁者。"由此可知，舒翁、舒娇是生活在元祐至乾道年间（1086～1173年）的能工巧匠。舒、陈、刘、郭、谢可能即上述文献记载的宋时五窑中人家。

宋代景德镇窑陶人款　宋代景德镇窑瓷器上的陶人款，主要见于青白瓷盒上。景德镇有很多私家制作青白瓷盒的作坊，从国内外已发现的实物资料看，这时出产的青白瓷盒，有很大一部分在外底印有作坊主的标记，其格式为阳文直书"某家合子记"，"盒"均写作"合"。已发现的有许、段、蔡、吴、汪、蓝、朱、徐、程、张、余、陈、潘等 13 家。这种瓷盒在日本、朝鲜及东南亚一些国家均有发现，仅朝鲜就出土 6 种，共 70 余件。其性质与宋代磁州窑瓷枕所署"张家造"、"赵家造"等款识相似，都是商品竞争的反映。此外，长沙宋墓中出土一件盒子，底印"段家子大"款，有人认为这属于段家大房的作坊。其他器物上的陶人款，见有景德镇湖田窑出土的影青注壶，壶把上戳印"李十哥□小四玄壶"，出土的制瓷工具上刻有"吴六郎政和七年二月初五日吴惠成"。出土的瓷泥照，有的刻划"郑家泥"，有的刻划"丘小六泥"，说明宋代景德镇已有专门从事瓷胎原料加工的作坊与工场。

宋代德化窑陶人款　宋代德化窑陶人款主要见于瓷盒上，但与景德镇青白瓷盒上的陶人款相比，数量少得多。见有带反书印文的"颐草堂先生雕造功夫"款的瓷盒。早年流散到新西兰的一件宋代瓷盒，上面印有"后山颐草堂雕造功夫"款。两件盒子不仅造型特征相同，而且款字中的"雕"字，都是刻制印模时漏掉后又补刻在下方的，说明它们是同一个时期，在同一作坊，使用相同的印模印制的。"功夫"又作"工夫"、"公夫"，是宋代手工业中的习惯用语。在宋代文物中，带"功夫"字样的款铭还见于石砚、铜版和铜镜等。再如浙江江山窑出土的青白瓷印纹方瓶，瓶底阳文反书戳印"周家公夫"四字；武义县出土的一件印纹盒子，底部亦戳印"练八郎公夫"五字。另外，德化碗坪仑窑出土的粉盒，盒底和盒盖凸印"林立"姓名款，出土的碗、碟等器的内壁有用毛笔手书的"林"、"张后"等姓氏和姓名款。

宋代其他窑陶人款　宋代耀州窑及受其影响而生产青釉刻、印花装饰瓷器的河南临汝、宜阳、新安、内乡等窑，多在器内模印阳文、阴文或刻划姓氏，这些姓氏可能是作坊主或陶工的记号，也可能是订烧者的标记。如耀州窑的"赵家"、"王"等；临汝窑的"童"、"吴"、"段"、"赵"等；宜阳窑的"吴"、"和"、"吉"、"思"、"刘"等；新安窑的"吴"、"杨"、"惠"、"张"、"同"等；内乡窑的"田"等。另外，鹤壁窑发现书写、模印的姓氏铭文有：赵、杨、张、刘、李、宋、褚、柳、林、金、苏、崔、郭、马、孔、何、赵一盘等。扒村窑发现书写的姓氏铭文有：张、秦、花、纪等。广西藤县中和窑瓷器及匣钵上刻划或模印的姓氏和姓名款有：刘五盘子、梁四个、梁四、莫三郎、林、程、李、谢、黎、刘、梁、朱、伍、任、马、周、莫一、莫十、莫一立、陈三、文三、林四、刘四、李伍、李六、李九、欧二、欧小二、区二、龙二、龙六、程八、黎司、小二、小三、小六、小七、二金、而知、李公造、李小一等。广西永福窑遗址出土的宋代花腔腰鼓，鼓内腔书写蒋四、蒋小八等工匠名，出土的青釉炉残器，腹刻"蒋子弟供□舍"等款。福建建窑黑釉盏的外底有阴刻"张一"名款的。江西赣州七里镇窑发现的姓氏、姓名款有：赵小二、陈立、崔十四、张、刘十、吴□、李、好七、封立、木、肖、王、王□□、小田、赵□□、洪立、洪四、本、小本、重、刘立、崔、白又□等。1980 年 2 月广东南雄苍石发现的宋代陶坛盖上刻有"绍圣四年四月十六日钟博士谨记"。1976 年浙江武义岩坞墓出土的宋筒形陶器腹壁刻有"九政自造火□元丰六年八月十九日元"。

辽、金、元代陶人款　辽、金、元时期陶瓷器上的陶人款与宋代相比，数量有所减少。赤峰缸瓦窑辽代茶叶末釉鸡腿瓶，肩上刻划汉人姓氏孙、徐等，属于工匠姓氏抑或物主姓氏，尚不得而知。1987 年北京密云出土的辽绿釉净瓶腹部釉下刻一"杜"字。中国历史博物馆收藏的金代瓷器中，有一件磁州窑系

426. 元磁州窑枕"古相张家造"底部印款

白地黑花罐，罐腹墨书"佛光普渡大安二年张泰造"，"张泰"无疑是工匠名。上海博物馆收藏一金代瓷枕，枕外底墨书"大定二年六月六日□家造"，惜工匠姓氏不清。山东淄川坡地元代窑址中发现的金、元窑具上，刻有"刘三公瓦底"、"于三"、"叶子成"等人名。北京故宫博物院收藏的一件元磁州窑白地赭彩花卉纹罐，肩部以釉下赭彩环书"至正拾壹年七月廿九日小河东陈家亲造"。元磁州窑系白地黑花枕外底有戳印"张家造"、"古相张家造"款的。元龙泉窑青瓷器上的陶人款有"张"、"高"、"仲夫"、"项正"、"项宅正窑"等。韩国新安沉船打捞出的元龙泉窑莲瓣纹罐，底边有墨书"元字柒拾叁号匠"。元吉州窑瓷枕上有于外底戳印"元祖郭家大枕"款的。内蒙古呼和浩特出土的钧窑双耳兽足炉上，有阴刻"己酉年九月十五小宋自造香炉一个"铭文，当为元代中期至大二年所制。另见有山西三彩龙莲纹香炉上署以"至大元年汾阳琉璃寺诏任塘城造"。北京元大都遗址出土的两件青白瓷碗，碗底有一墨书八思巴文"᠊᠊"字，译

成汉字是"张"或"章"，这无疑是物主的姓。

明代陶人款　主要见于景德镇瓷器上。如天顺时有：天顺七年大同马氏。正德时有：何玉清造。嘉靖时有：陈文显造、陈守贵造、陈守钊造、程捨自造、邓奎自造、程氏自造、程景自造、吴文自造、唐比自造、刘信嘉靖年制、嘉靖年西谷制等。万历时有：沈氏、仙关吴震、青华仙子吴震、程玉梓造、荆桂、少溪、紫芝主人监制等。天启时有：天启年米石隐制、天启三年唐氏制、仁波佳制、王远选造、少溪置用等。崇祯时有：王远监造。这些陶人款多写楷书于器物外底。明代龙泉窑瓷器上的陶人款多模印而成，见有：顾氏、石林、三槐、李氏、清河制造、张明工夫等。顾氏是正统时名匠顾化成。明代广东石湾窑陶器上的人名款，出现于明代晚期，均为印章式款，见有：陈粤彩、杨升、可松等。明代德化窑瓷器上的工匠名款，多为篆字印章款，见于塑像上的有：何朝宗、何朝宗印、张寿山、陈伟之印、林学宗印、林朝景等。皆印于塑像背部，印章式样有葫芦形和方形两种，其中以署"何朝宗"或"何朝宗印"者最为著名。另外，在明代德化窑炉、盘、杯等器物上发现的陶人款有：林氏子信、子信、冶仙、阇之、文荣、文荣雅制、明师等。

清代陶人款　多见于景德镇瓷器上，从顺治至宣统，几乎历朝均有，以乾隆时最为多见。顺治时有：许世文元公制。康熙时有：春育主人珍藏、吴仲兴晓山主人、商山仿古、善山仿古、峰霞山人、渭水渔翁、中山人、程子受、东海鼎臣、雪庵、卉庵、璞庵、西园等。雍正时有：江鸣皋造、耀华藏器、瑞锡琼制、瑞锡琼瑛、公输监制、歧博古制、玉清雅制、雍正甲寅沈阳唐英敬制普陀山圆通殿。乾隆时有：吴十九制、壶隐老人、壶隐道人、泉制、瑶华道人、唐英、唐英敬制、唐英俊公氏、唐英隽公、俊公、沈阳唐英、沈阳后学蜗寄唐英敬录、沈阳唐英敬制、钦命

榷陶使者沈阳唐英敬制、蜗寄唐英制、榷陶使者唐英制、督陶使沈阳唐英题、蜗寄居士清赏、蜗寄居士古柏堂、蜗寄题、沐斋居士制、陶成居士制古泉堂、陶成居士陶成堂印、陶成堂制、陶成堂印、陶铸、陶榷、乾隆甲辰俊公赠品、陶人、榷陶呈星使、蜗寄老人、唐英之印、隽公、乙因雅制、瞿宝珍、玉峰、石林、陶珍、韩睦宗等。嘉庆时有：完颜氏、俊公自制、福海珍藏、佩珂制等。道光时有：解竹主人制造、正斋主人、熊氏璧臣仿古、查小山制、赵之谦、学山小筑、养园仿古、沈恰如制、健庵雅制、福英供奉佛天、珠峰、祝岭雅藏、乐敬宇置、琴南手制、醴渠自制、醴泉自制、道光年冯氏制、仙源陈国治作道光廿四年、道光丁丑秋九月善宝属陈国治作、王炳荣、李裕元、马衡和等。同治时有：王炳荣、李裕成等。光绪时有：澹园居士、素云道人、燕赵悲歌之士孔子后四十一癸卯制、湘源郑氏子孙宝用、乐道堂主人制、熊氏璧臣仿古。清代景德镇瓷器上陶人款多落于器外底，也有个别落于器口边、腹壁、圈足内壁。清代德化窑瓷塑上的陶人款有：何朝春、许云麟、许裕源制、博及渔人、许云麟制等。多为篆字印章款，印章式样有葫芦形和方形两种，款字既有阳文，又有阴文。另见有"珍和金记"长条形竖行楷书款。清代德化窑盖罐和瓶上有"顺和苏记"阴文刻款。清代石湾窑陶器在康熙年间有：两来正记、文如璧等；乾隆前后有：源益店、大昌、宝玉、如璋、来禽；道光前后又有：黄炳、霍来、冯铁来、瑞号等。

民国陶人款 1912~1949 年民国时的陶人款主要见于景德镇瓷器上，较著名的有"郭世五"、"觯斋主人"、"陶务监督郭葆昌谨制"等，皆为方章红彩篆书或楷书款。郭葆昌，字世五，号"觯斋"，人称郭五爷，河北定兴县人，曾在北京西安门德聚成古玩铺任职，是景德镇御窑厂历史上最后一任督陶官。

明、清紫砂陶人款 明、清时宜兴紫砂壶上多署工匠姓名款。文献记载的明代制壶名家有供春、时朋、董翰、赵良、元畅、时大彬、李仲芳、徐士衡、蒋伯荂、欧正春、邵文金、邵文银、陈俊卿、陈用卿、陈仲美、沈君用、惠孟臣等，其中以时大彬最为著名。但这些名家的真品，今天已很难见到。且由于后人滥仿，即使偶见署名款的作品，也常使人真假难辨。时大彬的作品是最突出的例子。幸而 60 年代以

427. 明万历紫砂壶"大彬"阴刻款

来，国内一些明代晚期墓葬中出土了几件署时大彬款的紫砂器，为鉴定提供了相对可靠的标准器。1984 年江苏无锡县甘露乡崇祯二年（1629 年）墓出土一件三足圆壶，壶把下方的腹面上阴刻横排楷书"大彬"二字；1986 年底，四川绵阳明代晚期墓出土一件紫砂圆壶，壶腹上阴刻"大彬仿古"四字款；1987 年，福建漳浦万历四十年（1612 年）墓出土一件鼎足盖圆壶，外底阴刻"时大彬制"四字款；1987 年，陕西延安柳林乡崇祯十二年（1639 年）墓出土一件紫砂提梁壶，腹部阴刻"大彬"二字。以上紫砂壶上的刻款，均为楷书体，字体端庄，规整洒脱，下刀时重，起笔方而锐，笔划之间干净利索，毫不脱泥带

水。清代紫砂壶名家迭出，成就可观的艺人有陈鸣远、邵玉亭、王南林、殷尚、陈荫千、邵旭茂、杨季初、陈曼生、杨彭年、虔荣、邵大亨、瞿子冶、邵友兰、黄玉麟等。这些名家多有落款的作品传世，其中以陈鸣远、陈曼生的作品最为著名。清代紫砂器上出现印款，以上名人作品上的姓名款，或刻、或印、字体或行、或楷、或篆，均极规整。如所见传世陈鸣远南瓜式壶，腹部刻有"仿得东陵式，盛来雪乳香"诗句，句后刻"鸣远"，均为行书字体，其下又有"陈鸣远"方形印章。传世陈曼生匏瓜壶，腹部刻"饮之吉匏瓜无匹"句，句后刻"曼生铭"，均为行书字体。北京故宫博物院所藏陈曼生覆斗式紫砂壶，壶体一面刻"其气清华七碗之后能凌紫霞"句，句后刻"曼生"二字，字均为楷书体。再如邵友兰在其所制砂壶上的落款，有椭圆式带边纹的"阳羡邵友兰制"，或带边方章"友兰秘制"、楷书小印"友兰"等。陈荫千制竹节式紫砂提梁壶，在外底印有"陈荫千制"方形篆书印章款。

其他款 不能归于以上所列各类款识中的特殊款。这类款识为数不少，如"天"字款、"官"字款、"新官"款、"供御"和"进盏"款等。

"天"字款 主要见于成化斗彩罐上。这种罐可分为长圆腹与矮圆腹两式。外底施白釉，中心以青花料写一楷书"天"字，款外无边栏。其纹饰有瓜地行龙、香草龙、海水龙、海马、海象、缠枝莲、缠枝莲托八吉祥等。其盖分为两种，一种平顶无钮，一种盖面隆起呈伞状，盖顶有宝珠钮。"天"字笔划均衡，起笔、住笔自然有力，全字显得一气呵成，毫无停滞。已故古陶瓷鉴定家孙瀛洲总结的"天"字款歌诀为："天字无栏确为官，字沉云濛浅褐边。康雍仿造虽技巧，一长二短里俱干。"成化斗彩天字罐的名气很大，明代万历，清代康熙、雍正时均有仿制品，康熙、雍正时景德镇官窑仿制品除斗彩器外，还有青花

制品，但目前未见有成化青花天字罐。这类仿品除款识字体不及成化斗彩天字罐上的挺拔有力，其器形也有差异，腹部或很大或过于扁平，显得笨拙。另外，所用青料和釉上彩料也有区别。

428. 宋定窑盖罐"官"阴刻底款

"官"与"新官"款 这两种款识均为刻划款，书体有行、楷、草数种，以行书为多，主要见于晚唐至北宋时的白瓷上。五代耀州窑和越窑青瓷上以及辽代赤峰缸瓦窑遗址出土的匣钵上也有刻划的"官"字款，缸瓦窑垫柱上有刻划的"新官"款。自1949年以来，在辽宁、河北、北京、湖南、浙江、陕西、河南、内蒙等地的晚唐、五代、北宋、辽代墓葬或遗址中，出土了100余件刻有"官"或"新官"款的白瓷。另外，在埃及的福斯塔特城遗址中发现同类器物，中、外博物馆或私人收藏品中也有若干。比较重要的发现如河北定县两座宋代塔基、浙江临安晚唐钱宽墓、陕西西安火烧壁唐代遗址、河南巩县宋咸平三年太宗李后陵等。特别是西安火烧壁唐长安城安定坊遗址一次出土33件"官"款白瓷，是出土这类瓷器最集中的一次。"官"或"新官"款白瓷的造型以盘、碗、碟最为多见，另有少量瓶、壶、罐、盏

托、笔掭等，绝大部分作品是施釉后入窑前将铭文阴刻于外底，只有少数几件是在露胎的底部直接刻划的。经过窑址探察，目前只在河北曲阳定窑遗址出土过"官"款白瓷的标本，而辽代烧造白瓷的赤峰缸瓦窑遗址虽出土过带"官"、"新官"款的窑具，但未发现带这两种铭文的瓷器标本。因此，较为一致的意见是，"官"、"新官"款白瓷均为定窑产品。此类产品，有人认为出自定窑从唐代土贡至北宋中期接受朝廷订制这段时间。"官"、"新官"款白瓷是定窑白瓷中的精品，特别是盘、碗、碟类器物，以模仿同时代金银器造型为主，多采用花口、起棱、压边等技法，有的还在口、足部镶包金、银扣。《续资治通鉴》卷百十九景祐三年八月己酉诏云："非三品以上官及宗室、戚里之家，毋得金扣器具，用银扣者毋得涂金。"这说明金、银扣瓷器在当时是一种由中上层阶级享用的高档商品。考古资料表明，"官"、"新官"款白瓷往往一同出土，因此，两者并无时代先后的区别。从数量上看，"官"字款者占绝大多数。至于"官"、"新官"款的涵义，由于宋、辽、金时的铜镜上亦见有刻划的"官"字，如"朔州马邑县验记官"、"东平府银事司官"等，且"官"字下都刻划签押文字，因此，瓷器上的"官"、"新官"亦应是"官样"之意，即是一种押记，表明是官府订烧之器。

钧窑数目字款　传世宋代官钧窑瓷器及窑址出土的宋代官钧窑瓷器标本上，都曾见到数目字款。这类器物是北宋时期专为宫廷烧造的陈设用瓷，器形有花盆、盆奁、鼓钉洗、出戟尊等。釉色有玫瑰紫、海棠红、天青、月白等，质地优良，制作精细。数目字多阴刻于外底，从"一"到"十"都有。以往古陶瓷著作如《南窑笔记》、《陶雅》、《饮流斋说瓷》等，对数目字的涵义和用途做过种种推测，如《南窑笔记》云："有一、二数目字于底足之间，盖配合一副之记号也……"《饮流斋说瓷》云："均盆与盆连（奁），

其底必有数目字，红紫者单数，青蓝者双数……"但通过对传世品和窑址出土物进行排比研究，发现以往的推测皆不正确，数目字实际上是起表达同类器物尺寸大小的作用，即数目字越小，器物尺寸越大，"一"是同类器物中尺寸最大者，"十"是最小者。

"供御"与"进盏"款　宋代福建建窑茶盏或窑具上的款识。其所产黑釉茶盏的外底有阴刻"供御"、"进盏"字样；窑址所出圆形垫饼的垫面上，亦印有阳文反书"供御"、"进盏"等字。建窑位于福建省建阳县水吉镇，是宋代新兴的生产黑釉瓷的窑场之一，北宋后期由于其所产的黑釉盏适于斗茶，一度大量烧制，带有"供御"、"进盏"款的茶盏是专为当时宫廷生产的斗茶用具。清末寂园叟《陶雅》载："兔毫盏……底上偶刻有阴文'供御'楷书二字。"《建瓯县志》也载："唯池墩村水尾岚堆积该碗打破之底，时见'进盏'两字，是阴字模印，楷书苏体。亦偶刻有'供御'两字者，似刀划的，字迹恶劣。"文献记载与窑址调查发掘出土有"供御"、"进盏"字样的垫饼和盏底是相符合的。

429. 宋建盏"进盏"阴刻底款

"花盒"、"油盒"、"镜盒"款 唐、宋瓷盒上标明其用途的款识。"花合（盒）"、"油合（盒）"见于唐代长沙窑瓷盒上，以釉下彩书于盖面，意为分别用于盛放头花和梳头用油。"镜盒"款见于宋磁州窑瓷盒上，南京博物院收藏一件宋磁州窑白地黑花瓷盒，盒盖饰以水波缠枝莲花，中心置如意形钮，钮两边有黑彩书写的"镜盒"二字，标明为盛放铜镜所用。

"盈"字与"翰林"款 唐代邢窑白瓷上的刻款。河北内丘邢窑遗址发现的碗外底刻"盈"字的标本多达20余件。陕西西安唐大明宫遗址和西明寺遗址也曾出土这类标本。另外，传世品中见有两件带"盈"字款的邢窑白瓷盒。翰林是唐代为朝廷撰拟文书的官员的称谓，"翰林"款见于邢窑白瓷罐上。50年代，西安、洛阳唐墓中出土过3件邢窑白瓷罐，外底阴刻"翰林"二字；1987年春，河北内丘集上寨村砖窑工地出土5件唐代邢窑白瓷罐，其中一件外底阴刻"翰林"二字。这种白瓷罐应是唐代翰林院定烧之物。

"会稽"款 五代时定窑瓷器款识。早年出土流散到国外的五代定窑瓷盘，有的底刻"会稽"二字，是吴越钱氏定烧之器，钱氏统治地区属会稽郡，故定烧瓷器上刻"会稽"字样。

"尚食局"与"尚药局"款 传世及出土宋代定窑瓷器上的刻款，以"尚食局"较为多见。刻"尚食局"款的多为大型瓷盘，所刻字体的笔划有粗、细两种。1948年河北曲阳涧磁村法兴寺遗址曾出土过10件定窑白釉印花云龙纹盘，6件已流散到国外，其余4件收藏于北京故宫博物院及上海博物院。流散到国外的一件外底刻划"尚食局"三字。河北曲阳涧磁村定窑遗址出土过外底竖刻"尚食局"三字的白釉印花云龙纹盘标本。刻"尚药局"的传世品仅见一件，已流散到国外，为直口平底碗，其外壁自右向左

横刻"尚药局"三字。据文献记载，宋代宫廷下设六局，尚食局掌管膳馐之事；尚药局掌管和剂诊候之事。两局除设官员外，还分别设有膳工和医师。故刻"尚食局"、"尚药局"的器物是宫廷饮食及药用之器。流散到国外的定窑瓷器中，有一件刻"食官局正七字"款的白釉碗，"食官局"一名不见于宋、辽、金三史职官志，有待进一步考证。

"五王府"与"易定"款 定窑瓷器上的刻款。1957年北京故宫博物院第二次复查河北曲阳涧磁村定窑遗址时，采集的标本中有一件刻"五王府"三字铭文的碗底。"五王府"铭文以往不曾见，推测刻这种铭文的定瓷应是宋代某王府定烧的器皿。传世定窑瓷碗刻"易定"二字的有两件，碗形相同，大小相等，胎体厚薄也一样，早年出于同一墓中。铭文似出于一人之手，字刻于外底，字体瘦劲，笔划有力，时代属五代后期。至于"易定"二字的涵义，有待考证。

"仁和馆"款 宋代磁州窑瓷器款识。见于北京故宫博物院收藏的四系瓶上。瓶小口外撇，短颈，腹部稍肥大，圈足。整个形体略似橄榄。瓶身上半部施白釉，下半部施黑釉，瓶口亦施黑釉，颈、肩之间置四竖系，系上部宽，下为尖形，系面压印四条直线纹。由肩部向下以黑彩斜书"仁和馆"三字，字为行书体，书法苍劲有力。"仁和馆"为宋代馆驿的名称，据宋人周淙《乾道临安志》卷二"馆驿"条载："仁和馆在今清湖闸之南，绍兴十九年郡守汤鹏举重建。"当时临安府辖九县，仁和县为九县之一。带"仁和馆"款的四系瓶，应是宋仁和县馆驿使用的酒瓶或水瓶。另外，山东省博物馆藏品中也有一件与此类似的四系瓶，肩部有向下斜列的"太平馆"三字，字体及书写部位同"仁和馆"款如出一辙，应属于同一瓷窑的产品。关于这类瓷器的产地，明代陈继儒《妮古录》载："余秀州买得白定（原文误为锭）瓶，口有

四钮，斜烧成'仁和馆'三字，字如米氏父子所书。"陈氏认为这类四系瓶是定窑产品，但从瓶的造型、系的式样，以及器身兼施两色釉看，定窑遗址不见有此类标本，而在河北磁县彭城镇宋代瓷窑遗址中却发现有斜书"馆"字的四系瓶标本，故应为宋代磁州窑产品。

西夏文款 西夏瓷器上也书款识，然字为西夏文。甘肃武威古城乡塔儿庄出土的西夏瓷器上即有这种铭文。如出土的一件施半截褐釉的剔花瓮，白色胎地上有四行墨书西夏文，按其意译为："斜毁"、"发酵有（裂）伤"、"下速斜"、"小"。从译文可知，这个小瓮是用以酝酿发酵的，已报废。报废的原因有两个，一是有裂伤，二是下部倾斜严重。另外，上海博物馆收藏的一件西夏黑釉小口瓶的腹部也刻有西夏文。

元代卵白釉瓷器款 元代景德镇窑创烧的新品种卵白釉瓷，据记载是元代最高军事机关枢密院定烧器。在器内以印花为主的纹饰中间，往往对称印有阳文楷书"枢"、"府"二字，故通常又称为"枢府釉"。从目前已掌握的资料看，卵白釉瓷除"枢府"铭文，还有印"太禧"、"福寿"、"福禄"、"东卫"、"玉"等铭的。其中"太禧"是元代专掌祭祀的机构"太禧宗禋院"的简称，带"太禧"铭的卵白釉瓷是太禧宗禋院征用的贡瓷。

"使司帅府公用"款 元代龙泉窑瓷器款识。70年代，韩国新安海底元代沉船中打捞出大量中国元代瓷器，其中有一件龙泉窑青瓷盘，底刻"使司帅府公用"六字双行铭文。"使司帅府"应是"宣慰使司都元帅府"的简称。元立国后，于各道设置了宣慰司，"掌军民之务，分道以总郡县，行省有政令则布于下，郡县有请则达于省。有边陲军旅之事，则兼都元帅府，其次则止为元帅府……凡六道……浙东道，庆元路置"（《元史·百官七》）。《元史·地理志五》载

有"浙东道宣慰使司都元帅府"，并注明其州治在庆元。从就近定货比较便利方面考虑，"使司帅府公用"款龙泉青瓷盘，应该是浙东道宣慰使司都元帅府定烧的器皿。

八思巴文款 元代瓷器款识。八思巴文是一种拼音文字，因它的创始人是元代忽必烈的国师、喇嘛教高僧八思巴而得名。忽必烈统一中原后，命八思巴制订官方通用文字，八思巴便以藏文文字为基础，运用汉语的语法，创造出一套拼音文字。它类似现在的汉语拼音，既有声母，又有韵母，韵母分韵头、韵腹、韵尾。运用这种拼音文字，既可以拼写汉语，又可以拼写蒙语、藏语、维吾尔语等6种民族语言。八思巴文从1269年颁布到元朝末年，共用了100年左右，因此八思巴文是元代瓷器明显的时代标志。据现在的考古资料可知，元大都遗址曾出土过两件青白瓷碗，碗底墨书八思巴文"ꡒ"字，译成汉语是"章"或"张"，无疑是物主的姓氏。龙泉窑系的大窑、安仁口窑、丽水窑及南海窑遗址，都曾出土过带八思巴文的瓷片，有阴文和阳文两种。另外，福建德化屈斗宫窑址也出土过带八思巴文的三足垫饼。应引起注意的是，明正德官窑青花瓷器亦有在外底以青花料书写八思巴文的，其原因，一般认为与当时帝王同蒙藏上层僧侣往来密切有关。

"贡局"款 清代宜兴紫砂壶上的款识。20世纪30年代李景康、张虹编《阳羡砂壶图考》"贡局壶"条记载："考林古度为冯本卿作《陶宝肖像歌》有'荆溪陶正司陶复'之句，可知阳羡贡局已创于明代。细考传器，各色泥质俱备，壶底或刻字，或钤印，或具年号，或用'贡局'二字，亦有仅用一'局'字者。"书中著录3件朱泥壶，底部分别镂刻"康熙贡局"、"雍正贡局"行书款或"雍正贡局"楷书款。实物见于清光绪时泰国拉玛五世在中国宜兴订烧的一批紫砂壶，壶底均印有泰国订烧标记和楷书"贡局"二

字，壶盖和壶柄印陶工名款。这批壶是拉玛五世订烧赠予泰国高僧的，今收藏在泰国的一座寺庙里，共有数十件。

"显德年制"款　属于伪造的年款。显德（954~960年）是五代后周世宗柴荣的年号。明代以来文献记载五代有"柴窑"，这一直是中国陶瓷史上的一个悬案，而民间又流传着"片柴值千金"之说，于是民国即有一些奸商制作了一批印有"显德年制"款的薄胎印花碗，有绿釉、黄釉、影青等品种，用来冒充柴窑器，牟取暴利。其造型多摹仿宋影青斗笠碗，胎薄体轻，印有龙穿花等图案，内底心印一朵盛开的莲花，花心内印"显德年制"四字双行楷书图章式款。另外，美国人普鲁玛于1935年在建窑遗址调查时，曾采集到一件兔毫盏标本，碗外壁下部有阳文"大宋显德年制"六字款铭，1977年日本出版的《世界陶瓷全集·宋代》收录有此标本，从款字内容、落款部位及款字风格看，这也是一件制作拙劣的假古董。

七、工艺技术

【原料】

粘土　陶瓷原料。是一种含水铝硅酸盐矿物，由长石类岩石经过长期风化与地质作用而生成。它是多种微细矿物的混合体，主要化学组成为二氧化硅、三氧化二铝和结晶水，同时含有少量碱金属、碱土金属氧化物和着色氧化物等。粘土具有独特的可塑性和结合性。其加水膨润后可捏练成泥团，塑造成所需要的形状，经焙烧后变得坚硬致密。这种性能，构成了陶瓷制作的工艺基础。粘土是陶瓷生产的基础原料，在自然界中分布广泛，蕴藏量大，种类繁多，是一种宝贵的天然资源。

瓷土　制作瓷器的原料。由高岭土、长石、石英等组成，主要成分为二氧化硅和三氧化二铝，并含有少量的氧化铁、氧化钛、氧化钙、氧化镁、氧化钾和氧化钠等。它的可塑性能和结合性能均较高，耐火度高，是普遍使用的制瓷原料。

高岭土　陶瓷原料，是一种主要由高岭石组成的粘土。因首先发现于江西省景德镇东北的高岭村而得名。它的化学实验式为：$Al_2O_3 \cdot 2SiO_2 \cdot 2H_2O$，重量的百分比依次为：$39.50\%$、$46.54\%$、$13.96\%$。纯净高岭土为致密或松疏的块状，外观呈白色、浅灰色，被其他杂质污染时，可显黑、褐、粉红、米黄色等，具有滑腻感，易用手捏成粉末。煅烧后颜色洁白，耐火度高，是一种优良的制瓷原料。

坩子土　陶瓷原料，是粘土的一种，产于北方地区。它的矿物组成以高岭土为主，其次还有石英等，是北方常用的制瓷原料。

瓷石　制作瓷器的原料，是一种由石英、绢云母组成，并有若干长石、高岭土等的岩石状矿物。呈致密块状，外观为白色、灰白色、黄白色和灰绿色。有的呈玻璃光泽，有的呈土状光泽。断面常呈贝壳状，无明显解理。瓷石本身含有构成瓷的各种成分，并具有制瓷工艺与烧成所需的性能，很早就用来制作瓷器，尤其是江西、湖南、福建等地的传统细瓷生产中，均以瓷石作为主要原料。

长石　陶瓷原料，属不含水的碱金属或碱土金属的铝硅酸盐，是陶瓷生产中主要的熔剂原料。长石是一族矿物的总称，呈架状硅酸盐结构，化学成分主要是钾、钠、钙和少量钡的铝硅酸盐。在成瓷过程中，长石在一定的温度范围内逐渐熔融，变成乳白色的粘稠玻璃体。这种玻璃体可以促进成瓷反应的进行，降低烧成温度，减少燃料消耗，起到助熔作用。此外，由于长石熔体在高温下具有较大的粘度，还可以起到高温垫塑作用与高温胶结作用，防止高温变形。冷却后的长石熔体以透明玻璃体状态存在于瓷体中，构成瓷的玻璃态基质，增加透明度，提高光泽与透光度，改善瓷的外观质量与使用效能。长石在陶瓷生产中用作坯料、釉料、色料熔剂等，用处大，作用重要。

石英　陶瓷原料。石英是自然界中构成地壳的主要成分，其化学成分主要是二氧化硅，另含有少量杂质，如三氧化二铝、氧化铁、氧化钙、氧化镁、氧化钛等。它一部分以硅酸盐化合物状态存在，构成各种矿物岩石；另一部分则以独立状态存在，成为单独的矿物实体。石英的外观视其种类不同而异，常用作陶瓷原料的脉石英和石英岩二氧化硅的含量分别在99%、97%以上。脉石英作致密块状结晶态或凝固为玻璃态，并呈矿脉状产出，多呈白色、乳白色或灰色，不透明或半透明，质地坚硬，断面有玻璃光泽或油脂光泽，表面常被染以深浅不一的铁锈。石英岩作致密坚固的块体，杂质含量比脉石略多。石英是硅酸盐工业的基本原料，也是陶瓷生产中不可缺少的原料。

滑石 陶瓷原料，是一种含水的镁硅酸盐，化学实验式为 $3MgO \cdot 4SiO_2 \cdot H_2O$，理论组成为 MgO 31.82%、SiO_2 63.44%、H_2O 4.74%。一般成粗鳞片状和细鳞片状致密集合体，作块状。纯净的滑石外观呈白色，含杂质者一般为淡绿、浅黄、浅灰或浅褐等色，具有油脂光泽，富有滑腻感，薄片呈半透明或透明状。滑石主要用于制造各种滑石质工业瓷和釉。在瓷中加入少量的滑石（1～2%），可以提高透明度、白度和致密性，扩大烧结范围。坯体中如同时含有滑石和长石，则增强机械强度与耐磨性。在釉中滑石作助熔剂，能降低釉料的熔融温度和膨胀系数，提高釉的弹性，促使坯釉中间层的生成，还可以增强釉料的乳浊性。

白垩 陶瓷原料，属于钙质类原料，主要成分为氧化钙，理论组成为氧化钙56%、二氧化碳44%。晶体呈菱面体，有时呈粒状或板状。颜色为白色或乳白色，杂质污染时可呈暗灰、黄、红、褐色。有玻璃光泽，质脆。在陶瓷生产中广泛用于配制釉料，主要起助熔作用，能降低釉的熔融温度，促使釉层玻化，提高釉的光泽度和透明度。

釉石 制备釉料的一种物质，俗称"釉果"。主要由石英、绢云母组成，常含有少量长石、方解石、高岭石和黄铁矿等杂质。为致密块状，外观多呈青绿、浅绿、微黄、浅黄色，断口呈贝壳状。釉石和少量石灰质原料配合，可制成釉料，常作青釉或纹片釉的配料。

釉果 见"釉石"。

釉灰 用来制备釉料，起助熔作用的物质。由石灰石和凤尾草（狼鸡草）炼制，经陈腐、淘洗而成。化学成分主要是氧化钙，制备方法很简单，即把石灰石和凤尾草相间层层堆放起来，经850℃～1100℃煅烧，停火冷却后置窑中湿式陈腐3个月，然后置地面自然干燥，再研磨、淘洗成釉灰，称为头灰。其残渣经过一段时间陈腐，再进行粉碎和精细淘洗，所得釉灰称为二灰。二灰与头灰相比，氧化钙含量略有降低。

不子 制瓷原料的专用名词。瓷土由产地采掘后，加以粉碎淘洗，制成砖形小块，俗名"不（音敦）子"。

助熔剂 制作陶瓷时，为了促进胎、釉原料的熔化而加进的助熔物质。助熔剂主要有氧化钙、氧化钠、氧化铅等。它在烧成过程中，可加速低温易熔物的形成，并降低制品的烧成温度。

着色剂 在陶瓷器的胎、釉中起呈色作用的物质。陶瓷中常见的着色剂有三氧化二铁、氧化铜、氧化钴、氧化锰、二氧化钛等，分别呈现红、绿、篮、紫、黄等色。

青花料 绘制青花瓷纹饰的原料，即钴土矿物。中国青花料蕴藏较为丰富，江西的乐平、上高、上饶、丰城、赣州，浙江的江山，云南的宜良、会泽、榕峰、宣威、嵩明以及广西、广东、福建等地均有钴土矿藏。中国古代青花瓷使用的青花料一部分来自国外，大部分属国产。进口料有苏麻离青、回青；常用的国产料有石子青、平等青、浙料、珠明料等。

苏麻离青 又译作"苏泥勃青"，一种进口青花料，产于西亚地区。首见录于明王世懋《窥天外乘》。元代、明代早期景德镇窑烧制的青花瓷器大多使用这种青花料。苏麻离青成分特点是含锰量较低，含铁量较高。低锰可减少青色中的紫、红色调，使青花色泽浓艳；高铁往往使青花出现黑疵斑点。浓艳与黑斑相映成趣，成为苏麻离青呈色的突出特点。

苏泥勃青 见"苏麻离青"。

430. 明永乐青花折枝花果纹梅瓶

431. 明嘉靖青花婴戏图盖罐

回青 一种进口青花料。上等回青亦称"佛头青"。明王世懋《窥天外乘》记载："回青者，出外国。"又《明神宗实录》万历二十四年条载："回青出吐鲁番异域，……而御用回青系西域回夷大小进贡，置之甚难。"回青主要是明代正德后期至万历早期景德镇御窑厂使用的，多与石子青配合制料。"回青淳，则色散而不收；石青加多，则色沉而不亮。"(明《江西大志·陶书》)二料搭配，相得益彰，烧制出的青花色调蓝中微泛红紫，浓重，鲜艳，使青花的发展又进入了一个新阶段。

佛头青 上等回青料的名称。见"回青"。

432. 明正德青花罐

石子青 亦称"无名子"。青花料中的一种。明嘉靖《江西大志·陶书》记载："石子青，产于瑞州诸处。"又，明正德《瑞州府志》载：瑞州"上高县天则岗有无名子，景德镇用以绘画瓷器"。明代后期至清代初年景德镇窑使用石子青绘画青花瓷。上高石子青含三氧化二铁 5.38%、氧化锰 29.87%、氧化钴 4.15%，一般呈色蓝中带灰而清雅，个别明丽浓艳。

433. 明成化青花缠枝莲纹碗

平等青 亦称"陂塘青"。青花料中的一种。明嘉靖《江西大志·陶书》记载："陂塘青,产于本府乐平一方。嘉靖中,乐平格杀,遂塞。"明代成化、弘治、正德早期景德镇窑青花多用此料。平等青含铁量较少,烧成后,色泽淡雅,清丽而明澈,晕散不严重,呈色效果颇佳。

陂塘青 见"平等青"。

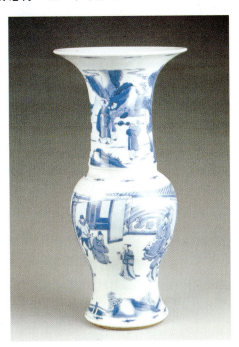

434. 清康熙青花凤尾尊

浙料 青花料的一种。明宋应星《天工开物》第七卷《陶埏》记载:青料"凡饶镇所用,以衢、信两郡山中者为上料,名曰浙料。上高诸邑者为中,丰城诸处者为下也"。明代末期、清代景德镇窑青花多用浙料。浙江江山生青料含三氧化二铁4.40%、氧化锰19.97%、氧化钴1.81%。烧成后,青花色泽一般蓝中泛灰,清丽幽雅;也有的青翠鲜艳。

珠明料 青花料的一种。产于云南省。云南将其所产上等青花料称为"金片"或"珠密","珠明"即由"珠密"转音而来。清代景德镇窑和明、清时期云南一些瓷窑的青花器曾用此料。珠明料氧化钴含量较高,达4～11%。烧成后,青花色泽葱翠鲜艳。

玻璃白 绘制粉彩瓷器使用的颜料。玻璃白的成分是二氧化硅、氧化铅和氧化砷。二氧化硅是形成玻璃白的主要成分,氧化铅为熔剂,氧化砷起乳浊剂的作用。它不透明,可以使彩的颜色明亮、滋润、柔和如含粉质。

【成型工艺】

陶车 陶瓷器中圆形器成型的主要工具,古称"陶钧",又称"辘轳"。约出现于新石器时代晚期。

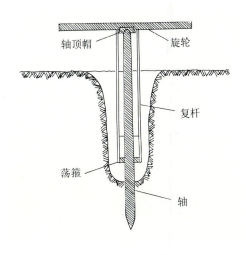

435. 陶车剖面图

之后，随着陶瓷手工业的发展，陶车的构造也逐步完善。完善的陶车由旋轮、轴顶帽、轴、复杆、荡箍组成。旋轮为圆形木质，轴顶帽嵌于旋轮背面中心部，覆置在插埋于土中的直轴顶端。荡箍套置于轴下部。复杆安在轴两侧，起平衡、定位作用。制坯时，将胎泥放置于旋轮上面中间，拨动旋轮，使之快速持久转动，然后用手将放置于旋轮中间的胎泥拉成所需要的器形。陶车也用于修坯、装饰等工序。陶车的出现和广泛使用，提高了陶瓷手工业的生产效率，对提高陶瓷器的质量有重要作用。

437. 荡箍

436. 轴顶碗

轴顶碗　陶车上的一个部件，又称"轴顶帽"。呈八棱矮柱形，底面有一锅底状凹窝，瓷质，凹面施釉，比较光滑，制作规整。江西赣州七里镇窑遗址出土的轴顶碗高 5、直径 6.2～6.4、凹窝深 2.9 厘米左右，镶嵌固定在陶车旋轮背面中心部位，凹窝扣在直轴顶端，是使陶车旋转的关键部件。

荡箍　陶车上的一个部件。呈扁矮的圆筒状，瓷质，内侧面施釉，制作规整。江西赣州七里镇窑遗址出土的高 2.5～3.4、内径 7.6～8.3、外径 10.8～11.4 厘米，安套在陶车直轴的下部，与直轴两侧的复杆下端相连，是使陶车平稳旋转的重要部件。

438. 陶拍

陶拍　制作陶瓷器的工具。器物成型后用来修整器物、拍印纹饰。由木板或陶制成，平面一般呈铲形。新石器时代和商周时期颇为盛行。使用陶拍拍打器物的外壁，不但可以使器物的表面光整，而且可以使因手制等因素导致坯体结合不良之处紧密牢固。同时，在拍面上刻出阴纹或缠绳子，拍打后，在器物坯体上还可以出现各种花纹，装饰器物。拍打时，往往用砾石或陶垫垫在器物内壁，以防止变形。

淘洗 陶瓷原料加工过程中的一道工序。其过程是将开采、粉碎之后的原料放在水里簸动或加水搅动，以除去杂质，使其符合工艺的要求。

陈腐 陶瓷坯料加工的主要工序之一。将泥料放在不透光、不透气的室内储存一段时间，并保持一定的温度和湿度。陈腐有利于坯料的氧化和水解反应的进行，从而改善泥料的性能。陈腐时间多在一年以上。现在的生产，多用真空练泥代替陈腐。

练泥 对泥料进一步加工的工序。把经过淘洗压滤的泥料反复翻打，或切成小块反复堆积敲打踏练。练泥可使泥料致密均匀，提高其致密性、可塑性，并改善其成型性能。

成型 陶瓷器生产工序之一。将制备好的坯料制成规定的尺寸和形状并具有一定机械强度的生坯。古代多用手工捏塑、模制、泥条筑成及轮制拉坯等方法。成型后的坯件仅为半成品，其后还有干燥、施釉、烧成等多道工序。

手制 陶瓷制品的手工成型方法，是最古老的成型方法。包括捏塑法和泥条盘筑法等。我国各地新石器时代早、中期文化的陶器普遍采用手制，有些地方到新石器时代晚期仍然采用，如黄河上游的齐家文化陶器。已发现的西周时期的原始青瓷也为手制成型。虽然随着陶瓷工艺的进步，手制已从最初的主导地位退到从属、次要地位，但迄今未曾间断。三国两晋南北朝时期殉葬用的青瓷冥器如谷仓、碓、磨、臼、杵、猪栏、羊圈、狗圈、鸡笼等，唐代长沙窑、宋代磁州窑的瓷塑玩具如偶人、牛、羊、狗、马等均为手制成型。云南边境傣族的制陶，迄今还以手制为主。手制的陶瓷器，不论时代早晚、地域差别，其共同点是器物造型不规范，器壁厚薄不匀，有的留有手制痕迹，如指纹、泥条盘旋痕等。

轮制 比手制进步的一种陶瓷成型工艺。将泥料放在转动的陶车旋轮上，借其快速转动的力量，用提拉的方式使之成形。轮制出现于大汶口文化晚期，盛行于山东龙山文化。龙山文化时期器壁厚约1毫米左右的蛋壳陶，即是轮制陶的精品。之后，轮制更以其无可替代的优势成为陶瓷成型工艺的主流。春秋时期的原始瓷器已由原来的手制成型改为轮制。在浙江上虞帐子山东汉窑址中发现的陶车上的构件——瓷质轴顶碗，是一种相当进步的陶车设备，表明成熟瓷器一出现即采用轮制成型。轮制陶瓷器的特点是器形规整，厚薄均匀，在器壁表里普遍留有平行的轮纹，器底则往往遗有线割的偏心纹。

慢轮成型 陶器成型方法之一。新石器时代仰韶文化时期，一部分陶器开始使用结构极为简单、转动很慢的轮盘即慢轮辅助成型，提高了劳动效率，为轮制技术的发展奠定了基础。同时，这种慢轮也可以用来修坯和装饰花纹。用慢轮修整的坯体往往遗留有局部轮纹。

快轮成型 陶瓷器成型方法之一。将胎泥放置于陶车旋轮上面中间，拨动旋轮，使之快速旋转，然后以手工拉坯的方式制成所需要的器形。快轮成型技术出现于新石器时代晚期，一直沿用至今。快轮成型法比手工和慢轮结合的成型法有了明显进步，器形规整，厚薄均匀，可以制作器壁很薄的器物。快轮成型法的出现和普及大大提高了陶瓷器的产量和质量。

拉坯 即做坯，日用陶瓷器的成型方法之一。随轮制法的出现而出现。把作坯用的泥料放在陶车上，转动轮盘，双手按泥向上提拉，随手法的屈伸收放把坯拉成所需形状。一般盘、碗、盅、碟等圆器类均需拉坯成型。现在除一些仿古瓷厂采用拉坯成型，一般不再使用。

做坯 见"拉坯"。

圆器 ①古代陶瓷手工业专业分工术语，指能够直接在陶车上拉坯，或用陶模（范）成型的器物，如碗、盘、碟、杯、盏、洗等。清唐英撰于乾隆八年（1743年）的《陶冶图说》中，将景德镇御窑厂生产工序绘图并撰文加以说明，共二十则，有关圆器的内容有：其五《圆器修模》，其六《圆器拉坯》。景德镇制瓷行业分工精细，专门生产这类器物的行业称为圆器业或圆器作坊。②古瓷器分类术语。将圆器作坊中制作的器物称为圆器。

琢器　①古代陶瓷手工业专业分工术语。将不能仅靠陶车，而需要多种工序或进一步加工成型的器物称为琢器，区别于盘、碗、碟一类圆器。琢器的制作方法有在陶车上拉坯，也有分段制作，然后粘接成型。②古瓷器分类术语，指琢器作坊中制作的器物。清乾隆八年（1743年）唐英撰写的《陶冶图说》中，其七是《琢器做坯》，指出："瓶、罍、尊、彝皆名琢器。"此类器物既有生活用瓷，又有陈设艺术瓷，制作难度较大，要求工匠有较高的技巧。常见的有方形、圆形、扁形、多角形或雕塑的器物，这些皆出于琢器行业艺人之手。

泥条筑成法　陶器的手制成型方法之一，是新石器时代最常用的制陶方法。包括泥条圈筑法和泥条盘筑法。即将坯泥制成圈状层层相叠，或用一根长泥条从下向上螺旋式盘筑，再将里外抹平，制成器形。今天我国某些少数民族地区还采用这种方法制作陶器。商、周时期原始瓷器亦为泥条盘筑法制成。用这种方法制成的器物，内壁往往留有泥条盘筑或圈筑的痕迹，如仰韶文化的小口尖底瓶内壁所留痕迹最为明显。

捏塑法　陶瓷制品手制成型方法之一。将泥料用手捏塑成型。新石器时代早期即已出现，如仰韶文化的小件器物即直接用手捏成。这种方法出现后一直沿用，如三国两晋南北朝时期的青瓷冥器猪栏、羊圈等，唐代长沙和宋、金磁州窑的瓷塑玩具等均为捏塑成型。这种方法适用于制作比较小、对工艺要求不太精的器物。器壁上往往留有指纹，器形也不大规整。

雕镶成型法　陶瓷器成型方法之一。方形或多角形的器物，因不能用陶车成型，因此先将练好的泥料制成坯板，再切成合适的小块，然后用泥浆将其粘接成所需要的坯体形状，最后将表面加以修整成器。

模制　陶瓷器成型方法之一，即用模子制坯。新石器时代的模制法是局部内模。如龙山文化中的圆锥形陶模，是作为袋足的内模，与鬲足相吻合；龙山文化的鬲裆以局部鬲裆作为内模，以保持器形的规整，鬲裆内部往往遗有反绳纹。台湾高山族至今保留这种做法，利用较大的圆形砾石作内模，以制成圆腹圜底的陶器。另一种意义上的模制是用模型作外范。将泥料涂敷或打成泥片置入模型内，用手或机械压制，稍干取出，即为器坯。模制用的模型有单模和合模，古代多用生土制成（或经素烧），现在一般多用石膏。

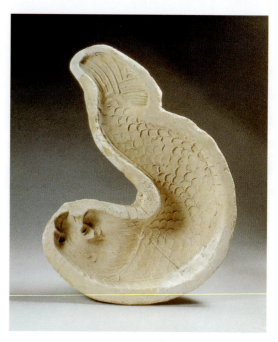

439. 磁州窑摩羯脊饰陶范

陶范　金属或陶瓷成型时的用具。一般为陶质。先做成阳模，再用泥从模上翻出，然后入窑烧结。出现于商代，当时是用来铸造铜器的。秦代及其以后，用于制做陶瓷俑、动物模型和器物部件、花纹等。以陶范制陶瓷器物，可使器形规范并提高产量。

旋坯　制坯过程中的一道工序，又称"利坯"。拉坯制成的器坯，粗厚不平整，必须经过旋削。旋车与拉坯陶车相同，只是中心多一木桩，桩顶浑圆，多裹以丝绵。旋时将坯体扣合桩上，拨动轮盘使之转动，用刀旋削器坯，使之内外平整光滑、厚薄适当。

利坯　见"旋坯"。

慢轮修坯　与泥条盘筑法结合使用的一种制陶工艺。制坯时放在可以转动的轮盘（慢轮）上，利用轮盘的旋转修整器物口沿，使之规整。此工艺大体开始于仰韶文化中期，为后来轮制陶器的发展奠定了基础。我国云南傣族的制陶迄今还有用泥条盘筑并用慢轮修整的。经慢轮修整的器物往往局部留有轮纹，个别的小型陶器有时器壁上也遗有较多轮纹，但轮纹密度比轮制的小得多，且往往仅存在于局部。

脱胎　一种薄胎细白瓷的制作工艺。这种瓷器的胎体薄到几乎看不到的程度，似乎脱去胎体，仅剩釉层。明代永乐时期景德镇窑烧制的白瓷中出现了半脱胎状，成化时期有了新的发展，达到了脱胎的效果。白瓷脱胎，从配方、拉坯、旋坯、修坯、施釉到装窑烧成，工艺要求极严。旋坯最为艰难、紧要，关键时刻，少一刀则嫌过厚，多一刀则坯破器废。

挖足　将拉坯时留下的泥把切削掉一部分，然后挖成器物底足的工艺。近现代又称为挖坯或剧坯。

挖坯　见"挖足"。

削足　瓷器成型工艺之一，指将拉坯时留下的泥把切削掉一部分，制成器足。

挖足过肩　瓷器成型工艺之一，碗的圈足与碗壁相接处称为"碗肩"，所挖圈足内的深度超过碗肩，形成碗底薄、圈足内深外浅的碗足形式，称为挖足过肩。

涩圈　亦称"砂圈"。在碗、盘类器物施釉后，将内底刮去一圈釉，使胎体裸露，这一环形无釉区域，

称之为"涩圈"。涩圈工艺出现于金代，流行于元代北方地区，元代以后仍存在。这类器物叠烧时不用间隔具，将器物的圈足直接置于另一件的涩圈上，装烧简便，节省空间，可提高产量。但器物内底一圈无釉，影响美观，只能作为普通的民用瓷器。

【装饰工艺】

陶衣　陶器表面施加的一层薄薄的物质。以较好的陶土或瓷土经淘洗加工，用水调和成泥浆，涂于陶器坯体表面，入窑烧成后即形成陶衣。陶衣有白、红、赭等颜色。最早出现在新石器时代仰韶文化彩陶上，龙山文化、大汶口文化、大溪文化等陶器也往往涂陶衣。陶衣可以使陶器表面光洁美观，将彩陶花纹衬托得更加鲜明。

440. 隋施化妆土的贴花罐

化妆土　起瓷器美化作用的一层物质。化妆土是以上好的瓷土加工调和成泥浆，施于质地较粗糙或颜色较深的瓷器坯体表面，其颜色有灰色、浅灰色、白色等。这种工艺出现于西晋时期浙江金华的婺州窑，东晋时期浙江德清窑等处也开始采用，南北朝起，湖南、江西、四川、河北等地的窑口相继使用。施用化

妆土可以使粗糙的坯体表面变得光滑、整洁，坯体较深的颜色得以覆盖，釉层外观显得美观、光亮。化妆土的出现为制瓷工业的普及，扩大原料范围，提高瓷器质量起到了积极作用。

色"。在器物的坯体表面或施釉坯体釉面以刻刀刻出花纹，将色泥或白彩浓汁填在花纹凹线内，然后入窑烧制。陕西唐代黄堡窑址出土了一批黑釉刻花填白彩瓷器，纹样比较简单，有带状纹、卷草纹、朵花纹、折枝花等，均饰于器物的显著位置。

441. 北宋定窑划花石榴瓶

442. 北宋耀州窑刻莲花纹碗

划花 陶瓷器装饰技法之一。在半干的器物坯体表面以竹、木、铁扦等工具浅划出线状花纹，然后施釉或直接入窑焙烧。划花手法灵活，线条自然、纤巧。它用工具直接在坯体上划刻，操作简便，整体感强。划花出现的时间早，应用广泛，还往往与刻花、剔花结合使用。

刻花 陶瓷器装饰技法之一。刻花是在尚未干透的器物坯体表面以铁刀等工具刻制出花纹，然后施釉或直接入窑焙烧。刻花的刀法分"单入侧刀法"和"双入正刀法"，前者刀锋一侧深，一侧浅，截面倾斜；后者刀锋两侧垂直。刻花线条有宽有窄，转折变化多样，兼有线和面的艺术效果。它用刀直接在坯体上刻制，整体感强，装饰效果颇佳。刻花应用十分普遍，常常与划花、剔花结合运用。

刻填花 陶瓷器装饰技法之一，亦称"刻花填

443. 南宋彭县窑印花盘模

印花 陶瓷器装饰技法之一。以有花纹的陶瓷质料的印具，在尚未干的器物坯体上印出花纹，或用有

纹样的模子制坯，直接在坯体上留下花纹，然后入窑或施釉入窑烧制。印花规格统一，操作简单，节省工时，生产效率较高。印花技法出现较早，至隋唐时期有了较大发展，宋代达到了较高的水平，典型作品如定窑白釉印花盘、碗、枕等。

剔花 陶瓷器装饰技法之一。先在器物坯体表面施釉或施化妆土，并刻划出花纹，然后将花纹部分或纹样以外的釉层或化妆土层剔去，露出胎体。施化妆土者罩以透明釉。器物烧成后，釉色、化妆土色与胎地形成对比，花纹具有浅浮雕感，装饰效果颇佳。剔花技法始于北宋磁州窑，陆续被其他一些窑场采用。

444. 西夏酱釉剔花牡丹纹罐

剔釉 剔花装饰技法的一种。参见"剔花"。

珍珠地划花 瓷器装饰技法之一。工艺过程是在已成型的呈色较深的器胎上施一层薄薄的白色化妆土，以尖状工具划出装饰纹样，再以细竹管或金属细管在纹样以外的空隙戳印出珍珠般的小圆圈，罩透明釉后入窑高温焙烧而成。划花线条和戳印的小圈呈深褐或浅褐色，与白色化妆土形成颜色对比，装饰效果独特。它是借鉴唐代金银器錾花工艺而创制出的一种工艺，晚唐时兴起于河南密县窑，北宋以后传播到省内

周围各窑及河北、山西两省的窑场。现已发现采用此装饰技法的窑口有河南密县、登封、鲁山、宝丰、修武、新安，山西介休、河津、交城和河北磁州窑。珍珠地划花瓷器的造型有枕、瓶、罐、炉、洗、碗、灯等。

445. 北宋珍珠地划花枕

446. 唐绿釉模印堆塑龙纹盏

贴花 亦称"模印贴花"、"塑贴花"。瓷器装饰技法之一。贴花是将模印或捏塑的各种人物、动物、花卉、铺首等纹样的泥片用泥浆粘贴在已成形的器物坯体表面，然后施釉入窑焙烧。贴花纹样生动，逼真，具有较强的立体感。这种技法出现于汉代，三国两晋南北朝及唐代流行。

塑贴花 见"贴花"。

447. 南宋吉州窑剪纸贴花碗

448. 北宋堆塑联体胭脂盒

花的装饰效果朴实典雅，具有民间气息。贴花纹样有花卉、鸾凤、鸳鸯、双蝶等，还有"长命富贵"、"福寿康宁"、"金玉满堂"、"吉"、"福"等吉祥文字。

堆塑 陶瓷器装饰技法之一。将以手捏或模制的立体人物、动物、亭阙等密集而又有规律地粘贴在器物坯体上，然后直接或施釉入窑烧制。三国两晋时期流行的青釉谷仓罐是这种装饰技法的代表作品。

锥拱 瓷器装饰技法之一，又称锥花。用尖细的锥状工具在瓷坯表面划刻出龙凤、花草等细线纹饰，再罩釉烧制。这种工艺始于明永乐年间。蓝浦《景德镇陶录》记载清代景德镇窑生产的仿古瓷中，有"永窑脱胎素白锥拱等器皿"、"浇黄浇绿锥花器皿"等，可知锥拱工艺一直延用至清。

449. 元卵白釉镂空高足杯

剪纸贴花 宋代吉州窑瓷器装饰工艺之一，是将民间剪纸艺术与瓷器装饰相结合的一种独特技法。一般装饰在碗、盏内壁。制作时，先在坯体上施一层含铁量高的釉，贴上各种图案的剪纸，再施一层含铁量低的釉，揭掉剪纸，入窑经高温烧成，即在色彩斑斓的浅褐色窑变釉地上呈现出酱黑色剪纸纹样。剪纸贴

镂空 亦称"镂雕"、"透雕"。瓷器装饰技法之一。在器物坯体未干时，将装饰花纹雕通，然后直接或施釉入窑烧制。镂空的纹样一般较为简单，多为几何形图案。这种技法出现在新石器时代陶器上，后来继续延用，并有所发展，工艺日趋复杂。元代出现双

层结构的镂空高足杯，清代又出现外层镂空、内层绘画的转心瓶。

玲珑 瓷器的一种雕镂装饰技法。在器物的坯体上，按设计的位置以金属刀透雕出若干米粒状孔眼，称为"米花"或"米通"，用笔蘸釉填满孔眼（有些器物孔眼不填釉），然后通体施釉入窑高温一次烧成。孔眼处充满玻璃状透明釉汁，具有玲珑剔透的装饰效果。玲珑技法出现于明代早期，明代晚期盛行，清代仍有烧造。

彩绘 陶瓷器装饰技法之一。即用毛笔蘸各种颜料，在陶瓷器上描绘纹饰。彩绘出现于新石器时代，汉、唐时期有了较大的发展，明、清时期最为盛行。彩陶上的彩绘是在器物坯体或涂施陶衣的坯体上绘画花纹，入窑一次烧成。彩绘陶则是在烧成的陶器上绘画。瓷器有釉下彩绘和釉上彩绘之别。釉下彩绘是用颜料在坯体上绘画花纹，然后施釉入窑经高温一次烧成。釉上彩一般是以颜料在施釉后高温烧过的器物釉面上绘画，然后再入窑以 600℃～900℃ 的低温烘烧。

450. 唐长沙窑点彩双耳罐

点彩 瓷器装饰技法之一。将褐彩点绘在瓷器的釉面上，入窑高温一次烧成。青瓷点彩出现于西晋时期，流行于东晋、南朝早期，至唐代仍可见到。彩点多见于器物的口沿、肩和器盖盖面上，有的还以彩点组成几何形图案，自然和谐，疏密得体，简洁明快。元代景德镇青白瓷上亦使用这种技法进行装饰。

451. 清康熙青花鹭鸶荷花纹碗

分水 绘制青花纹饰的一种工艺，又称"混水"，出现于清康熙朝。青花绘制有勾线与染色的分工。画面勾线后，用混入适量料水的青花料染色，根据画面需要，可将青花料调配成不同的浓淡，分出 5 种、7 种甚至 9 种色阶。如同中国画的"墨分五色"，人们把康熙青花丰富的色彩称为"青花五彩"。康熙青花利用分水技法描绘的山景、岩石、花草等纹饰层次丰富，立体感强，富于表现力。

【施釉工艺】

施釉 又称上釉、挂釉、罩釉。是指在成型的陶瓷坯体表面施以釉浆。其方法有蘸釉、荡釉、浇釉、刷釉、吹釉、喷釉、轮釉等多种。按坯体的不同形状、厚薄，采用相应的施釉方法。

罩釉 见"施釉"。

蘸釉 又称"浸釉"，是最基本的施釉技法之一。将坯体浸入釉浆中片刻后取出，利用坯体的吸水性，使釉浆均匀地附着于坯体表面。釉层厚度由坯体的吸水率、釉浆浓度和浸入时间决定。一般适用于厚胎坯体及杯、碗类制品。战国时的原始青瓷即是采用这种方法上釉的。明清以前多用此法，器物上的釉汁往往不到底足，上部有釉而下部露胎。

浸釉　见"蘸釉"。

荡釉　即"荡内釉"，施釉方法之一。把釉浆注入坯体内部，然后将坯体上下左右旋荡，使釉浆满布坯体，再倾倒出多余的釉浆，随后将坯体继续回转，使器口不留残釉。根据不同的要求，也有两次荡釉的，但不能多过两次，否则易产生气泡。荡釉法适用于口小而腹深的制品，如壶、瓶等内部上釉。

浇釉　大型器物的施釉方法之一。也适用于一面施釉的坯体。方法是：在盆中架放一木板，将坯体放在木板上，用勺或碗臼取釉浆泼浇器物。过大的坯体多由两人共同操作，但两人手法必须一致，方可使釉层均匀。

刷釉　又叫"涂釉"，施釉方法之一。用毛笔或刷子蘸取釉浆涂在器体表面。刷釉法多用于长方有棱角的器物或是局部上釉、补釉、同一坯体上施几种不同釉料等情况。在艺术陶瓷生产上也常用此法，以增加一些特殊的艺术效果。清唐英《陶冶图说》称其为明清以前的上釉旧法。最早见于秦汉时的原始瓷，因其不是通体施釉，而仅为口、肩及内底等处的局部施釉，因而采用刷釉的方法。

涂釉　见"刷釉"。

吹釉　施釉方法之一。用一节小竹管，一段蒙上细纱蘸取釉浆，对准器坯应施釉部位，用嘴吹竹管另一端，釉浆即通过细纱孔附着在器坯表面，如此反复进行，即可得到厚度适宜的釉层。根据器物的大小和釉的不同，多的吹十七、八遍，少则吹三四遍。吹釉的发明，使器物里外均得以均匀施釉。适用于大型坯体、薄胎坯体、色釉制品及需要上几种釉的坯体。吹

青、吹红两种吹釉工艺均为清初所创。现代景德镇烧制豇豆红器仍采用吹釉法。

洒釉　施釉方法之一，亦称洒彩。在坯体上先施一种釉，然后将另一种釉料洒散其上，使两种釉色产生网状交织、线面对比、方向变化的纹理。有全器洒釉，也有局部洒釉。如吉州窑的玳瑁斑，即是将黄色釉洒在黑色的底釉上形成的。

轮釉　施釉方法之一。将坯体放在旋转的轮上，用勺臼取釉浆倒入坯体中央，利用离心力的作用，使釉浆均匀地散开而附着在坯体上，多余的釉浆飞散到坯外。这种方法适用于盘、碟类形状扁平的器物。

452. 元吉州窑玳瑁盏

玳瑁斑　一种黑釉结晶斑。釉面以黑黄等色交错混合，黑色中有黄褐色斑纹，有如海洋动物玳瑁壳的色泽。玳瑁斑器物的坯体用含铁量较低的瓷土做成，生坯挂釉，入窑焙烧后再挂一次膨胀系数不同的釉，二次烧成。由于釉层的龟裂、流动、密集、填缝，便在黑色中形成玳瑁状的斑纹。玳瑁斑始见于宋代。以江西吉安永和窑制品为代表，因这类制品以盏为主，宋代称玳瑁盏。玳瑁斑器物北方地区窑口没有发现，广西地区曾发现仿永和窑玳瑁斑器物标本。

兔毫斑　宋代建阳窑创烧的黑釉结晶斑纹。在黑色釉面上透出尖细的棕黄色或铁锈色条纹，状如兔

453. 宋建窑兔毫盏内壁

毫，当时文献称为兔毫斑或玉毫、异毫、兔褐金丝。釉中含有较多量的氧化铁，还含有微量到少量的氧化锰、氧化钴、氧化铜、氧化铬等其他着色剂。所形成的兔毫纹在显微镜下观察，呈鱼鳞状结构。毫毛两侧边缘上，各有一道黑色粗条纹，系由赤铁矿晶体构成。毫毛中间由许多小赤铁矿晶体组成。兔毫的形成可能是由于在烧制过程中釉层中产生的气泡将其中的铁质带到釉面，在1300℃高温下，釉层流动时，富含铁质的部分流成条纹。这些细条纹都闪银灰色光泽，是冷却时析出的赤铁矿小晶体所致。兔毫纹结晶釉制品均为宋代建阳窑茶盏，即所谓"兔毫盏"，是宋代点茶器的上品。底部刻有"供御"、"进盏"字样的，是专为宫廷所制。宋徽宗《大观茶论》曰："盏色贵青黑，玉毫条达者为上。""玉毫条达者"即指兔毫斑。福建省除建阳窑，很多瓷窑也都烧制这类茶盏。此外，江西、四川、山西等地的瓷窑也仿烧兔毫盏，但数量比福建少。

油滴斑　宋代建阳窑创烧的黑釉结晶斑纹。釉面上散布着许多具有银灰色金属光泽的小圆点，大小不一，大的直径可达数毫米，小的只有针尖大小，形似油滴。宋代称为"鹧鸪斑"，后代则称"油滴斑"。油滴斑的生成是因为釉中含铁量大，烧成时铁的氧化物一群群富集，冷却时局部形成过饱和状态，析出赤铁矿和磁铁矿的晶体所致。一般釉厚处油滴较大，釉薄处油滴较小，甚至不能形成油滴，这是因为釉层厚和粘度大有利于气泡长大，从而使气泡周围能聚集更多的氧化物的缘故。油滴的形成还与烧成温度有关，这种釉的烧成温度范围很窄，一般不超过20℃左右，如果控制不当，就不能得到满意的结果。油滴斑结晶釉都施于茶盏上。除福建建阳窑，北方地区的定窑、耀州窑、鹤壁窑、临汾窑也发现过油滴结晶釉标本，以临汾窑为多。定窑、鹤壁窑烧造的油滴结晶斑点很小，但有很强的银质光泽。

454. 宋建窑鹧鸪斑盏

鹧鸪斑　宋代建阳窑烧制的一种黑釉结晶斑。因较多的铁元素在釉里结晶，黑色釉面便呈现类似鹧鸪胸前羽毛一样的白色圆点花斑，宋代文献里称为鹧鸪斑。后代称为"油滴斑"。见"油滴斑"。

【烧成工艺】

陶窑　烧造陶器的窑炉。中国早在7000多年前就已使用窑烧造陶器。新石器时代的陶窑有横穴窑和竖穴窑两种，火焰流动属于升焰式。商周时期，横穴窑消失，竖穴窑继续使用。商代南方出现了龙窑，为平焰式，主要用于烧制印纹硬陶器和原始瓷器。大约西周晚期，北方发明了半倒焰式的馒头窑。此后，馒头窑逐渐成为烧制陶器的主要窑炉。

横穴窑 陶窑窑炉形制之一。最早的资料发现于河南新郑新石器时代裴李岗文化，流行于仰韶文化时期。商、西周时期基本不见。横穴窑是在生土层中掏挖修制而成的，由火膛、火道、火眼、窑室等部分组成。火膛较狭长，略呈甬道状，后部设火道。窑室位于火膛的前方或斜前方，平面略呈圆形，直径1米左右，室壁上部逐渐收缩，封顶时留出排烟孔。窑室底部，即窑床上设置火眼，均匀分布于周围。烧窑时，火焰由火膛进入火道，然后经火眼进入窑室，上升流经坯件，最后烟从窑室顶部的排烟孔排出窑外。横穴窑升温较快，但不易控制烧成温度和烧成气氛，燃料的利用率较低。

竖穴窑 陶窑窑炉形制之一。出现于新石器时代仰韶文化时期，商、西周时期继续使用，此后逐渐被半倒焰式的馒头窑取代。竖穴窑是在生土层掏挖修制而成的，由火膛、火道、火眼、窑室等部分组成。火膛呈圆形袋坑状或圆形、椭圆形竖坑状，上面设有垂直或沟道状火道。窑室位于火膛的上方或斜上方，平面呈圆形或近圆形，宽1~1.5米左右，上部逐渐收缩，封顶时留出排烟孔。窑室底部即窑床上设有分布均匀的火眼。龙山文化、商、西周时期普遍有窑箅，窑箅上设火眼。烧窑时，火焰从火膛进入火道，然后经火眼进入窑室，上升流经坯件，最后烟由窑室顶部的排烟孔排出窑外。竖穴窑比横穴窑有所进步，可将烧成温度提高一些，但也不易控制烧成温度和烧成气氛，燃料的利用率较低。

仰韶文化陶窑 仰韶文化距今7000年左右，遗址主要分布于黄河中上游地区，以发达的彩陶闻名于世，陶器均在窑炉中烧成。仰韶文化的陶窑分为横穴窑和竖穴窑两种。横穴窑的火膛位于窑室的前方，顶部有弧度，其后有3条大火道倾斜而上，火焰由此通入窑室之中。窑室平面略近圆形，直径1米左右，窑室的上部向里收缩，底部有大小各异的火眼。竖穴窑的特点是窑室位于火膛之上，火膛为口小底大的袋状坑，并有数股火道与窑室相通。火膛的外侧有火门，从这里递送燃料。早期的竖穴窑比较原始，到仰韶文化晚期有了较大改进，窑室逐渐后移，火道也由垂直

455. 半坡仰韶文化陶窑复原图

道变为沟状道。这样的窑炉结构被龙山文化的陶窑所继承，而横穴窑则逐渐消失。

龙山文化陶窑 龙山文化继仰韶文化发展而来，距今4000年左右，其文化面貌是以种类繁多质地颇精的灰黑色陶器为特征，遗址在黄河中下游地区皆有分布。龙山文化早期的陶窑由火膛、火道和窑室3部分组成，火膛较深，位于窑室的前方下部，火道有三股主火道及两侧两三股支火道，火道的上部有窑箅，箅上有火眼，离火膛近的火眼较小，远的较大，这样使窑内受热均匀。窑箅的上部即窑室，窑室呈圆形，直径近1米，窑壁的上部往里收缩成穹隆顶。龙山文化晚期的陶窑结构更趋合理，火膛同窑室之间的距离变长，位于窑室的正前方，火膛为椭圆形竖坑状，后面为

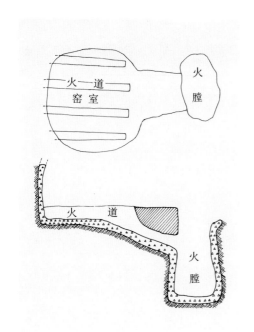

456. 龙山文化陶窑平、剖面图

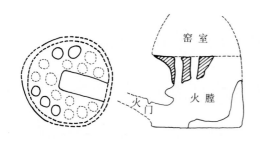

457. 商代陶窑平、剖面图

大，有利于升高窑室内的温度。商代后期的陶窑仍然属于圆形馒头窑，火膛上面窑箅箅孔的数量减少，但是直径增大，火膛内的支柱减掉，这样火膛内可容纳更多的柴草，增强火力，提高窑室内陶器的烧成温度。

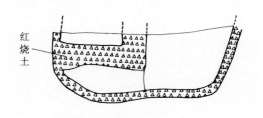

458. 西周陶窑剖面图

沟状火道，火焰由火道进入窑室。窑室圆形，直径 1.3 米左右，窑室周边由低到高依次向里收缩成穹隆顶。

商代陶窑　商代早期窑炉承袭前代窑炉形制，部分结构有所改进，火膛结构呈直壁平底的圆筒形，直径约 1.4 米。火膛一侧有火门，火膛上部为窑箅。窑箅由支柱支撑，厚约 0.1 米，上面密布直径 10 厘米的圆形箅孔。窑箅的上面即窑室。同夏代相比，火膛增高，箅孔加大，这对提高窑炉温度是有益的。商代中期的窑炉与商代前期基本相同，但是箅孔直径变

西周陶窑　西周陶窑炉的形制属于圆形馒头窑，分为两种：一种由窑室、窑箅、火膛、支柱和火门等 5 部分组成。窑室底部平面呈圆形，直径 1.8 米左右，窑箅厚 0.4 米，箅上有 4 个对称的椭圆形箅孔，箅下为圆形火膛，在火膛中部和后壁相接处，有一长方形支柱，在与支柱相应的壁上挖有火门。另一种窑箅底部没有支柱，窑炉由窑室、窑箅、火膛和火门 4 部分组成。两种窑炉与商代窑炉在一定程度上存在着承袭关系，但窑室和火膛较商代后期窑炉有所扩大，其烧成温度比商代高。

瓷窑　烧造瓷器的窑炉。早期并无专门的瓷窑，瓷器与陶器应为同窑烧造，如商周时期的原始瓷器即与印纹硬陶同窑烧制。由于烧瓷比烧陶需要更高的温度和工艺，随着制瓷业的发展，瓷窑逐渐从陶窑中分离，成为专门烧造瓷器的窑炉。目前所知最早的瓷窑是浙江上虞、宁波、慈溪、永嘉等地发现的东汉中晚期瓷窑。根据调查发掘可知，龙窑是当时浙江各窑场中普遍采用的瓷窑形制。瓷窑的类型较多，按形制划分，有馒头窑、龙窑、阶级窑、蛋形窑等；按火焰走向划分，有直焰窑、倒焰窑、半倒焰窑、平焰窑等。

馒头窑和龙窑是最常见的，也是延续时间最长的。一般说来，北方的平原地区多使用馒头窑，南方的山区、半山区多依山建造龙窑。

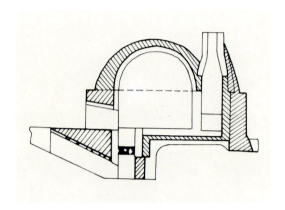

459. 馒头窑剖面图

馒头窑 窑炉形制之一。因火膛和窑室合为一个馒头形的空间，故称"馒头窑"。一说因外形近似馒头而得名。通常所说的馒头窑是指半倒焰、倒焰式的窑炉（参见"半倒焰窑"、"倒焰窑"）。馒头窑是北方地区流行的陶瓷窑炉形制，由窑门、火膛、窑室、烟囱等部分组成，在生土层掏挖修制或以坯、砖砌筑而成。约出现于西周晚期，至今仍在使用。烧制陶器的馒头窑一般在生土层掏挖而成，拱形顶，火膛呈半圆形，窑室左右两壁外弧或较直，后壁齐直或略呈弧形，一般在后部设1个竖直的烟道，也有的等距离设3个。烟道较小，平面呈圆形、长方形或方形。烧制瓷器的馒头窑以砖坯或砖砌筑，平面形制主要有3种，一是火膛为半圆形，窑室左、右、后壁齐直，后部一般设两个平面呈方形的较大的烟囱。二是火膛呈半圆形或扇形，窑室前窄后渐宽，左右壁外弧或略外弧，后壁齐直，外设两个平面呈方形或半圆形的较大的烟囱，后壁下部设排烟孔与烟道相通。这种形制的馒头窑，因平面近似马蹄形，故又名马蹄形窑（参见"马蹄形窑"）。三是火膛、窑室平面合起来为圆形，

后部设一平面为横长方形的较大的烟囱，由排烟孔或平置的排烟道与其相通。烧瓷馒头窑立面为券顶或穹隆式顶，火膛一般低于窑床。北宋中期以后，北方开始以煤为烧制瓷器的燃料，火膛内增设了炉栅，炉栅下有落灰坑，并加强了通风设施。馒头窑容易控制升温和降温速度，保温性能好，适于焙烧胎体较厚、高温下釉粘度较大的瓷器。但它升温慢，降温也慢，烧成时间相对较长，并且窑内温度前后、上下分布不够均匀，易出次品。

马蹄形窑 馒头窑的形制之一。因其平面状似马蹄形而得名。其火膛呈半圆形或扇形，窑室从前至后渐宽，左右两壁外弧或略外弧，后壁齐直，一般后部左右各设一个平面呈方形或半圆形的较大的烟囱，后壁下部左右设排烟孔，与烟囱相通。火焰流动方式属于半倒焰。马蹄形窑唐至元代流行于北方地区，陕西耀州窑、河南汝窑、河北磁州窑等，使用的都是这种窑炉。宋、元时期南方地区有的窑口，如四川彭县窑、重庆涂山窑、广东惠阳窑等，也用马蹄形窑烧制瓷器。

460. 龙窑

龙窑 窑炉形制之一。以粘土或砖坯、砖依倾斜的山坡建筑而成，因形如龙身而得名，是南方地区流行的烧制陶瓷器的窑炉形制。由窑门、火膛、窑室、排烟孔等部分组成。拱形顶，整体平面呈很窄的长方

形，与地面有一定的夹角，火焰由下部的窑头至上部的窑尾，与窑身平行流动。龙窑出现于商代。浙江上虞李家山发掘的一座保存较好的龙窑遗迹全长 5.1 米，倾斜度为 16°，建筑简陋，结构简单。这个时期的龙窑，既烧印纹硬陶，又烧原始青瓷，就是通常所说的"陶瓷同窑合烧"。此后，龙窑逐渐增长，倾斜度和结构不断改进，至东汉中晚期结束了陶瓷同窑合烧的状况，出现了专烧瓷器的龙窑。三国时期龙窑长度已超过 10 米。两晋时期发明了分段烧成技术。南朝时期倾斜度、结构渐趋合理，隋、唐时期完全成熟，长度一般在 20～30 米左右。宋、元时期长度显著增加，有的整体斜长竟达 135.6 米。这个时期由于窑炉长，为了达到良好的烧成效果，在结构上进行了较大的改进，有的将窑床砌成阶梯状；有的将窑体砌成弯曲状；有的则在窑室内砌筑多道挡火墙，将其分成若干个小室，挡火墙下部设有烟火孔，使室与室相通，即所谓"分室龙窑"。明清时期直至当今，南方有的地区仍在使用龙窑烧制陶瓷器。龙窑建筑方便，装烧量大，产量高。其升温快，降温也快，容易维持还原气氛，适合于焙烧胎体较薄、高温下粘度较小的石灰釉瓷器，所以有人说龙窑是青瓷的摇篮。

倾斜的山坡建筑，倾斜度在 21° 左右。由窑门、火膛、若干个室和烟囱等部分组成。各室依次相连，从下至上底部一室高于一室，形成层层阶级，故名阶级窑。每室高 3 米、宽 7 米，券顶。室与室下部设烟火孔，以使其相通。各室前部均设火膛。烧窑时，先从最低处的第一室开始，这一室坯件烧成后，再烧第二室，依次相继烧造。从第二室起，燃料由设在各室前部顶端两侧的投柴孔投入火膛。各室烧造时，火焰由火膛斜直喷向室顶，由于隔墙下部烟火孔的吸引，又倒向室后部，从烟火孔进入下一室，并途经其后各室，烟通过烟囱排出窑外。阶级窑就整体而言，是一个有较大倾斜度的龙窑；就每个室而言，又是一个半倒焰式的馒头窑。既有龙窑装烧量大、产量高的长处，又有馒头窑容易控制升、降温速度等优点，并能充分利用前一室的余热，节省燃料。它适合于烧制德化窑白釉瓷器等含氧化钾成分较高、釉在高温下粘度大的瓷器。

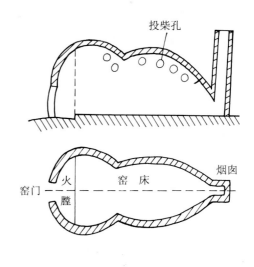

462. 葫芦形窑平、剖面图

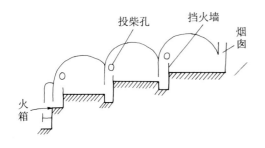

461. 阶级窑剖面图

阶级窑 窑炉形制之一。出现于明代福建德化窑，由宋元时期的分室龙窑发展而成。以砖等材料依

葫芦形窑 窑炉形制之一。清《南窑笔记》载：葫芦形窑"窑如卧地葫芦"。窑因其形状而得名。以砖坯或砖砌筑，由窑门、火膛、前室、后室、烟囱等

部分组成。券顶，整体平面呈长条束腰状，以束腰处为界，分为前后两室。窑床与地面有一夹角，角度比龙窑小得多，一般为4～12°。福建南安发现的一座宋代葫芦形窑遗迹全长7米有余，最宽处为1.5米左右。江西景德镇湖田窑址发掘的一座元代后期葫芦形窑遗迹全长19.8米，前室长3.2、宽4.56米，后室长16、宽2.74米，窑身倾斜度为12°。后室狭长，是前室长度的5倍。此处发现的另一座明代早期葫芦形窑遗迹全长8.4米，前室长2.25、宽3.5米，后室长5.75、宽2.75米，倾斜度为4～10°。前后室长度比例缩小，后室的长度仅是前室的2.5倍。至明末清初后室消失，发展演变成了蛋形窑。葫芦形窑是由龙窑发展而来的，对龙窑进行了较大的改造，适合于烧造氧化钾含量较高、釉在高温下粘度较大的瓷器。

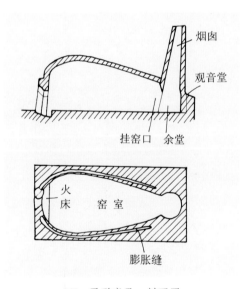

463. 蛋形窑平、剖面图

蛋形窑　窑炉形制之一。出现于明末清初江西景德镇，是由元明时期的葫芦形窑发展演变而成的。以砖等材料砌筑，由窑门、火膛、窑室、护墙和烟囱等部分组成。窑床前低后渐高，倾斜度为3°左右。窑室前部高而宽，后渐低、窄，略呈扁长圆形，似平卧在地上的半个蛋，故名蛋形窑。蛋形窑窑身全长15～20米，最高、最宽处约5米左右，容积150～200立方米。窑壁较薄，厚度在0.2～0.25米之间。窑身左右两侧用砖砌成一护墙，与窑壁之间留有0.2～0.3米的空隙，内填砂土，作为隔热层，以缓解窑壁与窑顶受热膨胀或遇冷收缩时引起的开裂，并有减少热量损失的作用。烟囱贴后壁而立，高度一般与窑身长度相等，平面似蛋形，壁厚仅0.1～0.12米，下粗，向上渐细，上口面积在2平方米左右，形制高而大，抽力强。蛋形窑结构合理，设计科学，砌筑材料造价低廉，施工方便，装烧量大，适合于多种坯釉，一窑内装入多类瓷器品种可同时烧成。蛋形窑以柴作燃料，烧成时间短，单位耗柴量低，产品质量好。它对清代景德镇瓷器手工业的发展，起了重要作用。蛋形窑的建筑结构，对国外也产生了很大影响，英国的纽卡斯尔窑、德国的卡塞勒窑等，就是仿照这种设计建筑的。

升焰窑　亦称"直焰窑"，陶窑窑炉的一类，是中国古代陶窑的早期形制，流行于新石器时代和商、西周时期。在生土层掏挖修制而成，由火膛、火道、火眼、窑室等部分组成。火膛呈甬道状或袋坑状、竖坑状，上面设有火道。窑室位于火膛前方、斜前方或上方、斜上方，平面呈圆形或近方形，直径或宽一般在1～1.5米左右。室壁上部逐渐收缩，封顶时留出排烟孔。窑室底，即窑床上设有分布均匀的火眼。烧窑时，火焰由火膛进入火道，然后经火眼进入窑室，从室底往上升，流经坯件，烟由窑室顶部的排烟孔排出窑外。这种火焰流动方式的窑炉称为"升焰窑"。横穴窑、竖穴窑即属于升焰窑。升焰窑易升温，但不易控制烧成温度和烧成气氛，燃料利用率较低，装烧量小。西周后期，逐渐被半倒焰式的馒头窑所取代。

平焰窑　陶瓷器在烧成过程中，火焰在窑内与窑身平行流动的窑炉称为"平焰窑"。龙窑为典型的平焰式窑炉（参见"龙窑"）。它升温快，烧成时间短，可提高产量。

半倒焰窑　馒头窑形制之一。其火膛呈半圆形或扇形，窑室左、右、后壁齐直、略外弧或外弧。窑室底，即窑床较平或略向后倾斜，后部设烟囱。陶瓷器烧成过程中，火焰由火膛斜直喷向窑室顶部，由于设在后壁下部的排烟孔和烟囱的吸引，倒向窑室后半部，烟则由排烟孔进入烟囱，排出窑外。这种火焰流动方式的馒头窑，成为"半倒焰窑"。半倒焰窑约出现于西周晚期，此后逐渐流行，用于烧制陶器和瓷器。烧制陶器的，一般是在生土层掏挖修成，设一或三个较小的烟囱。烧制瓷器的，一般以砖坯或砖砌筑，绝大多数在后壁外左右各设一个较粗大的烟囱，抽力大，便于烧高温。

倒焰窑　馒头窑形制之一，亦称"全倒焰窑"。从半倒焰窑发展演变而来，在形制结构上与半倒焰窑有明显不同。其平面火膛、窑室合为一个圆形，壁直立，上部收缩成穹隆式顶，外观呈圆形馒头状。窑室底，即窑床上纵向等距离以砖等材料砌制烟道，烟道上横向平铺一层砖，砖与砖之间有一定距离，宽度略同于烟道，构成一较密的吸火孔网。后部设一平面呈横长方形或圆形的较大的烟囱。后壁下部设排烟孔，与窑床的烟道和后面的烟囱相通。烧窑时，火焰从火膛斜直喷至窑室顶部，然后全部倒向窑底，流经坯件，由吸火孔进入烟道，借助烟囱的抽力，将烟从排烟孔排出窑外。倒焰窑出现于明代，沿用至今，主要用于烧制瓷器，也用来烧制琉璃瓦和琉璃建筑构件等。倒焰窑与半倒焰窑相比，更能充分利用热量，缩小窑室内各部位尤其是前后的温差。

窑门　陶瓷窑炉的组成部分之一，供窑工进窑摆放坯件和开窑搬运烧成品使用。古代除横穴窑和竖穴窑，其余各种窑炉均在前壁开设一门。龙窑、阶级窑由于腰身比较长，除前壁的门外，还在窑室左右壁设若干个门，数量随窑身长度而定，多者可达10个以上。窑门形制，左右两边直立，顶部一般呈拱形。装完坯件后，以粘土或砖等材料封闭，一般留有观火孔和取火样的孔道。

464. 窑门

465. 磁州窑火膛遗址

火膛　陶瓷窑炉的组成部分之一，亦名"燃烧室"。因窑炉形制不同，火膛的位置、形状也不尽相同。横穴窑的火膛位于窑室的前方或斜下方，呈甬道状。竖穴窑的位于窑室的下方或斜下方，呈袋坑状或竖坑状。其余各种窑炉的火膛均位于窑室前部，平面呈半圆形、扇形或前窄后略宽的梯形等。底面低于或略低于窑床。龙窑、阶级窑、葫芦形窑由于窑身较长，需在窑室顶部两侧设投柴孔分段烧成。有的投柴孔下有特建的火膛，如阶级窑。有的虽无特建火膛，但窑室底部柴的燃烧处，实际上起到了火膛的作用。北宋中期以后，北方由于以煤为燃料，馒头窑火膛内设了炉栅，炉栅下有较深的落灰坑，有的还特设了与火膛相通的通风道。

燃烧室　见"火膛"。

火道　窑炉的组成部分之一。新石器时代、商周时期的横穴窑和竖穴窑火道设在火膛上部，呈垂直状或沟道状。烧窑时，火焰由火膛发起，必须经火道才能进入窑室。其他各种窑炉极少设火道，火焰一般都是由火膛直接进入窑室。

炉栅　窑炉火膛的组成部分之一。出现于北宋晚期。燃料在火膛内燃烧时，炉栅起着通风和滤去炉灰的作用。北宋晚期和金元时期有的炉栅位于火膛的中前部，有的则布满火膛，下面是较深的落灰坑。位于火膛中前部的炉栅面积较小，平面呈长方形，在落灰坑中部横向以砖等材料砌一墙，将耐火土做成的炉条一端搭在墙上，一端搭在坑边。也有的不砌墙，将炉条两端直接搭在坑边。布满火膛的炉栅，先在落灰坑内以灰渣、砖、匣钵等材料砌墙、建柱，然后将用耐火土制作的炉条搭在上面，有的用砖和废窑柱代替炉条。明清以来逐渐采用了生铁铸造的炉条，使炉栅的结构大大简化。

储灰坑　窑炉火膛的组成部分之一，亦称"落灰坑"，位于炉栅的下面，较深。烧窑时，炉灰从炉栅落入坑内。储灰坑不但有暂时存灰的作用，而且还是一个通风道，促使炉栅上和火膛内的燃料充分燃烧。

窑室　陶瓷窑炉的组成部分之一，是装烧陶器或瓷器的空间。因窑炉种类不同，窑室形制也不尽相同，横穴窑、竖穴窑窑室基本呈半圆形；馒头窑窑室与火膛合为一个馒头形空间；龙窑呈隧道形；阶级窑各室呈馒头状；葫芦形窑呈卧地葫芦状；蛋形窑形似禽蛋。

窑床　陶瓷窑炉的组成部分之一。位于窑室的底部，烧窑时，上面摆放坯件。窑床在建窑时都经过加工处理，上面往往铺一层细沙，用以提高耐火强度，并有保温隔热的作用。横穴窑、竖穴窑窑床比较平。馒头窑有的比较平，有的则前高后低，略有坡度。龙窑前低后高，坡度较大，并且前、中、后部、窑尾坡度不同。阶级窑整体窑床呈台阶状。葫芦形窑、蛋形窑前低后高，略有坡度。

火眼　窑炉组成部分之一。新石器时代、商周时期的横穴窑和竖穴窑，在窑室底部，即窑床上开凿的与火道相通、分布均匀的圆形或椭圆形孔。烧窑时，火焰由火膛进入火道，经火眼才能进入窑室。

窑眼　窑炉组成部分之一，亦称"观火孔"，位于窑室壁上，或封闭窑门时留出。烧窑时，可从此孔看窑炉内火色的变化，进而判断窑内的温度和烧成情况。

排烟孔　窑炉的组成部分之一。横穴窑、竖穴窑排烟孔设在窑室顶部，窑室封顶时留出。其他各种窑炉，一般皆开设在窑室后壁下部，少者1个，多者10余个，除无烟囱的龙窑，一般皆与烟囱相通。烧窑时，窑室内的烟必须经排烟孔或经排烟孔进入烟囱排出窑外。

投柴孔　窑炉中窑室的组成部分之一。在窑室顶部两侧对称等距离开设圆形小孔，用以投放柴类燃料。设有投柴孔的窑炉有龙窑、阶级窑、葫芦形窑。这3种窑炉由于窑身长，靠设在窑室前面的火膛烧柴所产生的热量，已远远达不到全窑烧成温度的要求，需设投柴孔，进行分段烧造，以保证质量。

烟道 窑炉的组成部分之一。近现代馒头窑的窑室和烟囱往往有一定的距离，二者之间的下部设一低矮的通道，即烟道，用于走烟。烧窑时，窑室内的烟，由排烟孔进入烟道，继而进入烟囱，排出窑外。烟道上设有闸板，用来控制窑炉的温度和气氛。

烟囱 陶瓷窑炉的组成部分之一。在生土层掏挖修制或以砖砌筑，直立于窑室后面，通过窑室后壁下部的排烟孔与窑室相通。烟囱除用于排烟，因其有自然抽力（烟囱越高，抽力越大），还可以起到较快提高窑温、按要求的时间达到烧成温度的作用。由于窑炉种类不同，烟囱的数量、大小也不尽相同。横穴窑、竖穴窑仅在窑室封顶时在顶部留一排烟孔。半倒焰馒头窑，烧陶器的一般设1或3个烟囱，平面呈圆形、椭圆形或方形，较细小；烧瓷器的绝大多数设两个平面呈方形或半圆形的较大的烟囱。倒焰式馒头窑一般设1个平面呈横长方形或圆形的较大的烟囱。阶级窑、葫芦形窑、蛋形窑均设1个烟囱，平面呈圆形或椭圆形，较大。龙窑依倾斜山坡而建，具有自然抽力，因此不设烟囱，仅在后壁下部设排烟孔。近现代馒头窑的烟囱与窑室拉开一定距离，中间设烟道相通，在烟道上设有闸板，通过调节闸板升降控制窑炉的温度和气氛，操作简便而准确。

釉灰窑 炼制釉灰的窑炉。釉灰明代称炼灰，清代以来称为釉灰或灰。景德镇配制釉灰时，将熟石灰投入水中溶解，干燥后与凤尾草相间堆叠在窑炉内煅烧而成。生产釉灰的专业性窑炉，至迟在宋代就已出现。根据磁州窑的发掘来看，釉灰窑的结构比生产瓷器的窑炉结构略显简单。

色窑 明清景德镇烧炼釉上彩颜料用的窑炉。

匣窑 专门用来烧制匣钵的窑炉。清代唐英《陶冶图说》载：匣钵成型后，"俟匣坯微干，略加旋削，入窑空烧一次，方堪应用"。据清代朱琰《陶说》卷三《说明》记载，江西景德镇明洪武末年御器厂已有匣窑。

锦窑 烘烧锦彩瓷器的低温窑炉。锦彩指瓷中以低温釉和釉上彩装饰出的美如锦绣的纹饰。烧成气氛为氧化焰，烧成温度一般在600℃～800℃之间。

明炉 用于烘烤釉上彩的低温窑炉，清代前期由西方传入，专烧脱胎小件瓷器。用一横置的匣钵，周围砌以窑砖，用炭火烧之。瓷器置于铁轮上，渐次送入炉中，旁边用钩拨轮使其旋转，保证受热均匀。色彩烧成后出炉，然后覆以匣钵，以免冷却速度过快而出现炸裂，待其缓慢冷却后即成。

红炉 烘烤釉上彩用的低温炉，景德镇称为"红炉"，又叫暗炉、彩炉或彩花炉。红炉为直立圆筒形，高1米左右，中间为炉膛，直径0.6至1米，四周砌砖，与外壁形成夹层，是容纳木炭燃料之处，下留风眼。烘烤时，将瓷器放入炉膛内，炉顶用匣钵土做的薄片覆盖，以泥浆封严，留一可关闭的小孔观火。点着木炭达到温度要求时即停火，烧成时间约一天，炉子冷却后取瓷器即可。此炉也可烧浇黄、茄皮紫、孔雀绿等低温单色釉器物。

窑具 陶瓷器焙烧时所使用的以耐火粘土制成的器具。主要有间隔具、支座、匣钵、窑柱和试火具。间隔具约出现于战国时期，之后使用普遍，常见的有托珠、圆饼形、锯齿形、环形、环形支钉、三角形支钉、三叉形支钉等多种，置于两件器物之间，以防止其粘结。支座约出现于汉代，有筒形、筒形束腰、喇叭形等，将器物支托到一定的高度，以利于器物烧成。匣钵出现于南朝时期，至唐代普遍使用，有筒形、漏斗形等多种，将器物置于匣钵里焙烧，避免了坯件直接接触窑火和窑顶落砂的侵扰，可保持釉面洁净，有利于提高瓷器的质量，还可以增加装烧密度，提高产量。窑柱多发现于宋元时期北方地区，呈圆柱形，有秩序地排列于窑床上，有的上面平铺一层耐火砖，砖上放置装满坯件的匣钵；有的则直接承托叠烧的碗等坯件。装烧用窑柱，可便于火焰、烟气流通，有利于减少窑内温差。试火具出现于东晋，流行于宋元时期，有锥形、片形等，用来测定窑内温度，可及时掌握窑内温度的变化。各种窑具的出现和广泛使用，对陶瓷器的烧成乃至陶瓷手工业的发展有重要意义。

支具 陶瓷器焙烧时支承器物的窑具，又称"支托"或"支座"，以耐火粘土制作。常见的样式有筒形、筒形束腰、喇叭形、钵形、盆形、高柱三叉形等多种。高矮不等，矮者不足 10 厘米，高者可达 30 余厘米。支具出现于汉代，三国两晋南北朝时期流行。支具的出现和广泛使用，是装烧工艺的一大进步，可以将焙烧的器物支托到最佳窑位，避免窑底的"低温带"，有利于提高产品的质量和成品率。匣钵出现和被普遍使用后，支具明显减少，甚至有的窑停止使用。

支托 见"支具"。

顶碗 又称"支顶匣钵"，是陶瓷器焙烧时支托坯件的窑具，属于支具类。以耐火粘土制作。形状多为上小下大，壁较斜直，支面平整，有些中间留一圆孔。一般用于碗等器物的叠烧。装烧的方法有两种，一是仰口叠装，即将碗等器物的口向上叠摞在顶碗的支面上；另一是先在支面上置一间隔具，然后将碗等器物口向下扣在顶碗上，使顶碗的支面及其上面的间隔具支顶在碗等器物的内底上，口部悬起。顶碗是宋代常见的支托窑具。比较稳固，也可减少所支承器物变形。

垫饼 陶瓷器焙烧时器物与器物、器物与匣钵之间起间隔作用的窑具。多见用于器物与匣钵之间。以耐火粘土制作。呈圆饼状，直径大于、略等于或小于所承托器物的足（底）径，厚度随装烧方法和垫托器物的不同而有所差别。出现于东汉时期，此后逐渐流行，元代以后明显减少。垫饼与器物接触面大，承重力

强，垫托安稳。但同时与器物粘连的可能性也较大。

垫片 垫饼中的扁薄者，一般习惯称之为"垫片"。参见"垫饼"。

466. 垫片

垫圈 陶瓷器焙烧时器物与器物、器物与匣钵之间起间隔作用的窑具。以耐火粘土制作。呈环形，上、下面一般较平整。直径略等于或小于所承托器物的足（底）径，厚度则随时代和间隔器物的不同而有所差别。垫圈出现于东汉晚期或稍后，后来逐渐流行。垫圈较垫饼直接接触器物面小，用料小而轻；支点均匀，稳定性能好，取放方便，但加工费时，容易损坏。

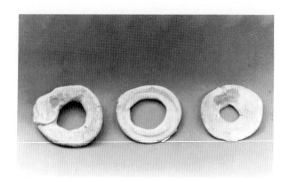

467. 垫圈

支圈 覆烧窑具。以瓷土制作。呈圆圈状，圈内侧有垫阶，截面为"L"形。使用时，平放一枚支圈，将一个口沿无釉的芒口碗等待烧器物坯体扣置在

支圈内的垫阶上，接着在支圈上叠置一个与其规格相同的支圈，照样在支圈垫阶上扣置待烧器物坯体，如同码放蒸笼依次上叠，数量不等，发现最多的有叠置32个支圈的。支圈覆烧工艺始创于北宋中期定窑，很快就被磁州窑等北方的一些瓷窑相继采用。在南宋时传到了南方景德镇等地的瓷窑。定窑等处是将支圈连同所承装器物置于筒状匣钵内装烧。景德镇窑则有所不同，它的支圈是叠置在与支圈规格相同的底座上，上面加盖，在支圈组成的圆柱体外侧涂一层耐火泥，用以粘接支圈和密封空隙，然后直接入窑焙烧。支圈覆烧工艺对减少器物变形，保证产品质量，增加装烧密度，提高产量，节省燃料，降低成本等方面都有明显的效果，对瓷器手工业的发展起到了积极作用。但是，以支圈覆烧法烧制的瓷器，口沿无釉，即芒口，使用很不方便，也影响美观。再加上支圈对原料要求高，并且都是一次性使用，用量大，成本较高。所以，支圈覆烧法北方在元代，南方在元代以后就基本被废弃了。

468. 支钉及摆放情况

支钉　陶瓷器焙烧时器物与器物之间起间隔作用的窑具。多用于叠烧。以耐火粘土制成。常见的形式有两种：一是用粘土做成泥钉，均匀地粘在器物底面或足面，每件器物少者粘4至6颗，多者9至12颗；二是在垫饼、垫圈和三角形、三叉形间隔具上加3至

6颗泥钉，或在其一面直接捏出3至6颗泥钉。支钉出现于三国两晋南北朝时期，之后使用越来越多。装烧时钉尖接触釉面，不易粘连。烧成后釉面上往往会留下支钉痕迹。

支钉痕　用支钉为间隔具装烧的陶瓷器釉面上留下的钉尖痕迹。支钉痕如果大或深，会严重影响产品的外观质量。因此，工匠们尽可能将钉尖部做小。北宋汝窑烧制的宫廷用瓷支钉细小，釉面上留下的支钉痕小如芝麻粒，被称为"芝麻挣钉"。

469. 汝窑青瓷盘底支钉痕

匣钵　瓷器焙烧时置放坯件并对坯件起保护作用的匣状窑具，以耐火粘土制作，形状一般为筒形或漏斗形，也有的呈"M"形、碗形、钵形和椭圆形等。出现于南朝时期，唐代开始普遍使用。坯件装在匣钵里焙烧，避免了烟火与坯件直接接触和窑顶落砂等侵扰，使坯件受热均匀，釉面洁净，提高了产品的质量。匣钵耐高温，胎体结实，承重能力强，层层叠摞不易倒塌，因而可以充分利用窑内空间，增加装烧量。匣钵的发明和广泛使用，是中国制瓷工艺的一大进步，为瓷器的优质高产创造了良好条件。

470. 匣钵及匣钵盖

471. 窑柱

窑柱　又称"支柱"或"垫柱"，是瓷器焙烧时支承装好坯件的匣钵和叠烧坯件的窑具。以耐火粘土制作。呈圆柱形，粗细、高度不一，下部直径略大于上部，实心或中心略空，颇坚实，有的表面留下螺旋沟痕。使用方法有二，一是有秩序地排列在窑床上，上面搭铺一层耐火砖，砖上叠摆匣钵；二是有规律地摆

置在窑床上，每柱上直接承托叠烧的碗等坯件。窑柱在宋元时期北方地区使用较为普遍。装烧用窑柱，可使火焰与烟气畅流，还可以调节窑内温差，有利于瓷器的烧成。

垫柱　直接承托叠烧的碗等坯件的窑柱，一般习惯称之为"垫柱"。参见"窑柱"。

472. 火照

火照　陶瓷器焙烧时测定窑内温度的窑具，又称"照子"或"火标"，亦称"试片"。以瓷土制作，往往是用碗等器物的坯件加工而成。形状一般为三角形，上平下尖。上半部施釉，并镂一圆孔。使用时，将其置于窑内从观火孔可以看到的位置，需验火时用铁钩将其从观火孔钩出。每烧一窑要验火多次，每验一次，就钩出一个。可及时掌握窑内温度和气氛的变化，十分有利于瓷器的烧成。火照盛行于宋代，是简便有效的测温器具。

拉炷　陶瓷器焙烧时测定窑内温度的窑具。以瓷土制作，呈棒槌形，长15~20厘米，一端蘸有釉料。使用时将其放在窑炉内，可拉出来观察烧成程度。

装窑　烧窑工序之一，又称"满窑"，蒋祈《陶记》称为"障窑"。其做法是将坯件装入匣钵后，按不同的烧成要求安放在窑室内不同的部位，并按焙烧要求在匣钵间预留出适当的空间以通火路。

窑位 ①每个陶瓷窑炉的装烧数量。②陶瓷坯件在窑炉中所在的具体位置。不同的窑位，温度和气氛也不尽相同，为了达到良好的烧成效果，窑工们往往根据各窑位的烧成特点放置相应的品种，精品均摆在最好的窑位上。

473. 三叉支架

支烧 烧瓷工艺之一。为避免入窑坯件在窑底"低温带"生烧致废，并防止窑底砂尘污染釉面，使烧成物位于最佳位置，需用窑具支托坯件，称为支烧。支烧具的种类很多，有以支高为主要目的的高支烧具、以承托为主要目的的低矮窑底台座、棚架式承托支烧具、固定窑柱具、支撑窑柱的丫形楔子及支棒等。

叠烧 提高瓷窑装烧数量的一种装烧方法，区别于单件装烧。多件器物通过支烧或垫烧窑具堆叠起来直接放在垫柱上或匣钵内装烧。叠烧的方式很多，有支钉叠烧、垫饼叠烧、托珠叠烧、涩圈叠烧、砂堆叠烧等。

垫饼叠烧 瓷器叠烧方式之一。用圆饼垫烧窑具将多件碗、盘等器物隔开叠烧。这种叠烧方式往往会造成盘、碗内心一块无釉，外底则留下大而明显的垫饼痕迹，元代景德镇窑曾用此法，后来为涩圈叠烧取代。

支钉叠烧 瓷器叠烧方式之一。用瓷土捏成"支钉"粘于碗盘的圈足边沿，每件9至12颗，然后把瓷坯放在垫柱上，再把粘有支钉的坯件一个个叠起来，组成一柱入窑焙烧。此法常见于三国、两晋、南北朝时期南方青瓷的烧制。

托珠叠烧 瓷器叠烧方式之一。多个盘碗类器物叠成一摞装烧，在每个盘、碗之间放几颗扁圆形的泥珠即托珠作垫隔，可增加装烧量，亦可节省制作窑具的时间和原料，因托珠与坯件不同的收缩率使托珠更容易从器物上脱落下来，但也有一些托珠往往会粘在器物内底。

涩圈叠烧 瓷器叠烧方式之一。瓷坯在叠烧时，不用垫具间隔，为避免粘连，将器物底心釉药刮掉一圈来放置上面一件器物的圈足，器底内心有釉，相叠处无釉，成为涩圈。这样依次重叠10个左右放入筒形匣钵，是金、元时流行的一种装烧工艺。

砂堆叠烧 瓷器装烧方式之一，其方法是先将石英砂放入匣钵内，在石英砂上放第一个碗，口沿向上，根据第一个碗上圈足的大小，放五至六堆砂堆，再把第二个碗的圈足落在砂堆上，依此类推装匣，入窑烧制。其优点是口沿满釉，与定窑覆烧法不同，其缺点是在碗、盘心留下了若明若暗的砂粒疤痕。金末元初河北磁县观台窑也采用此种装烧方式，采用此法烧制出的粗制白瓷、黑釉瓷占比例较大。

正烧 ①瓷器装烧方法之一，又称"仰烧"，与覆烧相对。坯件口向上放在垫具上装入匣钵入窑焙烧。正烧的器物口缘有釉而底足露胎，北宋早期覆烧发明之前，除对口烧外，瓷器装烧基本采用正烧法。②表明瓷器质量的术语。瓷器烧成制度合理，温度、气氛和压力的控制合适，既不过烧，也不生烧，称正烧。

仰烧 见"正烧"①。

覆烧 瓷器装烧方法之一，又称"伏烧"。相对正烧而言，是把盘、碗一类的坯件反扣在窑具上的支烧方法。可分为釉口覆烧和芒口覆烧两种。釉口覆烧至迟在南朝已经出现，为无匣裸烧，即在支烧台上置齿

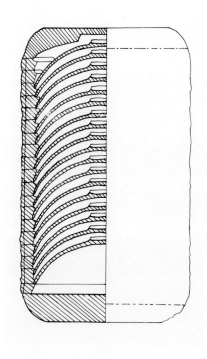

474. 覆烧示意图

形垫圈，碗坯反扣在支烧台上，齿形垫圈（或三角垫饼，或无垫烧具的涩圈叠烧）顶住碗的内心，在朝上的碗底上置放一个垫具，然后依次反扣，如此重复可叠5至10层，唐以前使用实心柱状支座作支烧台，唐代始出现一种形如反扣喇叭形的支座。此种无匣裸烧覆烧法首先流行于四川一些窑场，起自南朝，延续至宋。此外，唐代山西平定窑、浑源窑，西夏宁夏灵武窑，五代至金河北磁县观台窑都曾使用过此法。另一种釉口覆烧发现于南宋四川瓷峰窑和河北磁县观台窑，称为砂垫覆烧，方式是以碗形支托为底，以五、六堆砂堆为间隔置于倒扣的碗足上，依次类推，其口沿悬空，故口沿有釉。芒口覆烧最早见于江西南朝洪州窑对口烧方式。北宋的芒口覆烧最早起源于定窑，最初的是多级碗形、盘形覆烧，用来覆烧规格大小不一的器物，后来又发明了筒形匣钵支圈覆烧，大大提高了装窑量。这种工艺宋、辽时期向四方扩散，在北

方接受这一技术的有河北磁县观台窑，河南汤阴县鹤壁窑、新安窑，陕西旬邑县安仁窑，宁夏灵武窑，内蒙古辽上京窑、赤峰缸瓦窑等。北宋后期芒口覆烧南传，景德镇湖田窑和浙江泰顺玉塔窑同时接受了这一技术。北宋中期到南宋早期，湖田窑采用多级垫钵和多级垫盘覆烧，南宋中后期采用定窑的支圈组合式覆烧。芒口覆烧留下粗糙的芒口，从而导致了覆烧工艺不能持久，逐渐走向衰亡。

伏烧　见"覆烧"。

支圈覆烧　北宋时期河北定窑发明的一种覆烧工艺。方法是先在较厚的底圈内放一个或两个碗坯，其上再放一个支圈和一个碗坯，依次类推，支圈和碗坯叠置到一定高度后入窑烧制。采用此法可提高装窑数量，但却形成了芒口。支圈覆烧法在宋、辽时从定窑向四方扩散，北方接受这一技术的有河北磁县观台窑、河南汤阴县鹤壁集窑、内蒙古赤峰缸瓦窑等。支圈覆烧工艺南宋早期开始南传，景德镇窑和浙江泰顺玉塔窑同时接受了此项技术，以后又流传于东南沿海一带瓷窑。

匣钵单烧　一件匣钵只烧一器的装烧方法，单件琢器及较为精细的制品往往采用此种方式烧制。

套烧　为充分利用窑位空间而采用的一种装烧方式，按大小次序排列的盘、碗等不同的器物根据匣钵的高度及空间的大小合理放置入窑焙烧，称为套烧。有全部圆器套烧，也有圆器与琢器套烧，形式多样，不拘一格，南朝江西洪州窑的套烧方式最为典型，金元磁州窑也采用过对口套烧方式。

对口烧　瓷器坯体或碗形匣钵一仰一覆口缘相对扣合在窑炉中焙烧的方式。对口烧的器物口沿都无釉，有的口沿留有粘痕。有的对口烧大器内可套烧小件器物，以充分利用窑内空间。南朝洪州窑对口烧平底钵，是现今考古发现最早的覆烧实例。唐代山西浑源窑，四川宋代瓷窑，辽代瓷窑，杭州乌龟山南宋官

475. 对口烧

窑，金、元磁州窑、清德化窑都曾用过对口烧。

闭口烧 景德镇蛋形窑烧造工艺术语之一。烧窑过程中，每次投柴后，把投柴孔用柴闭塞，称为闭口烧。

裸烧 使用匣钵前烧造瓷器采用的装烧方式。瓷器叠置在窑中直接放在垫柱上焙烧，瓷器裸露于窑火之中，表面常留有落渣等现象，质量不是很高。

复烧 ①陶瓷烧造工艺之一。将烧成的陶瓷制品重新入窑进行二次烧制。有两种情况：一是指古代名窑瓷器由于器身有损，取旧瓷修补，加釉入窑焙烧。二是指欠烧或过烧的不良色釉制品，视其现状施釉重复装烧，如铜红釉用原来的釉浆再薄薄地施上一层，入窑再烧。②陶瓷颜料的一种加工方法。将陶瓷颜料成品置炉内烧至熔融、烧固或半熔融状态。复烧可使色剂与熔剂融合更好，使颜料色调加深，光泽增强。

燃料 燃烧时能产生热能、光能的物质。中国古代烧造陶瓷器主要以柴作燃料，北宋中期以后，北方的一些瓷窑相继以煤为燃料，不仅扩大了燃料来源，而且因煤的发热量和燃烧热远远高于柴，可提高窑内温度，延长保温时间，更有利于瓷器的烧成。

烧成 陶瓷制造最重要的环节之一，将生坯或半成品装窑后在高温下处理，使其发生物理、化学变化，制品因此获得固定的形状、坚硬的质地、适当的釉色以及在使用上所必需的性能。

煅烧 亦称"焙烧"。陶瓷坯件用火加热到一定温度，除去所含结晶水等挥发性物质，使之烧结，成为瓷器的过程。陶器一般要烧至 700℃～1000℃ 左右，有的则要到 1200℃。瓷器一般要 1200℃ 以上，高者可到 1300℃ 左右。有些制作陶瓷器的原料，在使用前或配制过程中，也需要经过煅烧，温度一般在 700℃～1400℃ 范围之内。

烧成温度 陶瓷坯件烧结成器所需的温度。陶器和瓷器的烧成温度不同，又各有一定的波动范围。陶器的烧成温度一般在 700℃～1000℃ 左右，有的还要高一些，如宜兴紫砂器为 1170℃～1200℃。瓷器的烧成温度，一般在 1200℃ 以上，高者可达 1300℃ 左右。

氧化气氛 陶瓷制品烧成气氛之一。陶瓷坯件在整体烧成过程中，均在充分供给氧气的情况下加热升温，直至烧成。这种烧成气氛，称为"氧化气氛"。窑室中烟气中游离氧浓度为 8%～10% 时称强氧化气氛，游离氧浓度为 4%～5% 时称普通氧化气氛。

还原气氛 陶瓷制品烧成气氛之一。陶瓷坯件在高温阶段的某一温度范围内处于缺氧中加热烧成的状态，这种烧成气氛，称为"还原气氛"。窑室内烟气中的游离氧浓度小于 1% 而一氧化碳浓度较低时称弱还原气氛，较高时称强还原气氛。

缓火 瓷器烧造的初始阶段，又称"溜火"。景德镇烧窑大致分 3 个阶段，溜火阶段燃烧较为缓慢，其目的在于升温排水，此后，进入紧火及沟火阶段。

紧火 瓷器烧造的中间阶段。继溜火之后，进入紧火阶段，燃烧加快，窑内为还原气氛。紧火阶段是瓷器烧成的关键阶段。

窑汗 瓷窑窑炉内壁上附着的一层玻璃态物质，多呈深灰或灰白色，其成因主要有两方面，一是窑炉建筑本身含有助熔物质，在高温下发生变化，形成玻璃态；二是燃料中所含的助熔物质在一定情况下也会附着在窑壁上，形成玻璃态物质。

渗碳　陶器烧成过程中的一道工序。即在一定温度范围内碳粒逐渐渗入、沉积在陶胎的孔隙之内，成为陶胎的一个组成部分，使陶胎的表面乃至胎心都变成黑色。黑陶即渗碳所致。陶器渗碳出现、流行于新石器时代。渗碳的物质有稻草、稻壳、粟壳、木柴、锯末、草末等。渗碳方法有两种：第一是窑内渗碳法，因窑内各处都充满黑烟，陶器全身都因渗碳变成黑色，渗碳保温时间长，胎心也会变成黑色，反之，仅仅表皮变成黑色；第二是窑外渗碳法，利用陶器刚出窑尚处于红热状态，所传出的热量使渗碳物质产生黑色。这种渗碳法使陶器渗碳层很浅，仅仅表皮呈黑色，也有的仅局部呈现黑色。陶器渗碳可增强美感，同时也可使其坚固耐用。

素烧　未施釉的陶瓷生坯的烧成过程。素烧的主要作用是提高坯体的强度以利于装饰等加工过程，减少损耗。古代许多著名陶瓷如唐三彩、耀州瓷、郎窑器及部分青瓷的瓷胎都是经过素烧后再施釉的。

釉烧　烧瓷工艺之一。经过素烧的坯体施釉后，再入窑焙烧，称为釉烧。其窑火温度的高低根据陶器或瓷器及釉料的成分而有所不同。

彩烧　烧瓷工艺之一。把经高温烧成彩绘后的陶瓷器再置于炉中进行低温烘烤。瓷器颜料特别是粉彩颜料对烧造工艺要求甚严，彩烧是否得当对彩瓷的呈色和质量有极大影响。因此，在彩烧时必须选择最佳温度范围，如粉彩彩烧一般应在780℃～800℃之间，另外要选择适当的窑炉、装炉方法和升温速度，并准确地控制烘烧时间。

烤花　烧瓷工艺之一。陶瓷器釉上施以彩绘，需入低温炉烘烤，才能使彩料固着于瓷面，并显示出光泽，称为烤花，亦称烘花，其温度一般在600℃～850℃。

八、缺陷、修复与作伪

陶瓷器缺陷　陶瓷器各部位出现的伤残、缺损、变异等不完美现象的统称。大体可分为口部缺陷、器身缺陷、底足缺陷和釉彩缺陷。造成缺陷的原因有多种，如烧制技术不当可产生器身的窑缝、夹扁、窑粘等窑病；外部撞击和磨损可造成磕伤、冲口、伤釉等；土埋水浸可附着上水碱、土锈等。各种缺陷都有相应的术语进行表述。对陶瓷器缺陷的观察，可以辅助判断其价值，研究其制作技术的优劣之处。

【口部缺陷】

口磕　陶瓷器口部缺陷之一。即由于外力撞击，口沿部位出现大小不等的缺磕伤痕。

重皮　瓷器口部缺陷之一。因重创造成胎釉分离，往往一触即脱釉，但外观尚完整，其实已出现断面隐患。

毛口　瓷器口部缺陷之一。器物口边的釉层间断脱落，主要是因为年代久远，在使用之中磨损与磕碰所造成的。

毛边　瓷器口部缺陷之一。器物口部边沿的釉面因碰撞磨擦全部脱落，露出部分胎骨，比"毛口"损伤的程度更为严重。

芒口　瓷器口部缺陷之一。瓷器中碗、盘、杯、碟等在烧造过程中造成口沿无釉，露出胎骨，称为"芒口"。有多种烧造方法可造成瓷器芒口。一、对口烧，见于南朝洪州窑、辽代窑及金、元磁州窑等。二、多级盘式、钵式或碗式覆烧，见于北宋中期定窑、北宋后期至南宋早期景德镇湖田窑。三、组合支圈覆烧，见于北宋后期定窑、南宋后期湖田窑。四、挂烧仰烧，造成盘、碗口外沿较宽的无釉边。为了弥补芒口的缺陷，时人常在口沿镶以金、银或铜扣边。

冲口　陶瓷器口部缺陷之一。器物口部因外力撞击，出现长短不等穿透器壁的细裂纹。冲口现象多出现在盘、碗类圆器上。这种裂纹往往会逐渐自然延伸，冷热骤变或外力的震动也会促使裂纹继续开裂。

外冲里不冲　陶瓷器口部缺陷，是冲口的一种。器物口部因受外力撞击而出现裂纹，但不穿透器壁，常见的现象是外壁能见到裂纹，而内壁却完整无损。作为伤况它比一般冲口程度略轻。

【器身缺陷】

磕伤　陶瓷器器身缺陷之一。器物的某一部位因外力冲撞而出现的伤残。一般所称磕伤是指器物出现残缺，而不仅仅磕出裂缝。

凿伤　陶瓷器器身缺陷之一。指器物出土时不慎受金属工具碰撞而产生的严重损伤，一般出现在器物的口部、肩部、颈部等显著位置。

缺磕　陶瓷器器身缺陷之一。陶瓷器因受硬伤而有小块缺损。缺磕一般出现在器物的口部、双耳或圈足。

冷璺　瓷器器身缺陷之一。指本不应该出现片纹的器物，由于磕碰和震颤使釉表出现一条或数条很长的裂纹，一般不透过胎体，也有穿透的。

炸纹　瓷器器身缺陷之一，俗称"鸡爪纹"。指器物因受撞击而出现形似鸡爪的放射状裂纹。炸纹经常出现于器物的颈、肩、腹、底等部位，比冷璺程度轻。

窑缝　瓷器器身缺陷之一，又称窑裂，属一种窑病。器物的腹部或底部在烧造过程中出现缝隙。胎体在窑内受火不均，胎泥陈腐、淘洗不够精细，或因胎体在衔接时含有过多水份，都可导致窑缝的出现。这种伤况比成品受到人为的损伤程度略轻。

窑裂　见"窑缝"。

窑粘　瓷器器身缺陷之一，属一种窑病。瓷器在窑内高温烧造过程中，因装窑方法不当，造成器物之间或器物与窑具相粘连。严重的窑粘无法拆分，或拆分后留下较大伤痕，属残次品，多出土于古窑址的堆积中。程度较轻的窑粘尚可强行拆分，但器身往往留下粘痕。

开粘　瓷器器身缺陷之一。指分段制作的器物因粘接不牢而断裂。琢器坯体一般采用分段制造，然后以泥浆作粘着物粘接成一件完整器物。焙烧过程中，接缝处在高温下胎体与釉层膨胀系数不同，所以容易出现开粘现象。清代以前的琢器开粘现象较多。入清以后，利坯技术渐精，基本上不出现开粘。开粘现象一般出现在形制较大的琢器上，如大花觚、大罐、大缸等。另一种开粘现象，指伤残器物修复不牢固，出现再次分离。

耍圈　瓷器器身缺陷之一。指分段相接的琢器出现一周整齐的断离或开裂，俗称"耍圈"。耍圈部位有的尚相连，有的已断离。

折断　瓷器器身缺陷之一。指琢器的耳、腿、座等部位受损折断。出土器物因长期受压容易折断，被硬物冲碰也会造成这种伤残。

夹扁　陶瓷制品器身造型上常见的缺陷，即变形。外观呈现器口不圆、器身扭曲等几何形状的变异。夹扁在器物烧造之前一般不会显现，一经高温烧成则显露出来。其成因有坯料配方不合理、坯料粉碎时颗粒细度控制不当、装窑不当、钵柱不正、匣钵底不平、升温过快、烧成温度过高等。严重变形的制品在出窑时即被丢弃，在古窑址堆积层中常可见到这类器物。传世品或古墓、窑藏出土的陶瓷器中有变形缺陷的通常只是轻微的器口不圆或器身歪斜。

翘棱　瓷器器身造型缺陷之一。由于器物变形，致使器口不圆，底足不平。其成因参见"夹扁"。

过烧　瓷器在其烧成过程中，因窑内温度过高而引起的缺陷。其特征是制品局部或全部膨胀变形，颜色暗黄，釉面沸腾，釉面起大小泡或流釉粘足。

生烧　又称欠烧或生瓶，是瓷器在烧成过程中，因火候不够而产生的缺陷。其特点是坯体局部或全部发黄或呈灰黑色，断面很粗糙，气孔率大，吸水率偏高，釉面无光泽或光滑程度较差，敲击声音不清脆。其产生原因是坯釉配方不当，烧成温度选定偏低，装窑密度不合理等。早期陶器和早期瓷器由于烧制方法较原始常常会产生生烧现象。

落渣　瓷器器身缺陷之一。在烧成过程中成品表面粘上熟料颗粒或匣砂、谷壳灰等。主要由于装坯操作不当和匣钵热稳定性能差而使匣钵及盖上的灰尘下落，碎屑掉在坯体表面。在未使用匣钵装烧时期的裸烧瓷器上，更易出现落渣现象。

黄溢子　瓷器器身缺陷之一。因瓷器胎体内含有杂质，烧成后透出釉层，在釉面上显露出片片黄斑。这种现象是由于瓷土淘洗不精纯造成的。多出现于南方青釉器上。

【底足缺陷】

足磕　瓷器足部缺陷。指器足因受冲撞而造成局部损伤或全部断裂脱落。轻度足磕伤及釉层，严重的损伤胎骨。

凸心　瓷器底部造型缺陷之一。指器里心向上凸起。多见于盘碗类圆器。晚明万历民窑青花器常有凸心现象。

凹底　瓷器底部造型缺陷之一。质软的胎体经火烧制，器底因承受不住自上而下的压力，导致底心向下塌陷。凹底现象在明永、宣青花大盘中常见。

火石红　瓷器底部缺陷之一。瓷器胎体内含有铁质，在不施釉的部位受火自然泛出的一种干涩的桔红色，常见于元末明初景德镇官窑瓷器的底部。也有人为地巧妙利用这一缺陷，使之成为一种特殊装饰的，如元龙泉青瓷器有的将纹饰露胎，烧成后呈现出火石红色，与青釉形成对比。明代景德镇民窑也曾烧制蓝釉火石红鱼纹坛。现今景德镇仿制的元、明青花器有的是人为涂抹上桔红色浆汁，或以新砂垫烧。如果入窑前新瓷胎的砂底受潮，也会出现火石红现象。这种火石红则属于作伪方法。

糊米底 瓷器底部缺陷之一。器物底部出现铁锈色斑点，似糊米状。形成原因是窑床上所垫砂粒含铁质较多，高温下氧化而粘附于器底。明成化时期器物的砂底上常有此特征。

炸底 瓷器底部缺陷之一。器物底部出现炸纹。常出现三条以上裂纹，呈放射状，一般穿透胎体，从器内可看到底部的炸纹。

【釉彩缺陷】

釉泡 瓷釉缺陷之一。是釉层在烧制过程中因化学反应产生的釉泡不能完全排出而形成的一种"釉病"。釉层内的气泡一般细小，鼓在釉层表面的釉泡略大，易受摩擦而破裂，污染后形成黑色疵点。

鬃眼 瓷釉缺陷之一，又称"针孔"、"猪毛孔"。釉面上呈现似皮革毛孔的细小凹孔。这是由于釉料中某些有机物和某些杂质含量较多，而在预热和烧成时升温过快，温差大，使这些物质在氧化阶段未能得到充分的氧化分解，而到还原和高温阶段继续分解，这种反应产生的气体逸出釉面，当釉的高温粘度大时，流动性差，气泡破裂在釉面形成的小孔不能被釉面覆盖，即形成小小的孔隙。这是明代永乐、宣德瓷器釉面的显著特征之一。

橘皮 瓷釉缺陷之一，又称"橘釉"。指瓷器的釉面不平整，呈现类似于橘皮肌理的现象。产生的原因是坯体表面修整不善，釉层过薄又不足以弥补坯体不平整的缺陷。或是由于釉料不够细，釉浆太稠，釉浆在坯体表面分布不均匀所致。釉在高温熔融状态下粘度过大也易产生这种现象。常见于明代永乐、宣德瓷器上。

斑点 瓷釉缺陷之一。釉面上出现不同于釉面颜色的斑点。造成原因是釉汁中各种矿物质在烧造过程中产生化学反应，也有因胎体本身淘洗不纯或匣钵内不洁净所形成的。最常见的是黑褐色斑点。

滚釉 瓷釉缺陷之一，又称"缩釉"。指釉面向周边滚缩，形成中间缺釉露出胎骨。形成原因很多：釉面受表面张力作用，施釉时坯胎过湿，釉的高温粘度过大或坯面有油，窑工手上有汗，烧窑时窑中水气过多，坯面潮湿，加热后局部釉料卷起、脱落等。

缩釉 见"滚釉"。

缺釉 瓷釉缺陷之一，又称"漏釉"或"短釉"。即瓷器表面局部缺釉。造成缺釉的原因很多：釉浆的附着性差，釉层过厚，干后脱落；釉的高温粘度过大，与坯料配方不适应而引起釉层蜷缩；施釉时坯面有油污和灰尘；浸釉时，釉浆未浸满全器；坯体施釉后不慎将局部的釉碰落；釉浆用水有油污；坯体入窑水份过高，烧成时窑内水气太多，使坯釉中间分层，造成釉层剥落等。

漏釉 见"缺釉"。

粘砂 瓷釉缺陷之一。底足釉面粘有砂粒。器物在装窑时为避免粘连，多在窑床上铺垫砂层，高温作用下，砂粒与器底釉汁粘接在一起。明末天启、崇祯时民窑制品时有粘砂现象。

吃烟 又称"串烟"。陶瓷制品的一种缺陷。指成品局部或全部呈现出灰黑、褐色。《陶雅》云："良釉经火，变为它色，浓烟熏黟，乃如泼墨，则谓之串烟。"产生的原因很多：烧成操作不当，致使炭素沉积于坯釉中，在釉料熔化前，没有被氧化排除掉；坯体入窑时水份过多；匣钵射火，烟气直接喷射到制品上。

吸烟　见"吃烟"。

串烟　见"吃烟"。

开片　瓷釉缺陷之一。器物釉表出现不规则的裂纹，但胎体本身并没有开裂。主要是因为胎和釉的膨胀系数相差太大，特别是釉的膨胀系数过大，釉层太厚，而在冷却阶段750℃～550℃温度范围内冷却速度太快所致。巧妙利用这一缺陷，也可成为瓷釉的特殊装饰。宋代哥、官窑瓷器上的开片就是人为控制造成的。而使用年代久远的器物由于本身受外界环境影响与腐蚀，也会出现细小的开片纹。

荞麦地　瓷釉缺陷之一，又称荞麦点。釉面上出现成片微小的黑褐色星点，如同荞麦皮。造成原因为窑内高温下有飞尘附着釉表之上，釉内含有杂质也会有此现象。二次烧成的器物更容易出现荞麦地。

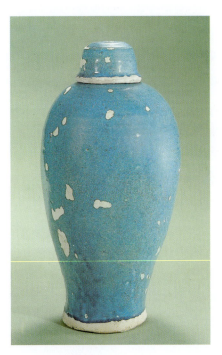

476. 剥釉的元孔雀蓝釉梅瓶

剥釉　瓷釉缺陷之一。瓷器釉面有成块或成片脱落的现象。一种是烧前剥釉，一种是烧成过程中剥釉。造成剥釉的原因很多，有釉、坯膨胀系数不相适应所致；也有釉层太厚或烧成时升温太快而起；或是坯体施釉前粘有泥污、尘土、油汁；甚至有时化妆土也会使釉胎结合不牢而剥釉。剥釉现象以早期青瓷较为普遍，明宜兴仿钧亦有。

脱釉　又称脱皮，瓷釉缺陷之一。釉层程度不同地脱落而露出胎体，是比较常见的伤残情况。脱釉原因比较复杂，如釉面长期受盐、碱、酸的腐蚀；或入土后受土侵和水浸。烧结温度不够也容易出现脱釉现象。

磨釉　瓷釉缺陷之一，又称伤釉，指釉面同其他物体磨擦而造成的损伤。长久使用即会造成这种现象，如果是彩绘瓷则使花纹模糊不清。

伤釉　见"磨釉"。

崩釉　瓷釉缺陷之一。瓷器受到硬伤后使釉层崩裂"离骨"，多数崩釉破面平滑不脱落。造成原因是出土时受到硬物的碰撞。崩釉的片纹呈放射状向外伸延。

泪痕　瓷釉缺陷之一。瓷器入窑烧制时，釉汁因流动性过大而垂流，在器物下部凝成蜡泪状或玻璃珠状凸起。这些垂流下的釉滴，通常称为泪痕。唐代以前的瓷器制品上多见此现象。此后，泪痕被认为是宋代定窑的重要特征。

凿坑　瓷釉缺陷之一。指器物釉面大小不等的凹坑形伤损。如清代窑变瓷器釉层较厚，多开有片纹，若经常使用棉布擦拭，便会将片纹交叉处的小尖角掀起或带掉，因而留下三角形的凹坑。

划伤　瓷器釉彩缺陷之一。指釉表或彩绘表面被硬物划伤所留下的痕迹，是瓷器长期使用中不慎与坚硬物体碰划所致。

软道　瓷釉缺陷之一。指釉面上因久经磨擦出现的细小丝纹。一般出现在传世器物上，不仔细观察则不易发现。这种软道不同于作伪手法中的磨擦痕迹，它往往出现在器物日常使用时最常接触和摩擦的外凸部位。而新器做旧则用软麻布摩擦全器，使软道的伤况极不自然。

失亮　瓷釉缺陷之一。指器物釉面失去光泽。因长期使用磨损，或因埋藏造成的土侵水浸都会使瓷器表面出现失亮现象。

水碱　瓷釉缺陷之一。现象是器物釉表凝结着灰白色斑块。这是因为素釉器物长期被埋入湿土内受碱性浸渍，碱性物质附着于器表而造成的。

水锈　瓷釉缺陷之一。器物因长期受土埋或水浸而产生物理变化，使器表出现灰、黄、铁红、铜绿等色斑迹。水锈非常薄，只是淡淡的一种颜色斑块，可用酸性药剂清洗掉。

土锈　瓷釉缺陷之一。器物表现粘有灰、黄、土红等色凝固的土疤。土锈是长期在潮湿的土壤中浸埋，粘土粘结在器表粗糙不平的地方而造成的，一般比较牢固，不易剥离下来。

土蚀　瓷釉缺陷之一。釉面或彩绘被土壤长期腐蚀，使局部釉表失去光泽。土蚀不同于土锈，它不仅腐蚀了釉面，还浸侵到部分胎骨。

火烧　①瓷釉缺陷之一。器物第二次被火烧过导致色釉变化，如青花变黑，黄釉变绿，青白釉出现皱纹，还有的釉面留有火烧时釉汁熔流痕和粘土上的灰、黑粉尘。②因修补而造成的缺陷。为了局部补彩或补釉，再度入窑焙烤，虽然补上的部分温度适合，但原有的彩釉会因此而受到不同程度的损伤。

伤彩　瓷器彩绘缺陷之一。指彩绘受到破坏而造成的残缺。有局部伤彩或全部伤彩。长时期受水浸、酸碱腐蚀或不得法的擦拭都会导致伤彩。彩绘被利器划伤也称伤彩，但程度略轻。伤彩使器物上的彩绘失去应有的色泽和光亮度。

脱彩　瓷器彩绘缺陷之一。指釉上彩脱落。器物上的彩绘纹饰由于经久使用磨擦而被损坏，或由于入土年久而被腐蚀（这种原因金彩更易脱落），长期擦拭或拂扫也会使彩绘脱落。宋代定窑、建阳窑的金彩常有脱彩现象。粉彩的脱彩现象较多，尤其是清雍正的粉彩器。这些脱彩瓷器尚有痕迹可辨，但需细心观察才能发现。

477. 脱彩的明五彩瓶

油光　瓷器釉彩缺陷之一。器物的釉、彩经过磨擦，显现很不自然的油腻光亮。

【修复】

瓷器修复　通过技术手段修补瓷器的伤残，使之恢复完整的原状。通常采取的方法有粘、锔、补缺、补釉等。以赢利为目的有意改变和掩盖器物原貌的作伪手法，不属于修复的范畴。

粘　陶瓷器修复方法之一。将陶瓷器残片用各种粘合剂进行拼粘。

锔　陶瓷器修复方法之一。器物伤裂后，用钻石工具在裂缝两侧的釉面上打浅眼，但不钻透，以金属锔钉连接。明代所用铁锔子，体形粗大宽厚，很易锈蚀。清代改用铜质锔钉，体形比较小巧。使用锔钉锔

478. 经粘接修复的元青花碗

过的残器伤况十分明显，但牢固耐用。民国以后有的锔钉被起掉，以漆填补锔孔。

补缺 陶瓷器修复方法之一。将破损器物缺少的部分用石膏、铜、锡、铁、木、金漆、水泥乃至油漆或沥青等补上。补缺的部分可看出与胎骨质感不同。

安把 瓷器修复方法之一。器物的把柄断失，用他器的柄补接，刷釉后再烘烤。后安把往往与原器呈色不一致，仍可辨别出。

镶嘴流 瓷器修复方法之一。壶流已断失，取用其他器身残损的完整壶流进行镶补。也有的用石膏镶补。

镶耳 瓷器修复方法之一。将器耳的损坏部分或全部，取用其他瓶耳进行粘补，或把原双耳磨掉重新修补。北京故宫博物院收藏的一件青花龙云纹大香炉，其中一耳即为镶补，外观上几乎天衣无缝。

镶底 ①瓷器修复方法之一。器物底部残损后，在器底近釉处精心旋切，用其他完好的器底与之镶接，一般不露痕迹。康熙器底二层台阶处的镶接更不易发现。②瓷器作伪方法之一。将新器底部取下，换

上大小合适的带官窑款识的旧底足，以混充真品。但往往有误将碗底作为瓶足的。

插头 瓷塑修复方法之一。佛像、仕女等瓷塑人物的头部伤残无法修补，取用其他残像上完好的头部进行插配，但颈部接口明显。

配手 瓷塑修复方法之一。佛像、观音、俑人等陶瓷塑像的手部已断残无法补救，用其他残像上完整的手进行替换，或另制新部件，进行插配。

配腿 瓷器修复方法之一。将香炉、雕塑人物、动物等残伤的腿或足磨去部分或全部截去，再进行补配，有的改变了足的样式。配腿的器物在整体风格上是可以分辨的。

配底板 瓷塑修复方法之一。陶瓷雕塑的底板伤残后，配以新底板来加强其完整。但新配底板往往比例不符。

贴花 瓷器修复方法之一。器身的雕贴花饰伤残后，用相似的旧花饰片或新制花饰片进行粘贴修补，一般不易发现。

479. 镶金属口的五代越窑盏托

镶金属口 瓷器装饰和修复方法之一。芒口瓷器以金、银、铜、锡等金属薄片镶口边以遮芒，或因口磕伤后为掩盖伤痕而加镶口。宋代定窑器为遮盖覆烧的芒口镶口较多，称为"扣器"；明、清以及民国时

期，则多为掩盖伤况。元末明初伊斯兰教地区为瓷器镶口、把，则是迎合了穆斯林的审美习惯，增加装饰效果，也属于一种装饰方法。

补釉　瓷器修复方法之一。在器口釉层磕缺部分或磨口处敷以釉汁进行修补，再入火焙烧。往往可以看出釉面衔接痕的边际。这种方法多施用于单色釉器物。

后提彩　瓷器修复方法之一。器面釉上彩绘局部伤缺，按照原样填补描绘，再入小窑烘烤。后提彩以提红彩居多。万历五彩、康熙五彩伤彩后常用此法修复。

【作伪】

瓷器作伪　为牟取利益修整、改变瓷器的原貌，以掩饰其伤残和真实时代的做法。常用的作伪方法有截掉、磨光残损的部位，改变原有款识，后挂彩釉，以及使用各种做旧技巧。清末至民国年间古董行业发达，古董商常采用作伪手法，将新制瓷器或价格较低的瓷器品种伪饰成昂贵的珍品。

补洞　瓷器作伪方法之一。壶的柄、流均缺失，将残留的洞补贴后进行装饰，多见做成浮雕花朵或兽头的。

配盖　瓷器作伪方法之一。器物因缺盖，冠以其他器盖，或用朝代不同的器盖与之相配。明永乐、宣德青花罐或成化斗彩罐常缺盖，清雍正、乾隆时多为之配烧器盖。因为同属官窑制品，后配盖与原器严丝合缝，也十分精美珍贵。这种专门烧制的后配盖与后代仿品中低劣的张冠李戴在效果上不能同日而语。

磨口　陶瓷器作伪方法之一。器物口边出现极为严重的伤损后，人为地用特殊工具将残口磨平，以增加器物的"完整"性，实际上恰恰破坏了其完整性。

轧口　瓷器作伪方法之一，又称截口，俗称"剃头"或"砍头"。因器物的颈部已经残破无法修复，为求其美观或作他用，将残损部分截去，截面露胎，

并不施釉掩饰。清康熙朝的青花花觚，因上半及口常常严重损伤，后代经常使用轧口的方法加工。

截口　见"轧口"。

套口　瓷器作伪方法之一。器物口颈残破后，旋削裁去肩部以上的部分，用另一件器物的器口与之严密地插套镶接，并以肩部墨线弦纹遮盖接痕。有以旧器套新器的口颈，也有以新器套旧器的口颈。多用这种方法冒充旧器。

磨嘴　瓷器作伪方法之一。壶流部位损伤后，将其磨短一截，使其显得完整美观。传世的唐代长沙窑短流壶流口残缺不易修复，后代多采取这种方法修整。

磨柄　瓷器作伪方法之一。把损坏的壶柄磨掉，或将对称的流、柄完全磨去。虽然表面上似乎完整了，但实际上破坏了器物应有的整体造型。

磨耳　瓷器作伪方法之一。把原有双耳的瓶类器物伤残的双耳磨去，使之成为无耳瓶。

磨足　瓷器作伪方法之一，俗称"修脚"。因器物的底足有伤残、垂釉不平、歪斜等缺陷，经人工修磨光滑或将圈足全部磨掉以掩饰其伤残。

磨底　瓷器作伪方法之一。器物足底内原来有釉，将釉底磨掉而露出细砂底，以充年代久远的器物。磨底呈现油腻般的灰白色，且带有磨痕。

磨款　瓷器作伪方法之一。多见于清代制品或新器。人为地磨掉器物底足内青花或红彩等款，露出砂底，以冒充明代永乐、宣德时期器物。磨款痕迹较明显，擦痕一般不易掩饰。

磨手　瓷塑作伪方法之一。瓷塑佛像的手指伤残，加工修磨加以掩饰。

打光　瓷器作伪方法之一。釉面被磨伤而失亮，用砣玉工具磨擦后涂蜡以增强其光泽度，但恢复的光泽极微。

打蜡　瓷器作伪方法之一。釉面光泽欠润泽，涂

以四川白蜡或亮光蜡，以增加光泽度。仿旧器常用此法。

涂油　瓷器作伪方法之一。在枯涩失光的釉面涂以胡桃油、甘油来增加光亮度。民国时期古董行常用此法。

涂漆　瓷器作伪方法之一。在瓷胎上涂漆并加以雕饰，或涂黑漆嵌软螺钿，仿作雕漆或螺钿漆器。民国时期古董行常用此法。

刷油漆　瓷器作伪方法之一。使用成组瓷器作为供器时，因器物缺少或不配套而用不同釉色的同类型器涂刷油漆临时代替。常刷的油漆有红色、黄色、蓝色和画彩等。彩漆浓腻干涩，质感与彩釉不同，一般较易辨别。

漆彩画　瓷器作伪方法之一。器物破碎或有窑缝、炸纹，用彩漆绘纹饰将缝隙遮盖。也有的在完整瓷器上以彩漆绘纹饰。民国时期瓷器作伪常用此法。

新胎后挂彩　瓷器作伪方法之一。在新烧的素白瓷上施加彩绘以仿旧器。民国时古董行风行这种方法。

后加彩　瓷器的一种作伪方法，通常是在旧器上稍加彩绘，再在低温炉中烘烧，冒充当时的新瓷以提高其经济价值。后加彩的方式多种多样：一、于旧器脱釉后加刻暗花，施釉后再上彩。二、将旧器加彩后改造成新品种，如将成化青花器加挂红彩，使其成为青花红彩。三、后提彩，釉面彩绘局部缺失，按原样填补描绘，入明炉烘烧，以提红彩为多。四、加漆彩绘。器物破碎或有窑缝、炸纹，以彩漆将纹路遮盖，或以彩漆绘画纹饰。五、在清代各朝素器上后加彩，使其改头换面，成为粉彩、斗彩、珐琅彩、三彩、墨彩、金彩之类品种，这类方法使用最多。六、于旧器上覆盖颜色釉，如在明永乐白釉僧帽壶上挂黄釉，在宣德、成化白釉盘，弘治、正德、嘉靖、万历及清代各类白釉器上后挂黄釉、胭脂水等色釉。

后挂五彩　瓷器作伪方法之一。在明、清两代的素白瓷或青花器上加绘五彩，冒充明代嘉靖、万历或清代康熙朝的名贵五彩。

后挂珐琅彩　瓷器作伪方法之一。民国时常以清代康熙、雍正、乾隆三朝遗存下来的素白瓷加绘珐琅彩料，然后入小窑烘烤，以冒充清康熙、雍正、乾隆珍贵的珐琅彩瓷来牟取暴利。实际上，珐琅彩瓷自乾隆中叶已不再烧制，民国后挂珐琅彩只是粉彩的一种而已。

后挂斗彩　瓷器作伪方法之一。民国时期在明清官窑、民窑的青花器上添加红、黄、绿、紫等各种釉上彩料烘烤而成，以模仿著名的明成化斗彩和清康熙、雍正、乾隆斗彩器。一般的后挂彩色泽较浓腻，纹饰板滞，远不如真器淡雅柔和。

后挂粉彩　瓷器作伪方法之一。民国以来，多在清雍正、乾隆至嘉庆、道光时的素白瓷上后挂粉彩，以充彩瓷。后挂粉彩因掺合铅粉过多有浓腻不爽之感，纹饰生硬，匠气较浓。

后挂三彩　瓷器作伪方法之一。在明、清两代无釉旧器或剥去釉皮的器物上施加三彩纹饰，再经低温焙烧而成。民国时，仿挂康熙素三彩制品很多，有的使用康熙本朝的涩胎瓷，款识也是康熙年所写，所以不太容易辨识。

后挂红彩　瓷器作伪方法之一。在明代素白瓷或青花瓷上加绘红彩，手法大抵与后挂斗彩相同，也是民国时兴起的一种仿制手段。

后挂红绿彩　瓷器作伪方法之一。在明、清两代素白瓷胎上加绘红绿彩釉经低温焙烧。因胎是旧器，款识与造型也非新仿，所以具有一定的迷惑性。

后挂金彩　瓷器作伪方法之一。有两种情况：一种是在明、清两代粉青、祭蓝、洒蓝等单色釉瓷器已脱落的金彩纹饰上加绘金彩，再经焙烤或不经火烤，是民国初年一种常见的作伪手法。另一种是在旧器伤痕处绘以金彩纹饰，以此来遮盖器物的裂痕。在瓷器冲口处描金的做法始自明代。

后挂黄红彩　瓷器作伪方法之一。黄红彩亦称"黄上红"或"红上黄"，是明中期景德镇官窑所创名贵品种之一，为后世争仿的对象。民国时古董商人将明弘治官窑素白瓷加施黄彩为地，再于黄地上描红彩纹饰，或以红彩为地，加饰黄彩图案，以期达到仿明代黄红彩瓷的目的。仿品虽为旧胎，但纹饰画法远不如明代古拙洒脱。或过于粗糙，或过于细腻，与明代真品尚有差距。

后挂黄赭彩　瓷器作伪方法之一。民国时期在明代弘治官窑的素白瓷上加施黄彩纹饰，再于黄彩之上描赭彩线条。手法类似"后挂黄红彩"。

后挂黄釉　瓷器作伪方法之一。民国时期在明、清两代素白瓷或青花瓷上加施黄釉。后挂黄釉色彩呆板，并多泛暗红色，远不如真品黄釉纯正明丽。

后挂绿釉　瓷器作伪方法之一。民国时期在清代雍正、乾隆时仿哥釉器物上敷罩一层绿釉以充康熙时的绿郎窑。或者在明、清两代的青花器物上加罩绿釉，烘烤而成。

仿胭脂水釉　瓷器作伪方法之一。民国时期在清雍正、乾隆两朝素白瓷上，用吹釉法施以浅色胭脂水釉汁。民国仿胭脂水釉稀薄而透明，远不如真品娇艳明丽。

仿西湖水釉　瓷器作伪方法之一。民国时期用清雍正、乾隆的素白瓷以吹釉法加施淡绿色釉汁，经低温焙烘而成，这种仿品色泽不够纯正，比真品所呈现的明媚的湖绿色深暗或略白。

后补枣红彩釉　①清末民初瓷器修复手法之一。在明代旧矾红彩瓷器脱落的彩釉处进行补绘。②瓷器作伪方法之一。在明代素白釉器物上涂描红彩釉，入窑焙烘。后补枣红彩釉呈黑褐色，远不如明代成化枣皮红彩亮丽，也不似康熙五彩中的枣皮红鲜艳，而是一种污暗的红褐色。

仿淡黄釉　瓷器作伪方法之一。淡黄釉是清初继承明弘治黄釉而烧制成功的一种淡雅鲜亮的单色釉。民国时用清雍正、乾隆时的素白瓷，加施含有粉质的淡黄釉。仿淡黄釉因釉汁所含铅粉过多而导致釉面失透，呈色刺眼且闪绿，与真品相去甚远。

后刻花　瓷器作伪方法之一。指瓷器烧成后，在釉面上浅刻花纹，有的刻花后再度施釉入炉烧结。一般是后世为了增加器物装饰效果而作。在单色釉器物上后刻花，实际上是"画蛇添足"的做法。

后刻阴文款　瓷器作伪方法之一。在烧成的器物上用钻石工具刻上款识，一般不施釉，但也有少量刻后施釉入窑烘烧。后刻款的字口、釉的切面有芒，与坯体上原刻款不同。原款因刻在阴干的坯体上，笔划均有坡度，并且光滑。

后刻阳文款　瓷器作伪方法之一。在烧成的器物底部，后刻上阳文款字并填以釉汁，或用釉堆写款识。这种款多为仿前代款，但款字不够清晰。

480. 刻清乾隆御题诗的宋哥窑盘

后刻诗句　瓷器作伪方法之一。清代乾隆帝曾命工匠在一些宫中旧藏的古旧瓷器上，镌刻上由他撰写的诗句，以示风雅。后有人在一般器物上也摹仿乾隆御题诗句随意加刻，藉以抬高身价。民国时常见仿刻御题诗的器物。

假出土　瓷器作伪方法之一。将仿烧的各类器物有意长期埋入地下，有的竟埋藏数年，以期达到旧器的效果，低温铅釉、五彩、三彩、粉彩等器物，尤其易于氧化或腐蚀。有的假出土器物还涂上红、黄土疤，但一触即掉。

茶水煮　瓷器作伪方法之一。把新烧瓷器用土茶水煮泡，使器物釉面失亮，并有红褐色茶锈痕，以仿土锈。这是清代以来常用的作伪手法。

浆砣　瓷器作伪方法之一。以破碎的匏器断面沾细浆泥汁，缓慢磨擦新瓷的釉面，使其失去亮泽，甚至出现网纹，如同日久年深而形成的釉面小片纹。

药浸　瓷器作伪方法之一。为使新器显得古旧，使用药水浸泡也是常用手法。常用药水有两种，用高锰酸钾水浸泡，釉表呈紫褐色；用中药孩儿茶调匀涂抹，粘性大，附着力强，釉面呈黑褐色。

烟熏　瓷器作伪方法之一。为给新器作旧，故意将器物以烟熏火燎，一般熏过的器物呈灰褐或灰黄色，嗅之有刺鼻的烟味。

九、人　物

【陶瓷工匠】

袁宜　三国时期吴国会稽（今浙江绍兴）人。1954 年江苏南京赵士岗三国吴墓出土的一件青瓷虎子，器腹上刻"赤乌十四年会稽上虞师袁宜作"铭文，由此可知袁宜是当时越窑的制瓷工匠。

赵慨　字叔明，晋代人，据《浮梁县志》载，赵慨"道通神秘，法济生灵"，后来被景德镇陶瓷行业奉为师祖，该地曾先后建"师祖庙"、"佑陶灵祠"以供奉。

范休可　浙江上虞人，南北朝时期制瓷工匠。1970 年 8 月江苏金坛白塔乡出土的一件南北朝早期青釉扁壶，腹部刻铭"紫（此）是会稽上虞范休可作坪者也"。

陶玉　江西景德镇钟秀里人，唐武德时景德镇制瓷名家。据《浮梁县志》、《景德镇陶录》记载，陶玉在景德镇烧制瓷器的窑称"陶窑"。他用洁白的瓷土制成胎体薄、色泽温润的瓷器，运输到关内出售，并且进贡给朝廷。这种明润优美的瓷器被人们誉为"假玉器"，十分畅销。景德镇烧制的瓷器闻名天下，陶玉有不可磨灭的功绩。

霍仲初　江西景德镇山东里人。唐武德时景德镇制瓷名家。据《浮梁县志》、《景德镇陶录》记载，霍仲初烧制的瓷器，质薄色素，莹缜如玉，人称"霍窑"或"霍器"。唐武德四年（621 年），朝廷令霍窑造瓷进御。

丁道刚　唐代制瓷工匠。北京故宫博物院收藏的一件唐白釉花口瓶，肩部暗刻铭文"丁道刚作瓶大好"。

周明　广东潮州人，北宋时期潮州水东窑瓷塑名家。据 1922 年潮州出土的 4 尊佛造像上面镌刻的铭文，可知"潮州水东中窑"的瓷窑名称；"治平四年（1067 年）丁未岁九月卅日题匠人周明"明确了刻铭匠人周明及时间。另外两尊瓷造像刻铭的内容也有周明的落款，并记录烧制时间为熙宁二年（1069 年）。20 世纪 70 年代发掘潮州北宋瓷窑遗址时，亦有刻周明名款的瓷像出土。上述完整的瓷造像成型工艺纯熟，造型简约庄严。

章生一　传南宋处州龙泉（今浙江丽水）人。龙泉窑制瓷名家。据记载，章生一与其弟章生二在龙泉琉田各主一窑，生一主持的瓷窑称"哥窑"。哥窑产品以豆绿色青瓷居多，亦有米色釉瓷。釉质极厚润纯净，历千年而莹泽如新，釉面有"鱼子纹"和大小纹片，与现在所见龙泉仿南宋官窑瓷器极为相似。

章生二　传南宋处州龙泉（今浙江丽水）人。龙泉窑制瓷名家。章生一之弟。文献称生二主持的瓷窑称"弟窑"，又名"龙泉窑"。烧制的瓷器釉色深浅不一，以粉青和梅子青最为典型。从现在发现的龙泉瓷器看，章生二的"弟窑"青瓷，似属一般的龙泉白胎青瓷。

舒翁　宋代吉州庐陵（今江西吉安）永和镇人。北宋末至南宋初年吉州窑制瓷名家。吉州永和镇自唐代即产瓷器。宋代永和的 5 家窑场，以舒窑最有名，制品以白釉和黑釉为主。舒翁擅长瓷塑，他烧制的瓷玩具最受人喜爱。关于舒翁的文字记载，有《庐陵县志》引宋代欧阳铁《杂著》、清唐秉均《文房肆考》、蓝浦《景德镇陶录》等。1980 年，在吉安永和镇尹家山窑发现一件压印"舒家记"铭款的瓷枕残片，由此推测舒家窑当在尹家窑山附近。

舒娇　宋代吉州庐陵（今江西吉安）永和镇人。北宋末至南宋初年吉州窑刻瓷艺人，制瓷名匠舒翁之女。蓝浦《景德镇陶录》载："吉州窑，昔有五窑。五窑中唯舒姓者颇佳。舒翁工为玩具，翁之女舒娇，尤善陶。其垆瓮诸色几与哥窑等价。"还赞誉其制瓷造诣当在舒翁之上。舒娇是我国陶瓷史上见于文献记载的第一位女制瓷名家。

阮十六　安徽萧县人。宋代萧县白土镇窑制瓷名家。据宋人洪迈《夷坚志》"萧山陶匠"条记："萧山之白土镇……凡三十余窑，陶匠数百……一匠曰阮十六，禀性灵巧，每制作规范，过绝于人。来买其器者，价值加倍。"萧县白土镇有宋代瓷窑遗址，惜未发现过阮十六款的作品。

张泰　金代河北磁州窑制瓷工匠。中国历史博物馆收藏一件金代磁州窑瓷香炉，炉外壁白地上有黑彩楷书"佛光普渡大安二年张泰造"铭文。大安二年为1210年。

何朝宗　又名何来、来观。福建德化浔中镇隆泰村后所人。明代中后期福建德化窑瓷塑名家。何朝宗所做白瓷塑像，善于表现人物的情绪与性格，并能巧妙地处理身体的姿态和衣服褶痕。如现藏北京故宫博物院、福建省博物馆、重庆市博物馆及香港攻玉山房等处的几件何朝宗款观音、达摩塑像，有的结伽趺坐，慈祥可亲；有的踏波逐浪，肃穆庄严。衣纹或自然下垂，或临风飘拂，均洒脱率真，为明清时期德化窑瓷塑代表作品，在我国陶瓷史上享有很高的声誉。

林朝景　明代中后期福建德化窑瓷塑名家，与何朝宗同时。林朝景与何朝宗一样，瓷塑款识大多钤在塑像背上，亦有极少作品在塑像的衣褶下刻"林"字。

供春　又名龚春，江苏宜兴人。明正德年间宜兴紫砂陶工艺开创者之一。初为学使吴颐山家僮，随吴攻读于江苏宜兴金沙寺中。据传供春学金沙寺老僧，淘细土抟坯，制成砂壶。壶内外隐见手指螺纹，制品敦庞周正，栗色闇闇如古金铁。世称"供春壶"。供春事迹和所制茗壶，在明周高起《阳羡茗壶系》、许次抒《茶疏》、清吴骞《阳羡名陶录》等文献中均有记载。中国历史博物馆现藏一件供春款树瘿壶，造型仿树瘤，古朴自然，壶身把柄一侧刻篆书"供春"款识。据考证此壶原为清末翰林、收藏家吴大澂所藏，20世纪30年代宜兴人储南强在苏州冷摊上购得，曾藏于苏州博物馆。原缺壶盖由裴石民后配。因供春壶历来多有仿制，故这件树瘿壶的真伪尚有争议。

龚春　见"供春"。

崔国懋　明嘉靖、万历年间景德镇著名制瓷家。崔国懋主持的瓷窑，属民间窑，俗称"崔公窑"。他善仿明宣德、成化瓷器，惟有盏比宣德、成化两窑的略大，但同样精美。所制青花瓷器是当时名窑之冠，名传远近，四方争购。

周丹泉　苏州人。明隆庆、万历年间景德镇民窑制瓷名家。周丹泉最善仿制古定器，《韵石斋笔谈》曾记述他仿宋代定窑瓷鼎乱真的故事。他除仿古器，还烧制陶印、辟邪、龟象、连杯、瓦纽，色白如定，纹饰古朴。其仿古瓷因逼真传神，为当时苏州、淞江等地的收藏家重金收购。

昊十九　名为，别号十九、壶隐老人、壶隐道人。明嘉靖万历年间江西景德镇制瓷名家。最突出的成就是制成"流霞盏"、"卵幕杯"薄胎瓷器。底署"壶隐老人"款识的茶壶亦很精美。其他如娇黄釉凸雕九龙小方盂、盏均为上品。明代诗人樊玉衡吟诗赞美："宣窑薄甚永窑厚，天下知名昊十九。"李日华《紫桃轩杂缀》云："浮梁人昊十九者……所制精瓷，妙绝人巧。尝作卵幕杯，薄如鸡卵之幕，莹白可爱，一枚重半铢。又杂作宣、永二窑，俱逼真者。"还对其生平有较具体的记载。1973年江西都昌明吴振邦墓志出土后，对文献和传说作了补充与校正。

吴明官 安徽歙县人。明万历初年江西景德镇制瓷名家。明末人张岱《陶庵梦忆·诸工》有"徽州吴明官之窑"的记载。《景德镇陶录》则认为当时徽州没有瓷窑。徽州与景德镇距离较近，吴明官应当是在景德镇设窑制瓷。

童宾 明万历年间景德镇制瓷工匠。据《浮梁县志》记载，万历二十七年（1599年）江西矿税使太监潘相兼理窑务，督造龙缸。因多次烧制不成酷责工人。陶工童宾悯同役之苦，愤而投入烈火熊熊的瓷窑中自焚，激起了景德镇陶瓷工人抗暴达4年之久，于万历三十年烧毁御窑厂，赶走潘相。后人建风火仙神庙祭祀童宾。

董翰 号后溪。江苏宜兴人。明万历初年宜兴紫砂陶名家。清吴骞《阳羡名陶录》记，董翰、赵良、元畅、时朋是继供春之后的制壶四大家。董翰始造菱花式壶，极尽工巧。《阳羡名陶录》认为四家中，董翰作工"文巧"，其余三家"多古拙"。

赵良 又作赵梁，江苏宜兴人。明万历初年宜兴紫砂陶名家。是继供春之后制壶四大家之一。《阳羡名陶录》记赵良所制茗壶多为提梁式，作品以古拙著称。

元畅 或作元锡、袁锡，江苏宜兴人，明万历初年宜兴紫砂陶名家。是继供春之后制壶四大家之一。

时朋 又作时鹏，江苏宜兴人。明万历初年宜兴紫砂陶名家。是继供春之后制壶四大家之一，为历史上卓有成就的制壶名家时大彬之父。

李茂林 名养心，江苏宜兴人。明万历初年宜兴紫砂陶名家。因排行第四，又擅长制作小圆砂壶，人称"小圆壶李四老官"。所制之壶，世称"名玩"，于质朴中带娇妍。作品上不加款署，仅朱书号记。据记载在此之前将制成之壶附入缸窑烧造，不用匣钵封闭。自李养心始，壶"乃作瓦缶，囊闭入穴"，可防止茗壶在烧制过程中沾染缸坛釉泪，是装烧方法的一大改革。其子李仲芳，亦制壶名手。

时大彬 号少山，江苏宜兴人。时朋之子，明万历至清初宜兴紫砂陶名家。起初仿供春制大壶，后受文人饮茶理论启发，改做小壶。对泥料加工配制、成型技术、造型设计、铭刻款识均有研究与改进，使紫砂工艺达到一个新的境界。时人许次纾《茶疏》云："昔时龚春茶壶，近日大彬所制，大为时人宝惜。盖皆以粗砂制之，正取砂无土气耳，随手造做，颇极精工。"时大彬壶上铭款甚讲究，为端丽的楷书，用竹刀刻成。明天启周高起《阳羡茗壶系》将时大彬奉为"大家"。大彬与其高徒徐友泉、李仲芳均行大，市井间有"壶中妙手称三大"之誉。大彬款紫砂壶传世品甚多，近年又屡有出土。因从明末起便有众家竞仿，常常真假难辨。

李仲芳 江苏宜兴人，明万历年间宜兴紫砂陶名家，李茂林之子，时大彬的得意弟子。据《阳羡名陶录》记，其作品由古朴渐趋文巧。传世款署大彬的砂壶中，就有李仲芳所制，当时便有"李大瓶，时大名"之说。李仲芳与时大彬及大彬的另一高徒徐友泉，有"壶中妙手称三大"之誉。

徐友泉 名士衡，江苏宜兴人，明万历年间宜兴紫砂陶名家。原非宜兴制陶世家子弟，因其为时大彬赏识，纳为弟子学制紫砂器。善于制作汉方、扁觯、小云雷、提梁卣等多种器形。所配泥料颜色有海棠红、朱砂紫、定窑白、冷金黄、淡墨、沉香、水碧、榴皮、葵黄、闪色、梨皮诸多品种，皆妙出心裁。制成器上刻楷书"友泉"名款，书法类似大彬。徐友泉与时大彬、李仲芳在当时有"壶中妙手称三大"之誉。其作品据清吴骞《阳羡名陶录》记载，所见不下数十种，但今天却难见实物。其子继承父业制陶，时人并称"大徐"、"小徐"。

欧正春 名子明。江西婺源人。明万历年间宜兴制陶名家。以白泥或紫泥作胎,仿宋钧窑瓷器造型及其乳浊釉,器形有盆、奁、架、瓶、盂、尊、炉等,釉色以天青、天蓝、芸豆红等居多,亦见葡萄紫,灰蓝色最为珍贵。世称"欧窑",制品又称"宜钧"。《阳羡名陶录》评欧正春作品"多规花卉果物,式度精妍"。欧窑制品介于陶与瓷之间,是有别于紫砂陶器的新产品。

邵文金 明万历年间宜兴紫砂陶名手。清吴骞《阳羡名陶录》记其仿制时大彬所作汉方式样的砂壶,技艺独绝。

邵文银 明万历年间宜兴紫砂陶名手。清吴骞《阳羡名陶录》只录其名。

蒋伯荂 又名时英,原名伯敷,明万历名士陈继儒将"敷"更改为"荂"。明万历年间宜兴紫砂陶工匠,时大彬的弟子。吴骞《阳羡名陶录》评其人"因附高流,讳言本业"。又评所作陶器"坚致不俗"。清人张燕昌《阳羡陶说》记曾见其所作,相传为大收藏家项墨林确定式样的"天籁阁壶"。

陈用卿 明万历年间宜兴紫砂陶名手。因身有残疾,人称陈三呆子。《阳羡名陶录》记其作品"式尚工致,如莲子、汤婆、钵、盂、圆珠诸制,不规而圆,已极妍饰"。器上落款为仿钟太傅笔意,再用竹刀刻之,具有浓厚书卷气。

陈信卿 明万历年间宜兴紫砂陶名匠。仿时大彬、李仲芳诸人所制的紫砂器,作品坚瘦工整,雅自不群。后因醉心于与贵胄游宴享乐,不再一心一意地努力提高技艺,常常将弟子作的器物,加以修饰,署上自己的款识。

闵鲁生 一名贤。明万历年间宜兴紫砂陶工匠。仿制供春、时大彬诸家名器,技艺"渐入佳境"。见传世名品,便虚心模仿,并吸收创新。

陈光甫 明万历年间宜兴紫砂陶名手。时大彬的入室弟子。早年一目失明,但仿制古器仍能达到具体而微。明周高起《阳羡茗壶系》评之为"雅流"。

陈仲美 江西婺源人。明万历年间宜兴紫砂陶名家。陈仲美先在景德镇制瓷,因从业者甚多,不易成就,赴宜兴制紫砂器。陈仲美善于加工紫砂泥原料。所作香盒、花杯、狻猊炉、辟邪镇纸,均精雕细刻,如鬼斧神工。制作的茗壶有的呈象生花果等形状,又饰以草虫。有的壶上装饰龙戏海涛,龙伸爪出目,传神生动。陈仲美雕塑的紫砂观音像,庄严慈悯,神采如生。惜用心过度而英年早逝。周高起《阳羡茗壶系》将陈仲美所作之壶列入神品。

沈君用 (?~1584年)名士良。江苏宜兴人。明万历时宜兴紫砂陶名家。自幼即因善制陶而闻名,人称"沈多梳"。其智慧、技巧与陈仲美不相上下。擅长配制紫砂泥料,作品多浮雕装饰,玲珑剔透。虽不尚正方正圆,但接缝处准确严密,不苟丝发。《宜兴县志》记沈君用是继供春、时大彬后,与徐友泉、陈用卿、徐令音同列的制壶名手。周高起《阳羡茗壶系》将其和陈仲美列为神品。

邵盖 明万历年间宜兴紫砂陶工匠。明周高起《阳羡茗壶系》将其列入别派,并云其生平在汪大心著《叶语附记》中有记录。

周后溪 明万历年间宜兴紫砂陶工匠。明周高起《阳羡茗壶系》将其列入别派。并云其生平见于汪大心《叶语附记》。

邵二孙 明万历年间宜兴紫陶工匠。周高起《阳羡茗壶系》将其列入别派。并云生平见于汪大心《叶语附记》。

陈俊卿 江苏宜兴人。明天启、崇祯间宜兴紫砂陶工匠。紫砂名家时大彬的弟子。《阳羡茗壶系》将其列入别派。

周季山 江苏宜兴人。明天启、崇祯间宜兴紫砂陶工匠。《阳羡茗壶系》将其列入别派。

陈和之　江苏宜兴人。明天启、崇祯间宜兴紫砂陶工匠。《阳羡茗壶系》将其列入别派。

陈挺生　江苏宜兴人。明天启、崇祯间宜兴紫砂陶工匠。《阳羡茗壶系》将其列入别派。

承云从　江苏宜兴人。明天启、崇祯间宜兴紫砂陶工匠。《阳羡茗壶系》将其列入别派。

沈君盛　江苏宜兴人。明天启、崇祯间宜兴紫砂陶工匠。《阳羡茗壶系》将其列入别派。

陈辰　字共之，江苏宜兴人。明天启、崇祯间宜兴紫砂陶工匠。善于在砂壶上镌刻铭款，时人制成的壶多请他镌款文，被称为"陶家之中书君"。《阳羡茗壶系》将其列入别派。

徐令音　江苏宜兴人。明天启、崇祯间宜兴紫砂陶名家。《宜兴县志》记："若徐友泉、陈用卿、沈君用、徐令音，皆制壶名手也。"说明徐令音制紫砂壶的技艺，可与徐友泉等人相比拟。《阳羡名陶录》认为他可能是当时所谓的"小徐"（徐友泉子）。

项不损　名真，浙江嘉兴。明天启、崇祯间宜兴紫砂陶名家。项不损是嘉兴名族项氏后裔，曾以诸生贡入国子监。吴骞《阳羡名陶录》记，曾见一件茶壶，有"砚北斋"和"项不损"款识。认为项不损制作砂壶，乃文人偶尔寄兴之作。所制之壶质朴雅致，款识书法有晋唐格调，水平高于时大彬、李仲芳诸家。

沈子澈　江苏宜兴人。明崇祯末年宜兴紫砂陶名手。周高起《阳羡茗壶系》云，其制壶古雅浑朴，曾制菱花式壶，壶铭曰："石根泉，蒙顶叶，漱齿鲜，涤尘热。"《阳羡名陶录》作者吴骞记其收藏有一件菱花形茶壶，底有"子澈为密先兄制"款文，及所见一件署"崇祯癸未沈子澈制"铭款的茗壶，称许这两件壶"款制极古雅浑朴。盖子澈实明季一名手也。"崇祯癸未即崇祯十六年，公元1643年。

陈子畦　江苏宜兴人。明末清初宜兴紫砂陶工匠。《阳羡名陶录》记陈子畦最善仿徐友泉，其制品为当时人珍爱。又说有人认为他即清初紫砂名家陈鸣远之父。

陈鸣远　名远，号鹤峰、鹤邨、壶隐、石霞山人。江苏宜兴人。清初宜兴紫砂陶名家。长于雕塑，巧妙调配泥色，善创新样，尤喜制作自然形紫砂器和象生器。制作的天鸡壶、海棠杯、诰宝壶、花樽、菊盒、香盘、十锦杯等，均塑镂兼长，优美典雅。款识书法雅健，有晋唐风格。作品名扬中外，名士公卿争相求购。《宜兴县志》和《阳羡名陶录》，对陈的作品与成就均有记载和评论，认为陈鸣远是继时大彬后的一代名师。

徐次京　江苏宜兴人。明末清初宜兴紫砂陶工匠。据张燕昌《阳羡陶说》记载，曾见一砂壶，盖外口有楷书"徐氏次京"款识，书法古雅。张氏认为，其壶盖与壶口相合处制作工艺不及时大彬。

惠孟臣　江苏宜兴人。明末清初宜兴紫砂陶名家，善制小壶。张燕昌《阳羡陶说》记载，惠孟臣壶款识笔法不俗，做工则远不及时大彬。《阳羡名陶录》作者吴骞收藏的孟臣制壶，风格古朴，底刻唐人诗句及署款行书10字，笔法似唐代书法家褚遂良，认为惠孟臣"亦大彬后一名手也"。清初施鸿保《闽杂记》称："漳泉各属，俗尚功夫茶。茶具精巧，壶如胡桃者，名'孟臣壶'。"说明惠孟臣制作的此类小巧的茗壶，为功夫茶必备的茶具。

葭轩　江苏宜兴人。明末清初宜兴紫砂陶名手。善制瓷印章。《阳羡陶说》作者张燕昌得一蟠螭纽瓷印，印面白文"太平之世多长寿人"为切玉刀法镌成。印侧有"葭轩制"款识。

郑宁侯　江苏宜兴人。传为明末清初宜兴紫砂陶工匠。据吴骞《阳羡名陶录》称，善摹仿古器，书法亦精。

惠逸公　清雍正、乾隆时宜兴紫砂陶名匠。据说其制陶技艺和作品风格，皆与惠孟臣相近，人称"二惠"。

葛明祥 江苏宜兴人。清乾隆、嘉庆年间宜兴丁蜀镇制瓷名家。葛明祥与弟源祥，继承明万历年间欧窑仿宋的传统，继续烧制"宜钧"瓷器。釉色灰中晕蓝，较欧窑更胜一筹，器形多瓶、罐、盆、盂。

葛源祥 江苏宜兴人。清乾隆、嘉庆年间宜兴丁蜀镇制瓷名家。葛明祥之弟。

陈鸿寿 （1768～1822年）字子恭，号曼生。浙江杭州人。清乾隆至咸丰年间书画篆刻家，浙派篆刻"西泠八家"之一。诗书画皆精，并擅长紫砂壶设计。于嘉庆二十一年（1816年）任溧阳知县期间，与当地名工杨彭年等合作制壶，曼生为杨设计十八壶式，请杨彭年、邵二泉等名家制作，又由曼生及其幕中友人题刻诗句铭文。作品世称"曼生壶"。曼生壶造型有石铫、横云、井栏、合欢、却月、半瓦当、方山、瓜形、覆斗等，铭文或切壶切茶，或取自商周青铜器，或为历史典故、座右铭等。壶底多有阳文篆书印"阿曼陀室"，并有"彭年"、"二泉"等印鉴。

陈曼生 见"陈鸿寿"。

邵二泉 清嘉庆、道光年间宜兴紫砂陶名家。擅长制壶并在壶上镌刻铭文、款识。陈鸿寿嘉庆二十一年（1816年）任溧阳知县时，曾请邵二泉与杨彭年制作他亲自设计的"曼生壶"。邵二泉在道光年间，还为邵景南制作的壶刻铭款。

杨彭年 江苏宜兴人，一说浙江桐乡人。清嘉庆、道光年间宜兴紫砂陶名家。清徐康《前尘梦影录》载，彭年善配泥色，随手捏塑，其壶或浑朴厚重，或玲珑秀巧，均具天然之趣。嘉庆二十一年（1816年）起，与当时任溧阳知县的书画篆刻家陈鸿寿合作，陈为他设计十八壶式，由杨彭年等人制作，待泥坯半干，用竹刀镌刻铭文书画，世称"曼生壶"。陈还为他题赠斋号"阿曼陀室"。据传世所见，杨彭

年的作品多有"阿曼陀室"、"杨彭年制"及"彭年"等印记。曼生壶后来一直为茶艺家和收藏家珍重。其妹凤年、弟宝年均善制壶。

杨凤年 江苏宜兴或曰浙江桐乡人。清嘉庆、道光年间宜兴紫砂陶女艺人，紫砂名工杨彭年之妹。善配泥色，构思精巧，如传世竹段壶，壶体、执柄均作竹节形，并饰以浮雕竹枝竹叶。

瞿应绍 （1780～1849年）字子冶，一字陛春，号月壶，晚年改号瞿甫、老冶，室名"毓秀堂"。清道光贡生，官至同知，为上海名士，书画家，擅长画竹。喜紫砂壶，常将自画竹梅图及铭款刻壶上，时人称"三绝壶"。曾与制壶名家杨彭年合作，壶柄上有"彭年"印记。有的作品请邓奎（符生）代笔书款。著有《月壶题画》、《月壶草》。

朱坚 字石梅，浙江绍兴人。清嘉庆、道光间宜兴紫砂陶名家。善制锡壶及紫砂壶，所制壶式样多种，均玲珑秀美，风雅宜人。创制紫砂包锡工艺，常在砂壶或砂胎锡壶面上刻梅花和自作诗句及名士题咏。曾撰写《壶史》一册。

邵大亨 江苏宜兴人。清道光、咸丰间宜兴紫砂陶名家。善于仿古，做工精湛，造型以浑朴见长。高熙《茗壶说》述邵壶"肩项及腹，骨肉匀停"，"嘴錾胥出自然，若生成者"，"口盖直而紧，虽倾侧无落帽忧"。传世的邵大亨制壶，今知有"鱼化龙"、"掇球"、"风卷葵"、"一捆竹"等式样。邵壶在清代已一壶千金，几不可得。

陈国治 安徽祁门人，清道光、咸丰间景德镇著名雕瓷艺人。在瓷板上雕刻的花卉，深浅适度，富有画意。还将瓷雕与釉色相结合，仿竹木、象牙器，无不神形俱备，精雕细刻的仿漆器，釉色极似髹漆。

黄炳 （1815～1894年）字云渠，又号云屿，一作云渔。广州人（或云广东石湾人），清道光至光绪年间石湾陶塑名家。所作人物、鸟、兽，饶有神彩，

尤精塑鸭、鹧鸪、鹌鹑等禽类、猴、猫等兽类，虽不施釉，但均双目传神，工细分明，阴阳可辨。传世之品甚多，少见名款，或钤"云屿氏"阴文楷书长方形印，或署"幼竹"款，可能是成名后的作品。

黄荣　又名古珍，广东石湾人。清道光至光绪年间石湾陶塑名家。黄炳之叔，但年龄较小。善制花瓶、文玩及神佛造像。所塑陶鸭人称"黄古珍鸭"。广东佛山祖庙大殿屋脊两端的日月神，是他的杰作。还与黄炳合作庙内廊檐人物群塑。

叶王　又名叶王陶，麟趾，俗称王师。福建漳州平和人。清咸丰、同治间台湾陶瓷名家。叶王自幼随父学制陶，善捏塑戏剧人物，后赴台湾。刻苦钻研，所制陶瓷更加精巧，设色更为独特。当时嘉义一带寺庙、豪宅屋上装饰的花鸟人物、山水瑞兽，多出其手。还制作了文昌帝君、关帝父子、观音、武将等瓷塑，烛台、文具、烟具以及石榴、仙桃等玩具。其作品赴日本万国博览会展出，深得好评，被称为"东洋之宝"。

黄玉麟　（约1842～1914年）江苏苏州人，清同治、光绪间宜兴紫砂陶名家。曾受聘吴大澂家，将吴氏收藏青铜器、古陶器的造型、特色融合入紫砂陶中。黄玉麟制壶，选配泥料讲究，精心构思，壶多圆式。他制作的鱼龙变化壶，颜色紫红，盖内有"玉麟"方印，盖上有龙头伸缩吐注，奇特灵妙。作紫砂假山盆景，山峰叠翠，小桥亭舍，天趣盎然。晚年死于贫病交瘁。

王廷佐　字少雄，安徽泾县人。清同治、光绪间景德镇瓷画名家。其浅绛瓷画独具特色，方法是用墨皴染后，再施淡墨浅赭渲染。色泽柔和，操作简便。所作之浅绛清明雨景小方酒杯，现藏景德镇陶瓷研究所。除山水画，还擅长画猴。

王炳荣　清同治、光绪间景德镇瓷雕名家。清人许之衡《饮流斋说瓷》将王炳荣与陈国治并提，说雕瓷笔筒"所雕花以竹林七贤、东坡赤壁、垂杨条马之类为多。良工陈国治、王炳荣颇善斯制"。

刘辉胜　广东顺德人，清同治、光绪年间石湾陶塑名家，在石湾开"刘胜记"专营陶塑。作品以置盆景假山上的"山公"最有名，亦善烧实用器皿。制品远销欧美、东南亚和港澳地区。

金品卿　安徽黟县人，清光绪初年景德镇彩绘瓷名家。擅长浅绛彩绘人物。所绘《渔樵闲话图》用笔刚劲，人物生动自然，呼之欲出。

程门　字雪笠，安徽歙县人。清光绪时景德镇瓷画名家。擅长浅绛彩绘山水、花卉瓷画。邓之诚《骨董琐记》中称许其瓷绘"极勾勒渲染之妙，得者珍之"。其子次笠、小笠承父业，都是清末民初著名瓷画家。

陈渭岩　（？～1928年）又名惠南。清光绪时广东石湾陶塑名家。自幼随父学艺，后又到景德镇学习制瓷数年。擅长塑造人物、神佛及动物，釉色多仿古代名窑。曾塑"日月神"参加1915年"太平洋万国巴拿马博览会"。

李裕元　清末景德镇制瓷名匠，以善雕反瓷闻名。反瓷不上釉，却便于施彩。施墨彩的反瓷笔筒较常见，施胭脂水的罕见。《饮流斋说瓷》记这种反瓷，"多属李裕元所制"。

黎勉亭　江西新建人。清末民初景德镇刻瓷名手。刻瓷为当时新兴工艺，方法为在烧成的素瓷面上，用钢钻或钻石刺刻花纹，再用墨彩填染。民国四年（1915年）袁世凯令其到北京为英王乔治刻像，黎用6个月完成，达到形神逼真，毫发皆似的程度。

潘玉书　（？～1936年）广东石湾人，清末民初石湾陶塑名家。自幼从名艺人黄炳学习制陶技艺，后赴法国研究雕塑艺术。擅长塑人物故事。塑像重神态不重釉色。所塑达摩有"潘达摩"之称。对女像刻划亦有独到处。想像力丰富，作品生动传神。

鄢国珍　江西景德镇人，清末至民国初年景德镇制瓷名家。出身窑户世家，早年即负有盛名。1915年，袁世凯复辟帝制，在景德镇设立陶务监督署，主持制造"御窑"瓷器。鄢国珍承制百件仿清雍正、乾隆珐琅彩瓷，作为登基大典时赠各国公使的礼品。这批瓷器胎薄釉莹，彩色绚丽，造型端巧，画笔精细，可与雍正、乾隆时期真品相媲美，为民国初年艺术瓷中有代表性的精品。

李云衡　广东人，清末至民国初年景德镇制瓷名家。所制的霁红釉瓷，是当时最杰出的作品。

余立卿　江西婺源人。民国时期景德镇制瓷名手，擅长调配粉彩色料，填彩技术精湛。

王寅春　（？～1977年）江苏宜兴人，现代宜兴紫砂陶名家。自幼勤奋学习制陶，对方、圆、筋纹诸式茗壶制法均能得心应手。抗日战争之前，曾在上海制壶并传艺。仿前人茗壶甚多。

裴石民　字德民。现代宜兴紫砂陶名家。所制茗壶品种、式样繁多，做工精湛。1928年前后，曾为储南强从苏州购得的供春款树瘿壶配制壶盖，并在盖上镌刻铭文作记。

许尚孔　安徽石埭人，民国初年景德镇制瓷名手。擅长在瓷器上绘制翎毛、花卉。

汪晓棠　安徽婺源人，民国初年景德镇制瓷名手。擅长在瓷器上绘画人物仕女。

周小松　四川人，民国初年景德镇制瓷名家。擅长在瓷器上绘画佛道鬼神。所绘钟馗、罗汉尤为生动传神。

潘陶宇　江西鄱阳人，民国初年景德镇制瓷名手。擅长在小件瓷器上绘画，笔法清新秀丽。

吴霭生　广东南海人，民国初年景德镇制瓷名家。原系南洋华侨，随叔父到景德镇经商，后开窑制瓷。17年间对制瓷屡有创新。吴敬容撰写的《吴霭生墓碑记》中称，他改良釉彩，"配方之精良，驾乎

雍乾之上"。向焯在《景德窑址纪事》中，赞其瓷器造型匀称稳定，新颖美观，是民国初年首屈一指的制瓷家。因处在瓷业衰落时期，竟因亏损过甚破产，贫窘而终。

余灶昌　安徽人。民国初年景德镇彩绘瓷名家。擅长粉彩配色，长于填彩。

王东荣　安徽休宁人。民国初年景德镇瓷绘名家。初仿古彩，后又以工笔人物、花鸟见长，线条遒劲秀丽。

吴秉坚　广东人。民国时期景德镇制瓷名手。精通粉彩工艺，擅长配制彩料与填彩。

龚柏林　江西高安人。民国时期景德镇制瓷名手。对烧制粉彩瓷有研究，擅长配制粉彩料和在瓷器上填描彩色。

胡颜标　江西景德镇人，近代景德镇瓷器彩绘名手，所仿乾隆著名的"古月轩"珐琅彩瓷最为传神。

张志汤　江西婺源人，民国时期景德镇制瓷名手。以擅长绘饰山水瓷画著称。

何许人　又名处、华滋。安徽南陵人。民国时期景德镇制瓷名家。先以烧制青花知名，后又开创雪景山水粉彩瓷技法。作品如"寒江独钓"、"梁园飞雪"，均精细传神。何的传人余文襄、龚耀庭等，继承并发展雪景画法而艺名远扬。

汪大仓　号一粟，别号桃源老农。安徽黟县人。民国时期景德镇制瓷名家。曾从清末著名书画家毕伯涛学绘山水。所绘写意山水瓷画用笔简练，气韵生动。

珠山八友　民国年间景德镇八位瓷绘名家的合称。1928年中秋节，瓷绘名家王琦、王大凡、邓碧珊、徐仲南、汪野亭、程意亭、田鹤仙、刘雨岑（一说无田、刘，而有何许人、毕伯涛）在景德镇文明酒楼，组织"珠山八友月圆会"，约定每月15日集会，论画品茗。王大凡有诗记此事："道义相交信有因，

珠山结社志图新。羽毛山水梅与竹，花卉鱼虫草与人。画法唯宗南北派，作风不让东西邻。聊将此幅留鸿爪，每全月圆会一轮。"月圆会"的活动直至1935年停止，这7年里，珠山八友将用中国传统绘画技法装饰瓷器的技艺创新发展，形成新的流派，对近现代景德镇彩瓷具有较大影响，珠山八友也因此名扬中外。

邓碧珊　别号铁肩子，江西余干人。民国时期景德镇瓷绘名家，珠山八友之。首创瓷板绘人物肖像，又以擅长绘鱼著称。所绘游鱼姿态各异，翻波戏浪，栩栩如生。

田鹤仙　别号志荒园老梅，浙江绍兴人。民国时期景德镇瓷绘名家，珠山八友之一。工梅花、山水，颇具董源、巨然画风。所绘梅花清新高雅，引人入胜，瓷板画《梅花弄影》为代表作品。

徐仲南　名陔，别号竹里老人，江西南昌人。民国时期景德镇瓷绘名家，珠山八友之一。擅长用胭脂红彩在瓷上绘竹，红白对比，有特殊的装饰效果。徐仲南是当时彩绘瓷名家中年长者，经验丰富，见多识广，也是知名的鉴赏家。

汪野亭　名平，别号传芳居士，江西乐平人。民国时期景德镇瓷绘名家，珠山八友之一。绘画早年学清代名画家王石谷，后自立门户，首创墨彩山水瓷画，用油料调以水粉敷色，落笔奔放，烟云满幅，类似泼墨画笔法。

程意亭　名甫，别号佩古斋主人。江西乐平人。民国时期景德镇瓷绘名家，珠山八友之一。擅长绘翎毛花卉，颇具蒋廷锡、恽南田笔意。对瓷画彩料的漂研配制，有独创和研究，所作瓷画既豪放洒脱，又有柔和的格调。

王琦　号碧珍，别号陶迷道人。江西新建人。民国时期景德镇瓷绘名家，珠山八友之一。原为捏塑艺人，后赴景德镇从事瓷绘。初画写意人物，继画瓷板肖像。所画人物衣纹仿黄慎写意画，又利用西洋画法描绘人物头面，俗称"西法头子"。1920年后，所绘瓷板画《瞎闹一场》、《钻钱眼》、《节节高》均名重一时。王琦瓷上落墨，仿王羲之、怀素帖书体，所画人物不绘布景，突出形态表情，别有趣味。

王大凡　名堃，别号希平居士，安徽黟县人。民国时期景德镇瓷绘名家，珠山八友之一。擅长绘仕女人物。师承清末画家改七芗、沙山春、费晓楼，集诸家之长，结合陶瓷彩绘，早年绘浅绛彩，后创造"落地粉彩"新技法。1915年曾获"太平洋万国巴拿马博览会"奖牌。

刘雨岑　（1901～1959年）一名玉成、雨成，别号澹湖渔人，安徽鄱阳人，民国时期景德镇瓷绘名家，珠山八友中最年轻的一位。绘画师从潘陶宇，用笔纤秀，善绘花鸟。仿清雍正粉彩瓷施彩技法，又创水点桃花和墨彩描金施彩的画法。其代表作品如鸡鸭碧桃纹瓷盘、墨叶描金牡丹绣球纹瓷盘，色彩细腻优美。部分作品曾在国外展出。

游长子　福建人，民国时期景德镇瓷塑名家。擅长大型瓷塑，曾制作高大的《李白醉卧》等作品。也善于捏塑小巧的人像，据传捏成的人像面容常与他自己相似。

李山东　民国时期景德镇瓷塑名家。师承游长子，擅做大型瓷塑。

王步　（1898～1968年）字仁元，号竹溪，晚年署款陶青老人，江西丰城人，当代景德镇制瓷名家。清代著名青花画师王秀春之子，他继承父业绘饰青花，又将传统技巧与水墨画技法相结合，作品用笔圆润苍劲，多层次分水的画法格调高雅，清新大方，一扫晚清繁褥堆砌之弊。作品被鉴赏、收藏家视为珍品。

【督陶官员】

陶人　战国以前，专管陶器制作的官吏。见于

《周礼·考工记》。

何稠 字桂林，西域人，或称湖北江陵人。隋开皇年间曾任御府监、大府丞等官职，《隋书》有传。博览古图，多识旧物，曾为宫廷营造舆服、羽仪，仿制波斯金绵锦袍。当时中国久绝琉璃，他则以绿瓷替代，与真无异。据载曾经亲赴景德镇采办瓷土，提高了烧造时的温度，使隋代瓷器面目一新。日本人中村《东西文明交通》一书中论及何稠"别生良果，盖采其术以加精制于陶瓷，遂为中国名产。千年专大利于世界之市场，即食此役之赐"。

任韬 北宋山西瓷窑税务官员。1957年山西介休宋代瓷窑遗址附近源神庙中发现一座石碑，刻于大中祥符元年（1008年），有"瓷窑税务任韬"、"前瓷窑税务武忠"题名，可知任韬和武忠，皆北宋真宗时期介休瓷窑的税务官员。从碑文内容推测，介休窑在此时期，生产规模较大，瓷器产量较高，故专设税务机构收税。

武忠 北宋真宗时期山西介休窑税务官员。见"任韬"。

臧应选 清康熙十九年（1650年）至二十七年（1688年）驻景德镇御窑厂的督陶官员。当时清廷派赴景德镇的督陶官员尚有广储司郎中徐廷弼、主事李廷禧、笔帖式车尔德。实际上这段时间以工部虞衡郎中臧应选在景驻造时间最久。按习惯称呼，将此时期御窑瓷称"臧窑"瓷器。据蓝浦《景德镇陶录》记，此时期的御窑瓷釉色品种甚多，可谓诸色俱备，其中以豇豆红（吹红）及洒蓝（吹青）最为著名。

郎廷极 （？～1712年）字一柱、紫蘅、紫垣，清康熙年间汉军镶黄旗人，祖居辽宁北镇，《清史稿》列传六十纪其家世。历任江宁府同知、云南顺宁知府、江西巡抚兼理两江总督。康熙五十一年（1712年）任漕运总督时卒。谥号"温勤"。康熙四十四年（1705年）至五十一年（1712年）兼任景德镇御窑督陶之职，习惯上将此期间御窑器称"郎窑"瓷。郎窑仿明宣德、成化的青花、脱胎等瓷器，达到仿古暗合，与真无二的程度。仿宣德鲜红（宝石红）釉，称为"郎窑红"。时人刘廷玑《在园杂志》、许谨斋《戏呈紫蘅中丞》诗，都记述了郎廷极督陶的功绩。

六十四 清康熙年间的监塑窑官。生平事迹在寂园叟《陶雅》中有记载。除督陶工作，他自己亦善瓷塑，"所塑神像，奕奕有神彩"。塑像款识"辄用青色题名于背后"。

年希尧 （？～1738年）清康熙、雍正间汉军镶黄旗人，其家世见《清史稿》列传八十二。初任工部侍郎，雍正三年（1725年）受其弟年羹尧株连夺官。次年复起用，为内务府总管，命榷税淮安，兼管景德镇御厂窑务，达十年之久。故雍正朝的官窑瓷，习称"年窑"。蓝浦《景德镇陶录》记年窑"选料奉造，极其清雅……琢器多卵色；圆类莹素如银，皆兼青彩或描锥暗花玲珑诸巧样。仿古创新，实基于此"。清徐康《前尘梦影录》记，年希尧为九江监督时，烧窑多仿尊罍古式。其青釉名"雨过天青"。这段时间新创釉色很多，以胭脂水釉最有名。

唐英 （1682～1756年）字俊公，号蜗寄老人，汉军正白旗人，世居辽宁沈阳。《清史稿》有传。清雍正、乾隆时景德镇御窑督陶官员。在历代督陶官中成就最为卓越。自清雍正六年（1728年）始，协理年希尧在景德镇驻厂督理窑务。年窑取得的成就，离不开唐英的功绩。乾隆元年（1736年）唐英先后管理淮安关、九江关、兼理窑务，除短期外调粤关，前后历时20余年。他在《陶人心语》中自述，管理窑务时，"杜门谢交游，聚精会神，苦心竭力，与工匠同其食息者三年。抵九年辛亥，于物料、火候、生克变化之理，虽不敢谓全知，颇有得于抽添变通之道"，"今可出其意旨唯诸于工匠矣"。在丰富实践的基础上，撰写了《陶成纪事碑》、《陶冶图说》等陶瓷工艺专著。《景德镇陶录》对唐英的成绩有详细记述。

老格 清乾隆年间督陶官唐英的得力助手。乾隆六年（1741年）清廷派老格为协造催总，协助唐英常驻景德镇督造御窑瓷器。清宫记事档记，老格督陶期间，常与唐英研究制陶事宜。乾隆十年唐英在请老格留在御厂协办制陶的奏折中，向皇帝赞许老格"为人安静，办事谨饬，不但烧造钱粮经手无误，而于造作事宜亦渐致娴熟，在窑厂实有裨益。"

【研究鉴定家】

陆羽 （传733~804年）字鸿渐，号桑苧翁，湖北天门人。曾撰《茶经》，集中唐以前饮茶史和茶具史之大成，推动了全国种茶业和饮茶风气的发展，对饮茶史研究有巨大贡献。《茶经·四之器》从茶具"宜茶"的角度，将唐代重要瓷窑生产的瓷茶碗，按釉色作了排序："碗，越州上，鼎州次，婺州次，岳州次，寿州、洪州次。……越州瓷、岳瓷皆青，青则益茶。"又说"邢州瓷白，茶色红，寿州瓷黄，茶色紫，洪州瓷褐，茶色黑，悉不宜茶。"这些记载，是今人了解唐代瓷器的重要依据之一。据晚唐李肇《唐国史补》、赵璘《因话录》、北宋人撰《新唐书·陆羽传》、欧阳修《集古录跋尾》等文献记载，唐末到宋，陆羽已被尊为茶神。当时在河南巩县瓷窑买数十件茶器，即可得一瓷制茶神像。中国历史博物馆收藏一件小型白釉黑彩瓷人，头戴莲花冠，手捧《茶经》卷，结跏趺坐，黑发连鬓，衣着非僧非道，经研究被认为即瓷窑附送的茶神陆羽像。

蒋祈 宋元之际景德镇陶瓷名匠。著《陶记》或称《陶记略》，是最早记述景德镇瓷业史的专著。书中对宋元时期景德镇烧制的瓷器品种、瓷税制度、销售市场等记录甚详尽。

项元汴 （1525~1590）字子京，号墨林居士，浙江嘉兴人。明代金石、书画鉴赏、收藏家。出身高贵，但不乐于仕途，专心于书画及各类文房雅玩的研究，著有《天籁阁集》。据张燕昌《阳羡陶说》记，曾见过项元汴亲定式样，由万历时宜兴紫砂名家蒋伯荂手制"天籁阁壶"。其流传作品无不精美。

汪大心 字体兹，号空灵，安徽休宁人。明万历年间陶瓷研究家。据周高起《阳羡茗壶系》云，曾撰写专著《叶语附记》，记录了紫砂陶名手邵盖、周后溪、陈辰等人的生平。

朱琰 字子桐，浙江海盐人。清乾隆年间陶瓷鉴定家。乾隆三十二年（1767年）编撰成《陶说》六卷。《陶说》是中国陶瓷史重要专著之一，内容包括说今——制瓷工艺、说古——陶瓷历史、说器——历代传器几部分。资料来自唐英《陶冶图说》、康熙时辑《古今图书集成》、陈元龙《格致镜源》、明嘉靖本《江西大志》录王宗沐《陶书》等文献。部分资料例如唐至明代瓷窑，朱琰多加写了按语。

陈浏 别号寂园叟，清同治、光绪间古陶瓷研究家。作《陶雅》一书，对我国陶瓷起源、瓷器胎质、釉色、装饰、历代名窑及古瓷市场情况均有记载。还涉及瓷器款识及制瓷工匠，对清康熙、雍正、乾隆官窑瓷记录尤详。因时代局限，内容有讹误。又因属札记性质，随手记录，故未将内容系统归类。尽管如此，仍为古陶瓷研究的重要参考史料。

寂园叟 见"陈浏"。

许之衡 广东人，近代古陶瓷研究家。所撰《饮流斋说瓷》，主要内容是将陈浏《陶雅》加以整理归纳，分为概说、说窑、说胎釉、说彩色、说花绘、说款识、说瓶罐、说杯盘、说杂具、说疵伪等十章。因当时陶瓷考古工作和硅酸盐的研究均未开展，故书中对历代瓷窑、瓷器胎釉成分、烧成器物上胎、釉、彩的形成与异变的解释，有欠科学欠准确之处，但仍不失为古瓷研究必要的参考书。

郭葆昌 （1867~1940年）字世五，别号觯斋主人，河北定兴人。陶瓷制作及鉴定家。早年在北京古玩行学徒，后任袁世凯政府庶务司丞。袁复辟帝制期间委任郭葆昌为"洪宪"帝国的陶务监督使，赴景德镇督烧"洪宪瓷器"。郭葆昌擅长鉴别古物，对陶瓷尤有特识，撰写了《觯斋瓷乘》、《瓷器概说》、《宋广窑琴考》、《项子京历代名瓷谱识》等有关古陶瓷的著作，辑《清高宗吟瓷诗》、《唐俊公先生瓷务年表》。上述著作曾被译为英文出版。去世后，其后人将他生平收藏古瓷大部分捐献给国家，由当时的北平故宫博物院接收。

丁福田　（1875～?）字济谦，北京人，古陶瓷经营及鉴定家。少年因应试未中，入古玩行业。1901年，由清宫内务府某官员出资，在北京琉璃厂开设延清堂古玩店，主要经营明清官窑瓷器。由于清末有内务府官吏作后台，1919年后又与民国要员、银行经理往还，做生意无所顾忌。因货源足、销路广，鉴别有方，到1921年前后，延清堂驰名中外。

袁励准　（?—1935年）字珏生。江苏常州人。光绪二十四年（1898）进士，书法家，文物鉴定、收藏家。1932年在北京辅仁大学美术系任教。自民国以来，常去琉璃厂，与当时古玩行中一些鉴定、经营古玩的行家过从甚密，在鉴定方面颇有建树。收购到许多有价值的古文物，如宋钧窑鸡心杯、元枢府款印泥盒、宋官窑竹节笔洗、宋定窑大碗等，均属古代瓷器中的珍品。

桂月汀　（1880～1953年）北京人，20世纪20年代有名的古董鉴定、收藏家，对我国的古代瓷器，具备相当的鉴定能力。1953年去世后，其生前收藏的文物，由京剧艺术家梅兰芳斡旋，交由北京故宫博物院收藏。

贾腾云　（1882～1948年）河北束鹿人。古陶瓷经营及鉴定家。自幼在北京古玩店学徒，受师兄郭葆昌的影响研究古瓷。1905年与人在北京东四合开荣兴祥古玩店，主要经营明清官窑瓷器。民国初年，因

经营品类齐全，其中不乏珍品而生意兴隆。时有"城里荣兴祥，城外延清堂"之说。

陈万里　（1892～1969年）江苏吴县人。著名古陶瓷研究家。自20世纪30年代开始，便亲赴越窑、龙泉窑对古代窑址进行考察。1950年任故宫博物院研究员。毕生致力于古陶瓷的研究，调查过南北方许多古代瓷窑遗址，撰写了许多专著，培养出新一代古陶瓷学者。主要著作，早期有《越器图录》、《瓷器与浙江》，50年代后有《中国青瓷史略》、《宋代北方民间瓷器》、《陶枕》、《陶俑》等。还在《文物》等刊物上，发表了十余篇关于古窑址调查的报告及论文。

孙瀛洲　（1894～1968年）河北冀县人。著名古陶瓷经营及鉴定家。1909年到北京学徒，1920年独资经营敦华斋古玩店。又与耿朝珍等同行合股，往来于京沪间经营古瓷等多种古玩。1956年将敦华斋36年来的货底2000余件古物捐献给北京故宫博物院，其中不乏珍贵的瓷、铜、犀角杯等，获得政府部门嘉奖，受聘于故宫博物院，被推选为第四届中国人民政治协商会议委员。孙瀛洲对我国古瓷尤其是明清时代的瓷器，有很深的研究。撰写了《明清瓷器的鉴定》、《试谈明代永乐、宣德镇官窑瓷年款》、《成化官窑彩瓷的鉴别》、《瓷器辨伪举例》等论著。

司仁甫　（1901～1981年）河北束鹿人。古陶瓷经营及鉴定家。自幼进入荣兴祥古玩铺学徒，师从贾腾云。1940年后，与人合伙在北京琉璃厂开办协记古玩店，同时在上海大马路经营荣古斋古玩店，主要经销明清官窑瓷器。司仁甫鉴定瓷器仔细谨慎，颇具功力，当时在京津古玩界享有盛名。

耿金元　（1904～1978年）字朝珍，河北霸县人。古陶瓷经营及鉴定家。幼年家贫，为军阀曹锟当仆人。1920年随曹进京，因代曹购古玩而与古玩、珠宝行人交往。1924年后耿与北京、天津、上海、济南等地的古玩、珠宝行业广泛结交，共同经营。因

经手众多古玩珠宝，对古玩业自学成材，不仅精通陶瓷鉴定，而且对青铜、珠宝等有很强的鉴别能力。二三十年代在京津古玩行颇具盛名。

崔仲良　（1905～1958年）河北冀县人。古陶瓷经营及鉴定家。早年在北京义兴和古玩铺学徒。1923年与人合伙开办保粹斋古玩铺，直到1956年公私合营。崔仲良精于鉴定瓷器。经他鉴别确认的宋官窑双耳炉、永乐白瓷大碗、宣德霁蓝白花七寸盘等，当时曾在北京古玩行业引起轰动。

傅凯臣　（1906～？）一名林爽，河北南宫人。古陶瓷经营及鉴定家。早年在北京琉璃厂信古斋学习鉴别和经营古瓷、字画。1936年任鉴光阁古玩店经理，直到1956年公私合营。他精于鉴定，古瓷珍品雍正官窑青花瓶、乾隆官窑金地粉彩盖碗和嘉庆九江瓷紫地彩花勾莲茶壶，都是1946年经他鉴别确认的。

肖宏度　（1906～1988年）河北衡水县人，古陶瓷经营及鉴定家。1920年入笔彩斋古玩店学徒。1924年到博韫斋古玩店当店员。1938年在天津太康商场经营雅鉴斋古玩铺，直到1956年公私合营。长

于鉴定古瓷器，鉴别确认过明代永乐青花葫芦瓶等珍品，引起古玩同行的称赞。

丁兆凯　（1908～1965年）河北吴桥人。古陶瓷经营及鉴定家。1923年在兴隆店古玩店学徒。1942年独自经营古董生意。在古玩行经历多，见识广。除能鉴定陶瓷，还能识别古青铜器、造像、石刻等。他鉴定时慎重仔细，从不武断。他鉴别确认釉色奇特的明代弘治官窑三桃三果大盘等事，曾引起当时古玩同行的赞许。

徐震伯　（1908～1988年）河北安平人。古陶瓷经营及鉴定家。早年在琉璃厂铭珍斋古玩店学徒。对瓷器、字画鉴别有独到之处。20世纪50年代初，曾为文物商店的工作人员讲授鉴别古瓷课程。

崇矞云　名庆瑞，北京人，古陶瓷经营及鉴定家。早年在天和斋古玩店学习经营、鉴定明清官窑瓷器，后去韵珍斋学古墨端砚的鉴别。1952年后在琉璃厂文化馆当服务员。他经营、鉴别的陶瓷器、墨砚等文物众多，早年鉴别确认乾隆官窑霁蓝粉彩飞燕双耳大罐的故事，曾在古玩行业引起轰动。

附录一

插　图　目　录

415

54．河姆渡文化猪纹黑陶钵

55．马家浜文化陶盉

56．崧泽文化夹砂陶甗

57．良渚文化彩绘陶壶

58．卡若类型刻纹双联陶壶

59．秦始皇陵跪射俑

60．东汉青釉四系罐

61．东汉抚琴陶俑

62．西晋青釉辟邪

63．三国青釉褐彩壶

64．北齐青釉六系划花罐

65．北齐白釉四系罐

66．北齐青黄釉凤纹扁壶

67．北魏具装甲骑马陶俑

68．隋青釉盘口四系壶

69．隋白釉带盖唾壶

70．唐越窑青釉划花盘

71．唐邢窑白釉执壶

72．唐鲁山窑花釉拍鼓

73．唐长沙窑青釉褐绿点彩双耳罐

74．唐青花瓷标本

75．唐三彩钵盂

76．唐三彩女俑

77．北宋青白釉香熏

78．辽白釉皮囊壶

79．金黑釉剔花梅瓶

80．西夏黑釉剔花牡丹纹罐

81．元青花云龙纹荷叶盖罐

82．元卵白釉枢府铭印花盘

83．元龙泉窑青釉双鱼纹盘

84．元钧窑玫瑰斑连座瓶

85．明洪武釉里红花口大盘

86．明永乐青花缠枝莲纹扁壶

87．明宣德祭红盘

88．明正统青花莲花纹梅瓶

89．明成化斗彩葡萄纹杯

90．明弘治黄釉盘

91．明正德白釉绿彩龙纹盘

92．明嘉靖青花五彩鱼藻纹盖罐

93．明万历五彩人物纹碗

94．明崇祯青花罗汉纹炉

95．明龙泉青釉三足炉

96．清康熙青花松鹤山石纹瓶

97．清雍正粉彩人物纹笔筒

98．清乾隆紫地珐琅彩瓶

99．清嘉庆粉彩撇口瓶

100．清道光黄釉笔筒

101．清同治粉彩婴戏纹方尊

【器形】

102．宋定窑白釉盖罐

103．西晋青釉双唇罐

104．西晋青釉堆塑谷仓罐

105．唐三彩塔式罐

106．五代青釉横栓盖罐

107．元龙泉窑荷叶盖罐

108．元影青青花釉里红四灵塔式罐

109．明永乐轴头罐

110．明崇祯青花莲子罐

111．清乾隆将军罐

112．半坡类型尖底瓶

113．隋白釉双龙柄联腹传瓶

114．唐西关窑绿釉葫芦瓶

115．北宋定窑白釉刻花净瓶

116．宋定窑刻划花玉壶春瓶

117．清康熙白釉梅瓶

118．南宋哥窑八棱贯耳瓶

119．宋龙泉窑青釉五管瓶

120．宋龙泉窑青釉琮式瓶

附录二

音 序 索 引

C

G

432

附录三

笔 画 索 引

449

450

455

十画

十二画

二十三画

后　记

　　大约在 5 年以前，我社起意利用我们得天独厚的条件，组织编写一部图文并茂的古陶瓷工具书《中国古陶瓷图典》，以满足广大专业人员和业余爱好者的需要。这一想法很快受到文物界专家的重视。我们首先与我国古陶瓷界的权威、故宫博物院研究员冯先铭先生商谈了编辑构想，冯先生给予了热情支持，欣然应聘做了本书的主编，并提名组建了编辑委员会。1992 年秋天，编写工作正式展开。编委会确定了本书的宗旨，制订了具体的工作计划，并分头组织写作。

　　令人无限遗憾的是，1993 年 4 月，就在此书框架和细目列出不久，刚刚进入词条撰写工作的时候，主编冯先铭先生猝然辞世，图典的编辑工作蒙受了极大的损失。出版社的编辑人员担负起繁重的组织工作，在各位编委的大力协助和指导下，努力使编写工作按部就班地进行。数年间，我们对资料做了认真的核实，对稿件做了反复的修改和审订，对文字表达方式进行了细致的推敲，终于将作为九五规划重点项目的这一成果奉献到了读者的面前。我们谨以此书的出版，作为对冯先铭先生的最好纪念。

　　此书的编写工作，得到了故宫博物院、中国历史博物馆、北京大学考古系、首都博物馆等单位诸多同仁的全力参与和支持。各部条目撰写者如下。类别部：李知宴、于文荣、吕成龙、张小舟、姚敏苏；器形部：陈华莎、王春城、吕成龙、王健华、李国强、姚敏苏、张小舟；釉彩部：王春城、葛建军；纹饰部：王莉英、王兴平、吕成龙、姚敏苏；窑口部：冯小琦、李辉柄、于文荣；款识部：吕成龙、叶佩兰；工艺技术部：权奎山、李民举、谷艳雪、裴亚静、王全玉；缺陷、修复与作伪部：耿宝昌；人物部：刘家琳。执行编委吕成龙、王春城协助责任编辑就全部稿件的修改、整理、编排和图片选配等做了大量具体、琐细的工作。本社资料室提供了珍贵的彩色图片，常青和张小舟担任了线图的绘制工作，在"图"的方面为这本图典增色不少。我们谨向所有参与者和支持者表示衷心的谢忱。

编　者

1997 年 8 月

图书在版编目（CIP）数据

中国古陶瓷图典／《中国古陶瓷图典》编辑委员会
编．—北京：文物出版社，1998.1（2020.5重印）
ISBN 978－7－5010－0924－4

Ⅰ.①中…　Ⅱ.①中…　Ⅲ.①古代陶瓷—中国—
图录　Ⅳ.①K876.32

中国版本图书馆 CIP 数据核字（2013）第 092410 号

中国古陶瓷图典

编　　著：《中国古陶瓷图典》编辑委员会

责任编辑：姚敏苏
重印编辑：张冬妮
封面设计：仇德虎
责任印制：梁秋卉

出版发行：文物出版社
社　　址：北京市东直门内北小街 2 号楼
邮　　编：100007
网　　址：http：//www.wenwu.com
邮　　箱：web@wenwu.com
经　　销：新华书店
印　　刷：河北鹏润印刷有限公司
开　　本：787mm×1092mm　1/16
印　　张：29.5
版　　次：1998 年 1 月第 1 版
印　　次：2020 年 5 月第 6 次印刷
书　　号：ISBN 978－7－5010－0924－4
定　　价：320.00 元